孔子研究精华

（1986—2015）

中国孔子基金会 编

齊魯書社

《孔子研究》精华（1986—2015）

编委会

中国孔子基金会学术委员会暨《孔子研究》杂志首届春季学术讨论会（1986.4.26 ～30，山东曲阜）

中国孔子基金会副会长、《孔子研究》主编辛冠洁教授（右）与理事、山东省出版工作者协会主席谭天商谈出版事宜

中国孔子基金会会长匡亚明教授（中）与副会长程汉邦教授（右一）、辛冠洁教授（右二）、孔令朋教授（右三）在一起

《孔子研究》精华(1986-2015)编委会成员及工作人员

《孔子研究》不同时期版本

《孔子研究》获得的荣誉

出版说明

1986年3月，最是一年春好处，《孔子研究》杂志在这个生机勃勃的春天里诞生了，像是一颗种子在雨露的滋润下破土发芽，在春日的阳光里开启一段新的生命历程。

《孔子研究》是中国孔子基金会主办的学术刊物，时光荏苒，今天，它迎来了创刊三十周年纪念日。重新翻看三十年来的每一本杂志，透过这一年年累计发表的近三千篇论文，我们看到了历任主编和编辑们的辛勤汗水，看到了国内外广大作者、读者的坚定支持，更看到了学界同仁们一如既往的关心和爱护。谷牧先生在《孔子研究》创刊号的发刊词中曾说："它是专门汇集孔子研究成果的一个园地。"创刊以来，历任编辑部同仁在这方小小的园地上辛勤耕耘、默默奉献，所幸，似水光阴没有辜负大家的努力，三十年后的今天，《孔子研究》杂志成了儒学研究的重镇，成了海内外儒学爱好者的共同精神家园。

我们一直秉承谷牧先生提出的办刊宗旨——以历史上的"尊孔"和"反孔"为鉴，既不盲目地推崇孔子和中国传统文化，也不对之采取历史虚无主义态度，而是主张把孔子和中国传统文化作为科学的对象加以深入系统的研究。《孔子研究》杂志第一任主编辛冠洁先生在1986年第1期的《编后》中写道："创业维艰，一个刊物的创刊何尝不是如此。"世人皆知万事开头难，而当年那一代创刊人只用如此简洁的一句话，轻描淡写地带过了三十年前杂志创刊时的艰辛与坎坷。在他们心中，没有丝毫私心私欲，而唯有洞察大局、直扑人心的哲学智慧，以及不甘平庸、热忱相向的学术底气。

三十年，弹指一挥间，在历史的长河中只不过是短暂的一瞬。当我们回首这三十年的历程时，不禁感叹这历史的一瞬是多么辉煌。今天，当我们满怀深情地纪念这段辉煌历程时，我们想做的、能做的，就是把这三十年的辉煌凝练、浓缩为一本“精华”，用这部精华，纪念已经逝去的谷牧、匡亚明、冯友兰等那一批铸造《孔子研究》辉煌的先贤们，同时也激励今天的同仁去创造《孔子研究》更加灿烂的明天。

“路漫漫其修远兮，吾将上下而求索。”面对未来，我们将继续秉承“学术乃天下之公器”的理念，不忘初心，再创辉煌。

《孔子研究》编委会

2016年1月

目　录

从延续民族文化血脉中开拓前进

——在纪念孔子诞辰2565周年国际学术研讨会暨国际儒联第五届会员大会开幕会上的讲话

（2014年9月24日）

习近平

各位嘉宾，

各位专家学者，

女士们，先生们，朋友们：

“有朋自远方来，不亦乐乎。”今天，来自中国和世界各地的嘉宾和专家学者齐聚北京，举行纪念孔子诞辰2565周年国际学术研讨会暨国际儒学联合会第五届会员大会。这次会议是国际儒学界和国际学术界的一次盛会。首先，我谨对会议的召开，表示热烈的祝贺！对朋友们的到来，表示诚挚的欢迎！

这次会议以“儒学：世界和平与发展”为主题，体现了关注世界前途、人类命运的人文情怀，是一个很有现实意义的题目。

和平与发展是当今时代的主题，也是事关各国人民幸福安康的两大问题。世界各国人民都希望生活在祥和的氛围之中，期盼战争、暴力远离人类。世界各国人民也都希望生活在安康的环境之中，期盼饥饿、贫困远离人类。然而，现实世界并不像人们希望的那么美好，局部战争依然此起彼伏，贫困饥饿依然广泛发生，连绵战火、极度贫困依然在威胁着众多人们的生命和生存，特别是许多妇女儿童依然在战争和贫困的阴影下苦苦挣扎。想到这些不幸的人们，我们心中充满了同情和责任。国际社会应该携手努力，一起来维护世界和平、促进共同发展。只有这样，和平才有希望，发展才有希望。

维护世界和平，促进共同发展，需要多管齐下、多方共济，其中很重要的一个方面就是要从思想上确立和平发展的理念。今年3月，我访问联合国教科文组织总部，其大楼前的石碑上用多种文字镌刻的一句话给我留下了深刻印象，这句话是："战争起源于人之思想，故务需于人之思想中筑起保卫和平之屏障。"这句话讲得很有道理。我认为，在人们心中牢固树立爱好和平的思想，这对实现和平具有十分重要的作用。

中华民族历来是一个爱好和平的民族，爱好和平在儒家思想中也有很深的渊源。中国人自古就推崇"协和万邦"、"亲仁善邻，国之宝也"、"四海之内皆兄弟也"、"远亲不如近邻"、"亲望亲好，邻望邻好"、"国虽大，好战必亡"等和平思想。爱好和平的思想深深嵌入了中华民族的精神世界，今天依然是中国处理国际关系的基本理念。

从1840年鸦片战争爆发到1949年中华人民共和国成立，中华民族遭受了世所罕见的外族入侵和内部动荡，中国人民遭受了前所未有的苦难，一度到了濒临亡国灭种的危险境地。仅在中国人民抗日战争中，中华民族就付出了3500万人伤亡的沉重代价。近代以后经历了长期苦难的中国人民最懂得和平的宝贵，最懂得发展的重要。中国人民深知，和平对人类就像阳光和空气一样重要，没有阳光和空气，万物就不能生存生长。

"己所不欲，勿施于人。"中国需要和平、爱好和平，也愿意尽最大努力维护世界和平，真诚帮助仍然遭受战争和贫困煎熬的人们。中国将坚定不移走和平发展道路，中国也希望世界各国都走和平发展道路，大家一起把和平发展的理念落实到自己的政策和行动之中。

女士们、先生们、朋友们！

今年是孔子诞辰2565周年。孔子创立的儒家学说以及在此基础上发展起来的儒家思想，对中华文明产生了深刻影响，是中国传统文化的重要组成部分。儒家思想同中华民族形成和发展过程中所产生的其他思想文化一道，记载了中华民族自古以来在建设家园的奋斗中开展的精神活动、进行的理性思维、创造的文化成果，反映了中华民族的精神追求，是中华民族生生不息、发展壮大的重要滋养。中华文明，不仅对中国发展产生了深刻影响，而且对人类文明进步做出了重大贡献。

中国传统文化，尤其是作为其核心的思想文化的形成和发展，大体经历了中国先秦诸子百家争鸣、两汉经学兴盛、魏晋南北朝玄学流行、隋唐儒释道并立、宋明理学发展等几个历史时期。从这绵延二千多年之久的历史进程中，我们可以看出这样几个特点。一是儒家思想和中国历史上存在的其他学说既对立又统一，既相互竞争又相互借鉴，虽然儒家思想长期居于主导地位，但始终和其他学说处于和而不同的局面之中。二是儒家思想和中国历史上存在的其他学说都是与时迁移、应物变化的，都是顺应中国社会发展和时代前进的要求而不断发展更新的，因而具有长久的生命力。三是儒家思想和中国历史上存在的其他学说都坚持经世致用原则，注重发挥文以化人的教化功能，把对个人、社会的教化同对国家的治理结合起来，达到相辅相成、相互促进的目的。

从历史的角度看，包括儒家思想在内的中国传统思想文化中的优秀成分，对中华文明形成并延续发展几千年而从未中断，对形成和维护中国团结统一的政治局面，对形成和巩固中国多民族和合一体的大家庭，对形成和丰富中华民族精神，对激励中华儿女维护民族独立、反抗外来侵略，对推动中国社会发展进步、促进中国社会利益和社会关系平衡，都发挥了十分重要的作用。

当今世界，人类文明无论在物质还是精神方面都取得了巨大进步，特别是物质的极大丰富是古代世界完全不能想象的。同时，当代人类也面临着许多突出的难题，比如，贫富差距持续扩大，物欲追求奢华无度，个人主义恶性膨胀，社会诚信不断消减，伦理道德每况愈下，人与自然关系日趋紧张，等等。要解决这些难题，不仅需要运用人类今天发现和发展的智慧和力量，而且需要运用人类历史上积累和储存的智慧和力量。

世界上一些有识之士认为，包括儒家思想在内的中国优秀传统文化中蕴藏着解决当代人类面临的难题的重要启示，比如，关于道法自然、天人合一的思想，关于天下为公、大同世界的思想，关于自强不息、厚德载物的思想，关于以民为本、安民富民乐民的思想，关于为政以德、政者正也的思想，关于苟日新日日新又日新、革故鼎新、与时俱进的思想，关于脚踏实地、实事求是的思想，关于经世致用、知行合一、躬行实践的思想，关于集思广益、博施众利、群策群力的思想，关于仁者爱人、以德立人的思想，关于以诚待人、讲信修睦的思想，关于清廉从政、勤勉奉公的思想，关于俭约自守、力戒奢华的思想，关于中和、泰和、求同存异、和而不同、和谐相处的思想，关于安不忘危、存不忘亡、治不忘乱、居安思危的思想，等等。中国优秀传统文化的丰富哲学思想、人文精神、教化思想、道德理念等，可以为人们认识和改造世界提供有益启迪，可以为治国理政提供有益启示，也可以为道德建设提供有益启发。对传统文化中适合于调理社会关系和鼓励人们向上向善的内容，我们要结合时代条件加以继承和发扬，赋予其新的涵义。希望中国和各国学者相互交流、相互切磋，把这个课题研究好，让中国优秀传统文化同世界各国优秀文化一道造福人类。

女士们、先生们、朋友们！

人类已经有了几千年的文明史，任何一个国家、一个民族都是在承先启后、继往开来中走到今天的，世界是在人类各种文明交流交融中成为今天这个样子的。推进人类各种文明交流交融、互学互鉴，是让世界变得更加美丽、各国人民生活得更加美好的必由之路。

正确对待不同国家和民族的文明，正确对待传统文化和现实文化，是我们必须把握好的一个重大课题。我认为，应该注重坚持以下原则。

第一，维护世界文明多样性。“物之不齐，物之情也。”和而不同是一切事物发生发展的规律。世界万物万事总是千差万别、异彩纷呈的，如果万物万事都清一色了，事物的发展、世界的进步也就停止了。每一个国家和民族的文明都扎根于本国本民族的土壤之中，都有自己的本色、长处、优点。我们应该维护各国各民族文明多样性，加强相互交流、相互学习、相互借鉴，而不应该相互隔膜、相互排斥、相互取代，这样世界文明之园才能万紫千红、生机盎然。

丰富多彩的人类文明都有自己存在的价值。要理性处理本国文明与其他文明的差异，认识到每一个国家和民族的文明都是独特的，坚持求同存异、取长补短，不攻击、不贬损其他文明。不要看到别人的文明与自己的文明有不同，就感到不顺眼，就要千方百计去改造、去同化，甚至企图以自己的文明取而代之。历史反复证明，任何想用强制手段来解决文明差异的做法都不会成功，反而会给世界文明带来灾难。

第二，尊重各国各民族文明。文明特别是思想文化是一个国家、一个民族的灵魂。无论哪一个国家、哪一个民族，如果不珍惜自己的思想文化，丢掉了思想文化这个灵魂，这个国家、这个民族是立不起来的。本国本民族要珍惜和维护自己的思想文化，也要承认和尊重别国别民族的思想文化。不同国家、民族的思想文化各有千秋，只有姹紫嫣红之别，而无高低优劣之分。每个国家、每个民族不分强弱、不分大小，其思想文化都应该得到承认和尊重。

强调承认和尊重本国本民族的文明成果，不是要搞自我封闭，更不是要搞唯我独尊、“只此一家，别无分店”。各国各民族都应该虚心学习、积极借鉴别国别民族思想文化的长处和精华，这是增强本国本民族思想文化自尊、自信、自立的重要条件。

第三，正确进行文明学习借鉴。文明因交流而多彩，文明因互鉴而丰富。任何一种文明，不管它产生于哪个国家、哪个民族的社会土壤之中，都是流动的、开放的。这是文明传播和发展的一条重要规律。在长期演化过程中，中华文明从与其他文明的交流中获得了丰富营养，也为人类文明进步做出了重要贡献。丝绸之路的开辟，遣隋遣唐使大批来华，法显、玄奘西行取经，郑和七下远洋，等等，都是中外文明交流互鉴的生动事例。儒学本是中国的学问，但也早已走向世界，成为人类文明的一部分。

“独学而无友，则孤陋而寡闻。”对人类社会创造的各种文明，无论是古代的中华文明、希腊文明、罗马文明、埃及文明、两河文明、印度文明等，还是现在的亚洲文明、非洲文明、欧洲文明、美洲文明、大洋洲文明等，我们都应该采取学习借鉴的态度，都应该积极吸纳其中的有益成分，使人类创造的一切文明中的优秀文化基因与当代文化相适应、与现代社会相协调，把跨越时空、超越国度、富有永恒魅力、具有当代价值的优秀文化精神弘扬起来。进行文明相互学习借鉴，要坚持从本国本民族实际出发，坚持取长补短、择善而从，讲求兼收并蓄，但兼收并蓄不是囫囵吞枣、莫衷一是，而是要去粗取精、去伪存真。

第四，科学对待文化传统。不忘历史才能开辟未来，善于继承才能善于创新。优秀传统文化是一个国家、一个民族传承和发展的根本，如果丢掉了，就割断了精神命脉。我们要善于把弘扬优秀传统文化和发展现实文化有机统一起来，紧密结合起来，在继承中发展，在发展中继承。

传统文化在其形成和发展过程中，不可避免会受到当时人们的认识水平、时代条件、社会制度的局限性的制约和影响，因而也不可避免会存在陈旧过时或已成为糟粕性的东西。这就要求人们在学习、研究、应用传统文化时坚持古为今用、推陈出新，结合新的实践和时代要求进行正确取舍，而不能一股脑儿都拿到今天来照套照用。要坚持古为今用、以古鉴今，坚持有鉴别的对待、有扬弃的继承，而不能搞厚古薄今、以古非今，努力实现传统文化的创造性转化、创新性发展，使之与现实文化相融相通，共同服务以文化人的时代任务。

女士们、先生们、朋友们！

文以载道，文以化人。当代中国是历史中国的延续和发展，当代中国思想文化也是中国传统思想文化的传承和升华，要认识今天的中国、今天的中国人，就要深入了解中国的文化血脉，准确把握滋养中国人的文化土壤。

研究孔子、研究儒学，是认识中国人的民族特性、认识当今中国人精神世界历史来由的一个重要途径。春秋战国时期，儒家和法家、道家、墨家、农家、兵家等各个思想流派相互切磋、相互激荡，形成了百家争鸣的文化大观，丰富了当时中国人的精神世界。虽然后来儒家思想在中国思想文化领域长期取得了主导地位，但中国思想文化依然是多向多元发展的。这些思想文化体现着中华民族世世代代在生产生活中形成和传承的世界观、人生观、价值观、审美观等，其中最核心的内容已经成为中华民族最基本的文化基因。这些最基本的文化基因，是中华民族和中国人民在修齐治平、尊时守位、知常达变、开物成务、建功立业过程中逐渐形成的有别于其他民族的独特标识。

中国人民的理想和奋斗，中国人民的价值观和精神世界，是始终深深植根于中国优秀传统文化沃土之中的，同时又是随着历史和时代前进而不断与日俱新、与时俱进的。

中国共产党人是马克思主义者，坚持马克思主义的科学学说，坚持和发展中国特色社会主义，但中国共产党人不是历史虚无主义者，也不是文化虚无主义者。我们从来认为，马克思主义基本原理必须同中国具体实际紧密结合起来，应该科学对待民族传统文化，科学对待世界各国文化，用人类创造的一切优秀思想文化成果武装自己。在带领中国人民进行革命、建设、改革的长期历史实践中，中国共产党人始终是中国优秀传统文化的忠实继承者和弘扬者，从孔夫子到孙中山，我们都注意汲取其中积极的养分。中国人民正在为实现“两个一百年”奋斗目标而努力，其中全面建成小康社会中的“小康”这个概念，就出自《礼记·礼运》，是中华民族自古以来追求的理想社会状态。使用“小康”这个概念来确立中国的发展目标，既符合中国发展实际，也容易得到最广大人民理解和支持。

总之，只有坚持从历史走向未来，从延续民族文化血脉中开拓前进，我们才能做好今天的事业。

女士们、先生们、朋友们！

温故而知新。知识有前人传承的知识，也有今人创造的知识。前人传承的知识积累了人们历史上对处理人、社会、自然三者关系的重要认知和经验，今人创造的知识形成了人们应对时代问题的智慧和探索。这两方面的知识对人类继往开来都十分重要。

在21世纪的今天，几千年来人类积累的一切理性知识和实践知识依然是人类创造性前进的重要基础。只有不断发掘和利用人类创造的一切优秀思想文化和丰富知识，我们才能更好认识世界、认识社会、认识自己，才能更好开创人类社会的未来。

预祝会议取得成功！

谢谢大家！

（载于2014年第5期）

发 刊 词

谷 牧

孔子是中国历史上伟大的思想家、政治家和教育家，是世界文化史上的巨人之一。

对孔子这位重要的历史人物，历代评价有褒有贬，或奉为圣人，或抑为秕糠，但不论如何评价，孔子的思想和学说曾经对二千多年的中国封建社会的文化和观念形态产生过重大影响，是客观事实，亟须当代学者以科学的态度加以研究和进行评价。

新中国成立后由于种种原因，孔子的研究和评价工作变得十分敏感，在相当长的一段时期中，人们把研究和评价孔子视为畏途，不敢涉足。粉碎“四人帮”、拨乱反正以来，一个用实事求是的科学态度研究理论和学术问题的新的历史时期开始了。人们也迫切要求重新研究和评价孔子，《孔子研究》正是在这样的条件下应运而生的。它是专门汇集孔子研究成果的一个园地。

孔子“学而不厌”，删诗书，定礼乐，整理典籍，集三代文化之大成；他“诲人不倦”，开办私学，号称有弟子三千，贤人七十；他学思结合，锻造出独具特色的思想体系，由此而创建了影响深远的儒家学派。孔子思想、儒家思想和中国传统文化思想三者既有区别，又密切相连。今天研究孔子，不应也不可能以孔子其人其思想为限，势必要扩展到整个儒家和中国传统文化思想。孔子和中国传统文化思想的影响早已越出中国国界，成为世界文化的一个重要组成部分，世界上越来越多的学者从事这方面的研究。在这一意义上说，《孔子研究》当然也是发表包括台湾、港澳学者在内的一切海外学者以及国内外学者有关研究成果的园地。

研究孔子、儒家和中国传统文化思想，必须在思想上、理论上正确解决如何对待历史遗产的问题。

我们认为，批判地继承文化遗产，应作为研究工作中遵循的方针。今天的文化是由以往文化发展而来的。古代文化中所包含的有利于社会发展、反映人民要求的进步因素，不会随着时间的流逝而失去光彩。孔子、儒家思想作为特定历史时代的产物，其整个体系，已为历史的发展所扬弃，但其精华，凝聚在丰富灿烂的中国文化积累和中华民族的精神生活之中，有待我们后来人去开发利用，有如“沙里淘金”，一点一点去发掘去吸收，用以充实具有中国特色的社会主义精神文明，真正做到“古为今用”。当然，中国传统文化思想中确有许多不利于社会发展和不利于人民进步要求的消极因素，对此也应认真清理并予以摈弃。

我们研究传统是为了革新，研究古代是为了现代。文化思想的发展，从来就是一个“推陈出新”的过程。只有既摈弃传统文化中的消极因素，又吸收历史上一切优秀文化成果，才能创造和建设胜于历史上一切文化的适应社会主义要求的新文化。

《孔子研究》以历史上的“尊孔”和“反孔”为鉴，既不盲目地推崇孔子和中国传统文化，也不对之采取历史虚无主义态度，而是主张把孔子和中国传统文化作为科学的对象加以深入系统的研究。在研究过程中，肯定会出现争论，出现评价高低不一的情况和其他这样那样的不足，这是正常的。认识上的差异和其他方面的不足，只有在“百花齐放，百家争鸣”的充分民主的讨论中才能完满解决。

《孔子研究》以马克思主义作为指导思想，提倡用辩证唯物主义与历史唯物主义的科学方法进行学术研究。但这个园地也不排除用其他方法得出的有价值的研究成果。

为了把中国传统文化思想遗产的总结继承工作，在更广阔的视野之内展开和深入进行下去，必须提倡“百家争鸣”的方针。我们欢迎专家、学者和有志于此的人士就一些有分歧的重大学术问题展开讨论，在“争鸣”中互相切磋，共同提高。对待学术问题，我们主张持之有故，言之成理，自由讨论，各抒已见，而不赞成扣帽子、打棍子，排斥打击不同的学术观点。我们不仅欢迎中国学者积极参加“争鸣”，而且欢迎国外对此问题有兴趣的专家、学者一道“争鸣”，在“争鸣”中建立友谊，相互促进。让我们共同努力，研究，再研究，评价，再评价，用共同的努力，培养出丰硕的成果。

“嘤其鸣矣，求其友声。”我们殷切地期待着有志于此的国内外学者的支持与合作。

（载于1986年第1期）

孔子研究发微

侯外庐

近几年来，研究孔子的兴趣，不仅在一部分专业学术工作者当中重新抬起头来，而且吸引了一批业余研究工作者。目前已有不少关于孔子及其后学的论著问世，更有专门研究孔子的学术团体和学术刊物肇兴。孔子研究之风方兴未艾，正是我国学术文化日益繁荣的具体表现。

孔子是春秋时代的大思想家和大教育家。他所开创的儒学，战国时代即已发展成为“显学”，汉代以后更进一步成为享有“独尊”地位的官学。儒家思想作为历代统治阶级的正宗思想，曾长期支配过人们的思想言行并渗入整个社会生活，对稳固封建社会秩序起了重要的帮手作用，其思想影响至今犹存。儒家学派作为最古老、最庞大的一个学派，经过自身的长期积累，在我国学术文化史上构筑了一座宏富的殿堂，并丰富了世界文化宝库。因此，深入研究孔子和儒学，科学地总结这笔巨大的历史遗产，无论是对于肃清封建主义思想残余的影响，抑或对于建设有中国特色的社会主义新文化，以及增进国际文化学术交流，都有毋庸忽视的意义。

在孔子研究中，禁区已被打开，当前所面临的问题，已经不是要不要研究的问题，主要是如何进一步提高研究水平并使之健康地向前发展的问题。我认为，要搞好孔子研究，既需要大家相互切磋，共同讨论，更需要大家在各自的研究实践中去探索。在这里，我仅就自己想到的，提出几点希望，供同志们参考。

首先，我希望把孔子真正作为一个历史人物来研究，而不是像封建时代那样把孔子奉为圣神来礼拜，也不是像“四人帮”搞所谓“批孔”运动时那样把孔子变成影射现实的稻草人。而要把孔子作为真实的历史人物来研究，就必须抱着冷静、客观的态度，严格地应用科学的历史观点和方法，对孔子所处的时代及其所承受的历史传统做全面、深入的考察，并由此考察孔子的全部活动以及他的政治倾向、思想特点等，进而实事求是地肯定孔子的历史功绩，指出其历史局限，恰当地评价他的历史地位和历史作用。我认为，只有经过如此严肃认真的研究，才能使人们正确地认识孔子，清除二千多年来封建统治阶级所制造的对孔子的种种迷信，揭露“四人帮”对孔子形象的歪曲，同时，这也有助于克服孔子研究中某些非历史主义倾向。

目前有些学者从中西文化史的角度，拿孔子和西方某些思想家做比较，究其异同长短得失，这无疑是一件很有意义的工作。但我觉得在比较研究中有必要注意各民族的历史特点和心理特点，不要把某些西方思想引进孔子的头脑，否则，孔子就不再是中国的孔子了。

总之，尊重历史，按照孔子在历史上的本来面貌来研究孔子，可以说，这是搞好孔子研究的基本前提。

其次，我希望正确地对待孔子和儒家的思想遗产。孔子和儒家的思想之所以是历史遗产，正是由于它赖以产生和长期存在的社会历史时代已经过去，其自身也随之失去了活力，而只能成为产生另一种更高形态的新文化的土壤。因此，在今天，我们要建设有中国特色的社会主义新文化，绝不能离开包括儒学在内的全部民族历史文化的深厚土壤，当然，我们也还要尽力吸取外国一切优秀文化来丰富我们的新文化。然而，我们需要批判地继承儒家思想文化，并不意味着某些儒家的思想的复活，乃至整个“儒学复兴”。这也是不可能的。在当前的孔子研究中，有些说法是值得注意的，如提出“要捍卫和宣传孔子思想”，又如说《论语》可以作为“整党文献”，等等。这些错误的说法虽然是极个别的，但是有害的，是不利于孔子研究的健康发展的，作为马克思主义学术工作者，应当旗帜鲜明地反对在对待历史遗产问题上的各种错误倾向。

最后，我希望发扬民主学风，进一步开展“百家争鸣”。在孔子研究中，由于学者们在考察问题的角度、思考问题的方法和资料掌握上的种种差异，很自然地会产生不同的学术见解。应当说，这是正常的现象。提供适当的场合，促进不同学术见解的交流，对于提高孔子研究水平是有好处的。在学术讨论中，应该充分发扬民主，鼓励发表不同意见，不能只许唱一个调子。孔子是一个影响很大的思想家，而在对他的评价上争议也很大。我认为，只要是经过认真研究的，持之有故而又言之成理的意见，其对孔子的评价无论是高是低，都应当受到尊重，不要随意给人家扣上“右”的、“左”的帽子。现在也有一种不好的风气，开一个什么人的学术讨论会，就喜欢给这个人说好话，说不好的人要受冷遇，甚至被拒之门外，这是一种不正之风，不纠正这种歪风，学术研究很难深入下去。

在学术研究中，既要有严格的科学态度，又要有充分的民主精神，而且只有这二者的紧密结合，才会不断地开拓和创新。因此，我祝愿《孔子研究》坚持发扬科学、民主和创新精神。

（载于 1986 年第 1 期）

一 点 感 想

冯友兰

近来社会上，讨论中西文化问题的人越来越多了，这个问题，引起了全社会的普遍注意和兴趣，很有点像“五四”时期。但这个“像”是表面上的。“五四”时期谈中西文化，其重点是针对中国文化的消极方面进行批判。现在谈中西文化，其重点是要发现中国文化的积极方面，有所继承。人们常说，对于古代文化，要批判地继承。这是一个程序的两个方面。随着历史的发展，人们有时注重这个方面，有时注重那个方面，所以就显出来一种转化，从重在批判，到有所继承，就是一个转化。其所以有这个转化，原因很多，笼统一点说，就是历史的发展有它自己的规律，不随人的主观意志而改变。一提到继承，就往往被怀疑为“复古”。这种怀疑是多余的，因为这个程序还有批判的那一面在管住。批判的影响是不会消灭的。

我们振兴中华，其目的是要建设一个有中国特色的社会主义社会。中国特色从何而来？一个东西的特色，是内在的，是从它内部发生出来的，并不是从外部涂上去的。我们的皮肤是黄色，不是白色，也不是黑色，这是我们的生理原因所决定的，所以是内在的，不是外在的。我们要建设有中国特色的社会主义社会，其所以有中国特色，就是因为它对古代文化有所继承。它是在中国这块土地上发生的，它是从中国几千年历史发展下来的，所以它必然有所继承，不过这个“所”字所代表的是什么，个人的意见可以不同。有人可以想象，中国文化好比一块布，可以把它剪成一条一条的，人们可以把他们所喜欢的那些条挑出来，加以拼凑，贴在现在的中国社会上，就可以使它有中国特色。其实事情远非那样简单。

对于中国古代文化，并不能专在书本文字上去寻求，要“心知其意”，本着这个“意”，处理中国社会现在所遇到的问题。这并不是一种剪剪裁裁、修修补补的工作，这是一种创作。这种创作是牵涉整个民族、整个社会的，所以需要经过一两个世纪的时间、几代人的努力才能完成。这个工作的完成之日，就是有中国特色的社会主义社会成功之日。

（载于1986年第1期）

孔子思想体系属于哪种类型

蔡尚思

研究孔子思想，必须先读通有关孔子的全面资料，明了对于孔子的各种评价，然后进行科学分析，提出自己的论断。这样，才不致张冠李戴，错认了人。

历史人物的思想体系，由于各自的时代、阶级和社会环境的制约，以及个人的复杂经历的影响，有着各种不同的类型。孔子思想究竟近似哪一种类型？就我多年比较研究的结果，以为：

孔子思想不同于因学儒家而反儒家、在思想上起了变化的一种类型。如墨子等。

孔子思想体系不同于哲学思想与政治思想不一致的一种类型。如黄宗羲的政治思想比哲学思想进步，王船山的哲学思想（此指唯物论）比政治思想进步。综观孔子思想体系，均难发现此二种情况。

孔子思想不同于从中间到革命的前进类型。如孙中山、李大钊、鲁迅、吴玉章等。

孔子思想不同于从进步到反动的倒退类型。如严复、康有为、梁启超、章太炎等。

孔子思想不同于前期从保守到进步、后期从进步到保守的反复类型。如钱玄同等。

孔子思想不同于长期落后反动、最后一变而进入革命行列的一种类型。如杨度等。

孔子思想也不同于一贯反动而不稍迁就的不变类型。如叶德辉等。孔子对管仲治齐，子产治郑，还是给予赞扬的。

那么，孔子思想体系究竟属于何种类型呢？我以为，除了教育方法方面，孔子的哲学、伦理、文史、政治思想等方面基本上是保守的（详见拙著《孔子思想体系》，上海人民出版社 1982 年版）。

在此，我要强调以下五点：

孔子思想的特点既然基本上是保守的，就无所谓“演变”。孔子生平最强调的“礼”“孝”“中庸”等，都是他始终如一的重要思想。即使“仁”是他晚年对“礼”的补充，但“仁”仍然是以孝悌为本，以复礼为实的。这是我们要知道的第一点。

孔子一生有一个特点，即在政治活动上多挫败，教育工作上颇成功；然而正是由于前者，才有后者。这是我们要知道的第二点。

如同世界上的一切事物一样，孔子思想体系是可以分析的。孔子宣扬传统思想有毒素，而保存文化遗产有功劳。两者结合在一起，一身而二任。对此，我们必须辩证地看待，切忌形而上学地否定一切和肯定一切。这是我们要知道的第三点。

孔子的家世是从天子而国君而大夫，到本人下降为士，一层一层地走下坡路。少年时期的孔子，比其祖先中任何一代的政治地位都要低下，故自叹：“吾少也贱!”这里的所谓“贱”，是与天子、国君、大夫相比较而言，而不是说比当时的平民为“贱”，或者“贱”到像当时的平民一样了。不辨此点，就会像金兆梓先生《孔夫子平议》一文所描写的那样，误以为孔子是“上无片瓦，下无寸土”的可怜虫了。孔子少时贫贱，思想可能比较开明一点；中年以后，生活与地位步步高升，做过大官，思想可能有所倒退，如自称“以吾从大夫之后，不可徒行也”，做了大夫以后就要摆大夫的官架子了。但这些并没有引起质的变化。无论如何，孔子总是“圣人”即殷天子的后裔、国君大夫贵族的后代，何至于一贫如洗？哪能前后判若两人？至于他的核心思想，更是贯彻始终，从未发生大变化。这是我们要知道的第四点。

此外，还必须指出，“十年动乱”时期“四人帮”捏造的所谓“儒法斗争”史，实质是借孔子来影射当代的革命家，旨在反对当代的革命家而不在反对孔子。粉碎“四人帮”后，文化界有些人上了大当，误认“四人帮”是真正反对孔子，于是反其道而行之，出现了全盘肯定或基本肯定孔子的倾向。如有的夸大孔子的枝叶思想（如三代的礼各有“所损益”），而不顾及其根本思想（如三代的礼相“因”，即使到了“百世”也还是“可知”）。早在60年代初，已经有人这样宣扬过。真不辨主次，颠倒本末。在一次孔子学术讨论会上，有人发言否认孔子有轻视劳动、歧视妇女的思想，更有甚者，竟美化孔子是劳动人民利益的代表者。其他宣传孔子而不实事求是的，也大有人在。这是我们要知道的第五点。

正基于上述情况，当孔子基金会决定出版《孔子研究》季刊，邀我为创刊号写一篇文章，我想借此机会，衷心希望并祝愿《孔子研究》能办成“百家争鸣”的园地。从孔子到战国时代，是“百家争鸣”的时代。诸子蜂起，议论纷纭，孔子不过是其中一家之言。我以为，我们今天研究孔子，不能再走“独尊儒术，罢黜百家”的老路。听说有一个孔子研究机构，有人公然主张凡不赞成肯定孔子者，概不许参加该机构的活动。这话如果是真的，不是有背“诸子百家”的时代精神么？在孔子研究中，对孔子全盘肯定的人很多，但持基本否定态度的人也不少，历来如此。今天如果只许尊孔，不许反孔，那就是在社会主义社会里，恍惚出现了康有为、陈焕章主办的孔教会、孔教大学，令人难以理解。孔子礼教在中国确实起了宗教的大作用，但其本身还不是宗教。即使是宗教，在今天也还有尊它、反它的两种自由，何况研究孔子呢！

（载于1986年第1期）

经典链接

子贡问君子。子曰：“先行其言而后从之。”

——《论语·为政》

司马牛问君子。子曰：“君子不忧不惧。”曰：“不忧不惧，斯谓之君子已乎？”子曰：“内省不疚，夫何忧何惧？”

——《论语·颜渊》

子路问君子。子曰：“修己以敬。”曰：“如斯而已乎？”曰：“修己以安人。”曰：“如斯而已乎？”曰：“修己以安百姓。修己以安百姓，尧舜其犹病诸！”

——《论语·宪问》

进一步深化对孔子的研究

毛礼锐

《孔子研究》创刊，是学术界的盛事，我表示热烈的祝贺！研究孔子的春风遍及神州大地，这对于当代振兴中华、发展经济、加强改革，必将发挥重大的作用。

孔子是中国古代伟大的思想家、教育家。他的学说以“仁”为核心、以“礼”为规范、以“中庸”为方法，重视人自身的价值和社会生活的和谐。他整理修订古代典籍、为保存和发展中国历史文化做出了不可磨灭的贡献。他首创私学，实行有教无类，几十年如一日诲人不倦，培养了三千弟子、七十二贤才，同时总结出大量的教学理论原则和方法。孔子创立了儒家学派，其学说对中国古代哲学、政治、经济、文化、教育以及社会生活、风俗习惯的影响之大，是中国历史上其他任何思想学说所不能相比的。

自汉代以后，历代统治者打着孔子的旗号宣扬封建礼教，在历史上当然具有消极的、反动的影响；但孔子本人的思想学说是一份宝贵的文化遗产。我们必须把作为封建统治者树立的政治偶像的孔子与作为思想家、教育家的孔子本人严格区分开来。“五四”运动提出“打倒孔家店”的口号，正是要推倒象征封建统治精神支柱的这一政治偶像，这是完全正确的，但由于没有掌握好政治斗争需要与学术文化研究的界限，发生过全盘否定孔子的倾向，这一倾向一直延续到新中国成立之后，成为深入开展孔子研究的阻力。“十年动乱”中捣毁孔子的塑像，毁坏许多文物古迹，拥护或反对孔子竟成了衡量人们政治立场和态度的分水岭。时至今日，清除“左”的流毒的任务不能说已经完成，对这些问题如不弄个明白、分清是非，那么孔子研究还是难说有保证的。我们要继续努力，本着尊重历史的态度，应用历史的科学的方法，尽可能如实地还他以历史的本来面目，给他以应有的历史地位和评价。对于研究中不同的观点和方法，则应本着“百家争鸣”的方针，开展讨论和交流。

孔子所创立并为历代思想家所发展的儒学，固然有宣扬封建礼教压迫人民的一面，但亦非全无积极作用可言。

第一，儒学本身的非宗教性特点，使之成为反对神学迷信、抵御宗教势力统治社会生活的有力武器。从孔子“罕言命”“不语怪力乱神”开始，儒家总是立足于现实世界，而不是把希望寄托于“来世”或“彼岸”。所谓“天命”在孔子那里也不过是“人事”的一种反映而已。儒家关于政治和道德的规范准则，都是出自社会生活的现实需要，而不是出自神的意志和要求，与宗教教义有本质区别。早在四百多年前来华的西方传教士利玛窦就看出了儒家这种非宗教性的特点，他认为所谓儒教“只是为正统政府和国家普遍利益建立起来的一个学派”而已，这一判断是正确的。实际上，除汉代一些谶纬家曾把孔子的形象加以神化外，无论是封建统治者还是一般民众，都把孔子看作圣人而不是神。“至圣先师”这一谥号即说明孔子是一个伟大的思想家、教育家，而不是宗教教主。在中国近代史上，有人企图把孔学变为孔教，以便为他们的反动政治服务；也有人借口反对孔教而反对孔学，所以儒家的非宗教性是我们今后要研究的课题。中国没有像世界许多国家那样使宗教处于支配地位，儒学的抵制起着关键的作用。

第二，儒家重集权，大一统，尊尊亲亲，扬上抑下，且有一套完备的等级制度和伦理纲常，这固然是为维护封建统治服务的，但对于约束人们的越轨行为，确定人们的社会联系规范，以利社会秩序的稳定，也不无好处。像中国这样一个幅员辽阔的多民族的大国，在古代那种交通落后而自给自足的小农经济又占主导地位的状况下，能够长期维持统一局面，如果没有儒家思想作为联系整个社会的精神纽带的话，那简直是不可思议的事。只要和中世纪西方各国的情况作一比较，就不难发现儒家思想在维护中华民族的统一和稳定方面所起的巨大作用。

第三，孔子整理修撰的“六经”，本是上古文化典籍的精华。六经作为儒家经典，成为后世学人治学之本，它不仅是国家培养人才和选拔人才的基本依据，也是一切学术文化的出发点。经学的影响涉及古代哲学、经济学、法律学、历史学、文学以至自然科学和艺术各个领域，尽管它有着许多糟粕，但它毕竟是有其丰富内容并且具有深远社会影响的，如果全盘否定儒学的历史作用，就难以解释为什么中国古代会出现那样灿烂多彩的民族文化。

第四，儒家讲德政、重教化。自孔子开始，儒者都是一边治学，一边收徒传道授业。儒学占据统治地位后，教育事业得到国家高度重视，出现了各级各类的学校和各种各样的办学形式，大学小学、国学乡学、官学私学，还有律学、武学、书学、算学、医学，等等，杰出的教育家和教育理论著述更是数不胜数。我国古代教育事业的高度发达，在当时世界上是首屈一指的，这也不能不联系到儒家思想的影响。

举以上例子是想说明，去粗取精地继承孔子与儒学是必要的，发扬孔子与儒家学说中的积极因素是有根据的。

党中央要求我们努力进行具有中国特色的社会主义现代化建设。既然是中国式的现代化，就离不开民族的固有特色，这就需要了解历史，掌握事物的因袭关系。割断历史、否定历史是不利于现代化建设的。尤其是精神文明的建设，更是离不开继承有价值的传统文化和道德风尚。例如“从我做起”这一口号，和孔子所说的“君子求诸己”，在形式上是很相像的；一些商业部门为改善服务态度而开展的“假如我是一个顾客”的活动，实际上也是渗透着孔子“己欲立而立人”这一思想的。我国本来就是被称为“礼仪之邦”的文明古国，如果我们能努力继承和发掘民族的文化遗产的话，对现代化事业是大有裨益的。此外，孔子提出的一系列教学原则和方法至今仍有生命力，如学与习、学与思、学与行的结合，循循善诱，举一反三，因材施教，等等，关键在于如何把这些原则切实地运用到现代的教育活动中去，这正是我们结合现代化建设的需要来研究孔子教育思想的重要课题。孔子的“学而不厌，诲人不倦”的求学和教人的精神更值得提倡，缺乏这种精神，教育是办不好的。

衷心祝愿《孔子研究》在推动全面地、科学地研究孔子、儒家，发掘中华民族的传统文化思想遗产为现代化事业服务方面，做出重大贡献。

（载于1986年第1期）

谈谈孔子研究

王　明

章学诚说："六经皆史。"其实，先秦的《论语》《孟子》《墨子》《老子》《韩非子》等诸子百家的书都是史。盖古人未当离事而言理。事，是古代存在的事；理，也是古人认识的理。事与理，皆是往古的遗编。总名之曰古代先民的文化，质言之，皆史也。

凡是历史上杰出人物或者著名的学术著作，都应做历史来研究。就是把他（它）放在当时特定的历史条件下去研究。只有这样，才能显示出人物的时代精神和著作的风貌、特点。

无论六经或诸子百家的书，大抵言简意赅，加以古文古辞，每有奥僻艰深之感，后人理解颇不一致。所以后世学者往往有传、注、义疏之类的撰述。我们研究六经和诸子百家的书，凡有传、注、义疏的应尽量参考前人的说法，但要细心考察、甄别正确与否，别轻信前人的解说而受束缚。也不要追赶时髦，替古人穿上现代的服装，扮演现代人的角色。

研究历史，力求探索当时社会结构中各类别各层次表现的形态，依据历史唯物主义的原理和方法，首先还它个本来面目。然后在总体了解的基础上，别类分门，进行科学的剖析和客观的评价，汲取精华，扬弃糟粕，总结经验，古为今用。

历史文化的形成，有它自己相对的稳定性。这种相对稳定性表现为历史阶段性。所谓历史阶段性就是表示此一历史阶段跟前一阶段和后一阶段的主要内涵有所不同。这是指纵向发展情况说的。还有横向的一面，在同一时代里，这个地区跟那个地区的文化有所不同，这一家跟那一家的思想爱好风尚也不一致。由此形成的思想文化是五颜六色，是多样性的。

五颜六色多样性的思想文化不会一成不变，永恒如此。它是在某一社会思潮或外来文化的影响下，交互错综地演变着。一家一派的思想文化在演变过程中，有的被摄取、融化、继承，发扬光大；有的被厌弃、遗忘，逐渐淘汰；也有的学术价值一时未被充分认识或者其他原因，以致湮没一些时候，后来被挖掘出来了。我们试看谁家的思想文化合理性最多（或者说较多），影响社会生活最深，乐为后世众人所接受，表明它的生命力最强。当然，这里说合理性最多，并不排除存在着非合理性的乃至腐朽的东西，只是相对地说有多有少、有主有次罢了。世间的事理是挺复杂的，绝对纯粹的东西几乎没有。

孔子生当春秋末叶，社会政治动荡不定，思想矛盾重重。他毕生的主要贡献在思想文化和教育方面。他开创儒家学派，到战国时已号称“显学”，往后，这个学派历二千余年而未竭，远播亚洲诸国，影响很大。它的思想、作用和得失，值得深入探讨，认真总结。当学在官府的时候，他却首倡私人教学的风气，以学而不厌、诲人不倦的模范行动，实行有教无类，造就了大批人才。在学问方面，强调学习和思考并重，不耻下问，多闻阙疑，坦率承认：知道就知道，不知道就不知道。在学问上绝不弄虚作假，强不知以为知。在政治伦理思想方面，特别反复宣扬“仁”，注重“德”。孔子的仁和德的学说，在历史上既有所继承，又有所创新，构成一个庞大的理论体系。晚年整理古典文献，即后来所谓经书，是我国文化史上首批宝贵的精神财富，建立了不可磨灭的功绩。

孔子不仅对于整理古文化、传播古文化有巨大的功劳，而且他本人的文化素养也是异常深厚和突出。他的文化素养同时代生活紧密地联结在一起，表明他不但具有浓郁的历史兴趣，而且有敏锐而丰富的生活的现实感。比如，子在川上，叹曰：“逝者如斯夫，不舍昼夜！”从川水的不停流动，感悟人生应当自强不息。又说：知者乐水，仁者乐山，知者动，仁者静。把知者动态的个性描写为像流水一般，把仁者静态的个性描写为像高山那样，一个人既知且仁，就兼备像高山流水那样动态和静态的性格。他把人生乐观进取的精神描述为：发愤忘食，乐以忘忧，不知老之将至！岁寒，然后知松柏之后凋也。从隆冬严寒季节的青松翠柏启示着人们坚贞不拔的情操。马厩着了火，他只问伤人乎，不问马。自然流露出人道主义的心声。他认为，人有过错，不怕改正；有过错而不改正，那才是无可救药的过错了。他怀着现实主义人生的态度，并不理会将来会怎样死去，所以坦然说：“未知生，焉知死?”在人生匆匆的征途上，要做的事情太多了，对于那虚无缥缈的鬼神，简直不值得奉承：“未能事人，焉能事鬼?”他教人读诗、学文化，不是为学文化而学文化，是想达到“思无邪”的高尚境界。总之，像这样那样放射着智慧光芒的言论还有许多。无可讳言，暗淡无光甚至纰缪的偏见也有不少。当然，一个历史人物的言行总不免带着一定时代和一定阶级的烙印。优点和缺点往往交织在一起，积极因素和消极因素同时存在，科学研究的任务，就是要精心剖析它，客观评判它，使之成为人们可以借鉴的精神财富。

（载于 1986 年第 1 期）

要在吸取精华

杜任之

孔子是中国伟大的政治家、思想家、教育家和道德家，是儒家学派的创始者。他的基本政治主张是民本主义和天下为公的思想。研究孔子，就要善于吸取其各个方面的精华。

历史上有两个孔子，一个是被歪曲的孔子，一个是孔子本人。孔子的孙子和西汉的董仲舒都歪曲过孔子的思想和政治主张，宋代理学家吸取佛教教义对孔子进行歪曲，后来也不断有人对孔子做这样那样的歪曲。研究孔子要对孔子的著作做慎重的考辨，要把歪曲的纠正过来。例如《论语》上说“民可使由之，不可使知之”，实际上是民本主义思想的表现，是说人民同意、赞成的要“由之”即听从，人民不同意不赞成的要“使知之”即加以教育和开导。可是后被歪曲为封建专制的愚民政策，把孔子思想的精华恰好说成了糟粕。

在人生观方面、做人处事方面，孔子的“忠恕”之道是指尽天职负责任，“恕”正是他所说的“己所不欲，勿施于人”。“礼”是告诫人们，要使自己的行为符合客观实际要求。可是有人形而上学地把孔子的“礼”说成是“周礼”。按照这种简单的逻辑推理，又把“克己复礼”曲解为是要恢复西周奴隶制。“克己复礼”中的“复”字，不是恢复，而是回复、复合，即行为与行动规范相合。“克己”是严格要求自己。

《孔子研究》应该坚持“双百”方针，引导人们进行讨论。对孔子思想中的精华要认识，要肯定，要吸取，要发扬，要古为今用。使它为我们今天的物质文明建设和精神文明建设，为当前建设有中国特色的社会主义服务。这是研究孔子所必须遵循的一条基本方针。所谓糟粕可暂存而不论。建议《孔子研究》探讨如下一些课题：一是孔子新传。对孔子的政治思想、道德学说、教育学说进行系统的研究。二是孔子的哲学思想。着重研究他的总的方法论——中庸之道。三是孔子的政治思想。“庶、富、教”三部曲及“足食”“足兵”为立国之道的思想应当加以研究。四是“仁”。这是孔子的思想核心，要做系统研究。五是道德思想。把他的为人同道德联系起来研究。六是孔子的教育思想。孔子是伟大的教育家，他一生从事教育，是中国教育的先驱，他的教学方法有很多辩证法内容，应做系统的研究。七是孔子的人才思想。他很重视人才，主张选贤任能，这是要着重研究的。

总之，研究孔子的目的，在于发扬孔子思想中的精华，为两个文明建设、为建设有中国特色的社会主义现代化服务。

（载于 1986 年第 1 期）

经典链接

子曰："人能弘道，非道弘人。"

——《论语·卫灵公》

子贡曰："如有博施于民而能济众，何如？可谓仁乎？"子曰："何事于仁，必也圣乎！尧舜其犹病诸！夫仁者，己欲立而立人，己欲达而达人。能近取譬，可谓仁之方也已。"

——《论语·雍也》

颜渊问仁。子曰："克己复礼为仁。一日克己复礼，天下归仁焉。为仁由己，而由人乎哉？"颜渊曰："请问其目。"子曰："非礼勿视，非礼勿听，非礼勿言，非礼勿动。"颜渊曰："回虽不敏，请事斯语矣。"

——《论语·颜渊》

研究孔子的态度和方法

张　健

我们应该用什么态度来研究孔子呢？我认为，对孔子要本着实事求是的科学态度，按照马克思主义历史唯物主义观点，全面考察和研究孔子在中国封建社会初期历史发展过程中所处的社会地位和所起的正反两方面的作用，他的哲学思想、政治主张、教育学说对于中华民族的历史发展究竟起过哪些进步作用，又有哪些保守的消极因素；孔子学术思想中哪些是民主性的精华，哪些是封建性的糟粕。对这些问题都要进行认真、细致的科学分析。今天为了适应社会主义精神文明建设的需要，我们既反对采用民族虚无主义态度，把孔子打入十八层地狱；又反对把孔子捧上九天，成为至高无上的“神”。而应该采用实事求是的科学态度，还孔子以历史的本来面目。

研究孔子最好的方法是一分为二的辩证的科学方法，即取其民主性的精华和去其封建性的糟粕的科学分析的方法。在运用辩证的科学分析的方法来研究孔子学说的过程中，还要注意这样五个问题：第一，要运用历史唯物主义方法具体分析和区别孔子学说对社会历史发展所起的进步作用和阻碍作用；颂古非今和颂今非古地割断历史的方法，都是不科学的。第二，要区别和分析孔子在政治思想上保守性多于进步性和他在教育上进步性多于保守性。这里我们要学习恩格斯一分为二地对待法国大文学家巴尔扎克，既指出他在文学上的巨大功绩，又指出他在政治上是保皇党的做法；学习列宁实事求是地对待普列汉诺夫，既肯定他在创办“劳动解放社”和在俄国首先传播马克思主义的伟大功绩，又指出他在晚年追随孟什维克时所犯的政治错误的做法。对待孔子再不能受“左”的思潮影响。只看到他在政治上保守性、被历代统治者利用的一面，对他的学术贡献一概抹杀的简单做法是违反历史唯物主义的。第三，要区别和分析孔子本人在当时历史条件下的学术思想和实践效果，要本着实践是检验真理的唯一标准来评价孔子在当时的功与过，要区分它和后人强加在孔子身上的评价（无论是拔高或压低）有何异同；不考虑历史背景把什么功劳或过失都强加在孔子身上的方法，不是实事求是的科学方法。第四，要贯彻百花齐放、百家争鸣的方针，要注意国内外研究孔子学说的各个学派的不同观点和成就：只有发扬学术民主，互相商讨研究，才能有利于孔子学术思想研究工作的顺利开展。第五，要贯彻理论联系实际和古为今用的原则。如孔子有许多具有民主性的精华的格言，研究孔子学术思想，可以利用这种旧形式，注入社会主义、共产主义思想的新内容，使我们有理想、有道德、有文化、有纪律的教育收到更好的成效。

（载于 1986 年第 1 期）

经典链接

子夏曰："仕而优则学，学而优则仕。"

——《论语·子张》

子路问曰："何如斯可谓之士矣？"子曰："切切、偲偲、怡怡如也，可谓士矣。朋友切切、偲偲，兄弟怡怡。"

——《论语·子路》

子贡问曰："何如斯可谓之士矣？"子曰："行己有耻，使于四方，不辱君命，可谓士矣。"曰："敢问其次。"曰："宗族称孝焉，乡党称弟焉。"曰："敢问其次。"曰："言必信，行必果，硁硁然小人哉！抑亦可以为次矣。"曰："今之从政者何如？"子曰："噫！斗筲之人，何足算也。"

——《论语·子路》

怎样研究孔子

周谷城

研究孔子，各人有各人的方法。假如我要研究孔子，我将注重如下的几个方面：

（一）整理文字，也就是考证训诂工作。这样的工作，清朝人做得多，如所谓《皇清经解》《续皇清经解》，都是大部头书，都是训诂考释的研究成果。自从俞樾的《群经平议》《古书疑义举例》以后，我满以为这样的研究以后再没有什么用武之余地了。谁知不然。即以于省吾先生的几种新证而说，新成果仍很多；就事实的需要说，整理文字的工作，确实还有活动的余地。例如《周易》与《尚书》，学者如有雅兴，未尝不可再做一做文字整理的工作。

（二）分清派系，也就是明确孔子的学术系统。《庄子·天下》篇里所说孔、老、墨，当然是三大派；孔派究竟指的是些什么，也并不容易指陈明白。太史公谈《论六家之要指》，举出了阴阳、儒、法、名、墨、道德诸家。在这六家之中，孔子当然要被排在儒家之中。但儒家本身究竟是什么，也并不是很容易说得很清楚的。学者如有雅兴，亦未尝不可就所谓儒家再来一次深入钻研工作，把自孔子以后直至近代的所谓儒家来一个彻底清理。学者们或者会说，这样的研究都是“外的”，未免无聊。果真如此，我们又未尝不可做一点“内的”工作，把儒家思想体系讲个明白。或者又会说这更加无聊。果真如此，我们又未尝不可做一点创造性的工作，自成一家之言。

（三）研究孔子或儒家的影响。我曾不揣冒昧，有一次说孔子或儒家曾被人利用来反对佛教的，韩愈的《原道》就是这样做的。这样做，可以说孔子或儒家有维护民族的作用。我又说过，孔子或儒家曾被人利用来反对耶教，曾国藩反太平天国，张之洞以中学为体、西学为用，都是以“儒”反“耶”的。这样做，也可以说孔子或儒家有维护民族的作用。这是很具体而通俗易懂的，也未必有很多人相信。我又说过：孔子或儒家从来就是保护统治阶级的，这当然不错，但也不一定没有异议：有人说某朝是用儒家为统治工具的，又有人说某朝是用法家为统治工具的，某朝儒法并用，某朝阳儒阴法，不同的说法还很多。不过这并不要紧；不同的说法代表了不同的思想，不同的思想其本身仍是值得研究的。也许，研究者多，说者不一，反足以证明孔子或儒家仍有力量，仍值得研究，甚至可以研究出崭新的学术思想，以丰富祖国的学术史。

（载于1986年第2期）

经典链接

子曰："道千乘之国，敬事而信，节用而爱人，使民以时。"

——《论语·学而》

子夏为莒父宰，问政。子曰："无欲速，无见小利。欲速，则不达；见小利，则大事不成。"

——《论语·子路》

子贡问政。子曰："足食。足兵。民信之矣。"子贡曰："必不得已而去，于斯三者何先？"曰："去兵。"子贡曰："必不得已而去，于斯二者何先？"曰："去食。自古皆有死，民无信不立。"

——《论语·颜渊》

季康子问政于孔子曰："如杀无道，以就有道，何如？"孔子对曰："子为政，焉用杀？子欲善，而民善矣。君子之德风，小人之德草。草上之风，必偃。"

——《论语·颜渊》

已具备了研究孔子的条件

任继愈

孔子生于鲁国，他的影响和名声遍及全世界。中国出了孔子，是中国人的骄傲。

孔子一生想行周道于东方，没有办到；他不曾想到要当“万世师表”，却被后人尊奉为“万世师表”。这样的“历史的诡谲”，正是历史学家发挥才智、施展手段的地方。

孔子没有成为第一流人物的时候，没有人想假借他的名义去推销什么主张。他成了第一流人以后，麻烦也跟着来了。有许多儒者都自称得到了孔子的“真传”，代表孔子发言，贬斥他人为伪学。

孔子后来被捧为“圣人”，高与天齐，不可逾越。甚至有人扬言以“半部《论语》治天下”。这是孔子的悲剧，当然这不是孔子的责任。

“五四”以后，孔子才算安放到合理的地位，从“神”还原到人。科学地研究孔子才有可能。因为，研究某一对象，总要先对它进行了解、观察、分析，提出怀疑。任何被崇拜的对象是谈不上做科学研究的，只能顶礼膜拜，怀疑“圣人”那是大逆不道。这是封建时代无法对孔子进行研究的根本原因。

除了历史上遗留的、堆积的许多思想上的条条框框以外，还有各个不同时代的政治要求和限制，也妨碍了对孔子的研究。“古为今用”是现代人提出的，实际上古人早已这样办了。从汉朝开始，到“五四”以前，又有哪一个朝代的统治者不是为他们各自的“今”来发挥孔子的学说呢？历代所谓《春秋》“微言大义”，都是历代的“古为今用”。

我们学术界对古代的社会、历史以及古代的文化了解和考察得还很不全面。对大环境了解得不深不透，限制了人们的视野，影响了对局部的了解。反过来，对局部问题研究得不深不透，对全局也难以做出合乎实际的判断。局部和整体的关系本来是相制约、相促进、相补充、相渗透的。人类的认识史就是这样走过来的。

孔子的科学研究，只有在今天才具备了起步的条件，社会科学界今天才是最好的时期，我感到我们赶上了科学研究的黄金季节，目前已有了“百家争鸣”的环境。国内的各家各派可以畅所欲言，国外的学者也能参加辩论。春秋战国时的“百家”还只限于“九州”之内，现在的“百家”扩充到“四海”之外。

作为中国的马克思主义者，在研究孔子这个领域里，已经找到了一条道路，那就是以马克思主义的普遍原理与中国社会历史发展的实际相结合，必将带来巨大的收获，两者结合得越好，收获也将越大。过去三十多年，学者们做了大量的工作，有成功的尝试，也有失败的尝试。不论成败，都可以从中得到教益，可供参考，可供借鉴。

对于孔子的研究，不光是中国人的事，也是全世界关心文化事业的学者的事。孔子生于中国，其影响却不仅限于中国。作为中国学者，我们负有更重的责任，因为孔子对中国的影响，到今天还有作用。当然，我们不应当“包打天下”，学术乃天下之公器，真理是客观的，不能随行就市，任意抑扬。我们的研究成果要经得起后人的考验，也要经得起全世界学人的考验。看来，任务是艰巨的，也是长期的。科学研究没有平坦的道路，但总得由人来走。

（载于1986年第2期）

经典链接

子曰：“君子不重则不威，学则不固。主忠信。无友不如己者。过则勿惮改。”

——《论语·学而》

子曰：“君子义以为质，礼以行之，孙以出之，信以成之。君子哉！”

——《论语·卫灵公》

还孔子以历史的本来面目

邱汉生

孔子是中国历史上的伟大人物。他生活在春秋晚期，距今已有二千五百年，但他的思想仍然像空气一样弥漫在我们周围。因此，孔子对我们来说，仍然是迫近的存在，而且对今后的历史还将有长期的影响。

对孔子的评价，尊之者、贬之者，代不乏人。孔门弟子对孔子自然很尊敬。颜渊、子路、子贡、曾参、子夏、有若、闵子骞、子游、子张、漆雕开、公西华等，都以孔子为圣人。这自不待言。当时的诸侯、士大夫，也多有尊敬孔子的。也有人贬抑孔子，墨翟、庄周持批评态度，话说得很尖刻。法家申、韩也不满孔子。一些隐者，如长沮、桀溺、荷蓧老人、楚狂接舆等，则对孔子有所讥议，也表露景仰与同情。这是当时的人们对孔子的看法。

孔子逝世后，鲁国“世世相传以岁时奉祠孔子冢”，“至于汉，二百余年不绝”。司马迁说：“余读孔氏书，想见其为人。适鲁，观仲尼庙堂，车服礼器，诸生以时习礼其家，余祗回留之不能去。”“孔子布衣，传十余世，学者宗之。……中国言六艺者折中于夫子。可谓至圣矣！”（《史记·孔子世家》）

司马迁生活在汉武帝接受董仲舒建议、罢斥百家独尊儒术的时代，其尊孔子为“至圣”自可理解。而后二千年，儒术独尊，屹然不变。唐韩愈创道统说，推尊孔子在道统中的崇高地位。宋明道学七百年，儒家学说是统治思想，谁也不能背离。而自汉以后，经学成为官学，读书人唯以穷经为职志，以纂述儒经为大业。即以经典传注而论，或为唯心主义，或为唯物主义，而皆宗师孔子，不敢以异端自居。

然而历代也有贬低孔子的。东汉王充，居然问孔。三国嵇康，竟以六经为长夜。唐之李白，乃谓“我本楚狂人，凤歌笑孔丘”，以楚狂接舆自拟。明代李贽，不以孔子之是非为是非。这些议论都为正宗儒学所不取。

近代世变日亟，西学东渐，儒学益为人诋毁。康有为倡为新说，著《孔子改制考》《新学伪经考》，鼓吹变法，不惜力反前儒之论。谭嗣同著书，以《仁学》名篇，则以儒学杂于西学，要亦只是一家之言，不是孔门仁学本义。“五四”运动，吴虞昌言打倒孔家店，与批判封建礼教相结合，学术界靡然从风，孔学乃日益支离。读经尊孔，为世诟病。只有袁世凯之流，阴谋窃国，乃借尊孔以自标帜，有识之士无不嗤之以鼻。

二千年来的尊孔、贬孔，歪曲了孔子的形象，在人们的心目中造成了不符合实际的印象。这是需要今后做一番“别伪存真”“去芜取菁”的工作的。

研究孔子，先应该把孔子的言行收集起来，编印成书。这是研究的凭借。否则，徒具杯盘，而无肴饭，吃什么呢？宋朝的杨慈湖从先秦、汉初的儒家著作中辑成了《先圣大训》多卷，为研究孔子思想提供了方便。他虽是心学，有所偏颇，但基本态度还是客观的。他辑集《先圣大训》的目的是伦理的，而我们辑集孔子言行的目的则应是历史的。涤除涂饰，廓清迷雾，还孔子以历史的本来面目。

研究孔子，指导思想是历史唯物主义。把孔子这位伟大的历史人物放在当时的历史条件来考察，是在怎样的经济、政治条件下孕育、产生了孔子的？经过怎样的努力，他接受了先代文化，逐渐培养成长起来的？在政治上，他的理想怎样？为了实现理想，他做了什么努力、进行了哪些活动？在文化教育上，孔子有哪些贡献，做了哪些工作？孔子的伦理思想、道德教育有什么特色？孔子的弟子有哪些政治活动？有什么文化教育活动？有什么贡献？孔子在春秋晚期的政治、文化、教育上处于怎样的地位？孔子对后世的影响怎样？今天给孔子以总结，继承其什么样的“珍贵遗产”，才能有助于精神文明的建设？对其封建性糟粕应怎样分析批判，才能使我们健康地前进……诸如此类，都是有关的学术工作者所应研究探讨的问题。前几年，蔡尚思先生写了《孔子思想体系》，匡亚明先生写了《孔子评传》，为我们的研究工作开了先路。相信我们的学术界将有科学的、实事求是的文章和专著继踵而兴，把孔子研究推向前进。我深信，孔子研究的每一点成就，将有助于中国思想文化探索的深入。

（载于1986年第2期）

试论孔子的大同思想

陈景磐　王　彬

孔子现在正为世界许多国家有识之士所公认，作为世界历史上最杰出的伟人之一，我国近年来也逐渐克服了过去盲目尊孔或反孔的倾向，采取了比较实事求是的科学态度和思想作风，对孔子的思想做比较公正的批判继承和发展。

近年来对孔子的研究还开了不少学术讨论会，发表了不少质量较高的研究文章或专著，但对孔子遗留下来的一种“非常宝贵”的遗产——“大同”思想，似乎重视很不够，很少发表有关这方面的论文或论著。新中国成立初期在《光明日报》和一些其他报纸杂志上还可以看到几篇有关孔子“大同”思想的文章，对大同思想某些问题还展开了一些争论，但主要涉及《礼运》篇的真伪等问题，很少有人对这篇文章的内容实质及其重要意义做更多的探讨。最近匡亚明同志出版了一本关于孔子问题的划时代的比较全面的专著——《孔子评传》，在这本书里，他对孔子的“大同”思想充分地加以肯定，并且认为《礼运》这篇文章虽然晚出，但“无论从内容上还是时间上，都可以确定《礼运》篇所载‘大同’、‘小康’思想，是可以反映孔子的真实思想的”，“和孔子思想一脉相通，因此可以看作是孔子思想的重要组成部分”（见该书第252、7页）。据说，在美国现在有一些研究孔子的学术机构，就是把发扬孔子的“大道之行，天下为公，实现世界大同”作为宗旨的。在“世界和平年”来到之际，对孔子的大同思想做一些研究，我们觉得还是有一定的现实意义的。

一

孟子说孔子是“圣之时”，鲁迅先生曾解释为“摩登圣人”（《现代中国的孔夫子》），他不满现状，“对当时社会要加以改革”（《流氓的变迁》）。孔子是一位社会改良派，他和其他许多当时比较进步的思想家如管仲、墨子等人一样，不是正面地和当时统治者进行不妥协的革命斗争，而是如马克思主义创始人所说的，“战战兢兢地请出亡灵来给他们以帮助，借用它们的名字、战斗口号和衣服”①，证明他们的改革运动思想，正是符合先王之道。孔子的“祖述尧舜，宪章文武”（《中庸》），也不外是一种“托古改制”，借用尧舜文武等的“名字、战斗口号”，为他现实的政治斗争服务。

孔子把尧舜作为“圣王”，文武作为“君子”（禹、汤、文、武、成王、周公号称“六君子”，见《礼运》篇）。他把“所传闻世”的尧舜时期的原始社会理想化，称之为“大同”社会，作为他的政治、社会理想的最高境界；把“所闻世”“六君子”统治时期，尤其是西周初年的文、武、周公之治，称之为低一级的“小康”社会，并把它作为自己奋斗的社会政治理想的近期目标。他对尧舜“圣人”的大道只是进行一些宣传（“祖述”），而对文武等“君子”之道则要努力实行（“宪章”）。他说：“圣人吾不得见之矣，得见君子者斯可矣。”（《论语·学而》。下引《论语》只注篇名）又说：“齐（代表当时所见的‘据乱世’）一变至于鲁（代表周公统治时期所闻的‘升平世’的理想的‘鲁’），鲁一变至于道（代表所传闻的唐虞时代的‘太平’盛世）。”（《雍也》）他认识到社会如同自然流水的现象一样都是不断地“不舍昼夜”地“变”（《子罕》）。他所宣扬的“道”，不是如许多后儒所强调的“天不变，道亦不变”，相反，他强调“人能弘道，非道弘人”（《卫灵公》）。道是人为的，不是天定的，是按条件不断变动发展的。这就是他所发动的社会革新运动的一种重要的思想基础。

《礼运》篇所描绘的“大同”理想的蓝图是：

> 大道之行也，天下为公，选贤与（举）能，讲信修睦，故人不独亲其亲，不独子其子，使老有所终，壮有所用，幼有所长，矜寡孤独废疾者皆有所养。男有分，女有归。货，恶其弃于地也，不必藏于己；力，恶其不出于身也，不必为己。是故谋闭而不兴，盗窃乱贼而不作，故外户而不闭。是谓大同。

现按其政治、社会、经济、社会效果四个方面，简单地分述如下：

1．政治方面

所谓“大道之行也”，就是孔子的中心思想的最高的“仁道”能够得到彻底实现——“天下为公”的时代。执政者能够使一切人民的生活都能得到自由和幸福，能够“博施于民而能济众”（《雍也》）、“修己以安百姓”（《宪问》）。按孔子所传闻的尧舜基本上都能够做到这样，他们都能以“天下让”，都能像天一样大公无私，一心为人民、毫不为己来治理天下——“有天下而不与焉”（《泰伯》）。这种时代

① 《马克思恩格斯选集》第1卷，第603页。

的政治，有两种重要的特点，即“选贤与（举）能”与“讲信修睦”。

“举贤才”是孔子政治思想中的一个中心思想（《子路》），他认为政治的好坏取决于执政者人才的好坏，所以他说：“其人存，则其政举；其人亡，则其政息……故为政在人。”（《中庸》）孔子的一生主要的就是为培养治国、平天下的贤能的人才而努力。他理想的唐虞盛世就是“于斯（人才）为盛”（《泰伯》），举贤才的一种重要方法就是“选于众”（《颜渊》），这也是孔子和他的学派的一种重要的政治主张。

“信”和“睦”是孔子教育中两个最重要的道德，也是他行仁政的两个主要的内容。孔子对“信”特别重视，它包括诚实、守信用等道德品质。孔子一生最恨的就是当时为一般人所尊敬的“乡愿”，称他们是“德之贼也”（《阳货》）。最主要的原因就是他们假冒为善、不诚实、言行不一，他们是“言不顾行、行不顾言”，“居之似忠信，行之似廉洁，众皆悦之，自以为是……”（《孟子·尽心下》）孔子说：“人而无信，不知其可也，大车无輗，小车无軏，其何以行之哉!”（《为政》）睦邻友好、和平共处，也是“大道之行”的必要手段和必然结果，它的出发点就是孔子的“泛爱众”“四海之内皆兄弟也”“博施于民而能济众”等思想。总之，讲信用、爱和平是孔子和他的学派所继承和发展的中国宝贵的传统文化的一种特点。

大同之世，“天下归仁”，讲信修睦，不尚武力，不用什么棍棒、饥饿或强迫的纪律，主要是用教育的方法——“讲”和“修”，使人民能自觉地守信用，友好合作。重视教育是我国传统的政治的主要职能，尊师重道是执政者要注意的首要任务：“古之王者，建国君民，教学为先。”（《礼记·学记》）孔子就是继承和发展了这种优良的传统。他首先开私人讲学的风气，把为统治阶级所垄断的知识普及到民间，并通过他多年的教学实践摸索了许多优良的教学原则和方法，至今还有不少积极的意义。

2. 社会方面

构成一个充满着爱的社会，全社会都渗透着爱，每一个人都去爱别人也被别人所爱，让父母子女的那种自然的爱去填充整个社会。这样即达到“人不独亲其亲，不独子其子，使老有所终，壮有所用，幼有所长，矜寡孤独废疾者皆有所养”之美好境界。老年人善有所终，乐而正寝；年幼者给予教育，使其健康成长；壮年人都能有所工作，为社会发挥作用；而那些失去生活能力、孤苦无援、矜寡独寂的人，也不致被遗弃，能得到社会的良好照顾，享受着“社会福利”，男人们都有职务，女人们都有归宿，这是和平、恬静、美好生活的保证。这种社会与孔子所提倡的“老者安之，朋友信之，少者怀之”（《公冶长》）思想基本相似。

3. 经济方面

造成一种“人尽其才，地尽其利”的高度发展的社会经济。没有私人财产，全部财富归大家；没有私人遗产，一切公有，只要不随意丢弃即可，“不必藏于己”；社会上所有的人都尽自己最大努力去工作。没有懒惰和剥削，一切工作为大家。这也是与孔子的“不患寡而患不均”（《季氏》）的思想和重“民”、“食”（《尧曰》）、“庶”、“富”、“教”（《子路》）的政策有联系的。

4. 社会效果方面

实现上述理想，就能做到没有任何私心杂念，没有罪恶，没有偷盗窃杀，也用不着刑罚，甚至可以达到“出不闭户”的程度。这样的太平盛世，人民安居乐业团结友爱，是孔子非常向往的。有一次，当他的学生曾皙言志时提出了“莫春者，春服既成，冠者五六人，童子六七人，浴乎沂，风乎舞雩，咏而归”这样一个快乐安定的生活境界时，孔子一方面肯定说“吾与点也”，一方面又“喟然叹”（《先进》），大概他意识到这在当时是不可能实现的。

二

“天下为公”的“大同”社会是孔子的最高的理想，但孔子是比较注重现实的，对这种理想社会的圣人的仁道——“大道之行”也只能够说：“若圣与仁，则吾岂敢!”（《述而》）“丘未之逮也，而有志焉。”（《礼记·礼运》）他对这种社会的实现并没有抱着什么不切实际的希望，但他对《礼运》篇所记录的实际可行的近期的低一级的政治目标——“小康”社会则极力加以提倡。这种社会的理想人才，他称之为“君子”（禹、汤、文、武、成王、周公就号称为“六君子”）。他们的政治主张就是孔子要“宪章”、努力加以效法和实行的；他们的品格就是孔子常论到的、他自己愿意努力以赴的目标，也是他希望他的学生能够达到的标准；孔子教育的目的主要就是要培养士成为君子去改良当时的社会。君子最重要的品德也是仁，但这种仁与“大同”社会“大道”的仁有所不同，它是有等级有差别的：“仁之本”为“孝弟”，“仁之实”为“事亲”。“大同”社会与“小康”社会一个重要的不同点，就是在“小康”社会中，天下不是为“公”，而是“天下为家”，“各亲其亲，各子其子”；而在“大同”社会中，家族、等级的观念完全打破，仁变为大同的仁。“大同”社会与“小康”社会另一个重要的不同点就是小康社会特别重视严等级、别贵贱、维护社会秩序的“礼”。这就是《礼运》篇所强调的“此六君子者，未有不谨于礼者也”。但是孔子非常反对把这种礼形式化，只注意礼的仪式具文，忽视了“六君子”特别是周公制礼的精神。他说：“礼云礼云，玉帛云乎哉!”（《阳货》）礼之贵，不在于礼的外表，而在礼所代表的真情诚意，特别是应当注意用“仁”的精神贯输到“礼”的旧形式中来。在仁政礼治方面，孔子特别注重“和”，这就是他的弟子有若所说的：“礼之用，和为贵。先王之道，斯为美。”（《学而》）所谓“先王之道”大概就是指“六君子”，特别是周公之道。先王制礼使不同等级的人都能“和睦相处”，使社会秩序得以安定，按孔子的意见，这就是能用“仁”的精神贯输到“礼”的形式之中的自然表现和结果。孔子和他的学派实际的政治活动的方式，也体现了这种“和为贵”的精神，采取一种温和主义来从事政治革新运动，这就是子贡所说的“温、良、恭、俭、让”的政治活动方式（《学而》）。孔子的这种思想和政治活动，在当时虽然对社会的革新也起了一定的积极的进步作用，但是，他尽管尽瘁终生，实际上效果不大。他访问列国，到处奔跑十四余载去推行他的政治理想，但还是到处碰壁：“再逐于鲁，削迹于卫，伐树于宋，穷于商、周，困于陈、蔡……”（《庄子·让王》）“累累若丧家之狗。”（《史记·孔子世家》）临死前他只得哀叹：“泰山坏乎！梁柱摧乎！哲人萎乎!”（《史记·孔子世家》）

领导中国近代资产阶级民主革命的孙中山先生，也曾努力继承发展孔子的“大同”理想——我国这种传统的宝贵的文化遗产。他不止一次地全文引用《礼运》篇的“大同”理想作为他思想的一个重要的组成部分。他在晚年的时候，由于多年革命失败的经验，逐渐地认识到：在当时中国受到外国帝国主义的侵略并且他们勾结中国反动派来共同扼杀历届的革命活动的条件下，这种“大同”或“世界主义”的理想实在是无法实现的。在他逝世的前一年，1925 年，他曾总结了他十三年从事革命屡遭失败的痛苦经验，沉痛地指出，“我们中国革命十三年，每每被反革命力量所阻止，所以不能进行彻底成功”，主要是“因为军阀背后有帝国主义的援助，这样力量向来都没有人知道要打破”（《中国内乱之原因》）。所以他认为在当时的条件下要讲“大同”或“世界主义”，第一，“先要民族主义巩固才行……先要把我们民族自由平等的地位恢复起来之后，才配得来讲世界主义”；第二，必须在“强权打破之后，世界上没有野心家，到了那个时候，我们便可以讲世界主义”（《三民主义·民族主义》）。毛泽东同志也说过：“真正的人类之爱是会有的，那就是全世界消灭了阶级之后。”① 这实际上给我们指明“大同”理想的实质及其实现的根本途径。

---

① 《毛泽东选集》第 3 卷，第 827～828 页。

总之，孔子的“大同”思想是中国传统文化的瑰宝，这种思想，从孔夫子到孙中山，我们应当给以总结。批判、继承和发展这一份珍贵的遗产，对“天下为公”，世界和平做出贡献。

本文之作只是一种初探性质，希望能引起学界共鸣，作为进一步深入研究的参考。

（载于1986年第1期）

经典链接

子张问政。子曰：“居之无倦，行之以忠。”

——《论语·颜渊》

季康子问政于孔子。孔子对曰：“政者，正也。子帅以正，孰敢不正？”

——《论语·颜渊》

定公问：“君使臣，臣事君，如之何？”孔子对曰：“君使臣以礼，臣事君以忠。”

——《论语·八佾》

齐景公问政于孔子。孔子对曰：“君君，臣臣，父父，子子。”公曰：“善哉！信如君不君，臣不臣，父不父，子不子，虽有粟，吾得而食诸？”

——《论语·颜渊》

有关孔子思想中“仁”“礼”关系的一点辨析

赵俪生

一

开头的这一节，我把它作为预备节。所谓“预备节”，就是先不阐述本文作者自己的观点，而是综合介绍一下在“仁”“礼”问题上海内诸大家的一些主要观点。

冯友兰先生在1973年曾介绍他自己过去的观点。这观点是：“礼”和“仁”是思想的两个方面，其间还可能有一些矛盾（《中国哲学史论文初集》，第4页）。他当时又认为，“礼”和“孝”是孔子思想的保守方面，“直”和“仁”是孔子思想的进步方面，前者使人束缚于传统之内，后者使人自传统中解放出来。前者可以引申至于反动性，后者可以引申至于革命性（《中国哲学史论文初集》，第4页）。但1973年的冯先生在承认了“完全错误”之后，就只剩下揭露孔丘“仁”的反动本质了。假如事情只停留在这里，还会好办些。可是1981年的冯先生又在《三松堂自序》中说，1973年的他“毫无实事求是之意”，“不是立其诚而是立其伪”的（《三松堂自序》，第189页）。这一来，孔子“反动本质”云云，就算宣布为“伪”的了，那么“诚”的是什么呢？看起来，大概说“仁”可以使人自传统中解放出来，甚至可以引申至于革命性，还是冯先生的本意和“诚”意吧。

蔡尚思先生在他1981年的新著《孔子思想体系》中，有两处地方谈“仁”“礼”关系。在第一处地方，他举出两条理由：其一是当“仁”“礼”合论时，实质上是以“礼”为“仁”，纳“仁”入“礼”；“礼”是目的，“仁”是手段。其二是“仁”“礼”分论时，“礼”比“仁”更高，范围更广（《孔子思想体系》，第240~241页）。在第二处地方，可以说与第一处大同小异，大体说，“礼”是“仁”的准绳和目标。总之，在孔子思想中，“礼”是主体，故蔡先生下结论说，孔子之学是礼学（《孔子思想体系》，第 282～285 页）。为了证成如上的结论，蔡先生运用了孔学反对派韩非的论点和距离孔子二千四百年后的南通张季直（謇）的论点。

匡亚明先生在他的《孔子评传》里说，“礼”是宗法社会的一种规范，“仁”是一种人道主义思想。只有“礼”没有“仁”，社会矛盾就要激化；只有“仁”没有“礼”，上下尊卑界限就要模糊。孔子执其两端而用其中，以求达到小康社会的和谐（《孔子评传》，第 195 页）。匡先生又说，“仁”是内在的主导因素，“礼”是外在的表现形式，二者是联系在一起的。但有没有分离呢？他举出孔子对管仲的两点批评，一点说管仲以“臣”的身份，僭越地摆“君”的派头，这是严重的不知“礼”，可是他又“六合诸侯”“一匡天下”，达到了“仁”的水平（《孔子评传》，第 197 页）。须知，孔子一贯把“仁”的水平悬得很高，他的徒弟宰予、冉雍、子路、冉有、公西华都各有自己的优点，但都评不上“仁”字；楚国的令尹子文、齐国的卿陈文子在政治上各有建树，但也评不上“仁”。单单这个不知“礼”的却评上了“仁”，是不是“仁”“礼”有分离的情况呢？所以匡先生说，孔子还是把“仁”放在“礼”之上的。

以上，我做了谨慎的转介，未敢掺入任何的“褒贬”。底下，我将冒昧发表我自己的见解了。

二

我认为，孔子像公元前全世界若干大思想家那样，喜欢拿两个概念（而不是拿一个概念）去谈论问题。开始我想，这是不是二元论的提法？后来我认为，不是。因为一元论、二元论甚至多元论，是就宇宙本体而发的，“精神，还是物质？”是主要命题。我又想，这是不是两点论的提法？后来我认为，不是。因为两点论实际上就是讲矛盾统一的辩证法，属于方法论范畴。孔子所提的一对一对的概念，看起来既不属于本体论，大部分也不属于方法论，而是现实人生中的一些事情。先列举如下：

仁‖礼；仁‖知（智）；

忠‖恕；德‖刑；

义‖利；学‖思；

言‖行；直‖枉。

试想，这些二者间的关系不是一律的，而是多样的。其中有尖锐的对立，如仁‖不仁（在以上八例中我未列入）。《论语·里仁》说，“恶不仁者，其为仁矣”，可以为证。上举八例中忠‖恕一例，我不把它们当道德条目看，我倒欣赏章太炎、胡适之两家把这一对概念理解作“知内”“知外”的新义（《检论》第三，《中国哲学史》，第107～108页），是两条认识的道路。义‖利、直‖枉二例，其中寓有对立、对照之意，但不尖锐。至于仁‖礼和仁‖知（智），在我看来，它们只是一对一对被列举（或者叫并举）的概念，在正常情况下，它们是对等的；在个别情况下，也往往包含一点对照的意思。无论如何，它们不是尖锐对立的，因而说不上有什么“谁统摄谁”的问题存在。

就世界范围来说，早于孔子的波斯火祆教圣者琐罗亚斯德也提出一对概念：善‖恶，并加以神格化。善神叫玛兹达，恶神叫阿利曼。但这中间，也仅仅是对照的意思，任人选择，看你是跟着玛兹达走“善”的道路，还是跟着阿利曼走“恶”的道路。后来，晚于孔子的摩尼教圣者摩尼又提出一对概念：明‖暗，用预言方式告诉人们说，“暗”终要褪出，而“明”终将到来。我们可以不可以拿孔子的“仁”和“礼”来跟波斯宗教中的“两元”提法放在一起思考思考呢？

三

至于谈到“仁”“礼”两个概念哪个大一些，哪个小一些，哪个是高一级的概念，哪个是低一级的概念，我倒有我自己的看法。容我一步步阐述如下：

首先，我认为“克己复礼为仁”这段语录，不应该被使用来作为压低“仁”抬高“礼”的一种手段。这是一句普普通通的语录。孔子平生，按照说话时的不同场合和对象，往往从几个不同的方面去谈论同一件事；对同一概念，也往往有时当大概念使用，有时当小概念使用。譬如“克己复礼为仁”这句语录，假如允许按我的理解翻译出来的话，那么，它是说宗法贵族们，你们多少克制一点自己的贪欲，接受一点文王、周公的约束，那么你们就可以对老百姓做出一点小恩小惠（冯友兰先生讲“仁”也提到“小恩小惠”这四个字，见《论孔丘》，第54～55页）。这里讲的“礼”显然是小礼，不宜拿去大做文章。《中庸》第十二章中说，夫子之道，费而隐。什么是费而隐？注疏说，就是广大而又深微的意思。当小概念来理解，那么匹夫匹妇之愚之不肖，可以与知可以能行。但假如当大概念来理解的话，那就广大深微了，即便圣人亦有所不知、有所不能了。“克己复礼为仁”一句，并不广大深微，它是对一般宗法小贵族讲的，不宜于拿到深微的哲学家水平上去放大引申。

其次，关于“仁”“礼”是高一级概念还是低一级概念的问题，试看《中庸》中的一段话：

仁者，人也，亲亲为大。……亲亲之杀，礼所生也。（《中庸》第二十章）

这段话的意思，我的理解是，“仁”，按广大深微的大概念讲，它是某种人道主义。但把概念缩小下来，落实到具体社会中，就要按血缘分出级差。父母死了，三年之丧；伯叔死了，就减等。减等就是“杀”。杀来杀去，“礼”就出现了。试看，这里说得非常清楚，“仁”是原发概念，“礼”是派生而又派生的概念。那么，我们怎么可以说“礼”比“仁”更高、“礼”比“仁”的范围更广呢！说更高、更广，显然是从主观上非把孔子压下去不可出发的。

再次，在一些重要场合，孔子本人或孔门弟子（包括再传弟子）表述一些重要德目时，总是漏去“礼”而不漏去“仁”。举两个例子。其一，《论语》中说：“子曰：志于道，据于德，依于仁，游于艺。”（《述而》）这里讲的是一步步修养，以“道”做一生追求的总纲，然后拿“仁”和“德”做依据，最后还要加些文学艺术的修养，事情就完成了。孔子在这么重要的场合，一个字也不提“礼”，那么“礼”的“更高”“更广”，到哪里去体会呢？其二，孟子说：“孔子曰：道二，仁与不仁而已矣。”（《孟子·离娄上》）孟子是子思的徒弟，子思是孔子的孙子，想来孟子不敢假传圣旨。试看他传达孔子的思想，说孔子把“仁”提到唯一的位置上，把“仁”提到绝对的地位上（跟“不仁”尖锐对立起来），这跟《论语》中“恶不仁者，其不仁矣”的话可以互相印证。在所有这些重要场合，都是对“礼”只字不提，难道这是偶然的吗？

四

犹有可论者：“仁”和“礼”的原始萌发场地也不同。

当然，“仁”“礼”都萌发自原始社会。但“仁”萌发自人们古老的共同体，即原始公社和后来跨入阶级社会后依然遗存下来的农村公社。在这种天地里，限于生产力的不发达，对头人之外的普通社员说，财产是均衡的；在均衡的物质基础上，只可能萌发平等的、民主的意识形态。孟子描述古老的人们的共同体说：“死徙无出乡，乡里同井，出入相友，守望相助，疾病相扶持，则百姓亲睦。”（《孟子·滕文公上》）《周礼》虽是一部严重窜乱了的书，但其中也有古老的遗存，如“保息”六条中就有“养老”“振穷”“恤贫”这些条目；在“本俗”六条中就有“联兄弟”“联朋友”这些条目（《周礼·地官司徒·大司徒》）。根据我的理解，这些都是“仁”这个意识形态所自萌发的基地。

“礼”就不同了，它萌发自头人和群众的初步对立上。部落酋长要管束部落群众，部落群众要接受这种管束，比较松散的时候，就用“礼”；严重化的时候，就用“刑”。千万不要认为原始社会特别是后期一切都是松散的，不是这样，例如要“兴野役”（即发动大规模的集体劳动）时，就“以（熊罴）大旗致之，其不用命者诛之”（《周礼·地官司徒·遂人》）。《周礼》中说“以五礼防万民之伪”“以乡八刑纠万民”（《周礼·地官司徒·大司徒》）。这个“防”字和“纠”字很是要害，从约束渐于镇压。等级社会慢慢形成并发展起来以后，剥削统治阶级就把原始社会末期的“礼”和“刑”顺手接了过去，加以细密化。但他们也按阶级矛盾的程度而在“礼”“刑”中间有所倚重，文王、周公就倚重“礼”；从法家到秦始皇就倚重“刑”；到汉武帝总结经验教训，就发明出了“外儒内法”“外礼内刑”的一套。他把孔子选中，弃其“仁”而用其“礼”，在“礼”之中夹上“刑”，这就是“定儒家于一尊”的底蕴。我们是社会主义者，我们的学者为什么单单要学汉武帝那一套，弃孔子之“仁”而尽力拔高孔子之“礼”呢？这是我个人百思不得其解的。

（载于1986年第1期）

经典链接

子贡问曰：“有一言而可以终身行之者乎？”子曰：“其恕乎！己所不欲，勿施于人。”

——《论语·卫灵公》

子曰：“参乎！吾道一以贯之。”曾子曰：“唯。”子出。门人问曰：“何谓也？”曾子曰：“夫子之道，忠恕而已矣。”

——《论语·里仁》

论孔子和先秦儒家思想中的独立人格觉醒问题

——兼论“仁”“礼”关系与人性善恶问题

周继旨

以孔子为第一个代表人物的儒家思想，是中国封建社会意识形态的正统和主流。如何认识、评价和对待它的问题，长期以来在民族文化遗产继承问题上一直是争论的焦点。历史表明，在对待孔子和儒家态度上的“尊”与“反”的两个极端，都失之偏颇、无助于问题的正确解决。因为孔子和儒家思想经过两千多年的绵延，不仅已经成为中华民族的文化心理素质的有机组成部分，而且积淀在每一个受其熏陶的中国人的思想中。当代中国人在性格、心理上的优点与弱点，都可能与孔子以及儒家思想有着这样或那样的“斩不断”的联系。因此，科学地研究孔子和儒家思想，是当前建设社会主义精神文明中所必须完成的历史任务。为此，就必须把它放到世界文明史的广阔背景中进行系统的“反思”，才能跳出旧窠臼，开辟新蹊径。基于这样的认识，本文试图从孔子和先秦儒家思想中的“士”阶层的独立人格觉醒问题入手，就一个侧面考察先秦儒家思想演变的基本趋向。由于问题本身的内在联系，在论述中不能不涉及“仁”“礼”关系问题以及人性“善”“恶”之争。

一

孔子思想产生在“礼崩乐坏”的春秋战国之际的动乱年代。“礼”和“乐”都是西周以来的传统观念体系的外在表现，它的崩、坏意味着社会的动荡变革已向思想文化领域内深入。这些都为刚从宗法制度下“解放”出来的“士”阶层开辟了在思想文化领域大显身手的社会条件。这是中华民族思想文化史上极为绚丽多彩的一页——先秦诸子百家争鸣出现的根本契机。因为先秦“百家”都是由“士”阶层组成的思想政治集团，而“诸子”则是他们的首领。如果没有“士”阶层的解放，一切都无从谈起，当然也就没有这里所说的“士”阶层的独立人格觉醒的问题。

儒家和先秦其他各家一样，都是在“士”阶层解放的浪潮中应运而生的。其思想中不可避免地要蕴含着“士”阶层独立人格觉醒的内容。研究这一问题，首先应当把它放在“百家争鸣”的历史背景中来考察。不管“百家”在观点上有多大的差异，都是春秋战国时代的“时代精神”的体现，有着内在的共同点，相对于僵死凝固的天命观体系来说，都是一种思想解放，也都是“士”阶层独立人格觉醒的一种反映。

一般而论，意识形态上独立人格觉醒的出现，是人类文明发展史上的重要转折点，具有深远的历史意义。因为人类文明史就是人的主体意识的形成、丰富和发展的历史。人从动物界里分离出来以后，尽管在客观上已经开始作为与自然界相对立的力量，但在很长历史时期中，他没有意识到自己与自然界的区别。这时的人还只是“本能的人”“野蛮的人”，而不是把自己与外部自然界区别开来的“自觉的人”①。把自己和自然界区别开来的“自我意识”的形成，经历了漫长曲折的过程，通常是在从野蛮时期进入文明时期的转折实现的，这是人类主体意识演变过程中的第一次大飞跃。此后，便开始了人类文明史的新纪元。

人在自我意识中把自己和自然界区别开来的同时，也逐渐把自己与他人、与群体区别开来，从而在社会生活、在人际关系中有了独立人格的觉醒，这是人类主体意识发展史上的第二次大飞跃。这通常是伴随着氏族社会的瓦解而出现的，因为在以血缘关系为基础的氏族社会中，氏族观念统治笼罩一切，当然不可能有个人的独立人格的觉醒问题。氏族社会中，个人只有依附于氏族的群体之中，才有生存的可能。人们只有依据血缘关系结成牢固的氏族群体，才能构成与自然界相对立的力量。个人不是也不可能是独立于群体之外的主体性存在。和这种群体性的主体结构相适应，当时人们意识中也只有一种与氏族意识无区别的“群体意识”（参阅列维·布留尔《原始思维》，第5、25页）。这时，氏族群体的意识也就是氏族成员个体的意识，两者处于原始的“同一”状态。只有伴随着生产力的发展，改变了人与自然的关系，才能促使社会关系的分化，氏族成员的个体心理活动的内容和方式才能从群体意识中分化出来，也才有个体独立人格觉醒问题的出现。

处于个体与群体原始“同一”状态中的氏族意识本身有着两种截然相反的趋向。一是氏族内部人际之间所实行的彼此平等相待的原始“人道主义”趋向，另一种则是在氏族族际之间争夺、仇杀中所体现出来的残酷野蛮的“反人道主义”趋

---

① 参阅《列宁全集》第38卷，第90页。

向。到了阶级社会，氏族族际之间的残酷野蛮的“反人道主义”趋向就移到阶级统治关系中来。因而在阶级社会意识形态中也始终贯穿着这两种趋向，并且总和阶级斗争交织联结在一起。随着社会形态的变化和阶级斗争形势的发展，人道主义和反人道主义都有着新的内容和形态。①

随着氏族社会向阶级社会的转化，氏族意识中个体与群体意识无差别的“大同”境界不复存在，相应地，原始“人道主义”也逐渐淡薄而成为一种遗存。这个过程在不同民族的文明发展史上有着不同的道路。起始阶段上的差别，往往愈演愈大，成为后世不同文化传统特征的重要因素。中国、印度、希腊等文明古国各有自己的文化传统特征，中国不同于古希腊，也不同于古印度。中国文化传统特征的形成，早在殷周之际就已见端倪。带有浓重氏族意识遗存的周人在取代殷人建立起领主制的封建社会以后，就把其氏族的宗法习俗变成国家政治生活的组织原则（集中表现为“周礼”）。氏族观念不仅没有受到像古希腊社会中那种程度的否定，反而得到某种强化，在新的社会形态中获得新的形式和新的生命力。这就决定了周人的主体意识发展过程要走曲折的道路，独立人格的觉醒也长期受到抑制，只是到了春秋末年在宗法制趋于瓦解②的情况下，才通过“士”阶层的学说在意识形态中曲折地反映出来。在“天有十日、人有十等”（《左传》昭公七年）的“等级的阶级”③ 社会中，也只有“士”这个既是低级贵族又接近广大劳动者的阶层，才能把广泛存在的社会心理反映出来。

阶级社会取代氏族社会，在中国的表现就是“小康”否定了“大同”。不过，在民间社会心理上依然广泛地、长久地保留着对远古“大同”社会的怀恋与追忆。它必然要在思想家的理论和学说（特别是人性学说）中表现出来。对此，可以称之为原始“人道主义”趋向“再现”与“复归”，其实质是氏族意识一方面的遗存在新的社会条件下的发展。孔子关于“仁”的学说中的不少内容，就是以理性的“反思”精神、以理论的形式对氏族意识中原始“人道主义”趋向的某种程度的“再现”与“回归”。也正为如此，“仁”的思想才能成为儒家思想中最具有活力的因素。在先秦其他各家思想中，也有类似的现象。如道家中的“回真返朴”和“小国寡民”思想，墨家的“兼爱”思想，都曲折地反映了当时人们对远古社会中原始“人道主义”原则的怀恋与追忆的社会心理。

---

① 这一问题涉及面很广，当另撰专文讨论，这里不再展开阐述。

② 宗法制的瓦解，不同地区参差不齐，首先在华夏族地区中瓦解。

③ 《列宁全集》第6卷，第93页。

根据目前古史研究中对西周社会的了解，可以认为当时的宗法观念只是一种原始氏族观念在新的社会条件的畸形延续，其形式与内容之间充满内在的矛盾。周族的统治者把宗法制度和宗法观念“法权化”和“神学化”之后，就压抑了对“自我意识”的“反思”，推迟了独立人格的觉醒，孔子“仁”学中所反映的“时代精神”是以“仁”的精神对周礼进行温和的“损益”。这在客观上是以原始“人道主义”精神对当时领主贵族统治中的“反人道主义”趋向的批评与否定，反映了而不是压抑了独立人格的觉醒，也是在理论的高度上对如何处理人际关系进行系统的“反思”。这在中国思想史上具有突破性的、开端性的深远影响。应当抓住这个开端，从头清理一下儒家人生哲学发展的脉络，这对认识中国传统文化特征有着极为重大的意义。

二

先秦儒家主要代表人物是孔子、孟子和荀子。在“士”阶层独立人格觉醒问题上，孔、孟都有大量的言论，荀子则代表了另一种趋向。这里，先以孔、孟的言论来分析这一问题。

孔子在这方面的言论之一是“三军可夺帅也，匹夫不可夺志也”（《论语·子罕》。下引《论语》只注篇名）。“匹夫”之“志”不可夺，说明当时对个人意向的坚守执着的肯定与尊重已经成为一种社会风尚，应当说是独立人格觉醒的一种反映。

作为孔子“私淑弟子”的孟子也和孔子一样称赞“志”，如：“得志，与民由之；不得志，独行其道。”（《孟子·滕文公下》。下引《孟子》只注篇名）又如：“王子垫问曰：士何事？孟子曰：尚志。曰：何为尚志？曰：仁义而已矣。”（《尽心上》）孔子要求的“志士仁人”的最高精神境界是“无求生以害仁，有杀身以成仁”（《卫灵公》）。孟子也一样，“志士不忘在沟壑，勇士不忘丧其元”（《滕文公下》）。都是把“士”的个人意向和道德操守看成比个人生命还要重要，不惜以死来捍卫个人的独立人格，这在世界思想史上也应当算是强烈推崇个性的言论。

孔、孟所讲的“志”，基本上是属于个体的主观意向的范畴。个体的“志”的形成是社会关系上宗法制度松动、宗法观念淡薄的表现，是人类文明史上的重大进步。因为“志”的问题不是一个孤立的自我意识问题，而是一个在社会关系中个体的人在思想和行为上的“自由度”问题。在宗法观念和天命神学统治一切的情况下，个人的思想和行为只能遵循一条既定的轨道，而没有任何其他随便选择的情况下，当然不会有“志”的观念出现。一旦形成了“志”的范畴，而且能够“行志”

和“守志”，这意味着僵死的社会关系有所松动，人的主体性结构有了丰富和发展。

独立人格的觉醒问题，不仅反映在“志”的问题上，也还反映在个体的人能够成为道德实践的主体上。如孔子讲“智者不惑，仁者不忧，勇者不惧”（《子罕》），即指主体当外在力量袭来时对自身心理状态的一种选择性的自我控制，就涉及道德实践主体问题。“惑”“忧”“惧”是通常的反应，而“不惑”“不忧”“不惧”则是对通常反应的否定，是对外在力量的抗拒，达到这样的精神境界，就可以分别被称为“智者”“仁者”“勇者”。这样，个体的主观心理上的自我控制和自觉选择，就转化为客观的道德标准。个体的人也随之成为道德实践的主体。

孟子讲“富贵不能淫，贫贱不能移，威武不能屈”（《滕文公下》）的“大丈夫”气概，也是一个道德实践问题。这是一种更为明确的行动上的而不是像孔子那样偏重于心理上的选择。在行动上，孔子采取的是“笃信好学，守死善道，危邦不入，乱邦不居，天下有道则见，无道则隐”（《泰伯》）的明哲保身的态度，而孟子则是以“治平天下为己任”，它所反映的“士”阶层的独立人格的觉醒已经比孔子时代要昂扬得多。因为这时的“士”已经摆脱了对国君“从一而终”的“妾妇之道”，成为一种十分活跃又相对独立的政治力量，其精神风貌当然不是拘谨而是“解放”的。

如果说以上议论所反映的“士”阶层独立人格的觉醒还只是主体的外向性方面的话，那么，孔、孟关于“有耻”“知耻”的议论则反映了其内向性的方面。

孔子的“德治”思想强调“有耻”，“耻”虽然是自我意识中内向性的“闻过自愧”的心理状态，但它的产生则需要客观外在的社会关系上的前提。前提之一是有社会公认的“过”与“非”的道德评判标准，以及个体主观意识上对这些标准的理解与确认；前提之二是个体的人在社会关系中要有一定的、能够使之成为具有行为选择“自由度”的主体。只有具备这样的条件，个体的人才能成为道德实践的主体，才会有道德责任感，在意识到应当做出合乎道德标准的选择而实际未做出时，才会产生“自愧”“自责”的心理状态，从而才有“知耻”与“有耻”的问题。

孟子继承了孔子的思想脉络，把“知耻”的问题看作是为人所必具的道德修养，“耻之于人大矣”（《尽心上》）。“耻”也就是“羞恶之心”，而“无羞恶之心、非人也”（《公孙丑上》）。孟子把“知耻”的要求扩大到每个人，客观上是在要求建立每个人都能成为道德实践的主体所需要的社会条件。要“道德自律”就必须“行为自由”，两个方面是不能分割的。

孔、孟关于“士”阶层独立人格觉醒的言论，归根结底是社会阶级关系发生变化的产物。这种变化在观念形态上的反映之一就是形成了“朋友”——这一新型的人伦关系的范畴。“朋友”作为人际关系中的一“伦”，它是游离于宗法关系之外的，它不像父子、兄弟等血缘关系那样固定，也不像君臣关系那样等级森严，它是基于彼此平等相待原则之上的可亲可疏的人际关系。这种新型的人际关系的出现和被普遍肯定，对当时和后世都有极为深远的影响。

《论语》一书中论及“朋友”之处很多，如：孔子把“朋友信之”与“老者安之”“少者怀之”（《公冶长》）同列为自己的志向之一，主张“与朋友交，言而有信”（《学而》）。在孔子看来，朋友之间可以“通财”，“朋友之馈，虽车马，非祭肉，不拜”（《乡党》）。朋友可以相互“责善”，“朋友切切偲偲，兄弟怡怡”（《子路》）。朋友既可“劝道”，又可保持一定的距离，比如，“子贡问友，子曰：忠告而善道之，不可则止，无自辱焉”（《颜渊》），“朋友数，斯疏矣”（《里仁》）。朋友有不同的类型，“益者三友，损者三友”（《季氏》）。因此，交朋友可以相互选择，而无须固定。这种平等、松散、灵活的人际关系，在中国封建社会中长期存在，被列为“五伦”之一，无疑是对僵死的、等级森严的人际关系的一种有效缓和、调节和补充。

孟子讲人伦关系时，也非常重视“朋友”一伦，他把“朋友有信”和“父子有亲、君臣有义、夫妇有别、长幼有叙”（《滕文公上》）相提并论。说明孔、孟在“朋友”关系上都强调“有信”，即守信用而不要“失信”和“爽约”。这样的关系当然不能凭空建立，如果作为朋友的双方在其社会关系中没有相当的“自由度”，使之有条件承担“守信”和“践约”的义务，能够真正做到“言必信”“行必果”，那么，就不可能在道德观念上提出“朋友有信”的要求。孔孟推崇朋友关系，阐述朋友关系上的道德原则，当然是“士”阶层在社会关系上获得一定的“自由度”并有了独立人格觉醒的反映。

三

先秦时代关于“士”阶层独立人格觉醒的言论，随着儒家思想的演变，也有一个曲折的历程。从孔子到孟子是个体独立人格的确立和上升，从孟子到荀子则是从个体转到群体人格的确立。因为独立人格的觉醒问题本身就是孔子和儒家“仁”学的一个组成部分，要对它的演变进行历史的追溯，不能不涉及“仁”与“礼”的关系——这个儒家学说的核心问题。

孔子所讲的“仁”是春秋时期才广为兴起的一个新范畴。它反映的是当时已经变成了“仪”的“礼”中所不再包含的内容——即原始“人道主义”的趋向。而“礼”，就其本来意义而言，则是包罗氏族社会生活一切方面的一整套的习俗规范。

它世代相承，带有极大的稳定性，氏族成员自觉遵守，又有极大的权威性，在形式和内容上都是统一的。由于氏族全体成员休戚与共，所以无论在吉庆或凶丧之“礼”的活动中也都感情相通，通过礼的外在活动都可获得内在的精神满足。只是随着阶级的分化，礼的内容和形式才逐渐分离，矛盾日益尖锐，“玉帛”“钟鼓”等形式可能如旧，而其中所反映的“原始人道主义”方面的内容则趋于淡薄和消失。这样，本来是调节氏族成员生活、表达全体成员思想感情的“礼”，逐渐变成只供贵族显身份摆威风的“仪”①。随之而来的则是“八佾舞于庭”式的“僭越”和“欲去告朔之饩羊”（《八佾》）式的“废弃”。孔子讲“克己复礼为仁”，就是想以“克己”的手段达到恢复传统之“礼”中所含的原始“人道主义”的内容，使礼的内容与形式重新统一起来。孔子一再讲：“人而不仁，如礼何？人而不仁，如乐何？”（《八佾》）“礼云礼云，玉帛云乎哉；乐云乐云，钟鼓云乎哉？”（《阳货》）对徒具形式的“礼”表示不满，说明孔子所主张的“复礼”是就内容而言的，对礼的形式，孔子并不拘泥，而是主张有所“损益”。

从孔子的“吾从周”的言论和他经常“梦见周公”的“心境”看，孔子要“复”的“礼”还只能是“周礼”，它尽管还带有浓重的氏族遗留，但已经具有贵族领主联盟专政的国家政治生活组织原则的意义，其基本特征是继承权上的嫡长优先制，这是从父系家长制的氏族社会沿袭下来的一种制度，它以血缘关系上的亲疏来决定政治上的贵贱和财产关系上的贫富，其核心要义是依据血缘“脐带”来确定等级特权。孔子用这种性质的周礼来作为“仁”的表现形式，必有违“仁”的原始“人道主义”的精神，从而产生“仁”与“礼”的矛盾，这是孔子思想的内在矛盾，也是整个儒家思想的内在矛盾。而孔子和历代正统儒家则都是力求把这种矛盾统一起来，这种愿望并非全无根据，根据就在于“周礼”的二重性。即它既是周王朝的“国礼”，又是周天子和华夏诸侯贵族的“家礼”。同一根宗法血缘脐带具有“家”与“国”的两种功能，上下贵族之间不仅是君臣，也是“伯叔”和“甥舅”，在战国以后的地域集权制的政治结构确立以前，正是靠这种具有二重性的“礼”把“家”与“国”统一起来了。就“家”而论，“周礼”确有其“父慈、子孝、兄友、弟恭”的方面，体现着氏族内部的原始“人道主义”的遗存；从“国”而言，“周礼”则又反映了“君臣上下，尊卑贵贱”的不可逾越的方面，体现了阶

---

① 《左传》昭公二十五年：“公如晋，自郊劳至于赠贿，无失礼。”晋女叔齐对其评价是：“鲁侯焉知礼……是仪也，不可谓礼。”又，《左传》昭公五年：“子大叔见赵简子，简子问揖让周旋之礼焉，对曰：是仪也，非礼也。”说明当时人也有把“礼”与“仪”分开的看法。

级统治和等级特权上的反人道主义方面。从国家组织原则看，“周礼”代表了一种政治结构伦理化的倾向，而这正是贯穿整个中国封建社会政治结构中的一个基本特征。从意识形态上看，“周礼”是把残酷的反人道主义的等级特权罩上一层温情脉脉的伦理纱幕。“周礼”的这种二重性正是孔子思想中“仁”与“礼”的内在矛盾的由来。把握这一点，是解开中国封建主义意识形态奥秘——绵延两千多年至今余绪犹存——的关键所在。

孔子所谋求的“仁”与“礼”的统一，在一定意义上说，也就是政治与伦理的统一，人道主义的温情和反人道主义的残酷的统一，以及其他基于阶级对立的一系列的社会矛盾的统一。孔子力图以“执中”“用中”即中庸的方法把“仁”与“礼”统一起来，虽然不可能完全做到，却获得很大的成功。他一方面通过“仁”来“祖述尧舜”；同时又通过“礼”来“宪章文武”，既在一定程度上继承了氏族意识中的原始“人道主义”精神，又坚持了国家政治生活中封建等级特权统治中残酷无情的反人道主义原则，从而把政治结构与意识形态都纳入一个具有自我调节机能的稳定模式之中，这在世界思想史上是独一无二的。孔子的“道中庸”确乎是“极高明”的。

维持“仁”与“礼”相统一的格局，对儒家思想，对整个封建社会的稳定，都具有极大的重要性。所以，孔子和儒家从一开始就致力于在保持宗法血缘“脐带”的基础上谋求“仁”与“礼”的平衡和谐，既“以仁约礼”，又“以礼限仁”，在这种“二律背反”中走钢丝，确是一种十分高妙的思想政治艺术。后世的儒家正统派基本上都奉行这种方针。这既给儒家思想带来绵延和稳定，同时也给后世儒家沿着不同的侧重来发挥儒家思想留下余地。从先秦时代起，孟子着重发挥了孔子学说的“仁”的方面，提出了“仁政”学说，发扬了古代的“民本主义”的政治思想。荀子则着重发挥了孔子学说的“礼”的方面，他的一套“礼治”理论成为中国封建社会实际奉行的政治学说的基础。从孟子的重“仁”到荀子的重“礼”，是先秦儒学发展史上的一大转折。伴随着这个转折的是从个体的独立人格的觉醒到群体人格的确立。而实现这个转折所围绕的轴心则是儒家的人性学说。因此，对孔子和先秦儒家思想中的独立人格觉醒问题的考察，也不得不从仁礼关系问题转到人性善恶之争。

四

历来不少论者往往把孟子与荀子在人性问题上的观点对立绝对化，这其实有违古人本意。孟、荀在肯定一切人都有共同的生理欲求这一点上是完全一致的。孟、荀还都认为人的后天社会性是可以变化的，在一定的条件下，善与恶可以互相转化。孟子认为对善性的“伐”而不“养”，善可变恶；荀子认为对“本始材朴”之性一味地“顺”，“从（纵）”，就会导致恶。同样，孟子认为对“良知”“良能”的“充”与“求”，恶可变善；荀子也认为经过“化性起伪（为）”的主观努力，恶也可变善。在这些方面，孟与荀都有不少相同、相通之处。

孟子与荀子在人性问题上的区别在于他们对人的社会性的观察概括的结论不同，在于对人的社会性与自然性的联系的认识不同。事实上，在阶级社会中，人的社会性一般是有两个方面的现象同时并存，即既有恻隐、辞让等属于“人道主义”范畴的“善”的方面，同时也有残忍、争夺等“反人道主义”的“恶”的方面。孟子和荀子作为历史上的大思想家，也“见仁见智”，各执一端，孟取其善，荀取其恶。孟子的错误在于把人的后天的社会性的“善”直接归之于人的先天本能。而荀子则走向另一极端，认为如果“顺”着人的自然性而不加“礼义”的限制教化，就必然会导致“恶”。这就是中国思想史上有名的人性善、恶之争的由来。从这场争论的开端者孟子和荀子的思想路子来看，孟子走的是“天人合一”，而荀子则是“天人相分”又“相连”。两者倒是相互补充的。

孟子从“口之于味”“耳之于声”“目之于色”等人在生理感受性上的共同性出发，推论出“理义”是“心之所同然”（《告子上》）的结论。并进一步断言：“仁义礼智，非由外铄我也，我固有之也。”（《告子上》）这是从后天的经验事实来论证人性的先天性。这当然是孟子人性论中的偏颇所在。不过，这种人性论上的先天倾向倒是为《礼记·大学》中“自天子以至庶人壹是皆以修身为本”的议论开了先声。由此开创的“道德面前人人平等”之说，在中国起到了和西方“上帝面前人人平等”之说同样的作用。这种“人间”的道德说教在不少地方可以取代关于“天国”的神灵信仰，这是中国封建社会中没有形成像西方中世纪那样一神教宗教统治的根本原因。

“道德平等论”尽管在实质上是虚假的，却不能因此而否认其刚提出时的进步性以及提出者的真诚性。孟子就是根据其“道德平等论”提出其激进的古代“民本主义”的仁政学说，并从而把“士”阶层的独立人格的觉醒推到一个空前的高度。例如，对曾被孔子推崇为圣王典范的文王，孟子就不那么十分看重。“待文王而后兴者，凡民也；若夫豪杰之士，虽无文王而犹兴。”（《尽心下》）这是高度体现了“豪杰之士”在人格上的独立性。从“道德平等论”出发，孟子在精神状态上一扫“君子有三畏”的情绪，而提出了“君子有三乐”的主张。这“三乐”中有“两乐”（“仰不愧于天，俯不怍于人”“得天下英才而教育之”）都是个人精神境界问题，都反映了当时具有独立人格觉醒的“士”阶层的十分昂扬的精神状态。

在孟子的思想体系中，人性是“善”的，人心是“仁”的，“性善”与“心仁”是孟子学说中的两个根本观点。孟子对孔子学说的发展也突出地表现在他的以“心”释“仁”上，如“仁，人心也”（《告子上》），“仁义礼智，根于心”（《尽心上》），“人能充其无欲害人之心，而仁不可胜用也”（《尽心下》），“恻隐之心，仁也”（《告子上》）。这种“仁”在于“心”，“心”“仁”相通的观点是对孔子“仁”学的新发展。有了孟子的“心”学，孔子的“我欲仁，仁斯至矣”（《学而》）的所以“至”，就有“心”的落实处。通过“心”的途径，就能达到“仁”的境界。孟子所说的“仁心”“善心”“本心”“不忍人之心”“恻隐之心”“无欲害人之心”……都是通向“仁”——这种最高精神境界的平坦大道。

孟子的以“心”释“仁”和以“尽心”求“知性”是和“知天”的观点连在一起的。所谓“尽心”就是把人的“四端”“扩而充之”，以致达到“仁”的境界。这种“尽心”也就是“知性”，因为“知性”也就是发挥其“良知”“良能”以达到人所固有的“善性”。“心”到“仁”，“性”到“善”，当然是一个统一的过程。而“知性”也就是“知天”，因为所谓“知天”，就是由“反身而诚”，“直养”其“至大至刚”的“浩然之气”，从而达到“万物皆备于我”的境界。到了“知天”的程度，也就是“知命”，因为“命”总与“天”相连。这样一来，主观的心、性就和客观的天、命完全统一起来。这种“天人合一”的思维模式，直到今天仍影响着大多数的中国人。对其总体性的评价可暂置勿论，单就孟子所处的时代而言，是有着积极进步意义的。因为它比较强调“内省”和“自我扩充”，对启迪“自我意识”的发展，对促进独立人格的觉醒，都有着积极的推进作用。既然一切人在“存心”“养性”以“事天”的道德修养上都是平等的，那就能以此来冲淡乃至对抗（尽管是一定程度上的）政治上尊卑贵贱的差别。例如在君臣关系上，孟子就主张：“君之视臣如手足，则臣视君如腹心；君之视臣如犬马，则臣视君如国人；君之视臣如土芥，则臣视君如寇仇。”（《离娄下》）即承认“臣”有权利依据“君”对自己的态度而采取相应的态度。如果孟子本人没有十分昂扬的“士”阶层的独立人格的觉醒感，是不可能提出这种带来平等色彩的“君臣关系论”的。

独立人格发挥到极致，就是“以身殉道”。对此，孔子主张为了“成仁”可以“杀身”，孟子主张为了“取义”可以“舍生”。这正是中国历史上无数“仁人志士”在民族危难关头慷慨捐躯、视死如归的精神支柱所在。尽管在不同历史时代不同的阶级的人对“仁”“义”的理解不同，但单就精神境界而论，则不无相同相通之处。从这个角度看，孔、孟思想体系中关于“士”阶层独立人格觉醒的议论对后世的影响的主要方面，应当说是积极的。

五

和孟子的以“心”释“仁”的方向相反，荀子重新以“礼”释“仁”，从而实现了先秦儒学的一大转折。不过，荀子所讲的“礼”较之孔、孟来说则既有继承又有改变。在荀子看来，“礼者，贵贱有等，长幼有差，贫富轻重皆有称者也”（《荀子·富国》，下引《荀子》只注篇名）。按照什么标准来称呢？荀子的回答是：“虽王公士大夫之子孙也，不能属于礼义，则归之庶人；虽庶人之子孙也，积文学，正身行，能属于礼义，则归之卿相士大夫。”（《王制》）这就是说，在区分上、下、贵、贱问题上，“礼义”高于“血缘关系”。这样的“礼”显然有别于孔、孟，带有某些地域国家成文法的性质，即所谓“礼者，法之大分，类之纲纪也”（《劝学》）。用这种“礼”来解释“仁”，当然就使孔、孟“仁”学增添了新的内容。尽管荀子讲“王者先仁而后礼”（《大略》），但又讲“贵贤，仁也；贱不肖，亦仁也”（《非十二子》）。“彼仁者爱人，爱人故恶人之害也。”（《议兵》）“仁之所无贫穷，仁之所亡无富贵。”（《性恶》）“亲亲、故故、庸庸、劳劳，仁之杀也。”（《大略》）“推恩而不理不成仁。”（《大略》）所有这些关于“仁”的议论强调的是贤与不肖的差别，“庸”“劳”上的区分，“仁”与“富贵”的联系等。这些都迥异于孔、孟的“仁”学。荀子已经把自己所阐发的“礼”的精神纳入“仁”的范畴之中，这是一种新的“仁”“礼”统一，其特征是把“尚贤使能”置于“亲亲”原则之上，这无疑是一个重大的历史性的进步。不过，在中国封建社会的历史上，荀子的理想没有也不可能实现，两千多年来，一直是“亲亲”压倒“尚贤”。这种历史的惰性至今犹存，成为我国社会生活前进的沉重包袱。

荀子主张“尚贤”，但并不否定“亲亲”的宗法原则。不过，他所维护的社会基础已由宗族变为家族。荀子反对“以族论罪，以世举贤”（《君子》），认为这是“乱世”现象，说明荀子的“分亲疏”并不适用于原来的宗族世系。这种宗法观念上由宗族到家族的转变是社会生产单位转变的反映，是社会经济结构上以小农户为本位、政治结构上君主集权官僚辅佐的地域国家已经形成的反映。这些都直接影响到“士”阶层的独立人格觉醒的问题。

从荀子的“礼治”言论中讲“王道”，反对“霸道”，讲“以德服人”，主张“节用裕民”等方面看，显然是有继承孔子的“德治”和孟子的“仁政”方面。而从他的“义利两有”“隆礼义，一制度”“尚法”“任刑”等方面看，荀子对孔、孟的政治思想又有很大的改变。这种改变的理论契机就是从性善论到性恶论的转变。荀子正是从他的性恶论导引出一整套的礼治理论。

荀子讲“性恶”，而“所谓恶者，偏险悖乱也”（《性恶》），“偏险悖乱”当然是人的后天社会性而非先天本能，而荀子又把“性”定义为人的先天生理本能，如“今人之性，饥而欲饱，寒而欲暖，劳而欲休……”（《性恶》）“性者，本始材朴也”（《礼论》），“生之所以然谓之性”（《正名》），“凡人之性，尧舜之于桀跖，其性一也；君子与小人，其性一也”（《性恶》）。这些观点类似于曾与孟子辩论的告子，也类似于孔子的“性相近也”的说法。在“本始材朴”的层次上，“性”是无所谓善恶的，而荀子又断言“性恶”，就只好在“顺”字上做“论证”。如：“今人之性，生而有好利焉，顺是，故争夺生而辞让亡焉；生而有疾恶焉，顺是，故残贼生而忠信亡焉；生而有耳目之欲，有好声色焉，顺是，故淫乱生而礼义文理亡焉；然则从人之性，顺人之情，必出于争夺，合乎犯分乱理而归于暴。故必将有师法之化，礼义之道（导），然后出于辞让，合于文理，而归于治。用此观之，然则人之性恶明矣，其善者伪（为）也。”（《性恶》）这段话只说明一个意思，即“好利”“好声色”“疾恶”等自然性是人的生理本能，如果“顺”“从（纵）”这些生理本能就必然会导致“恶”。这种说法其实只是“武断”而非“论证”，因为荀子这些说法本身并没有在“本始材朴”之性和“偏险悖乱”以至“争夺”“残贼”“淫乱”等社会性的“恶”之间建立必然的因果联系。只不过是荀子为了强调“师法之化”和“礼义之道（导）”的必要性而寻求的理论根据而已。讲“性恶”的目的在于证明“礼义教化”、“法正之治”和“刑罚之禁”是不可少的，也是为了证明行使这些社会职能的君主存在的必要性，即所谓“主君上，明礼义，为性恶也”（《性恶》）。

由于荀子认为人的“本始材朴”之性是共同的，相应地也就肯定了人“皆有可以知仁义法正之质，皆有可以能仁义法正之具”（《性恶》）。既然“仁义法正”对每个人都是“可以知”和“可以能”的，为“善”去“恶”也就有了先天的根据。这和孟子的“良知”“良能”说起了同样的作用，甚至可以说是对“良知”“良能”说的汲取与改造。从“性”之“同质”“同具”的观点出发，荀子认为“涂之人可以为禹”，还可以“通于神明”“参于天地”，成为“圣人”。这和孟子的“人皆可以为尧舜”的说法在语言和思路上都是相同的。都是从道德平等论出发，围绕着“性”之“善”“恶”做文章。在目的上，孟、荀也是一致的。孟子讲“性善”是指出“善”的先天“根据”，教人“为善”；荀子讲“性恶”，是指出

“恶”的由来，教人“去恶”。“论证”上的“殊途”，恰是目的上“同归”的必要条件。由孟、荀所开端的“性”之“善”“恶”之辨，经过后世的长期发展，逐渐趋于综合统一。宋儒的“天地之性”与“气质之性”的区分，实质上就是在综合并改造了孟、荀人性学说的基础上所形成的“新观点”，这恰是形成宋明新儒学的最重要的理论基石。宋明新儒学被称为“心性之学”“性理之学”，就是因为它在人性问题上继承并发展了先秦儒学。

六

在孟、荀人性善恶之争的背后，蕴含了一个更深层次的问题，即人的本质问题上的个体性与群体性关系问题。这个关系到对独立人格觉醒的认识与评价的问题，也是古今中外伦理学史上争论不休的老问题。孟子比较重视人的本质上的个体性，强调从“自我”出发的“养”“充”等修养工夫。其哲学结论与思维模式是“天人合一”；荀子比较重视人的本质上的群体性，强调的是社会生活的有序，其哲学结论和思维模式是“明天人之分”。两人讲的都是“天人之际”，而不是专讲“天”或专讲“人”，是重在“关系”而不是重在“实体”。而这正是中国传统哲学有别于古希腊哲学的一个基本特征。

在人的本质问题上，荀子强调的是“群”与“辨”。如：人“力不若牛，走不若马，而牛马为用，何也？曰：人能群，彼不能群也”（《王制》），“人之所以为人者，非持二足而无毛也，以其有辨也”（《非相》）。从人的群体性的本质出发，必然要求社会生活的有序性，这就很自然地导出“分”的概念：“群而无分则争，争则乱，乱则穷矣。故无分者，人之大害也，有分者，天下之本利也；而人君者，所以管分之枢要也。”（《富国》）这是由“群”而讲“分”，继而讲“人君”。同样，由“辨”也进而讲“分”，继而讲“圣王”。如：“故人道莫不有辨，辨莫大于分，分莫大于礼，礼莫大于圣王。”（《非相》）从人的本质问题的讨论最后都归结为“人君”“圣王”服务的“礼治”的理论上。这大概是“荀学”被谭嗣同骂为“乡愿”的原因所在。

荀子强调人的群体性，而群体的人在征服利用自然界时，就比个体的人增强了力量，在象征自然界的“天”面前就不再单是“敬天”“畏天”，而是“制天命而用之”（《天论》）。这就把群体的人格发挥到空前的高度。

在阶级社会中，强调了人的群体性，就必然要突出群体的思想和政治上的代表——“圣”与“王”。在荀子那里，“圣”与“王”是统一的，如“天下者，至大也，非圣人莫之能有也”，“非圣人莫之能王，圣人备道全美者也，是县（悬）天下权称者也”（《正论》）。荀子的这种“圣王合一”的思想，到了魏晋时期，就为玄学家郭象发展为系统的“内圣外王”之道，成为中国式的“政教合一”的理论。事实上，在秦汉以后的中国封建社会中，皇权是高于一切的，作为“素王”的孔子所享有的“圣明”权威也必须借助于皇权才能相对获得。而作为“真王”的历代“天子”在政治上具有绝对的权威，相应地也获得了思想上的权威。例如汉章帝的儒学并不高明，却是“白虎观”经学会议的裁决者，因为“大儒者，天子三公也”（《儒效》）。荀子早就讲出了这个道理。

“圣”与“王”作为群体的代表被突出，一般“庶人”的作用和地位就相应降低。在荀子政治思想中，“庶人”不过是“载舟”之“水”和“挽舆”之“马”，而“士”与“民”不过是统治者为了统治安定而要“凝”的对象，即所谓“凝士以礼，凝民以政”（《议兵》）。即便是大臣卿相也不过是“人主”的“基（即綦——系屦之带）、杖”而已。这样，除了君主个人以外，其他人的独立人格都丧失殆尽。这不是任何个人的罪孽，而是时代历史的必然。在战国末年的历史条件下，“士”和广大群众又都落入地主制的封建纲常伦理的枷锁之中，即所谓“君臣、父子、兄弟、夫妇，始则终，终则始，与天地同理，与万世同久”（《王制》），被孔、孟所强调的“朋友”一伦不见了，彼此平等相待、灵活、松散的人际关系——“朋友”一伦在荀子视野里消失，说明先秦的“百家争鸣”行将结束，中国封建社会中知识分子唯一的“黄金时代”也随之告终，失去了必要的社会条件，“士”阶层的独立人格觉醒就再不能昂扬了。

历史表明，人民群众的独立人格觉醒的问题也就是“个性解放与个性发展”的问题。这个问题在欧洲资产阶级启蒙思想家那里，曾经被广泛地提到议程上讨论。而在中国，由于历史发展的特殊进程，至今仍有不少遗留问题有待于认真思考和解决。这个问题之所以重要，是因为如果不补上这个历史缺课，人民群众的自觉的、积极的首创精神就无从谈起。毛泽东同志就把“几万万人民的个性解放与个性发展”视为“在殖民地半殖民地半封建的废墟上建立起社会主义社会”的基本条件。① 可见，本文所考察的主题并不是“发思古之幽情”的多余之举。至于论述不当之处，笔者将虚怀以待来自各方的批评与指正。

（载于1986年第1期）

---

① 《毛泽东选集》第3卷，第1009页。

谈孔子研究的宏观和微观

严北溟

在今天，为什么还要研究孔子？这种研究有何现实意义？这是孔子研究中亟待解决的问题。本文以马克思主义为指导，试图从宏观和微观两方面对此加以探讨。

一

从宏观方面研究，就是要放眼全球，从世界历史角度说明：为什么在科学技术革命进入“第三次浪潮”的今天，还会有孔夫子的影响和地位存在而不被淹没？

当前在欧、美、日本和东南亚等一些国家的学者中，正出现一种重视研究孔子思想的新趋势。这一现象不能不唤起我们的重视和深刻反思。可有些人对此不是充耳不闻，就是认为，今天还要重视对孔子的研究，意味着复古倒退，同马克思主义唱反调。这种想法应该说是很错误的。我们从宏观角度来研究孔子，就要把孔子的学术地位摆在世界文化发展史上来衡量，要看到当前世界文化发展的趋势，是东西方文化的会合，而中国可算是东方文化的主要代表者；孔子又是中国传统文化的杰出代表人物。认清这两个代表层次，加深对孔子思想学说在当前世界影响和地位的宏观考察，是非常必要的。

但还有第三个层次，那就是：孔子死后，“儒分为八”，愈到后来，儒家派别愈多，而皆自命为真孔子或孔学真传。如著名的有子思、孟轲的孔子，有荀况的孔子，有董仲舒的孔子，有韩愈的孔子，有程、朱、陆、王的孔子以至康有为的孔子等，儒林竞秀，各树一帜，究竟谁是孔子思想的真正代表者呢？谁的孔子才是真孔子呢？个人认为，这个问题只能提到如何对孔子思想真正做出全面而系统的探索上才能解答，需要我们坚持去伪存真的原则，才能恢复孔子思想的本来面目及其根本特色。

这就是这里要探究的次一个问题，什么是孔子思想的本来面目和根本特色？经过千百年来封建统治者的歪曲利用和儒生们的经院式解释，孔子面目早已模糊得不可辨认了。正是这点，“孔家店”非彻底打倒不可。如果说孔子全部哲学、伦理、教育、政治等思想体系的核心只是一个“仁”字，那么从“仁”入手来揭示孔子的本来面目不失为一条最简便切实也最科学的研究途径。一部《论语》，“仁”字凡一百〇九次见，门人问“仁”次数也最多，而孔子答语，也几无一相同。这一方面证实孔子在教学方法上照顾学生不同思想情况从实际出发的优点，一方面也说明“仁”这个范畴在孔子伦理哲学中是得到了如何广泛而灵活的运用。基于春秋时期奴隶制向封建制的过渡，人们意识形态上神权地位的降落和人的地位的提高，此种趋势在孔子头脑中的折射，便是他把最大的注意力集中到重视人的价值和人事问题、现实问题上来，集中到调整人与人之间的关系上来，从而构成一整套在当时是独创的以“仁”为中心的古代人道主义思想体系。“人”不是如某些人说的，只是指贵族奴隶主，而是包括广大劳动者的奴隶、农民在内，《论语》中的“人”字用到一百六十多次，都能证明这点，其中最显著的如：“厩焚。子退朝，曰：‘伤人乎？’不问马。”难道在厩中看马的人还会是贵族奴隶主？当然，反对此说的人还可以提出质问：世界上没有抽象的人，人总是属于一定阶级的；孔子以贵族奴隶主或封建领主立场，难道他还会站在劳动人民一边，还有什么超阶级的古代人道主义？这种责难似不无理由，但事情还应辩证地来看，要考虑到正因为孔子的立场基本上站在奴隶主或领主一边，他才会真正竭智尽忠地为这些统治者的长远利益打算；跟其他站在同一立场的人有区别的是，他看到这种长远利益全在于在上者能爱护人民、废除苛政，减轻剥削压迫和实行“为政以德”“使民以时”“先富后教”“因民之所利而利之”等一系列主张，并以此而栖皇奔走，作为他劝告列国诸侯的政治宣传纲领。历史证明，一个统治者如真能按照这纲领做到几分，也必然是对人民有利的，为民请命，不也就等于变相地站到人民一边了吗？对历史上统治阶级的思想家（几无一不是），我们也只能如此要求，而不必去问他的出身和是否自觉地真正站在劳动人民的立场。事实上，孔子的仁政德治主张，一直是贯串在封建各朝代当其出现开明政治积极向上时的一条线索，也是一切进步思想家在政治信仰和主张上的一个准绳。马克思主义的思想方法，要求我们对任何历史人物及其思想的评价，首先要把它摆在一定的历史地位，实事求是，不凭主观好恶；要求尊重前人在思想理论发展上所提供的一切成果，哪怕是极微小的。本此来看孔子的“仁”所反映的古代人道主义思想，就要肯定它在当时的进步性，它的某些重要特征和对我国传统文化所遗留的影响，从而承认它在我们批判地继承历史文化遗产中，仍能对建设社会主义精神文明发挥必要的作用。

这个从孔子开始并经过后儒发扬的伦理哲学思想，从其宏观意义来考察，还有一个更值得注意的特点：把整个世界包括自然和人类社会都看作“仁”所能发生作用的领域。老子说：“天地不仁，以万物为刍狗。”（《老子》第五章）“天地”泛指自然界。老子从其“人法地，地法天，天法道，道法自然”的一贯逻辑出发，断言天地既不讲“仁”，人也是应该“绝仁弃义”的。孔子与此相反，他既有慨乎当世纷争祸乱之惨，而大声疾呼地唤出“己所不欲，勿施于人”，倡导以爱人、尊重人、关怀人为出发点的人道主义作为救世之方，自必把“仁”看成天地间一种最美的德性，并初步形成“性相近，习相远”的性善论；不过，“性与天道不可得而闻也”，这些在他还不过是一种思想倾向，并未明言。“天人合一”，即天道与人道合一说，是从思孟学派开始的。相传《中庸》是子思著作。在孔子那里，“中庸”是“仁”的施行方法或从属概念。“中庸之为德也，其至矣乎？”（《论语·雍也》）他是把“中庸”的道德境界提得和“仁”一样高的。《中庸》里说：“中也者天下之大本也，和也者天下之达道也。致中和，天地位焉，万物育焉。”这就说得很明显。在儒家看来，“中庸之道”的不偏不倚、无过与不及，不仅是以“仁”为衡量标准的道德行为，也是宇宙间一条至当不移的普遍法则，而非如一般指摘的那种庸俗的调和折中主义。“中”者中度，“庸”者不变，提到自然系统和人类社会系统的高度来看，一切事物在对立统一这个宇宙总规律支配下的运动变化，都存在一个确定的度，都于变中有不变者在，才能保持事物本身相对稳定性以及事物与事物之间的普遍联系与平衡、和谐的正常状态，也就是“仁”或中庸所要求达到的那种“天地位焉，万物育焉”的“中和”状态。这些，不全是唯心主义的胡扯么？不能这样简单地扣帽子。哲学要改革，就应先从这一类问题的看法上端正方向。如果宇宙空间没有上述理想的“中和”状态，那星球乱碰，爆炸不停，还成个什么世界？奠定这“中和”状态的，从自然辩证法来看，首先是物质世界普遍联系的客观规律和体现这个规律的一种力量或功能，而它本身当然也即是物质所固有的根本属性。只因古代科学不发达，对这种力量或功能说不出所以然，只能用“仁”“中和”之类的概念做些模糊的近似唯心主义的臆测。到了近代，由于西方科学的传入，资产阶级改良派的康有为、谭嗣同等，因企图借助孔学为“托古改制”之计，开始用科学术语来说明“仁”的性质与作用。康有为首先用物理学上的吸引力解释“仁”的作用。他说：“仁从二人，人相偶，有吸引之意，即爱力也，实电力也。”（《中庸注》）认为世界之生存，“无一不本于仁，苟无爱力，则乾坤应时而灭矣。”（梁启超《康南海先生传》）并进而提出“人性皆善”的证明：“不忍人之心，仁也，电也，以太也，人人皆有，故谓人性皆善。”（康有为《孟子微》）谭嗣同更极力强调“仁”与“以太”异名同实的作用，成为他的“仁学”的中心思想。他把“仁”

看作宇宙万事万物的根源、独一无二的本体。但由于“仁”这个古老的伦理概念不易为人所理解，故“托言以太”。“夫仁，以太之用，而天地万物由之以生，由之以通。”“仁为天地万物之源；故唯心，故唯识。”（《仁学》）看来，康、谭关于“仁”和“以太”的这些论调，有点像在直截了当地宣扬主观唯心主义，也未必和孔子原意相符合，何况他们借用的“以太”概念又早已为现代物理学家所摈弃。不过，有一点还是值得研究的。儒学传统中的“天人合一”说，也自有其合理的一面，它是自发地、朦胧地企图从物质大自然找到人类精神现象产生根源的一种尝试。“托言以太”来解释道德意识的“仁”，就是一例；个人设想，如果把“以太”换成“信息”，那似乎是无稽之谈的康、梁论调倒也算不无独到之处吧！当然，用现代科学概念去比附古人思想，是极不妥当的；但这并不妨碍我们用现代科学认识的成就去发现和解剖人类在低级认识阶段所能达到的点滴成果。目前国外不少学者正倾向于这种研究方法，从而在古代思想家中找到了孔夫子。我们从宏观角度思考原因，则孔子学说本身所具有的吸引力对提高他们此项研究的兴趣，可说是起着重要作用的。

至于这些学者为什么会在这时产生这种研究兴趣，还有一个时代背景问题，足唤起我们更深入的反思，也是这里要谈的第二个问题。

上面提到孔子重视人的价值，这是一个价值观问题。价值是商品经济的概念，在奴隶社会，一匹马可交换五个奴隶，是根本不把奴隶当人的，故价值几乎等于零。春秋变革潮流提高了人（主要指奴隶、农奴）的价值，出现了孔子高举的以“仁”为中心的古代人道主义旗帜。它比欧洲文艺复兴和启蒙运动时期因反对中世纪神权统治而兴起的人文主义或人道主义要早一千多年。但欧洲人文主义的崛兴，以资本主义生产方式为背景，而中国古代人道主义只不过是以封建初期小农商品经济作为产生的条件，故两者又是不可同日而语的。资本主义生产方式的基础是剩余价值的剥削，这决定了资产阶级人道主义的极端虚伪性，而随着商品经济的不断发展，一切也都商品化了，人的价值转化为商品价值，人与人之间的关系变成了单纯商品关系，即使父子兄弟骨肉之间亦无例外。于是乎金钱万能，个人至上，精神空虚；从家庭崩溃到社会不安，离婚率、犯罪率不断增长；这样的社会和人生是可悲的。至由于生产技术发达所造成的环境污染，生态破坏，既不免威胁着人们的生存，而核武器、星球大战的叫嚣，更不知将把人类的前途带向何处去！资本主义物质文明高度地发展了，它的精神文明却迅速地下降了。在这种情况下，一种带有抗议性的人道主义思潮普遍兴起，而一些进步的、天良未泯的西方学者有心救世，无力回天，再回头来看看素以文明礼仪之邦著称的东方中国，从其祖先遗教中发现了孔夫子的伦理道德学说，喜出望外地看到了它在理论上的精深博大要比古代西方许多著名的哲学家、伦理学家还切实有用得多，于是过去黑格尔断言中国只有伦理学却谈不上哲学的那种轻蔑态度被扭转了。

以上就孔子在当前世界上还存在的影响和地位，“仁”作为它的全部思想核心这一特征和广泛意义，以及国外出现孔子研究热的时代背景等三个方面，进行了宏观的考察。这里应唤起我们特别重视的，还是最后一点，资本主义物质文明高度发展带来的只不过是精神文明的可怕危机，它迫使某些学者在精神上找不到出路的时刻，还不免“临时抱佛脚”似地看中了我们的孔夫子，这对目前正为搞好两个文明建设而努力的我们，该是一个如何巨大的鞭策啊！

二

让我们来对孔子研究的现实意义进行微观的考察，也就是说，要就孔子思想对我国传统文化的深刻影响及其形成中华民族文化心理结构这一点上，深入探讨建设具有中国特色的精神文明问题。

我们党关于社会主义建设的战略方针，是物质文明和精神文明一起抓，并要求其具有中国特色，而最能表现这种特色的实莫过于精神文明。精神文明又与文化传统紧密地结合着，不容分开，因为所谓特色，并不是从天而降，不是任何人的主观臆造，而是历史形成的，是通过各时代文化信息的积淀以凝成民族文化心理结构才集中地体现出来的。深入细致地解剖这种文化心理结构，从其中剔除某些落后性的渣滓，而吸收其民主性精华，是我们批判继承历史文化遗产的一项重大任务。建设社会主义精神文明，不能没有这项任务的完成。在今天，撇开孔子或否定孔子思想在这方面所起的积极影响与作用来谈中国特色，就会变成空洞而不切实际，严格地说，还是过去那套历史虚无主义在作祟。

那么，在孔子以“仁”为核心的人道主义学说体系中，究竟有哪些对传统文化和民族心理结构曾经起过积极进步的作用而足供我们批判继承和发扬的呢？上面已大致谈过，这里进一步深入考察，则有下列几点：

（一）反神道主义

孔子一生栖栖皇皇，席不暇暖，把全部精力集注在对人的问题的探讨和实践“仁以为己任”的抱负上。这种精神在古代思想家中是首屈一指的。春秋时期人神地位的显著转化，客观上也正是奴隶主政权没落的一种必然趋势，而孔子是用他的人道主义以反对神道主义来迎接和适应这种趋势的。他注重人事，留心现实，把“怪、力、乱、神”看作同样的荒唐而不屑于一谈，更提出“未能事人，焉能事鬼”“敬鬼神而远之”等观点，虽没有彻底否认鬼神的存在，但至少他那种对鬼神的存疑态度已带有无神论倾向；由他以“圣人”资望带头，给后人的启发和影响是很大的。经他亲手编订的《诗经》里，搜进了那么多诅咒上帝、谴责统治者的民间诗歌，更说明他这种反神道主义（神道主义和神道设教是两回事，对后者孔子并不反对，荀子和其他许多唯物论者也一样）是殷周天道观没落的集中表现。他已改造了殷周以来“皇矣上帝，临下有赫”的“天”为“四时行焉，百物生焉”的自然的天，从而否定了传统的天命论。因此，在孔子思想中，“知命”“畏天命”只能是隐含着认识自然的必然性或客观规律的意思；而“天丧予”“知我者其天乎”等句子，则“天”已成为一种感叹词，正如司马迁说的：“劳苦倦极，未尝不呼天也。”（《史记·屈原贾生列传》）我们今天也还有“天呀!”“天晓得!”一类的流行口头语，总不见得说这类口语时就是“天命论”的信徒吧。平心而论，中国历史避免了欧洲中世纪那样一段教会统治的漫长黑暗时期，原因固然很多，而从孔夫子一脉相承的注重人本位、现世本位而摒弃神本位、来世本位，即讲求人道主义而菲薄神道主义的传统心理倾向，也不能说不是重要条件之一。

（二）反禁欲主义

与反神道主义密切相连，孔子的人道主义也是反对宗教禁欲主义的，这对后世思想界的影响同样深远。他关于这方面的言论虽然不多，但通过《诗经》中的“采风”，也间接表现不少。他说：“《诗》三百，一言以蔽之，曰，‘思无邪’。”（《论语·为政》）“思无邪”，亦即“《关雎》乐而不淫，哀而不伤”（《论语·八佾》）之意。后来进步思想家如张载、王夫之、戴震等都有“圣人只言节欲，不闻禁欲”的一致见解，可谓深得孔子之旨；而宋儒大谈“存天理，灭人欲”“饿死事小，失节事大”，则实已违背了他们的“先师”，而与老子“无欲”、释家禁欲沆瀣一气。所以戴震斥理学家“舍欲言理”之蔽，认为“杂乎老释，终昧于孔孟之言”，导致“以理杀人”比“以法杀人”还要残酷多倍，语极痛快。他的正面主张是：“圣人治天下，体民之情，遂民之欲，而王道备。”（《孟子字义疏证》）王夫之也透辟地指出：“天理即在人欲之中，无人欲则天理亦无从发现。”（《张子正蒙注》）王夫之这两句话，很为后人推服，有这样的评语：“天地元气，圣贤学脉，仅此一线!”（刘献廷《广阳杂记》）不要看轻这个评语的深刻意义，它正是在清初统治者大力提倡理学禁锢思想下的一种反抗呼声。

（三）反蒙昧主义

孔子的人道主义也是和蒙昧主义对立的。上面提到老、释，释为宗教，其宣扬蒙昧主义，自无足怪；老子，近来一般认为是唯物主义者，却也把“常使民无知无欲”（《老子》三章）连在一起提倡，作为“无为”政治的理想，并公开主张“非以明民，将以愚之”（《老子》六十五章）的愚民政策。儒、释、道（也指道教）同为我国历史上封建文化的三大支柱，孔子创始的儒家，却绝不同于释、道。他本人就是我国古代最伟大的教育家，毕生从事教育活动，首开私人讲学之风，实行“有教无类”的原则，弟子三千，跑遍黄河两岸，为的是传播知识，启迪民智。故大而修齐治平之事，小而草木鸟兽之名，仁义礼智、射御书数，都在他教学范围之列。他指出，“不教而杀谓之虐”（《论语·尧曰》），“以不教民战，是谓弃之”（《论语·子路》），连军事训练也注意到了。《中庸》以“智、仁、勇”为“三达德”，“智”还摆在“仁”之上，但“智”的最大目的在于“识仁”，还是以“仁”为主；学习知识，提高智慧，以如何充类至尽体现人道主义为极则。所以“未知（智），焉得仁?”（《论语·公冶长》）没有智慧，就根本不配谈“仁”。再说，老子鼓吹“绝圣弃知（智）”，因为“民之难治，以其智多，故以智治国，国之贼；不以智治国，国之福”（《老子》六十五章）。照他看来，提高民智，简直是罪恶，当然什么教育也不必要了。佛教是高谈大智大慧的，但其所谓“菩提”“般若”之智，是要认识宇宙人生一切皆“空”，根本否定客观世界甚至主观世界的存在，实质上等于更彻底的蒙昧主义。这样一比较，孔子在我国文化教育史上的地位，就更明显。特别是他答复学生樊迟的“问知（智）”：“务民之义，敬鬼神而远之，可谓知矣。”（《论语·雍也》）意思是说：严肃地对待鬼神而又远远地离开它，就可算是智慧了。我们知道，提倡鬼神迷信，正是从来一切反动统治阶级大搞蒙昧主义的惯用手法，从这来看孔子反神道主义与反蒙昧主义的一致精神，岂不就更清楚了吗？但智慧与蒙昧、聪明与愚蠢原是对立的，在涉及这个认识论的问题上，有些同志死死抓住“生而知之者上也，学而知之者次也”和“唯上智与下愚不移”几句话，给孔子扣上唯心主义先验论的帽子。其实，“生而知之”指的是一种天才聪明或不学而能的生理本能，绝不是指什么先验知识，不然，孔子为什么那样强调学习的重要？他那“学而不厌，诲人不倦”和曲肱饮水、自得其乐的虚心好学精神，岂不在标志着他作为一个伟大教育家的亲切形象？至于“上智”并不是指贵族，“下愚”也不是指奴隶庶民，如有些文章所歪曲和误解的。要知世界也确有绝顶聪明的天才和花岗岩头脑这两种人，他们在一定条件下是“不移”的。

（四）反主观主义

对每个人来说，在人与人的社会关系中，首先存在的是个人与家庭及社会集体之间的主客观关系。一个在世界观上抱极端主观主义、个人主义的人，是不能同他谈什么人道主义的。人道主义简单地说，不外就是做人之道。虽然抽象的做人之道是没有的，但人既是阶级的人，也还是社会的人，总得自愿或被迫地服从某些客观存在的社会共同准则，包括一切社会规范和典章制度等，在我国古代奴隶社会，统统叫做“礼”。孔子所提倡的“克己复礼”和用“仁”来充实“礼”的内容，即发扬人道主义精神，克制个人主观欲望，以维护社会共同准则的“礼”，这无疑是对贵族奴隶主阶级有利的。但撇开这层阶级帷幕，我们还是可以看到这种人道主义有反对主观主义的合理因素一面，它表现在伦理观上的注重自我修养和认识论上的反对主观片面性，是很值得重视的。就道德修养来说，“仁”的具体实践有“中庸之道”，更有“忠恕之道”，强调“能近取譬，可谓仁之方也已”，即把联系实际，推己及人，从近到远，如先从家庭关系的“父慈、子孝、兄友、弟恭、夫和、妻顺”等伦理实践做起，作为加强群体观念和履行人道主义的重要方法。至于在认识论上的反对主观片面性，孔子自己就曾做出榜样：“子绝四——毋意，毋必，毋固，毋我。”（《论语·子罕》）“意”是主观臆断，“必”是绝对肯定，“固”是顽固坚持，“我”是自以为是。这四种主观主义的毛病，是孔子所深恶痛绝的。本此，他教人把虚心学习、勇于改正错误、接受批评和自我反省都看成做人的最高美德，养成高尚人格的必由之路。他自己更身体力行，垂范后生，《论语》中关于这类记载是不胜枚举的。再说“中庸之道”，就是一个坚持原则反对主观片面和左右摇摆的正确思想方法。孔子曾就庙堂里一把怪酒壶的“虚则欹，中则正，满则覆”（《荀子·宥坐》），教学生们做人之道，要掌握事物分寸，防止过偏，犯错误，举例生动，更是深有启发作用的。

（五）反专制主义

这个提法，一定有人反对。你看，“君君臣臣，父父子子”的说教，不就是两千多年封建君主制和封建家长制的理论基础吗？不对。在君臣父子的相互关系上，孔子提出正名思想，是为了纠正当时“君不君，臣不臣，父不父，子不子”的社会混乱腐败现象，而且都是就双方对等关系讲的，根本不包含单方面实行专制的意思。实际上，孔子提倡的是君义臣忠，父慈子孝，从这出发，他主张仁政德治，反对苛政刑治，就是要讲人道、王道主义，不讲专制和霸道主义。这点一直成为儒家政治思想上的一大特色。孟子在孔子学说的基础上提出民贵君轻思想，对后世产生极大的进步影响。如果说孔子的仁道是“博施济众”以至大同理想，孟子则提出王道的起码条件是使民“养生丧死无憾”，何尝有半点专制主义色彩？荀子主张礼法兼治，也强调以王道为主。他的学生法家韩非倒真正是鼓吹封建专制主义的第一个大理论家，他极言“仁义爱惠之不足用，而严刑重罚之可以治国也”（《韩非子·奸劫弑臣》）。他以“严家无悍虏，而慈母有败子”为例，认为治国要像奴隶主那样残暴，奴隶就不会反抗，而仁义治国，则是亡国之道。秦始皇杀害了韩非，而采用了他的学说，成为中国历史上第一个封建专制主义的大独裁者。但他要搞专制独裁，既不能从孔子书里找到半点根据，还要遭到儒生们的反对，所以焚书坑儒成了不可避免的事。而“灰坑未冷山东乱，刘项从来不读书”，发展到顶点的封建专制主义毕竟迅速葬送了秦王朝，使之成为历史上最短命的一个朝代。后来历代开明统治者惩秦之失，都要重新从孔子遗教中去找补偏救弊之术，体会到仁政德治的一点好处，通过一定措施，才又使人民得到苏息，生产得到恢复，并推动了文化科学各方面的发展，形成如文景、贞观之治的封建“盛世”。当然，这种“盛世”往往是农民战争打出来的局面，可见让步政策是有的。让什么步？就是封建专制主义稍为收敛一点，选择了“开明专制”的儒家路线而不再走秦始皇的老路。因此，我们如果要从历史上去找“民主性的精华”的话，至少在儒家学说里并不是一片空白。看不到孔子在政治上提倡人道主义反专制主义这根线，反而把封建专制主义的罪名强加在他的头上，是不符合事实的，也是是非颠倒的。

（六）反侵略主义

国与国、民族与民族之间的关系，是人与人之间的关系的一种特殊形式。当然，国家是阶级的工具，民族问题的实质也经常是一个阶级问题。如何处理好它们双方之间的关系，从孔子看来，这里也有一个“仁”或人道主义原则的问题。就是说：孔子是用王道反对霸道、用人道主义反对侵略主义的。他认为“言忠信，行笃敬，虽蛮貊之邦行矣”（《论语·卫灵公》）。要求本着“四海之内皆兄弟也”的精神，虽是对待“蛮貊（古代对少数民族之称）之邦”的人民也要讲讲“仁”德，与对待本族本国同胞无异。所以鲁国季氏出兵侵略一个邻近小国颛臾，孔子就大加反对，责骂自己的学生冉求不该做季氏帮凶；并把问题提到“不患寡而患不均，不患贫而患不安”的高度，作为反侵略的重要理由（《论语·季氏》）。相反，管仲相齐桓公“九合诸侯，不以兵车”，即称霸诸侯并没有采用武力，孔子就高度赞扬管仲的功绩：“如其仁！如其仁！”并慨叹地说：“微管仲，吾其被发左衽矣！”（《论语·宪问》）意谓没有管仲，大家都有可能“沦为夷狄”，因为桓公称霸同时也阻遏了夷狄入侵。后人据此以为孔子也赞成霸道，其实是误解。孟子看不起齐晋霸业，不屑自比于管仲，因为五霸自齐桓以后，“不以兵车”的情况大有改变，战争杀伐频繁起来了。孟子对管仲的看法就和孔子不一样。但他激烈反对诸侯间的侵略战争，理由是：“争地以战，杀人盈野；争城以战，杀人盈城。此所谓率土地而食人肉，罪不容于死。”（《孟子·离娄上》）基本上也还是坚持人道主义以反对侵略主义，发展了儒家自孔子以后在对待战争问题上的合理态度。有人说，儒家不是主张“攘夷”的吗？不错，在历史上，儒家往往因少数民族入侵而唤出“攘夷”口号，当帝国主义列强打进国门时，“攘夷”声浪更高，目的都是为了反侵略。因此不应把个别帝王借“攘夷”之名，行穷兵黩武之实，与广大人民反侵略的“攘夷”混为一谈。在广大人民反侵略运动中，往往掀起了爱国主义的高潮，爱国主义和人道主义也是分不开的，这是我们民族的光荣传统。

总起来说，从上述孔子人道主义所反对的神道、禁欲、蒙昧、主观、专制、侵略等几个方面，完全可看出“仁”这个伦理范畴所包括的范围是如何宽广而全面，这可说还是从宏观角度来考察的。而当这种人道主义思想和主张发挥其在社会、政治、经济各领域以及人们道德观念本身的强烈作用时，一方面由于这种思想主张的通情达理，易被接受而深入人心，一方面更由于历代统治者对孔学的大力提倡（另有其阶级企图）而随之广泛渗透，影响到社会各领域、各阶层，两者相互交融，形成各时代的人们生活方式、风俗习惯以至民族心理素质和思维模式等；在这里，我们已进入微观考察，深入内蕴，但还应一分为二。就是说，在形成的许许多多要素中，其带有封建糟粕性质的消极成分的，有可能随着时代变迁而无形中被淘汰，停止发生作用，这是历史进化的客观规律使然，因为批判继承事实上也是一条客观规律，它是不以人们意志为转移的；反之，那些属于民主性精华的积极成分，即以人道主义为本的道德信仰和群体观念等，则通过世世代代积淀、凝固而成为我民族共同的文化心理结构，这正是祖国五千年灿烂文明存在与发展的精神基础，也即真正“中国特色”之所寄托。这项特色既经历史地形成，你要否定它，也是否定不掉的；虽然传统是一个保守力量，但也要看情况，并非一切传统都要毁弃，问题在于如何因势利导地加以改进、扬弃和古为今用而已。当然，这讲得不是别的，主要还是以孔子的“仁”为代表的中国型或东方型的古代人道主义。目前有些同志对此还不很理解，他们看到今天资产阶级人道主义的虚伪性和腐朽性，这是对的，却用它来概括和贬斥一切人道主义，矢口否认祖国有自己起过进步作用至今还为外人所称赞的人道主义，则是不对的。

这里我想缩小范围，一谈“孝”的问题。由于过去受“左”的影响，“孝”这个字长期没人提了，几乎变成废字；而不提“孝”，“仁”也无从谈起。《论语》上说得很清楚：“孝弟也者，其为仁之本与！”把基于亲子之爱和骨肉之情的“孝”和“弟”两种伦理观念看作“仁”的根本。大概从孔子和不少儒家学者看来，“仁”的各项要求，从“仁者爱人”到“一以贯之”的“忠恕之道”，从“仁以为己任”“杀身以成仁”的崇高气节和理想人格的完成到政治上的“仁政”“德治”和对“大同”社会的向往，这些都可以是亲子之爱这种人的自然本性的无限扩充与发挥，并进而成为人的社会本性，即群体道德所赖以依存和发展的始基。“孝”是人人做得到的，“仁”也是人人做得到的，只要“能近取譬”，推己及人，首先从个人和家庭关系做起，就“仁远乎哉？我欲仁，仁斯至矣”。这样，以“孝”为“仁之本”的人道主义，就同联系实际的现实主义两种精神紧密地结合起来了。应该说，正是这种结合构成了我国古代伦理哲学和传统道德观念的一大特色，而为西方国家所缺少。在今天，我们还无法否认：“孝”应是做人的起码道德；如果连这点都做不到，对人对事又有什么道德心、责任感好谈，又有什么“五讲四美”好说呢？

事实上正是如此。一切群体道德不仅有继承性，也是有生命力的；因此，不管你提它也好，不提也好，“孝”总归是我国人民继承下来的珍贵思想遗产之一，它早由思想模式积淀和演化为一种文化心理结构，对中华民族性格和传统道德的形成产生了重要的酵素作用。即使在今天，“孝”经过千批百判之余，恶果遗留，我们虽也可能在社会上发现各种违反孝道（如不敬父母，不负赡养责任，乃至打骂虐待视同奴仆等）的现象，但这毕竟是极少数人干的，绝大多数人则总是把忤逆不孝看成罪过的、可耻的行为。这类行为一出现，马上会受到社会公正舆论的谴责。可见在“孝”这个问题上，人们的是非感是敏锐的，正义感是强烈的，“道德法庭”的无形力量在这里显示出来。个人和家庭是组成社会的细胞，个人在家庭的表现，直接或间接地同社会乃至政治发生联系。我们的祖先历来把“孝”看作一切道德行为的起点，“百善孝为先”，并不算怎样夸大。同时，“孝”还主要是几千年来广大劳动人民的一种共同美德，单就赡养父母这项孝道就足以说明。劳动人民不一定把“孝”挂在嘴边，却实实在在地用自己辛勤劳动所得来报答和赡养父母，视恪尽孝道为天经地义；相反，那些奴隶主、地主家的公子哥儿们是根本谈不到这点的。那种借口“封建道德”而抹煞“孝”这个民族美德，完全是一种“左”的片面观点。也有人反对提“孝”，而主张用“敬老”两字代替。提此说者不懂得按照人与人关系的多种类型，通过某些特定概念表现出道德心理结构上的多层次性和差别性，正是我国传统道德规范的一大优点；“敬老”与“孝”涵义不同，无法以此代彼，这是初学逻辑的人也能知道的。

最后应着重说明的是：我们研究孔子，绝不是要抬高孔子，要抬高的倒是作为一个中国人对祖国文化传统的正确评价能力和应有的民族自尊感，是真正具有马克思主义理论水平以从事于珍贵历史遗产的批判继承能力，归根结蒂，就是要古为今用，为加速建设具有中国特色的社会主义精神文明这一宏伟目标而努力。

（载于 1986 年第 2 期）

从孔子的“仁”到墨子的“兼”

赵纪彬

一

史伯的“去同取和”思想，通过晏婴而影响于孔子；并由孔子将它发展成为维新路线，而与激进的变革路线相对立。[①]《论语·子路》篇所说“君子和而不同，小人同而不和”，即其明证。

何谓“和”？何谓“同”？两者的关系又如何？清儒黄式三曾说：

> 和、同，浑言则通，析言则别。和者，与人无忤，凡事参以众论之公；不同，所以和也。同者，专己自贤，凡事拒乎众论之异；不和，所以同也。（《论语后案》）

黄式三在清代的宋汉学斗争中，是一位“怕羞的”戴东原学派思想家，其关于“和”“同”的论证，自不免于迂腐；而大体暗合此两大范畴的发展史。当西周末叶，新兴的个体私有制经济还没有从井田公有制中脱离出来，两者的矛盾还没有达到分裂的程度，所以《国语·周语》中，有云“和同可观”，有云“务和同也”；黄氏所说“浑言则通”，即反映此时此事。自此以降，随着两种所有制矛盾的发展，便开始了“和同析言则别”；但不论史伯或晏婴，其所排击的“同”，均系指世袭奴隶主贵族“专壹”的“同”，目的在于要求他们主动地施行让步或改良。到了孔子，从君子的维新路线出发，却看到了矛盾的另一方面：激进的小人，沿着灭王制、坏礼乐的变革路线，企图根除贵族世袭专制的“同一性”，用新的“同一性”的统治取而代之。孔子面临“一分为二”的历史辩证法，对于两种“同一性”提出了折中调和的主张：用“君子和而不同”来批判世袭贵族的“去和而取同”，这是史伯、晏婴的老论调，而孔子叫做“君子而不仁者有矣夫”；又用“小人同而不

---

① 参阅《君子小人辨》，《论语新探》，人民出版社1962年版，第29～49页。

和”来批判新兴阶级的变革路线，这是孔子“以述为作”的新创造，他叫做“未有小人而仁者也”（《论语·宪问》）。

总之，孔子在春秋过渡时期，是较全面地发现了矛盾，而又从维新立场企图调和矛盾，并企图通过渐进方法过渡到封建制社会。他认为，只有在“礼”的限定中徐图调和才是唯一的通路。最足表达此意者，为《论语·学而》篇所记有子的一段话：

礼之用，和为贵。先王之道，斯为美，小大由之。有所不行：知和而和，不以礼节之，亦不行也。①

这就是说，不论大人小人，都必须根据“礼”的规定，走调和矛盾的道路；反之，如果一味调和，不用“礼”加以控制，或者说超出了“礼”的范围，那就在实践上是此路不通，在逻辑上是推理错误。

从表面上看，孔子对于贵族专制与小人变革均有批判，似乎是“凡事参以众论之公”，而实质上是以反对变革为主要的斗争方向；孟子说“孔子作《春秋》而乱臣贼子惧”，即是有力的旁证。

从芮良夫与史伯以来，“和”“同”观念就是从“一”“二”引出的范畴。因而，上述孔子关于“和”“同”主张的历史内容和实际所指，也就为分析其关于“一”“二”的理解与态度提供了条件。

和《左传》《国语》相较，《论语》中的“一”字、“二”字并不太多，其中又有些作为数名使用；但亦有些“二”字的意义特别重要，清儒黄式三在其《释一二》中曾经说到。黄氏的解释局限于汉学训诂藩篱，未能涉及问题的本质，兹就有关章句，另为诠释如下：

子谓子贡曰：女与回也孰愈？对曰：赐也何敢望回？回也闻一以知十，赐也闻一以知二。子曰：弗如也：吾与女弗如也。（《论语·公冶长》）

今按：在此以前，“一”“二”只是一种政治范畴；其作为认识论逻辑学范畴，在对比形式中给以论证，实开始于《论语》此章。“一”“二”在孔子思想中开始从政治范畴转化成为哲学范畴，是春秋过渡时期矛盾发展的反映；此一史实足证哲学范畴的形成及发展，系以阶级斗争为动力。

在中国哲学史上，关于此章的解释，曾经成为宋汉学斗争的重要问题之一。例如：朱熹的《论语集注》曾说：

一，数之始；十，数之终；二者，一之对也。颜子明睿所照，即始而见

---

① “亦不行也”，今本作“亦不可行也”。

终；子贡推测而知，因此而识彼。“无所不说”“告往知来”，是其验矣。

朱熹的弟子辅广，在其《四书纂疏》中亦云：

闻一知十，不是闻一件限定知得十件；只是知得周遍，始终无遗。闻一知二，亦不是闻一件知得二件；只是知得通达，无所执泥。知得周遍，始终无遗，故无所不说；知得通达，无所执泥，故告往知来也。

针对宋儒这种解释，清儒毛奇龄在其《四书改错》中提出了批评：

如曰“即始见终”，则只一事之始末也；“因此测彼”，则兼两事之类推也。信然，则赐愈于回远矣。按古人论字，以“一”横该东西，“十”纵该南北，其包举参互不一；故曰：数始于一而备于十。……至彼此对待，则“副贰”之“贰”，如《周礼》“献贤能之书于王，内史贰之”之贰，是别一首讫，与“二”不同。故颜子“知十”，必如祢衡作《颜子碑文》有云：“知微知彰，闻一觉十，用舍行藏，与圣合契。”以微彰用舍兼言，既非一事，又何“始末”？若子贡“知二”，则当如广陵徐淑，以年小举孝廉，尚书诘之曰：“昔颜子闻一知十，孝廉闻一知几？”以“几”与“十”对，正“二”“三”以上数目也，何“彼此”之有？

似此，宋儒虽知“二者一之对”，肯定“闻一知二”不是“闻一件知得二件”，能透过“数名”的字面，从认识论上诠释“一”“二”，但是，朱熹以“闻一知十”为“颜子明睿所照”，“闻一知二”为“子贡推测而知”，显然是客观唯心主义的“融合矛盾”的错误论断；辅广以颜回为“知得周遍”，子贡为“知得通达”，则“知二”较诸“知十”亦无从“明悬殊智愚之异”，“弗如也”云云，亦即失去所指。清代的汉学家①虽知“因此测彼，兼两事之类推”为上好的认识方法，但囿于经学传统，不敢设想“赐愈于回”，竟断言“贰与二不同”，悍然否定了“二者一之对”，暴露了清儒的实证主义实质。所以，就关于此章的宋汉学斗争来看，只能是唯心主义者的相互批判，立敌双方都有根本性的错误。

但是，不论宋汉学的互相批判如何激烈，双方都不否认此章章旨，如关于认识论、逻辑学的论证，则应视为无可怀疑的定话。

在我看来，“闻一知十”与“闻一知二”，是不同的两种认识方法或两种推理形式。一→十与一→二，不是数量的差别，而是性质的不同。因而，所谓“一”“二”“十”等字，决不能从数名上求得真解。此外，例如：

---

① 毛奇龄不是严格的汉学家，但《改错》一书，焦循、阮元及凌廷堪等人均极推崇，故亦可代表汉学家意见。

> 自行束脩以上，吾未尝无悔焉。不愤不启，不悱不发，举一隅不以三隅反，则不复也。[①]（《论语·述而》）

此章“一”与“三”对举，“三”字亦不可解为“三个”。郑注云：“举一隅以语之，其人不思其类。”似此，“举一反三”乃“闻言即解”“无所不说”之意，与“闻一知十”当是一种认识方法或推理形式。亦即从个别类推一般，或从单称判断推出全称判断。

关于“闻一知十”的认识方法或推理形式需要逐步论证，方能完全弄清楚。但是，下列一章，提供了初步的线索：

> 子曰：赐也，女以予为多学而识之者与？对曰：然，非与？曰：非也，予一以贯之。（《论语·卫灵公》）

此章以“一以贯之”与“多学而识”对举，同例一以“闻一知十”与“闻一知二”对举，一论知，一论学，皆与子贡问答，所指当是一实；而“一贯”与“多学”对举，亦当与“一”“二”对举同义，是知“二”即“多”，“多即二”。

在孔子以前的官学文献中，“二”即“贰”，皆与“一”相敌之义，故知此章与“一”对举的“多”字，例一与“一”对举的“二”字，皆应与“贰”相通互训。宋儒所说“二者一之对”，颇合此义。

子贡在孔门，似乎代表“闻一知二”或“多学而识”的支派，故孔子以“闻一知十”“一以贯之”论之。

关于“一”或“一贯”的本义，自汉至清，成为经学史上长期聚讼的问题。但是，就《论语》本书来看，似乎即指调和矛盾的“仁”的原理而言。例如：

> 子曰：参乎！吾道一以贯之。曾子曰：唯。子出，门人问曰：何谓也？曾子曰：夫子之道，忠恕而已矣。（《论语·里仁》）

此章曾被宋儒视为曾子直接圣学道统传授的证件，实则无此神秘，应如清儒阮元所说：“贯”字训“行”，“一以贯之”就是“壹以行之”（《论语一贯说》）。关于此点，清儒王念孙在《广雅疏证》一书中亦云：

> 贯者，《论语·卫灵公》篇：“子贡问曰：有一言而可以终身行之者乎？子曰：其恕乎！”《里仁》篇：“子曰：吾道一以贯之。”“曾子曰：夫子之道，忠恕而已矣。”“一以贯之”即“一以行之”也。《荀子·王制》篇云“为之贯之”，贯亦为也。《汉书·谷永传》云：“以次贯行，固执无违。”《后汉书·光武十王传》云：“奉承贯行。”贯，亦行也。

① 今本从“不愤不启”以下为另一章。今据石经本并为一章。

“壹”“一”同音同义，盖指“仁”的调和矛盾原理而言。译为今言，意即：孔子的中心思想，在于身体力行“仁”的调和矛盾原理，始终不渝。例如：

子贡问曰：有一言而可以终身行之者乎？子曰：其恕乎！己所不欲，勿施于人。（《论语·卫灵公》）

此所谓“恕”，与例四所谓“忠恕”无大差别。经学家通解“己所不欲，勿施于人为恕；己欲立而立人，己欲达而达人为忠”，颇可同意；而此解在《雍也》篇，孔子名为“仁之方”，故知“一以贯之”就是依于仁而行之。

“一”的实际所指，既是“仁”的调和矛盾原则，则颜回“闻一知十”，也就是从“仁”的调和矛盾原理，推理出伦理的善、政治的顺、认识的真和逻辑的“行”（正）。《先进》篇记孔子称颜回“于吾言无所不说”，汉儒释为“闻言即解”，即是“闻一知十”的最好注脚。

由此可见，“仁”即“一”，背“仁”即“二”（贰）。例如：

哀公问弟子，孰为好学？孔子对曰：有颜回者①，不迁怒，不贰过，不幸短命死矣，今也则未闻好学者也。（《论语·雍也》）

此章“不贰过”，朱熹《集注》释云：

贰，复也。……过于前者，不复于后。

今按：“贰”字训“复”，始于魏晋。何晏《论语集解》“不贰过者，有不善未尝复行也”，即朱注所本。又《汉书·谷永传》“毋贰微行出饮之过”，唐颜师古引此章为证云“贰，谓重为之地”，此亦朱注所本。

实则晋唐人训解，皆非“贰”字古义，朱注亦非《论语》本旨。如前所述，“贰”即“二”，通训“不一”。违于“一”即是“贰”，贰于一即是违于仁。“贰过”即“违仁之过”，“不贰过”即是“无违仁之过”。《颜渊》篇记：

颜渊问仁。子曰：克己复礼为仁。……颜渊曰：请问其目？子曰：非礼勿视，非礼勿听，非礼勿言，非礼勿动。颜渊曰：回虽不敏，请事斯语矣。

颜回矢志，“克己复礼”即是“为仁”，“非礼勿视听言动”，即是“不贰过”的其解，亦即其“好学”的明证。

孔子以“礼”限定“仁”，不以“仁”改造“礼”；“仁”的维新实质，在于要求世袭贵族自动地“举贤”，而贤才不“专己自贤”，所以说“君子无所争”。即此所谓“礼之用，和为贵”。在这一点上，颜回很够条件。《雍也》篇记孔子云：

贤哉回也！一箪食，一瓢饮，在陋巷，人不堪其忧，回也不改其乐。贤哉

① 今本“者”下有“好学”二字，兹校删。

回也。

《述而》篇又记：

子谓颜渊曰：用之则行，舍之则藏，唯我与尔有是夫。

凡此，皆是“下贰过”的具体表现。用行舍藏，不改其乐，确是“和”的典型。《泰伯》篇记：

曾子曰：以能问于不能，以多问于寡，有若无，实若虚，犯而不校。昔者吾友，尝从事于斯矣。

此“友”字，马注：“谓颜渊。”有人据此章谓“道家出于颜回”，此虽无直接证据，而思想方法及实践态度确极近似。“犯而不校”与“君子无所争”同义，此“不贰过”的另一内容。

“不贰过”的实践态度，反映到认识论或逻辑学上，就形成“闻一知十”。思孟学派的“诚者物之终始”“其为物不贰”“万物皆备于我”云云，皆从此出。

和颜回的“与物无忤”相区别，子贡确有“专己自贤”的作风，孔子从“小人同而不和”出发，也曾提出警告。《卫灵公》篇记：

子贡问为仁。子曰：工欲善其事，必先利其器。居是邦也，事其大夫之贤者，友其事之仁者。

朱熹《集注》云：“子贡悦不若己者，故以是告之。”似此，即与诫子夏“女为君子儒，勿为小人儒”同义。与例一相同，将子贡与颜回对比者，还有《先进》篇所记：

子曰：回也其庶乎！屡空。赐不受命而货殖焉，亿则屡中。

苏秉国《四书求是》云：“‘其庶乎’，未明指其所庶若何，以下文‘不受命’对观之，盖即指‘受命’而言。”似此，则此章表明颜回与子贡的不同，就在于“受命”与“不受命”、“屡空”与“货殖”的不同。

关于此章“命”字，旧有三解：第一，指“天命”；第二，指“禄命”；第三，指“教命”。自来解经家各执一说，互相非难。实则此三义在春秋时期乃互相渗透，在孔子思想中亦复如此。

孔子自称“五十而知天命”（《论语·为政》），又说“畏天命”是君子“三畏”之一，只有小人才“不知天命而不畏”；可见“天命”与“教命”本是一回事。“禄命”与“天命”一致，则是西周命正论的特点所在，这种一致性又使以继周自命的孔子将它和贫富问题连成了一体。康有为的《论语注》云“孔子立命为大义，以人之富贵贫贱有命在”，正是此义。而最足阐发此中联系者，当推清儒俞樾在其《群经平议》中所说：

不受命而货殖，自是一事。古者商贾皆官主之。……以《周礼》考之，质剂掌于官，度量纯制掌于官，货贿之玺节掌于官。下至春秋之一世，晋则绛之富商，韦藩木楗以过于朝；郑则商人之一环，以告于君大夫，盖犹皆受命于官也。若夫不受命于官，而自以其财市贱鬻贵，逐什一之利，是谓“不受命而货殖”。……盖不属于官，即不得列于太宰之九职，故不曰“商贾”而曰“货殖”。子贡以圣门高弟亦复为之……太史公以《货殖列传》，而首列子贡，有开必先，在子贡固不得而辞焉。

程树德《论语集释》云：

《货殖传》云：子赣既学于仲尼，退而仕卫，发贮鬻财曹鲁之间，七十子之徒最为饶。而颜渊箪食瓢饮，在于陋巷，子贡结驷连骑，束帛之币，聘享诸侯，所至国君无不分庭与之抗礼。然孔子贤颜渊而讥子贡曰：回也其庶乎！屡空。赐不受命而货殖焉，亿则屡中。班《传》全引此文，而以“赐不受命”二句为孔子所讥。是“亿则屡中”即承上“货殖”言。《论衡·知实》篇“赐不受命而货殖焉，亿在屡中”，罪子贡，善居积，意贵贱之期数得其时，故货殖多，富比陶朱。又云：“子贡善意以得货利。”盖《论衡》以意贵贱之期解“亿”字，数得其时解“屡”字，得其时解“中”字。此皆汉人解谊之最显然可据者。

在春秋过渡时期，所谓“富人”，就是灭王制坏礼乐的变革小人。孔子的“仁”的经济意义，在于以“礼”限制个体私有制的发展，而与“富”有尖锐的矛盾，所以孟子言井田，引阳货“为仁不富矣，为富不仁矣”的说法。因此，子贡“不受命而货殖”及其“闻一以知二”，皆与小人的变革路线有一定联系，亦即有“贰过”的趋向。

“贰过”的实践态度，从认识论或逻辑学上，表现为“闻一知二”。所谓“多学而识”，在“亿则屡中”中显示其意义：在经济上成为富人；在认识论上，就是从卖与买的矛盾对立中，从市贱鬻贵的多样性活动中，发现致富的原理。这种认识方法，就是从肯定判断导出否定判断（一→二）；这种推理形式，就是通过大量的、反复的具体观察或臆度，归纳出抽象的原理原则。由于它循着“二”或“贰”的逻辑，在卖和买的两端斗争中，“不受命”（即“同而不和”或“专己自贤”）而从事于货殖，所以没有必要并且也不可调和矛盾，在《论语》中孔子就叫做“两端”而给以调和。例如，《子罕》篇，太宰问子贡：孔子何其多能（多学）？孔子声明太宰“知我乎”的次章，曾说：

吾有知乎哉？无知也。有鄙夫问于我，空空如也，我叩其两端而竭焉。

此章所谓“叩其两端”，从清儒焦循和宋翔凤以来，就与《为政》篇“攻乎异端”同训。我在上文已经说过：从孔子的“一以贯之”观点来看，调和矛盾的“仁”是唯一的原理，据“仁”来推论一切，就叫做“闻一知十”；反之，不从“仁”的立场出发，而从“多学而识”出发，走上了与“仁”相反的变革道路，就叫做“闻一以知二”。字书“二”、“贰”与“两”相通，“两端”就是站在变革立场上与调和矛盾的“仁”的立场相对立。清儒俞樾曾说：

天下之道，一而已矣，有与之相敌者是为“两”。

就其与“一”相差别而言，是为“异端”；就其与“一”相对抗而言，是为“两端”。不论“异端”或“两端”，就是肯定矛盾而言，孔子均认为在实践上是危险，在认识上是错误，所以对于“异端”要“攻”，对于“两端”要“叩”。“攻”字训“治”，“叩”字训“发”，皆是调和矛盾之义。以“矛盾即是错误”，其中自有“同一律”萌芽；以调和矛盾为方法，则是露骨的形而上学观点。

所有这些，我在《两端异端解》中都已说过。现在需要指出，孔子所要“攻治”或“叩发”的“两端异端”，可能实指师旷、史墨一派的观点。此派不仅肯定了“两”或“贰”，并且肯定了“若困民之主，弗去何为”、“季氏出其君”，绝无调和矛盾之义，确已具备了“小人同而不和”的变革气象。例如《左传》襄公十四年，卫侯衎出奔齐。师旷侍于晋侯。晋侯曰：“卫人出其君，不亦甚乎？”师旷对曰：

或者其君实甚。……夫君……民之望也；若困民之主……将安用之？弗去何为？……有君而为之贰……是故天子有公，诸侯有卿，卿置侧室。大夫有贰宗；士有朋友；庶人、工商、皂隶牧圉，皆有亲昵以相辅佐也……自王以下各有父兄子弟以补察其政。史为书、瞽为诗、工诵箴谏、大夫规诲、士传言、庶人谤……遒人以木铎徇于路，官师相规，工执艺事以谏……天之爱民甚矣，岂其使一人肆于民上，以从其淫而弃天地之性？必不然矣。

师旷以为卫人出其君，是由于“其君实甚”。自天子、诸侯、大夫、士、庶人、工、商、皂、隶、牧、圉各个等级，皆是“有君而为之贰”；如果“使一人肆于民上”，即是“弃天地之性”。所以说：“若困民之主，弗去何为？”凡此云云，可视为“异端”“两端”说的雏形。由此更进一步，至昭公三十二年，史墨对赵简子问“季氏出其君”，便见其在50年中（前559—前510）发展成为朴素的辩证法世界观：

赵简子问于史墨曰：季氏出其君，而民服焉，诸侯与之；君死于外，而莫之或罪也。对曰：物生有两，有三，有五，有陪贰。故天有三辰，地有五行，体有左右，各有妃耦，王有公，诸侯有卿，皆贰也。天生季氏，以贰鲁侯，为日久矣；民之服焉，不亦宜乎？鲁君世从其失（佚），季氏世修其勤，民忘君矣，虽死于外，其谁矜之！社稷无常奉，君臣无常位，自古以然；故《诗》曰“高岸为谷，深谷为陵”。三后之姓，于今为庶，主所知也。在《易》卦，雷乘乾曰“大壮”，天之道也。《注》“震在乾上，故曰雷乘乾。乾为天子，震为诸侯而在上，君臣易位，犹大臣强壮，若天上有雷”。

史墨此言，以“世从其失（佚）”与“世修其勤”的主观能动性肯定“季氏出其君”为合理，以“民服焉”与否的阶级对立观点断言“社稷无常奉，君臣无常位”为历史规律，以“高岸为谷，深谷为陵”并以《易》卦雷乘乾曰“大壮”的“君臣易位”为“天之道”，使自然规律与历史规律相结合，从中概括并总结出“物生有两”的自发朴素的辩证世界观。此所谓“物生有两”的“两”，即是“两端”“异端”的简称。

对于史墨所谓“物生有两”云云，清儒姚范已指为“赵氏史篡窃之言”（《援鹑堂笔记》卷一二）逮至焦循，则扩大攻击面：不仅将师旷与史墨合并而攻之，且攻击左氏之《传》其言、杜预之《注》此《传》，以为同系替乱臣贼子弑父弑君造作语言的邪说；对于史墨以“君臣易位”为“天之道”的过渡时期的新《易》学，则攻击尤烈：

师逐君，昭弑君，均假太后之诏以称君罪；则师旷所谓“其君实甚”、史墨所谓“君臣无常位”者，本有以启之。预假其说而畅衍之，所以报司马氏之恩，而解懿、师昭之恶，夫又何疑？

吾于《左氏》之说，信其为六国时人，为田齐、三晋等饰也。《左氏》为田齐、三晋等饰，与杜预为司马氏饰，前后一辙，而孔子作《春秋》之义乖矣。（《春秋左传补疏·序》）

循按：史墨此言（指其所谓“在《易》卦，雷乘乾曰‘大壮’，天之道也”之说），假《经》以文其邪说，非《易》义也。睽成大壮，则见豕负涂，载鬼一车；归妹成大壮，则柔乘刚；雷乘于乾，是为征凶，岂得为“天之道”？《易》义至春秋襄昭之间，不明已甚，故孔子“韦编三绝”，作《十翼》以赞之。（《春秋左传补疏》，《皇清经解》卷一一六三，第15～16页）

如将此种攻击，与其关于“叩”两端、“攻”异端的态度对照并观，则焦循为坚持矛盾调和论以反对朴素辩证法，至为明白；而焦循处处以孔子赞《周易》、作《春秋》的微言大义与师旷、史墨之说相对比，则《论语》所说“攻乎异端”“叩其两端”云云，其为针对“物生有两”而发，亦于此窥见脉络。

师旷、史墨的观点，被墨子所继承发展，形成“非儒”的理论根据。春秋战国之际的孔墨显学对立，即导源于此。

二

墨子在“非儒”斗争中，所提“尚贤”“尚同”“兼爱”等范畴，皆是从“两端”出发所导出的变革性论题，亦即为了否定而提出的肯定，所谓“非人者必有以易之”，正是此义。分释如下：

先释“尚贤”。

“尚”字，王引之训“主”，孙诒让据汉唐旧解训“上”，于义皆通；以贤为主与以贤为上，亦无甚区别。问题的关键在于墨子“尚贤”与孔子“举贤”有原则性的不同。关于这个问题，我在《墨子对孔门逻辑思想的批判继承和发展》与《人仁古义辩证》二文中已经谈过。现在只补述如下几点：

第一，孔子“举贤”，意在补充贵族世袭制度的不足，以求延续其存在；即所谓“君子和而不同”。与此相反，墨子“尚贤”，意在推翻贵族世袭制度，实现“贤能智辩之士”的单一性（同）的统治。《尚贤上》篇说：

> 是故古者圣王之为政也，言曰：不义不富，不义不贵，不义不亲，不义不近。……举义不辟贫贱……不辟疏……不辟远。……逮至远鄙郊外之臣，门庭庶子，国中之众，四鄙之萌人，闻之皆竞为义。……虽在农与工肆之人，有能则举之，高予之爵，重予之禄，任之以事，断之以令。……故官无常贵，而民无终贱。

如前所述，“官无常贵而民无终贱”，显然与史墨“社稷无常奉，君臣无常位”有渊源关系。“常奉”“常位”“常贵”的“常”，其阶级根源在于贵族世袭制度，“无常”即推翻这个制度。这是明显的“小人同而不和”学风。

第二，孔子所谓“贤才”，就是像颜回那样，“吾与回言终日，不违如愚”，亦即“欲讷于言而敏于行”的君子；与此相反，墨子所尚的贤，则是“厚乎德行，辩乎言谈，博乎道术者”。墨子所谓“德行”，并不是颜渊闵子骞一类的“德行”；所谓“博乎道术者”，很像“多学而识”的子贡，颜回虽曾赞美孔子“博我以文”，但重点在于“约我以礼”；至于“辩乎言谈”，在孔子则斥之为“佞”，列诸“远”“恶”之中，如所谓“远佞人”“是故恶夫佞者”，绝不能当作贤才而举之。

樊迟请学稼圃，孔子斥为“小人”，是好礼好信的在上者的对立面，而墨子则说：“虽在农与工肆之人，有能则举之。”可见孔曰“举贤”，墨曰“尚贤”，“贤”的字面虽同，而“贤”的标准则异。是“贤”字亦不能照字面上看，而必须进行阶级分析。

第三，孔子虽举贤而仍主张“君子不施其亲，不使大臣怨乎不以”。“以”字训“用”，义即不使世袭贵族因不被任用而产生怨恨情绪，企图用“君子笃于亲”的办法，达到“则民兴于仁”的目的。墨子的“尚贤”则相反。例如《尚贤中》篇云：

> 古者圣王……不党父兄，不偏富贵，不嬖颜色；贤者举而上之，富而贵之，以为官长；不肖者抑而废之，贫而贱之，以为徒役。……然则富贵为贤……所以得其赏者何也？曰：其为政乎天下也，兼而爱之，从而利之。

此所谓“不肖者”，即指“无故而富贵”的“王公大人骨肉之亲”。在墨子的尚贤思想中，“不党父兄”的原则，就是推翻贵族世袭制度的武器，它直接攻击了孔子“不弛其亲”的贵族意识，而易以“兼而爱之”的变革原理。孟子骂“墨子兼爱，是无父也”（《孟子·滕文公下》）。也就是说，它推翻了作为世袭制度血族纽带的宗法父权统治。

总之，以后天的贤能代替先天的特权，是墨子“尚贤”思想的核心，它的对立面是贵族世袭制度。《淮南子·氾论训》以“上贤为墨子之所立”，也就是说，它是墨子开创的变革思想，而对于孔子“举贤”的路线针锋相对。绝不能像冯友兰先生那样，抛开阶级分析，将二者混为一谈。

再释“尚同”。

近人研究哲学史，多以“尚同”为墨子不民主而给以批判，这是一种缺乏分析的看法。在阶级社会中，所有的政权都是阶级专政，问题在于，墨子“尚同”究竟主张哪个阶级专政？要弄清这个问题，应从下列几点给以分析：

第一，从史伯、晏婴以来，都“去同而取和”；到了孔子，又将“同而不和”转而属于“小人”，并给以批判。在中国哲学史上，公然揭露了“和”的虚伪性，而举出“尚同”的旗帜，要以墨子为第一人。孔子说“小人同而不和”，墨子逆流而上，提出了“尚同”，这是对维新路线的正面还击。它给儒家的打击很深刻，所以到了孟子，在和许行辩论的时候，还说“子比而同之，是乱天下也”。

第二，在《尚同》三篇中，墨子坦率地肯定了阶级专政。但是，他把专政的对象确定在“无故而富贵”的“王公大人”及其“骨肉之亲”身上，只许他们“上之所是，必皆是之，上之所非，必皆非之”，不许他们“一人则一义，二人则二义，十人则十义”，以达“壹同天下之义”的目的。对于生产群众，则视为“所以为治”的基础。《尚同下》篇云：

> 上之为政，得下之情则治，不得下之情则乱。何以知其然也？上之为政，

得下之情，则是明于民之善非也；若苟明于民之善非也，则得善人而赏之，得暴人而罚之也。善人赏而暴人罚，则国必治。……若苟不明于民之善非，则……善人不赏而暴人不罚；为政若此，国众必乱。故赏（罚）不得下之情，不可而（以）不察者也。

似此，以“得下之情”“明于民之善非”为“尚同”前提条件，不仅与“尚贤”的阶级基础若合符节，并且与《非乐》篇所谓“赖其力者生，不赖其力者不生”的变革性原则遥相呼应。

第三，墨子规定，从天子、三公、国君、左右将军大夫以至乡长、里长，都由“选择”而立，而选择的标准，则是“贤良、圣知、辩慧之人”。由这些“贤良、圣知、辩慧之人”按“上同而不比”的组织原则，自下而上地反映“民之善非”，由天子及三公来“一同天下之义”。似此，在“尚同世界”中，有显然的等级制度；并且关于“贤良、圣知、辩慧”的选择标准，也显然属于空想。但是，墨子的“尚同”空想，表现了被压迫生产群众的政治愿望，后世的“大同”思想，例如秦汉之际的儒家著作《礼运·大同》篇，即受此启示而成。所以，墨子的“尚同”思想，从哲学史上来评价，应与柏拉图的《理想国》属于同型。

第四，墨子的“同”的概念，不是无矛盾的同一体，它一方面包含着“民之善非”的阶级矛盾，另一方面又是针对世袭贵族专政而提出“兼而爱之”。“非”字在《墨子》书中是一个特殊用语，即今语“批判”之义；“明于民之善非”，就是要肯定被压迫被剥削的生产群众例如工匠、农民及奴隶善于对政治进行批判。“兼而爱之”就是“兼以易别”，亦即用贤良、圣知、辩慧之人的专政来代替世袭奴隶主贵族的专政。这是一个变革性的阶级斗争。

有此两重矛盾，所以此所谓“同”，也就是一个充满了矛盾的同一体。墨子从“两端”立场出发，既不讳言矛盾，也不调和矛盾，而是在肯定矛盾的基础上，研究矛盾，解决矛盾。所以，《尚同上》篇云：

以天下为博大，远国异土之民，是非利害之辩，不可一二而明。

此所谓“一二”，非哲学用语，义谓“简单”。“不可一二而明”，就是说问题复杂，需要多方面研究，不可以简单地弄清楚。所以，《贵义》篇云：

翟闻之：同归之物，信有误者；然而，民听不钧（均），是以书多也。今若过之心者，数逆于精微，同归之物，既已知其要矣。

这就是说：同一体并不简单，人们往往对它有错误的认识。为了对同一体能“知其委”，不仅需要参考许多书籍，以期“本之于上古圣王之事”，而且需要“数逆于精微”，以“下原察百姓耳目之实”，“发以为刑政，观其中国家百姓人民之利”，亦即“得下之情，明于民之善非”。

最后，释“兼爱”。

在墨子思想体系中，“尚贤”是揭开矛盾，“尚同”是解决矛盾，而“兼爱”则是将理想同一体中的矛盾再行展示出来。《尚同》篇提出了“兼而爱之”，并不能视为偶然，而是《墨子》编者透露了从“尚同”到“兼爱”的过渡环节。兹分别诠释之如下：

第一，“兼爱”的“兼”字，本训为“二”。例如：

> 体。分为兼也。（《经上》）
>
> 体。若二之一，尺之端也。（《经说上》）

再如：

> 有指于二而不可逃。说在以二参。（《经下》）
>
> ……兼指之，以二也。（《经说下》）

此两“兼”字，皆训为“二”。今人谭戒甫《墨辩发微》亦云：“兼本含二义。”据此，则“兼爱”就是“二爱”。然则何谓“二”？

> 见、体、尽。（《经上》）
>
> （见、）时（特一）者，体也；二者尽也。（《经说上》）

今人高亨释云：

> 宇宙事物有对立矛盾之两面，如上与下，今与古，是与非，利与害等等皆是，即墨书所谓二也。但见其一，是为体见；兼见其二，乃为尽见。（《墨经校诠》，科学出版社1958年版，第83页）

由此可见，“兼爱”就是在矛盾对立中的“爱”，亦即从“二”（或矛盾）出发，来谈论“爱”的内容或方法。所以名之为“二”，就是贰于世袭核心的宗法范畴。汉人说“墨子背周道”，即是此义。《孟子·滕文公下》篇批评墨者夷之治丧以薄为其道云：“且天之生物也使之一本，而夷子二本故也。”则“兼爱”即“二爱”殊为明显。

第二，墨子认为，小而盗贼，大而攻国，皆别君别士之所为。此所谓“别”，即从“别贵贱”“别亲疏”的“礼”中产生的诸侯家主。“家主”就是“公伯大夫，世世食邑不绝者”。总之，就是世袭奴隶主贵族的专政，为“乱之所自起”。它制造了“强必执弱，众必劫寡，富必侮贫，贵必傲贱”等各种各样的社会黑暗。因为它的本性就是“别相恶，交相害”。所以想依靠它来实现“兼相爱，交相利”的理想，绝不可能。

从“非人者必有以易之”出发，在思想上就应当“以兼相爱、交相利之法易之”；在实践上就应当非别士而取兼士、非别君而取兼君。别君别士之当非，兼君兼士之当从，天下愚夫愚妇皆心知而不敢言，此种“言而非兼，择即取兼”的现象叫做“言行拂”，意即言行不一致；又叫做“言行费”，意即以言掩盖其行。墨子认为应该大胆起来，废除世袭制度，改行尚贤专政，通过矛盾斗争，实现尚同理想。

墨子从“尚贤”经过“尚同”而归结于“兼爱”，始终贯穿着两端或二贰的精神，这是孔墨显学对立的根本分歧所在。但孔墨对立只是先秦矛盾观在私学形态上的初期表现，到了战国百家争鸣时期，才进一步展开了斗争。

（载于1986年第4期）

经典链接

曾子曰：“慎终追远，民德归厚矣。”

——《论语·学而》

子曰：“道之以政，齐之以刑，民免而无耻；道之以德，齐之以礼，有耻且格。”

——《论语·为政》

哀公问曰：“何为则民服？”孔子对曰：“举直错诸枉，则民服；举枉错诸直，则民不服。”

——《论语·为政》

孔子的美育思想

陈元晖

一个教师对学生进行德育、智育、体育和美育的教育，这是全面的教育。不注意美育，对德、智、体三育的发展都有影响。一个好的教师，应该四育并重，即德、智、体、美并重，才能培养出全面发展的学生。这就是全面发展的教育。

一部《教育学》，只论述德、智、体三育，也可以说是不完全的教育学。洛克（John Locke，1632—1704）在1693年出版的《有关教育的一些思想》（*Some Thoughts Concerning Education*）一书中，第一句话说："健康的精神寓于健康的身体。"其实，他应该再说一句：健康的精神寓于健康的情感。洛克这一著作，在西方是一部有影响的教育名著，半世纪前译为中文，译名为《教育漫话》。在这一著作中，他用较多的篇幅谈论体育，其次就是德育和智育。他反对学生学作诗，认为让没有作诗的天才的学生去学作诗是一件世界上最无道理的事，并说："从来就极少有人在'诗坛'（Parnassus）里发现过金矿或银矿的。"对图画，他说："我认为一个绅士的更加正经的工作是读书；读到需要宽舒的时候，就应该运用身体，使他的精神舒畅一下，借以增进他的健康与力量。因为这两个理由，所以我不赞成图画。"对音乐，他说："我在那些有才有识的人物中间就很少听到有人是因为音乐好而得到别人的称誉或尊重的，所以我觉得在一切成就之中，音乐是最末的一位。"从这里所举的几个例子中，就可以看出洛克对美育的态度。洛克是西方一位著名的哲学家，他的著作对西方的心理学和教育学都有重大的影响。教育学中忽视美育的情况在西方是源远流长的，三百年前的洛克的教育著作，就证明忽视美育不是当今才有的教育偏见。

另一位西方著名的经验论哲学家、洛克的同胞斯宾塞（Herbert Spencer，1820—1903），继承了忽视美育的教育思想，他明确规定教育的内容只包括智、德、体三育，不包括美育。他于1861年出版了一部教育著作，书名叫做：《教育论——智育、德育和体育》，这就明显表明他的教育论不包括美育。斯宾塞和他的前辈洛克，这二位经验论哲学家，在西方教育思想史中，占有重要地位，影响的范围很广。斯宾塞的《教育论——智育、德育和体育》，1923 年译为中文，洛克的《有关教育的一些思想》，1937 年发行中译本，所以，德、智、体三育的教育内容的规定，是来自西方的教育思想，不是中国学者最先提出的，也不是当代才出现的教育思想。

中国古代教育思想家一开始谈论教育的内容时，就重视美育。孔子的《论语》是中国第一部教育学著作，是孔子长期从事教育工作的经验总结，是从长期的教学经验中提炼出来的理论结晶。孔子的“万世师表”的荣誉，是从《论语》一书的价值中取得的。在《论语》一书中，孔子多次谈到美育问题。孔子的教育思想中，美育思想是其组成部分，缺少美育方面的介绍和研究，对孔子的教育思想的认识就不完全，就有欠缺。看到孔子对美育问题的论述，就可以证明他的教育理论比诸西方某些教育理论家更完全一些，更深刻一些。

孔子对其弟子进行审美教育，主要是通过学《诗》来进行的。其次就是通过音乐教育。至于通过对自然美的欣赏，随时使学生心情愉快，乐天并歌咏自然，也是孔子进行审美教育的一个重要组成部分。现在先说学诗。

袁子才在他的《随园诗话》卷二第四十八节中说孔子教人学诗，在《论语》中，至于十一见。

为什么要学诗？孔子说：“诗，可以兴，可以观，可以群，可以怨。迩之事父，远之事君。多识于鸟兽草木之名。”（《论语·阳货》）这里所说的四个“可以”即兴、观、群、怨，都是属于感情的事。对学生，为师不仅是“传道，授业，解惑”，培养学生的高尚情操，也是教育内容的重要方面，孔子在他的门人中提倡学诗，就是他重视感情教育的思想表现，在孔子的教育思想中，美育与德育、智育占有同等重要的地位。孔子说的要门人学诗的这一段话，清代的注释家刘宝楠在《论语正义》中引焦循在《毛诗补疏序》上的话说：“夫诗，温柔敦厚者也。不质直言之，而比兴言之。不言理而言情。不务胜人，而务感人。……而言不本于情性，则听者厌倦。”［《诸子集成（一）》第 374 页］孔子为人师，有时不言理而言情，不务胜弟子，而务感弟子。潜移默化，如春风化雨。孔子对学生，言皆本于情性，所以使弟子觉得夫子是循循然善诱人（《论语·子罕》）。他称赞他的学生不迁怒，他自己也从不迁怒于他的弟子。这都是对学生实施情感教育的一种以身作则的方法。唐韩愈的《师说》，只谈到传道、授业、解惑，而不谈到感人，只言理，不言情，只谈智育，不谈美育，这是这一名篇的缺点。孔子谈教育，处处以德育、智育和美育并重为前提，对学生进行审美教育。当今的教育学，正是缺少这种“务感人”的精神。

孔子提倡学诗，中心在于兴、观、群、怨四字。其次谈到“迩之事父，远之事君”的德育思想，再其次就是“多识于鸟兽草木之名”的智育思想。他把美育提到首位。道德和智慧是健康的精神所必备的要素，但缺少健康的情感，又怎能使人们的精神达到健康的境地呢？孔子以诗为教，是重视美育的先驱。学诗的中心思想是提倡美育。德育和智育虽然也可以从学诗中进行，但它不是中心，而是兼带的。德育和智育的问题，在《论语》中有大量的篇幅论述这两方面的问题，对孔子的教育思想的研究，也多着重于这些方面。其实，孔子的美育思想，对后世的教育理论家有很多的启发。

多年以来，儒家的学者们却一直把“诗教”看作是道德教育，这一偏见必须加以分析和纠正。以诗为教，把“诗教”看作是德育，这是由来已久的事。假托孔子的学生子夏的名字写的《诗序》和《礼记·经解》篇，最早把“诗教”看作是道德教育，而不是把“诗教”看作是情感教育和审美教育。《诗序》上说：“正得失，动天地，感鬼神，莫近于诗。先王以是经夫妇，成孝敬，厚人伦，美教化，移风俗。”这就是《诗序》的作者所主张的“诗教”。《诗序》的作者对什么叫做“风”，什么叫做“雅”，什么叫做“颂”，有以下的解释：

> 是以一国之事，系一人之本，谓之风。言天下之事，形四方之风，谓之雅。雅者，正也，言王政之所由废兴也。政有大小，故有小雅焉，有大雅焉。颂者，美盛德之形容，以其成功告于神明者也。

从上面的引文来看，《诗》是言一国之事，言天下之事，言王政，赞美盛德，向神明祷告。《诗经》中风、雅、颂之分，是由于政有大小，国事有广狭。用这种观点来看《诗经》，《诗经》就是政治之声了，就是歌颂王政之声了。不管它是系一人之本，还是形四方之风，总都是言国事，言天下事，哪里有个人之事，哪里有私情之事。对《诗经》如此看待，那么所谓“诗教”，实际上就不仅是道德教育，而且是政治教育了。“诗教”不是感情教育，而是政治教育，这就是《诗序》的作者的思想。

《礼记·经解》篇是最早把《诗》和“教”联在一起说的，是最早提出“诗教”这一教育概念的。《经解》篇上说：

> 孔子曰：入其国，其教可知也。其为人也，温柔敦厚，《诗》教也。疏通知远，《书》教也。广博易良，《乐》教也。絜静精微，《易》教也。恭俭庄敬，《礼》教也。属辞比事，《春秋》教也。故《诗》之失愚，《书》之失诬，《乐》之失奢，《易》之失贼，《礼》之失烦，春秋之失乱。其为人也，温柔敦厚而不愚，则深于《诗》者也。疏通知远而不诬，则深于《书》者也。广博

易良而不奢，则深于《乐》者也。絜静精微而不贼，则深于《易》者也。恭俭庄敬而不烦，则深于《礼》者也。属辞比事而不乱，则深于《春秋》者也。

这里就是所谓六艺之教。六艺之教，把《诗》教放在第一位，但全部六艺之教，即汉儒所谓“六学”，都是“政教”。郑玄说：“《经解》者，以其记六艺政教得失。”《礼记》是汉代儒家的著作，所引的孔子的话是否是孔子所说的，很难断定，但把《诗》教看作是培养温柔敦厚的国民性，与孔子所说的兴、观、群、怨的学诗的好处，显然不一样。孔子的学诗是美育，《经解》中六艺之教的《诗》教是政教，是要国民都能有温柔敦厚的性格，不好犯上，不好作乱，这就是《经解》上《诗》教的目的。这不是美育，而是德育，是与政治结合起来的政治教育。

把学《诗》不作为美育看，而作为德育或政治教育看，影响最大的是宋代的朱熹。朱熹是理学大家，他的《四书集注》被认为是解释儒家学说最具权威的注释。他的《诗集传》也是以理学观点来解释《诗经》的代表性著作。现在先来看看他怎样解释“诗教”。他在《诗集传序》中说：

诗者，人心之感物而形于言之余也。心之所感有邪正，故言之所形有是非。唯圣人在上，则其所感者无不正，而其言皆足以为教。……孔子生于其时，既不得位，无以行帝王劝惩黜陟之政，于是特举其籍而讨论之，去其重复，正其纷乱，而其善之不足以为法，恶之不足以为戒者，则亦刊而去之，以从简约，示久远，使夫学者即是而有以考其得失，善者师之而恶者改焉。是以其政虽不足行于一时，而其教实被于万世，是则诗之所以为教者然也。（《朱文公文集》卷七六）

朱熹认为，孔子所删订的《诗》，是用来教导人师善改恶，而代替其无权执行的劝惩黜陟之政，这仍然是《经解》和《诗序》所说的政教意义的《诗》教。朱熹虽然认为《诗经》中的《风》是男女言情相与咏歌之作，但《周南》《召南》都是得其性情之正，能乐而不过于淫、哀而不及于伤之作。《雅》《颂》之篇，其语和而庄，其义宽而密，作者往往是圣人之徒，可以为万世法程而不可易之作。《雅》之变者，也都是一时贤人、君子闵时病俗之作，表现忠厚恻怛之心，陈善闭邪之意。总而言之，《诗经》上的《风》《雅》《颂》都是陈善闭邪之作，用以贯彻劝惩黜陟之政之作。这样来看待《诗》，就自然地把学诗看作是德育，而不是看作是美育。长期不把美育看作是孔子的教育思想的组成部分，以德育概括美育，思想根源就是来自《经解》、《诗序》和朱熹的《四书集注》及其他《论语》注释家的著作。

把学诗不作为美育的教育内容看待，其原因还由于对孔子的一句话的错误解析而产生。在《论语》的《为政》篇中，记载了孔子的一句话，他说：“《诗》三百，一言以蔽之，曰：‘思无邪。’”朱熹对这一句话解析说：“凡《诗》之言，善者可以感发人之善心，恶者可以惩创人之逸志，其用归于使人得其情性之正而已。”（《论语集注·为政》）这种看法重复他在《诗集传》中所说陈善闭邪之意，也就是包咸在《论语章句》上说的“归于正”的意思和程颐说的“‘思无邪’者，诚也”的说法。这样，学《诗》就是为去邪归正，这就完全把美育归在德育的范围中去了。学《诗》可以去邪归正，这是古代儒家及宋明理学家的传统的看法。但“思无邪”一言中的“邪”字是否作“邪恶”解，“思”字是否作“思虑”解，早有人提出疑问，并做出合乎情理的解释。宋项安世在他的《项氏家说》中说，“思”这一个字是语气词，作为思虑之思解是错误的。《诗经》中“思”字用得很多，如“不可求思”“不可泳思”“不可度思”“天惟显思”，都是把“思”用在句末；又如“思齐大任”“思媚周姜”“思文后稷”“思乐泮水”，都是把“思”字用在句首。这些都是作为语气词用，没有任何意义的。“思无邪”句，是孔子从《诗经·鲁颂·駉》中引用的。《駉》是歌颂鲁僖公牧马于野不害农田的诗篇，共四章，每章八句。四章中有“思无疆”“思无期”“思无斁”“思无邪”四句分置于每章中，这些都不能把“思”字作思虑解，都是语气词，段玉裁的弟子陈奂在他的《毛诗传疏》中也说：“思，词也。斯，犹其也。”俞樾在他的《曲园杂纂》中赞成项安世的说法，但项未解释“无邪”两字的意义。郑浩在《论语集注述要》中认为，把《駉》中的“无邪”的“邪”字作邪恶解，与牧马之盛，意不一贯。古义“邪”即是“徐”，《诗·北风》有“其虚其邪”句，《管子·弟子职》有“志无虚邪”句，都是把“邪”作“徐”字解，并不作邪恶解。“思无斁”意为无厌斁，“思无邪”意为无虚徐，都是表示心无他骛，专诚一志牧马，所以马群壮健繁盛。孔子说：“《诗》三百，一言以蔽之，曰：‘思无邪。’”他的意思就是说：《诗》三百篇，都是出于至情流溢，直写衷曲，毫无伪托虚徐之意。《诗》三百篇都是情动于中而形于言的作品。它真情感人，读《诗》，使人有美的感受，学《诗》，就是引导学生抒发怀抱，疏导感情，进行审美教育。学《诗》是孔子对学生进行审美教育的重要项目。学《诗》的审美教育，是与德育和智育结合着进行，但不等于德育和智育。由于儒家特别是由于朱熹对《诗》和《论语》的注解，把孔子的美育思想都作为德育来解释，这就使孔子的美育思想长期被忽视，一些现代的教育史家在论孔子的教育思想时，也往往忽略了孔子的美育思想。

把学《诗》看作是使思想归于纯正的说法，就无法解释《诗经》中许多爱情诗存在的事实。袁枚在《随园诗话》卷一第二节上说：“《三百篇》半是劳人思妇率意言情之事。”朱熹在《诗集传序》中也承认：“凡《诗》之所谓《风》者，多出于里巷歌谣之作，所谓男女相与咏歌、各言其情者也。”但他接着就说这是得其性情之正，所以“其发于言者，乐而不过于淫，哀而不及于伤”。明明是爱情诗，如《关雎三章》，却认为得其性情之正，声气之和也，反映了后妃性情之正。寤寐反侧，琴瑟钟鼓，极其哀乐而皆不过其则。学《诗》者可以就其词而玩其理而养心焉。这完全是理学家以礼教代替诗教的说法。这种说法，影响的时间很久，影响的范围很广，使孔子变成一位不言情只言理的道学家，一位不谈美育只谈德育的教育思想家。

学诗可以兴、观、群、怨，这四者都是属于情感范围的事，都是属于美育内容，不能把这四者解释为礼教，礼教是属于德育范围。也不能把这四者解释为智育。当今有的《论语》注释家把“诗，可以兴，可以观，可以群，可以怨”解释为：“读诗，可以培养联想力，可以提高观察力，可以锻炼合群性，可以学得讽刺方法。”这是把学诗看成是智育（联想力和观察力的培养和提高），看成是德育（合群性的锻炼），看成是语言技术学（讽刺方法）。这恐怕不符合孔子的原意，而忽视了孔子教育思想中的美育思想。当然，孔子也说学诗可以用来“事父”和“事君”，但这是兴、现、群、怨以后的影响，而不是这四者直接发自人的情感的美的感受。美育可以对德育发生良好的作用，德育如果不与美育结合，没有人的情感的基础，作用也会减弱，但美育仍然具有独立的作用和独立的功能。孔子谈学诗时，还说学诗可以“多识于鸟兽草木之名”。《诗经》中单就动物方面来说，举了鸟类、兽类、虫类、鱼类四类的名称就多达一百种以上，《诗经》中多民间语言，民间多动植物知识，学诗就多了一个增加动植物学的知识的作用。这是学诗可以得到的附带的收获，不是学诗的本来目的。

孔子的美育思想在他提倡“诗教”中就可以看到一斑。孔子对门人进行审美教育，除“诗教”外，就是极重视音乐教育。《礼记·王制》篇把《诗》《书》《礼》《乐》称为“四术”科目，春秋教以《礼》《乐》，冬夏教以《诗》《书》，这就是当时全年的四个教学科目。《诗》和《乐》关系特别密切，《诗经》中“缘情”的作品都是合乐而可以歌唱的作品。司马迁在《史记·孔子世家》中说，《诗》“三百五篇，孔子皆弦歌之，以求合《韶》《武》《雅》《颂》之音”。鲁哀公十一年，孔子从卫国回到鲁国，就开始“正乐”的工作，他说：“吾自卫返鲁，然后乐正，《雅》《颂》各得其所。”（《论语·子罕》）所谓“各得其所”，就是给《诗》谱上曲调，可以歌唱了。《史记》还记载孔子跟师襄子学鼓琴，描述他兢兢业业、循序渐进、精益求精的学习态度。《礼记·乐记》中还记载孔子曾自己说跟苌弘学过乐。

孔子自己懂音乐，并且对音乐嗜好很深。《论语·述而》曾记载孔子对音乐欣赏的入迷情境，说："子在齐闻《韶》，三月不知肉味，曰：'不图为乐之至于斯也。'"他能对《韶》和《武》两篇乐曲做出区别，说《韶》："尽美矣，又尽善也。"而《武》："尽美矣，未尽善也。"（《论语·八佾》）他能告诉鲁大师乐之乐理，他说："乐其可知也：始作，翕如也；从之，纯如也，皦如也，绎如也，以成。"（《论语·八佾》）孔子是一位擅长音乐的教师，所以他很重视用音乐来进行对学生的美育。他说："兴于《诗》，立于《礼》，成于《乐》。"（《论语·泰伯》）乐不是通过行为、规矩来约束人的，而是通过声音来感人的，是审美教育，不是道德教育，在对人进行"乐教"，固然也包含培养道德感情，但它和"礼教"在方法、手段、要求都不一样。

孔子通过音乐进行美育的思想为《乐记》继承。《礼记·乐记》说："凡音之起，由人心生也。人心之动，物使之然也。感于物而动，故形于声。声相应，故生变；变成方，谓之音。比音而乐之，及干戚羽旄，谓之乐。乐者，音之所由生也，其本在人心之感于物也。""夫乐者，乐也，人情之所不能免也。乐必发于声音，形于动静，人之道也。声音动静，性术之变，尽于此矣。故人不耐无乐，乐不耐无形，形而不为道，不耐无乱。先王耻其乱，故制《雅》《颂》之声以道之，使其声足乐而不流，使其文足论而不息，使其曲直、繁瘠、廉肉、节奏，足以感动人之善心而已矣，不使放心邪气得接焉，是先王立乐之方也。"音乐还可以反映一国的政治情况："治世之音安以乐，其政和；乱世之音怨以怒，其政乖；亡国之音哀以思，其民困。声音之道，与政通矣。"以一国的乐音，就可以看出该国人民的民情和民意："志微、噍杀之音作，而民思忧。啴谐、慢易、繁文、简节之音作，而民康乐。粗厉、猛起、奋末、广贲之音作，而民刚毅。廉直、劲正、庄诚之音作，而民肃敬。宽裕、肉好、顺成、和动之音作，而民慈爱。流辟、邪散、狄成、涤滥之音作，而民淫乱。"荀子在他的《乐论》篇中对音乐的看法和《礼记·乐记》的思想是一致的，继承了孔子的重乐思想，把音乐教育放在重要的地位。孔子和以后所建立起来的儒家，把音乐教育作为教育中的美育部分，完成了德、智、体、美四育的完整结构，是孔子对中国教育学发展的一大贡献。

孔子对门人实施审美教育，除上述提倡学诗和习乐以外，还在他的门人中，提倡在大自然中，沐浴于自然美中，享受为大自然所激发出来的壮美和优美的美感。教育上美感的价值有时会超出人们的知书识礼的价值，而且是德育、智育、体育所不能代替的。教育上的潜移默化的作用，往往是通过美育来实现的。《论语·先进》篇中记载了孔子和他弟子的谈话，生动地描绘出他对弟子怎样进行美感教育，怎样引导学生去获得美的感受。有一天，子路、曾皙、冉有、公西华这四个弟子在孔子的身边围坐，孔子问他们：假如有人请你们去工作，你们将做何选择呢？子路抢先说，他可以去管理一个国家，只要三年的时间，就可以使这个国家人人勇敢，人人知道礼法。冉有说，他可去管理一个小国，也只要三年的时间，就可以使人民富足。至于礼乐的事，就要等待贤明“君子”来做了。公西华说，他没有已有本领，但他愿学习。像在宗庙里工作，参加盟会，穿好衣服，戴好礼帽，做一个小小的赞礼官。问到曾皙，他正在弹瑟，把瑟停下来站起来说，他不同于前面三位的说法，他说：“莫春者，春服既成，冠者五六人，童子六七人，浴乎沂，风乎舞雩，咏而归。”孔子听到曾皙的说法，长叹一声说：“吾与点也。”曾皙名点，孔子赞成曾皙的说法。孔子在与弟子的日常应对中，也时时激发学生接受美的熏陶，时时对学生进行审美教育。

在《论语》一书中，记载孔子对弟子进行审美教育的言论不少，但为什么研究孔子教育思想的研究家很少谈孔子的美育思想呢？这大概由于把学《诗》看作“《诗》教”而把“《诗》教”看作是对学生的道德教育及使学生多识鸟兽草木之名的智育。对于音乐教育，又往往与宗庙的颂祷音乐混合起来，把“乐教”作为“礼教”的组成部分。被忽视的孔子美育思想应该突出出来，加以发扬，纠正中国教育史研究中的缺点。孔子的美育思想是孔子文化遗产中的精华，应该加以吸收，充实到新的教育学中去。

（载于1987年第1期）

对于孔子所讲的仁的进一步理解和体会

冯友兰

《论语》记载孔子讲仁的地方很多，而其内容都不一致。他所讲的仁的确切意义究竟是甚么，前人的说法也不一致。我的两卷本《中国哲学史》认为：《论语》所讲的仁，有些是“四德”（仁、义、礼、智）或“五常”（仁、义、礼、智、信）之一，而居其首；有些是全德之名，包括诸德。这个说法，是以蔡元培先生的说法为根据，而加以发挥的。这个说法，似乎是解决了问题；而其实，并没有解决什么问题。因为照这个说法，作为“四德之一”的仁和作为“全德之名”的仁的不同，只是一个名词定义的问题，并没有说出这两种仁的实质上的不同及其内部联系。本文的目的，是进一步说明两者之间的实质上的不同及其内部联系。本文认为：作为四德之一的仁，是一种道德范畴伦理概念；对于它的讨论，是伦理学范围之内的事。作为全德之名的仁，是人生的一种精神境界；对于它的讨论，是哲学范围之内的事。

试于《论语》中的记载证之。《论语》记载说：“子曰：‘回也，其心三月不违仁，其余则日月至焉而已矣。’”（《雍也》）这是说，颜渊已经达到可以称为仁的精神境界，并且能维持这种境界达三个月之久，其余的学生就不行了，只能偶然达到这种境界，只能维持短暂的时间。孔子的这句话，如果把仁理解为精神境界，那就文从字顺，很容易理解；如果理解为一种道德范畴，那就很不好理解了。

《论语》记载说：“子曰：‘人之过也，各于其党。观过，斯知仁矣。’”（《里仁》）这是说，人所犯的错误是各种各样的。看一个人所犯的错误，就可以知道他的精神境界了。照我在我的《新原人》中所说的人的精神境界有四种：自然境界、功利境界、道德境界、天地境界，这四种境界一层比一层高。看一个人所犯的错误是哪一种，就可以知道他的精神境界的高低。照这样的理解，孔子的这句话，就文从字顺，很容易理解；如果把这里所说的仁理解为道德范畴，这句话的意义就显得很不通。人的错误怎么可以和仁联系在一起呢？

被称为全德之名的仁，不是泛指任何一种精神境界，而是确指最高的境界——

天地境界。《论语》记载孔子的话说："若圣与仁，则吾岂敢！"（《述而》）这是孔子的自谦之词，但可见他所说的仁是最高的精神境界。

《论语》又记载孔子的话说："有德者必有言，有言者不必有德。仁者必有勇，勇者不必有仁。"（《宪问》）这是说，有最高精神境界的人，一定有诸德；但有诸德的人，不一定就有最高精神境界。如果说，仁是全德之名，全德自然包括诸德；那个包括就仅只是一种名词上的定义，没有说出仁和诸德的实质上的联系。《论语》又记载孔子的话说："志士仁人，无求生以害人，有杀身以成仁。"（《卫灵公》）这是说，有最高精神境界的人（"仁人"）只顺着自己的志而行（"志士"），该怎么做就怎么做，连死都不怕，这当然是勇了；但是有勇的人，不一定就有最高的精神境界。有许多不怕死的人，也可以说是有勇；但其中可能是出于一时的冲动，不是从他的精神境界自然生出来的。所以"仁者必有勇，勇者不必有仁"。

《论语》记载说："孟武伯问：'子路仁乎？'子曰：'不知也。'又问。子曰：'由也，千乘之国，可使治其赋也，不知其仁也。''求也何如？'子曰：'求也，千室之邑，百乘之家，可使为之宰也，不知其仁也。''赤也何如？'子曰：'赤也，束带立于朝，可使与宾客言也，不知其仁也。'"（《公冶长》）这是说，孔子对于那些学生，只知道他们在某一方面的才能，但不知道他们的精神境界高到什么程度；他所知道的只是颜渊"三月不违仁"，所以他对颜渊的精神境界高度赞赏。

《论语》记载原宪与孔子的对话说："'克伐怨欲不行焉，可以为仁矣！'子曰：'可以为难矣，仁则吾不知也。'"（《宪问》）孔子的意思是说，那不是仁。

孔子说："吾十有五而志于学，三十而立，四十而不惑，五十而知天命，六十而耳顺，七十而从心所欲，不逾矩。"（《论语·为政》）这是孔子自述其提高精神境界的经历。"吾十有五而志于学"，这个"学"并不是求增加知识，而是求提高精神境界。孔子在别处说"立于礼"（《论语·泰伯》），"三十而立"，就是说，他在三十岁左右，就完成了对于"四德"之一的"礼"的修养了。孔子又在别处说"智者不惑"（《论语·子罕》），"四十而不惑"，就是说，孔子在四十岁左右，就完成了对于"四德"之一的"智"的修养了。在这个阶段上，他的精神境界还是道德境界。

"五十而知天命"，就是说，孔子在五十岁左右，就进入天地境界了。我在《新原人》中说，天地境界有四个层次——知天，事天，乐天，同天。我的这个说法也是参考孔子的自述得来的。"五十而知天命"就是"知天"。"六十而耳顺"就是顺天命，也就是"事天"。"七十而从心所欲，不逾矩"，就是说，到了七十之年，他"从心所欲"，就自然合于"四德"的规范，这就是"同天"，也就是所说的“圣与仁”。从表面上看，好像仁是全德之名；果真如此，仁就成了包括四德的一个集体物，怎么能和圣并称，而使孔子也自谦“岂敢”？

孔子的自述，没有提到“乐天”，但是《论语》记载他讲“乐”的地方很多。讲到他自己的生活时，他说：“饭疏食饮水，曲肱而枕之，乐亦在其中矣。不义而富且贵，于我如浮云。”（《述而》）他又赞美颜渊说：“贤哉，回也！一箪食，一瓢饮，在陋巷，人不堪其忧，回也不改其乐。贤哉，回也！”（《雍也》）孔子和颜渊所乐的，并不是那种贫苦的生活。现在的人们常说“以苦为乐”，其实苦就是苦，怎么能以之为乐呢！孔子在这两段话中所说的“乐”是指“知天、事天、同天”那种精神境界。

后来的道学家周敦颐教他的学生：“寻孔颜乐处，所乐何事。”他确是认识到了孔子的要点。

（载于1989年第3期）

经典链接

孔子曰：“不知命，无以为君子也。不知礼，无以立也。不知言，无以知人也。”

——《论语·尧曰》

孔子曰：“君子有九思：视思明，听思聪，色思温，貌思恭，言思忠，事思敬，疑思问，忿思难，见得思义。”

——《论语·季氏》

孔学的运用

［日］冈田武彦　王葆玹译

一

为后世儒者尊崇为万世之师的孔子，其道博大精深，即使其门人亦未全部理解。一般认为，只有孔子最心爱的弟子、比孔子小三十岁的颜渊是近于知其全体的门人。只要读一读《论语》就可以了解这一点。孔子对颜渊赞不绝口，而又对颜渊的早逝感到惋惜，他说：

> 噫！天丧予！天丧予！（《论语·先进》）
>
> 颜渊死，子哭之恸。从者曰："子恸矣！"曰："有恸乎？非夫人之为恸而谁为？"（《论语·先进》）

这从《孟子》的记载也可以推察：依据《孟子·滕文公上》，颜渊说过：

> 舜，何人也？予，何人也？有为者亦若是。

另外，依据孟子的说法，世称：

> 子夏、子游、子张，皆有圣人之一体。冉牛、闵子、颜渊则具体而微。（《孟子·公孙丑上》）

据此，则颜渊应该说是"有其（圣）全体，但未广大"（朱注《孟子·公孙丑上》）。所以，孟子说，颜渊以外数子更不足学，"所愿，则学孔子也"（《孟子·公孙丑上》）。不过，看一看孔子的颜渊论即可知道，人们公认，称颜渊为亚圣，是与其门人地位相称的。

据《韩非子·显学》说，至战国末期，儒家分为子张派、子思派、颜氏派、孟子派、漆雕派、仲良（梁）派、孙氏派、乐正氏派八派。不过，孔门的颜子、曾子、子思、孟子四人，被认为是孔门的正统派。颜子是孔门四科十哲之第一人，是孔门典型性的弟子，然而早逝，所以次一等的门人曾子继承孔学，经过子思传至孟子，而儒学振兴。在战国末期，如同《韩非子·显学》所说的那样，"世之显学，儒、墨也”，终于与墨子之学并行于世。儒教如此兴盛，端赖孟子之力。据《孟子·滕文公下》记载，当时处士横议，杨朱、墨翟之言盈天下，天下之言不归杨则归墨。孟子认为，杨氏主张为我，墨子主张兼爱，这是无君、无父的禽兽之道，充塞仁义的邪说淫辞莫甚于此。所以，杨墨之道不息，孔子之道不著；只有堵塞甚于洪水禽兽之害的杨墨之害，方可为孔学扬眉吐气。为何孔学派虽有很多人，却只有曾子、子思、孟子一派才被视为正统呢？

假若先从孔学的传承方面来看的话，孔门中值得注意的高弟有三人，那就是曾子、子贡和子夏。如所周知，不用说，孔子对他们的信赖非常诚笃。那么，为何曾子一派兴盛，而子贡一派却衰败呢？这令人想起孔子厄于陈蔡之时从游过的诸门人。后之《论语》编辑者列举其门人之贤者说：

> 德行：颜渊、闵子骞、冉牛、仲弓。言语：宰我、子贡。政事：冉有、子路。文学：子游、子夏。（《论语·先进》）

后世称之为四科。当然，并非此外没有贤者。例如，传授孔子的曾子即未列入其中。据此可以了解，颜渊擅长德行，于贡擅长言语，子夏擅长文学。曾子与子贡比较，曾子是擅长德行、子贡是擅长言语的门人。据《论语·先进》，则有“参也鲁”之说。北宋的程子说：

> 参也竟以鲁得之。曾子之学，诚笃而已。圣门学者，聪明才辨，不为不多。而卒传其道，乃质鲁之人尔。故学以诚实为贵也。（《论语章句》引）

尹子又说：

> 曾子之才鲁，故其学也确。所以能深造乎道也。（《论语章句》引）

子贡是孔门中才智最卓越的门人，曾子则是除颜子之外孔门中最诚笃的门人。但传孔子的一贯之旨者非子贡，而是曾子。这是因为，孔子所谓的道，需要很好地实地体认自得，应该是默识心通。尽管如此，子贡凭才智便能很好地理解。孔子告诫过这一点，而最后不得不作了比喻，这从下列《论语·阳货》的一节可以加以推测。

> 子曰：“予欲无言。”子贡曰：“子如不言，则小子何述焉？”子曰：“天何言哉？四时行焉，百物生焉，天何言哉？”

孔子之道不是通过子贡而是通过曾子为后世所传承，这是具有重要意义的。而这是孔学的本质。尽管儒教与后世其他思想交往并展开，却经常向具有这种特质的孔学回归，这是最值得我们加以注意的。

儒教与道家和法家等不同之处，在于重知识、贵学问。孔子所谓“温故知新”一语最明显地体现了这一点。《论语》开头所揭出之语是“学”，这可以说是《论语》编辑者的意图，足以明确地表示出孔子尊重学问的态度。正如门人所说，孔子的确是博学多识之人。翻开《论语》，可以看到很多人生哲学、教育哲学、政治哲学、法律哲学、艺术哲学、历史哲学、军事哲学、宗教哲学的话语。后世之人误认为孔子是六经删述者，并非毫无理由。不过，孔子自己并不以博学多识自任，反而说吾道一以贯之，做了最简切的规定。对门人专就人的日常性的社会生活和性情讲论道理，专谈日常言动和性情的修养锻炼即实践性工夫加以责难。莫如说孔学的本领就在于此。所以，与言语科的子贡和子夏相比，德行科的颜子和曾子更好地传承了孔学。然而，也不能轻视一般所谓孔子删述六经的孔学的一面。如果从这种观点来看，仍然可以说子夏是继承孔学一个方面的高足弟子。儒家的古典通过子夏而传授，流布整个中国，并传于后世。之所以把子夏其人列入文学科，是因为他通晓经书，明白典章制度。子夏任职于魏文侯，由此而驰名天下，段干木、田子方、吴起、禽滑釐和公羊高、谷梁赤、李克、曾申、文子、子弓等亦师事之。因为中原名士辈出于子夏之门，以致子夏被拟于夫子。据《后汉书·徐防传》记载，《诗》《书》《礼》《乐》定于孔子，章句之发明则始于子夏。子夏发明章句，六经之章句因此而明。曾子传承孔子的一贯之道，成为邹鲁儒学的宗师，至孟子而隆盛。子夏则成为三晋（韩、魏、赵）儒学的宗师，其学由荀子而广传于世。六经虽遭秦始皇焚书之厄，然于汉代重新问世，其源盖出于子夏。孔子的门人弟子很多，然传授六经之功绩非子夏莫属（参照张其昀《中华五千年史·春秋史后篇·孔学今义》第十一章）。但是，依据前述，孔学的本领应该说是曾子传承的。

若从历史的观点看，孔学的本领在于将广大精微而且具有哲学性体系的六经集约于日常生活即具体性的实践之中，并不讲道德的本源本体，而专讲具体性实践工夫之要。我们应该看到，由六经向孔学的展开，具有与西洋哲学思想展开不同的东洋式展开的特色。可是，发展到《中庸》，终于开始讲道德的本源本体。明末湛甘泉学派的大儒冯少墟在《疑思录》（《明儒学案·甘泉学案五》）中叙述此中消息说：

> 《论语》一书，论工夫，不论本体；论见在，不论源头。盖欲学者由工夫以悟本体，由见在以觅源头耳。《中庸》则直指本体源头，以泄孔子之秘。如《论语》论夫子之道，曰“忠恕而已矣”，而《中庸》则曰“忠恕违道不远”。盖《论语》之论道，指其见在可道者言，《中庸》之论道，直指天命率性之初而言也。不然，忠恕即一贯之道，而曰“违道不远”，何哉？《论语》论德曰“据于德”，《中庸》则曰“不显惟德，百辟其刑之”。盖《论语》之论德，指现在可据者言，《中庸》之论德，直合于天载之初而言也。不然，闇然知几，即君子之德，而曰“可与入德”，何哉？如水一也，《论语》指其见在，如江

河，如池沼，皆水也：《中庸》则直指山下出泉，原泉混混而言矣。

《中庸》讲道德的本源本体，在这一点上，《大学》也一样。其结果，乃至讲精微的心法。这个倾向在《孟子》中也可以看到，但在论心性、讲心法方面，《学》《庸》较《孟子》有更进一步的发展。上述孔学之向《孟子》《学》《庸》发展，不外是发明孔学之秘，这可以说是孔学发展的一种必然性倾向，不可否认，这也是与道家接触所产生的结果。但是，在被认为是集战国末汉初儒教之成的《学》《庸》书中，与孔孟特别是孔学相异之点，不仅在于发明孔学所蕴含的宗旨，而且在于要系统地对之加以论述。这是战国末以来诸家争论激烈的原因，应该说这是理所当然的。从以德行为主、以修养为宗的孔子实践学精神的体认自得这种观点来说，这果真是有用的吗？或者，是否带来弊害？那是另一个问题。即使说通过《学》《庸》，而看到孔学在精神面、思想面获得一定发展，也不算过言。如所周知，唐代韩愈说过“孟子没而圣人之学绝”，大概韩愈也认为《学》《庸》是孟子以前的著作吧。

二

日本古学派的始祖、伊藤仁斋之子东涯论唐虞三代至明王阳明的学术变迁，著《古今学变》三卷，排击宋明性理之学，提倡向古学复归，其序说：

> 三代圣人之道，变为今日之学。其所由来者渐矣。岂唯一朝一夕之故也哉。一变乎汉，再变乎宋，潜移默夺于千有余（年）之间，以至今日。而今日之学，不复与古之学同矣。

说起来，汉唐董、马、杨、韩等，代代不乏贤人，宋代更是大儒辈出，辟异端，而复兴圣学，其功绩不亚于孟子辟杨墨。可是，据古学派的说法，宋儒的学说植根于禅、庄，终究使圣人的有用之学陷入谈空澄心的流弊，而与灾异五行说和清谈浮华同其流弊，同样失之于道（参照《古今学变后序》）。宋明大儒治禅学老庄，超越其高明精微之学，而发明孔孟之秘蕴，发扬其学之本源本体，终于防止了禅学老庄的隆盛，致使世之有识之士攻乎异端，而志向圣学。他们在孟子之后复兴绝学，排击虚学，提倡实学（实用之学），其功绩应该说是伟大的。其倡明圣道，而排斥异术，及其钻研造诣之精深，固为汉唐诸儒所莫及。然东涯排击说：

> 然以性为未发之理，无欲为作圣之方，则措诸事业者，虽未至斥以为绪余土苴，而要非其至者也。必求诸冲漠无朕之初以为性，则仁义礼智之不可得而闻睹，犹声之在钟中，火之在石中，徒有其名，而竟无其物。于是乎古之学再

变矣。(《古今学变序》)

宋明儒者出色地发明圣道的本源本体，其寻求高明精深处更不亚于佛老，而从反复阐述实学可以推察，它追求体认自得，并以之体现于日常的言动，实现于各种社会设施，发挥其他功业。古学派和古文辞学派指出宋明儒者有寻求圣道高明精深处的方面，又称其学陷入佛老等虚学而排斥之，然这种评判并不恰当。我很愿意承认，只是宋明学的末流才产生这样的弊端。例如，不能不承认朱子学成为举业以来，产生了陷入训诂记诵的弊害，以及明末阳明学产生了猖狂自恣之弊等，就是如此。宋明儒者很好地自觉到人是“天地之心”，而表明其实情，正如所谓“洒扫应对便是形而上者”(《二程全书》卷一四)、“不离日用常行内，直造先天未画前”(《王文成公全书》卷二〇）等话语所表示的，日常的动容周旋等行为即是万物生成的宇宙之根本实在。我们应让人们懂得这一功绩，这可以说是在身边放置古今万卷书籍，抑或埋头于经书考证的清朝考证学者所不可企及的丰功伟绩。

如前所述，《学》《庸》的特色在于超越道家，发明圣道的本源本体，提出实践性工夫的心法。而越超佛老并进一步发展了这方面思想的宋儒，十分重视《学》《庸》，将它从《礼记》中抽取出来，与《论》《孟》并列，称为《四书》，反复阐述其价值，这并非没有理由。只是《学》《庸》和宋儒的主张比较起来看，《学》《庸》表面上绝不排斥异端，而宋儒激烈地排斥异端。这是起因于时代风潮的不同。因为前者是于黄老流行的风潮之中扬弃儒教，后者是于民族主义的风潮之中扬弃儒教。

假若做一概观，则可以说汉唐儒学是注疏之学，宋明是性理之学，清代是考证之学。而汉唐和清若从思想方面说，是儒教衰退的时代，儒学之被发扬、普及于东亚诸国而受尊崇，并获得地域性发展，最可观者是宋明理学。而且，这从中国哲学思想发展史上看，说它具有终极的地位并非过言。因而可以认为，从世界性的立场推测其价值与意义，是留给我们的使命。这种中国的传统思想，在近代以来，由于与西洋哲学思想的接触而备尝苦难，随着基于西洋哲学思想的近代文明在东亚各地的流行，而愈益走向衰退的道路。若是展望“五四”运动以来直至今日中国思想界，这可以说是一目了然的。

汉唐时代儒教衰退，是因为始终脱不出训诂记诵的藩篱，加之老庄佛教适应时代风尚而隆盛已极。汉唐之间有所谓魏晋南北朝动乱期，这不能不是造成老庄、佛教隆盛和儒教衰退的要因。总体说来，在动乱时代，儒教特别是礼教总是成为批判的对象。在战国时代、魏晋南北朝时代、明末和清末、近代革命时代，儒教遭受批判，是有识之士普遍熟知的。非难的锋芒之所以指向儒教特别是其礼教，是因为人们认为，且不谈对自由的解释，单就礼教说就是束缚人的自由的东西，是基于封建主义的东西。但是成为其批判论基调的思想，则依据各个时代而不同，成为其基调的东西，例如战国时代和魏晋时代是道家及其追随者的超脱任诞思想，明末是阳明学追随者的自我自由论，清末以后是西洋的民主主义或共产主义。但是，另一方面，在这样的动乱时代，也流行着两者的融合论。不过，一般说来，在中国，一旦动乱被平定，政治安定下来，作为传统性思想，儒教就成为政教，这是我们最应注意的。探求其理由，对于孔学运用于现代具有重要的意义。

三

如前所述，孔学在宋明时代获得了最充分的发展，那是因为它超越佛老而扬弃了古代的儒学。宋明时代的新儒学的勃兴，与强调《四书》不无关系。在《大学》《中庸》里可以看到儒教的体系化和深化的迹象，超越佛老并排斥佛老的宋儒，注重《学》《庸》，是极其自然之事。对此二书的关心并非始于宋代，而是在此以前。《中庸》在六朝前后已从《礼记》中抽取出来予以表彰。例如，南朝宋戴颙著《礼记中庸传》二卷，梁武帝著《中庸讲疏》一卷，据说还命张绾、朱异、贺琛编辑《私记制旨中庸义》五卷。至唐代，韩愈的门人李翱著《复性书》，讲清了《中庸》的意义。在佛教或老庄如此流行的时代，《中庸》之所以被重视，是因为《中庸》论述了道释家也同样重视的圣道的本源本体，即圣道的高明精深之处，即精微之处。《大学》之被表彰则起因于唐韩愈（参照《原道》）。《大学》虽然论及心性，但其讲解修身治人之道，明示心性工夫正是在于以经世为目的，而发挥与佛老异端相反的圣学本领。从而在视佛老为异端的风潮萌动的时代，重新认识此书的价值，就是理所当然的了。

降至宋代，《四书》被表彰，而最着力于此的是朱子。所以，他说：

> 读书，且从易晓易解处去读。如《大学》《中庸》《语》《孟》四书，道理粲然。人只是不去看。若理会此四书，何书不可读！何理不可究！何事不可处！（《朱子语类》卷一四）
>
> 学问须以《大学》为先。次《论语》，次《孟子》，次《中庸》。《中庸》工夫密，规模大。（《朱子语类》卷一四）

关于其理由，则如下述：

> 某要人先读《大学》，以定其规模；次读《论语》，以立其根本；次读《孟子》，以观其发越；次读《中庸》，以求古人之微妙处。《大学》一篇有等

级次第，总作一处，易晓，宜先看。《论语》却实，但言语散见，初看亦难。《孟子》有感激兴发人心处。《中庸》亦难读，看三书后，方宜读之。（《朱子语类》卷一四）

朱子以《中庸》为《四书》的归宿处，为其究极处。于此可以看出宋学的意趣。

朱子著作了《四书》的注释书，即《四书章句》，而它与汉唐的训释书风格不同。这样说，是因为他能发明《四书》的奥蕴，而不是像汉唐的训释书或清朝的考证学者那样，专以语句的训释为事。但是，朱子绝不轻视汉唐诸儒的训释，而能很好地启《四书》之秘，体认自得，体现于吾之言动。所以，可以说朱子是孔学的功臣。即使说朱子的《章句》是朱子哲学思想的解说书也不算过言。不过，关于宋明诸儒一般是可以这样说的。而其他诸儒没有写出朱子那样精切的注释。阳明说："文义解得明当处，如何动得一字。"（《传习录上》）如此高度赞扬是理所当然的。然而，以致力于心地方面的工夫为宗旨的阳明的古典解释，与其说是寻求古典的客观性解释，莫如说古典只不过是解说我之哲学思想的工具。从另一方面看，在其他地方也许没有比这更主观性的解释了。这就是阳明学派的一般的风潮。所以，至清朝考证学勃兴，纷纷激烈地谴责他们轻视古典和独断的解释，是理所当然的。宋明诸儒的注解，总体说来，难免主观，但能很好地追求体认自得，致力于实践性修行，大大地发扬了孔学的精神，其功绩为汉唐清朝的训诂学者所莫及。无须说，在这些学者的训诂里，不能说全无独特的哲学思想，但若说其几乎不足观，却不算过言。

日本古学派、古文辞学派的注释，是不见于中国训释的独特的东西，或者即使达不到宋明诸儒那种程度，然于其中亦可窥见独特的哲学思想。在孔学的发明这一方面，连汉唐清朝的训诂学者也是比不上他们的。降至近代，训释受西洋科学方法研究的影响，愈来愈成为实证的，主张难免依学者而有所不同。例如，即使拿《论语》的注释书来看，就能经常看到学者的意见不一致之处。从事于这样的研究，有一定的意义是不言自明的，但另一方面，因此而忽视孔学的体认自得及其运用则是不可否认的事实。比较这两种态度，何者适合孔子的精神呢？《论语》的注释书多得数以百计，今后还一定会继续产生。究竟到什么时候才能产生万世不易的注释书呢？与其如此，也许倒不如很好地理解《论语》的宗旨，体认自得其中所叙述的道德，而运用于时世。然而，若是对其宗旨的理解失当，就像"文化大革命"中的《论语》解释一样，做完全出人意料的唐突的解释，陷入大的谬误，同时会愚蠢地争辩我是他非，所以，做到不执着于主义主张，并顺性情之自然，易简直截地理解其宗旨，比什么都重要。

四

儒教早就传入朝鲜和日本，对于培养朝鲜人和日本人的民族精神做出了贡献，特别是宋明的新儒学甚至成为朝鲜的李朝和日本的江户幕府政教的基础。不过，朝鲜和日本对于儒学的接受运用未必相同。若就理应说是宋明儒学代表的朱子学和阳明学来说，朝鲜几乎没有接受运用阳明学，并且朱子学也分为主理派和主气派而引起了激烈的争论。而在日本，虽以朱子学为国教，却并不排斥阳明学。儒者标榜朱子学而又修习阳明学，标榜阳明学而又修习朱子学，二者之间虽有论争，也不如朝鲜那样激烈，而有折中二者的倾向，并且在儒者之中产生了形形色色的不属于折中派、朱子学、阳明学的学派和独立派，真是丰富多彩。比较朝鲜和日本人的民族性时，如果极端地说，也许可以说朝鲜人适于接受运用朱子学，日本人适于接受运用阳明学。像以上这样接受运用孔学，不仅因时代而不同，而且亦因地域和民族性而不同。因地域和民族而接受运用不同，理由就是如此。如果说真正接受运用孔学，自然会产生这种差异。若不考虑地域和民族性，盲目信从孔学，反而会产生弊害。需要我们注意的是这样一点，即比较各地域、各民族接受运用的孔学，不要轻易地谈论其价值。

五

以上概略地叙述了接受运用孔学的历史，对此进行详细研究，对于将孔学运用于现代，即其现代式接受运用是很重要的。其重要性实际在于探求这样一点，即孔学给人的生活、人类社会提供了怎样的课题，而此课题在现在和将来具有怎样的意义。若与接受运用没有关系，只是听任智慧的兴趣，埋头于它的研究，那未必是遵循圣贤本意的道路。但是，只要很好地回顾一下，即使儒教所提供的课题，也并非仅仅是在知识上所理解的性质而已，应该很好地了解，只有俟诸体认自得、实践性修行，才能加以把握。我们不应忘记“古之学者为己，今之学者为人”（《论语·宪问》）这一孔子之教。一丝不苟地接受运用孔学，理应很好地体会孔子的这一精神，从而接受运用者在理解它提供的课题方面，至少不可缺少这种态度，这是不需要多说的。我们通过这样的课题理解孔学的重要宗旨，比什么都重要。

据说，体认自得，重要的是与物为体。佛老等超越思想家追求与超物的超越性实在为体，法家等现实性思想家追求通过绝对地驾驭作为与物自身对立性或斗争性的存在而取消自他对立、斗争性关系。儒家等理想家期望与物一体而实现理想的人、理想的社会。与物为体就是使物各得其所，实现万物生存的理想的态度。无须说，万物之中的主轴是人。总而言之，与物为体是与超越主义者、现实主义者相对的理想主义者，即儒家的基本的立场。依我看，这是孔学的重要宗旨。据说孔子非难隐者，从孔子胸中迸出了如下的话，可以说直截了当地表示了这一点："鸟兽不可与同群。吾非斯人之徒与而谁与。天下有道，丘不与易也。"（《论语·微子》）所谓与物为体，不用说，在读书钻研时也是必要的。那么，与物为体之道是什么？关于这一点，孔子以下的后世儒家屡屡述说，而在科学文明高度发达的现代，它是最简易直截，而且必须是基于自然性的东西。依我看，只能是兀坐。所谓兀坐，乃是端坐。所谓端坐，是使身体入静的工夫。若是兀坐，身与万物自然成为一体。这里所谓身，实际应该说是不是身躯的存在。

前面叙述了将孔学运用于现实的人类生活是真正的孔学的运用，但有必要自觉和认识，对于存在于现代人类生活、高度发达的社会中人类生活的矛盾的敏锐感受性，以及为了消除这些矛盾而把人类生活导入理想，孔学是最合适的。要是这样，孔学之中适合时变的东西自然要受到注目，这是成为带来新的思想创造的主要因素。总之，这大概就是现代人的孔学运用之道吧。

（载于 1989 年第 3 期）

论孔子思想的包容性与中国儒学的发展

李锦全

春秋战国是诸子百家争鸣的时代。既然是争鸣，所以一般多看到彼此间思想上的分歧，其实相互间也有不少相通之处。如儒家的创始人孔子，我认为他的思想就有较大的包容性。后来中国儒学的发展，在长期封建社会中虽貌似取得独尊地位，但思想内涵在不断吸取容纳各家之长。传统儒学影响到今天，能否适应开放的形势和现代化社会的需要，是一个有争议的问题。我认为研究孔子思想的包容性及后来各个时期儒学的发展过程，对当前应如何对待儒学传统，是有重要历史借鉴意义的。

一

在先秦诸子中，儒、墨两家被称为显学。一般认为双方的观点是对立的。《淮南子·要略》说："墨子学儒者之业，受孔子之术，以为其礼烦扰而不说，厚葬靡财而贫民，服食伤生而害事，故背周道而用夏政。"这是说，墨子也曾受业于儒家，后来不满周礼那一套改而师法夏禹，变成另立门户而与儒家分庭抗礼了。

墨家的中心思想，是主张兼爱、非攻、节用、节葬，这与儒家讲爱有差等是不同的，因而提出"兼以易别"。不过我觉得孔子的思想虽不全同于墨家，但也有它可以包容的一面。比如墨子最核心的兼爱思想，在孔子的仁学中也似有涉及这方面的内容。如"樊迟问仁，子曰：'爱人。'"（《论语·颜渊》。以下只称篇名）这里所爱的人是全称，看不出有等差的区别。这种思想应用到教育方面就是"有教无类"（《卫灵公》），对所有人都一视同仁。孔子对子贡提出的"如有博施于民，而能济众"能否称为"仁"时，他答复说："何事于仁，必也圣乎，尧舜其犹病诸！"（《雍也》）这里的"民"和"众"也是全称，并无等差区别。而孔子认为博施济众的行为已进入超仁入圣的境地，连尧舜都难做到。可见孔子对无差等的爱，是虽不能至而心向往之，并无反对之意。他主张"仁"，正面要做到"己欲立而立人，己欲达而达人"（《雍也》），负面也要做到"己所不欲，勿施于人"（《颜渊》）。孔子这种推己及人的思想可以称之为“推爱”；但墨子讲的“兼爱”也只是视人如己，这两者在处理人际关系的程序上虽有不同，但爱人的实质并无等差的区别。

对于非攻，孔子并无明显的主张。但他对季氏将伐颛臾一事，提出：“有国有家者，不患寡而患不均，不患贫而患不安。盖均无贫，和无寡，安无倾。”故主张“远人不服，则修文德以来之”，否则“谋动干戈”，则恐忧“在萧墙之内”（《季氏》）。从这个事例看，孔子的思想与墨家也似有同调之处。

对节用和节葬问题，孔子也有明确的表态。如提出“节用而爱人，使民以时”（《学而》）。对林放问礼之本，则回答说：“礼，与其奢也，宁俭；丧，与其易也，宁戚。”（《八佾》）他还说：“麻冕，礼也；今也纯，俭，吾从众。”（《子罕》）孔子主张节俭，反对繁文缛礼和奢侈浪费，这样的话虽然不多，但与墨家的俭约精神应是不违背的。

对于义利问题，一般认为也是儒墨之间的一大分歧。由于墨家明确提出“义，利也”（《墨子·经上》。以下只称篇名）的界说，用“利”来解释“义”，而儒家提倡“义”，反对言“利”，所以说两家观点是对立的。其实孔子也并非不言利，他回答子张怎样才可以“从政”时，就提出要“因民之所利而利之”（《尧曰》）。他还主张“足食足兵”（《颜渊》）和“富而后教”（《子路》），认为“君子之道”，“其养民也惠，其使民也义”（《公冶长》）。可见以“义”使民与惠利于民也是不可分割的。虽然孔子“罕言利”，但并非不言。他反对见利忘义，而是主张“见利思义”（《宪问》）。这对墨家的义利观应该说是有包容性的一面。

关于儒墨行周道与用夏政的分歧。其实孔子对夏禹也是极为敬佩的。他说：“禹，吾无间然矣，菲饮食而致孝乎鬼神，恶衣服而致美乎黻冕，卑宫室而尽力乎沟洫。禹，吾无间然矣。”（《泰伯》）孔子认为禹为人的完美，已经达到无丝毫可供指责的地方了。

墨家之外，道家也是批判儒家的一大学派。老子提出：“大道废，有仁义。慧智出，有大伪。六亲不和，有孝慈。国家昏乱，有忠臣。”因而主张“绝圣弃智”“绝仁弃义”（《老子》十八、十九章）。这当然是反对儒家的论调。不过作为道家最高政治纲领的“无为而治”，看来孔子也是肯定的。他曾称赞说：“无为而治者，其舜也与？夫何为哉？恭己正南面而已矣。”（《卫灵公》）看来孔子思想的包容性对道家也是有所涉及的。

另外道家中还有一些隐居避世之士，也有庄周一类的出世思想。与此相比，儒家思想当然主要是入世的，但也并非绝对。如孔子对出处辞受的问题，也有明确的标准。他说：“笃信好学，守死善道，危邦不入，乱邦不居。天下有道则见，无道则隐。邦有道，贫且贱焉，耻也；邦无道，富且贵焉，耻也。”（《泰伯》）又说：“隐居以求其志，行义以达其道。吾闻其语矣，未见其人也。”（《季氏》）孔子是以邦有道无道作为是否出仕的标准的，并仰慕隐居以求志、行义以达道的人。可见孔子对道家的避世思想也有其包容性的一面。

法家成为一个学派，比儒、道、墨各家都晚。在韩非之前，李悝、申不害、慎到、商鞅等人虽有称之为前期法家，但这些人多数从事实际政治活动，到韩非才构成有体系的法家理论。法家一般认为和儒家是对立的。“至如商、韩六虱，弃孝废仁。”（《文心雕龙·诸子》）所谓六虱，商鞅指的就是儒家宣扬的“仁义”“孝悌”“诗书”“礼乐”等一套（《商君书·靳令》。以下只称篇名），并斥之为“淫佚之征”和“过之母”（《说民》）。韩非则抨击“儒以文乱法”（《韩非子·五蠹》。以下只称篇名），主张国君“不务德而务法”，要“举实事，去无用，不道仁义者故，不听学者之言”（《显学》），这无疑都是反儒的言论。

不过法家尽管反儒，但两家亦有其相通之处。司马谈在《论六家之要指》中曾指出：儒者“其序君臣父子之礼，列夫妇长幼之别，不可易也”。法家“然其正君臣上下之分，不可改矣”。说明两家都要维护封建等级制度，但手段方法不同。儒家重教化，而法家重刑罚。不过这个区别也不是绝对的。如韩非认为君主要控制臣下，要掌握“刑、德”二柄，即罚和赏这两种权柄。儒家虽然重视德，亦并非不用刑。孔子早就说过：“道之以政，齐之以刑，民免而无耻；道之以德，齐之以礼，有耻且格。”（《为政》）他还赞成子产讲为政要宽猛相济的观点，说“宽以济猛，猛以济宽，政是以和”（《左传》昭公二十年）。孔子虽然不能预见韩非的观点，但德刑并用、宽猛相济的思想与后来法家有相通之处。

儒法两家由于都要维护等级制度，所以都主张尊主和忠君。不过君主事业能取得成功，也要靠人臣的拥戴。所以韩非说：“人主者，天下一力以共载之，故安；众同心以共立之，故尊；人臣守所长，尽所能，故忠。以尊主御忠臣，则长乐生而功名成。”又说：“至治之国，君若桴，臣若鼓。”“故古之能致功名者，众人助之以力，近者结之以成……此尧之所以南面而守名，舜之所以北面而效功也。”（《功名》）这里韩非认为：君臣关系要做到“上下相得”，就像“形影相随”“桴鼓相应”那样，成为一种合作共事的关系。孔子对君臣关系则提出“君使臣以礼，臣事君以忠”（《八佾》）。这是君臣对等的观念，只有这样，才具备合作共事的思想基础。以上说明，孔子对后来的法家思想必有其包容性的一面。

儒、墨、道、法是先秦的四大学派，看来孔子思想与其他三家相比，固然有分歧、对立的一面，但亦确有能够包容各家的地方。孔子思想的包容性，对后来儒学的发展有深远的影响。

二

孔子之后，先秦儒家主要起作用的有孟、荀两大派。孟子活动在战国中期，是各家激烈争鸣的时代，而孟子又是好辩的人，他以孔子的继承人和儒家正统派自居，肆意攻击各家。如说："杨朱、墨翟之言盈天下。天下之言不归杨，则归墨。杨氏为我，是无君也；墨氏兼爱，是无父也；无父无君，是禽兽也。"（《孟子·滕文公下》。以下只称篇名）杨朱为我，是发挥道家养生之说，孟子这里是连带痛骂道、墨两家。他又说："争地以战，杀人盈野。争城以战，杀人盈城。此所谓率土地而食人肉，罪不容于死。故善战者服上刑，连诸侯者次之，辟草莱、任土地者次之。"（《离娄上》）这是明显攻击法家的耕战政策。

孟子既然这样激烈抨击各家，是否完全抛弃孔子思想的包容性呢？看来也非如此。他和别家争辩，可以说是攻其一点，不及其余。如他反对法家的耕战，其反战言论，超过墨家的非攻；至于说辟草莱、任土地有罪，他不是也主张"深耕易耨""不违农时"（《梁惠王上》），要"易（治）其田畴""民可使富"（《尽心上》）吗？可见这里的言论也是自相矛盾的。

其实，孟子提出"民贵君轻"的观点，宣称"君之视臣如手足，则臣视君如腹心""君之视臣如土芥，则臣视君如寇仇"（《离娄下》）。这种君臣对等的论调，比孔子似还要激进。他还肯定"汤放桀，武王伐纣"，说"闻诛一夫纣矣，未闻弑其君也"（《梁惠王下》）。这比较韩非所批判的："桀纣为高台深池以尽民力，为炮烙以伤民性。桀纣得成肆行者，南面之威为之翼也。……势者，养虎狼之心而成暴乱之事者也。"（《难势》）孟子的反暴君自不会比韩非逊色。还有孟子主张的"老吾老，以及人之老；幼吾幼，以及人之幼。天下可运于掌"（《梁惠王上》），虽然讲的是推己及人，但这里并无爱有差等的意味。孟子曾痛骂墨家的兼爱，我觉得除派性作怪之外，实际上的分歧也并不是那么厉害的。

荀子生当战国末年，当时政治形势已渐趋统一。荀子为人博学精思，颇有点吐纳百家的气势。他写有《非十二子》篇，对墨翟、宋钘、慎到、田骈、惠施、邓析等人均称之为"欺惑愚众"，并声讨"子思、孟轲之罪"，斥子夏、子游为"贱儒"。他还在《天论》和《解蔽》篇中用最简约的字句来评论各家的思想特点，而指出其有所"蔽"，即存在片面性。

不过荀子既不满于各家的片面，恰好说明他自身思想的包容。战国末年的思想界随着政治形势的发展，也是日趋统一，问题是统一在谁家？墨家的兼爱非攻，不适合维护等级制度和进行兼并战争的封建统治者的需要，因而日渐式微。有些人变成打抱不平的侠士，可能被认为会扰乱治安，就像韩非说的“侠以武犯禁”（《五蠹》），变成为统治者所不容了。

至于道家到战国后期，却出现了新的变化，即“道”与“法”相联系。稷下学者曾提出“法出乎权，权出乎道”（《管子·心术上》）的观点，韩非也讲到“以道为常，以法为本”（《饰邪》）。1973 年长沙马王堆出土的帛书《经法》等四篇，则表达为“道生法。法者，引得失以绳而明曲直者也。故执道者，生法而弗敢犯也，法立而弗敢废也”（《经法·道法》）。法为道所派生，而执道者对法又不敢废。这是以道为体，以法为用。并从老子上溯到黄帝，故称之为黄老道家，或道法家。司马迁说韩非“喜刑名法术之学，而其归本于黄老”（《史记·老庄申韩列传》），正说明当时道法合流的趋势。

先秦儒家传到荀子，同样适应政治形势的发展。他不像孟子那样法先王、道仁义，而是改造孔子的礼学以符合法治的需要。如说：“礼者，法之大分，类之纲纪也。”（《荀子·劝学》。以下只称篇名）又说：“故圣人化性而起伪，伪起而生礼义，礼义生而制法度。”（《性恶》）这样就把原来礼与法的对立加以和调。他甚至说：“是百王之所同也，礼法之大经也。”（《王霸》）“礼法”也就成为连用的同义语了。当然，由于荀子毕竟是儒家，所以虽然说“法者治之端也”，却又认为“得其人则存，失其人则亡”“君子者法之原也”（《君道》）。即法治还是离不开人治。但他看到由礼到法发展的必然趋势，并对此做出相应的论述，这也可以看到他思想中具有包容性的一面。

讲“礼义生而制法度”与“道生法”，表明到战国末年儒、道两家与法家思想的交融，而韩非思想也就成为三家的聚合点。

这里要谈一下先秦儒家与名、阴阳两家思想的关系。名家本来不算一个学派，因为各家都讲到“名”。如孔子讲“正名”，老子重“无名”，墨子要求“取实予名”，《管子·九守》篇提出“名生于实”。战国末年是“处士横议”“辩士云涌”的时代，这些人都着意于名实问题的辩论，被汉人称为名家。如荀子批评惠施，说“惠子蔽于辞而不知实”（《解蔽》）。公孙龙则据说由于“疾名实之散乱”（《公孙龙子·迹府》。以下只称篇名），提出要“审其名实，慎其所谓”（《名实论》）。后期墨家主张“以名举实”（《小取》）。当时由于新旧事物不断更迭，名实关系变得混淆不清。正如荀子所说：“今圣王没，名守慢，奇辞起，名实乱，是非之形不明，则虽守法之吏，诵数之儒，亦皆乱也。”（《正名》）据此他吸取墨家和《管子》的观点，明确提出“制名以指实”（《正名》），这是对当时名辩思潮做了批判性总结，同时也体现儒家思想具有包容性的一面。

阴阳五行在中国思想史上起源比较早，但司马谈所称的阴阳家大概是以战国末年的邹衍为代表。司马迁说他“深观阴阳消息，而作怪迂之变……然其要归，必止乎仁义节俭，君臣上下六亲之施”（《史记·孟子荀卿列传》）。可见他的思想与儒家有相通之处。与此同时或稍后，出自儒家后学之手的《易传》，则提出“一阴一阳之谓道”（《系辞传》上）。在宇宙生成图式中，则以“太极”产生天地、阴阳，这又是受老子思想的影响。《易》后来被公认为儒家经典，对阴阳和道家思想都有所包容。

战国末年，随着秦国势力的扩张，法家政治也取得成效。如荀子入秦，说“治之至也，秦类之矣”（《强国》）。对此加以赞许。但对秦国“无儒”感到遗憾，认为不符合王道标准。由于秦始皇统一后，发展法家严刑峻法的一面，“焚书坑儒”，大搞文化专制主义，终于二世而亡。西汉初年，各家思想又进入重新组合的时代。

三

汉兴以后，为总结秦亡的教训，如何确立新的统治思想，曾经过较长时期的争论和反复试验。最初刘邦并不喜欢儒家，而以马上得天下自居。陆贾即争辩说：“居马上得之，宁可以马上治之乎？且汤、武逆取而以顺守之，文武并用，长久之术也。”如果秦并天下后，“行仁义，法先圣，陛下安得而有之？”（《史记·郦生陆贾列传》）这里所谓“文武并用”，也就是王霸并用，即儒法并用。后来汉宣帝透露说“以霸王道杂之”，乃是汉家制度，即是汉王朝的基本国策，从而实践了陆贾的文武并用思想。陆贾还认为，如秦得天下后，“行仁义，法先圣”，就不会速亡。贾谊亦持相同的观点，他分析秦亡原因，归结到“仁义不施，而攻守之势异也”（《过秦论》上）。

陆贾、贾谊并不纯是儒家，但从秦亡的教训中取得共识，认为秦统治者处在攻守异势的地位时，没有做“取与守不同术”的战略转变。秦可以使用“诈力”取天下，但要巩固政权，不能单靠严刑峻法而不施仁义。这就需要刑德并用，也就是孔子早已主张的宽猛相济的两手策略。所以陆贾、贾谊的共识还是离不开儒家思想包容性的发挥。

汉代儒学的发展，到董仲舒是个关键人物。这个被称为“群儒首”又是主张“罢黜百家，独尊儒术”的人，自当算是儒家的正统派了。不过更多的还是对孔子思想包容性的发挥。他以儒家思想为中心，提出了德、刑并用而以德教为主的统治方针，主张既要充分发挥“礼乐教化”的作用，又要建立和统一“法度”，以便维护“三纲五常”等封建等级秩序和宗法道德规范，作为化民成俗的根本。由于董仲舒“尊儒”是公开提倡的，而刑名法术之学实际上被容纳，所以有谓董学是儒表法里或阳儒阴法的，这种说法也不无根据。对阴阳五行和五德终始学说，董学也做了多方面的发挥。史称“董仲舒治公羊春秋，始推阴阳，为儒者宗”（《汉书·五行志》）。说明董学既容纳刑名法术，又与阴阳家言相结合，在儒学的发展中充分体现包容性的一面。

儒学的包容性不但为多数儒家所遵行，同时也为一些反儒的人所接受。如曹操由于在《举贤勿拘品行令》中提出可以任用“不仁不孝而有治国用兵之术”的人，“文革”时期曾被封为反儒的法家。其实曹操并非有意反儒，他是懂得“取”与“守”是不同术的。在攻取战争中当然首先考虑要找有治国用兵能力的人，而道德上的仁和孝就不作为必备条件。但从长远培养人才来说，曹操另有一番见解。他称汉末“丧乱以来”，是“后生者不见仁义礼让之风，吾甚伤之”。据此他颁发《修学令》，要求做到“先王之道不废，而有以益于天下”。曹操这两处的不同做法并不是自相矛盾，而是取与守不同术的具体措施。他提出：“治平尚德行，有事赏功能。”（《论吏士行能令》）又说：“夫治定之化，以礼为首；拨乱之政，以刑为先。”（《以高柔为理曹掾令》）德行与功能，礼与刑，是按照不同情况来考虑其优先地位。这种思想与其说是反儒，毋宁说是对儒学包容性的具体运用。

从魏晋南北朝到隋唐，玄学与佛教相继盛行，对儒学曾一度有过冲击，但彼此间的矛盾还是以妥协、融合的方式而告终。这里的原因，也可以从儒学的包容性寻求解释。玄学家们虽从祖述老庄立论，但对注释《论语》《周易》等儒家经典颇感兴趣。他们把《老子》《庄子》《周易》并称“三玄”。从魏晋玄学发展的主流来看，都在力图调和名教与自然的矛盾。由“贵无”论的“名教本于自然”，到“崇有”论的“自然不离名教”，再到“独化”论的“名教即是自然”，都无非在论证儒家纲常名教的自然合理性。这样就解决了儒道的矛盾，将道家的自然之论容纳到儒学的包容性中去。

魏晋玄学家为论证纲常名教的自然合理性，多是以道释儒，而神仙道教著名人物葛洪是以儒证道。他说：“欲求仙者，更当以忠孝和顺仁信为本。若德行不修，而但务方术，皆不得长生也。”（《抱朴子·对俗》。以下只称篇名）又说：“览诸道戒，无不云欲求长生者，必欲积善立功，慈心于物……如此乃为有德，受福于天，所作必成，求仙可冀也。”（《微旨》）要做到忠孝仁信，积善立功，才能入道成仙，这可能是葛洪的发明。道术儒修无二致，神仙忠孝有完人，这样来评量葛洪的思想，看来也不无道理。而儒学的包容性，扩大到神仙方外去了。

佛教是外来宗教，佛教徒不拜君亲，对儒家所维护的伦理纲常本来是相违背的。从东晋到唐初，发生过“沙门不敬王者”“沙门不应拜俗”的争辩，就表明了这种矛盾。唐初的宗教政策虽仍然尊重和利用佛、道二教，但更重要的是以儒家的君父之义来加以约束。如唐高宗李治对僧道是否拜君亲问题明确表示：“朕禀天经以扬孝，赞地义以宣礼，奖以名教，被兹真俗。”（《大正藏》卷五二）在封建帝王的倡导和干预下，佛教也就向儒学靠拢。如华严宗的宗密，就说“佛且类世五常之教，令持五戒”（《原人论》）。将佛教的“五戒”比附“五常”，表示佛徒拥护儒家的封建道德。他们有的称皇帝为活佛以表忠；也有宣扬《孝子报恩经》《父母恩重经》，鼓吹孝道是“儒释皆宗之”（《盂兰盆经疏序》）。这样一来，佛教与封建世俗的矛盾，在儒学的包容性里获得解决。

唐代柳宗元的思想，近年来颇有争议，其实他是一个沟通儒释的人物。他声称“自幼好佛，求其道，积三十年”。但他所好的不是“言至虚之极”（《送巽上人赴中丞叔父召序》）的佛家出世法，而认为“浮图诚有不可斥者，往往与《易》《论语》合”“不与孔子异道”。所以他说：“吾之所取者与《易》《论语》合，虽圣人复生不可得而斥也。”（《送僧浩初序》）他送文畅上人，谓其“将统合儒释”，对元暠师则说：“吾见其不违且与儒合也”（《送元暠师序》）。可见当时儒释相互包容的情况是相当普遍的。

儒学发展到宋明时期，理学占据统治地位。理学家们表面排斥佛道，而实际上相互包容。如周敦颐提出“无极而太极”的宇宙生成图式就来自道教，朱熹“理一分殊”的理论来自佛教华严宗。至于陆王心学固然有渊源于孟子的一面，但亦深受禅宗的影响。有人认为理学是儒、释、道三教合流的产物，而以儒学为主，我看这话也不无道理。这种合流正是儒学包容性在封建社会后期发展过程中的表现。

中国传统文化源远流长，儒学基本上是居于主干地位。当然，儒家思想也不是一成不变和一枝独秀的。它在整个封建社会的长河中，是与各家思想既互相冲突又会通融合，并且随着时代的变化而发展。其间虽然经历过起伏的险滩和曲折的洄流，却终于汇成浩瀚的江海。儒学在中国历史上何以能通贯各家，我认为与儒家创始者孔子思想的包容性有一定关系。传统儒学到今天又面临新的考验，我们研究孔子与历代儒学对各家思想如何存异求同，对我们怎样根据实际情况对传统文化进行扬弃和改造，并在此基础上如何容纳外来文化，将会有一定的启迪作用。

（载于1989年第3期）

孔子中庸说管见

赵光贤

孔子学说中被后人误解最多的恐怕是中庸说了，过去儒家的解说就很不一致，现今的学者企图用马克思主义来解说它，纷歧就更多。在众说纷纭中，是不是可能找到一个比较符合孔子原义而为大家所接受的解释呢？窃不自量，拟做这样一个尝试，把意见写出来，请方家指教。

一、“中”字意义的来源

为了弄清孔子所特别重视的中庸说的正确涵义，先探索一番意见最为纷歧的“中”字的来源是必要的。有人说，中字最早见于《尚书·大禹谟》的“允执厥中”，但《大禹谟》是伪古文，它把《论语·尧曰》篇的“允执厥中”和《荀子·解蔽》篇引的《道经》“人心惟危，道心惟微”连缀起来，加上一句“惟精惟一”而成；而《尧曰》篇历叙尧、舜、禹、汤、周武等古圣王的言论，乃《论语》编者所记旧闻，与孔子无关，因此“允执厥中”句究为何时何人的话无从考察，因此这句话就失去其作为“中”字来源的意义。还有人说，甲骨文里有“中”字，殊不知甲骨文“立中”的“中”是军旗，作战之前立此旗以为集合兵士之地，与后世中字之义完全无关。①

古书中所见“中”字与“中庸”之义相近者有下列几段：

《尚书·盘庚中》：“汝分猷念以相从，各设中于乃心。”

《尚书·酒诰》：“尔克永观省，作稽中德。”

《尚书·立政》：“兹式有慎以列，用中罚。”

《尚书·吕刑》：“士制百姓于刑之中，以教祗德。”“惟良折狱，罔非在中。”（此篇中字凡十见，不备录）

① 详见拙著《古史考辨·殷代兵制考略》，北京师范大学出版社1988年版。

《左传》成公十三年："民受天地之中以生，所谓命也。"

以上各例所举中字，用法不同，意义应有区别，但究当作何解，很难说。《尚书》伪孔《传》将中字一律解为中正，恐不妥当。

我觉得唯一可以认为孔子中庸思想的来源的是《酒诰》篇的"作稽中德"一语；此篇是周公告康叔至卫应戒酒之辞，稽字在此处当训合，见《广雅·释诂》，"作稽中德"意即行事合于中德，隐含勿酗酒之意。又《牧簋》铭文"毋敢不明（训勉），不中不井（型或刑）"，与"中德"之意相近。孔子的中庸思想很可能受周公"中德"的启发而进一步加以发挥。

二、过去学者对孔子中庸说的理解

孔子的中庸说见于《论语》者并不甚多，但这才真正是孔子的观点，相传子思作的《中庸》既不是子思作（详见后文），更不合于孔子的思想。

孔子讲中庸，有下列的话：

> 中庸之为德也，其至矣乎！民鲜能（原缺，据《中庸》补）久矣。（《论语·雍也》）
>
> 子贡问："师与商也孰贤？"子曰："师也过，商也不及。"曰："然则师愈与？"子曰："过犹不及。"（《论语·先进》）
>
> 不得中行而与之，必也狂狷乎，狂者进取，狷者有所不为也。（《论语·子路》）

以上三段话明白浅显，容易理解，这是教人认识事物或真理与行事的方法论，道理虽不难懂，但按此行事很难，不是过头，就是不够，所以孔子发生慨叹。

后世儒者不认中庸是孔子的方法论，而刻意求深，于是产生各种各样的中庸理论，离开了孔子的本意。

《中庸》的作者说："喜怒哀乐之未发谓之中，发而皆中节谓之和。中也者，天下之大本也；和也者，天下之达道也。致中和，天地位焉，万物育焉。"

他把中庸解为中和，这就不是孔子的中庸说了。孔子虽说过"君子和而不同，小人同而不和"（《论语·子路》），但并未将和与中连用。更重要的是，孔子所谓中，是无过无不及，并未讲人的心理状态，与喜怒哀乐无关。《中庸》作者把中和看作天下之大本、达道，达到中和的境界，天地就能走上正当轨道，万物就能生长发育，这样就把孔子的方法论改变为宇宙论了。

如果说这几句话证据还不够的话，可以再引一些。《中庸》大讲"诚"字，说："诚者天之道也；诚之者，人之道也。"这段话抄自《孟子·离娄上》，只把原文的"思诚者"改为"诚之者"。我们知道，战国思想家有一个明显的共同趋向，就是开始探讨、说解所谓"天道"，由"人道"发展到"天道"。孟子从唯心主义的观点用人事来说明天道，这可以说是"天人合一"思想的开端，继之而起的有《易大传》、《道德经》和《中庸》，各家说法不尽同，《中庸》应当是最善于发挥儒家思想的，它把大段《孟子》的话都抄入书中。那么是不是可以说《孟子》抄《中庸》呢？可以肯定回答不是。因为《孟子》书中凡引《诗》《书》及前人的话都有明白交代，倘引《中庸》当不例外，更重要的是，讲诚是天道，在孟子只不过发其端，而《中庸》则是大讲特讲，尽量发挥。下面再引两段《中庸》的话加以证明。

> 唯天下至诚，为能尽其性；能尽其性，则能尽人之性；能尽人之性，则能尽物之性；能尽物之性，则可以赞天地之化育；可以赞天地之化育，则可以与天地参矣。
>
> 故至诚无息。不息则久，久则征，征则悠远，悠远则博厚，博厚则高明……博厚配地，高明配天，悠久无疆……天地之道，博也，厚也，高也，明也，悠也，久也……

本来一个"诚"字不过表现一个人的心理状态，但是《中庸》作者竟由此扩充至于天地万物，这不能不说是地地道道的主观唯心主义的宇宙论。试问，这和孔子的中庸之德有什么联系？

如果把这看作儒家后学发展了孔子的中庸学说，那当然可以，但是这新的中庸说恐怕越走越远离了孔子的本意。

这里有一事值得注意。战国时期，百家争鸣，当时一个流行的思潮是以阴阳说来解宇宙本体及其变化，例如《易·系辞》说："一阴一阳之谓道。"《道德经》说："万物负阴而抱阳，冲（疑当作中）气以为和。"《庄子·则阳》说："天地者形之大者也；阴阳者气之大者也。"《管子·乘马》说："春秋冬夏，阴阳之推移也；时之短长，阴阳之利用也；日夜之易，阴阳之化也。"《荀子·礼论》说："天地合而万物生，阴阳接而变化起。"《吕氏春秋·大乐》说："太一出两仪，两仪出阴阳，阴阳变化……是谓天常。"诸家学说，虽主旨各异，但用阴阳以解天地变化则相同。《中庸》一书虽晚出，但它讲天道无一字涉及阴阳，这是很突出的特点。我认为它是儒家后学中比较正统的一派。试以《中庸》与西汉号称一代儒宗、专讲阴阳五行的董仲舒的《春秋繁露》作一比较，便知《中庸》的中和说虽与孔子的中庸说不同，但还不失为七十子后学的嫡传，而董仲舒之流虽打着儒家的招牌，实际上已成为阴阳家的推销人了。

自汉儒把《中庸》编入《礼记》中之后，儒家相传是孔子之孙子思的作品，认为最得圣人之意，又因《论语》记孔子讲中庸之德过于简单，不好理解，于是以《中庸》的中和代替了《论语》的中庸，而加以诠释。东汉末经学大师郑玄说："名为中庸者，以其记中和之为用也。"（《礼记·中庸》，孔疏引《郑目录》）他以中和解中，以用解庸。又注："庸，常也，用中为常道也。"郑氏既为学者所宗，唐孔颖达作《礼记正义》又加以申说，于是《中庸》的地位被抬得很高。而郑注也被经学家认为不易之论。宋儒开始改变这个解释。程氏说："不偏之谓中，不身之谓庸。中者天下之正道，庸者天下之定理。"（朱熹《中庸章句》引）程颐说："圣人以理为，过犹不及，中而已矣。"（《河南程氏遗书》卷二二）他们不以中和解中庸，这是对的。朱熹本之作《中庸章句》说："中庸者不偏不倚，无过不及，而平常之理，乃天命所当然，精微之极至也。"说中庸是"平常之理"是对的，但与天命挂钩则大错了。他解"致中和，天地位焉，万物育焉"说："盖天地万物，本吾一体。吾之心正，则天地之心亦正矣；吾之气顺，则天地之气亦顺矣。故其效验至于如此，此学问之极功，圣人之能事，初非有待于外，而修道之教亦在其中矣。是其一体一用，虽有动静之殊，然必其体立而后用有以行，则其实亦非有两事也。"这是极明显的唯心主义的天人合一论，这与孔子的中庸说简直是风马牛不相及，这也是中了《中庸》的毒。不止如是，他迷信伪书《大禹谟》中十六字是尧、舜、禹传授的心法，认为子思作《中庸》正是发挥"允执厥中"之义，说其"天命率性，则道心之谓也，其曰择善固执，则精一之谓也，其曰时中，则执中之谓也"（《中庸章句》序）。这是理学家的借题发挥，不足为训。此后的理学家议论虽多，基本上出不了程朱的樊篱，也就不必深论了。

三、今人对孔子中庸说的理解

新中国成立以后，有关孔子中庸思想的文章很不少。在这些文章中，不少是用《中庸》一书的思想来解释的，也有以《论语》为根据来解释的。好多说法值得商榷，下面分几点来谈。

第一，对孔子中庸思想最普遍的理解是说，中庸就是折中，折中就意味着调和，而调和就被理解为保守、不思进取等。这样一再推论，"中庸之道"就成为值得谴责的思想，至少一些青年人是这样想的。把中庸理解为折中，有什么根据呢？大概有两个：一是《论语·尧曰》篇有"允执厥中"一句话，上文已指出，这句话并不是孔子说的，而是七十子后学记录下来的，它的来源何在，谁也不知道，可能与前引《酒诰》《吕刑》中的话意义相近，但它与孔子的中庸思想是不是一回事呢？这是值得探讨的。二是《中庸》有这样的话：“子曰：‘舜其大知也与……执其两端，用其中于民，其斯以为舜乎！”孔子是不是说过这话，很难说。我怀疑它是《中庸》作者用这些话来证实《尧曰》篇“尧曰：‘咨尔舜，天之历数在尔躬，允执厥中……’”的。尧既用这话教舜，那么说舜“执其两端，用其中于民”，好像是很顺理成章，有根有据了。什么是两端？《论语·子罕》篇说：“子曰：‘吾有知乎哉？无知也。有鄙夫问于我，空空如也，我叩其两端而竭焉。”《中庸》的“两端”大概是出在这里。这段话表明孔子非常谦虚，应与前两章合起来看。太宰问子贡：“夫子圣者与？何其多能也？”孔子答：“吾少也贱，故多能鄙事，君子多乎哉？不多也。”琴牢说：“子云：‘吾不试，故艺。’”可见孔子不自认为“多能”；因为未见用，才学艺，不自认为天生多才；这里又自认为“无知”。可是人们都认为孔子多知多能，这将如何解释呢？于是孔子举回答鄙夫之问来加以解释。可惜这三句话太简单，文义又不明确，自汉以来直到今天，读《论语》的各有各的解说，然多迂曲难通。“空空如也”是指谁？有人说指鄙夫，形容他对自己所提出的问题的无知。《经典释文》引郑注，“空空”作“悾悾”，“诚悫也”，表明鄙夫来问，其意甚诚。有人说“空空如也”是孔子表示他对鄙夫所提问题的无知。这是一个争论。“两端”旧解作事物的终始，今人多解作事物的对立或矛盾。这又是一个争论。钱穆作《论语新解》，他这样解“空空如也”：“或说，孔子自言无知也。或说，此指鄙夫来问者，言此鄙夫心中空空也。就文理后说为是。”他解“我叩其两端而竭焉”，说“叩，如叩门，使门内人闻声而开也……孔子转叩问此鄙夫，使其心自知开悟。两端者，凡事必有两端，孔子就此鄙夫所疑之事之两端叩而问之。竭，尽也。于此两端，穷竭叩问，使鄙夫来问者，对其本所怀疑之事之两端均有开悟，则所疑全体皆获通晓，更无可疑也。”我觉得钱氏说是对的，但他对两端未作解说。鄙见两端当指一切事物或问题的正反两面，孔子对鄙夫的疑问从正反两方面来启发他，使他自然领悟到正确的答案。这个方法很像苏格拉底教学生的辩证法。颜渊说“夫子循循然善诱人”，可能正是指这说的吧。

如果上述对孔子思想的理解不错，那么中庸二字显然没有折中、调和的意义。孔子所谓中指一切事物的合理性，或者说，真理之所以为真理有一定的限度。也就是说，不及或超过这个限度，就不成为真理了；这个限度叫做中。这和列宁说的“向着正确的方向前进，多走了半步，真理就变成谬误”的说法是一致的。孔子的中庸绝不含有折中或调和的意义。

第二，自从程、朱理学家们提出“不偏之谓中”以来，直到今天还有不少人认为“中庸”的意义就是对一切事物要不偏不倚，引申为中心、中立、中正之义。这个说法由来已久。《论语·尧曰》所说的“允执厥中”、《尚书·盘庚中》的“各设中于乃心”，《尚书·吕刑》“士制百姓于刑之中”，这些中字都被解为中心、中立或中正，这样的理解必须假定一切事物都有一个不偏不倚的“中”，而这样的“中”只存在于人的头脑里，不能指实，这是十足的观念论。孔子的“中”并不是这样的观念，而是指一切事物的真实性只在于它既不是不及，也不是过头，而恰好合于它的限度，因此这个“中”并不含有中心、中立或中正的意义。他说：“不得中行而与之，必也狂狷乎。狂者进取，狷者有所不为也。”这话的意思是，狂者做的太多，狷者做的太少，都不合于“中行”的适度，所以说“过犹不及”，究竟怎样才算适度，则视具体情况而定，没有一成不变的标准，所以这与中心、中立或中正的意义是不同的。

第三，“庸”字从汉儒以来多被解释为“用”，今人也有这样的理解，并把“中庸”二字倒过来解为“用中”，解“庸”为用固然有训诂学上的根据，但解中庸为用中，我认为有困难。《中庸》里有“庸德之行，庸言之谨”的话，如读作“用德之行，用言之谨”，就很难理解。郑玄注这两句说：“庸犹常也，言德常行也，言常谨也。”他为什么不用“庸、用也”而改为“庸犹常也”，显然他已认为这里解“庸”为“用”是说不通的。何况以二字颠倒使用，以期符合“执其两端，用其中于民”，未免太牵强了。

第四，因为孔子说过“中庸之为德其至矣乎”，有人就说，中庸是孔子的道德论。其实古人讲德字并不一定指道德，而且也不一定是美称。如《尚书·盘庚下》：“用降我凶德。”《尚书·酒诰》：“饮惟祀德。”《尚书·无逸》：“无若殷王受之迷乱酗于酒德哉。”由此可见，古人虽常以德为美德，但有例外，德字只表明某种事物的性质，或叫本质，所以有“凶德”“祀德”“酒德”的说法，“中庸之为德”也当理解为中庸的性质，“其至矣乎”应理解为很难做到的意思。

由于把中庸视为一种美德，于是有人从此发挥，说孔子讲中庸是以合于礼的道德准则为其具体内容，如抽去其具体内容就不是儒家所说的中庸了。这话我认为适用于荀子，不适用于孔子。荀子讲礼，把礼在政治上的重要性大加发挥，把孔子的德治改变为礼治，《礼论》一篇是他的代表作，汉儒编在《礼》中讲礼的文章都是荀子后学的作品，经过荀子和汉儒的发挥，把礼的理论提到最高峰。但是孔子的中庸说与此无关，应当分别清楚。

第五，现在还有些人认为孔子的中庸说含有辩证法或辩证法因素，说两端用中是对立或矛盾的统一，这未免把中庸说现代化了。我以为“过犹不及”，要中道而行，这里没有矛盾和斗争，不能说是辩证法，也不含有辩证法因素。孔子虽然博学多才，但还不能说他懂得事物中存在着矛盾和斗争，把他抬得过高，是不合历史主义的。

经过上述的分析，对于孔子的中庸说可得下面几点认识：

第一，《论语》上所记孔子的格言式的话都是他一生中的经验之谈，不是空想出来的，因而是经得住时间考验的。他的中庸思想是他的认识人世间事物的真实性或合理性的方法论，不是什么天下之大本达道这类抽象的天道观或宇宙论。在孔子看来，上至国家大事，下至人生日常琐事，真理与谬误的分界在于事物是否适度，度就是区别是非的标准，它是因时因地而异的，不是绝对的。毛泽东用“左倾”和“右倾”比喻过与不及，这是就国家的大政方针来说的。如就日常生活来说，也处处都有适度与不适度的问题。比如人的健康问题，营养太差，以致面黄肌瘦，弱不禁风，这就是“不及”，不够人体所需的必要的营养，结果必然要生病。反之，营养太多，超过了需要，以致发生肥胖病、高血压等，这就是过度。营养不够和过多，结果都会生病，所以说过犹不及。又如医生给人治病，固然要对症下药，但下药的分量是因人而异的，分量不够，不能治病，过量又会产生副作用，或使病情加重，这里也有个适度的问题。这类的例子，我们在日常生活中经常见到，所以我认为孔子的中庸学说是认识事物的方法论，在任何时间和地方都是适用的。

第二，过去学者相信《中庸》是子思作的，因而在讲孔子的中庸学说时，一般都以《中庸》的中和说代替《论语》所记孔子的中庸说，其实二者的差别是很大的。说《中庸》是子思作的，不过是相传如此，并无确实根据，现在我们根据此篇的内容、文体和内证，可以断言，它的写作年代当在秦统一以后。从内容来说，孔子讲的中庸，属于方法论的范畴，《中庸》讲的中和，则属于天道观或宇宙论的范畴，二者相距甚远。又如孔子重视道德，但从未以“诚”字作为道德概念；孟子则提出“诚”字来，荀子也讲“诚”字，但都未突出“诚”字作为最高的道德观念，《中庸》则大加发挥，把“诚”字提到极高的境界，以至于说：“至诚之道，可以前知……至诚如神。”这是孔子、孟子思想中都没有的。从文体来说，《中庸》一篇中除了引用孔子的话以外，往往大发议论，文章非常流畅而有力，试看下面引的这段话：

> 仲尼祖述尧舜，宪章文武，上律天时，下袭水土。辟如天地之无不持载，无不覆帱。辟如四时之错行，如日月之代明，万物并育而不相害，道并行而不相悖。小德川流，大德敦化，此天地之所以为大也……是以声名洋溢乎中国，施及蛮貊，舟车所至，人力所通，天之所覆，地之所载，日月所照，霜露所坠，凡有血气者，莫不尊亲，故曰配天。

这段歌颂称美孔子的话，可谓登峰造极，文字则有排偶而又流畅有气势，这绝不是战国以前所能有的文字（《左传》中有几段类似的长篇文字也是战国时人所作，而假托春秋时人的话，明眼人一看便知）。如果说这些还不足以证明《中庸》晚出的话，文中有“今天下车同轨，书同文，行同伦”的话，试与《史记·秦始皇本纪》所记始皇统一天下后，“一法度衡石丈尺，车同轨，书同文字”比观，则此篇的写作年代即不言自明了。

由此可见，《中庸》绝非子思所作，它编入《礼记》中，当作汉初儒者作品。因此我们把孔子的中庸说与《中庸》说应加以区分，不可混而为一。过去学者对孔子的中庸说认识不清，主要在于以《中庸》说来解说孔子的中庸说，这种错误，今后应当避免。

第三，现今有人论说孔子的中庸学说，不仅与《中庸》说混同，而且与《荀子》《易大传》《礼记》等混同起来，这样就把孔子的中庸学说搅乱了。还有，一切思想都有一个发展过程，在孔子以前，古书中见“中”字，其确切含义不清楚。孔子提“中庸”，解为“过犹不及”的方法论，这是一大进步，秦汉之际儒者作《中庸》，提出“中和”的天道观，这是“天人合一”说的滥觞。稍后，董仲舒又以阴阳五行说“中和”，更进一步宣扬“天人合一”论。宋儒程朱一派以“理”说“中庸”，陆王则以“心”说中庸，于是“中庸”学说带上浓厚的唯心论色彩，但离孔子学说越走越远。后世把“中庸”之道看作只讲折中、调和而不求进取的庸俗的市侩哲学，被看作支持封建统治的有力工具，并且认为孔子是始作俑者而加以打击。这是对孔子学说的严重歪曲，这个冤案到了平反的时候了。

第四，近来论中庸的文章还有一种趋向，就是把“两端”看作一切事物的矛盾，有矛盾就有斗争，从而推动事物的发展。我们今天看孔子要实事求是，恰如其分。有些人把对后世儒家的谴责都归罪于孔子是错误的，同时，过分的推崇，把孔子所没有的东西硬加在他的头上也是不对的。这都是非历史主义的。

总之，孔子认为一切事物之所以为正确，在于它有一定的“度”，不到或超过这个“度”，就是错误。中庸说就是认识这个“度”的方法。由于它是日常生活中经常见到的，所以于“中”字之后又加一个“庸”字。为什么说“中庸之为德其至矣乎！民鲜能久矣”，因为这个道理本不难懂，但做到这一步而不犯错误很难，因为这个“中”或“度”是因时因地因人而异的，没有一个一成不变的标准，所以孔子有人们不能达到这个“中”的慨叹！

（载于1990年第2期）

孔子哲学中的创造性原理

——论生即理与仁即生

［美］成中英

一、孔子哲学的整体性与开放性

孔子哲学（此文用孔学一词简称之）自成一整体与开放的体系。孔子以后，儒学思想和发展莫不以孔学为理论起点，为发展核心，为印证标准。孔学虽为一完整的体系，但亦有其隐而显、喻而不详的地方。这一方面显示了孔学的局限性，另一方面也可说是孔学开放性之所在，使后继者能够突破其局限性而开展出新的思想境界。孔学还有两项特点：一是孔学同时具备历史性与时代性，一是它也同时具备了特殊性与普遍性。

孔学具备历史性，是就孔子承继夏商周的文化精神传统而言。孔子能言夏礼殷礼，虽然文献不足以求证，但他对它们的损益知道得很清楚。他强调礼的重要并以周礼为行为标则。他说："尔爱其羊，我爱其礼。""周监于二代，郁郁乎文哉，吾从周。"（《论语·八佾》），这就是孔学的历史性。孔学的历史性就是对文化传统的意义的把握以及尊重。这种对文化传统意义的把握与尊重并不排除对时代需求的注意以及对人性长远价值的透视。换言之，孔学的历史性与传统性并不排除其时代性与前瞻性。事实上，孔学往往是把两者融合在一起，以历史性与传统性来发扬时代性与前瞻性，并以时代性与前瞻性来诠释传统性与历史性。

孔子处于礼崩乐坏的社会变迁时代，他憬悟人性的尊严、理性的价值，以及为人处世的应用的人格理想，因而提出了仁的理念，以为人生追求的目标，又对"君子"一词赋予道德的意义，使个人的存在具备了自我肯定的内在价值；更揭橥了一个天下为公的世界大同的理想，为人类追求正义和平幸福与繁荣的最高鹄的。这些都显示孔学的时代精神以及前瞻性格；不但不与其历史性与传统性相矛盾，且可为其应用与发挥。

孔学同时具有特殊性与一般性，也是容易明了的。他所处的历史环境与面对的社会制度或多或少决定了他所持观念的特殊内涵。譬如他所提倡的“礼”和“乐”都有特殊的所指，“礼”大致指的是周礼，“乐”大致指的是韶乐。但他的每一个哲学观念包含礼乐观念在内，都有一般性，也就是指向一个理想的范型和一般的原理，因而应是放之四海、流诸百世而皆准的。孔学之有这种一般性乃是基于孔子对人性与理性深刻的透视而来的，也可以说，孔子毕生所追求的就是一个具有一般性的理想人格范型和理想社会范型。这是他的志向，也是他的用心所在，更与他所处的王道失堕、列国纷争的历史环境有关。相应的现实社会与政治的混乱，如何实现大德敦化、小德川流的社会和政治理想对孔子反而成为现实中最重要的问题。在此一意义下，历史上的周公之制礼作乐对孔子也就有了一种启迪理想人格和理想社会范型的作用。因之，孔学的一般性就是孔学的理想性和原理性。这种理想性与原理性却又是经过具体事物的深入观察而获得，因而又是极具体化、极特殊化的最想感发。

《论语》中孔子所说的每一句话几乎都兼具理想和现实性的两面，因而也都具有格言规范的性质。相对特殊的现实情况，孔子言辞所包含的理想性和一般性就自然形成了一种道德规范和道德批评。譬如他说：“君子不器。”（《论语·为政》）既指出一种君子应循的道路，表明君子之为君子的范型，也是针砭和批评了当时所谓君子的作为。他所说的每一句话，几乎都是可做如此分析的一般命题。即使他对具体事件的评述也都具有这一般性的特质。如他有感于季氏的僭越，乃说：“八佾舞于庭，是可忍也，孰不可忍也。”（《论语·八佾》）这句话就生动地显示了孔子对维护政治秩序的坚持，也间接地提示了人的容忍性应有的极限。

孔子看重言辞和名称的正确指向和正确应用。他甚至认为每一个名称都有其实质的理想意义。这就是他的正名思想。他有这样的思想，是由于他心中已有一个社会秩序和政治秩序的范型。他是要透过言辞名称的应用一致化和指谓的真实化来为社会及政治定位的。他的正名主义因之也可称为“语言定位”。这些思想也都说明了孔子哲学的一般性以及其一般性与特殊性结合的性质。孔子又曾说“举一隅而三隅反”（《论语·述而》），“能近取譬，可谓仁之方也已”（《论语·雍也》）。这都透露出孔子对特殊性包含一般性、一般性融合特殊性的方法学的自觉。

基于孔子哲学的一般性与特殊性的兼具和统一，我们可以指出孔学的另一特质，即理论性和实践性的兼具和统一。孔学的理论性一方面见之于孔子之重言辞以及言辞的一般性，一方面也见之于孔子的重知重学。知对孔子而言是多方面的：知礼、知仁、知生、知方、知德、知人、知命（知天命），都是知，甚至“知之为知之，不知为不知”也是一种知，可谓之为“自知”。知无疑是为人处世、建立德行的先决条件。事实上，上举的各种“知”都是以德行为对象，以成己成人、达己达人的德行为目的的。当然，孔子并不排除事实之知，如他说“多识于草木鸟兽之名”（《论语·阳货》），就是以事实为对象。他说“回也闻一以知十，赐也闻一以知二”（《论语·公冶长》）则是推理之知。故知与行，即理论与实践是分不开的。更有进者，孔子所重的德行之知不但对象不同于一般闻见之知，就是性质也有所不同。德行之知是以理念行为与实践行为为依归，故具有“知即能行”的意义。知如不能行则不可谓之知。因之，此种知不但包含了理性的成分，也包含了意志的成分，故可名之为“智”。“智者不惑”（《论语·子罕》）乃为行为上的不惑而不只是知识上的不惑。由于知能以行动为鹄的，故孔子乃有“知之者，不如好之者。好之者不如乐之者”（《论语·雍也》）之言。

孔子重知也重学。他所谓学是自实际经验与历史典籍学习以吸取知识与智慧。学与思相对，只思不学，就会蹈空，只学不思，就无心得。但“学”显然是智慧成长人格修持的源头活水，故不应具外在目的（为人），只应有内在的目的（为己），而为诸德行发扬充实及应用的基础，以“知”之为德行而言，孔子就认为“好知不好学，其蔽也荡”（《论语·阳货》），“荡”就是流于疏狂抽象，脱离实际的应用与实践。故可推知，孔子是以学与思为知的基础的，也是以学与思为一切德行的基础的。学也成为孔子思想兼具理论性与实践性的统一过程。孔子所谓“下学而上达”（《论语·宪问》），“名之必可言也，言之必可行也”（《论语·子路》），也说明了“学”包含知言的学，兼具理论和实践的两个层面，孔子自己的好学也不是偶然的。

孔子的重知与重学都是重行的意思。他的目标就是要实行理想的仁道政治和建立理想的道德人格。事实上，道德人格的建立就是为了要实行理想的仁道政治，故孔子对行的看重是其道德哲学与政治哲学的必然要求。孔子教学以“文行忠信”为内涵，就是强调行的重要。在孔学中，行不只具有目的义、效果义，也具有完成义与实现义。就政治言，“子帅以正，孰敢不正”（《论语·颜渊》）是为政的目标与效果；就处世言，“躬行君子”（《论语·述而》）、“行义以达其道”（《论语·季氏》）则是为人的实现与完成。孔子甚至以仁的实现与完成就在于五项德行之行于天下：恭、宽、信、敏、惠（《论语·阳货》）。

总结孔学中有关知行统一性的看法，我们可以说，孔子明显地主张知行相互参入，真知不能无行，也不能不行，真行也不能无知，也不能不知。但知行的统一包含，也是基于不断的学习过程；在不断的学习过程中务求知行的相互一致和相互实现。这自然是与后来王阳明讲“即知即存”的“知行合一”有着显著的差异的。

孔子的三天特性：历史性与前瞻性的兼具与统一，特殊性与一般性的兼具与统一，理论性与实践性的兼具与统一，不但显示出孔学的整体性，也显示其开放性。所谓整体性是指其涉及范围与深度而言，也指其为一哲学体系内含的架构而言。孔学中有许多实质的观念在《论语》中并未加以充分发挥，如“性”与“天道”，孔子就很少在《论语》中谈到，但这并不表示孔子心目中没有这些观念或没有对这些观念的看法。事实上，即便在《论语》中，孔子谈到天的地方也还是不少。有关天与天道的关系问题留待下面讨论孔子“生”的观念时再谈。孔学的整体性可说是潜在的，是逐渐显发的，这是不能不就古典儒家中的其他重要典籍如《礼记》、《大学》、《中庸》及《易・系辞》等来参证了。孔学的整体性是观念与观念相连的要求，是观念与观念相互定位以及在一体系中的定位要求。这就是孔子的哲学必然由伦理道德政治社会哲学深化为一本体宇宙论的形上学和终极价值论的修持学的理由。这一理由若自孔学的内在架构特质来看，自然更显明了。历史性与前瞻性的相互统一，自然提示出新的意蕴。同样，特殊性与一般性、理论性与实践性自然具有此等性能。在这三项对立互补的观念定位上，形上性与实用性、抽象性与具体性也就成为掌握人生整合经验时不能不引申出来的范畴了。

孔学不但具备上述意义的整体性，也具有因此整体性而显示的开放性。如果传统和未来、特殊与一般、理论与实践能够相互蕴含和结合，这种蕴含与结合自然就是一种开放的关系：永远允许新的经验、新的观念、新的意义、新的方法，来作为提示问题、证知问题及解决问题的途径；同时也永远需要新的思想、新的看法，来作为扩充及补充传统的养料。孔学的生命力及吸引力实际上就是其整体性和开放性的作用。这点也就说明了儒家哲学历经两汉、魏晋、隋唐、宋明等时代而仍能推陈出新的事实。但这并不表示孔学没有脱离时代、失去生命力的情形。每当此一情形发生，就是孔学僵化及闭塞化的结果。在此僵化及闭塞化的局势下，历史与未来脱节，一般与特殊分离，理论与实践异化，形上学与应用性也就失去关联及相互的依持了。

鉴于孔学内在的整体性与开放性，我们可以说它具有十足的创造性，甚至可以说孔学就是此一创造性的表述。此一创造性在结合历史文化传统与理想人性价值以解决现实性、特殊性的社会政治问题，开创具有一般性（普遍性）的人类生活秩序，借以实现个人与社会的整体价值。孔学在以上的分析中即呈现此一创造性，对孔学的深入反省亦即是对此创造性的理解。若将此创造性解说为普遍原理而名之为

“创造性原理”，我们可以把此一原理描述如下：结合两项相反相成的要求或条件，引申及突显一个整体性、开放性（具有潜力发展）的体系存在。我们不但指出孔学显示了这一个“创造性原理”，也将指出孔学更进一步开展此一创造性原理的形上学或本体论，导引吾人对孔学的智慧获得更深入的了解。

二、“吾道一以贯之”之“道”的独立意义

孔子谓其思想为“吾道一以贯之”（《论语·里仁》）。曾子以为这个“道”指的是忠恕之道，也就是仁道。但孔子既未明言道是忠恕或仁道，则此道应具有整体性，而反映出一个对整体真实与整体真理的意识与认识。他不用“吾学”，而用“吾道”，也具有深义。“道”显然兼指真实本体及达致此一本体的方法。但认识此一本体及达致此一本体的方法仍须经过一个“学”的过程。故子夏说：“君子学以致其道。”（《论语·子张》）更显示了道的整体性，这也说明了孔子重学的原故。孔子一生“学而不厌，诲而不倦”（《论语·述而》），并说“朝闻道，夕死可矣”（《论语·里仁》）。显然孔子所说的“道”不只是单纯思想的自觉或思虑认识，而是包含了特殊性与普遍性、历史性与前瞻性、理论性与实践性的一个真理实体，对个人及社会形成一个价值目标，也形成一种生活形态。所以孔子一方面说“志于道，据于德，依于仁，游于艺”（《论语·述而》），于此可见“道”并不等于仁道或忠恕之道。又说：“君子谋道不谋食。耕也，馁在其中矣。学也，禄在其中矣，君子忧道不忧贫。”（《论语·卫灵公》）“士志于道，而耻恶衣恶食者，未足与议也。”（《论语·里仁》）一方面又说：“人能弘道，非道弘人。”（《论语·卫灵公》）“天下有道则见，无道则隐。”（《论语·泰伯》）“可与共学，未可与适道，可与适道，未可与立，可与立，未可与权。”（《论语·子罕》）所谓“道”就是“先王之道”或是“君子之道”“为政之道”。但所有这些加有限制词的“道”都不具备孔子单独言“道”的整体性及开放性。故孔子所言的“道”实包含了“君子之道”“为政之道”等义，而又为一个决定存在价值，导引社会正义，实现仁政理想的总原则。这也就是我在上面提出的整体性的真理意识之所指。孔子述其一生经历“志于学”、“而立”、“不惑”、“知天命”、“耳顺”以至“随心所欲不逾矩”（《论语·为政》）的境界，可说得之于“道”的深切体认，同时也更对“道”有内在化的把握。因之，孔子所说的“道”又是兼内外而言的，也就是“内圣外王”之道了。

此处必须强调的是：孔子单指的“道”实具有孔学所含有的各项条件。既然孔学表述了我所说的创造性，孔子之道也就是这种创造性的自我说明。事实上，孔学

就是孔子所谓的“道”，而“道”也因而是孔子极具创造性的整体而又开放的观念了。当然，此处可以提出一个重要问题，“道”是否具有本体论或形上学的意义呢？或是否能够引申、发展本体论或形上学意义？我的回答是，从孔学在历史的网络中自然的发展与演化看，孔子之“道”可以引申与发展本体论及形上学论的意义，而事实上也应该具有潜在的本体论或形上学的意义，这一问题及其回答自然适用于吾人所称的孔学。《论语》固然没有本体论或形上学，但《论语》之外或《论语》之后，《易·系辞》明白地发挥了孔学的本体论或形上学。如果我们把《论语》主要看成孔子早期与中期的思想纪录，则我们可以把《易·系辞》看成孔子晚期思想的纪录与发挥（如《易·系辞》有对孔子释易九卦的纪录，是比较系统的宇宙本体论的阐述）。参之孔子晚而好易的说法（见《史记·孔子世家》），孔子思想的发展与深化是很自然的。如果把后来《中庸》《孟子》的思想也看成孔学的延伸，则孔学具有形上学或本体论的一面是毫无疑义的了。

仅对孔子单言“道”的分析，表面上是看不出形上学的痕迹。但孔子除了言“道”之外，在《论语》中也屡提及“天”。天是具有深度的形上学意义之词。“天”也表现了孔子对《尚书》与《诗经》传统中“天”的信仰的吸收。天是继承商代文化人格神上帝的宇宙最高主宰，因而在春秋时代的用语中仍保存了人格神的主宰意义。在《论语》中，孔子言及“获罪于天，无所祷也”（《八佾》）、“天厌之”（《雍也》）、“天生德于予，桓魋其如予何”（《述而》）、“知我者其天乎”（《宪问》），都明白地显示了一个上帝人格神的信念（但此一上帝人格神是入世的、内在自然的，而非出世的、超越自然的，故天仍不可与希伯来宗教或基督之上帝等量齐观）。天既然有崇高的权威，“天”之“道”是什么呢？对这个十分重要的问题，在《论语》中却找不到答案。事实上，据子贡在《论语》中说：“夫子之言性与天道，不可得而闻也。”（《公冶长》）《论语》中仍有孔子论性之言，但绝无论“天道”之言，孔子曾提及“天命”，但“天道”是否即是“天命”呢？

对于“天道”这个问题，更值得指出的是孔子曾分别提到“天”与“道”，而“道”之单指为其所首创。何以孔子不愿把“天”与“道”合起来表达一个上帝人格神代表的真理呢？如果我们细阅《论语》，如果我们考察春秋时代的文献，我们就对孔子不轻言“天道”有一番了解了。春秋时代传统的人格神的帝天已逐渐丧失其绝对的权威地位。由于社会灾害频仍，人民对天的权威发生了怀疑，对人的主动性、君主为政良否的责任要求也日益提高，这见之于《诗经·国风》，也见之于《左传》记载。我们推论孔子不轻言“天道”是由于孔子不愿把天的传统意义和他对此的信念延续下去。这是具有时代意义的。他单指的“道”虽有其丰富的含义，却未能明显地本体化与形上学化。因之，“天”与“道”两词的结合并不能看出“道”的含义，却反而看出了“天”的地位。

尤其值得注意的是：孔子所谓“道”具有强烈的社会与政治理想意义。“天”未能行“道”于天下，如果仍称“天道”，不成为有损于天也有损于道的矛盾之词吗？当然孔子对天仍有一份感情，也有一份盼望。他说：“天之将丧斯文也，后死者不得与于斯文也。天之未丧斯文也，匡人其如予何。”（《论语·子罕》）他宁可把“天”的意向看作“命”的事，而不看作“道”的事。因之，他用“天命”来形容祸福吉凶，而不轻用“天道”来说明世事。

吾人就《论语》深入考察，孔子虽不言“天道”，但“天道”之为何物，仍是有解答的。这解答不但透露了孔子的本体论或形上学的思想，也可进一步发挥孔子思想的创造性，也由此揭橥了创造性的观念和原理。要掌握这一解答，就必须对孔子对“生命”或“生”的现象的理解，进行一种透视的分析与整体的观照了。

三、创造性原理的提出

上文曾提到孔子哲学表现的创造性原理，但这个创造性的原理在《论语》中是以“生”之观念提出的。“生”是生命现象，也是存在创生，亦即从无引发有的活动和过程。在这种意义下，《论语》用“生”字有十六处之多，在许多处这种“生”字的用法并没有特殊的哲学意义。如孔子说“生事之以礼”（《论语·为政》），“生”指的是父母有生之年。又如“人之生也直，罔之生也幸而免”（《论语·雍也》），所指的生是人的出生及生存，并无意含人之出生的根源意义。“我非生而知之者”（《论语·述而》）及“生而知之者上也”（《论语·季氏》）也都同此义。真正具备及启示哲学意义的“生”的观念见之于《论语》中的下列数项：

甲：“未知生，焉知死？”（《先进》）

乙：“死生有命，富贵在天。”（《颜渊》）

丙：“天生德于予，桓魋其如予何。”（《述而》）

丁：“天何言哉。四时行焉，百物生焉。天何言哉。”（《阳货》）

戊：“君子务本，本立而道生，孝弟也者，其为仁之与。”（《学而》）

己：“志士仁人，无求生以害仁，有杀身以成仁。”（《卫灵公》）

孔子所言有关“生”的命题大致可分为三类：第一类（甲、乙）是有关生、死的关联以及生、死与命的关系，第二类（丙、丁）是有关天与生的关系。第三类（戊、己）则是有关生与道以及与仁的关系。下面就依此次序来做分析。

自孔子言，生命固然为一自然及通常可见的现象，但如何了解“生”仍是一个问题。所谓了解“生”（知生）即是了解“生”的原由以及生的意义与价值。孔子说“未知生，焉知死”时，一方面指出“知死”有待于“知生”，另一方面暗示提问的弟子季路尚未了解生。从后两类的孔子用辞来看，“知生”涉及生的根源及性质问题，也涉及如何认识生的价值及对待此一生的价值问题。但从第一类的乙命题看，生与死显然与命有关。虽然“生死有命”这句话是子夏说的，但他说他是听闻来的，明显地表示是闻之其师孔子。“命”虽是孔子很少提及的观念，但孔子很显然看重“命”，而认为人必须“知命”才得为君子。他说：“不知命，无似为君子也。不知礼，无以立也。不知言，无以知人也。”（《论语·尧曰》）“知命”是知道生命的限制而在此限制中努力以求性的发挥及成就生命的价值。这个生命的限制是“命”，在此限制中努力以求实现生命的价值也可以说是“命”（孟子后来指出性与命的互动，以性有命的一面，命有性的一面。此处指的是命有性的一面）。因此，君子不可不知命。在生命的限制这个意义下，孔子对其弟子颜回的死及弟子伯牛之疾的感喟称为“命”使然。但在性命的限制内实现生命价值的要求的这个命的意义下，孔子用“天命”一词来表达。孔子一方面说，不知命无以为君子，一面又说“小人不知天命，而不畏也”（《论语·季氏》），故知孔子所言命应即是天命。生命应可诠释为天对生之所命。在此意义下，孔子才明言：“君子有三畏，畏天命，畏大人，畏圣人之言。”（《论语·季氏》）孔子说他自己“五十而知天命”，指的就是对天之所命显示生命的限制性以及在此限制下实现生命价值的主要领悟。

生与死是相应与相对的。有生即有死，生的限制即是死，故“死”为“生”所显的“命”的一面。这代表的是天的权力、天的意志，但也可说是自然事物的内在限制和内在秩序。孔子对此并无绝对性的提示。以是子夏把这个命归之于天。相对于死，生即为“命”显的积极价值。也可以说，生就是天对死的一种突破、一种限制，而生所代表之一切也都有了客观本体的基础意义。故吾人了解“死生有命”不可只见其消极的对生的限制性，也当看出对生的突出于死的创造性。

命有如生是一种创造，也可以说是一种创造的方式。在此方式下，存在及其终点都是其客观及本体的意义与价值。故依生而说性，就可以看出人生的意义何在，实现生命之所予的性以显示生的价值、创造的价值。这是后来《中庸》思想“天命之谓性”的意识所自来。在这样对“生之谓命”的了解下，了解生（知生）自然就有了了解死（知死）的含义。生原来是死的限制，故了解生及其限制就是了解死，加以生可以为“尽性”（实现生命价值，此处即为孔子所说的仁与道）的基础，生可以突出死而创造更大更长远的生命，即历史生命、社会生命，故知生即可知死，知死就更能知生了。而知生也就对死不恐惧（勇者不惧），不忧虑（仁者无忧），也不疑惑（知者不惑），而能泰然处之，以生命之力，尽生命之事，以实现完美的道德人格为生命的唯一职事了。

第二类命题（丙、丁）是有关“生”与天的关系的问题，亦即有关“生”的根源问题。很明显，孔子认为天有创生万物及人生之德的力量。所谓创生是指从无到有的因果关系。如果天是人格神的上帝，则“天生德”予人，天应只是动力因及目的因，而非形式因或材料因。天应生之德固然可以为天的界定，但更重要的是天所生之德也可以发自人之所以为人的本性。如果天仍是一个人之所以为人的外在原因，则天与性（人之所以为人之性）必然有隔，天何以生人的必然与充足理由并不是人所能了解的。如果天之生人是由于生之本然与自然过程，则人之生当是生之力量的一种表现，而自然涵摄了天的意志，故为人之性。

透过人之性的了解也就了解了人存在的理由和人存在的目的。有这样对一己之生的了解，孔子才能说：我之生有其德，外力是无法伤害我的，我也无所畏惧。因之，孔子所说的德既是天的意志，故为命，又是我本身的力量，故为性。在这样的认识下，后来《中庸》才有“天命之谓性”的说法。但这种说法也只是说了一半，另一半乃是“天性之谓命”，因为透过对德的了解，性和命应是合乎一体的，而人生则既是因命而生，又是因性而生。孔子很少谈性，但基于他对德的了解，对什么是性——人之内在能力和性向——可以推断其端倪了。德是基于人之生，自内发引出来，且可加以修持光大，形成一种影响社会、领导国家的力量。

以上所说的天命和天性彰显了人的生命。孔子对“生”的观念，似乎有时偏向天命，有时偏向天性，但无论是偏向天命或偏向天性，天命与天性仍是分不开的。两者的意义是交相涵摄的，但在这种了解下，古代人格神的天就视为或了解为内在于生之命或生之性之中，也就是以生之必然（命）和生之自然（德）为其核心。这实可以说是生之本体而非生之原因了。

古代人格神的天的观念并未如希伯来人的上帝观念完全抽象超离于人生自然之外，也非完全人格化成为精神性的实体。“天”之一词含义甚广而又把诸含义统合一体。天为人格神并不妨碍其为自然流行的生命。因之天之创造性并不独立于自然的创造性之外，而为纯粹意志的片面行动。天之生人与物是有律有则的，为一种自然事物内在和谐性的表现。因之，生的现象包含了动植物的繁衍过程、自然事件的变化过程以及宇宙一切物体的运动。处处都是生，时时都是生，因之处处都显出天命和天性，时时都显出天命和天性（这不是把生之创造限制在时间和空间上的某一点面上，其他时空点的现象运动就看成机械因果事件了，这是西元 18 世纪自然神学发展的一个重要结论）。这也就使天的观念从人格化趋向自然化了。一方面人物之生是命性合一，另一方面命性合一即是天与性的合一：天即生，生即天。性可看作人对生之为生的所认识的生的深层结构，命可看作人对此生之深层结构的存在条件及其所引起的限制的了解。

孔子言“天生德于予”，尚是就“天命”言生，但他说“天何言哉。四时行焉，百物生焉。天何言哉”，则多就“天性”言生了。四时之行，百物之生，似乎都有共同存在的轨迹可循，终为一自然的秩序运行。天固然与此自然秩序的运行有关，但自然和天的关联则不外于“天自然运行，自然运行即天”，因而天只默默地表现自己，而未尝有所主张，有所言论。天之“无言”就表示了天行重于天命，客观自然重于主观意志。孔子这句话显示了天地万物时序包含了内在生机和生命，都能发乎内显乎外地流转运行。所谓天，也就是这种流转运行。值得注意的是：孔子此处言“百物生焉”而不言“天生百物”，更显示出万物内在孕育的生命力量。百物之生不但不是一种意志命令的行使，也不是外在条件的导引，而为发之于宇宙整体深处的一种活力。当然，在这种意义下，天的意义也有了转换，天可看作是此种宇宙整体深处的活力，依照自然的环境和条件，把宇宙生命的个体和秩序衍生出来。

前面已说明孔子提出了独立的道的观念，但这个观念并未本体化为宇宙创生的力量。然而独立的道的观念的本体化是中国哲学及中国人本体意识一个自然发展的方向。因之，老子《道德经》提出“道生一，一生二，二生三”，“天，天道”的宇宙衍生论并不是偶然的。在这一个独立的道的衍生论下，天的人格性融化于道的自然性，也可说是道的“超人格性”。在《论语》中，孔子已显示了道的独立意义，却未将之本体化，因之也未能将“天”予以“道”化，以道之生动变化来说明宇宙万物的化生。但孔子对“生”一词做了主动的运用——“百物生焉”而不是为天所生——似乎就已有道的自然变化的意义。“子在川上曰：‘逝者如斯夫，不舍昼夜。’”（《论语·子罕》）更生动地点化出宇宙本体的自然生化与流行就是存在所有的一切，也是一切存在的所有。后来《易·系辞》与《中庸》能够把道本体化，称为“天地之道”，因此说明万物的生化，都是对实际宇宙现象川流不息所显露的内在生命体验而来的。

《论语》中第三类提到“生”的文字两则，是有着生与仁及其他德行的关系。我们已说明生即是一种德（后来《易·系辞》谓“天地之大德曰生”）。但生之德显示在个体生命的产生，而具备了创造及维护生之德的力量。如何创造及维护在个体的生命之中的生之德就是道德之德行之所由来，这也就是孔子拈出一个“仁”字作为德行之本以及德行之全的理由。从孔子重“仁”这个思想来看，孔子可说对生之德也就是对生的创造性、普遍性及悠久性最有体验。对孔子所谓“仁”的最好的解释就是《易·系辞》中所说的“大生”与“广生”。孔子以“仁”为民请命，就是要老安少怀，远来近悦，使人民大众能够过安和乐利的生活。孔子也以“仁”来扩大自我，关怀他人，所谓忠恕之道，就是要每一个人能够享有生活的和谐和充实。“仁”是同时充实和丰富个人生命与社会生命的。这也就是人之所以为人的终极价值。孔子并未立刻把“生之德”与“仁”等同起来，但他说“志士仁人，无求生以害仁，有杀身以成仁”，明显地点明了“仁”即超出一己的生命，也就是“大生”与“广生”。故真正行仁的人绝不因一己的生命而牺牲群体的生命，相反，却会勇于牺牲自我生命以成就群体的生命。仁若非与“大生”“广生”同质，仁又如何能表明一个完美之德？孔子以仁有胜于一己的生命，就显示仁是更广更大的生命。

仁是根植在天命和天性之中的，因而仁就有内在个人生命的必然根源，也有内在个人生命的引发力量。后来孟子就是在这个认识下肯定及论证人性为善的，也由此说明了善的内涵所在。若就仁的天性或自然性而言，仁就表现在人成长过程的自然情操之中。孔子强调孝悌，间接地表示孝悌的体仁性：“弟子入则孝，出则悌。谨而信，泛爱众而亲仁。”（《论语·学而》）孝悌可说就是在家庭中所行之仁。有此行仁的基础，一个人才能把仁推广及于社会与天下。有子就干脆直谓：“孝弟也者，其为仁之本与！”（《论语·学而》）在指出孝弟为仁之本的言辞中，有子更先指出：“君子务本，本立而道生。”（《论语·学而》）值得注意的是有子指出本立即为道生，意指道之生是在本之立的基础上自然发生的。故有本就自然有道，不假外求。这是对生之为生的内在性另一个好的暗示。当然此处的本是孝悌，此处的道是仁。因有孝悌，遂能有仁。人的一次行为就是另一次行为的基础。为什么不可以因此看出宇宙的生命也是持续不断层层上升的呢？生之为创造性就是生的持续不断的引向及达致更高的存在体系和存在价值，一如孝悌之引向及达致更高的仁的境界一样。

总结孔子对生的体察，我们可以看出孔子已开出超人格神的生命创造性的理解，并把命和性同时潜在地融化在“生”之中，还使天地生物非由其意志使然，而是由其生之德使然。故孔子又使天与生融合为一。这就开启了《易·系辞》与《中庸》的天道的宇宙本体论。孔子又提出了独立的“道”的观念，但在《论语》中此一观念未能本体化。基于孔子对“道”的看重，基于老子《道德经》的启示，道成为创造性的实体力量与过程成为可能，这见之于《中庸》与《易·系辞》。最后，孔子所重之仁实隐含了对生之德的广大应用，故宋理学中，张载程朱以生德说明仁，也是导源于孔子的思想核心的。仁为人之生德，故为诸德之本，故为诸德的最后整合和评价标准。据此反推，天地生物也就是一种仁德了。孔子这种对生的体察，正显示出孔子对创造性的基本原型有了认识，而这种认识又是放在天的生化与人的修持两个层面上来进行的。创造性原理就是生的原理与仁的原理，而这两者又是上下贯串而不可分的，这也就是后来《易·系辞》、《中庸》与《孟子》一再表明的"天人合一"的境界与理想了。基于此，我们得出一个简明的哲学真理命题：

生即理，仁即生。

（载于1990年第3期）

经典链接

子曰："知之者不如好之者，好之者不如乐之者。"

——《论语·雍也》

子曰："知者乐水，仁者乐山；知者动，仁者静；知者乐，仁者寿。"

——《论语·雍也》

子曰："知及之，仁不能守之，虽得之，必失之。知及之，仁能守之，不庄以莅之，则民不敬。知及之，仁能守之，庄以莅之，动之不以礼，未善也。"

——《论语·卫灵公》

关于孔子思想的几个问题

吕绍纲

一、孔子的仁概念有三个层次

孔子仁概念最主要的一个层次是回答人的本质的问题。孔子说：

> 仁者人也，亲亲为大。义者宜也，尊贤为大。亲亲之杀，尊贤之等，礼所生也。

《中庸》里记载的这段话反映了孔子对人的本质的深刻认识。孔子已经从社会关系的角度来观察人了。社会关系纷纭繁复，但不外乎血缘关系与政治关系（经济关系、阶级关系由政治关系表现出来）两类。

“仁者人也，亲亲为大”。仁是什么？仁就是人。人之所以为人，就是因为人知有父母，生活在由父母引申而来的血缘关系中。人一旦失去这种关系，便与禽兽无异，不再是人。

血缘关系的特点一是有限度，二是有等次。在血缘关系中，“亲亲为大”。以与父母的关系为根本，为第一，然后上下左右依次有限地引申。《礼记·丧服小记》说：“亲亲以三为五，以五为九，上杀下杀旁杀而亲毕矣。”以自己为基准，上亲父下亲子，这是三。因亲父而亲祖，因亲子而亲孙，这是以三为五。因亲祖而亲曾祖、高祖，因亲孙而亲曾孙、玄孙，这是以五为九，杀是减的意思。亲属关系依次递减，分出不同的等次。虽说九代，对于每个人来说，实际上就是五代，即高、曾、祖、祢及己身。超出这个范围就出五服了，不算亲属关系。

仁就是要求人对自己有限的亲属关系圈中的人实行有等差的爱，孔子说，“立爱自亲始”（《礼记·祭义》），“孝弟也者，其为仁之本与”（《论语·学而》）！人对人的仁爱有先后等次，首先爱父母，爱兄弟，然后推及五服之内的亲属，然后推及所有的人。一个能仁爱的人，首先必须是孝敬父母，友爱兄弟的人。

除对亲属的爱之外，仁还包括人类之爱。《吕氏春秋·爱类》说：“仁于他物，不仁于人，不得为仁。不仁于他物，独仁于人，犹若为仁。”这是强调仁是人类之爱，即解决人作为一个人与同类的关系问题。这种关系讲得比较抽象。《孟子·尽心上》说：“君子之于物也，爱之而弗仁。于民也，仁之而弗亲。亲亲而仁民，仁民而爱物。”这样讲就比较具体，仁不包括爱物，爱人也有亲疏远近不同。首先是亲亲，其次是仁民。亲亲与仁民都是仁，但有先后和程度的差别。

“义者宜也，尊贤为大”。宜是应该、适当的意思、尊贤即尊尊。人除了有血缘关系及由血缘关系引申而来的人与人之间类的关系以外，还有一种尊卑上下的关系，即政治关系。尊卑上下有严格的等级规定。每个人都属于一定的等级，都有与上与下的君臣关系或主奴关系。《左传》昭公七年所说“天有十日，人有十等”，“故王臣公，公臣大夫，大夫臣士，士臣皂，皂臣舆，舆臣隶，隶臣僚，僚臣仆，仆臣台。马有圉，牛有牧”，就是等级制度的具体说明。每个人都必然地处在这界限分明的等级关系之中，除王至高无上以外，其余每人都要尊自己的君。奴隶之间也有上下等级的不同。《谷梁传》成公元年说：“古者立国家，百官具。农工皆有职以事上，古者有四民：有士民，有商民，有农民，有工民。”这些材料说明，人们无不生活在等级阶梯中，并且受这种关系的制约。人的这种政治关系（表现为等级关系）和处理好这种关系，就叫义。义与仁不同，仁反映血缘亲爱，义反映上下服从。

一个人的身上同时体现血缘与政治两种关系，于是就有怎样摆正这两种关系的关系问题。古人的原则是：“恩者仁也，理者义也。”“门内之治恩掩义，门外之治义断恩。”（《礼记·丧服四制》）在家族之内论血缘关系，政治关系须服从血缘关系。在家族之外论政治关系，血缘关系要服从政治关系。《左传》隐公四年记载卫国大臣石碏杀掉自己的犯弑君罪的儿子石厚，史称“大义灭亲”，就是“门外之治义断恩”的例子，人皆逃不出这两种关系。这两种关系的总和就是人之本质的规定。

“亲亲之杀，尊贤之等，礼所生也”。血缘关系有亲疏远近，政治关系有尊卑贵贱，二者都有等差。礼就是由于显示人与人之间的等级差别的需要而产生的。把仁与义两种关系表达出来，使之成为现实，这就是礼。仁与义体现人的本质，礼就是仁与义的表现形式。仁、义、礼三者是不可分割的整体。这整体就是人。

反映孔子这一正确认识的还有《易传》。《说卦传》说：“立天之道曰阴与阳，立地之道曰柔与刚，立人之道曰仁与义。”天与地，即自然界的规律，是阴与阳或柔与刚的对立统一。人的规律则是仁与义的对立统一。这等于说人就是血缘关系和政治关系的总和，而且两种关系如同阴与阳，柔与刚，互为存在的前提，是不可或缺的。

这是孔子的仁概念的第一个层次，仁是血缘关系，和义一起构成人的本质。

孔子仁概念的第二个层次是指一种理想的人格。这种人被称为仁者。在早期儒家的语言里，仁者与智者对言。如《系辞传》言“仁者见之谓之仁，智者见之谓之智”。仁者是极难能的品格，孔子说：“若圣与仁，则吾岂敢！”（《论语·述而》）圣人与仁者并提，而且孔子自认做不到。可见做个仁者不容易。孔子说：“君子而不仁者有矣夫，未有小人而仁者也。”（《论语·宪问》）君子可能不是仁者，但小人绝不会是仁者。

仁者有什么特点呢？孔子说知者是“务民之义，敬鬼神而远之”。仁者是“先难而后获”（《论语·雍也》）。“知者乐水，仁者乐山。知者动，仁者静。知者乐，仁者寿。”（《论语·雍也》）“仁者安仁，知者利仁。”“唯仁者能好人，能恶人。”（《论语·里仁》）“巧言令色鲜矣仁。”（《论语·学而》）“夫仁者，己欲立而立人，己欲达而达人。”（《论语·雍也》）“仁者不忧，知者不惑，勇者不惧。”“仁者必有勇，勇者不必有仁。”（《论语·宪问）》“刚毅木讷近仁。”（《论语·子路》）“仁者其言也切。”（《论语·颜渊》）“微子去之，箕子为之奴，比干谏而死，孔子曰，殷有三仁焉。”（《论语·微子》）“子曰，志士仁人，无求生以害仁，有杀身以成仁。”（《论语·卫灵公》）

根据孔子上述这些言论看，仁者讷于言而敏于行；仁者推己及人，好事自己想得到，也让别人得到；仁者，行仁就是目的，不是为了利己才行仁；仁者爱人，但爱好人，不爱坏人。能爱也能憎；仁者为人不为己，故无所畏惧，必要时可以奉献生命；但是仁者成仁不必死，只要能够维护正义和原则，不死也一样。如比干谏而死是仁者，微子逃走，箕子佯狂为奴，也是仁者。三人在反对纣王无道上并无区别。

孔子仁概念的第三个层次是指示为仁之方法、途径。第一，行仁的基本条件是要有行仁的意识和觉悟，亦即首先要解决思想认识问题。孔子说：“仁远乎哉？我欲仁，斯仁至矣。”（《论语·述而》）“为仁由己，而由人乎哉！”（《论语·颜渊》）

第二，为仁贵在坚持，时时刻刻，一生一世都如此。孔子说：“君子无终食之间违仁。造次必于是，颠沛必于是。”（《论语·里仁》），颜渊能做到“其心三月不违仁”，孔子就夸他了不起（《论语·雍也》）。

第三，行仁的基本方法和途径主要有三个方面。（1）礼是仁的表现形式，所以要从礼上用功夫，即所谓“非礼勿视，非礼勿听，非礼勿言，非礼勿动”，“克己复礼为仁”（《论语·颜渊》）。（2）仁的意义是解决己与人的关系问题，所以遇事要推己及人，即所谓“能近取譬”，“己欲立而立人，己欲达而达人”（《论语·雍也》），“己所不欲，勿施于人”（《论语·颜渊》）。（3）行仁是个大目标，所以要有全面的修养。“恭、宽、信、敏、惠，恭则不侮，宽则得众，信则人任焉，敏则有功，惠则足以使人”，“能行五者于天下，为仁矣”（《论语·阳货》）。仁者不必是知者，但不可是愚人，所以须好学。“好仁不好学，其蔽也愚。”（《论语·阳货》）

总之，孔子的仁是一个内涵丰富的体系。它的主干和基点是关于人的本质的规定。仁反映血缘关系，义反映政治关系，礼是两种关系的外部体现。仁、义、礼三者的统一构成人的本质。人是两种社会关系的总和。人必然是具体的、现实的，不存在超社会的抽象的人。这一深刻的思想是孔子人生论的理论基石。孔子的人生理论以反身修己为特征。反身修己的直接目标是追求仁、义、礼统一的完美人生。

二、仁、义、礼的统一是孔子思想的核心

较为流行的常见说法是仁核心说和礼核心说，两说的共同特点是它们的绝对对立。仁核心说排斥礼，礼核心说排斥仁，这正是它们的问题所在。它们抓住一个概念、范畴当作一个思想家的思想核心，而忽略它的整体性。

我们看孔子的思想要见木更见林，看到它的整体性。仁、义、礼三个概念在孔子那里是一个人生论的体系，不是各自单独立义的。

孔子用仁、义、礼三者界定人的本质，仁、义是人的本质内容即两种社会关系的总和，礼是人的本质内容的表现形式。仁、义的内容和礼的形式的统一，这就是人。

孔子给人指出自我完善的理想目标——做一个仁者，这个仁里也包含着义和礼。无义无礼的仁者是不可思议的。所以孔子讲“三十而立”（《论语·为政》）。“立于礼”（《论语·泰伯》），“不学礼，无以立”（《论语·季氏》）。仁者必是知义知礼的人。

仁、义、礼三者也是孔子提出的道德规范。依孔子的要求做去，人将求得主体与客体的和谐统一，并且在血缘关系和政治关系制约的此岸世界中争得最大限度的良由，从而做一个完美的人。这完美的人是具体的、现实的，他有明确的独立人格，其志不可辱不可夺。他这独立人格的本质特征是：讲修养，对己不对人；讲利益，为人不为己。

孔子既然讲仁、义、礼三者共同构成人的本质、人的理想人格、人的修养途径

和目标。那么，当他讲到仁的时候，义与礼也在内了；当他讲到礼的时候，仁与义必也在其中。孔子讲话时不可能三者同时论及，随具体的语言环境而必然要有所侧重。说孔子思想的核心就是仁或者就是礼，显然与孔子的本意相悖。

说孔子思想的核心是仁、义也可以，但我以为说是仁、义、礼三者的统一更为妥当。孔子的仁、义、礼三者不可分，从道家的言论也看得出来。道家老庄对孔子的思想是极清楚的，他们对孔子是仁、义、礼全面反对。《老子》第十八章讲："大道废，有仁义。智慧出，有大伪。"第三十八章说："夫礼者，忠信之薄，而乱之首。"第十九章说："绝圣弃智，民利百倍，绝仁弃义，民复孝慈。"全面反对孔子的仁、义、礼，不单攻击其中的哪一项。这从反面证明仁、义、礼的哪一个都不是孔子思想的核心。

《庄子·天道》记孔子往见老子，大讲十二经。老子不耐其烦，让他说出自己学说的基本点，孔子答以"要在仁义"。这话固然不必以为真出孔子口，但是说庄子认为孔子思想的要点是仁、义，恐无问题。这大概也反映当时人们的一般看法。孔子和整个儒家学派一直是以高谈仁、义著称的。而仁、义之中已经有了礼。不讲礼或忽略礼的仁、义根本不存在。

说礼是孔子思想的核心，那就距离实际更远。仁、义是本，是内容；礼是末，是形式。离开本的末，抽出内容的形式，也是不存在的。孔子绝不可能丢掉仁、义而空言礼。孟子、荀子言礼，墨子也言礼。言礼的不是孔子一人。言仁、义的也不是孔子一人，孔子的过人之处是他把仁、义、礼三者作为一个整体考察，看到了人的本质，并据以给人们指出一条仁、义、礼三位一体的修养目标和途径。

三、孔子思想的现代意义

对传统思想文化的继承，乃历史发展之必然，历史既然不能割裂和隔断，继承也就无法避免。我们曾经试图与传统彻底决裂而终于不获成功，就是最好的证明。继承不仅是一个理论问题，也是一个实践问题。孔子思想中哪些有现代意义，应该继承，哪些没有，应该摈弃，历史家和理论家的鉴别是重要的，但是归根结底要受亿万人民革命实践的检验。

社会存在决定社会意识，孔子是奴隶制时代的人，他的思想当然反映那个时代的精神，但它已汇入传统的长河，供后人汲取。汲取什么和不汲取什么，要依据我们时代的要求来决定。想证明孔子思想全是精华或全是糟粕，是同样徒劳无益的。关键的问题是我们需要什么和孔子思想中哪些适应我们的需要。

孔子有君主主义思想，鼓吹忠君，维护君主制度，没有民主共和的观念，所以孔子思想要不得。这一想法我以为可以改变。就孔子说，由于时代的原因，他只能有君主主义思想。我们现代中国人自辛亥革命起才开始普遍接受民主共和的观念，至今刚刚 80 年，怎可要求 25 个世纪前的孔子和我们一样！就我们自己说，谁也不会想到学孔子的榜样，提倡和追求君主制。人们对孔子感兴趣，不是向往他的君主主义，而是他的强烈的仁民、保民的民本思想。民本思想与民主主义不同，但它对我们无疑有借鉴意义。

孔子的忠君尊君的思想保护并延长了中国两千年之久的封建专制主义统治。我以为这一说法也可以改变。首先，秦始皇的专制主义统治是依据法家韩非的理论建立起来的。因为孔子思想对他不利，所以才焚烧了儒家的书。其次，自汉武帝起历代帝王尊崇孔子，不是因为他有君主制的思想。君主制的思想，有韩非在，孔子根本排不上。孔子受崇，恰恰因为他有反专制主义倾向的民本主义思想。帝王们用孔子的这一思想进行宣传教育，以笼络民心，巩固统治。

那么，是不是孔子思想为封建专制主义统治增强了应变能力，延缓了它的死期呢？这要分析看，君主专制主义曾经是合理的、进步的，并非一开始就该死。给它注入一些活力未必是过错。后来到它该死时它却不死，主要是没有及时产生崭新的思想体系作为启蒙的先驱和强有力的新制度取代它。责任不在孔子的思想。犹如堡垒未攻克，原因不在堡垒守卫坚固，而在你未能攻克。

在分析孔子思想现代意义时还应注意划清界限。研究孔子就是研究孔子，不把别的人同他混淆。尤其不可将董仲舒及其以后儒家的东西扣到孔子的头上。后世人的思想不应该由孔子负责。研究先秦的儒家就是研究先秦的儒家，不可将宋明新儒家等与之混为一谈。

孔子的仁、义、礼，对于我们来说，里边也有精华可取。仁、义、礼当初是作为三位一体提出的。仁有三个层次的含义，即人的本质、理想人格、理想人格的道德规范。与古代相比，今天的中国人的理想人格和道德规范已大不相同。但是人的本质一仍如旧，人还是一切社会关系的总和，还要在血缘关系和政治关系的交互制约中实现自我价值，不但今天如此，在可以预见的将来也不会不如此。现代中国人的价值观念、道德意识不能不继承传统中的某些东西。仁、义、礼我们不可以作为整体拿过来，分别加以吸取则是必要的。我们要培养的是修己、利他、爱人、奉献、意志独立的理想人格，孔子和儒家提倡的反身修己、仁者爱人、己所不欲勿施于人、四海之内皆兄弟、杀身成仁、不义而富且贵于我如浮云、舍生而取义，等等，对我们仍然有用。西方追求我就是我，我行我素，我为自己的利己主义的价值观念，不适合我们的国情和人情。舍己为人的人令人感动、崇敬；与世冷漠，只顾自己的人没有人欢迎；而损人利己者必遭唾弃。这就是我们的价值观念。

孔子与儒家的礼是反映剥削阶级的等级观念的，大部分今日已不适用。但是我们不能没有礼，因为差别还存在，人群还存在。只要不是大家都变成鲁滨逊，礼就不能缺少。男女有别，长幼有别，亲疏有别，上下有别，主客有别，人己有别，对待也须有别。有别就是礼。讲礼与虚伪不是一回事。讲礼与平等待人也不抵触。我们现在礼不是讲得太多而是太少。我想，大家都像孔子要求的那样去做，视、听、言、动都合于礼，肯定不是什么坏事。

（载于1990年第4期）

经典链接

子曰：“志于道，据于德，依于仁，游于艺。”

——《论语·述而》

子曰：“兴于《诗》，立于礼，成于乐。”

——《论语·泰伯》

子曰：“笃信好学，守死善道。危邦不入，乱邦不居。天下有道则见，无道则隐。邦有道，贫且贱焉，耻也；邦无道，富且贵焉，耻也。”

——《论语·泰伯》

子夏曰：“百工居肆以成其事，君子学以致其道。”

——《论语·子张》

孔子仁礼关系新释

钱　逊

孔子思想以仁为核心还是以礼为核心？争论多年，没有定论。本文想撇开那个是核心的问题，从另一个角度来探讨孔子思想中仁与礼的关系。

孔子说："殷因于夏礼，所损益可知也；周因于殷礼，所损益可知也。"（《论语·为政》）所以，对孔子来说，礼是古已有之的。而仁，虽然是"古已有之"，但作为一种系统的道德思想体系，是孔子首先提出的。孔子是崇尚周礼的。他处在"礼崩乐坏"的春秋晚期，对"天下无道"的局面痛心疾首，一生都在为恢复礼的权威而努力。正是为了这个目的，他提出了仁的道德思想体系。

那么，孔子怎样看仁与礼的关系呢？

孔子说：

> 道之以政，齐之以刑，民免而无耻：道之以德，齐之以礼，有耻且格。（《论语·为政》）

这段话，提出了两个问题：一是德治与法治、道德教化与刑政的关系。孔子认为，只有把政治统治建立在道德教化的基础上，才能使百姓有知耻之心，自觉从善，走上正道；而依靠法制、刑政，百姓虽然可以不做坏事，却不会有知耻之心。这一点不在本文讨论的范围，先放下不谈。二是德和礼的关系。孔子说的德，就是指仁。德和礼的关系，也就是仁和礼的关系。这里孔子把"道之以德"和"齐之以礼"并提，作为德治思想的两个方面，不见二者有主次或核心非核心的区别。这可以说是我们把握孔子思想中仁与礼的关系的一个总纲。

下面再看孔子关于仁、礼关系的具体说明。

《论语》说：

> 颜渊问仁。子曰：克己复礼为仁。一日克己复礼，天下归仁焉。为仁由己，而由人乎哉。颜渊曰：请问其目。子曰：非礼勿视，非礼勿听，非礼勿言，非礼勿动。颜渊曰：回虽不敏，请事斯语矣。（《颜渊》）

这是以礼说仁，仁与不仁，要看视听言动是否符合礼的要求。仁，就要"非礼勿视，非礼勿听，非礼勿言，非礼勿动”；视听言动如果违礼，也就是违仁。《论语》又说：

> 孟懿子问孝。子曰：无违。樊迟御，子告之曰：孟孙问孝于我，我对曰无违。樊迟曰，何谓也。子曰，生，事之以礼；死，葬之以礼，祭之以礼。（《为政》）

孝悌是“仁之本”，孔子说孝就是不要违礼，事之以礼，葬之以礼，祭之以礼，这也是以礼说仁，以礼作为衡量仁的标准。从这两条看，可知绝不可离开礼去理解孔子的仁，更不可把孔子的仁看作是与礼相悖的东西。

孔子又说：

> 礼云礼云，玉帛云乎哉？乐云乐云，钟鼓云乎哉？（《论语·阳货》）
>
> 人而不仁，如礼何？人而不仁，如乐何？（《论语·八佾》）

这是以仁说礼。仁又是礼的灵魂，人如果不仁，礼的种种规定，玉帛钟鼓等，就都徒具形式，失去其意义。孔子又说：

> 今之孝者，是谓能养。至于犬马，皆能有养，不敬，何以别乎？（《论语·为政》）

对父母能养，应是礼的要求。孔子却不以此为限，更强调了“敬”。不敬就与犬马无别。这也是说礼若没有仁为其基础，就失去其意义。《论语》又说：

> 林放问礼之本。子曰：大哉问！礼，与其奢也，宁俭；丧，与其易也，宁戚。（《八佾》）

《四书集注》引范氏注说：

> 夫祭与其敬不足而礼有余也，不若礼不足而敬有余也；丧与其哀不足而礼有余也，不若礼不足而哀有余也。

礼的形式与其内容相比，重要的是内容；丧祭之礼，重要的是人的哀敬之情。孔子把这看作礼的根本。与其形式周到隆重而缺乏哀敬之情，不如形式简易欠缺而充满真诚的感情。《论语》上还有一段孔子与弟子关于“三年之丧”的对话，很具体又生动地说明了这个问题：

> 宰我问：三年之丧，期已久矣。……期可已矣。子曰：食夫稻，衣夫锦，于女安乎？曰：安。子曰：女安则为之。夫君子之居丧，食旨不甘，闻乐不乐。居处不安，故不为也。今女安，则为之！宰我出，子曰，予之不仁也！子生三年，然后免于父母之怀。夫三年之丧，天下之通丧也。予也有三年之爱于其父母乎？（《阳货》）

三年之丧是礼的规定，孔子却是从仁来解释它。宰我以为服丧三年时间太长，向孔子提出，何不改为一年。孔子的回答首先反问宰我这样做是否心安，强调了对父母的爱和是否心安的问题。意思是说，服三年之丧，不食稻，不衣锦，一是因为出于对父母的爱心，在丧期里即使吃美味也不觉香甜，听音乐也不觉快乐，所以才这样做，不这样做就会于心不安。礼的形式体现着孝的情感，反过来，如果没有对父母的爱心，在丧期里食稻衣锦也觉得心安理得，那么服丧三年的礼的形式就没有意义了。因此他对宰我说，你既然心安，那就那么做吧。同时又批评宰我为“不仁”。这是对“人而不仁，如礼何”的具体的说明。

前面我们看到，孔子讲孝，用事之以礼、葬之以礼、祭之以礼来说明，现在又看到，孔子在讲奉养丧祭的时候，又强调了爱、敬、哀等，也就是仁的道德情感。这正是孔子给礼所添加的新的内容。《论语》又载有曾子的话：

慎终追远，民德归厚矣。（《学而》）

慎终，是慎于丧葬；追远，是追念远祖。慎终追远也就是葬之以礼，祭之以礼。这样做的目的和效果是“民德归厚”。也就是说，礼还有培养仁德的功能。因为礼体现了仁，所以通过礼的教育、熏陶，百姓的道德风气就可以归于淳厚。

可见，仁与礼是统一的。仁是内心的道德情感；礼是外在的行为规范。仁是礼的基础、灵魂；礼是仁的体现、落实。没有仁，礼就徒具形式；没有礼，仁就无所依托。道之以德，是要人们“非礼勿视，非礼勿听，非礼勿言，非礼勿动”，是齐之以礼的手段；齐之以礼，又是要使“民德归厚”，又是道之以德的手段。仁和礼互为表里，相得益彰；道之以德和齐之以礼，互为手段，相互促进。这就构成了孔子德治思想的基础，同时也是孔子整个思想体系的基础和出发点。所以，实在是很难说仁与礼何者是核心。从孔子要恢复礼的尊严来看，他是保守的；从他强调把礼的实施建立在仁的基础上，赋予礼以道德的品格，把外在的强制转化为内在的自我约束来说，又是一个很大的进步和革新。实在也很难简单地用一个保守或革新来概括。

孔子关于仁礼统一的思想，表现出在对社会的认识和治国之道方面的很高的智慧上。道之以德，齐之以礼，把外在的强制性的规范与内心的自觉的道德约束相结合，为社会秩序的稳定、巩固提供了一个合理的途径。这一点，在中国长期的封建社会中为统治者所运用、发展，已经在实践中证明是有效的，对封建社会的稳定起了重要作用。对于为巩固封建制度服务的具体的德和礼，今天自然必须摒弃；而德和礼相配合（此处德和礼是泛指道德情感和行为规范）的理论和实践，却可以给我们重要启示，可供借鉴、继承。

社会主义精神文明建设同样需要规定各方面的行为规范，也可以说，需要有社会主义的“礼”。“十年动乱”，一句“造反有理”，把原有的一切规范都看作对人的束缚，统统废除，其结果是造成了社会秩序的混乱和道德风气的败坏。这个教训已经为多数人认识了。十年来，我们在各方面重新建立各种规范：从工厂、企业、事业单位的各种规章制度到乡规民约，从小学生见到师长问个好到礼貌语言十个字，从不随地吐痰到排队让座等，对社会秩序的安定和社会风气的改善起了积极的作用。

然而，在许多地方也还不能尽如人意。一些规范要求往往流于形式。比较明显的一个例子是文明语言的提倡。“十个字”到处可见，可惜许多地方只是贴在墙上。究其原因，正是有外无内，只注意了“十个字”的形式，而没有注意“十个字”的内容——它所体现的对他人的尊重和平等、友爱的人与人的关系。如果借用孔子的话，或者可以说：“礼云礼云，语言云乎哉?”只讲语言形式，没有对他人的平等、尊重和仁爱之心，没有为人民服务的自觉，“十个字”就只能流于形式。这类的情况并不在少数，在与不良现象斗争时，注意运用行政手段、纪律制裁多，注意道德思想教育少，甚至单纯依靠行政手段。在许多活动中，注意形式多，注意内容少，甚至只求形式轰轰烈烈、热热闹闹，完全忘了活动的真精神、真内容。这在某种程度上可以说已成通病，是许多事情事倍功半、不见实效的重要原因。

因此，在精神文明的建设中，在各单位的管理工作中，如何把社会主义的礼与德相配合，既运用规章制度等外在的规定来规范人的言行，养成良好的道德观念和社会风气，又通过道德教育来使各种规范从外在的强制转化成每个人内在的自我约束，从而真正得到落实，实在是需要注意研究解决的问题。正是在这一点上，我们可以从孔子关于仁礼关系的思想中得到很重要的启发。

（载于 1990 年第 4 期）

孔子论“仁”的重点和范围

——析孔子宗法名分性的仁学

蔡尚思

今年春天，一位学者劝我说：“您既发表了《孔子的礼学体系》一文，就应当紧接着再写出一篇《孔子仁学的面面观》之类的文章。因为孔子的‘仁’与‘礼’不仅有密切关系，而且‘仁’的内容还比‘礼’更难懂。对此，古来学者，议论纷纷，莫衷一是。您为什么不对孔子的‘仁’较具体地全面论证一下呢?”这个建议，对我很有启发。所以，今年就鼓起勇气，重新集合论据，详加分类，写成本文。此文与《孔子的礼学体系》为姐妹篇，以期互相发明，相得益彰。

古来学者论述孔子，无一不先讲到他说的“仁”。所以，“仁论”在中国思想史上、哲学史上、伦理学史上，都可以说是议论最多而又最吃香的。但是，其中还存在许多不足之处，例如：一是不够全面；二是不够具体；三是没有主要、次要之分；四是不太了解儒家与先秦墨、道、法三大家对“仁”具有不同的看法；五是后人论孔子最严重的毛病，是只报喜而不报忧；只有褒而无贬，有如儒家所乐道的“隐恶而扬善”；六是孔子以自己之曲反直躬之直，后人为孔子辩护，也以他的曲为直；如此等等。

我也一辈子研究孔子思想，尤其是着重思考“仁”与“礼”的问题，终于认定孔子的“仁”是“礼”的“仁”，即宗法血缘性、名分等级性的“仁”。此一问题，最为重要而又为近现代不少人所力避而不敢提及者。因为提及它，就难以自圆其说了。要讲孔子的仁学，首先就必须了解这一点。至于宗法礼制究竟是什么，其具体内容，我已另在《中国礼教思想史》的绪论中详述之。

孔子的仁学，我认为可以概括为下列十多点。我是从论据而得出论点的。既不愿无史料证明的空谈，也不敢非科学态度的曲解。我在学术上是主张百家争鸣的。是否比较能够做到此点，那就只好让今后研究孔子的学者不断批评了！

一、“仁”的重要性需要性

孔子认为，人苟志于仁，可以无恶。“好仁者无以尚之。”（《论语·里仁》。以下只注篇名）所以，凡人要“依于仁”（《述而》），如：“君子无终食之间违仁，造次必于是，颠沛必于是。”（《里仁》）可见，“仁”之于人，是极其重要和需要的。孔子的高足曾子也说：士要“仁以为己任”（《泰伯》）。

二、“仁”是很难做到的

孔子尽管有时说，为“仁”完全决定于自己：“为仁由己，而由人乎哉?”（《颜渊》）“仁远乎哉？我欲仁，斯仁至矣。”（《述而》）但他更主要是认为“仁”很难做到，如说在其所有弟子中，只有颜渊一个人能做到“三月不违仁”（《雍也》）。他又多次感叹“未见”到“仁者”，如说：“吾未见好仁者，恶不仁者。”“有能一日用其力于仁矣乎？我未见力不足者!”（《里仁》）“水火吾见蹈而死者矣，未见蹈仁而死者也。”（《卫灵公》）不再说旁的了，就连他自己也是：“若圣与仁，则吾岂敢?”（《述而》）“圣”又高于“仁”。所以说，“博施”“济众”已达到“圣”而不只是“仁”，“尧舜其犹病诸”（《雍也》）。圣人为天子，也必须三十年才能仁化（《子路》）。

三、“仁”以“礼”为主要内容

孔子的学生向孔子问“仁”者很多，孔子也最多论“仁”，但最重要的一次是对他的第一高足颜渊的解答。孔子认为，“仁”即“克己复礼”，亦即用尽全力复“礼”。一个人，无论视、听、言、动，一切都必须合“礼”。全身用“礼”约束起来，就是“仁”了（详见《颜渊》）。于此可知，颜渊的“不违仁”亦即“不违礼”。

《礼记》已有两句总结性的话：“道德仁义，非礼不成。”（《曲礼上》）王船山在《周易外传》卷二更干脆地说：“礼者，仁之实也。”这正符合“克己复礼为仁”的本意。这还不足以证明“礼”决定“仁”，“礼”就是“仁”么！

四、“仁”必须受“礼”的等级限制

这就是说，仁爱范围的广狭是随人的地位高低而不同的。如《韩非子·外储说右上》载：“季孙相鲁，子路为郈令，鲁以五月起众为长沟。当此之为，子路以其私秩粟为浆饭，要作沟者于五父之衢而餐之。孔子闻之，使子贡往覆其饭，击毁其器，曰：‘鲁君有民，子奚为乃餐之?’子路怫然怒，攘肱而入，请曰：‘夫子疾由之为仁义乎？所学于夫子者仁义也；仁义者，与天下共其所有，而同其利者也。今以由之秩粟而餐民，不可何也?’孔子曰：‘由之野也！吾以汝知之，汝徒未及也。汝故如是之不知礼也！汝之餐之，为爱之也。夫礼，天子爱天下，诸侯爱境内，大夫爱官职，士爱其家，过其所爱曰侵。今鲁君有民，而子擅爱之，是子侵也，不亦诬乎!”可见，“礼”规定各种人都必须守己安分，仁爱也就必须跟着守己安分。守己安分就是各有范围。仁爱如超越其范围，就是以下级一位侵犯上级一位。子路用私俸爱民，为孔子所反对。子路的仁爱是不受“礼”制约的仁爱，孔子的仁爱是受“礼”制约的仁爱。子路的仁爱是平等的，已经接近于稍后的墨子（参看下文第“十二”“十五”部分）；孔子的仁爱是差等的，大异于稍后的墨子。子路曾表示，己志是“愿车马衣轻裘，与朋友共之而无憾”（《公冶长》）。孔子却不同，他最看重的是颜渊，最亲爱的是孔鲤；但二人死后，他都不愿以自己的车为二人之椁（《先进》）。孔子与子路师生的对立，几乎可以说是孔、墨二家的对立。所以《礼记·曲礼上》说：“君臣上下，父子兄弟，非礼不定。”有些今人大讲孔子的“仁”，而不讲或少讲孔子的“礼”，能谈得上知孔子么?

五、“仁”不及“礼”高

《论语》载，孔子说：“知及之，仁能守之，庄以莅之，动之不以礼，未善也。”（《卫灵公》）“人而不仁，如礼何?”（《八佾》）有“仁”而无“礼”，还未到尽善的境地。不“仁”的人，是谈不上“礼”的。他又认为，管仲已算得“仁”，但尚不知“礼”。这些不是都可以证明“礼”比“仁”还高么？近儒张謇很了解孔子的本意，他说：“禽兽犹有仁者，礼则正于人，故谓之不仁，无宁谓之无礼。”（《张季子九录·告六校营教诸生》）过于尊儒者，大约是不愿顾及此点的。

六、“仁”以孝亲爱亲为本为大

我有极其丰富而可靠的证据才标出这个题目。只要看看以下名人、名书之说，不必多解释就会明白了。

《论语》明载：“君子务本，本立而道生。孝悌也者，其为仁之本与!”汉人也有引此作为孔子之言者。孔子也斥门人宰我的不孝为不“仁”。他认为：“君子笃于亲，则民兴于仁。”（按：即只要笃于亲，民就兴于“仁”）

不仅对活人，主要是孝亲；连对死人，也是爱自己的祖宗，而不爱他人的祖宗。如说：“非其鬼，而祭之，谄也。”（《为政》）可见，孔子对于亲疏人我的辨别是很严格的。

《中庸》载孔子说：“仁者人也，亲亲为大。……亲亲之杀，礼所生也。”有些美化孔子者，只引“仁者人也”前半句，而不引“亲亲为大”后半句，并据此断定“孔子所说的‘爱人’，是有普遍的形式”，是爱全人类而没有主次之分的。我则认为这是断章取义，是半截子讲“仁”，不是全面地看问题。孔子又说：“爱其所亲。”“凡有血气者莫不尊亲。”“成己，仁也。”请注意，这是说“成己，仁也”，而不是“成人，仁也”。

《孟子》就据以明说：“仁之实，事亲是也。”“亲（爱）亲（父母），仁也。”“未有仁而遗其亲者也。”“事孰为大？事亲为大。……孰不为事？事亲，事之本也。”“人人亲其亲，长其长，而天下平。”《孟子》又认为“墨子兼爱，摩顶放踵而利天下为之”是不“仁”的，并指责道：“墨子兼爱，是无父也。……无父，是禽兽也。”

《孝经》说：“不爱其亲而爱他人者谓之悖德，不敬其亲而敬他人者谓之悖礼。”如反过来说就是：“不爱他人而爱其亲者谓之大德。”

荀子说：“仁，爱也，故亲。”（《大略》）《说文》说：“仁，亲也，从人从二。”也是把“仁”解释为以爱亲为主要的，以爱人为次要的。

一生主治《论语》的朱熹，在《论语集注》中说得好：“仁主于爱，爱莫大于爱亲，故曰：孝悌也者，其为仁之本与!”

以上引述的“仁”，只是儒家心目中的“仁”。若从墨子、庄子的立场观点来说，儒家以孝亲、爱亲为本为大的“仁”，根本就不是“仁”，而是不“仁”。（参看下文第“十五”部分）

古来尤其是近现代一些学者，在谈论孔子的仁爱思想时，为什么不顾及上述各名家、名著论“仁”与“孝”的密切关系呢？真令人百思莫解！

七、仁爱的方法是“恕”

恕道主要有二：一是推己及人；二是推父及君。

据《论语》记载，孔子自称“吾道一以贯之”。曾子认为，这是指“忠恕”而言（《里仁》）。“忠恕”也简称为“恕”。孔子认为，“恕”是“己所不欲，勿施于人”。仲弓问“仁”，孔子也答以此语（《卫灵公》《颜渊》）。他说的“夫仁者己欲立而立人，己欲达而达人”（《雍也》），也是指“恕”的积极方面。孔子还认为，“君子有三恕”（详见《荀子·法行》篇）。这是不分积极与消极的。有些学人把“忠”与“恕”强分为积极与消极，我认为是没有根据的。孔子又说：“能近取譬，可谓仁之方也已。”（《雍也》）这是说，“恕”是实行“仁”的方法。正由于“仁”与“恕”有密切的关系，所以李元度认为：“求仁必自恕始。”（《天岳山馆文钞·读大学》）《大戴礼》认为：“恕即仁。”曾国藩认为：“仁即恕。”（《曾文正公杂著》）“仁”与“恕”相关，但并不相等。孟子说：“强恕而行，则仁莫近焉。”（《尽心上》）可知“恕”只是近于“仁”，而“仁”却高于“恕”。孟子说的“老吾老以及人之老，幼吾幼以及人之幼”“善推其所为”（《梁惠王上》），也是指“恕”而言。其他如《荀子》《中庸》《大学》等也都讲到包括积极和消极两方面的“恕”，而不是说“恕”只有消极的一方面。

以上是论“恕”的推己及人方面。

孔子论“恕”的言论见于《孝经》，如：“父子之道，天性也，君臣之义也。”“要君者无上……非孝者无亲，此大乱之道也。”这也是《论语》所说的：“其为人也孝悌，而好犯上者鲜矣；不好犯上而好作乱者未之有也。”（《学而》）下是必须服从上的。君父与臣子都必须有上下之严分，所以说：“恶居下流而讪上者。”（《阳货》）

孔子论“恕”的言论见于《礼记》，如：“其恩厚者其服重，故为父斩衰三年……资于事父以事君而敬同……故为君亦斩衰三年。……天无二君，家无二尊。”（《丧服四制》）“忠臣以事其君，孝子以事其亲，其本一也。……是故君子之教也，外则教之以尊其君长，内则教之以孝其亲。”（《祭统》）“父在斯为子，君在斯谓之臣。居子与臣之节，所以尊君亲亲也。故学之为父子焉，学之为君臣焉，学之为长幼焉。父子君臣长幼之道得而国治。”（《文王世子》）

《论语》载，孔子经常以君父同尊、忠孝并重为言。《孝经》与《礼记》也就据以发挥。所以，三书实等于一书。

以上是论“恕”的推父及君方面。

在这里，我得代孔子儒家声明一下：孔子的忠恕之道，只能推己及人，推父及君，而绝对不能推男及女，推夫及妻。因为，孔子是把女子等同于小人，而不承认女人为治臣的（均见《论语》）。连丧服，以最尊的女人如皇后与最亲的女人如母亲，也要比天子与父亲低一级（《礼记》）。其实还不止如此，皇后与母亲都是女子，都被作为“小人”看待了。因此，历代上自王朝下至礼俗，多根据其说大受其影响，只有贞女节妇坊而没有贞男节夫坊，只有一夫多妻制而少有一妻多夫制，只有丈夫出妻而少有妻子出夫，只有痛斥淫妇而少有痛斥淫夫。甚至到了后来，只有妇女缠足而没有男人缠足（男人缠足只见于《镜花缘》小说）。旧儒家以这些为美谈；近现代的新儒家则极力为孔子儒家与历代帝主隐讳，避而不提及此。从本质上看，近现代的新儒家仍然是旧儒家；唯有这些方面，近现代的新儒家是异于旧儒家的。我近来看出，辜鸿铭以多妻、缠足与不卫生等事为中国文化的特色，还是属于旧儒家的。更认真地说，他的尊孔守旧，在旧儒家中也是最走极端的（请参看拙著《中国礼教思想史·辜鸿铭》及《周易思想要论·新儒家代表》）。

八、仁爱的态度是中庸

孔子、孟子、荀子（《荀子·王霸》）等均主中庸，而有“过犹不及”之说。孔子的仁爱是差等的。正如孟子所说：“君子之于物也，爱之而弗仁；于民也，仁之而弗亲。亲亲而仁民，仁民而爱物。”（《尽心上》）具体地说：

第一，在人类当中，爱亲重于爱人。近儒俞樾说得好：“推私以及公者，圣人（按：此指孔子）也；有私无公，则为杨子之为我乡有公无私，则为墨子之兼爱。……非圣人也，然而……为我犹近于儒也。”（《宾萌集·公私说》）就爱人的范围而言，孔子的仁爱在右的为我与左的兼爱的中间；然追根究底地说，孔子的仁爱较近于为我而较远于兼爱。因为亲虽然不是我，却是我的亲；“为我”与“孝亲”都在自我的一方面，而不在他人的一方面。必须兼爱，才是人我平等的仁爱；必须损己利人、杀身以利天下，才是为人不为我，为公不为私。

孟子说：“人人亲其亲，长其长，而天下平。”（《离娄上》）仿此话来比较一下，便是：杨子认为，人人都爱自己而不必爱他人，省了交换的麻烦，天下就太平无事了；墨子认为，人人都爱他人如自己，兼相爱，交相利，天下就太平无事了；儒家孔孟认为，人人都爱其父母，既不为我，也不兼爱，天下就太平无事了。

孟子在《离娄下》一段言论中，约有四失：微生高因有人向他讨醋，他自己家里没有，就向邻居讨点醋给讨醋者。他这样热心助人，竟被孔子斥为不直（《公冶长》）。孟子便根据孔子的观点，主张只救同室家之人，而不救其乡邻之人。这以儒家的差等爱观点来衡量虽是得，但以墨家的平等爱观点来衡量却是失。孟子自以为得，是第一失。墨教本于禹教。禹、墨同是“思天下有溺者由（同‘犹’）己溺之也”“易地则皆然”。《庄子·天下》篇也同样指出这点。孟子却尊禹而反墨，是第二失。孟子这一次言论，前半段尊禹急于救世而不顾自己的家，是肯定人应当为公而不为私；后半段宣扬儒家只要救同室而不要救乡邻，是肯定人应当为私而不为公。二者自相矛盾而不自知，是第三失。“三过其门而不入”，是禹治水时之事，而与稷无关。孟子竟混禹与稷为一谈，事实弄错，是第四失。

第二，在万物当中，爱人又重于爱物，如关马的马房被焚，孔子只问是否伤人，而不问是否伤马（《乡党》）。可见，孔子对待人与其他动物是有轻重之分的。他绝不像佛教将人与某些动物平等看待，也不像现代欧美不少人爱猫狗而不爱穷人。这是正确的。

第三，在爱物当中，也是持中庸态度的。这以清儒黄以恭对孔孟之言的解释最为正确。他说：“孔孟之论仁也，不外中庸……从井救人，君子不为；博施济众，尧舜犹病。……君子之于禽兽也，不必戒杀，在‘远庖厨’而已。‘远庖厨’则食其肉，可也。子钓而不网，弋不射宿。以撙节为爱养，圣人（按：孔子）之仁也。钓，无伤也；网，则不仁。弋，无伤也；射宿，则不仁。必并钓而禁之，是释氏之戒杀，非圣贤之所谓仁也。”（《爱经居杂著·仁术说》）佛教不吃动物的肉是不及，世人大吃动物的肉是太过。孔子只钓鱼而不网鱼，只射白天的鸟而不射夜宿的鸟，是中庸之道。孟子只远庖厨而不大用庖厨，也是中庸之道。尽管孔子这样对人说，但我总不相信他大吃的鱼肉都是自己亲自钓来、射来的。孔子更不会亲自饲养猪、牛、羊、鸡、鸭等动物而后吃的，这样吃也是太过而不合中庸之道了。孔子不中庸的事很多，这只是自欺欺人的一些例子罢了！孔子只有对君赐的生物（此指动物），必饲养起来而不敢杀它（《乡党》）。这是尊敬君主而不是禁杀，是畜养它而不是如佛教放生，是个别的不杀生而不是如佛教一般不杀生。

九、“仁”有时是指大忠

清儒徐灏说得好：“人道（按：这种‘人道’只是儒家的‘人道’）莫大于事父事君。是故事君尽礼，仁也；事亲尽孝，仁也。”（《通介堂文集·释仁》）所以，孔子自身“事君尽礼”，不失为“仁”。一般的“忠”，还不能算作“仁”（《公冶长》）。但如殷的微子、箕子、比干三个大忠臣，就被孔子称赞为“三仁”（详见《微子》）。由此又可知孔子所说“杀身成仁”（《卫灵公》）的“仁”，也是指忠臣的杀身。子夏所说“事君能致其身”（《学而》），事君能忠到不顾生命，也是“杀身成仁”。章太炎解释“克己”道：“传曰：‘克者何？能也。何能也？能杀也。’是则‘克己’云者，谓能杀己云尔。仓颉作字，我字从禾，禾即古文杀字。推此而‘克己’之训，豁然著明。”（《人无我论》）从这也可以想见，孔子所说“克己复礼”，是特别注重“礼”。他勉励颜渊，就是杀身，也要复“礼”而成“仁”。

孟子以无父无君为禽兽。无父无君等于禽兽，而不是人。荀子更说：“内忘其亲，上忘其君，则是人也而曾狗彘之不若也。”（《荣辱》）忘亲忘君，就连猪狗也不如了。在儒家看来，君亲是何等的重要呀！孔子主张：“迩之事父，远之事君。”（《阳货》）“弑父与君，亦不从也。”（《先进》）“孝慈则忠。”（《为政》）儒家往往君父并称，力求忠孝双全。而在实际上，共同的忠君已重于各别的孝父了。荀子说：君兼父母（详见《礼论》）。“君者国之隆也。隆一而治，二而乱。自古及今，未有二隆争重而能长久者。”（《致仕》）这也正是孔子说的“国无二君，家无二尊”。家属于国，父属于君，有如“天无二日，民无二王”。到了韩非，更公然认为“忠”超过了“孝”，国超过了家。儒法二家在这个问题上有点异处是：儒家视君如父，移“孝”作“忠”，以“孝”为手段，以“忠”为目的（详见《孝经》）；韩非则视忠君重于一切，可以不孝亲，不可以不忠君，这就成为历代绝对的君主专制了。汉代两王相反：王尊只要“忠”而不要“孝”，王阳只要“孝”而不要“忠”。

君子的首要条件就是忠君。“唯天子受命于天，士受命于君。”（《礼记·表记》）故士忠于君，就可以进一步而成为君子。如孔子以“君子”自居，一生最强调的也是“君子”。他在当时只是一个“君子”，到了后世才被尊为“圣人”（详见《古史辨》顾颉刚的考证）。君又是“大人”。所以与君对立而不尽忠者，就被孔子痛斥为“小人”了。“君子”与“小人”的对应，首先就在于忠君与不忠君的对立（参看拙著《周易思想要论》）。

十、“仁”与其他诸德的关系

孔子的仁说，主要可概括为两方面：

一是“仁”包括了许多德。单据《论语》一书在这方面的记载，即有：“仁”

包括了“恭、宽、信、敏、惠”（《尧曰》）；恭、敬、忠（《子路》）；“刚、毅、木、讷近仁”（《子路》）；“仁”是“爱人”（《颜渊》）；“节用而爱人”（《学而》）；“己所不欲，勿施于人”（《卫灵公》）；“夫仁者，己欲立而立人，己欲达而达人”（《雍也》）；“仁”，有“杀身以成仁”（《卫灵公》）；“仁者其言也讱”（《颜渊》）；“巧言令色，鲜矣仁”（《阳货》）；“御人以口给，屡憎于人”“焉用佞?”（《公冶长》）孔子还认为，“仁者先难而后获”（《雍也》）；“不仁者不可以久处约，不可以长处乐”；“惟仁者能好人，能恶人”（以上参见《里仁》）。

二是“仁”与其他几种德有同等地位。

孔子之言见于《论语》者，曾把好“仁”与好知、好信、好直、好勇、好刚对举（《阳货》）。他又论“君子”之道有三：“仁者不忧，知者不惑，勇者不惧。”（《宪问》《子罕》）见于《中庸》者，有“知、仁、勇三者，天下之达德也，所以行之者一也”“好学近乎知，力行近乎仁，知耻近乎勇。”既然“知”“仁”“勇”三者并提，便可知其各有范围了。

孔子有时又只把“仁”与“知”对举，说：“知者乐水，仁者乐山；知者动，仁者静；知者乐，仁者寿。”（《雍也》）“仁者安仁，知者利仁。”（《里仁》）《荀子·子道》篇载有孔子与子路、子贡、颜渊三个弟子的问答，也是以“知”与“仁”对举的。

虽然如此，孔子还是认为“仁”高于勇，如说：“仁者必有勇，勇者不必有仁。”意即“仁”能包括“勇”了。

“仁”与其他诸德的关系，就很难说了。孟子是把“仁”“义”“礼”“知”并列为四端的。董仲舒是把“仁”“义”“礼”“知”“信”并列为五常的。而朱熹认为“仁”能包括“义”“礼”“知”“信”四德，这是没有根据而不足信的。

至于“仁”与“礼”二者有什么关系，除了前述“仁”以“礼”为主要内容、“仁”必须受“礼”限制、“仁”不及“礼”高三点以外，孟子还经常以“仁”与“礼”相提并论。如说：“君子所以异于人者，以其存心也。君子以仁存心，以礼存心。……我必不仁也，必无礼也。……非仁无为也，非礼无行也。”（《离娄下》）单此数语，可知就一般而言，“仁”与“礼”二者是各自独立，各有要点，各有范围的。

十一、“仁”是君子成名的主要条件

近人称赞孔子是“为道德而道德”的真道德者。其实不然。他明说：“君子去仁，恶乎成名？”（《里仁》）这正表示其为“仁”是以成名为目的的。礼教也称为名教，名教就是以名为教的。礼教所称忠臣、孝子、节妇、贞女等，其目的都在于求不朽之名。孔子自身是最好名的，如说：“君子疾没世而名不称焉。”（《卫灵公》）关于这个问题，我在20年代写《孔子哲学之真面目》时，就把孔子名教的褒贬（流芳遗臭）和法治家现实世的赏罚以及宗教家他界的祝福（天堂地狱）加以对比，认为只是方法不同，用意则一。

十二、“仁”是男性独有的“美德”

孔子说：“君子而不仁者有矣夫，未有小人而仁者也。”（《宪问》）小人既不得在内，可知女子也不例外了。孔子这话等于说：“男子而不仁者有矣夫，未有女子而仁者也。”因为孔子是把女子与小人画上等号的。孔子以女子为“小人”。他的母亲不是女子之一么？连自己的母亲也在“小人”之列了。“小人”生的儿子不是“小人”之一么？这就骂到自己的身上了。骂别人适足以骂自己，骂女子适足以骂男子，这就是未能推己及人、推男及女的害处！孟子曾说：“爱人者人恒爱之，敬人者人恒敬之。”（《离娄下》）这似是根据墨子之说：“夫爱人者人必从而爱之，利人者人必从而利之，恶人者人必从而恶之，害人者人必从而害之。”（《墨子·兼爱中》《墨子·兼爱下》）这只有墨子，要求人人、家家、国国兼爱互爱，才真是如此。孔子是未想到此点的；如果想到，他就绝不会把女子与“小人”画上等号了！孟子也只是嘴里说说而已。

十三、好“仁”还必须好学

孔子认为：“好仁不好学，其蔽也愚。”（《阳货》）但他也说“好学近乎知”，是“好仁”也要“近乎知”的。他是一个大教育家，所以总把好学放在最高的地位。可惜在他一大群弟子中，只有颜渊一个人是“好学”而又能够“三月不违仁”的。

十四、《论语》所见孔子论“仁”的矛盾

在各德目中，《论语》记载孔子言“仁”的次数最多，但它又称孔子罕言“仁”。尽管有人在“子罕言命与利与仁”的“与”字上费工夫，做解释，认为孔

子只罕言“利”，而许“命”许“仁”。这是不能令人信服的。我是相信孔子多言“仁”而不是罕言“仁”的，而言“命”的次数也不少。《论语》出于多人之手，弟子的笔记总是会记错或有所未闻的。这样的矛盾，正可证明《论语》是比较原始和集合而成的。

十五、孔子与先秦墨、道、法三大家论“仁”的异点

综上述以观，孔子的“仁”，其实质主要是守礼、孝亲（按：主要是孝父，孝父重于孝母）、忠君、爱人、得中、兼恕、兼勇、兼信、兼惠、成名。古来有些人认为“仁”包括“五常”、诸德，未免过于夸大“仁”了。孔子在国家方面最重视君权，在家庭方面最重视父权，在社会方面最重视男权。孔子的中心思想如此，其仁学也一点不例外。一言以蔽之，孔子儒家的仁学，就是宗法血缘性、名分等级性的仁学。

让我再把中国思想史上的仁学派别约略总结一下。中国传统思想（按：此指广义的“传统”，等于“固有”。我在新中国成立前所说的“传统”是狭义的，多指儒家正统派）的祖师均出于先秦。先秦的大思想家推儒、墨、道、法四派。四派均从各自的立场观点出发，论述“仁”的问题。概括来说：儒家言“仁”，先私后公，先亲后疏；为尊者讳，为亲者讳；父子相隐，以曲为直；君父并重，忠孝双全。所以，儒家的“仁”是最具宗法性名分性的“仁”。墨家言仁义即兼爱（《墨子·兼爱下》），坚守“杀人者死”的信条，而不惜以父杀子，大公无私（详见《吕氏春秋·去私》篇），损己利人，可以“杀己以利天下”（《墨子·大取》）。汪中称墨子为“仁人”（《述学·墨子序》）。所以，墨家的“仁”是中国唯一无二的反宗法性名分性的“仁”。道家主张“绝仁弃义”（《老子》），认为“至仁无亲”（《庄子·天道》），“有亲非仁”（《庄子·大宗师》），不孝父，不忠君，不要礼，是最消极性的反对“仁”。法家尤其是集大成的韩非，对儒、墨的仁说均大加反对，公开主张必须爱君而不必爱父，必须爱国而不必爱家；也就是把爱父的爱集中去爱君，把爱家的爱集中去爱国（详见拙著《中国古代学术思想史论》），是最积极性的反对“仁”。我以为，我们后人研究孔子儒家，必须对儒、墨、道、法四大家划清各自的界限，尤其是千万不要把孔墨二家的论“仁”混一起来，笼统地抽象地说孔子也是普遍性的爱人，是爱一切的人。荀子说的尧舜“泛利兼爱”（《荀子·成相》），贾谊说的“心兼爱人谓之仁”，扬雄说的“兼爱之谓仁也”，韩愈说的“博爱之谓仁”，都是挂儒家的仁义招牌而卖墨家的“兼爱”膏药的。

我如有机会，将再写一部《中国仁学思想史》，但也绝不会超出这些主要论点之外。顺便还补充一句，今春我关于儒学研究问题答《文汇报》记者问（《我爱孔子，我尤爱真理》），是对孔子儒家的全面评价，是总结性的发言；而本文单论儒家孔子的仁学，是专题性的论文。相信读者当不致混为一谈。

（载于1991年第1期）

经典链接

子曰："饭疏食饮水，曲肱而枕之，乐亦在其中矣。不义而富且贵，于我如浮云。"

——《论语·述而》

子曰："富与贵是人之所欲也，不以其道得之，不处也；贫与贱是人之所恶也，不以其道得之，不去也。君子去仁，恶乎成名？君子无终食之间违仁，造次必于是，颠沛必于是。"

——《论语·里仁》

颜渊、季路侍。子曰："盍各言尔志？"子路曰："愿车马、衣轻裘，与朋友共，敝之而无憾。"颜渊曰："愿无伐善，无施劳。"子路曰："愿闻子之志。"子曰："老者安之，朋友信之，少者怀之。"

——《论语·公冶长》

自然人向“人”的转化

——论孔子的修己之道

马振铎

孔子的学说是关于修己和安民的人道学说。而修己为安民之本。在一定意义上说，修己是孔子思想的核心。本文着重论述孔子修己之道中几个重要问题。

一、修己的核心是求仁

孔子以仁为人立极，“仁者，人也”（《中庸》引）。仁是人的本质规定，是人所以为人者。孔子对人的界定反映了他对人和人生的深刻认识，在他看来，初生的人只是一个自然人、生理意义上的人，还不是真正的人。自然人必须经过一番切磋琢磨，即修己，才可转化为真正的人。与出于对灵魂、来世的关怀的宗教修行不同，孔子和儒家提出修己是为了完成由自然人向真正的人的转化和实现人生的价值。

孔子把仁作为人的本质规定，决定了孔子所谓的修己实质上也就是求仁。如果说修己之道是孔子思想的核心，那么求仁就是这核心的核心，所以朱熹说：“学者须是求仁。”“圣人亦只教人求仁。”（《朱子语类》卷六）陈淳说：“孔门教人，求仁为大。”（《北溪字义》卷上）明末清初学者潘平格专门撰写了《求仁录》阐明孔子学说的宗旨：“孔门之学，以求仁为宗。”（《求仁录辑要》卷一）他们都一致指出，求仁是孔子修己之道以及整个孔子思想的核心。

那么如何求仁？孔子还不像后来孟子那样把仁作为人先天的德性。他认为，仁不是人心性固有的东西，而是由外在的东西转化而来的，这一思想在他关于“性”“习”的论述中明确地反映出来，他说：“性相近也，习相远也。”（《论语·阳货》。下引《论语》只注篇名）人与人“相远”的就是仁与不仁。也就是说，仁不是性之所固有，而是由后天学习形成的。因此，孔子认为，仁不能从主体心性之中求得，只能到作为社会典章制度和行为规范的礼乐中去求、去获，同为仁在化为主体的本质和道德理性之前，不是别的，就是礼乐的原则或礼乐的精神。离开礼乐，无仁可求。如何求仁的问题实质上也就是如何使礼乐原则、精神转化为人的“为我之物”的问题。

黑格尔在《哲学史讲演录》中曾轻蔑地说：“孔子只是一个实际的世间智者，在他那里思辨的哲学是一点也没有的——只有一些善良的、老练的、道德的教训，从里面我们不能获得什么特殊的东西。”（《哲学史讲演录》第1卷，商务印书馆1959年版，第119页）显然这是一种对孔子思想以及整个中国哲学的偏见。事实上，孔子的修己之道中包含着深刻的哲学问题：礼乐的原则如何转化为主体之仁？蕴涵于社会典章制度和行为规范中客观化了的精神如何转化为人的内在本质和道德理性？孔子修己之道中所包含的这个问题其深刻程度绝不下于任何古希腊哲学家，与黑格尔相比也毫不逊色。尽管黑格尔由于受惠于孔子之后二千四百余年人类思想发展的成果，其思想体系比孔子要丰富得多，但只要仔细比较一下，我们是不难发现孔子关于客观的礼乐原则向主体之仁转化的思想与黑格尔思想有类似之处。

孔子以求仁为核心的修己之道是儒家道德修养论或工夫论的嚆矢，他已为后世儒家特别是《大学》—程朱理学一系的道德修养论搭好了基本构架。其主要环节为：

一是学礼。这是求仁修己的入门。“不学礼，无以立。”（《季氏》）通过学礼，人可以从知性上把握社会典章制度和行为规范，知道哪些是应当做的，哪些是不当做的。

二是约之以礼。孔子认为，从知性上把握社会典章制度和行为规范，知道何者当为，何者不当为，不等于人就能自觉地按此行事。“子曰：‘始吾于人也，听其言而信其行；今吾于人也，听其言而观其行。于予与改是。”（《公冶长》）“子贡曰：‘我不欲人之加诸我也，吾亦欲无加诸人。’子曰：‘赐也，非尔所及也。’”（《公冶长》）宰予和子贡是孔门弟子中聪明绝顶的两位，然而在他们身上存在着知行不一的现象。因此，学礼、知礼不等于就能按礼行事。在学礼之后还必须有一个由他人以礼对修己者加以约束的阶段。“博学于文，约之以礼，亦可以弗畔矣夫。”（《颜渊》）“以约失之者，鲜矣。”（《里仁》）约之以礼①，是修己的必不可少的环节。

三是自觉地循礼而行。通过学礼、约之以礼，人们会逐渐习惯于这种约束，这时，人便由一个礼仪规范的被动接受者转化为循礼而行的自为主体，礼自外对人的

① 此二“约”字，非由博归约的“约”，而是约束之“约”。

约束也随之转化为人以礼对自我加以约束。孔子弟子中以德行著称的颜渊、仲弓等人即达到了这一修养境界。“回虽不敏，请事斯语矣。”（《颜渊》）“雍虽不敏，请事斯语矣。”（《颜渊》）他们的语气已表现出一种强烈的自觉循礼行事的实践意向。

学礼—约之以礼—自觉地循礼行事，是孔子构想的即礼求仁的三个步骤。人一旦达到自觉地循礼而行，礼就不再是一种外在于人的客观的规范，而是人的自我行为准则，即“内则”。随着礼由外在的客观规范向主体内则转化，礼乐原则或礼乐精神也不再是蕴涵于礼乐之中的客观的、社会的普遍原则，它与个体的人融而为一，成为“为我之物”。孔子把这一即礼求仁的途径扼要地概括为“克己复礼为仁”：

> 颜渊问仁。子曰：“克己复礼为仁。一曰克己复礼，天下归仁焉。……”（《颜渊》）

“克己复礼为仁”深刻地揭示了客观的礼乐原则或礼乐精神向主体之仁的转化，比较合理地解决了道德理性和道德观念的来源问题。孔子不像后来的孟子和其他性善论者把仁视作一种与生俱来的先验之物，他认为，仁是人通过学礼—约之以礼—自觉地循礼而行这一学习和实践过程而获得的，是由礼乐之原则内化而来的。他否定了道德理性和道德观念的先天性和先验性，肯定它们是后天获得的。

孔子的“克己复礼为仁”思想与现代伦理学所揭示的道德理性和道德观念的形成大体一致。现代伦理学认为，道德理性和道德观念不是人生而具备的，而是由外在于人、作为社会调节体系的道德规范通过强加于人或以习俗的方式灌输给人的。道德规范在强加于人或以习俗的方式灌输给人的过程中，会逐渐深入人心，内化为人自己的东西。“克己复礼为仁”，以极为精练的语言概括了这一社会道德规范内化为人的道德理性和道德观念的过程。

仁由礼乐之原则或礼乐之精神转化为人的“为我之物”，并不意味着道德修养的完成。如果对初步获得的仁不谨慎戒惧地加以对待，人们还会失去它。孔子心目中的君子是须臾不离仁的人：“君子无终食之间违仁，造次必于是，颠沛必于是。”（《里仁》）因此，求仁之后还有一个对仁存养的问题。如何存养仁？第一，要珍视它，把它看得比生命更宝贵。孔子认为，人生价值不在生命本身，而在于化为“为我之物”之仁：“志士仁人，无求生以害仁，有杀身以成仁。”（《卫灵公》）如果人把生命看得比仁宝贵，为保全生命而弃仁不顾，那么仁还未成为人的本质。第二，要以谨慎戒惧的态度对待自己的行为，使之“不违仁”：“仲弓问仁。子曰：‘出门如见大宾，使民如承大祭。……’”（《颜渊》）“仲弓问仁”章紧接“颜渊问仁”章之后不是偶然的，二章之间有着内在的联系。朱熹认为，前者“乾道也”，后者

“坤道也”（见《论语集注》卷六），是有一定道理的。如果说“克己复礼”是求仁的进取之道，那么“出门如见大宾，使民如承大祭”则是存仁的保守之道。

孔子以求仁为核心的修己至此仍未结束。孔子对仁持一种非常深刻的看法；仁不是一个虽然遥远但总有一天可以达到的道德终点，仁是一个无限深邃的境界，求仁是像追求真理一样永无止境的过程。人生价值不是在生命哪一刻得到最后完成，而是在终生对仁的追求中实现的。出于对仁的这种理解，孔子强调在求仁的道路上应永无休止地进取，故他引南人言：“人而无恒，不可以作巫医。”引《周易·恒卦·彖辞》：“不恒其德，或承之羞。”（《子路》）又说：“善人，吾不得而见之矣，得见有恒者，斯可矣。”（《述而》）颜渊正因在求仁路上“见其进也，未见其止也”（《子罕》），深得孔子称许。相反，冉求以“力不足”为借口，在修己路上裹足不前，划地自限，则遭到孔子严厉的批评（见《雍也》）。

二、修己中应文质兼顾

孔子以仁为人立极，从而把求仁确定为修己之道的核心。但是孔子并不把人仅仅视作道德的实体，他为人生设定的目标——君子、“成人”（见《宪问》），不仅是道德高尚的人，而且是风度文雅、知识渊博丰富的人，是知、仁、勇全面发展的人。“求仁而得仁”固然是修己的核心，作为君子、“成人”品格的其他方面也要在修己中解决。孔子关于文质的论述，即体现了这一思想：

子曰：“质胜文则野，文胜质则史。文质彬彬，然后君子。”（《雍也》）

对于孔子文质关系的论述一向存在着不同理解，有一种观点认为，“质”指人先天素质，“文”则指通过后天修养而获得的东西，“文”与“质”的关系是后天修养与先天素质的关系。按这种观点，只有“文”与修己有关，“质”与修己无关，修己是在“质”上涂饰上“文”彩。一个人修己的程度要与其先天素质相适应，既不可不足，也不可太过。不足，即“质胜文”，则辜负了自己的良材美质；太过，即“文胜质”，则是东施效颦。这种观点显然要对那些先天素质较差的人的修养加以限制，这是与孔子主张人在修己路上应永不休止地进取的思想矛盾的，因而也是错误的。

那么，文、质指的究竟是什么呢？我以为孔子所说的文、质都是人在修己中获得的。“质”是人在学礼—约之以礼—循礼而行的过程中，礼乐原则或礼乐精神深入人心，内化而成的仁，亦即人的本质。“文”的涵义则较为复杂。第一，“文”指人的仪表、风度、言辞之优美文雅。人在修己中，一方面把礼乐原则内化为自身本质，另一方面由于长期受礼乐的熏陶，其形体、动作、表情、言语都会发生变化，由朴野化为斯文，由不合礼仪规范，变得合乎礼仪规范。“言而不文，行而不远”（《左传》襄公二十五年），这里的文即是这一意义上的“文”。这一意义上的“文”，与“质”的关系是外与内的关系。第二，“文”指一个人具有较丰富的知识技艺。“子以四教：文、行、忠、信。”（《述而》）“子曰：‘……行有余力，则以学文。”（《学而》）朱熹注“文”云：“文，谓诗书六艺之文。”（《论语集注》卷一）人在修己中，通过学习礼乐六艺，还会增长知识技艺，这也是“文”。这一意义上的“文”，与“质”的关系是知识与道德的关系。

由上述分析可见孔子说的“文”“质”都是人在修己中获得的。孔子关于文质关系的论述是强调修己时要内外双修，道德与知识并进，不可偏废。

孔子关于文质关系的论述实际涉及了两个重要的问题：一是人的内在品质与其仪表的关系；二是道德与知识的关系。这两个问题可以引申为善与美、德与才的关系。所以孔子的“文质彬彬，然后君子”的思想实质是主张君子人格应是真善美的统一，这是和《白虎通义》所谓“或称君子者何？道德之称”不太一样的。孔子还不像后来儒家学者那样以道德和善吞并美和真，他心目中的理想的人还不是只有一副呆板的道德面孔的人，而是既有高尚道德情操，又风度翩翩、举止谈吐文雅、多才多艺、办事干练的人。修己不但要承担将人道德化的任务，而且人通过修己还要达到仪表、语言的优美文雅和获得丰富的知识技艺。真正的君子应当是内外兼修、道德与知识技艺并进的人。孔子本人即严格遵循文质适均的修己原则。在道德修养方面，他达到了同时代人无法企及的境界：

他人之贤也，丘陵也，犹可逾也。仲尼，日月也，无得而逾也。

譬之宫墙……夫子之墙数仞，不得其门而入，不见宗庙之美，百官之富。得其门者或寡矣。（《子张》）

这是质的方面。在文的方面，据《乡党》记载，孔子的视听言动、俯仰登降、揖让周旋、寝食坐卧、一颦一笑，莫不合乎礼仪，是当时最为温文尔雅的；同时孔子也是春秋末期知识最为渊博的人：“夫子圣者与？何其多能也？”（《子罕》）他自己也认为：“文王既没，文不在兹乎！”（《子罕》）就春秋时代标准而言，孔子可谓“文质彬彬”，所以他能成为后世学者的师表、楷模。

另一种对文质关系的错误理解是由孔子弟子子贡做出的。他认为：“文犹质也，质犹文也，虎豹之鞟犹犬羊之鞟。”（《颜渊》）子贡混同人内在本质与外部仪表、德性与知识的界限，也不合孔子文质关系的思想。在孔子看来，文、质指谓不同，在人生中价值亦不同，二者界限分明，不可混同。在修己过程中，既不可以“文”

代“质”，也不可以“质”代“文”。一个知识技艺造诣高的人（如子贡）不一定就是一个道德造诣高的人，“秀而不实者有矣夫!”（《子罕》）相反，“质胜文”的现象也是存在的，如“柴也愚”“参也鲁”“由也喭”，他们都质美而文不足（见《先进》）。孔子承认事实上存在着文质不适均的现象。他认为，质比文重要，即道德比仪表风度、知识技艺重要。“如有周公之才之美，使骄且吝，其余不足观也已。”（《泰伯》）他对那些外表威严而内心无德的人尤为反感：“色厉而内荏，譬诸小人，其犹穿窬之盗也与?”（《阳货》）在他看来，这样的人不过是欺世盗名的小人罢了。

从重德主义价值观出发，孔子更欣赏其早期的学生。孔子早期学生在修己中注重内心的道德修养，而对仪表的修饰、知识技艺的掌握有所不足，因此孔门四科德行门中所列大多是其早期学生。孔子后期学生更注意对礼乐六艺的学习掌握，子游、子夏即以文学见长（以上参见《先进》）。孔子早期学生和后期学生之间存在着“质胜文”和“文胜质”的区别。从重德主义价值观出发，孔子认为：“先进于礼乐，野人也；后进于礼乐，君子也。如用之，则吾从先进。”（《先进》）

孔子这种在文质不可兼得的情况下取“质胜文”者的重德主义倾向，对中国后世的教育思想、人才选择、文学艺术都产生了深远的影响。

三、修己中的自律和他律

孔子尚未将其以求仁为核心的修己之道奠立在人性论基础之上。不过他已意识到一般人都有一种与社会生活准则相抵牾的本能。也就是说，人并不生而好仁，至少不像对声色之好那样好仁，“我未见好仁者，恶不仁者”（《里仁》），“吾未见好德如好色者也”（《子罕》）。孔子还认为，人在不同的年龄层次会产生一些特殊的心理倾向：“少之时，血气未定，戒之在色；及其壮也，血气方刚，戒之在斗；及其老也，血气既衰，戒之在得。”（《季氏》）好色、好勇斗狠、贪得，都是与仁相抵牾的。如果任人在感性享受和仁二者之间选择，那么人是不会选择后者的。因此，孔子认为，要使生理意义上的人、自然人成为以仁为本质的人，必须用礼加以约束，使其行为不得逾越社会所允许的范围。经过长期的“约之以礼”，礼乐原则才会深入人心，内化为人的本质。这种礼的约束，是自外强加于人的，而人则处于被动接受约束、灌输的地位。

但是孔子在提出人在修己求仁必须接受礼的约束时，不可避免地遇到一个问题：人为什么能接受礼的约束而禽兽不能？人为什么在接受礼的约束时能将礼乐原则内化为主体之仁？孔子敏锐地意识到这一问题的存在，并从中看到人在修己时尚有能动性的一面。这种修己求仁的能动性具体体现为人“欲仁”：

仁远乎哉？我欲仁，斯仁至矣。（《述而》）

欲仁而得仁。（《尧曰》）

“欲仁”是人对仁的主动向往和追求。孔子认为，人在修己求仁时所表现出的这种主观能动性不完全是后天培养起来的，也是一种与生俱来的心理倾向。

孔子一方面认为人不“好仁”，另一方面又认为人“欲仁”。他在这个问题上的观点是如此之矛盾，然而深刻地反映了道德的实质。

从道德的起源和社会功能上看，社会道德准则其实是为了整合人类群体，使其得以维持而由构成群体的各个成员订立的“契约”，是群体共同意志的体现。当然，我们这里所说的“契约”，不是采取全民大会的形式制定的，而是在个体意志经过长期反复的冲突逐渐地甚至是不知不觉地形成的。在道德准则形成过程中，个体那些妨碍群体共同生活维持的特殊的要求、欲望被否定了，而那些具有普遍性因而有利于维护群体共同生活的欲求则得到肯定，并融入群体共同意志之中。尽管在不同时代、不同民族、不同社会集团那里，个体哪些欲求被否定、哪些欲求被肯定是不一样的，但这一点不影响我们的结论：在社会生活准则中个体的欲求总有被否定和被肯定的两个方面。这也就是说，道德对个体既是否定，又是肯定。人之所以不好仁，就是因为仁否定了他的特殊欲求，要求他必须“克己复礼”：放弃其妨碍社会共同秩序建立和维持的那些欲求，遵守社会共同生活准则；人之所以“欲仁”，则是因为仁肯定了他的具有普遍性的欲求，他的这些欲求只有在相互实行“己欲立而立人，己欲达而达人”“己所不欲，勿施于人”的关系中才能得到实现，所以“民之于仁也，甚于水火”（《卫灵公》）。

从对人既不好仁又“欲仁”这一辩证的认识出发，孔子认为，修己既是一个被动地接受礼的约束的过程，又是一个主动求仁的过程。从前者孔子导出修己的他律原则：修己时必须有他人和社会自外以礼对修己者加以约束，修己者也必须遵守这种自外强加于他的约束；从后者孔子导出修己的自律原则：人应该主动地求仁。孔子的修己之道是主动求仁和被动地接受礼的约束的统一，是自律和他律的统一。

就孔子的基本倾向而言，孔子更重修己中的自律原则，认为在修己中人应充分发挥主观能动作用。“为仁由己，而由人乎哉？”（《颜渊》）“人能弘道，非道弘人。”（《卫灵公》）他把在修己中能否发挥主观能动作用看作是君子和小人的分水岭，“君子求诸己，小人求诸人”（《卫灵公》）。出于对修己中主观能动作用的重视，孔子特别强调修己时要经常自我反省，要“躬自厚而薄责于人”（《卫灵公》），要“能见其过而内自讼”（《公冶长》），“见善如不及，见不善如探汤”（《季氏》），“见贤思齐焉，见不贤而内自省也”（《里仁》）。对于能够闭门思过的蘧伯玉，他给予高度评价（见《宪问》）。

孔子重修己中自律原则的思想在其弟子中特别是在曾子身上得到继承和进一步发挥，曾子说：

> 吾日三省吾身，为人谋而不忠乎？与朋友交而不信乎？传不习乎？（《学而》）

曾子终生都恪守这种“内自省”的原则，直到病危时，他还谆谆告诫门人：“启予足，启予手。诗云：‘战战兢兢，如临深渊，如履薄冰。’而今而后，吾知免夫，小子。”（《泰伯》）表面上曾子说的是他保全了受之父母的身体，但更重要的是他告诫门人在道德上要严于律己，自珍自爱。这种重修己中自律的思想后经子思传到孟子手上得到进一步发扬光大，被发展为道德上的自我扩充。孔子的修己之道中的他律原则，则经过子夏传到荀子手中，发展为“礼教”思想。

四、修己的程序——下学而上达

孔子在论述修己之道时，还涉及“下学而上达”的问题。“下学而上达”是孔子为修己确定的具体程序，因此也是其修己学说的组成部分。《论语·宪问》载：

> 子曰：“莫我知也夫！”子贡曰：“何为其莫知子也？”子曰：“不怨天，不尤人。下学而上达。知我者其天乎！”

朱熹注此章时引二程语：“盖凡下学人事，便是上达天理。”（《论语集注》卷七）这一解释不太合乎孔子思想。首先，孔子所说的“下学”不是泛指“下学人事”；其次，也是更重要的，孔子尚未产生“天理”的观念。因此“下学人事，上达天理”是理学家的“下学而上达”，不是孔子的“下学而上达”。

那么，孔子的“下学而上达”究竟是什么意思呢？先看孔子“下学”学的是什么。一部《论语》“学”字数十见，但真要问孔子究竟主张“学”什么，恐怕不那么容易做出确切的回答，因为《论语》中“学”字后有补语的不多见。笔者为解决这个问题，遍查《论语》，只发现有如下几种：

（一）“学稼”“学为圃”

> 樊迟请学稼。子曰：“吾不如老农。”请学为圃。曰：“吾不如老圃。”樊迟出。子曰：“小人哉，樊须也！上好礼，则民莫敢不敬；上好义，则民莫敢不服；上好信，则民莫敢不用情。夫如是，则四方之民襁负其子而至矣，焉用

稼。”（《子路》）

（二）“学诗”“学礼”

陈亢问于伯鱼曰：“子亦有异闻乎?”对曰：“未也。尝独立，鲤趋而过庭。曰：‘学诗乎?’对曰：‘未也。’‘不学诗，无以言。’鲤退而学诗。他日，又独立，鲤趋而过庭。曰：‘学礼乎?’对曰：‘未也。’‘不学礼，无以立。’鲤退而学礼。闻斯二者。”

（三）“学文”

子曰：“弟子入则孝，出则弟，谨而信，泛爱众，而亲仁。行有余力，则以学文①。”（《学而》）

（四）“学道”

子之武城，闻弦歌之声。夫子莞尔而笑，曰：“割鸡焉用牛刀?”子游对曰：“昔者偃也闻诸夫子曰：‘君子学道②则爱人，小人学道则易使也。’”子曰：“二三子！偃之言是也。前言戏之耳。”（《阳货》）

（五）“学干禄”

子张学干禄。子曰：“多闻阙疑，慎言其余，则寡尤；多见阙殆，慎行其余，则寡悔。言寡尤，行寡悔，禄在其中矣。”（《为政》）

“学稼”“学为圃”是为孔子否定的，其他科学知识和生产技能也不包括在孔子“下学”之内。学习生产知识技艺无助于道德修养。子夏把孔子这一思想加以阐发：“虽小道，必有可观者焉；致远恐泥，是以君子不为也。”（《子张》）朱熹注云：“小道”，即“农圃医卜之属”（《论语集注》卷一〇）。如果把下学功夫用在农圃医卜之类上，是无法达到道德上的高明境界的。

孔子所肯定的“学诗”“学礼”“学文”“学道”“学干禄”，归结起来其实就是学习以礼乐为核心的“六艺”。

清楚了孔子所谓的“下学”，不出以礼乐为主的“六艺”，孔子所谓的“上达”也就迎刃而解。所谓“上达”就是学习礼乐又不拘泥于礼乐的具体规范，而是通过对礼乐的反复学习把握礼乐之中形上之道，亦即礼乐原则或精神，并使其化为主体之仁，从而人生境界得以提升。因此，“上达”不是对与人事无关的力量的测知，更不是仕途、财富上的发达。孔子认为，追求仕途和财富的发达是“小人”之“下达”，而不是“君子”之“上达”（参见《宪问》）。君子之“上达”是一种对

① “文”即“诗书六艺之文”，参见朱熹《论语集注》卷一。

② 这里的道指以礼乐教民、化民之道。

本能自我的超越。孔子的“下学而上达”与即礼求仁或“克己复礼为仁”是一致的，只是“下学而上达”侧重于修己的程序性。

由于“上达”是对礼乐之中形上之道的把握，因此必须借助于思。“下学而上达”从认识论角度说就是学思结合，“学而不思则罔，思而不学则殆”（《为政》）。在学、思二者之间，学是基础，不学礼乐六艺，仅凭思去体认形上之道是徒劳的，“吾尝终日不食，终夜不寝，以思，无益，不如学也”（《卫灵公》）。但光学不思，也不能上达于道，通乎高明。孔子说“可与共学，未可与适道”（《子罕》），指的就是这种只学不思或不善于思考的人。

孔子的“下学而上达”为学者指出了修己的程序。他认为，在修己过程中，“下学”与“上达”不可或缺，不可次序颠倒。没有踏踏实实的下学功夫，好高骛远，是不能完成修己的；反之，只重下学功夫而无上达，也是不能完成修己的。

孔子提出的由下学和上达两个环节组成的统一的修己程序，在其后期学生子游和子夏手中被分裂了，他们各执一端，相互攻讦：

> 子游曰：“子夏之门人小子，当洒扫、应对、进退，则可矣。抑末也，本之则无，如之何？”子夏闻之曰：“噫，言游过矣。君子之道，孰先传焉？孰后倦焉？譬诸草木，区以别矣。君子之道，焉可诬也？有始有卒者，其惟圣人乎？”（《子张》）①

子游颇具狂者胸次，轻视下学功夫；而笃信谨守、被孔子批评为“不及”（《先进》）的子夏，虽然知道修己有秩，但把上达看作是圣人之事。游、夏对下学而上达的割裂，是儒学的分化——孟、荀的分化以及陆王和程朱的分化的思想根源之一。

五、知行在修己中的作用

孔子以求仁为核心的修己之道，实质上是一个把客观的礼乐原则转化为“为我之物”的过程。在这一转化过程中，知和行都是不可缺少的。“不知礼，无以立也。”（《尧曰》）如果一个人不知礼，也就不知道何者当为，何者不当为，自然也谈不上循礼而行，所以他说：“盖有不知而作之者，我无是也。”（《述而》）这里孔子已明确地认识到在修己过程中知对行的指导作用。

但是孔子也意识到“知礼”并不等于把礼的原则化作“为我之物”，正如一个

① 朱熹对此章的注释似赞许子夏的观点。本文未采用朱说。

人知道什么是善，不等于他就已经是善人一样。因此知虽然有助于得，是得的必要前提，但知不等于得，“知礼”也不等于“得仁”“获仁”。在这一认识基础上，孔子对“知之”“好之”“乐之”的关系进行了分别：“知之者不如好之者，好之者不如乐之者。”（《雍也》）朱熹释此章时引程颐语云：“知之者，在彼，而我知之也。好之者，虽笃，而未能有之。至于乐之，则为己之所有。”（《朱子语类》卷三二）由此可见，“知礼”虽是修己必不可少的前提，但这时礼的原则仍然“在彼”，尚未“为己之所有”。因此修己不能停留在“知”的阶段上，要想把“在彼”即客观的礼乐原则化为“为己之所有”，即主体之仁，必须依赖于“行”，故孔子说：“若圣与仁，则吾岂敢？抑为之不厌，诲人不倦，则可谓云尔已矣。”（《述而》）他以成仁作圣为自己人生目标，认为这一人生理想即实现于身体力行之中。因此他虽不敢以圣与仁自居，却以能身体力行、“为之不厌”而自慰，圣与仁正是在这“为之不厌”中实现的。就对修己的作用而言，孔子更重视行，认为行是将客观的礼乐原则转化为主体之仁的关键。

在孔子的思想中，言行关系不等于知行关系，但语言是思维的物质外壳，因此言行关系与知行关系又有着内在的联系。在一定意义上说，言行关系是知行关系的反映。从重视行在修己中的作用出发，孔子认为，“刚毅木讷近仁”（《子路》），而“巧言令色，鲜矣仁”（《学而》）。“言语”是孔门四科之一，然而孔子为强调身体力行在修己求仁中的关键性作用，宁可其学生“讷于言而敏于行”（《里仁》）。

孔子在以求仁为核心的修己之道中，把按礼的规定进行实际践履提到了能否获仁的决定性地位，这一思想是深刻的，它揭示了社会道德规范向主体的道德理性和道德观念转化只有通过道德实践才能实现，为道德修养和道德教育指出了正确的方向。

孔子的修己之道与孔子所提倡的孝悌等具体道德不同。修己之道是一种突破了规范文化的关于道德理性和道德观念形成的途径、方法、程序的道德修养方法论，是一种道德哲学。在人类历史上，孔子首先系统地阐述了道德修养核心是求仁，修己时应文质兼修，修己是自律和他律的结合，修己的程序是下学上达，修己时要知行并重。把道德修养阐述得如此完整，在欧洲是很晚才达到的。对于孔子的修己之道应给予充分评价。孔子提倡的具体道德，今天我们应予以扬弃，比如孝，其内涵中所包括的“无违”“三年无改于父之道”等成分必须加以抛弃，但是孔子所阐述的修己之道，具有永恒的价值。

（载于 1992 年第 2 期）

孔子与《易经》

——马王堆帛书《易》之经传中新发现

程石泉

一、马王堆帛书《易》文之内容及其抄写之年代

1972年在长沙马王堆发现大批抄写于素帛上之古代经典，及后代失传之古哲遗言。就《周易》部分言，帛书《易》文具有全部六十四卦之卦辞、爻辞①，另有与今本《易经》大同小异之《系辞传》，其中包含部分今之《说卦传》，但并无《彖传》、《象传》、《文言传》、《序卦传》、《说卦传》及《杂卦传》。换言之，自汉以来世传孔子作"十翼"，此"十翼"除《系辞传》外，帛书中并不存在。帛书抄写时期可能在汉文帝时代，早于昭帝时代之司马迁及东汉和帝时代之班固。

马王堆帛书《易》文中除《系辞传》外，并无其他"十翼"之文，但帛书中具有后世不传之佚文三篇：

《二三子问》两篇，记孔子答弟子有关《易》筮问题，计2500余字，因原文未公之于世，故其详不得而知。

《要》，原有篇题，共计1640字。据称今本《系辞传》中自"子曰：危者安其位者也"以下281字收在《要》之中。又，《要》中有孔子答子贡问《易》之言辞，其意义重大。《论语》中记子贡以未闻夫子之言性与天道为憾，于此一佚文中赫然见子贡与孔子有关《易》之问答！岂以《论语》之结集较早，不及将此项问答收入其中？② 又就佚文而论，不仅证实孔子之晚而好《易》以致"居则在席，行则在橐"，且说明孔子好《易》之理由，及孔子"因神道而设教"之

① 《马王堆帛书六十四卦释文》，《文物》1984年第3期。于豪亮：《帛书周易》，《文物》1984年第3期。

② 吕绍纲：《周易阐微》，吉林大学出版社1990年版，第289页。

理念。

《缪和、昭力》，合计6000字，其内容为某《易》学经师答弟子们之问。发问者除缪和及昭力外，尚有吕昌、吴孟、张射、李平诸人。据李学勤之考证，此一经师可能为《周易》第三代传承者江东馯臂子弓，因缪和与昭力皆江东楚人也。又据史书所载，在晋太康二年（281）有人盗魏安釐王墓，发现《易经》二篇、《易繇》二篇、《公孙段》二篇、《公孙段与邵陟论易》等篇，皆乃后世所发现古人论《易》之佚文。可惜这些佚文虽曾复出，但又失传。于公孙段及邵陟何时代之人亦无由稽考。今此帛书中缪和、昭力等人与公孙段、邵陟岂同为秦汉时人耶？盖《易》之为书具有卜筮之用，不在秦始皇焚书之列也。

又上举帛书之《易》，作为殡葬物入棺时，依各方考据，应在汉文帝时，约当公元前186年。又帛书抄写时期或在利苍封侯之年，应在公元前193年。据《史记》载：贾谊曾于汉文帝时为长沙王太傅。当文帝六年（前173）因鸮鸟入舍，贾谊作《鹏鸟赋》云："异物来集兮，私怪其故。发书占之兮，策言其度。"（《史记·屈原贾生列传》）据张守节《史记正义》解释道："发其策数之书，以占其度验。"是则贾谊所发之书乃《周易》，所得之策数不外乎六、七、八、九之阴阳老少四营之组合也。窃疑利苍轪侯所抄之《易》辞、《易》传或得自太傅携自京师之《周易》版本，为时应在公元前180年前后。较诸今存之东汉熹平年间所刻《周易》石经之残文，尤为古老①，是故弥足珍贵。

张政烺及于豪亮等对于马王堆帛书《易》文之兴趣，似乎偏重于抉发帛书《易》文之形体异于今之《易经》通行本者。其中确有极少数意义重大，足以校正今本之误，但大多数之异体文字无关宏旨。② 张政烺以帛书中《易》之六十四卦之秩序与今之《周易》通行本不同，因之怀疑帛书之六十四卦与先天八卦（认为来自伏羲）及后天八卦（认为来自文王）有关。且直认帛书六十四卦之排列：乾、否、遁、履、讼、同人、无妄等为一特异之排列，既不同于《周易》之以乾、坤为首，亦不同于《归藏》之以坤为首，又不同于《连山》之以艮为首，于是比附之以宋《易》"图书之学"③，是乃错乱时序，实属牵强附会。

于、张等人且无视帛书《易》之佚文：《二三子问》、《要》及《缪和、昭力》三篇。兹据《周易阐微》之作者吕绍纲教授指称，有韩仲民及李学勤曾于《孔子

① 范邦瑾：《熹平石经的尺寸及刻字行数补证》，《文物》1988年第1期。

② 于豪亮：《帛书周易》，《文物》1984年第3期。

③ 张政烺：《帛书六十四卦跋》、《文物》1984年第3期。

研究》及《中原文物》中发表论文①，对上举之帛书《易》文有所论述。兹据吕绍纲教授于其中所征引之该佚文之内容观之，意义重大，足以清除二千余年来世人对于孔子与《易》传之关系之重重疑云。

二、孔子作“十翼”问题

所谓“十翼”者：《彖传》上下、《象传》上下、《系辞传》上下、《文言传》、《说卦传》、《序卦传》、《杂卦传》是也。但为何《彖》《象》《系辞》各传有上下之分，而其余则否？又《文言传》只见于乾坤两卦，而不见于其他之六十二卦？又《说卦传》中所举之一百四十余象，其中大多数并不见于六十四卦之卦爻辞中，且卦爻辞中所举之象，往往不见于《说卦传》中，或者与《说卦传》所举之某卦是某象不相符。如《说卦传》中称震为龙，但乾卦六爻皆言龙。又如《说卦传》中言乾为马，但坤卦只言“利牝马之贞”。又《说卦传》中言坤为牛，但乾、坤两卦皆不言牛，唯大畜卦、革卦、旅卦言牛。又《象传》既见于每卦卦辞之后，又见于每爻爻辞之后。前者谓之为《大象》，后者谓之为《小象》。但《小象传》无内容，只是重复爻辞之所言而已。《象传》言辞之俗陋，较诸《彖传》及《系辞传》中智慧高明之言，诚不可以道里计也。

否定孔子曾作《易》之“十翼”，钱穆曾举十项理由②，其中最不足取者莫过于引据《春秋左传》与《周易·文言传》中所释元、亨、利、贞四辞，以判定《左传》在前，《文言》在后，进而否定《文言》为孔子之言，实则此说原是宋人欧阳修于《易童子问》中所故弄玄虚：

> 童子曰：“敢问四德？”曰：“此鲁穆姜之所道也。初穆姜之筮也，遇艮之随，而为元、亨、利、贞说也。在襄公九年。后十有三年而孔子始生，又数十年而始赞《易》。然则四德非乾之德，《文言》不为孔子之言矣。”（《易童子问》卷一）

《春秋左传》作者左丘明之生卒年月尚难稽考，唯此《春秋左传》断自鲁哀公二十七年，而孔子殁于哀公十六年，是故左丘明殁在孔子之后。又孔子赞左氏明有谓：

> 巧言令色皃（今本误作“足”字，“皃”，貌也）恭，左丘明耻之，丘亦

---

① 韩仲民：《帛书系辞传浅说》，《孔子研究》1988 年第 4 期。李学勤：《从帛书易传看孔子与易》，《中原文化》1989 年第 3 期。

② 钱穆：《论十翼非孔子作》，《古史辨》第 3 期。

耻之。匿怨而友其人，左丘明耻之，丘亦耻之。（《论语·公冶长》）

再则左丘明于《春秋左传》中于鲁昭公、定公及哀公之间，多引据孔子之言，称之为“仲尼曰”。凡此皆足以证明孔子与左丘明乃同时代人。

左丘明于追述襄公九年穆姜薨于东宫之经过，曾引据流行于当时筮史间有关乾卦卦辞元、亨、利、贞四德之诠释。另有左氏同时代之孔子引据有关元、亨、利、贞四德之言辞，以解释《周易》乾卦卦辞，试问有何不可？正如钱穆引据此一公案以说明孔子未作“十翼”，与胡适之之引据此同一公案以证同一之事理，纵然胡适之早死而钱穆晚逝，实无害于同一说辞出现于不同之时会、不同之场所也。

欧阳修认为孔子生于鲁襄公二十二年，不得引据发生于鲁襄公九年筮史诠释元、亨、利、贞之言辞，因此推断《文言传》非孔子之作。实则《文言传》是否为孔子之作，与孔子生于鲁襄公二十二年能否论述发生于鲁襄公九年之历史事故，原是两个问题，不应牵扯以致混淆视听。《文言传》非孔子所作但有孔子之言，可做定论，因该传中于“乾文言”有六次引孔子言，冠以“子曰”。其余行文，包括“坤文言”，杂乱无章，显然为后儒集结前贤之言所成，且不必成于一人之手，或成于某一特定之时代。至于孔子之生也晚，而穆姜之事发生在前，但何以孔子不得于定公或哀公时讨论发生于襄公时代之事？吾辈言谈中之事十之八九为追溯过去。孔子言“述而不作”，所述者前贤往哲之言行也。左丘明乃历史家，所言者乃历史中之事故也。

欧阳修毕生从事词章之学，偶作考据，竟然如此愚昧。其过不仅于“读书不求甚解”，且遇事匆促结论，以致贻误后人。民初之钱玄同、顾颉刚、胡适之、李镜池同蹈欧阳修错误之覆辙。

持孔子不作“十翼”之论者，除宋之欧阳修及晚近学人钱穆、顾颉刚、钱玄同、李镜池诸氏所提之论证外，冯友兰又举证谓孔子于《论语》中对宇宙及人生所持之见解，与其在《彖传》《象传》《系辞传》中所持者“极端相反”。冯氏进而谓孔子于《论语》中所表达者乃“义理之天”，而于《彖》《象》《系辞》各传中所表达者乃“自然主义的哲学”，因《论语》内容为孔子言行最为可靠之记录，是故《易》之《彖》《象》《系辞》各传必非孔子之作。① 冯友兰之见不仅肤泛，且出诸虚构。

夫孔子于《论语》中所论者多为日常生活中所应实践之道德伦理，而孔子于《易》传中尤其于《系辞传》《文言传》中所言者为创化生生、新新不停之宇宙，

① 冯友兰：《孔子在中国历史中之地位》，《燕京学报》1927 年第 2 期。

及积健自强、开物成务之人生。此两者之间并无如冯氏所言“相互矛盾”之外，且有互相辅成之利。盖以孔子“有教无类”，故门弟子中势必品类不齐。故孔子不为形上高深之论，务求实践可行之道。在《论语》中子贡虽有“夫子之言性与天道，不可得而闻”之憾，但于马王堆帛书《易》文中，孔子与子贡有关《易》之问答之辞几无不涉及天道。①

究实，孔子虽未必作“十翼”，但《系辞传》《文言传》中多引孔子之言矣。孔子于《系辞传》中列举六十四卦之爻辞，赋以新诠释，后儒收集之而冠以“子曰”，想非向壁虚造。又孔子于乾卦《文言传》中对于乾之卦辞及爻辞亦有新诠释。但以古代经典无引号，对于孔子被征引之文句，往往只知其始，未知其终，使后世读者对于《系辞》《文言》两传徒增困惑。又以集结者既非一人，且代有增加，于是使读者于该传有丛脞、叠架之感。

稽诸史乘，司马迁只言“孔子《序》《彖》《系》《象》《说卦》《文言》”（《史记·孔子世家》），班固则称“孔子为《彖》《象》《系辞》《文言》《序卦》之属十篇”（《汉书·儒林传》）。“十翼”之名始见于《易》纬《乾凿度》。而《易》纬之作当在秦汉之际。就“十翼”之内容而论皆为古代之遗籍，筮史所必备之书，有助于提供其所占断之线索。迄至汉武帝时，董仲舒等献策：“罢黜百家，独尊儒术。”于“尊经”“尊孔”号召下，《易》成为六经之首；孔子成为解经之权威，《易》之“十翼”，其作者亦归诸孔子，盖出诸此种愚昧心态也。

但稽诸《系辞传》谓：“知者观其彖辞，则思过半矣。”又谓：“八卦以象告，爻彖以情言。”是则先乎《系辞传》，《彖传》《象传》已经存在。换言之，于孔子晚年获《易》时，已有《彖》《象》两传。

考诸《春秋左传》所载二十余筮例，筮史解说卦爻辞义及所下占断，每每求诸《易》象，其所据者往往不见于今之《说卦传》。今之《说卦传》列举各象系于乾坤等八纯卦之下，因时代之变迁及实际之需要，必代有增加，且有重复凌乱之弊。如“兑为羊”“兑为口”“艮为狗”“艮为手”“巽为长女”“离为中女”“兑为少女”皆于一书中重复出现，是为其不成于一人之手，不成于一时代之明证。至于总《说卦传》中一百四十余象，大都不见于今之卦爻辞中。且《周易》所取之象，又往往不见于《说卦传》，诚足以使人质疑今之《说卦传》可能非《周易》之《说卦传》，或为《连山易》或为《归藏易》或为某一流传民间之《易》之《说卦传》。

至于《序卦传》及《杂卦传》，其功用在助筮史记忆（或背诵）《周易》六十

---

① 参见吕绍纲：《周易阐微》，吉林大学出版社1990年版，第288～290页。

四卦之秩序及每一卦之特征，乃备查之参考资料而已，其中并无微言大义。

三、《易》中“子曰”问题

以目前《易》通行本而论，“子曰”为行文更端之语句。凡六见于《文言传》，二十一见于《系辞传》，疑占学派疑此“子曰”之子未必为孔子。夫“子”字乃对男子之美称，可为孔子之前辈者如微子、箕子，可为孔子之同辈者如管子、晏子，但皆与孔子不同道。其近乎孔子之志业，且其著作留传至今者，只有老子一人而已。

老子道家祖，有五千言行于世。其主旨在“绝圣弃智、绝仁弃义、绝巧弃利”。以柔弱、守辱为退婴之手段，而以不失赤子之心，致婴儿为目的，应去健羡而黜聪明。“俗人昭昭，我独昏昏。俗人察察，我独闷闷。”故道家主执术应变，安时顺处，而归结于“不敢为天下先”，以为立身处世之原则。

反观《易》之《系辞》《文言》各传中孔子之所言，不外乎刚健自强，进德修业，履和蹈中，正位居体，畅于四肢，发为事业。而所谓“事业”者，言以“成性存仁”之道，“措诸天下之民”。且得趣时通变，务在“使民不倦”。此项鉴照天德以参与人文创化之精神与老子之“抱朴”“守雌”“昏昏”“闷闷”及庄子之“万物齐一”“逍遥世外”成一强烈之对比。

儒、道之分歧由来久矣！与孔子同时之楚狂接舆、长沮、桀溺、荷蓧丈人等道家者流（但孔子尊之为“隐者”）每每讥讽孔子，谓其“五谷不分，四体不勤”，谓其“何德之衰?”至乎庄子则呼孔子“奔走道路，如丧家之犬”（《庄子·养生主》）。但孔子不因此辈道家之讥讽而改其操，故答之曰：

> 鸟兽不可与同群。吾非斯人之徒与而谁与？天下有道，丘不与易也。（《论语·微子》）

孔子意指人不能与鸟兽同群，既居世间当以人为同侪。不幸同侪中道家者流，只见“滔滔者天下皆是”，而质疑于“谁以易之?”于是孔子应之曰：“天下有道，丘不与易也。”反之，如天下无道，则人人有责，易此尤道！孔子在世时已知“道之不行”，但寄其感慨曰：“居以求其志，行以达其道，吾闻其语，未见其人也。”（《论语·季氏》）孔子之所以作此责难者，盖以道家者流每每高尚其志，但又托诸空言。孔子则体认社会秩序、道德伦常不可废也。于是曾告诫长沮、桀溺、楚狂接舆之辈，曰：

> 不仕无义！长幼之节不可废也。君臣之义如之何其废之？欲洁其身，而乱

大伦。君子之仕也，行其义也。（《论语·微子》）

由以上所举儒、道之别，可谓昭然若揭。是故《易》之《系辞》及《文言》传所引“子曰”之言，绝非出自老子或其他道家者流，且非孔子莫属焉。

四、孔子对于《易》辞之新诠释

《周易》卦爻辞原为三千余年前中国卜筮之记录，时当殷周改朝换代之际，作者何人无明文可稽，但与文王囚于羑里有关。此一文件经三千余年中国历史文化之激荡，于中国人哲学思辨中产生酵母作用。尤其是经过孔子诠释之后，《易》辞与《易》传成为中国儒家阐明“天人之际”及观察“古今之变”之思想源泉。

不幸民初以来，国人蒙受西方科学思想之冲激，迷信西方民俗或考古学，斥责卜筮乃初民无知之迷信行为。视《易》为“断烂朝报”，不值一顾。殊不知《易》之卦、爻辞乃古之遗言，多含实践智慧。《易》传虽成之较晚，如《彖》《象》《系辞》《文言》各传虽非成于一个时代、一人之手，但其中多有阐发儒家形上之理者。

兹据吕绍纲于其大作《周易阐微》引帛书《易》文中《要》篇，有谓：

> 夫子老而好《易》，居则在席，行则在橐，有古之遗言焉。予非安其用，而乐其辞。后世之士疑丘者或以《易》乎！

又有谓：

> ［子贡问：］“夫子亦信其筮乎？”［子曰：］“我观其德义耳。吾与史巫同途而殊归。”

上举之言意义重大。

作者曾经推断“孔子晚年而喜《易》”，或在其七十岁左右。距其逝世之年不过三五年而已。今帛书《易》文《要》中言：“夫子老而好《易》，居则在席，行则在橐。”正与司马迁所言“孔子晚而喜《易》，韦编三绝”相密合。但孔子晚年而喜《易》，究不足以解释《论语》中殊少论《易》及子贡之怨怼“夫子之言性与天道，不可得而闻之”之故。帛书《易》文《要》中所言“后世之士疑丘者或以《易》乎”，恐系《论语》中少记孔子论《易》之辞之真实原因之一。

又《论语》成书或在孔子殁后百年之中，约在公元前350年前后，参考孟子于书中所涉及曾子门弟子事及征引孔子之言①，《论语》之结集或出诸曾子门弟子之

① 孟子于其书每引孔子之言，称之为“传曰”，以其尚无《论语》之名称，又孟子多言曾子及曾子弟子们，如乐正子春之事。

手。而曾子门弟子如孔伋子思、乐正子春等人，崇“孝”为人伦之本，少涉形上之理，殊鲜如《易·文言传》中之所言“大人”之胸襟。故不尚《易》道，不收孔子论《易》之言。但孔子论《易》言辞，可能经商瞿及其门弟子结集流传后世。此言辞见于帛书约在公元前200年，当汉文帝时代，今则发现于湖南长沙古墓之中。故帛书《易》文之价值应不居于《论语》之下，其可信度亦不应低于《论语》。

又孔子教学不仅重视古之遗言且以之为教材，并力主学生能“举一反三”以推广其知识。故孔子曰：“不愤不启，不悱不发。举一隅不以三隅反，则不复也。”（《论语·述而》）孔子诠释《易》卦爻辞，亦本乎此项“举一反三”之类推法，除乾坤两卦每卦六爻之爻辞，孔子于《文言传》中一一加以诠释外，于《系辞传》中列举大过初六、谦九三、解六三、噬嗑初九、噬嗑上九、同人九五、节初九、中孚九三、解上六、困六三、否九五、鼎九四、复初九、豫六二、益上九、损六三各爻爻辞加以连释。如诠释解卦六三爻辞“负且乘，致寇至”，孔子有谓：

> 负也者，小人之事也。乘也者，君于之器也。小人而乘君子之器，盗思夺之矣。上慢下暴，盗思伐之矣。慢藏诲盗，冶容诲淫。《易》曰：“负且乘，致寇至。”盗之招也。

孔子之君子、小人之辨，非从“社会阶级”着眼，而就其人品、人格加以论断也。负贩谋取蝇头之利以营生，而君子志在善世利人，以义为利。人各有志，不害其“社会地位”也。但若负贩之徒乘马而行，以自炫其所负之财货，则将惹来盗劫之灾：以其所为在炫耀其财富而已。由此类推：凡收藏财货漫不经心者，正所以邀来盗贼。凡妇女衣着容貌过分冶艳者，必招来轻薄。此孔子于解卦之六三爻辞中所抉发之“德义”也。“德义”者，道德含义也。至于“慢藏诲盗，冶容诲淫”，乃孔子推而知之之普遍法则，用以决定当行或不当行之事者也。

又孔子于噬嗑初九“履校灭趾，无咎”，推论之曰：

> 小人不耻不仁，不畏不义，不见利不劝。不威不惩，小惩而大诫，此小人之福也。《易》曰：“履校灭趾，无咎。”此之谓也。

按“履”字应作“屦”。“屦”有“维系”之义，乃古代系于足踝之刑具，所以限制受刑人之行走也。历代注《易》者皆崇信孔子之言，以足械为刑之轻者，是为小惩，借以告诫不仁、不义、唯利是图之辈，不可积恶以蒙重刑。

孔子再征引噬嗑卦上九爻辞“何校灭耳，凶”，绎之曰：

> 善不积不足以成名，恶不积不足以灭身。小人以小善为无益而弗为也，以小恶为无伤而弗去也。故恶积而不可掩，罪大而不可解。《易》曰：“何校灭

耳，凶。”

“何”者，“荷”也。此“校”指加于受刑人项上之木枷也。大枷厚重有“灭耳”之厄，是乃重刑也。重刑之来，由于小过不改，以致积过成罪，或者由于小恶不去，以致积恶成凶，终至于身陷囹圄，是乃凶之至者矣。“小过不改”“小恶不去”，以致蒙受大惩大诫，乃一普遍法则，吾人应时加警惕。

孔子释《易》之辞，不着眼于爻之或阴或阳、爻所取之象、爻在卦中所居之爻位，乃至由本卦求得之卦之爻变，再参酌本卦或之卦之爻辞以为占断之所本。孔子一味寻求爻辞所含之道德意义，其目的：于内，则希望人人能朝乾夕惕，有过则改；于外，则知机趋时，务在开物成务，发为事业。此与见于《春秋左传》及《国语》中所载二十余筮例中筮史之诠释爻辞，大异其趣。又孔子对于噬磕初九及上九两爻爻辞之诠释，无不就个例以推知普遍的行为规范，是为“举一反三”，使门弟子得自省、自觉、自善、自新者也。

又孔子引中孚之九二爻辞：“鸣鹤在阴，其子和之。我有好爵，与尔靡之。”予以推论曰：

> 君子居其室，出其言善，则千里之外应之，况其迩者乎？居其室，出其言不善，则千里之外违之，况其迩者乎？言出乎身，加乎民。行发乎迩，见乎远。言行，君子之枢机。枢机之发，荣辱之主也。言行，君子所以动天地也，可不慎乎？

中孚九二爻辞取象于鸟类以声音唱和，表达情愫，譬诸好友之间之杯酒联欢也。孔子以其意义深远，推而论及君王与庶民之间所能发生之关系。为君者其言行足以影响全国之人；如赋税、劳役、战争无不有关民之休戚，故不得不慎。孔子推论之所及，似乎可以从心所欲，但其推论必得诉诸情理，方足使读者赞同之而无憾。

再如孔子于鼎卦九四爻辞做如下评论：

> 德薄而位尊，知小而谋大，力小而任重，鲜以及矣。《易》曰：“鼎折足，覆公餗，其形渥，凶。”言不胜其任也。

鼎九四爻辞之取象，显示鼎足之折，不仅损毁公家资源，且制造污染，极不雅观。孔子阐发爻辞含义，在警告“德薄而位尊，知小而谋大，力小而任重”者，切勿不自量力，招致身败名裂也。

又如孔子引否卦九五爻辞“其亡其亡，系于苞桑”，借以申论谓：

> 危者安其位者也，亡者保其存者也，乱者有其治者也。是故君子安而不忘危，存而不忘亡，治而不忘乱，是以身安而国家可保也。

苞桑乃初发苞之桑树嫩芽也，以其嫩弱不堪承受任何物体悬挂其上。如冒险系物其上，必落地自毁，是乃自取丧亡也。防危杜亡之道，莫如未雨绸缪。因此孔子甚赞其心目中理想之圣人，谓："知进退存亡得丧，而不失其正者，其唯圣人乎！""知进退存亡得丧，而不失其正"，即言能防患于未然也。

于节之初九、同人之九五、大过之初六、谦之九二、困之六二、解之上六、复之初九、豫之六二、益之上九及损之六二，孔子无不就其道德含义加以诠释。又孔子不作文字训诂，如后世经学家之陷于咬文嚼字之失；亦不作历史考据，如今之考据学家之陷于浪费笔墨之失。孔子之诠释学，植根于其对于正常人道之坚强信念，旨在阐发实践智慧，使人人能改过迁善，以抵于圣。孔子此项"自强不息、积极有为"之人生观，实得自其观察宇宙创化所建立之"天地之大德曰生，而生生之谓易"之宇宙观。本乎此，孔子得以建立"礼乐之教，化成天下"之文化理想。孔子不得意于鲁，去鲁而奔走于道路者十三载，志在推行其文化理想也。

五、孔子之"神道设教"观

见于前引帛书《易》文《要》篇中，孔子于"卜筮之用"谓："吾与史巫同途而殊归"，其意盖以史巫重在《易》之占断，孔子则重在《易》辞所含之德义。但孔子并不排拒将卜筮之用纳入"神道设教"范畴之中。夏商周皆曾利用龟蓍作为行政决策之一助。卜筮之用出于"决嫌疑，定犹与"（《礼记·曲礼上》），其目的在当事人于"胸有成竹"之后，诉诸龟蓍，质诸鬼神，以求心安而已。于此孔子虽不信之，但亦不加排斥。

关于鬼神之德，孔子曾赞之曰：

> 鬼神之德其盛矣乎！视之而弗见，听之而弗闻，体物而不遗。使天下之人齐明盛服，以承祭祀，洋洋乎如在其上，如在其左右。（《礼记·中庸》）

但孔子不信祭祀鬼神。曾于樊迟问"知"时，告之曰：

> 务民之义，敬鬼神而远之，可谓知矣。（《论语·雍也》）

又于宰我之问鬼神，孔子告之曰：

> 气也者神之盛也，魄也者鬼之盛也。合鬼与神，教之至也……因物之精，制为之极。明令鬼神，以为黔首，则百众以畏，万民以服。（《礼记·祭义》）

所谓"合鬼与神，教之至也""百众以畏，万民以服"，即《易》观卦《彖传》所谓："下观而化也。观天之神道而四时不忒，圣人以神道设教，而天下服矣。"孔子体认"君子反古复古，不忘其所由生"，故敬重鬼神。但其影响所及，则使"百众以畏，万民以服"。其效果则足以维持秩序，安定人心。此之所谓"神道设教"。

非谓鬼神有超越乎常人以上之品德或能力，足以祸福人生，故恭而敬之以免其作祟。祭祀鬼神实以达到“慎终追远”，使“民德归厚”为目的也。孔子又于《礼记·表记》中作以下之解释：

牲牷、礼乐、齐盛，是以无害乎鬼神，无怨乎百姓。

所谓“无害乎鬼神”，即言“敬鬼神而远之”。所谓“无怨乎百姓”，即言不禁止庶民敬事其祖宗，以表达其孝思。否则不然，易招民怨矣。至于是否有鬼神、鬼神之形状如何种种问题，孔子向不过问。孔子所关切者：祭祀鬼神是否足以培养众人具有礼、义、忠、信、诚悫之心而已。

总之，姑无论其为责诸鬼神而无疑之卜筮之用，或者祭祀鬼神以表达孝思之典礼，无不借以促进道德人伦之实践。此乃“神道设教”真正意义之所在，亦为人所以为人价值之所在。

（载于 2002 年第 5 期）

经典链接

子夏曰：“博学而笃志，切问而近思，仁在其中矣。”

——《论语·子张》

曾子曰：“士不可以不弘毅，任重而道远。仁以为己任，不亦重乎？死而后已，不亦远乎？”

——《论语·泰伯》

有子曰：“其为人也孝弟，而好犯上者，鲜矣；不好犯上，而好作乱者，未之有也。君子务本，本立而道生。孝弟也者，其为仁之本与！”

——《论语·学而》

《论语》结集脞说

朱维铮

《论语》是唯一可信的孔子史料吗

倘说研究孔子和他的思想，《论语》提供的材料比较可靠，那是可以同意的。

然而，倘说要谈孔子其人其学，《论语》是唯一可信可据的材料，此外诸书都不足征，那就成问题了。

问题就出在关于《论语》真实性的估计。所谓真实性，当然指材料的可靠程度而言。难道对《论语》的可靠性还有疑问吗？正是如此。《论语》的结集时间有疑问，篇目多少有疑问，传本来历有疑问，文字真伪也有疑问。种种疑问，早经前代《论语》学者相继提出，不同意见的争辩也相当激烈。在历史的事实还没有完全从矛盾的陈述中间清理出来以前，怎么好说《论语》就是关于孔子及其思想的唯一可靠的史料呢？

不幸，这样的估计在孔子研究中如此普遍，以致人们常常忘记前代学者曾经提出过那么多的疑问。别的不说，新中国成立以来，关于讨论孔子和他的思想的文字，见诸报刊的，迄今不下八百篇。撇去“十年动乱”期间所谓“批儒评法”的渣滓，可作为研究史资料留存的，大约有四五百篇。那中间的见解，色彩各异，精当与否，姑且不论，但如说引据的材料，多半没有超出今本《论语》一书，也许不会被斥作无稽之谈。

今本《论语》，据阮元校勘的《十三经注疏》本统计，白文不过一万二千七百字，只比五千言的《老子》多一倍有余。即使其中所记“子曰”全部可信，拿它作为唯一的依据而对孔子或扬之上天或按之入地，已够令人惊异了，何况还有前面说的种种疑问呢。

于是，从经学史的角度，再来清理一下今本《论语》的结集过程，或许是必要的，起码对于我们使用这一材料时应持科学态度是必要的。

谁是《论语》原始结集的主持者

《论语》不是孔子的著作。这个否定性论点，对于历代《论语》学者来说，都是不言而喻的事实。因而，它从来没有像《老子》《庄子》那样，发生过“版权”是否属于孔子的争讼。

但关于《论语》的“版权”争讼仍然存在。较早提到它的作者的，是公元前1世纪的西汉著名经学家兼文献学家刘向。他的《别录》，以为《论语》“皆孔子弟子记诸善言也”。虽然孔子一生有弟子三千，高足也有七十二，刘向并没有确指记录者是谁，但他的意思是清楚的，即认定此书是孔子学生当时的听讲笔记，记下的都是好话。

可是，与刘向同时的另一著名经学家匡衡，以为此书不仅记言，而且记行：“及《论语》《孝经》，圣人言行之要，宜究其意。”（《汉书·匡衡传》）

不过，匡衡并没有对《论语》作者提出异议。提出异议或确议的，是两汉之际谶书的佚名作者。那时在社会上流传着假托孔子预言的谶书中间，有一部叫做《论语崇爵谶》，今存仅一条，恰好说到《论语》的作者：“子夏六十四人，共撰仲尼微言，以事素王。”① 子夏是孔子晚年的著名门徒，在孔子死时年方二十八岁，在孔子死后与子游、子张、曾参等各立门户，互相攻讦。但汉朝以来的学者多以为他是孔门大部分经书的传授者。因此，《论语崇爵谶》的佚名作者说子夏是《论语》结集的为首人物，也许不无根据。但此说如可信，则结集时间当在孔子死后，因而实际上否定了刘向的判断。

《七略》的作者刘歆则采取调和的姿态：“《论语》者，孔子应答弟子时人及弟子相与言而接闻于夫子之语也。当时弟子各有所记；夫子既卒，门人相与辑而论撰，故谓之《论语》。”这里，他既维护乃父刘向的说法，又否定匡衡的记行说，还肯定书是孔子死后编辑的，不是颇有摇摆之嫌么？但此说有两点新意，一是说书中还有孔子回答“时人”的话，二是说书中还有孔子弟子互相议论的记录，这些议论的性质属于接续从先生那里听来的话。也就是说，不属于“接闻于夫子之语”的范围，在书中便不收录。应该说，作为对书的描述，刘歆此说是相当全面的，尽管他回避了确指哪些门人是论撰者。因此，近百年后班固在《汉书·艺文志》里袭用

① 《文选·刘子骏移让太常博士》李善注引。据《玉函山房辑佚书·论语谶》卷八马国翰注，谓六十四人或作六十人。

此说，表明它为人们所接受。

但刘歆的说法比较含糊，倘引用不小心，便启疑窦。东汉后期赵岐的《孟子题辞》就有这纰漏。他说："七十子之畴，会集夫子所言，以为《论语》。"人们知道，孔子的著名弟子，如颜回、子路、宰予等，都比孔子早死，又如冉伯牛、原宪等，或病或隐，怎能在孔子死后参与《论语》结集呢？

于是，刘歆说的"门人"，到底指谁和谁，就必然要提出讨论。与赵岐同时的郑玄，便确指《论语》的撰集者是仲弓、子游、子夏等。[①] 根据呢？也许有，也许没有。因为郑玄的《论语序》早佚，即使博学的清代考据家也不知这话出于郑玄何书。但后人信之不疑，包括郑玄的论敌王肃在内。清代的《论语》注释家刘宝楠的一段话，很能反映这样盲从郑玄者的逻辑："要之《论语》之作，不出一人，故语多重见。而编辑成书，则由仲弓、子游、子夏首为商定，故传《论语》者能知三子之名。郑君习闻其说，故于序标明之也。"（《论语正义》附录《郑玄论语序逸文》刘宝楠注）没见过郑玄原序，也举不出任何证据，却能将过程说得头头是道，这不是用想象以济考据之穷的明证吗？

对于郑说当然有怀疑，但已是郑玄去世后六百年的事。现存的首出怀疑论，是生活在 8 世纪、9 世纪交替时期的柳宗元的《论语辩》。他以为，《论语》不是孔子弟子所记，而是孔子的再传弟子、曾参的弟子乐正子春、子思之徒所作。他的理由极简单，曾参比孔子小四十六岁，在孔子弟子中间最年轻，但《论语》记载了曾参老死的情形，那时"孔子弟子略无存者矣"，"且是书载弟子必以字，独曾子、有子不然。由是言之，弟子之号之也"（《论语辩上》，《柳河东集》卷四）。后一推论已被刘宝楠驳倒，指出《论语》中孔子弟子称"子"的，还有闵子骞、冉伯牛和冉求三人。[②] 然而程颐、朱熹似乎没有见到这样的事实，他们把柳宗元的推测再往前推，断言这部书"成于有子、曾子之门人，故二子独以子称"（朱熹《论语序说》引程子曰）。据说，程颐、朱熹属于归纳派哲学家。归纳法强调由特殊到一般，倾向于无征不信。程朱在这里恰好是对证据视而不见，有征不信。可见讲逻辑不等于守信仰，当逻辑不利于信仰时，无论怎样标榜归纳逻辑，也必定要抹煞证据，强迫客观历史迁就主观需要。

---

① 唐陆德明《论语音义》引郑玄说，又，陆德明《经典释文·叙录》引郑玄说，则谓"仲弓、子夏等所撰定"，没有子游。两处引文都没有说是引自郑玄《论语序》。至清代陈鳣《论语古训》、宋翔凤辑《论语郑氏注》，始以为这是《论语序》之文。

② 《论语正义》附录《郑玄论语序逸文》刘宝楠注。

程朱自然还另有所图。朱熹竭力表彰“四书”，宣扬《大学》为“初学入德之门”。而引人入门的作者，据他们说就是曾参。宋以后，曾参的地位被理学家越抬越高，由贤人而圣人，在孔庙里变成仅次于“复圣”颜渊的“宗圣”。这与程朱强调《论语》出于曾参弟子之手，岂无密切联系吗？

经学家也好，理学家也好，谁都没有提供《论语》结集时间和作者的确凿证明。既然如此，《论语》能否成为关于孔子的第一手材料，岂非存在莫大疑问？

原始结集本的“失踪”

《论语》的原始结集过程不明白，《论语》的今本结集过程更不明白。

在没有造纸术和印刷术的时代，书籍流传全靠口授手抄，通常写在竹简木牍上，豪华本便是帛书。“学富五车”算是对大学者读书极多的颂赞，其实装满五辆牛车的简册，充其量字数不过一二百万，移印成今天的排印本，至多十册，只够装满一个小手提包。那时代人们得书读书的困难，于此可以想见。

秦汉之际持续三十年的“挟书”禁令，中间又经过长达十余年的动乱岁月，直接后果便是西汉前期的严重书荒。当公元前 191 年“挟书律”终于由西汉政府明令废除以后，渴求了解古文化的热情也表现为访求古书的风气大开。上自皇帝贵族，下至布衣寒士，愈来愈多的人染上了“古书热”。随之出现的是一个手抄本盛行的时代，旧藏的，新写的，从老博士脑海里冒出来的，在旧屋子夹壁内拆出来的，辗转借抄的，重金访购的，尚具原书旧貌的，仅存残篇断简的，用今体字移录的，用古体字书写的，传授可考的，来历不明的，出处可疑的，窜改伪造的，杂然纷呈。

《论语》就属于那个时代出现的来历不明的一类。

它的原始结集本，假如按照两汉学者相信的孔门弟子共撰说，那么无论结集于孔子的生前或死后，都不会迟于公元前 5 世纪中叶；假如按照唐宋学者怀疑的孔门再传弟子辑录说，那么也不会晚于公元前 5 世纪后期，因为他们所指的一个主要编者子思，约在公元前 431 年也死了。

古怪的是，自那以后到公元前 2 世纪中后期，即西汉景、武之际，至少有两个半世纪之久，这部原始结集本在文献中一直不见踪影。可能是曾参三传弟子的孟轲，可能是仲弓直系传人的荀况，都以孔门正宗自居，时时称引孔子的言行，也时时称引《诗》《书》《春秋》诸经，但都没有直接称引过《论语》，好像这部书对他们来说并不存在。[1] 战国其他子书也是如此。

怎么解释《论语》原始结集本“失踪”之谜呢?

可能的谜底，也许应从孔门各派的宗派对立中间去寻找。那就是孔子死后，他的门徒很快分裂成八个或更多个宗派，其中一两个宗派首领组织了这部孔子对话录的结集。如韩非所说，战国时代孔门各派都自称继承了真正的孔子学说。怀着如此强烈的宗派情绪，一派或两派辑集的“真孔子”遗说，绝对得不到其他各派的承认，这是不言而喻的。假定这一推断符合事实，那么孟轲、荀况不谈《论语》，并不意味着它不存在，相反却提供了否定性的证据，说明它的结集出于曾参门徒的说法是错误的，出于仲弓与子夏共同主持的说法也站不住脚——自然还要以假定关于孟、荀师承系统的考证可信为前提。合理的倒是《论语谶》保留的传说，即它由子夏主持结集。

如果谜底真是如此，那么西汉景、武之际，《论语》渐成显学，也可得到合乎逻辑的解释。经历了秦朝焚书坑儒的严重打击，儒学内部的宗派对立情绪削弱了，而叔孙通“知时变”在新王朝取得的成功，促使各个宗派都共同趋向于争当帝师王佐。但西汉政权转向崇尚黄老治术，又使儒学的这一努力受到挫折。于是司马迁描述的“世之学老子者则绌儒学，儒学亦绌老子”（《史记·老子韩非列传》）的情形，自然成为儒学各宗派的注意焦点。景、武之际，正是双方冲突达到白炽程度的时候。[2] 特别抬出孔子与老子对抗，便成为儒学各宗派的共同需要。因此，除“六经”以外，以记录孔子言论为主的这部《论语》，获得准经典的地位，即由宗派秘籍升格为教主遗训，被各派同尊，迅速广为流传。

当然，谜底也可能相反，那就是所谓原始结集一事本属乌有，在先秦流传的只是零章散篇。今本《论语》诸章的宾主称谓很不一致，似可作为这一推断的依据。对于孔子，多数章通例称“子”，但有几章却与氏连称“孔子”，令人有理由怀疑它们原非孔子门徒的记录。对于门徒的称谓更不一致，称字不氏的居多，如子路、子贡之类；但有的氏字连称，如颜渊、冉有、樊迟等；有的则氏而不字，如有子、曾子；还有的或直接称名，如原宪在“宪问耻”章仅称宪，或名氏兼举，如宰予；

---

① 清代汪中的《荀卿子通论》，曾考证荀况之学实出于子夏、仲弓。他的一个理由，便是根据郑玄说《论语》为子夏、仲弓合撰，而《荀子》一书，“始于《劝学》，终于《尧问》，篇次实仿《论语》”。如此则荀况曾熟读《论语》。但今本《论语》篇次本有问题，荀况未曾称引《论语》更是事实。汪中拿今本与《荀子》做形式上的比照，不足为据。

② 关于西汉这场冲突的实际历史过程，与前人的描述并不一致。请参看拙著《经学史：儒术独尊的转折过程》，《上海图书馆建馆三十周年纪念论文集》，上海图书馆 1983 年版，第 291 ~305 页。

另外还有称谓随章不同，如冉有，时而称冉求（名氏兼举），时而称冉子（氏而不名），闵子骞（字氏连称）或称闵子，宰予或称宰我，原宪或称原思，等等。这类称谓的混乱，令人更有理由怀疑多数篇章本各独立，出于不同时间不同身份的记叙者的口授或笔录。清代刘宝楠早已怀疑今本《宪问》篇即原宪所记，理由就是首章“宪不称氏”（见刘宝楠《论语正义》“宪问耻”章疏）。其实，倘若从称谓角度进行分章研究，怀疑称谓方式相同的各章本属撰人相同的作品，似更合理。例如称字不氏的诸章，大概原是门徒本人的各自记录，这由孔子答子张问行而“子张书诸绅”① 可得佐证。字氏连称诸章，大概多半出于同门的侧记或追叙，因为这类称谓用于颜回、冉求身上最多。他们都是孔门中的上座弟子，与孔子的对话，或者孔子对他们的评论，无不吸引同门的注意与揣摩，而颜回早死，冉求从政，未必留下问学笔记或回忆。于是关于他们的言行见诸记录，必加姓以示与记叙者区别，便可说是合理的推断。至于称氏而不字，如曾子、有子之类，柳宗元推测都是他们的门弟子的记录，是可取的，但他以为全部《论语》都出于曾门弟子之手，则未免以偏概全，并不可取。别的称谓也可同样做出合理解释，兹不赘述。

假如谜底真的可做如此相反的解释，那么当然也会推导出与前说相反的结论，那就是《论语》的结集，时间可能晚得多，不是在公元前 5 世纪，而是在公元前 2 世纪的西汉景、武之际。怎么见得？因为这时出现了上面说的特殊需要，所以把原属零章散篇的孔子对话录加以搜集，删重除复，补缀分篇，集成一书，如后来刘向、刘歆新编《战国策》《山海经》等所做的工作那样。但由于主其事者已自觉有尊孔黜老的特殊需要，因此自讳新编，而托名于孔门文学科之最的游、夏之徒②，在逻辑上也可通。

然而，在逻辑上可通，在历史上未必如此，例证多得很。因而，以上两种相反的推断，虽然都不乏足够的理由，却都缺乏第一手的史料做证，至今仍属假设。大胆假设，小心求证，不是我们的研究方法。历史属于过去。过去种种，都已是既成事实，绝不会因为逻辑上尚有各种可能而改变。我们的研究只能追求逻辑与历史的统一，不能为了逻辑而不顾历史，道理就在这里。正因如此，在我看来，从逻辑上说，后一种推断更合理，但除今本《论语》称谓或文体差异而外，迄今没有更多证据。前一种推断同样合乎逻辑，却难以解释今本《论语》编撰形式存在矛盾的事

---

① 《论语·卫灵公》“子张问行”章。据刘宝楠《正义》引清人诸说，以为此事在子张从孔子厄于陈、蔡之间时。当时未有书版，故记于衣带上。可以反证孔子门徒有笔记师说的习惯。

② 关于仲弓被列为原始结集的主持者之一，同样可从孔子说“雍也可使南面”等说得到解释。但作者不想过多进行推测，故从略。

实。然而它的原始结集出于孔门弟子或再传弟子的说法，不仅为汉以来学者所公认，还有文献记录的支持。相传汉武帝初在鲁国孔子旧宅中发现过壁藏的《古论语》，西晋时盗墓者发掘战国魏安釐王墓所得大批竹书中又有古本《论语》，就是文献提供的两则例证。尽管孔壁、汲冢两种抄本早已亡佚，却不能因此否定它们的历史存在。所以，我们仍然只能两存其说，承认目前还没办法从历史上解开《论语》原始结集本之谜。

西汉的三种传抄本

《论语》在西汉时便有两种传抄本，即刘向《别录》说的“鲁人所学，谓之《鲁论》”“齐人所学，谓之《齐论》”。

两种传抄本的旧貌，现在都已不可见。[①] 据文献记载，可知两种都属于今文，即用汉朝通行的隶书抄写，但也有人以为用篆文抄写，是在今文经学家中间流传的两种古抄本，不过也是没有证据的一种推测。除均属今文这一点相同外，两种版本的差异主要有两点：第一是篇数不同，刘向说《鲁论语》共二十篇，刘歆补充说《齐论语》多了二篇，有二十二篇，班固又补充说多的两篇名为《问王》《知道》。[②] 第二是章句不同，何晏说两种版本都有的二十篇中，《齐论》“章句颇多于《鲁论》”（何晏《论语集解叙》）。

我以为两种抄本的出现和传播，都在西汉景、武之际。在这以前，西汉人的著作中间，还没有见到直接引自两种《论语》的。现存最早引用的例证，见于董仲舒《春秋繁露》，而董仲舒在景帝时任博士。他赖以起家的经典是公羊学派传授的《春秋》，而公羊学派属于今文齐学，因此他据以引证的版本当为《齐论》。司马迁著《史记》，虽然没有直接提到《论语》其书，可是《孔子世家》《仲尼弟子列传》引用的孔子与门徒时人的对话，大部分都见于《论语》。因此，要说它的传世结集本始见于公元前2世纪中后期，大概离事实不远。

在司马迁的时代，还出现了《论语》的第三种版本，即刘向《别录》所说

① 自宋至清，不断有学者尝试区别今本《论语》所集原本旧貌。他们都以为《鲁论》是今本所据，因而致力于辨析何为《齐论》，何为《古论》。清马国翰据以辑出《古论语》《齐论语》各一卷，见《玉函山房辑佚书》。

② 刘向说见皇侃《论语义疏叙》引《别录》，刘歆说见《七略》，班固说见《汉书·艺文志·六艺略》之《论语》类“齐二十二篇”目下自注。宋末王应麟《汉艺文志考证》以为“问王”疑即“问玉”之误。

“孔壁所得，谓之《古论》”（皇侃《论语义疏叙》引）。

孔壁指曲阜的孔子旧宅的屋壁。汉景帝的一个儿子刘余被封为鲁王，谥号为恭，史称鲁恭王。这个“好治宫室苑囿狗马”的纨绔藩王，大概在汉武帝初期，要扩建自己的王宫，于是下令拆除与王宫毗邻的孔子旧宅，作为新宫殿基址（事见《汉书·艺文志·六艺略》之《尚书》类叙录，《汉书·景十三王传·鲁恭王传》）。到底拆除没有？拆掉多少？史有异说。但至少拆毁了几堵墙壁，因为他发现了壁中夹藏的一批古文经传，也就是用秦朝文字改革以前的古文字抄写的儒学著作。在这批孔壁古文里，据说就有一部《论语》。它古到什么程度，已不可考。相传壁中的那批书，是后来抱着孔子礼器投奔农民起义军的孔子八世孙孔鲋所藏，则它的抄写年代当在秦朝以前。不过这部《古论》的真实性，如同所谓孔壁古文的《尚书》、《春秋》、《孝经》和《逸礼》一样，自清代以来总不断有学者表示怀疑，甚至斥之为西汉末古文经学家的伪造。在这类怀疑没有消除以前，侈谈《古论》成书年代便没有意义。

《古论》的旧貌，现在同样不可见。两汉之际学者提到它的篇数，都说是二十一篇。别的篇目都与《鲁论》相同，但多出的一篇，则据说是将《尧曰》篇一分为二，即“子张问于孔子曰何如斯可以从政矣”以下为另一篇，唯篇名有异说，何晏据班固说也名《子张》，如淳则说名为《从政》。① 就是说，《古论》篇数实际同于《鲁论》，而异于《齐论》。然而别的差异就大了。据东汉初桓谭《新论》说，这个古文抄本与今文二抄本比较，“文异者四百余字”。三国魏何晏《论语集解叙》又说，“篇次不与齐鲁《论》同”。南朝梁皇侃《论语义疏叙》更具体说，“《古论》篇次，以《乡党》为第二篇，《雍也》为第三篇，内倒错不可具说”。他们都把《鲁论》的编纂形式当作衡量别的版本是非的尺度，正确与否可置而不论，但据此可证，从公元前1世纪起，《论语》的确有一种古文传抄本在流传，而且从编次到文字都与两种今文抄本互有歧异。②

公元前2世纪至公元前1世纪间，《论语》有三种不同版本并存——可能还不止三种，当时尚有清代学者所称《逸论语》存在。③ 单是这一事实，便足以说明那

---

① 《汉书·艺文志·六艺略》：“《论语》古二十篇，出孔子壁中。”自注：“两《子张》。”三国魏何晏据此以为由《尧曰》分出的一篇名《子张》。但同时代的如淳则以为名《从政》，见《汉书·艺文志》颜师古注引如淳曰。

② 清马国翰《玉函山房辑佚书》收有《古论语》辑本一卷，可参看。

③ 东汉许慎《说文》引《论语》，有今本所无者，清代段玉裁注称之为《逸论语》。东汉初王充曾指责时人说《论语》，却不知《论语》本有多少篇。据他说西汉除《古论》二十一篇外，还有“齐、鲁、河间九篇”，共三十篇。“今称《论语》二十篇，又失齐、鲁、河间九篇。”见《论衡·正说》。

时还没有统一的结集本。在孔子去世已有三百年之后，人们所记载的“子曰”，不仅文字有出入，而且文意或相悖，却找不到一种或几种真实性难以怀疑的原始结集本同它们比勘对照，怎能判定它们保存的孔子遗说的可信程度呢？在这种情形下，即使出现统一的结集本，也只可能是在三种版本里选择一种作为底本，参照别本同异加以校勘补缀，所谓“择善而从”。然而，“善”本来就属于观念，不同时代的人们对于“善”的看法不可能毫无二致。出于孔子之口的“善言”，他的某个门徒却以为“不善”，这在孔子与冉求、宰予、子路等人的对话里可窥见消息，更何况三百多年后人们所择孔子的“善言”，也许恰是孔子所说的“恶言”呢？没有原始结集本可以对照，仅据同时出现的三种传抄本“择善而从”，则从的必定是统一结集本编者主观认定的“善言”，绝非已成客观历史的孔子本意的“善言”，不是很好理解么？

张禹和《张侯论》

然而，以主观意向裁定传本是非的统一结集本终究出现了。它就是西汉后期张禹编定的《张侯论》。

张禹年轻时兼学《易》和《论语》，先后在著名的今文齐学大师门下受业①，都以明习见称，很快便自立门户，收徒传经。西汉宣帝末被经学家们推荐入朝面试，虽未得官，却赢得奉诏主考的太子首席教师萧望之的佳评，说是“经学精习，有师法，可试事”，由此名声大著。元帝即位后，便由见习博士跃居新立太子的《论语》教师，时间约在公元前45年前后。这个太子就是后来的汉成帝，当时只有七岁左右，读《论语》时必定问题极多，首先遇到的困难当然是文字、章节、句读问题，而宫廷规矩又不许可这位小学生随时向老师问疑，于是老师便专门为他编了一部便于自学的简明教材。

“初，禹为师，以上难数对己问经，为《论语章句》献之。始，鲁扶卿及夏侯胜、王阳、萧望之、韦玄成，皆说《论语》，篇第或异。禹先事王阳，后从庸生，采获所安，最后出而尊贵。诸儒为之语曰：‘欲为《论》，念张文。’由是学者多从张氏，余家浸微。”（《汉书·张禹传》）

---

① 张禹祖籍河内轵县（今河南济源东南），父时移家左冯翊莲勺（今陕西蒲城南），少年时从卖卜者游，没有家学。但成年后至长安投入梁丘贺门下学《易》，又由梁丘贺转荐给施雠为弟子，这两人都是今文齐学系统的《易》学大师。他又从琅邪王阳、胶东庸生学《论语》，这两人也是今文齐学系统的《论语》学大师，王阳尤著名。

张禹向以“持禄固位”著称，还有谀臣之名，不是什么在学术上敢于标新立异的人物。由上引他的传记可知，他的本意仅在于为年幼的太子编写一部自学课本。但既然编写课本，便不能不受教科书编写通例制约。愈初级的课本，愈要求内容简明、确定，不许可异说纷陈，这是古今通例。然而传世诸本，歧文既多，异义更杂。这就迫使张禹必须有所选择，而且从篇第到文字只能择一而从，所谓“采获所安”。这部课本，后来竟成为权威版本，成为代替三家本的统一结集本，当然非他始料所及。

张禹学习《论语》的老师王阳、庸生，都是《齐论》学者。然而他的改编本没有《齐论》特有的《问王》《知道》二篇，就是说与《鲁论》相同。这事引起后来学者惊异，纷纷探究张禹改编本删去二篇的原因。班固依刘歆说，首先将张禹说成西汉《鲁论》最后一位大师①，而不悟与他在张禹传记中所说张禹师承齐学一事相矛盾。何晏看来发现了这一矛盾，改变说法：“安昌侯张禹本受《鲁论》，兼讲齐说，善者从之，号曰《张侯论》，为世所贵。”（何晏《论语集解叙》）然而他也举不出张禹“本受《鲁论》”究竟从谁人那里所受。何晏上距班固已有一个半世纪。又过了四百年，唐初的陆德明才提供张禹从学《鲁论》的老师姓名，即夏侯建②，但他没有说明材料出处，而他说张禹“又从庸生、王吉受《齐论》”③，也与《汉书》本传说“先事王阳，后从庸生”的记载不同。这就很难使人相信他并非出于臆测。另外，唐初魏征等所撰《隋书·经籍志》、元初马端临的《文献通考·经籍考》对此都有解释，但都属于缺乏根据的猜测，这里不再列举。

其实，张禹本受《齐论》是真，他的改编本删去《齐论》特有二篇也是真。删去的原因，只要略知张禹为人，再略究受教于他的太子的父亲所学，便很清楚。他的学生是汉元帝之子，汉元帝当然很关心皇储的教育，甚至注意到皇储行路所表现的经学修养（参见《汉书·成帝纪》）。而汉元帝做太子时学习的，恰是《鲁论》。④ 张禹并不傻，他虽然早有重师法的荣名，但倘见师法可能与王法冲突，便会背师谀君。因此，单是为了避免汉元帝可能起疑心，以为他想教太子与皇帝立

---

① 《汉书·艺文志·六艺略》之《论语》类叙录：“传《鲁论语》者，常山都尉龚奋，长信少府夏侯胜，丞相韦贤、鲁扶卿，前将军萧望之，安昌侯张禹，皆名家。张氏最后出而行于世。”

② 见《经典释文·叙录》。按，陆德明谓夏侯建曾为张禹师，不见于今存汉人记录。此说当无据。

③ 王吉，据《汉书·艺文志》颜师古注，即王阳。

④ 汉元帝为太子时，从萧望之受《论语》。望之师承夏侯胜，均为《鲁论》名家。见《汉书·萧望之传》。

异，就足以使他将《鲁论》所无二篇弃置于太子课本之外。

张禹本的篇数，由此也可得到解释。《汉书·艺文志》列有“鲁安昌侯说二十一篇”，说者都以为指张禹的《论语章句》①，似无疑问。“鲁”字当指《鲁论》，本二十篇，但这里说张禹的解说有二十一篇，难道《鲁论》有别本么？没有文献可征，使历代学者很伤脑筋，或疑其中“一”是衍字，删去便可通，或疑“二十一篇”是经、说合计，应指经二十篇，说一篇，增一“经”字便可通②，但都找不到证据。他们疑来疑去，唯独不疑毛病可能出在那个“鲁”字上。前已指出，《艺文志》说张禹传《鲁论》，与《张禹传》所记其师承不合，必有一错，而错的只能是志。这里“安昌侯说”是指《鲁论》解说，与叙录错误一致，而篇数并不错。怎么见得？《艺文志》在此目前，还列有“鲁夏侯说二十一篇”，当指夏侯胜的《论语说》。这位夏侯先生喜说灾异，学杂齐、鲁，他的《论语》学师承不详。但他是鲁人，曾向倪宽的门人问学，而倪宽则是《古论》传人孔安国的弟子。夏侯胜传《鲁论》，但所解说的篇数从《古论》，以见“所问非一师”③，这样解释似乎也勉强可通。《论语说》就是夏侯胜奉汉宣帝诏为太子即汉元帝编写的两套课本之一，稿成后曾得黄金百斤的重酬。④ 张禹为汉元帝的太子编写新课本，援用夏侯胜的先例，将篇数也依《古论》定为二十一，更不奇怪。

但张禹并没有因此而受到汉元帝的特殊赏识，做了几年太子教师，便被外放至东平国任内史，终元帝世没有被召回。他的改编本当然也不会为世所重。公元前33年，汉元帝驾崩，汉成帝即位。张禹时来运转，人以书贵，书以人贵。他被年轻皇帝征召返朝，身份立即变成“天子师”，而且由于授成帝《尚书》的首席教师郑宽中不久病逝⑤，使他成为皇帝的唯一师傅，备受困于母舅控制的成帝敬重，不断加官晋爵，几年间便位至丞相，封安昌侯。他早先编写的《论语章句》，也被成帝在诏书中一再引用⑥，身价陡增，号称《张侯论》。

---

① 参看宋王应麟《汉艺文志考证》、清姚振宗《汉书艺文志条理》所引诸说。

② 参看《论语正义》后附《论语序》疏引诸说。又，清翟灏《四书考异》谓古人释经，经与传说俱各篇两行，故经二十篇，而传说之篇或十九或二十一。但考古发现的秦汉简牍均未见此例，未知翟说何据。

③ 关于夏侯胜的经学传授与特点，参看《汉书·夏侯胜传》及《汉书·儒林传》。

④ 夏侯胜晚年任太子太傅，奉汉宣帝诏撰《尚书说》《论语说》。萧望之从夏侯胜受《论语》，继胜任太子太傅，即以夏侯说授汉元帝。参看《汉书》二人本传。

⑤ 郑宽中在汉元帝初先以博士授太子《尚书》，并推荐张禹授《论语》。成帝即位后，待他比张禹更尊重，张禹只是在他死后才继任执政。郑宽中传见《汉书·儒林传》。

⑥ 成帝引经，首为《尚书》，次即《论语》，其本当然得自师授。参看《汉书·成帝纪》。

西汉的经今古文学之争，经今文学内齐鲁二学之争，自有深刻的社会政治涵义，但在表现形式上则是各种版本的文字的经传争立学官，而能否立于学官，最终要看皇帝是否批准。因此，汉成帝在诏书中屡引《尚书》《论语》，也就是把他熟读的郑宽中、张禹的解说本当作权威定本引用，不仅在无形中承认了他们所据文本的合法性，更分明把他们的解说提高到凌驾于各种官方经说之上的地位，使其具有不容置疑的经典性。而张禹尽管品格低下，虚伪、贪婪、势利、奢淫，是腐败官僚的典型，却被皇帝称颂为“以道德为师”（《汉书·张禹传》），拜相封侯，位极人臣。这当然令那些追逐明经术以取青紫的经生们倾倒，把他赖以起家的新本教科书视为谋宦秘诀，所谓“欲为《论》，念张文”。

就这样，一个政治庸人，一部普通课本，居然成为《论语》结集史上的重要路标。当然，事情本身带有很大的机遇性，然而因果关系本来就是机遇性的总和。讨论这一问题，不是本文的任务，应当另作别论。

《张侯论》无疑有历史意义。它合并齐、鲁两种传本，求同去异，还可能采取了《古论》的分篇，从篇第到文字都重新厘定，从而结束了各持不同传本进行徒劳争论的历史，使《论语》学者可以在统一结集本的基础上从事研究和讨论。在以经学作为统治思想的理论形式的汉代，它对于确立统治思想的历史进程，无疑起了促进作用。

问题在于，作为孔子对话录的统一结集本的《张侯论》，对于孔子研究来说，究竟有多大的科学意义？衡量这一点，只有一个标准，就是它保存的材料的可信程度。

由于《张侯论》又经东汉学者进行过二度乃至三度改编，已失其真，并非如近人常说的那样就是今本《论语》，因此我们也难以就书论书，对它的材料价值进行判断。但有一点可以断言，即价值是可疑的。如前所说，没有比西汉传世诸本更原始的古本作为改编的依据，不是张禹的过错，然而仅在几部近代抄本的基础上进行改编，犹如不凭出土实物而单凭模糊杂乱的后代文献来复原古代文物一样，即使怀着求真的渴望，也很难达到逼真的效果。何况张禹并没有这样的渴望。他的心术不正，使他在改编时唯看皇帝眼色，唯求调和诸本，唯从主观出发决定是非取舍。他的方法因而很主观，对于差别颇大的各种传本，不是求同存异，而是存同去异，或者改异为同。这固然是西汉今文经学家的通病，但在他所谓“采获所安”的掩护下更加发展。因此，他的改编本只可能比所据各本更失真。特别是由于这个版本借助于政治进程的干预而取代了传世诸本，后人仅见他改定的“同”，不知他删削的“异”，因此要想通过考异认同，追究孔子对话录的旧貌，不是更难么？

可见，就结集史来说，《张侯论》出而三家《论》微，也幸也不幸。封建思想家或许以为大幸，孔子研究者则只能视为不幸，因为它虽然有历史意义，却未必有科学意义，单想作为史料便靠不大住，何况其余呢?

郑玄和《论语》今本定型

假如同意把今本《论语》等同于《张侯论》的话，那么关于此书结集本的公案，本来可以就此了结。可惜还不能，还要经过两个世纪，今本才基本定型。

何晏的《论语集解叙》，实际是两汉时期的《论语》结集史。大约作于242年左右的这篇序文，考史不精，毛病不少，但结论值得注意："前世传受师说，虽有异同，不为训解。中间为之训解，至于今多矣，所见不同，互有得失。今集诸家之善，记其姓名，有不安者，颇为改易，名曰《论语集解》。"

由于何晏是三国时魏人，因此后代学者解释此叙，多以为"前世"指西汉，"中间"指东汉，"今"指曹魏，但又据《汉书·艺文志》记载西汉有齐、鲁诸"说"，批评何晏忽略西汉就有训解。这一批评不符原意，何晏所谓前世，实际指三家传本并存时期，而把《张侯论》看作"中间"起点，这从序文说到张禹才指出有"说"可证。[①] 因而，他所谓中间，也不是以朝代区分，而是指由西汉后期的张禹到东汉末期的郑玄和曹魏初期的王肃、周生烈等，即以"训解"作为分期基准。

这个"训解"时期，据我的考察，正是《论语》结集本由开始统一到基本定型的过程。详说起来，必须涉及那三百年经学史的各个侧面，非本文篇幅所及。单就《论语》结集史来说，可以简单陈述如下。

自从《张侯论》书以人贵，取得权威性的经典版本地位以后，便有专门疏释其说的著作，即何晏所谓《张侯论》"为世所贵，包氏、周氏章句出焉"。张禹原作又称为"安昌侯说"，本来就是他所作《论语》解释的意思。如今他的解释又有分析其章节句读的再解释，可见已取得"传"的地位。包咸是两汉之际人，东汉光武帝曾任命他为太子即汉明帝的《论语》教师，地位恰如前代的张禹，而他即用《张侯论》做课本，并为它做章句[②]，可见《张侯论》在问世不到百年间，已经被统治者当作《论语》定本。

---

① "安昌侯张禹本受《鲁论》，兼讲齐说，善者从之，号曰《张侯论》。"见《论语集解叙》。

② 包咸在西汉末曾入太学受业，师事博士右师组君，习《鲁诗》《论语》。建武中入授太子《论语》，并为其章句。见《后汉书·儒林传》。按，据何晏说，他所习即《张侯论》。

然而还有异说，佚名的周氏大约与包咸同时或略后，据何晏说也为《张侯论》做过章句，据陆德明说还曾与包咸章句同列学官（《经典释文·叙录》）。清代考据学家用尽力气，也没有考出他是何许人。他们如此注意周氏，是因为陆德明《经典释文·叙录》紧接上说，还有这样一则记录："郑校周之本，以齐、古读正，凡五十事。"郑即东汉末的郑玄，他的校本，被多数汉学家看作今本《论语》的真正定本。而这个定本，据说还有个原型，就是"周之本"，怎不令人力求了解其人其书呢？

尽管他们没有结果①，却使我们得知，在东汉初期或中期，《张侯论》便由姓周的某博士做过二度改编，这次改编用《鲁论》做参照本，大概凡《张侯论》不合《鲁论》之处，多依后者校正。这部改编本，在东汉必定很有影响，否则郑玄不会拿它作为重校的底本。因此，倘说这部改编本是所谓"训解"时期出现的第二个统一结集本，也许并非无根之谈。

在东汉，虽然《张侯论》已被统治者当作定本，但西汉三家《论》还没有绝种。周氏用《鲁论》校改张禹本是一例，马融为《古论》作训说又是一例②，而数郑玄提供的例证最显著。

生活在2世纪的郑玄，无疑是那个时代最博学的人物。他先习今文，后习古文，涉猎东汉所有的各门学问，三十岁左右拜号称当世通儒的马融为师，用三年时间默识那时最高水准的学术奥秘，最后在仅有的一次师生接触中，用一串质疑难住了年逾八十的老师，作为对马融缺乏知人之明的报复，问毕就告辞还乡。③这使他声名大振，刚过四十便成为著名经学大师，尽管僻居山东海隅，门徒常有数百上千人，家中婢女都熟读《诗经》，留下颇为浪漫的故事。东汉末的党锢事件，使郑玄莫名其妙地被宦官列入禁止做官的黑名单，但反而为他提供了潜心著述的机会，十余年间遍注群经，并与同时代最出名的今文经学大师何休论战而难倒对方，先后著

---

① 清代学者或疑周氏无其人，实为三国时周生烈之误记。此说已由惠栋《后汉书补注》、马国翰《论语周氏章句》辑本序辨正，可参看。

② 马融著有《论语训》。据何晏《论语集解叙》，此书是为《古论》孔安国传做解释。但据皇侃《论语义疏》说，则此书乃为《鲁论》训说。今存孔传是伪作，因而清代以来有些作者以为皇是而何非，并怀疑伪孔传是何晏假造。但皇说本无实据，何晏造伪孔传说也是推测。故仍取何晏说。

③ 郑玄由卢植介绍，投入马融门下。当时马融门生四百余人，除少数人外，都由高业弟子辗转传授。郑玄也被列入等闲之辈，在马门三年未见师面。后马融与入室弟子讨论谶纬，遇到数学难题，听说郑玄善算，召见。郑玄当众向马融质疑经义，问毕即辞归。马融大为难堪，自我解嘲说："郑生今去，吾道东矣！"见《后汉书·郑玄传》。

书百余万言，其中就有关于《论语》的校释三四种。[①]

郑玄的经学，兼采今古文，而以古文为主；网罗两汉众家，而自成一家。他的特色在于集大成，他的系统在于破门户，因而号称“通学”。集大成的流弊是烦琐，破门户的流弊是诡异。三国以后，北方经学家墨守郑学，迹近烦琐哲学，南方经学家崇尚王学[②]，偏离两汉传统，正是郑玄通学矛盾风格走向两极的表现。唐初的经学统一运动，起初也是企图统一郑学两极化的倾向。由晚唐至南宋的经学更新运动[③]，在我看来正是郑学的否定。而清代汉学，说是恢复贾逵、马融、许慎、郑玄的东汉经学传统，在我看来也正是郑学的否定之否定。早在西晋，《春秋谷梁传》的注释家范宁便以为郑玄是孔子以后儒者的第一人[④]，这评价不算太过分。而郑学的特色，在郑玄的《论语》校释上表现得很明显。

《论语》郑注久佚。我们比清代学者幸运，他们花了极大力气由文献中辑佚，才略睹郑注旧貌；而敦煌石窟所出残卷，使我们可见郑注本色。

由文献文物的材料，可知郑玄解释《论语》，用的是本人校改本。这一校改本，来源有三说：一是何晏说，郑玄“就《鲁论》篇章，考之《齐》《古》为之注”（何晏《论语集解叙》）；但《鲁论》在西汉已有不同篇第的传本，这里没有指明何本。二是《隋书·经籍志》确指郑玄“以《张侯论》为本，参考《齐论》《古论》而为之注”；但前已指出，《张侯论》当是以《齐论》为主的混合本，这里等于说参考底本之底本而为之注，未免显得考古不精。三是前引陆德明说，以为郑玄所据的是“周之本”[⑤]；佚名周氏与郑玄时代相接，用近人二度改编本作为再改编的基础，同郑玄注释群经的风格合拍，而且陆德明还说“周之本”是用《鲁论》校《张侯论》，也与何晏说相通，因此比较合理。不过三说有一个共同点，就是都指出郑玄用《齐论》《古论》作为校改的参考本，因而都承认郑玄实际上是对传世的三家《论》重做改编，但又是在近人改编的基础上重做改编。如果说郑玄的校改本就是《论语》的新改订本[⑥]，那是不错的。

---

① 《隋书·经籍志》记有三种，《旧唐书·经籍志》又记一种。

② 王学即王肃的经学。王肃是郑学的反对者。经学史家多以为郑学与王学是两个系统，其实不然。王学也以古文经学为主，但反对郑学重训诂而轻义理，只能说是对郑学的革新，并非对郑学的否定。

③ 参见拙著《中国经学史研究五十年》，载拙编《周予同经学史论著选集》，上海人民出版社1983年版，第850～859页。

④ 参见《后汉书·郑玄传》后论引范宁说。

⑤ “周之本”，近人多据清朱彝尊《经义考》转引作“鲁论本”。这是朱彝尊妄改，本人不从。

⑥ 参看周予同：《群经概论》六《论语》，载《周予同经学史论著选集》，第271～272页。

作为研究孔子的材料，三家《论》的最大不同，不在篇章不同，而在文字差异。郑玄用《齐论》《古论》校改以《鲁论》为主的“周之本”，便由字异而导致义异。

比如说，孔子曾否学《易》，在孔子研究中是桩大公案。其实说是说非，依据的都是今本《述而》中的同一句话。这句话，郑玄从《古论》改作：“加我数年，五十以学《易》，可以无大过矣。”但其中的“易”字，《鲁论》读作“亦”，于是文义大变：“加我数年，五十以学，亦可以无大过矣。”① 如此一来，孔子同《易经》的关系连同司马迁以来关于孔子学《易》的全部肯定性论说，不就大有疑问了么？所以，即使最极端的古文经学反对者，比如康有为，对这个分明出自《古论》的“易”字也宁愿保持缄默，不说它出自刘歆所造的“伪经”或者王肃、何晏所造的“伪孔传”。然而，缄默不等于释疑，孔子未尝学《易》到底还有文献作为依据。②

同样的例子，还有今本《阳货》中孔子与子贡的一段著名对话：“子曰：‘予欲无言。’子贡曰：‘子如不言，则小子何述焉？’子曰：‘天何言哉！四时行焉，百物生焉。天何言哉！’”其中的“天”字，也是郑玄据《古论》校改，而《鲁论》本则作“夫”（《经典释文·论语音义》），也就是发语词。如此一来，孔子的话就毫无神秘性了。他想不说话，理由不是自比为用支配地道循环来显示神圣意志的“天”，而是强调身教重于言教，只消自己的行为合乎自然法则，便可收到教育效果。

一字之差，意思全变。类似例子已由清代学者考出的，在今本中还有二十多处。由于郑玄在东汉末学术界享有极大权威，是各派竞相罗致的对象，因此他的《论语》改编本也同他校释的其他经典一样，迅速代替各家旧本而成为通行本，也就是今本的直接来源。然而，郑玄虽然比张禹有学问得多，去古更远，不仅同样缺乏较可靠的原始结集本作为判断文字是非的依据，而且张禹所见三家《论》，又经两百年的辗转传抄、改编，也已非旧貌。用这样的传抄本进行改编，更是只能靠主观判断来裁定文字。所以，他的改编本留下的疑窦绝不会比《张侯论》少，反而可能更多。从前引二例看，能说郑玄是古非鲁的修改更符合孔子的本意么？

至于郑玄的《论语注》，以后逐渐被何晏主编的《论语集解》所排挤，终于失

---

① 《鲁论》佚文，见《经典释文·论语音义》。但无论作易或亦，连及上文“加我数年”，也不能说孔子晚年喜《易》或好学。清代龚元玠《十三经客难》，企图用改变句读来说通：“先儒句读未明，当‘五’一读、‘十’一读。言或五或十，以所加年言。”可备一说。

② 参看施畸：《孔子未尝学〈易〉考》，《学术月刊》1961 年第 8 期。

传。清代学者的辑本①，敦煌保存的残篇，引起海内外学者很大兴趣，已有许多研究成果，为解释今本《论语》提供了很好的参考。但我以为，就研究孔子来说，更需要的是通过郑注研究，努力弄清郑玄改编本保存的孔子材料的可信性，而不能限于弄清郑学。此点不属于本文范围，容作别论。

总之，到郑玄为止，《论语》的结集基本定型了。这个过程是漫长的，足有六百年。中间反复极多，在结集史上，空白和混乱交替出现，学派纠葛和政治干预相互作用，不少疑团有待澄清，更多问题需要索解。这里只是尝试对六百年结集史勾勒一个粗线条，但已可看出，结集的过程是材料真实性退化的过程，愈改编愈失真。正因如此，我们要想研究孔子和他的思想，便不能满足于利用今本《论语》，而只能由重新清理做起，第一步便是应对今本《论语》进行分解式的研究。在这一步工作没有完成以前，要把孔子研究向前推进，取得较显著的突破，那是很难的。质之方家，不知以为然否？

（载于 1986 年第 1 期）

经典链接

孔子曰："益者三友，损者三友。友直，友谅，友多闻，益矣。友便辟，友善柔，友便佞，损矣。"

——《论语·季氏》

孔子曰："益者三乐，损者三乐。乐节礼乐，乐道人之善，乐多贤友，益矣。乐骄乐，乐佚游，乐宴乐，损矣。"

——《论语·季氏》

① 《论语》郑注，清代王谟、宋翔凤、马国翰等都有辑佚本，以袁钧的《郑氏遗书》辑本较便参考。

人类文化知识遗产的继承和发展问题

匡亚明

生活在二千多年前封建社会的孔子，一心想着维护和巩固封建社会秩序，而且确曾为历代封建统治阶级利用来达到维护和巩固封建统治的目的，这样一位“过时”的历史人物，难道还有什么积极的东西可以用来为当前社会主义建设服务吗？如果有的话，理论上又有什么根据呢？我们对于这两个问题的答复都是肯定的。第一个问题放在后面谈，现在先来谈第二个问题。这个问题实际上就是一个人类文化知识遗产的继承和发展问题。

人类文化知识是在继承前人成果的基础上不断积累和发展的，而且是永无止境地连续地积累和发展下去的。即使在阶级社会中，这种继承也仍然在曲折地进行着。不过这种继承有很大的狭隘性，即凡是有利或至少是无害于统治阶级的才继承。孔子讲的“殷因于夏礼，所损益可知也；周因于殷礼，所损益可知也；其或继周者，虽百世可知也”（《论语·为政》），就是说的这种继承。“因”即继承。而这种继承虽是有所减“损”，有所增“益”，但必须有利或无害于维护和巩固统治阶级的统治地位为前提。虽然各个时代的统治阶级尤其是士大夫阶层中也不乏开明人士，他们不满苛政，同情民间疾苦，为民请命，但其前提仍是为了维护现存统治秩序，所以他们的言论著作仍容许流传下来，例如汉代的贾谊、王充，唐代的柳宗元，宋代的王安石、张载，清代的黄宗羲、戴震等，就是这样。① 另一方面，即使有时虽不超过这个界限，而在统治阶级短浅目光下主观地认为危害或威胁到它的地位时，那也就不容许了。秦始皇的“焚书坑儒”和历代各种不同形式的“文字狱”等，就是最好的证明。正如马克思所说：“任何一个时代的统治思想始终都不过是

① 请参考张岱年著《中国哲学发微》第 72 页的一段话。他说：“在封建时代，很少的思想家能够怀有推翻封建制度的念头；然而有许多思想家同情农民的苦难，他们反对统治集团对于人民的残暴行为……这类思想家在一定限度内是接近人民的。例如，汉代的王充，宋代的张载、陈亮，清代的王夫之、颜元、戴震，都是如此。”

统治阶级的思想。”① 所以在阶级社会中流传下来的文化知识，一般都是经过统治阶级筛选过，基本上是为统治阶级利益服务的。其中某些思想如“君权神授”等，是一定历史发展阶段的人类思想糟粕，但因其有利于维护和巩固封建统治阶级的统治地位，所以被当作宝贝继承下来。因而这种继承，只代表少数统治阶级的利益，是狭隘的片面的继承。只有在人类历史进程中产生了马克思主义，特别是中国在马克思主义政党即中国共产党领导下，取得了民主革命和社会主义革命的伟大胜利，事实上已经消灭了剥削阶级②，并正在把我国建设成为高度物质文明和精神文明的有中国特色的社会主义强国的时候，我们才有可能，才有条件，在人类首先在中国的文化知识领域内，反对为历代封建统治阶级偏见所局限的狭隘的片面的继承，对用马克思主义的立场、观点和方法加以批判和清理过的人类知识精华实行广泛性的继承。这里，重温列宁的有关言论，是很有必要的。列宁说：

马克思主义就是共产主义从全部人类知识中产生出来的典范。③

列宁又说：

马克思主义这一革命无产阶级的思想体系赢得了世界历史性的意义，是因为它并没有抛弃资产阶级时代最宝贵的成就，相反地却吸取和改造了两千多年来人类思想和文化发展中一切有价值的东西。④

只有用人类创造的全部知识财富来丰富自己的头脑，才能成为共产主义者。

要是知道自己懂得太少，那就要设法使自己懂得多一些，如果有一个人说自己是共产主义者，同时又认为自己根本不需要知道其他任何事物，那他就根本不能成为共产主义者。⑤

我所以较多地引用列宁上面的几段话，是因为这几段话向我们说明了以下三个十分重要的问题：

第一个问题是向我们说明了，马克思主义和共产主义是从全部人类知识总和中产生出来的，它不仅继承了（吸收和改造了）资产阶级时代最宝贵的成就，而且继承了（吸收和改造了）两千多年来人类思想和文化发展中一切有价值的东西。阶级社会中各个时代的统治阶级，对以往的文化知识只能吸收其中有利于自己只占少数

---

① 《马克思恩格斯选集》第 1 卷，第 270 页。

② 《关于建国以来党的若干历史问题的决议》中指出，在我国“剥削阶级作为阶级已经消灭”。

③ 《列宁选集》第 4 卷，第 347 页。

④ 《列宁选集》第 4 卷，第 362 页。

⑤ 《列宁选集》第 4 卷，第 348、349 页。

人的统治阶级的东西，其中特别包括一些糟粕的东西，因而也就只能是狭隘的继承。马克思主义、共产主义则是代表无产阶级利益，而无产阶级利益和全人类解放的利益是一致的，即使无产阶级在未取得胜利之前或虽已在国内取得胜利，但国内外阶级敌人仍在顽抗时，它不得不重视阶级斗争和无产阶级专政或人民民主专政的话，那也只是通向消灭阶级和全人类解放的必由之路，而不是最终目的①，因而它就能够大公（符合全人类解放的利益）无私（没有维护少数人特殊利益的必要），也就能够明智地广泛地继承各个时代的人类所创造的全部思想文化知识遗产中一切有用的精华。

第二个问题是向我们说明了，对一切已往思想文化知识的继承，都必须通过认真的探讨、批判和改造，才能达到“古为今用”的目的。广泛性的继承，就意味着全面的批判、扬弃和清理。原始公社解体后的已往社会是阶级社会，但阶级社会在整个人类发展的历史过程中只占有很短的一个时期。这一时期所创造的丰富的光辉灿烂的文化知识，有很多将在未来消灭了阶级的人类社会中保留和发扬光大，这就叫做历史的连续性。因此，对历史上遗留下来的思想文化知识，乱贴阶级标签不好，不进行认真的实事求是的批判、清理和改造，使自己的头脑塞满一堆无用的甚至有害的垃圾也不好。

第三个问题是向我们说明了，要想成为一个真正的共产主义者，光靠读一些共产主义教科书、小册子，即使读得烂熟也是不够的；还必须“用人类创造的全部知识财富来丰富自己的头脑”才行。孔子思想就是“人类创造的全部知识财富”中的一个重要组成部分。因此，认为对包括孔子在内的人类知识财富学习得越少越好的人，按列宁的话说，是不能成为共产主义者的。

以上是一般地从理论上说明人类文化知识遗产的继承问题。现在再回头来谈第一个问题，即孔子思想中有哪些消极的东西必须批判，必须与之“决裂”；有哪些积极的东西应该批判继承，应该用来为当前社会主义建设服务的问题。

孔子思想是两千多年来中国历代封建王朝统治阶级的思想支柱。孔子本人则是封建社会秩序的忠实维护者。但同时他又是一位好学、博学的伟大思想家。② 在他所处的历史条件下，他能做到比同时代人看得更高更远些。他认为要维护封建社会

---

① 《共产党宣言》对此问题曾做如下说明：“如果说无产阶级在反对资产阶级的斗争中一定要联合为阶级，如果说它通过革命使自己成为统治阶级，并以统治阶级的资格用暴力消灭旧的生产关系，那么它在消灭这种生产关系的同时，也就消灭了阶级对立和阶级本身的存在条件，从而消灭了它自己这个阶级的统治。”（《马克思恩格斯选集》第1卷，第273页）

② 颜渊称颂孔子思想为“仰之弥高，钻之弥坚”的高深广博的大道（《论语·子罕》）。

秩序，固然必须维护统治阶级的利益，但同时也必须照顾到被统治阶级的利益。前者是封建性的反映，后者因其在一定程度上符合劳动人民的要求和愿望，是人民性的反映、人道主义的反映。① 虽然前者是主要的，但后者有时也很突出。这就是孔子思想的二重性。在继承孔子的思想遗产时，就必须从这二重性出发，从三个方面亦即用“三分法”加以剖析，才能实事求是地把批判和继承的问题解决得更恰当些，才能正确全面地了解孔子的本来面目，才能大胆吸取孔子思想中带有人民性、民主性的积极因素，使之为当前社会主义服务。三个方面的主要内容是：

第一，凡是孔子思想中直接为维护封建社会统治阶级特殊利益服务的东西，必须加以彻底批判，并彻底和它决裂。西周是中国历史上从一个旧的没落的社会形态即奴隶社会进入一个新的上升的社会形态即封建社会（领主所有制封建社会）的开端，一定是在以前夏商奴隶社会经济文化已取得的成就基础上有了新的发展，一定有一番欣欣向荣的气象。肯定这种发展，是无可厚非的。所以孔子说：“周监于二代，郁郁乎文哉！吾从周。”（《论语·八佾》）但他把西周的所谓文、武、周公之治，说成是十全十美（郁郁乎文哉）的“治世”，把这个“治世”所植基于其上的封建社会秩序看作永恒的社会秩序，这是他局限在封建社会的框框里，未能突破历史局限性的必然结果。因此，他把维系封建社会秩序的特定意义上的“礼”“忠”“孝”视为“永恒”真理。究竟“礼”“忠”“孝”的实质是什么呢？

先看“礼”。“礼”是封建社会把等级森严的尊卑、贵贱、亲疏等政治的宗法的关系加以规范化的准则与仪式。② 虽然各个朝代对某些次要环节可以有所“损益”，但基本原则（区别尊卑、贵贱、亲疏的森严的等级关系，特别是维护帝王尊严的原则③）是不能改变的。封建社会离不开用以维护其封建等级关系的“礼”。以突出帝王尊严为特点的“礼”就是封建社会政治结构的表现形式，就是封建社会特别是西周领主制封建社会的政治。仁是孔子的核心思想。在孔子看来，礼又是仁的必要的表现形式。因此，就在这个意义上，孔子把带固定性、保守性的“礼”作

---

① 郭沫若把孔子主张的“仁”作为“由内及外，由己及人的人道主义的过程”（《十批判书》，第77页）。

② 参考《礼记》上的一段话：“夫礼者所以章疑别微，以为民坊者也。故贵贱有等，衣服有别，朝廷有位。”（《十三经注疏》下册，第1619页）

③ 《史记·刘敬叔孙通列传》记载了叔孙通为汉高祖制定朝廷仪礼的故事。据说，汉高帝七年，长乐宫成，诸侯群臣给高祖朝贺新年（原文“皆朝十月”，十月为汉岁首）。宫殿里警卫森严，礼仪隆重，“自诸侯王以下莫不振恐肃敬”，“竟朝置酒，无敢喧哗失礼者”，以至汉高祖刘邦十分得意地说：“吾乃今日知为皇帝之贵也！”可见“礼”的最大意义就是突出至高无上的帝王的尊严。等而下之，直至士、庶，无不节之以尊卑贵贱和亲疏之别。

为观察封建社会各个时代的盛衰变迁的标志。他说："殷因于夏礼，所损益可知也。周因于殷礼，所损益可知也。其或继周者，虽百世可知也。"（《论语·为政》）"百世"即三千年，就是说，"其或继周者"，三千年后的变化发展情况，他也是可以知道的。现在离开他讲此话时还不到三千年，而中国历史的实际是不仅已埋葬了封建社会，而且也已经历了半殖民地半封建社会和新民主主义社会，进入了共产主义的初级阶段即社会主义社会，这是常以"梦见周公"（子曰："甚矣吾衰也，久矣，吾不复梦见周公!"《论语·述而》）为光荣的、从唯心史观出发的孔子连做梦也无法想到的。马克思说得对："共产主义革命就是同传统的所有制关系实行最彻底的决裂；毫不奇怪，它在自己的发展进程中要同传统的观念实行最彻底的决裂。"①现在，封建社会既已彻底推倒，毫不奇怪，我们就一定要同维系封建秩序的"传统观念"（如上述突出帝王尊严的"礼"）实行最彻底的决裂。

再看"忠"。充溢在孔子头脑中的是以"礼"为制约的"忠君""尊王"思想。虽然他说："君使臣以礼，臣事君以忠。"（《论语·八佾》）好像对君对臣都提了一定的条件，好像是"平等"的，其实不然。"使"是主人指使仆人，"事"是仆人事奉主人，而"礼"本身如上所说，就是体现着尊卑等级关系的一种准则、仪式，"忠"则是忠心耿耿地以"尊王"为前提的对君尽义务，所以根本不是一种平等的关系。君臣关系就是一种不平等的主仆关系。因此，孔子所说的"君君，臣臣，父父，子子"（《论语·颜渊》），看起来要求君要像君，臣要像臣，父要像父，子要像子，似乎是很"平等"的，其实这种关系的前提就已包含了人格的隶属关系，哪能说得上什么平等呢？

至于"孝"，同样表示了封建社会父子之间人格上的隶属关系。孔子说："父在观其志，父没观其行；三年无改于父之道，可谓孝矣。"（《论语·学而》）可见孔子的"孝"，在一定程度上也是片面要求儿子尽义务，像绵羊一样，以父亲之志为己志，以父亲之行为己行，父亲死了多年才能变动，还有什么独立人格呢？父子这一范畴和君臣不同。君臣是一定的历史范畴，它随着社会的不断发展而消失。父子则不然。它是和整个人类历史（只知其母、不知其父的原始社会除外）共存亡的，只要人类存在，它就存在。但父子之间的关系则随着社会性质的不同而带上不同的特点。封建社会的父子关系必然带有封建社会宗法家长制的色彩，这就是父子之间人格上的隶属关系。封建社会从来就是片面强调儿子对父亲尽孝道，虽然也说父要"慈"，但这个"慈"则是有伸缩性的，不像"孝"那样绝对。为什么孔子那

① 《马克思恩格斯选集》第1卷，第271～272页。

样重视“孝”道呢？下面孔子弟子有若的一段话，道破了这个秘密。有若说：“其为人也孝弟，而好犯上者鲜矣。不好犯上而好作乱者，未之有也。”（《论语·学而》）原来能尽孝道悌道的人，就一定不会“犯上作乱”。这个“上”虽系指所有在上之人，而首先指的是封建社会统治阶级最高的统治者——天子、君王或皇帝。封建社会的最高统治者最怕的是臣民起来“犯上作乱”。为什么“孝”能起这样大的作用呢？因为“资于事父以事君而敬同……故以孝事君则忠”（《十三经注疏》下册，第2548页），《孝经》上讲的这句话是有道理的。能像绵羊那样孝敬父亲的人，一定也能像绵羊那样忠顺君王。

以上所举的孔子竭力宣扬的巩固封建等级关系的所谓礼治思想、忠君尊王思想和“三年无改”的孝道思想等，都是我们必须与之“实行彻底的决裂”的特定“传统观念”。当然，和它们决裂，并不意味着否定它们在特定历史条件下存在的合理性。这些观念对于建立当时等级制阶级社会政治的生产的正常秩序，维护国家的统一，都起过某种积极作用。在今天，随着封建制度的彻底消灭，它们已经丧失了存在的意义。但它们的残余影响还在或多或少、或明或暗地对社会主义建设起着腐蚀作用，必须不断加以批判，并与之“彻底决裂”。另一方面，我们也应看到，孔子所提倡的封建社会的“礼”“忠”“孝”等思想，其中某些合理因素经过各个时代人民群众在实际生活中的长期提炼、筛选和改造，已凝聚在中华民族的民族性格之中，逐步形成了人与人之间一般的讲礼貌、讲忠诚、讲孝友的美德，逐步形成了有中国特色的敦厚的优良民风习俗。我们现在正在提倡的“五讲四美三热爱”① 正是在马克思主义指导下，在更高程度、更大规模上继承和发扬中国劳动人民（包括进步知识分子）在长期共同劳动和生活中形成的有中国特色的敦厚的优良民风习俗。这和反映封建统治阶级世袭、贵贱、尊卑、亲疏的宗法等级特权关系的传统观念（孔子宣扬的“礼”“忠”“孝”等具有的特定内容）是性质不同的。因为这里已注入了崭新内容，是社会主义社会人与人之间（包括领导与被领导之间，父子、兄弟、夫妻之间，同志朋友之间）真正平等的、纯洁的民主友爱关系基础上的讲礼貌、讲忠诚、讲孝友、讲“五讲四美三热爱”。此外，孔子轻视体力劳

① “五讲四美”活动是1981年2月25日由全国总工会、共青团中央、全国妇联、中国文联、中央爱卫会、全国学联、全国伦理学会、中国语言学会、中华全国美学学会九个单位倡议开展的文明礼貌活动。同年2月28日，中宣部、教育部、文化部、卫生部、公安部又转发了开展文明礼貌活动的通知。五讲即讲文明、讲礼貌、讲卫生、讲秩序、讲道德。四美即心灵美、语言美、行为美、环境美。在1983年第二个全民文明礼貌月里，又把热爱祖国、热爱党、热爱社会主义加上。这就是今天讲的“五讲四美三热爱”。

动的观念①，轻视妇女的观念②等，也必须与之“实行彻底的决裂”。但有的人在批判了封建宗法特权的“礼”“忠”“孝”之后，甚至认为讲礼貌、讲忠诚、讲孝友这些美德也是可有可无了。对这种“文化大革命”时期产生的“左”的思想残余，同样必须引起警惕和注意，不断进行澄清和教育。

第二，凡孔子思想中在一定程度上带有远见的智慧或这种智慧的萌芽的东西，都必须加以认真的批判和清理，做到“古为今用”。特别是孔子用以概括自己思想总体的仁，亦即作为孔子思想核心的仁，就是这种带有远见智慧的最好例证。《中庸》说的“仁者人也”，是对孔子的仁的一个很好的注解。就是说，仁是包括所有与人有关的各个方面学问的总称，它研究伦理道德、政治、法律、经济、教育以及天道观（“天”与“命”）等问题，亦即现代意义上哲学、社会科学应该加以研究的问题。仁在孔子心目中是真理的代称。孔子没有留下对这些问题的系统论证和阐明，留下的只是弟子们记录的（如《论语》）或先秦和汉初人追记的（如《礼记》等）一些片言只语，因此，概念较含糊，条理较不清。但二千多年前的人能留下这些材料，对我们已经是很珍贵的了。关于仁的问题，我们将在第四章《仁的哲学思想》作进一步评述。现在举几个和仁的思想有联系而且值得重视的例子，以见在这方面需要我们做的研究工作是大量的。

例一，关于“庶富教”思想。原文如下：

> 子适卫，冉有仆。子曰：“庶矣哉。”冉有曰：“既庶矣，又何加焉？”曰：“富之。”曰：“既富矣，又何加焉？”曰：“教之。”（《论语·子路》）

这是一段很有意义的对话。孔子认为一个国家如果要富强，就必须具备三个条件，即：一要人口兴旺③，二要经济富裕，三要教育发达。虽然孔子是在维护封建社会秩序前提下讲这番话的，但其意义已远远超越封建社会的框框，而在一定程度上成了任何一个国家、民族、社会走向兴旺发达的基本要求了。它已成为一个带普遍性的真理，即使社会主义社会，也同样可做借鉴。当然，这个提法还太简略，但生活在二千多年前的封建社会的孔子，我们要求他提得更全面些，就不可能了。与

---

① “樊迟请学稼。子曰：‘吾不如老农。’请学为圃。曰：‘吾不如老圃。’樊迟出，子曰：‘小人哉，樊须也！’”（《论语·子路》）孔子认为生产是劳动者（老农、老圃等小人）的事，至于读书人（士）则理应“谋道”，不应去过问“小人”的事（劳动）。

② “子曰：‘唯女子与小人为难养也，近之则不孙，远之则怨。’”（《论语·阳货》）这里孔子把女子和小人并提，正是轻视二者之意。

③ 在当时，人口兴旺是国家繁荣的一个标志。但人口过多，就走向反面，变成缺点，就要实行计划生育。我国现在正是这样做的。

此类似的话还有："足食，足兵，民信之矣。"（《论语·颜渊》）"百姓足，君孰与不足？"（《论语·颜渊》）"不患寡而患不均，不患贫而患不安。盖均无贫，和无寡，安无倾。"（《论语·季氏》）这些话固然对维护封建统治阶级的统治地位有利，而在当时条件下对人民也是有利的。由于他是伟大的思想家，由于他看到人民，想到人民，所以这些话虽然是为了维护封建秩序的稳定，却闪耀着智慧的光芒。

例二，关于"政者，正也"的思想。政就是政治。有关"政者，正也"的一段问答如下：

> 季康子问政于孔子，孔子对曰："政者，正也。子帅以正，孰敢不正！"（《论语·颜渊》）

孔子的意思是说，做政治工作，就是要端正人们的思想、行为和品德，只要作为政治领导者的你（子）能首先（帅）[①] 自己端正了，谁还敢不跟着你端正呢？这里，孔子从封建社会的政治出发，提出了带有一般原则意义的问题，即任何政治领导者要把自己的领导工作做好，必须首先在政治上、政策上和品德上"以身作则"，即首先自己要"正"。用现在的话讲，就是领导干部要以身作则，起模范带头作用。与此类似的话，孔子还讲了许多，例如："其身正，不令而行；其身不正，虽令不从。"（《论语·子路》）"苟正其身矣，于从政乎何有！不能正其身，如正人何！"（《论语·子路》）特别是下面的话更值得深味："子路问政，子曰：'先之，劳之。'请益，曰：'无倦。'"（《论语·子路》）就是说，凡是要下面去做的事情，必须首先自己身体力行（先之）才能做到"不令而行"；对下面的辛勤劳动，应体贴慰勉（劳之），才能做到"虽勤不怨"。并要坚持经常这样做，不可懈怠（无倦）。封建社会的统治阶级和被统治阶级之间的关系，是统治、压迫、剥削与被统治、被压迫、被剥削的关系，在那种关系下，孔子尚能提出"正人必先正己"和"先之""劳之""无倦"等带有普遍意义的主张，难道不值得社会主义时代作为人民勤务员的各类各级干部借鉴和自励吗？

例三，关于"士而怀居，不足以为士矣"（《论语·宪问》）的思想。"士"在孔子的时代，主要是贵族下层和一些庶民中有读书机会的人的统称，用现在的话讲，就是知识分子。那时候知识分子（士）的唯一出路是做官（仕），所以实质上就是一些候补官吏，不像现在知识分子这样就业面广。"怀居"就是留恋故土，贪图安适之意。"士而怀居，不足以为士矣"译成现在的话，就是贪图舒服、不愿离

---

① 刘宝楠《论语正义》释"帅"如下："……《史记·平津侯主父列传赞》引此文并作'子率以正'……《说文》'逹，先道也。'经传省作'率'，假借作'帅'。"此处解作"首先"。

家远出的知识分子，就不配称为知识分子了。换句话说，就是“士”应该有四海为家的胸襟，哪里需要你去工作（仕），你就乐意到哪里去。[①] 在另一处子贡问怎么样才配称作“士”，孔子回答说，对自己行为常加检点，常以羞耻心警诫自己（“行己有耻”），派到任何地方去（“使于四方”），都能完成任务（“不辱君命”），这样就可以配得上“士”这个称号了（《论语·子路》）。又说：“士志于道，而耻恶衣恶食者，未足与议也。”（《论语·里仁》）就是说，“士”既不可有“怀居”之心，更不可有“耻恶衣恶食”之意。孔子的学生曾子也说：“士不可以不弘毅。任重而道远，仁以为己任，不亦重乎？死而后已，不亦远乎？”（《论语·泰伯》）这要求还不算高，更高的要求是：“志士仁人，无求生以害仁，有杀身以成仁。”（《论语·卫灵公》）这就是孔子在当时对“士”提出的道德志趣和行为方面的要求。这些要求，不是很值得我们现在某些不愿离开家乡，不愿到虽然艰苦而又大有可为的地方去工作的干部和知识分子借鉴与自勉吗？

第三，凡孔子思想中至今仍保有生命力而具有现实意义的东西，都应予以继承和发展。例如在学习问题上，孔子提倡“知之为知之，不知为不知，是知也”（《论语·为政》）的实事求是的态度。认为要求得真知，必须“敏而好学，不耻下问”（《论语·公冶长》），并要以学问为乐。他说：“知之者不如好之者，好之者不如乐之者。”（《论语·雍也》）他特别强调“当仁不让于师”（《论语·卫灵公》），即如果认为自己意见是对的，在老师面前也不应让步。或者说在真理面前即使对老师也不让步。孔子这样提倡，也是这样律己的。他对自己最赞誉的学生颜回听他讲学后从不提不同意见表示不满，认为这对他没有帮助。他的原话是这样讲的：“回也，非助我者也，于吾言无所不说（悦）。”（《论语·先进》）他的治学精神是很认真刻苦的，他说：“吾尝终日不食，终夜不寝，以思，无益，不如学也。”（《论语·卫灵公》）而且他真是活到老学到老，直到晚年还是“发愤忘食，乐以忘忧，不知老之将至”（《论语·述而》）。他有一条治学和教育的基本原则是：“学而不厌，诲人不倦。”他一生是真正坚持和实践了这一基本原则的。

又如在思想方法问题上，孔子反对四种倾向：一是主观随意性，二是绝对化，三是思想僵化，四是固执己见。原话是：“子绝四：毋意，毋必，毋固，毋我。”

---

① 孔子的时代实行的是诸侯、大夫各自带独立自主性的分割的等级领域制，士往往分属于各个等级领域内并和该领域领主建立一定的关系，所谓“怀居”的“居”，就包含这种关系。那时士可以自由地离开自己所属领域到别的地方谋职（求仕）。孔子提倡这样做，不赞成“怀居”。孔子反对“怀居”，就是提倡那时的知识分子（士）应该表现出哪里需要、哪里能发挥自己才能并能做出成绩就乐意到哪里去的高尚风格。

（《论语·子罕》）他主张看问题一定要看得远一些，不能只看到眼前，如果只看到眼睛鼻子下的事情，是绝无好结果的，这就叫“人无远虑，必有近忧”（《论语·卫灵公》）。在对待新生力量的问题上，他主张用发展的眼光向前看，认为“后生可畏，焉知来者之不如今也?”（《论语·子罕》）在“言”与“行”的问题上，是“听其言而观其行”（《论语·公冶长》），同时，对“言”要实事求是，一方面“不以言举人”，另一方面也“不以人废言”（《论语·卫灵公》），而是以“行”为判断根据，全面地看待“言”与“行”的问题。他特别主张遇事要问个“为什么”，彻底查清事情的底细，他说：“不曰如之何，如之何者，吾末如之何也已矣。”（《论语·卫灵公》）这种实事求是、重视调查研究的思想方法，是很值得重视的。

再如在工作方法问题上，孔子很强调从稳妥着眼，从大处着眼，即“无欲速，无见小利；欲速则不达，见小利则大事不成”（《论语·子路》）。他以严肃的口气指出：“群居终日，言不及义，好行小慧，难矣哉!”（《论语·卫灵公》）一天到晚聚在一起闲聊天，不谈正事，单凭小聪明（“小慧”）处理问题，哪能有好结果呢?在任何工作中，必然都有一个了解人、使用人的问题。这个问题解决得好还是不好，是决定事情成败的关键。在了解人的问题上，孔子提出了如下意见：“视其所以，观其所由，察其所安。人焉廋哉？人焉廋哉?”[①] 意思就是说，第一要检查他的所作所为，第二要考察他所作所为的思想动机，第三要审查他的志趣放在什么事情上。做了以上三方面的观察，他的本来面貌就显露出来了。在了解人的基础上，孔子还提出两条原则，一是“无求备于一人”（《论语·微子》），意即“金无足赤，人无完人”，主要是用其所长，不要苛求。二是“举直错诸枉，能使枉者直”（《论语·颜渊》），意即选用正直的人而罢免不正直的人，即由正直的人去领导不正直的人，才能使不正直的人变得正直起来。

更如在品德修养问题上，孔子也留下了很多非常宝贵的意见，他认为一个人要做到“不惑”“不忧”“不惧”,[②] 才能不患得患失，才能“君子坦荡荡”（《论语·述而》），才能“不患人之不己知，患其不能也”（《论语·宪问》），即不必担心人

① 参见《论语·为政》。这里的“视”“观”“察”和“以”“由”“安”等字较费解。刘宝楠《论语正义》谓：“《说文》：视，瞻也。《谷梁·隐公五年》传：常视曰视，非常曰观。《尔雅·释诂》：察，审也。《说文》：察，覆审也。视、观、察以浅深次第为义。”据朱熹《四书集注·论语》谓：“以，为也。……由，从也。……安，所乐也。……焉，何也。廋，匿也。”参考他们的注释，我对这几句话作了意译。

② 《论语·子罕》：“知者不惑，仁者不忧，勇者不惧。”

家是否赏识自己，应担心的倒是自己能不能具备被人赏识的条件；也才能达到“己欲立而立人，己欲达而达人”（《论语·雍也》）的高尚境界。孔子提倡艰苦奋斗的精神，他非常赞赏他的学生颜回在贫苦环境中依旧能好学的乐观主义风格，他赞不绝口地说：“贤哉回也！一箪食，一瓢饮，在陋巷，人不堪其忧，回也不改其乐。贤哉回也！”（《论语·雍也》）又说：“不义而富且贵，于我如浮云。”（《论语·述而》）他提倡严格要求自己，首先是要言行一致，“君子耻其言而过其行”（《论语·宪问》），正正当当的人认为讲得多、做得少（言过其行）是可耻的；要“见利思义，见危授命，久要不忘平生之言”（《论语·宪问》），即见到有利时就应想一想是否合于道义，见到危急时就应准备献出生命，虽久处困境也不忘平生诺言。特别提出要戒骄戒吝，说“如有周公之才之美，使骄且吝，其余不足观也已”（《论语·泰伯》）。就是说，即使你有周公那样的才华，假使你骄傲而且贪吝，其余就没有什么可观的了。孔子还提出要“有过必改”的主张。他的学生子贡说：“君子之过也，如日月之食焉：过也，人皆见之；更也，人皆仰之。”（《论语·子张》）这也反映了孔子的思想，有过就改，改了就好。“过而不改，是谓过矣”（《论语·卫灵公》），只有有过错不改，才是真的过错了。从下面的一个小故事中，就可以看出孔子对自己的过错是坦白承认、不加掩饰的。据说陈国的司败有一次问孔子：鲁昭公是不是知礼？孔子回答说知礼。事后，司败对孔子的学生巫马期说：君子是不偏袒人的。鲁国和吴国同姓姬，按礼，同姓是不能结婚的，而鲁昭公娶了吴国的吴姬，为了掩盖同姓相婚的事实，称她为吴孟子。说昭公知礼，还有谁才算不知礼呢？巫马期据实转告了孔子。孔子说：“丘也幸，苟有过，人必知之。”（《论语·述而》）但有过而安之若素，毫无内疚之心的人很多，所以孔子曾慨叹道：“吾未见能见其过而内自讼者也。”（《论语·公冶长》）这难道不是意味深长、值得我们警惕的箴言吗？

这就是对孔子思想研究实行三分法的主要精神。约而言之，就是该决裂的要彻底决裂；该扬弃的要严肃扬弃；该继承的要积极继承。那种吞吞吐吐、含混其词的态度，和攻其一点不及其余的形而上学的态度一样，都是不科学的，不足取的。

（载于1986年第2期）

仁爱学说评析

张岱年

一、中国古代关于人类之爱的学说

在中国古代的伦理思想中，居于核心地位的，是关于仁爱的学说。“孔子贵仁，墨子贵兼。”（《吕氏春秋·不二》）孔子以仁为最高的道德，墨子以兼爱为最高原则，可以说都是宣扬人类之爱。《老子》说“我有三宝，持而宝之，一曰慈”，以慈为三宝中的第一。慈可以说是朴素的爱。对于这些人类之爱的学说，应如何看待呢？

毛泽东同志说：“世上决没有无缘无故的爱，也没有无缘无故的恨。至于所谓‘人类之爱’，自从人类分化成为阶级以后，就没有过这种统一的爱。过去的一切统治阶级喜欢提倡这个东西，许多所谓圣人贤人也喜欢提倡这个东西，但是无论谁都没有真正实行过，因为它在阶级社会里是不可能实行的。真正的人类之爱是会有的，那是在全世界消灭了阶级之后。阶级使社会分化为许多对立体，阶级消灭后，那时就有了整个的人类之爱，但是现在还没有。”①

在存在着人剥削人、人压迫人的现象的阶级社会里，不可能有真正的人类之爱，不可能有人真正实行过人类之爱，这是一项重要的事实。但是，确实有些思想家提倡人类之爱，这也是一项事实。

孔墨以后，惠施宣称：“泛爱万物，天地一体也。”不但要爱一切人，而且要爱一切物。汉代以后，儒家学者都以仁为最高的道德。韩愈宣扬“博爱之谓仁”。张载提出“民吾同胞，物吾与也”的著名论断，肯定人与人之间应是兄弟的关系。这种学说在中国历史上有广泛而久远的影响。这些提倡人类之爱的学说有没有实际意义呢？这是研究中国伦理思想史必须注意的问题。

① 《毛泽东选集》合订本，第 827 ~ 828 页。

二、孔子的仁与墨子的兼爱

仁的观念在孔子以前即已有了。《左传》中有下列几条记载：

白季……言诸文公曰：敬，德之聚也，能敬必有德。德以治民，君请用之。臣闻之：出门如宾，承事如祭，仁之则也。（《左传》僖公三十三年）

楚子次于乾谿……以及于难。仲尼曰：古也有志，克己复礼，仁也。信善哉！楚灵王若能如是，岂其辱于乾谿？（《左传》昭公十二年）

（郧公）辛曰……《诗》曰：柔亦不茹，刚亦不吐，不侮矜寡，不畏强御。唯仁者能之。违强陵弱，非勇也。乘人之约，非仁也。（《左传》定公四年）

《国语·晋语》中有如下的记载：

优施教骊姬夜半而泣，谓公曰：……吾闻之外人之言曰：为仁与为国不同，为仁者爱亲之谓仁，为国者利国之谓仁。

重耳告舅犯，舅犯曰：不可！亡人无亲，信仁以为亲。

《大学》亦引舅犯曰："亡人无以为宝，仁亲以为宝。"较《晋语》所记更为明确。

从《左传》《国语》的记载来看，春秋时期的贵族卿大夫已以仁为一个崇高的品德。从"出门如宾，承事如祭，仁之则也"及"古也有志，克己复礼，仁也"看来，仁与礼有密切联系。遵礼而行是仁的主要表现。从《国语·晋语》所谓"为仁者爱亲之谓仁，为国者利国之谓仁"看来，当时所谓仁已有不同的涵义。有人以"爱亲"为仁，有人以"利国"为仁。《国语》的记载，文词冗长，不可能是实录，但也反映了一定时期的情况。舅犯所谓"仁亲"不是爱亲之意，而是亲密团结的意思。

孔子把仁提高为最重要的道德原则。《论语》中关于弟子问仁的记载很多，孔子所答，因人而异，各不相同。我们可以这样说：孔子所谓仁的涵义具有不同的层次，有较深的涵义，有较浅的涵义。孔子答复弟子问仁，有时讲出较深的涵义，有时只讲较浅的涵义。《论语》中关于问仁的记载，重要的有下列几条：

子贡曰：如有博施于民而能济众，何如？可谓仁乎？子曰：何事于仁，必也圣乎！尧舜其犹病诸！夫仁者，己欲立而立人，己欲达而达人。能近取譬，可谓仁之方也已。（《论语·雍也》。下引《论语》只注篇名）

颜渊问仁，子曰：克己复礼为仁。一日克己复礼，天下归仁焉。为仁由己，而由人乎哉？颜渊曰：请问其目。子曰：非礼勿视，非礼勿听，非礼勿

言，非礼勿动。（《颜渊》）

仲弓问仁，子曰：出门如见大宾，使民如承大祭。己所不欲，勿施于人。在邦无怨，在家无怨。（《颜渊》）

司马牛问仁，子曰：仁者其言也讱，曰：其言也讱，斯谓之仁已乎？子曰：为之难，言之得无讱乎？（《颜渊》）

樊迟问仁，子曰：爱人。（《颜渊》）

在这些条文中，“克己复礼”“出门如见大宾，使民如承大祭”都是引用前人成语，具见《左传》所载。“己欲立而立人，己欲达而达人”“爱人”是孔子自己提出的。“爱人”二字比较简要，“己欲立而立人，己欲达而达人”可以说是“爱人”的具体规定。“仁者其言也讱”是仁的较浅的涵义。《论语》又有一条云：“樊迟……问仁，曰：仁者先难而后获，可谓仁矣。”（《雍也》）“先难而后获”与“其言也讱”义近，都是仁的较低层次的意义。

最值得注意的是“子贡问”一条，子贡问“博施于民而能济众”是否仁德，孔子回答说，这是圣的境界，已超过仁的境界了。孔子随即讲出了仁的意义，即“己欲立而立人，己欲达而达人”。从这段问答中应该肯定，“己欲立而立人，己欲达而达人”是仁的主要涵义。《论语》又载：“宪问……克伐怨欲不行焉，可以为仁矣？子曰：可以为难矣，仁则吾不知也。”（《宪问》）这是说“克伐怨欲不行”还没有达到仁的标准。“博施于民而能济众”是超过了仁；“克伐怨欲不行”还没达到仁。而仁的主旨是“爱人”，亦即“己欲立而立人，己欲达而达人”。

仁是关于人我关系的准则，仁的出发点应是承认别人也是人，别人是与自己一样的人。这个出发点，孔子虽然没有明确说出，却是“爱人”“立人”“达人”的前提。孔子曾说：“性相近也，习相远也。”（《阳货》）承认人与人的本性是相近的，即承认人与人是同类。孔子针对隐者长沮、桀溺的批评而慨叹说：“鸟兽不可与同群，吾非斯人之徒与而谁与？”（《微子》）也是表示人与人是同类，而与禽兽不是同类。孔子说：“能近取譬，可谓仁之方也已。”“能近取譬”即推己及人。推己及人的前提即承认别人也是人。孔子肯定人人都有自己的意志，他说：“三军可夺帅也，匹夫不可夺志也。”（《子罕》）承认别人也是人，即承认别人也有独立的意志，亦即肯定人人都有独立的人格。承认人人都有独立的人格，这是孔子仁说的核心涵义。

这里还有一个重要问题，即孔子所谓“爱人”“立人”“达人”的人，究竟何所指呢？是指一般的人，还仅仅指贵族或自由民呢？前些年有一种说法，认为《论语》中“人”与“民”之间有严格的区别。孔子曾说：“道千乘之国，敬事而信，节用而爱人，使民以时。”（《学而》）于是有人认为在《论语》中，人是爱的对象，民是使的对象。爱人绝非爱民。民指奴隶，人指贵族。事实上，这种见解是不能成立的，并无充足的理由。《论语》曾说：“惠则足以使人。”（《阳货》）又说：“君子学道则爱人，小人学道则易使也。”（《阳货》）人也是使的对象，小人虽非君子而也是人。而且，孔子赞扬“博施于民而能济众”，民何尝不是爱的对象。而且在《诗经》《左传》中，“人”字“民”字一般都是泛称，《论语》何独例外？所以，孔子所谓“爱人”“立人”“达人”，人字都是泛称，并非专指贵族。

在名义上，孔子讲“爱人”，是爱一切人，孔子又说过“泛爱众”（《学而》），所谓仁是人类之爱。在实际上，孔子都是区分了贵贱等级。据《左传》昭公二十九年记载，孔子批评晋铸刑鼎说：“贵贱不愈，所谓度也。……贵贱无序，何以为国?”一方面宣扬“爱人”，一方面又强调“贵贱不愆”。这里表现了明显的阶级性。这一点，孔子的继承者孟子更为显著。孟子宣扬“亲亲而仁民，仁民而爱物”（《孟子·尽心上》）。又强调“无君子莫治野人，无野人莫养君子”（《孟子·滕文公上》）。或劳心，或劳力。“劳心者治人，劳力者治于人；治于人者食人，治人者食于人，天下之通义也。”（《孟子·滕文公上》）一方面宣扬“爱人”“仁民”，另一方面又要维护等级和阶级的区分。这是儒家关于人类之爱的观念所包含的内在矛盾。这也就证明，在阶级社会中，所谓人类之爱是历来没有真正实行过的。

实际上，所谓“爱人”，只是在维护阶级统治的条件下对于人民施行一定程度的宽惠。《论语》云：

> 子张问仁于孔子，孔子曰：能行五者于天下，为仁矣。请问之，曰：恭宽信敏惠。恭则不侮，宽则得众，信则人任焉，敏则有功，惠则足以使人。（《阳货》）

这是仁德在政治上的运用，也就是所谓仁政。孟子是鼓吹仁政的，他所谓仁政的主要内容是：

> 王如施仁政于民，省刑罚，薄税敛，深耕易耨，壮者以暇日修其孝悌忠信，入以事其父兄，出以事其长上。
>
> 明君制民之产，必使仰足以事父母，俯足以畜妻子，乐岁终身饱，凶年免于死亡。（《孟子·梁惠王上》）

所谓仁政的实际意义是减轻对于人民的剥削和压迫。等级制度还是要维持的，剥削与压迫还是存在的，但是不要超过一定的限度。这种要求减轻对于人民的剥削和压迫的仁政思想，在历史上会起什么作用呢？在革命高潮时期，这种思想可能起麻痹人民斗争意志的作用；在和平发展时期，这种思想可能起保护劳动力、维持人民的正常生活的积极作用。这都依历史时期的实际条件为转移。

儒家仁爱学说的特点是由己推人、由近及远。孟子说：“老吾老，以及人之老；幼吾幼，以及人之幼。”（《孟子·梁惠王上》）这是儒家的原则。因此，儒家强调孝悌是仁的基础。孔子弟子有若说：“君子务本，本立而道生。孝弟也者，其为仁之本与！”（《学而》）孟子说：“孩提之童，无不知爱其亲者；及其长也，无不知敬其兄也。亲亲，仁也；敬长，义也。无他，达之天下也。”（《孟子·尽心上》）仁是亲亲的扩大；义是敬长的扩大。儒家以仁为最高的道德，以孝悌为基础的道德。

墨子宣扬兼爱，兼爱是不别亲疏、不分远近的普遍的爱。《孟子》书中记述墨者夷子的言论云：“爱无差等。”（《孟子·滕文公上》）兼爱即是无差等之爱。墨子兼爱的原则是：“视人之国，若视其国；视人之家，若视其家；视人之身，若视其身。”（《墨子·兼爱中》）简言之，即视人如己。兼爱就是爱一切人。如何实行这爱一切人的原则呢？墨家的办法就是积极努力为天下人民兴利除害。墨子说：“凡言凡动，利于天鬼百姓者为之；凡言凡动，害于天鬼百姓者舍之。”（《墨子·贵义》）孟子评论墨子说：“墨子兼爱，摩顶放踵利天下为之。”（《孟子·尽心上》）《庄子·天下》篇亦论述墨家的言行说：“以绳墨自矫，而备世之急。……墨子泛爱兼利而非斗……日夜不休，以自苦为极。”墨家的行动充分体现了积极救世的崇高精神。

但是墨子的兼爱学说并没有提出废除等级差别的要求。兼爱的理想境界是：“天下之人皆相爱，强不执弱，众不劫寡，富不侮贫，贵不敖贱，诈不欺愚。”（《墨子·兼爱中》）贫富贵贱的区别还是存在的，不过不相欺凌、和平共处而已。墨子虽然在政治上主张“官无常贵，而民无终贱”（《墨子·尚贤上》），但没有主张消除贵贱的区分。所以，在事实上，墨子的兼爱学说也是不彻底的。

三、道家对于儒墨仁爱学说的批评

在先秦时代，对于贵贱等级制度提出批评和抗议的是道家。道家反对儒墨的仁爱学说。《老子》书中有菲薄仁义的言论，如十八章：“大道废，有仁义；慧智出，有大伪。”又十九章：“绝圣弃智，民利百倍；绝仁弃义，民复孝慈。”这些文句以“仁义”并举，在时间上不可能出现于春秋时期。在春秋时期，孔子未尝以“仁义”并举。所以这些文句不可能是与孔子同时的老聃所说。如果《老子》一书保存了与孔子同时的老聃的“遗说”，那么，这些文句应是老聃的后学附益的。《老子》书中所推崇的品德是慈。六十七章：“我有三宝，持而保之，一曰慈，二曰俭，三曰不敢为天下先。慈故能勇，俭故能广，不能为天下先，故能成器长。今舍慈且勇，舍俭且广，舍后且先，死矣！夫慈以战则胜，以守则固，天将救之，以慈卫之。”这一章的思想可能出现于春秋时期。慈本来是父母对于子女的感情，是一种比较纯朴自然的品德。

《庄子》内篇提出“大仁不仁”（《庄子·齐物论》）的观点，更以鱼来比喻说：“泉涸，鱼相与处于陆，相呴以湿，相濡以沫，不如相忘于江湖。”（《庄子·大宗师》）鱼相呴以湿，相濡以沫，比喻勉力于仁爱，实则不如无忧无虑，彼此相忘：“鱼相忘乎江湖，人相忘乎道术。”（《庄子·大宗师》）

《庄子》内篇的这些观点在《庄子》外杂篇中有进一步的发挥，如说：

> 蹍市人之足，则辞以放骜，兄则以妪，大亲则已矣。故曰：……至仁无亲。（《庄子·庚桑楚》）
>
> 圣人之爱人也，人与之名，不告则不知其爱人也。若知之，若不知之，若闻之，若不闻之，其爱人也终无已，人之安之亦无已。（《庄子·则阳》）

这就是认为，自然的朴素的亲密无间的感情才是可贵的。道家推崇自发性，反对自觉性。

《庄子》外杂篇猛烈抨击儒家的仁义，如云：

> 夫至德之世，同与禽兽居，族与万物并，恶乎知君子小人哉？同乎无知，其德不离；同乎无欲，是谓素朴。素朴而民性得矣。……道德不废，安取仁义？（《庄子·马蹄》）
>
> 爱民，害民之始也……君虽为仁义，几且伪哉！（《庄子·徐无鬼》）
>
> 爱利出乎仁义，捐仁义者寡，利仁义者众，夫仁义之行，唯且无诚，且假乎禽贪者器。……夫尧知贤人之利天下也，而不知其贼天下也。（《庄子·徐无鬼》）

《庄子》对于仁爱的评论，主要是指出所谓仁爱的相对性，指出所谓仁义只是区分君子小人的条件下的仁义，而仁义更可能被人所利用、假借仁义来做有害于人民的事情。《庄子》的这些对于仁爱品德的批判，具有深刻的意义。

但是，道家不能提出代替仁义的方法来。“泉涸，鱼相与处于陆，相呴以湿，相濡以沫，不如相忘于江湖。”但是如何才能回到江湖呢？仁义可能被利用，“捐仁义者寡，利仁义者众”。有什么绝无流弊、不会被利用的方法呢？道家提不出来，也不可能提出来。因此，儒家的仁爱学说在中国伦理学史上居于领导地位。

反对仁爱的还有法家，韩非认为治国之道在于严刑峻法，仁爱是无效的。他说：

今有不才之子，父母怒之弗为改，乡人谯之弗为动，师长教之弗为变。夫以父母之爱，乡人之行，师长之智，三美加焉而终不动，其胫毛不改。州部之吏，操官兵，推公法而求索奸人，然后恐惧，变其节，易其行矣。故父母之爱不足以教子，必待州部之严刑者，民固骄于爱、听于威矣。（《韩非子·五蠹》）

夫严家无悍虏，而慈母有败子，吾以此知威势之可以禁暴，而德厚之不足以止乱也。（《韩非子·显学》）

夫施与贫困者，此世之所谓仁义；哀怜百姓不忍诛罚者，此世之所谓惠爱也。夫施与贫困，则无功者得赏；不忍诛罚，则暴乱者不止。……吾以是明仁义爱惠之不足用，而严刑重罚之可以治国也。（《韩非子·奸劫弑臣》）

韩非所举的情况都是事实，仅靠仁爱不足以禁暴止乱；但是仅靠严刑重罚也是不能治国的。秦始皇采用韩非的法术，吞并了六国；但是仅传至二世，就被农民起义所推翻。汉初贾谊在《过秦论》中总结秦亡的教训说：“仁义不施，攻守之势异也。”于是儒家的仁爱学说又恢复了权威。

四、博爱与民胞物与

汉唐宋明的儒者都以仁为道德的最高原则。汉唐宋明时代关于仁的议论很多，可以韩愈和张载的学说为主要代表。韩愈在《原道》中提出了关于仁的新界说：“博爱之谓仁。”博爱即广泛的爱，爱一切人。张载在《西铭》中提出“民吾同胞，物吾与也”的著名命题，认为人与人的关系应是兄弟关系。韩愈、张载的这些言论对于当时和后世起了深远的影响。

韩愈《原道》宣称“博爱之谓仁，行而宜之之谓义”，就是尧舜以来以至周公、孔子相传之道。仁义的表现何在？韩愈说：“古之时，人之害多矣，有圣人者立，然后教之以相生养之道。”以相生养之道教导人民，这就是仁的实际表现。韩愈更论君民的关系云：“君者出令者也，臣者行君之令而致之民者也；民者出粟米麻丝、作器皿、通货财，以事其上者也。君不出令，则失其所以为君；臣不行君之令而致之民，民不出粟米麻丝作器皿通货财以事其上，则诛。”人民为统治者提供粟米麻丝器皿，即为统治者服务，则相安无事；如果人民不向统治者提供粟米麻丝器皿，则要加以诛戮。至此，统治者的狰狞面目就暴露出来了。这就表明，韩愈所谓博爱，以人民对于统治者的服从为条件。这所谓博爱是相对的，含有一定的虚伪性。

张载《西铭》首先肯定天地之间所有的人都是兄弟："乾称父，坤称母，予兹藐焉，乃混然中处。……民吾同胞，物吾与也。大君者吾父母宗子，其大臣宗子之家相也。尊高年，所以长其长，慈孤弱，所以幼吾幼。圣其合德，贤其秀也。凡天下疲癃残疾、惸独鳏寡，皆吾兄弟之颠连而无告者也。于时保之，子之翼也。"上自大君，下至残废穷苦的人，都是兄弟关系，往古传统，以为帝王是天之子，是人民的父母，地方官吏也称为民之父母。《西铭》则认为只有天地是人民的父母，帝王以至受苦的残病者都只是同胞兄弟的关系。在天地面前，人人是平等的。这虽然只是空论，但总算前进了一步。虽然如此，张载还是承认贵贱区分是合理的。《西铭》云："富贵福泽，将厚吾之生也；贫贱忧戚，庸玉汝于成也。"富贵是天地的恩赐，贫贱是天地对于你的锻炼，这些都是父天母地的合理安排。兄弟之间可以存在实际的不平等。

韩愈的"博爱"、张载的"民吾同胞"都是阶级社会中的阶级的道德原则，都不可能是真正的人类之爱。这类学说是否全无实际意义呢？那又不然。这类仁爱学说都是反对贪暴苛虐的，反对贪官污吏，反对虐待人民，反对苛政，要求减轻对于劳动人民的剥削压迫。在这个意义上，这些仁爱学说，作为开明士大夫的舆论，对于人民还是有益的，韩愈任潮州刺史时，询问吏民疾苦，力行一些惠政，直到现在，潮州人民还在纪念韩愈。张载虽然承认贵贱的区分，但力图设法解决"贫富不均"的问题，表现了进行改革的真诚愿望。

在近代西方，费尔巴哈是宣扬爱的。恩格斯在《路德维希·费尔巴哈和德国古典哲学的终结》中说：

> 真的，在费尔巴哈那里，爱随时随地都是一个创造奇迹的神，可以帮助他克服实际生活中的一切困难，——而且这是在一个分成利益直接对立的阶级的社会里。这样一来，他的哲学中的最后一点革命性也消失了，留下的只是一个老调子：彼此相爱吧！①

在阶级社会中讲爱，确实不是革命的理论。在马克思、恩格斯的早年著作《神圣家族》中对于费尔巴哈却有较高的评价：

> 费尔巴哈在理论方面体现了和人道主义相吻合的唯物主义，而法国和英国的社会主义和共产主义则在实践方面体现了这种唯物主义。②

据此，费尔巴哈的伦理学说可称为一种人道主义。

---

① 《马克思恩格斯选集》第4卷，第236页。
② 《马克思恩格斯全集》第2卷，第160页。

人道主义是近代西方资产阶级思想家提出来的，在历史上曾经起过一定的进步作用。在社会主义社会，我们要提倡的是社会主义的人道主义。人道主义是否仅有资产阶级人道主义与社会主义人道主义两种呢？我看不必然。古代的仁爱学说似乎可以称之为古代人道主义。孔子、墨子、韩愈、张载以至王夫之、戴震的伦理学说，都可以说是古代人道主义。这种人道主义不是革命的理论，但也不是反动的思想。这种学说批判暴虐的苛政，作为一种舆论，还是有一定的积极意义。

（载于1986年第2期）

经典链接

子曰："我非生而知之者，好古，敏以求之者也。"

——《论语·述而》

子曰："默而识之，学而不厌，诲人不倦，何有于我哉？"

——《论语·述而》

子曰："德之不修，学之不讲，闻义不能徙，不善不能改，是吾忧也。"

——《论语·述而》

叶公问孔子于子路，子路不对。子曰："汝奚不曰：其为人也，发愤忘食，乐以忘忧，不知老之将至云尔。"

——《论语·述而》

我国古代“和而不同”的文化观

张岂之

一、和而不同

我国古代思想史常常讲“和”，讲“同”。从孔子到王夫之都是这样，可以说是一种传统。西周危机，郑桓公问史伯：“周其弊乎？”史伯回答说：西周最大的弊端就是“去和而取同”（《国语·郑语》）。他从哲学讲到政治，提出“和实生物”，认为性质不同的土金木水火配合在一起才生出百物；“同则不继”，只有一种东西就不能继续下去。在政治上所谓“和”，就是听取不同的意见；“同”就是求同一，不容有相反的意见。在史伯看来，周幽王“去和而取同”，倒行逆施，怎么能不发生政治危机呢？

春秋时代，由于社会变动和自然科学的发展，理论概括随之深化，因而“和”与“同”的区分更加清楚。晏子曾用君臣的关系来说明“和”的重要性，同时他又批评梁丘据说：“君所谓可，据亦曰可；君所谓否，据亦曰否；若以水济水，谁能食之？若琴瑟之专一，谁能听之？‘同’之不可也如是。”（《左传》昭公二十年）这里把盲从附和的危害讲透了。

孔子精研三代文化，且处于社会新旧交替之际，客观上从历史到现实提出了许多重大问题，他经过研究和分析，归纳出“和而不同”的文化观。他说：“君子和而不同，小人同而不和。”（《论语·子路》）以“和”与“同”作为区别君子和小人的标准之一。他提出：君子以“和”为准则，但不肯盲从附和，敢于阐述自己的意见；小人处处盲从附和，不敢提出自己的见解。这种重视独立思考的精神，征诸孔子的其他言论，更多是针对文化学术和教育而说的，所以说它是一种文化观。

中国古代思想中“和而不同”的命题一直延续了下来，为后世思想家所继承，成为中国文化思想的优良传统。过去看到“和”字便联想到调和、放弃原则等，这可能是一种误解。“和而不同”这一命题本身就表明“和”包含着差别和对立，包含着革新和发展。因此文化思想中的“和而不同”是一种继承前人文化思想并有所创新和发展的进步的文化观。

二、百家争鸣

“和”既然是具体的统一，其中包含着差别和对立，那么作为一种文化观，必然允许不同学派和观点的争辩和相互吸收。战国时代出现了“百家争鸣”的局面就是这样。当时的思想学派繁多，被称为“诸子百家”。他们相互诘辩、相互批评，又相互影响、相互吸取，造成了中国古代文化史上繁荣的鼎盛时期。

“百家争鸣”是“和而不同”这一文化观的具体表现。它作为一种优良的学术传统而具有强大的创造力，推动着文化思想的发展。战国时期的大思想家，大多不是局限于一隅，而是一方面创造新说，一方面汇合百家之学。如荀子虽然出于儒家，尊崇孔子的传统，但他广泛吸取了各家思想的精华，同时对各个学派包括儒家的若干派别在内都做出了深刻的探讨。荀子的名言“公生明，偏生暗”，不仅指政治和伦理，而且是一种思想文化观，“公”即“和而不同”。

战国时期的墨经名言“兼者是，别者非”；同样，它的意义不限于政治和伦理，也是一种主张吸取各种学术思想精华的文化观，是“和而不同”的另一种表述。

《吕氏春秋》一书，也有吸取百家之学的一面，自称“备天地万物古今之事”（《史记·吕不韦列传》），认为百家学说都是大道的不同方面。《汉书·艺文志》把《吕氏春秋》作为杂家的代表作，说杂家是“兼儒、墨，合名、法，知国体之有此，见王治之无不贯”。可见，“杂家”在当时并不是贬词。

西汉初年，诸子百家之学曾经活跃一时，直到汉武帝消灭郡国，强化了封建主义中央集权制，订立了一套文化专制的统治政策，儒学才定于一尊。武帝在制定文化政策时，接受了董仲舒的意见，“推明孔氏，抑黜百家”，主张“诸不在六艺之科、孔子之术者，皆绝其道，勿使并进”（《汉书·董仲舒传》）。其实，他所说的孔子已不完全是本来的孔子，而是西汉时期统治者所塑造的孔子。他把孔子思想中“和而不同”的观点抛弃了。董仲舒思想的政治意义不能完全否定，但他的确为封建皇权装饰圣光，把儒学改造成为神学，把封建秩序描述为永恒不变的东西。这些所谓“同而不和”的观点恰恰从一个侧面反映出中国古代文化史上的惰力。

三、兼综百家

“和而不同”的文化观要求兼综百家之学，反对狭隘的门户之见。在我国古代思想文化史上，兼综百家的优良传统从来没有中断，也不可能中断。西汉时期《黄帝内经》的出现就是明证。它的作者对战国以来的诸子百家学说不抱门户之见，凡有用的东西都加以吸收利用。在《内经》的理论中，既有儒家思想，又有墨家的主张；既有道家观点，又有法家的见解，同时还可见到名家、兵家思想，至于阴阳五行家那就更不用说了。博采众家之长是为了更深刻地认识自然，达到救死扶伤的目的。

在中国，封建文化专制主义的桎梏很严重。封建社会后期，明成祖朱棣规定以程（颐）朱（熹）为标准，录集经传、集注，编为《五经大全》《四书大全》《性理大全》，诏颁天下，即所谓“合众途于一轨，会万理于一原”“使家不异政，国不殊俗”，从文化思想上搞“同而不和”。这三部书虽然使程、朱取得独尊地位，但实在是没有什么创新。

与此相比，明末清初大思想家黄宗羲的《明儒学案》却是兼综百家、网罗文献。他说：“学者于其不同处，正宜着眼理会。”他还要求全面掌握资料：“每见钞先儒语录者，荟撮数条，不知去取之意谓何。其人一生之精神未尝透露，如何见其学术！是编皆从全集纂要钩玄，未尝袭前人之旧本也。”（《明儒学案·凡例》）《明儒学案》中浸透着兼综百家的精神，例如，凡崇奉王学和反王学者，两者皆存，使其“是非互见，得失两存”（莫晋《明儒学案·序》）。黄宗羲反对门户之见，试图确立一个评价学术是非的客观标准——“公道”“公学”，这是“和而不同”文化观的发展。

其他许多学者也主张兼综百家，反对门户之见，如清初思想家方以智有一句名言：“古今之智相积……我得以坐集其智，折中其间，岂不幸乎？”（《通雅》卷首《音义杂论》前言）古代许多大学问家都是这样，他们之所以能够在学术上有所成就，在文化史上有所贡献，就在于能够打破门户之见，综合各家之长，创出一条新路来。

四、独立思考

“和而不同”的文化观包含文化和思想的创新，而创新的关键在于不墨守成规，兼综百家则需要独立思考，这些都是“和而不同”文化观的基本要求。孔子说：

“学而不思则罔，思而不学则殆。”（《论语·为政》）这是讲学习与思考的关系，但他更加强调“闻一以知十”（《论语·公冶长》），即独立思考。因为不经过独立思考，是不会闻一知十的。如果学生经过独立思考得出与老师不同的结论，那怎么办呢？孔子说：“当仁，不让于师。”（《论语·卫灵公》）我国古代正直的学者都是能继承并发扬这个优良传统的。他们的态度是：如果老师讲的是真理，便欣然接受；如果老师讲的不符合真理，那也不盲从。

在中国思想史上对人的独立思考精神做了比较深入的研究和系统阐述的，是战国时代的孟子。他探讨人与禽兽的区别，研究人类文明的起源，从而说明道德观念和规范是人与禽兽相区别的标志，认为道德观念和规范的出现，在于人有理论思维，它不同于感官感觉，而是高一级的精神活动，即所谓“心之官则思。思则得之，不思则不得也”（《孟子·告子上》），因此独立思考就成为人的特征。

东汉时期的王充就是敢于独立思考的一位大思想家。他写过一篇《问孔》，主要对东汉时期盲目信古的儒者提出尖锐的批评。他对孔子本人的思想学说并不简单否定，他思想的儒家色彩很浓厚，但对孔子的言论也不迷信，有时还提出商榷的意见。例如《论语·颜渊》中有这么一段话：“子贡问政。子曰：‘足食，足兵，民信之矣。’子贡曰：‘必不得已而去，于斯三者何先？曰：‘去兵。’子贡曰：‘必不得已而去，于斯二者何先？’曰：‘去食。自古皆有死，民无信不立。’”王充对这段话提出过异议，他赞成“仓廪实，知礼节；衣食足，知荣辱。让生于有余，争生于不足”的理论，认为孔子“去食”的观点值得商榷。

独立思考，自然会产生疑问。经过独立思考使疑问得到解决，认识也就得到提高。这就是宋代朱熹所说的：“读书无疑者须教有疑，有疑者却要无疑，到这里方是长进。”（《朱子全书·读书法》）所谓独立思考，就是敢于提出问题，又善于解决问题。只有这样，才能创新。

宋明理学中的心学一派也很注重独立思考，如陆九渊“六经注我”、陈献章“以我观书”，都说明人不要做书本的奴隶，书要为人所用。当然，心学派也有把“心”夸大到绝对的毛病，但不能因此便否定它关于独立思考的论点。明代后期王学的学者中有人主张独立思考，大胆提出问题。如江右学派胡直在《困学记》中说：“反复而思之，平心而求之，不敢徇近儒，亦不敢参己见；久之，于先儒终不能强合，其疑有四；于近儒亦不能尽合，其疑有三。”有疑才有进步，胡直的思想逐渐趋于成熟。

宋代著名科学家沈括之所以在科学上多所创新，就是因为他能够独立思考，不墨守成规。拿“五运六气之术”来说，沈括认为这本来是一种不错的中医理论，但

“今人不知所用，而胶定于法，故其术不验”（《梦溪笔谈》卷七）。所谓“胶定于法”，就是墨守成规。他一生博览群书，但并不迷信书本。他说：“医之为术，苟非得之于心，而恃书以为用者，未见能臻其妙。……况方书仍多伪杂，如《神农本草》最为旧书，其间差误尤多，医不可不知也。”（《梦溪笔谈》卷一八）沈括的这种不盲从古人、不迷信书本、不胶定于法的精神，正是“和而不同”精神的发扬。

前面举例中提到《黄帝内经》和《梦溪笔谈》，是想说明科学思想是我国古代文化中的重要内容，其中有许多丰富的理论思维成果，包含对“和而不同”文化观的阐述。可是在学术界有一种长期流行的看法，认为中国历来重人事轻自然，长于伦理而短于逻辑，所以科学思想贫乏。这个观点值得商榷。爱因斯坦对此有过怀疑，他在关于《西方科学的基础和中国古代的发明》的一封信中曾经指出：“西方科学的发展是以两个伟大的成就为基础，那就是：希腊哲学家发明的形式逻辑体系（在欧几里德几何学中），以及通过系统的实验发现有可能提出因果关系（在文艺复兴时期）。在我看来，中国的贤哲没有走上这两步，那是用不着惊奇的。令人惊奇的倒是这些发现（在中国）全都做出来了。”（《纪念爱因斯坦译文集》，第46页）英国的李约瑟博士在《中国科学技术史》一书中也有类似的看法，他说：“当希腊人和印度人很早就仔细地考虑形式逻辑的时候，中国人则一直倾向于发展辩证逻辑（我们在第二卷已多次谈到这一点）。与此相应，在希腊人和印度人发展原子论的时候，中国人则发展了有机宇宙的哲学，在这些方面，‘西方’是初等的，而中国是高深的。”（《中国科学技术史》第3卷，第337页）李约瑟博士所说的“辩证逻辑”就包含“和而不同”的文化观，它的思维结构是辩证的，而不是单一的。所谓“有机宇宙的哲学”，其思维结构是自然科学理论与哲学的结合，它也不是单一的。在中国自然科学思想里浸透着“和而不同”的精神，这些都需要进行深入的研究。

五、一点启示

“和而不同”既是文化观，又是古代哲人发现的关于人类思维发展的规律，它形象而扼要地表述了我国古代思想文化多样性和同一性的辩证关系。凡是属于规律性的东西，都是隐藏于现象背后的本质。当它一旦被发现，具有理论的形态，便带有相对稳定性和相对独立性，并不因为时代的变化而失去效用；相反，会随着时间的推移，不断丰富符合于时代要求的新内容，继续发挥它促进思想文化发展的作用。

今天，我们正在从事前所未有的四个现代化建设的伟业，研究孔子思想、儒家思想和中国传统的文化思想，是一项重要的文化战略任务，目的是为了建设社会主义精神文明，即社会主义现代文化形态。从这个任务出发，我们适当强调在马克思主义指导下，批判继承古代“和而不同”文化观的精神，是非常必要的。“五四”时期，有些学者对孔子和儒家思想持全面否定态度，是当时历史时期所需要的。但从辩证的观点来看，就在当时，好就是一切皆好，坏就是一切皆坏，也不是科学的态度。今天，我们在文化思想和学术领域，正在认真贯彻党的“百家争鸣”方针，在学术界，有利于民主讨论和学术发展的和谐气氛正在形成。不同意见的论争是学术发展的必由之路；在学术问题的论争中，不能以资历、职位定是非；科学的是非，要依靠实践的检验。这些要求对我们中国学者来说并不陌生，因为我们民族有一个“和而不同”的传统。

我们在马克思主义指导下研究古代的文化遗产，进行历史的反思，吸收前人创造的物质方面和观念形态方面的成果，会使我们更好地规划未来，少走弯路；可以开阔我们的思路，不至局限于一隅；可以为社会主义精神文明建设提供营养和素材，使它绚丽多彩，更具有自己民族的特色，更能为人民所喜闻乐见。因此，在文化遗产的研究中不是为古而古，更不是为了宣扬封建主义消极的东西。中华民族有几千年的文明史，创造了灿烂的古代文化，其中有许多珍品，有它作为中华民族脊梁的东西。例如孔子在他的时代有一项理论突破，就是他提出了独立的人格观念（“仁”），孟子对独立人格的完善手段做了颇有理论深度的分析，并概括出具有特色的“民本”思想。所有这些在中华民族的历史演变和儒学演变的过程中逐渐熔铸出了“国格”的观念，认为“国格”是尊严的。在中华民族历史上正面推动历史前进的人们，作为历史的脊梁的人物，为了国家和民族的振兴，贡献了自己的一切，包括他们的鲜血和生命。这就说明我国传统思想文化中的珍品需要继承、加工和发扬。至于封建主义的沉重包袱，则需要对它进行科学的解剖，说明它是如何产生、在历史和今天产生什么影响等。对于消极的东西，只有加以科学分析，才能限制它的作用，简单地否定是不解决问题的。从上面的分析看，我们在文化遗产的研究中树立既有所否定又有所肯定的原则是完全必要的。

总之，从我国古代“和而不同”的文化观得到的一点启示，就是认真地贯彻党的“百家争鸣”方针，在孔子思想、儒家思想和中国传统文化思想的研究中确立批判继承的原则，这些方面研究的科学成果必将丰富和发展马克思主义。

（载于1986年第3期）

试论儒学的经世传统

冯天瑜

一、“经世”与“入世”

经世，亦即治世。这里的“经”字，在先秦典籍中往往与“纶”字并用，含有“匡济”之义。《周易》说：“君子以经纶。”（《易·屯》）《周易正义》释曰：“经谓经纬，纶谓纲纶。”《中庸》说：“惟天下至诚，为能经纶天下之大经。”朱熹注：“经者，理其绪而分之；纶者，比其类而合之。”（《四书集注·中庸章句》）“经世”并用，则首见于《庄子》：

> 春秋经世，先王之志，圣人议而不辩。（《庄子·齐物论》）

秦汉以后，更常见经世、经术（经世之术）、经实（经世之实用）、经济（经世济民）等用语。它们大体都是指一种与消极遁世相背的价值取向，其精义在于引导人们经邦治国，建功立业。“经世”的前提是“入世”。而积极入世恰恰是包括儒家在内的中国文化的一种基本倾向。这种入世文化不着意构筑彼岸世界和灵魂永生的幻象，却教导人们在此岸世界“学做圣贤”，“立德，立功，立言”，达到人生“三不朽”的境界。正是由于这种风尚的弘扬和普及，使中国得以避免全民族的宗教迷狂，造就出一种非宗教的、以人伦纲常为中心的封建文化，与西亚、欧洲、南亚次大陆的民族和国度在古代和中世纪长期被宗教神学所主宰相区别。

古代中国虽然也出现过神权至上的时代（如殷商），但当时尚未形成统一的、有系统教义的宗教。从周代开始，“重民轻神”的思潮抬头，宗教意识逐渐退居次要地位。《礼记》曾对比殷礼与周礼的差异：“殷人尊神，率民以事神，先鬼而后礼。”“周人尊礼尚施，事鬼敬神而远之，近人而忠焉。”（《礼记·表记》）周人并未摆脱殷人的天命观念，但周人从殷周交替的社会变动中意识到“惟命不于常”（《尚书·周书·康诰》）、“天不可信”（《尚书·周书·君奭》）、“小人难保”（《尚书·周书·康诰》），于是确立了“敬德保民”的国策，认为统治者一味乞求上苍是无济于事的，要紧的是倾听民众呼声，改善现实政治，“乃其乂（治）民”（《康诰》），因为“天视自我民视，天听自我民听”（《论语·泰伯》）。这实际上是在保留天命意识的前提下，把视线移向现实的政治治理。以此为契机，周代成为中国文化从“神本位”走向“人本位”的转折点，中国文化的“入世—经世”传统由此发轫。

二、孔学的经世风格

晚周的政治学进一步从宗教中离析出来，还原成现实的治理之道。当时的人们曾这样描述政治：“政，不可不慎也。务三而已。一曰择人，二曰因民，三曰从时。”（《左传》昭公七年）这里的政治已经不再突出“礼神”，而只关注“治民”。春秋的儒学创始人孔子便是在这种氛围中构筑自己思想体系的。他作为“尊礼”“近人”的周文化的继承者，对殷周以降的天命鬼神观念基本取信从态度，却又将其虚置起来，不予深论。

> 子不语怪，力，乱，神。（《论语·述而》）
>
> 季路问事鬼神。子曰：“未能事人，焉能事鬼?”曰：“敢问死。”曰：“未知生，焉知死?”（《论语·先进》）
>
> 樊迟问知。子曰：“务民之义，敬鬼神而远之，可谓知矣。”（《论语·雍也》）

孔子对人死后的冥冥世界以及鬼神的存在与否，都无意追究，也即庄子所谓：“六合之外，圣人存而不论。”（《庄子·齐物论》）孔子所关心、思考、谈论的是活生生的现实人世间的事务。“子所雅言：诗、书、执礼，皆雅言也。”（《论语·述而》）朱熹注曰：“雅，常也；执，守也。诗以理情性，书以道政事，礼以谨节文，皆切于日用之实，故常言之。”（《论语集注》）这便是中国文化精神的一个重要特征——“广大高明不离乎日用”，有关规律性的探讨，不脱离伦常和政治实际问题的具体考察。

孔子一生的思想言行体现着这种注意“行诸实事”而不满足于“载之空言”的风格，他奔走列国，游说于公卿大夫之间，其忙碌之状有“席不暇暖”之说。后人曾发问：“夫子何为者，栖栖一代中?”（唐玄宗《经鲁祭孔子而叹》）我们可以代为答曰：孔老夫子栖栖皇皇一辈子，为的是按照周礼的模式去矫世、救世、经世。

公山弗扰叛鲁，佛肸抗晋，似乎都是孔子平日所谴责的“犯上作乱”的举动。

然而，这两个叛臣召唤孔子，孔子居然准备应命前往。这引起性格爽直并记住了老师“危邦不入，乱邦不居”（《论语·泰伯》）之类教言的子路的非议和质问，于是孔子做了一番解释。这些解释表明，孔子应命的意图并非“帮助乱党”，赞同变革①，他明确宣布，自己维护周礼的立场不会改变（“磨而不磷”“涅而不缁”），并准备在召用他的处所复兴文武周公之道。其实，这两则故事只是证明孔子的用世心切，他不愿意做装样子的饰物，而要起实际的政治作用。他是因为急于用世，才“慌不择路”“饥不择食”的。

孔子与当政者讨论的问题，也不离“为政”“使民”“何为则民服”等政治治理之道，而极少泛论天道人性。

孔子开创的儒学“入世—经世”价值取向的确立，与儒家本身的起源和属性相关。

古代的知识阶层——“君子”，其职业大略有三类。其一是司天文，战国时的阴阳家大抵由此类职业者演变而来。② 其二是司宗教事务，“夫人作享，家为巫史”（《国语·楚语》）。在商周，沟通神人的巫、史、祝、卜是当时文化的主要执掌者。儒家不能说同巫祝无关。“孔子为儿嬉戏，常陈俎豆，设礼容。”（《史记·孔子世家》）孔子自称：“出则事公卿，入则事父兄，丧事不敢不勉，不为酒困。”（《论语·子罕》）可见他青年时代便出入公卿之门，为其经办祭祀。这显然是巫祝遗风。然而，孔子及其儒家更主要是从君子阶层的第三项职业——人君的政治辅佐者演变而来。这类佐理政务的人物，《尚书》称作“谋人”。儒家源于哪一类“谋人”，其说不一。《汉书·艺文志》认为：“儒家者流，盖出于司徒之官，助人君顺阴阳，明教化也。”先秦诸子是否分别源于某一王官，儒家是否由掌管国家土地人民、官司籍田、负责征发徒役的“司徒之官”演化而来，一向聚讼未决，但儒家显然已与宗教职业者和专司天文者相分离，从而区别于“出于清庙之守”的墨家、“出于史官”的道家、“出于羲和之官”的阴阳家；同时，又由于儒家与负有“教化”之责的祭师阶层有承袭关系，所以儒家除“助人君”的一面之外，还有“道与艺合，兼备师儒”（《揅经室文集·国史儒林传序》）的功能，从而区别于虽然佐理人君，却“无教化，去仁爱，专任刑法”的“理官”出身的法家（《汉书·艺文志》）。

儒家“入世—经世”价值取向的确立，还与先秦诸子产生的历史背景相关。

---

① 郭沫若《十批判书·孔墨的批判》认为：“墨子是反对乱党，而孔子是有点帮助乱党的嫌疑的。”“乱党是什么？在当时都要算是比较能够代表民意的新兴势力。”

② 《汉书·艺文志》：“阴阳家者流，盖出于羲和之官。敬顺昊天，历象日月星辰，敬授民时。”

《淮南子·要略》认为，诸子之学，皆起于救时之弊，应时而兴，梁启超称“其言盖含有相当之真理”（《饮冰室专集·中国古代学术流变研究十篇》）《汉书·艺文志》也指出：“诸子十家，其可观者，九家而已。皆起于王道既微，诸侯力政，时君世主好恶殊方，是以九家之术蜂出并作，各引一端，崇其所善，以此驰说，取合诸侯。”这里有两点值得注意。第一，先秦诸子产生在“王道既微，诸侯力政”的春秋战国时代，各学派均为剧烈的政治斗争所左右。第二，诸子“蜂出并作”，顺应着“好恶殊方”的“时君世主”的需要，诸子百家都纷纷以自己的一端之说“取合诸侯”，足见其政治依附性之强。而当时各个诸侯国、各个政治派别，都面对着生死攸关的军事政治斗争形势，容不得依附于自己的士人们去一味从事高远的玄思，进行从容不迫的纯学术研究。总之，时代对各个学派提出的要求是拿出应世的方略，而不是一般意义上的玄妙理论。这就使得先秦诸子大都自觉不自觉地选择了“入世—经世”的价值取向，正如黄宗羲所说：“古者儒墨诸家，其所著书，大者以治天下，小者以为名用，盖未有空言无事实者也。”（《今水经序》）就连形似逍遥、超然世外的老庄，“齐物”也是为了“齐人”，骨子里在琢磨着何以“应帝王”。这种特定的社会背景使历史学、伦理学、政治学等直接探讨社会治理问题的学科在先秦首先得到发展。六经之名得于后世，而其内容出现很早，“孔子之未生，天下有六经久矣”（《定庵文集补编·六经正名》）。六经所涉及的学科主要是历史学、伦理学、政治学，所谓“诗以道志，书以道事，礼以道行，乐以道和，易以道阴阳，春秋以道名分”（《庄子·天下》）。而“以六艺为法”（《史记·论六家之要指》）的儒家，便是先秦这三门经世学问（历史学、伦理学、政治学）的集大成者。一言以蔽之，儒学所依据的“六经”皆经世致用之学，孔子要弟子研读六经，也不是为着造就徒托空论的学究，他明确告诫弟子：“诵诗三百，授之以政，不达；使于四方，不能专对，亦奚以为？”（《论语·子路》）清人方苞领悟了“夫子之义”，他说：“古之所谓学者将明诸心以尽在物之理而济世用，无济于用者则不学也。”（《传信录序》）“通经致用”“六经治世”，成为中国封建时代的习惯说法。通经者方可以取仕，朝廷的诏令、群臣的奏议也无不以六经为准绳和依据。清人章学诚指出：“六经皆史也。六经皆先王之政典也。六经皆先王得位行道，经纬世宙之迹，而非托于空言。”（《文史通义·易教上》）“夫子之述六经，皆取先王典章，未尝离事而著理。”（《文史通义·经解中》）这都是对“六经”以及对孔子传述六经所做的理性主义解释。

通观全体，可以得见：孔夫子并非深研宇宙本体的哲学大师，也不是一味考证名扬训诂的学者，而是对伦理—政治问题加以贯通考察、修己以治世的政治家、思想家。

晚周儒者虽然经世心切，却很不行时。司马谈、司马迁父子对儒者的评论是“博而寡要，劳而少功”（《史记·论六家之要指》），“迂远而阔于事情”（《史记·孟子荀卿列传》）。然而，儒者十分自负，孔子对自己的治世能力便有极高的估价：子曰：“苟有用我者，期月而已可也，三年有成。”（《论语·子路》）这种预测，在“礼崩乐坏”的周季显然是不切实际的。孔子本人的政绩纪录是“斥乎齐，逐乎宋、卫，困于陈蔡之间”“累累若丧家之狗”（《史记·孔子世家》）。然而，儒家“入世—经世”的信念没有因政治上的不得志和同时代人的不理解而有所动摇。

儒者的“入世—经世”思想行径，在当时曾遭到主张遁世的隐者的嘲笑。如荷蓧丈人斥责孔门师徒“四体不勤，五谷不分”（《论语·微子》）；石门的看门人（晨门）称孔子为“知其不可而为之者”（《论语·宪问》）；楚国狂人接舆唱着凤歌，劝孔子不要继续徒劳于政事了，因为“今之从政者殆而”（《论语·微子》）；躬耕隐居的长沮、桀溺更要孔门师徒追随他们一同逃避乱世（《论语·微子》）。在言极简约、惜字如金的《论语》中，竟有五六处记载隐者批评儒者经世的地方，有些段落还特别长，足见与隐者的交往、论难，被孔门所注重。这正是春秋间隐者遍布国中、遁世思想影响不可小视的社会状况的反映，而儒家的“入世—经世”观念正是在与“遁世”思潮论辩中得以阐扬的。

本来，孔子对于乱世中的隐者常常抱有同情，他曾把避世的人们称作“贤者”①，并特别夸赞伯夷、叔齐这些“逸民”“不降其志，不辱其身”（《论语·微子》），这与他“天下有道则见，无道则隐”（《论语·泰伯》）、“邦有道则仕，邦无道则可卷而怀之”（《论语·卫灵公》）的处世哲学是相通的。而且，在整个儒学体系中，“仕”与“隐”始终是互为补充的两个侧面。不过“致仕”毕竟是儒学的主流，“归隐”仅仅是辅助，儒者归隐也往往“心存魏阙”，所谓“居庙堂之高，则忧其民；处江湖之远，则忧其君”（范仲淹《岳阳楼记》）。就孔子言之，他虽然在遇挫时偶有逃世之论②，但他的基本旨趣是反对逃世的。他在听罢子路转述长沮、桀溺的避世说之后，很失望地讲：“鸟兽不可与同群，吾非斯人之徒与而谁与？天下有道，丘不与易也。”（《论语·微子》）表明自己不愿像隐者那样消融于自然之中，与鸟兽为伍。他认定自己只能与人共事，积极参与世务。

孔门的另一高足子夏指出：“仕而优则学，学而优则仕。”（《论语·子张》）把

① 《论语·宪问》：“贤者辟（避）世，其次辟地，其次辟色，其次辟言。”
② 《论语·公冶长》载：“子曰：‘道不行，乘桴浮于海。从我者其由与。”

“学”与“行”、“学”与“仕”看作互为表里的二而一的事情。《说文》在解释“仕”义时，明确指出：“仕，学也。”章太炎也说：“言仕者又与学同。”（《检论·订孔》）总之，儒家承袭了道、学、治三者贯通一气的古风。清人程晋芳说：“夫古人为学者以自治其身心而以应天下国家之事，故处则为大儒，出则为大臣，未有剖事与心为二，剖学与行为二者也。”（《正学论三》，《皇朝经世文编》卷一《学术二》）龚自珍则将这种风格概括为：“自周而上，一代之治，即一代之学也。一代之学，皆一代王者开之也。……道也，学也，治也。则一而已矣。”（《龚自珍全集·治学》）这种被后儒所崇奉的“古无经术治术之分”（王昶《经义制事异同论》，《皇朝经世文编》卷一）的仕学合一传统，正是孔子创设的儒学“入世—经世”风格的体现。“入世—经世”之风成为中国士子的主旋律，儒生的优点和缺点都与此相联系。在某种意义上可以说：只有抓住“入世—经世”这一线索，才能把握“伦理—政治”型的中国文化的真精神。

三、儒学经世的两个走向——“内圣”与“外王”

儒学平实的入世精神、执着的经世致用的价值取向，在儒学漫长的矛盾运动历程中，虽有淡化之时、变形之象，却始终延绵不绝，于起伏跌宕之中一以贯之。不过，在孔子身后，儒学的经世主潮出现了两个大相歧异的走向，这是中国文化史上至关紧要的问题。

儒家作为一种“伦理—政治”型的学说体系，包括内在的人的主观伦理修养论和外在的客观的政治论这样两个彼此联系着的组成部分，前者即所谓“仁”学，或“内圣”之学，后者即所谓“礼”学，或“外王”之学。在孔子那里，这两个侧面还浑然统一在一个体系之内。他主张学人事的“下学”与达天命的“上达”彼此系于一线，不应相互割裂。①

孔子还主张，修己与安人、修己与安百姓相贯通②；他认为最理想的境界是舜帝那样“恭己正南面”。③ 然而，孔子之后，下学与上达、修己与治平两个侧面开始发生离异。造成这种离异的原因，是春秋以降“天下大乱，贤圣不明，道德不

① 《论语·宪问》：“子曰：‘不怨天，不尤人，下学而上达。知我者其天乎！’”皇侃《义疏》：“下学，学人事；上达，达天命。”

② 《论语·宪问》：“子路问君子。子曰：‘修己以敬。’曰：‘如斯而已乎？’曰：‘修己以安人。’曰：‘如斯而已乎？’曰：‘修己以安百姓。’”

③ 《论语·卫灵公》：“无为而治者其舜也与？夫何为哉？恭己正南面而已矣。”

一”（《庄子·天下》），出现了“内圣外王之道闇而不明，郁而不发；天下之人，各为其所欲焉，以自为方”（《庄子·天下》）的局面。这种“道术将为天下裂”（《庄子·天下》）的趋势，不仅造成诸子林立，而且在同一学派内部也流别横生。就儒家而言，主要是孟轲、荀况两派。前者侧重发展儒学原教中的“内圣”之学，后者侧重发展儒学原教中的“外王”之学。

孟轲的思想大约是从曾参、子思这条线索传衍下来的。他平生“治儒术之道，通五经，尤长于诗、书”（赵岐《孟子题辞》），并与孔子的“入世—经世”风格一脉相通。面对“世衰道微，邪说暴行有作”（《孟子·滕文公下》）的战国之时，孟轲有着强烈的治世雄心，他宣称：“如欲平治天下，当今之世，舍我其谁也?”（《孟子·公孙丑下》）孟轲“平治天下”的方策，要义在于通过“正人心”来达到“息邪说，距诐行，放淫辞”（《孟子·滕文公下》）的目的。因此，孟轲对于孔子经世学说的一个侧面——外在的“礼”学并不重视，他声明：“诸侯之礼，吾未之学也。”（《孟子·滕文公上》）对于孔子颇为称道的齐桓公、管仲这些事功显赫的人物，孟轲十分反感，并公开声言“仲尼之徒，无道桓文之事者”（《孟子·梁惠王上》）。这便显示出孟轲有意贬抑孔学的“外王”倾向，而着力发挥其经世学说的另一侧面——内在的“仁”学，并把仁学引申到政治领域，提出“仁政”说。他指出：“仁义礼智，非由外铄我也。我固有之也。……故曰：‘求则得之，舍则失之。’”（《孟子·告子上》）认为人只要把内心固有的仁义礼智这“四端”挖掘出来，便“足以保四海”（《孟子·公孙丑上》），这也就是所谓“仁政”。根据这一理论，孟轲设计的经世路线是由内而外、由己而天下。孟子曰：“人有恒言，皆曰：天下国家。天下之本在国，国之本在家，家之本在身。”（《孟子·离娄上》）思孟学派的代表作《大学》对这一经世方案做了更具体的阐述：

> 古之欲明明德于天下者，先治其国。欲治其国者，先齐其家。欲齐其家者，先修其身……自天子以至于庶人，壹是皆以修身为本。

思孟学派这种以个人修养为出发点以达到治国平天下的经世方略，既要推行于普通人之中，又尤其是替人君国主设计的。孟轲认为，“不以仁政，不能平治天下”，而实施仁政的关键在于由仁人充任国君，仁人为君便有仁政，进而国家治、天下平。“君仁莫不仁，君义莫不义，君正莫不正，一正君而国定矣。”（《孟子·离娄上》）

儒学另一倾向的代表荀况则以“礼”学为出发点，以礼、乐为本，着意建立以礼为标志的外在的事功。这便是清儒所概括的“古圣王经世之道，莫切于礼”（《四库全书总目·经部·礼说提要》）。荀况将用力点牢牢地置于对外部世界的征服上，即所谓“物畜而制之”“制天命而用之”（《荀子·天论》）。这便是荀孟经世路径的分野所在。荀况强调人的社会性①，而社会性的人群组合起来便不能单靠人的善意，这里需要的是建立秩序，即需要有所区别（“分”与“辨”），以及对这种区别的信守（“义”）。而将社会中的“分”和“辨”加以条理化、制度化，就是所谓的“礼”。

荀况的经世学说，其中心内容就在于对“礼”的阐述。荀况认为，礼的起源不在人的先天灵性，而发端于人的物质要求：

> 礼起于何也？曰：人生而有欲，欲而不得，则不能无求，求而无度量分界，则不能不争。争则乱，乱则穷。先王恶其乱也，故制礼义以分之，以养人之欲，给人之求。使欲必不穷乎物，物必不屈于欲，两者相持而长，是礼之所起也。（《荀子·礼论》）

荀况论及礼的功能，则主要申述其政治治理作用：

> 人无礼则不生，事无礼则不成，国家无礼则不宁。（《荀子·修身》）
>
> 规矩者方圆之至，礼者人道之极也。（《荀子·礼论》）

荀况对儒家经典的解释，也从外在的事功着眼：

> 故《书》者，政事之纪也；《诗》者，中声之所止也；《礼》者，法之大分，类之纲纪也。（《荀子·劝学》）

这实际上已开了后世“六经皆史”“六经皆先王之政典”等说法之先河。而且，对于诸经，荀况又特别突出礼，强调读礼、隆礼的重要性。他所指示的为学路径是：“始乎诵经，终乎读礼。”（《荀子·劝学》）

荀况的理想境界，是一个在“礼”的规范下，秩序井然、上下等级分明而又充满了外在事功成就的世界：

> 一天下，财万物，兼利天下，通达之属，莫不从服。（《荀子·非十二子》）

这种“圣王之迹著矣”（《荀子·非十二子》）的画面，实际就是大一统的封建帝国的蓝图。关于这一蓝图，荀况有相当具体的设计。他首先谈到国君的重要：

> 故无分者，人之大害也；有分者，天下之大利也。而人君者，所以管分之枢要也。（《荀子·富国》）

继之申述了置相的必需：“若夫论一相而兼率之，使臣下百吏莫不宿道乡方而务，是夫人主之职也。”（《荀子·王霸》）进而强调了使民富裕乃国君的职责：“故王者富民，霸者富士。”（《荀子·王制》）又指出了富民的途径在于节约开支和发展生

---

① 《荀子·儒效》：“道者，何也？曰：君道也。君者，何也？曰：能群也。”

产："足国之道，节用裕民，而善藏其余。……裕民则民富，民富则田肥以易；田肥以易，则出实者百倍。"（《荀子·富民》）

总之，荀况从君主政治、官吏设置到经济政策，为新兴的封建帝国的建立提供了完备的切实可行的方案。而秦汉大一统封建帝国的建立，正是荀况的"外王"经世方略的成功实践。

四、秦汉以后儒学经世的复杂形态

有如上述，儒学经世两个走向的成败曲直，似乎已被战国—秦汉间的社会实践所检验、所鉴别，历史似乎已经从这两个经世走向中做出了抉择。然而，问题远非如此简单。

在"外王"路线指引下建立起来的大一统的封建帝国，赢得了显赫的文治武功，秦皇汉武们的威权和功业都超越了前代。但是，大一统的封建帝国这个社会实体很快又被自身的矛盾所困扰，这使得统治者和知识阶层（士人）都要对经世方略做新的调整。统治者发现，仅有外在的事功是不够的，也是不牢靠的，还需要按照某种特定模式塑造人们的灵魂，训练勤谨而又安分的百姓。而士人们除了要帮助统治者培养顺民（"灭心中贼"）之外，还希望有一种关于心灵修养的学说来教化统治者，直至皇帝本人，通过"格君心之非"促使其"行善政"，即所谓"正心以正朝廷"。这是封建社会中后期儒生限制至尊至上的君权的一个办法。在世界许多民族和国度的中世纪，涉及灵魂铸造和限制君权的任务是由宗教和神学完成的。而在中国，宗教和神学虽然也发挥过相当的作用，但铸造人们灵魂（其中包括教化君主）的使命主要落到儒学身上。这样，思孟学派所发挥的"内圣"之学便重振旗鼓，遇时而兴，"修、齐、治、平"成为士人们背得烂熟的生活信条，《大学》更被视作"君天下者之律令格例也。本之则必治，违之则必乱"（真德秀《大学衍义序》）。荀况的"外王"之学反倒退居幕后，尽管继续为封建统治阶级所实际运用，却不太为人所称道。从这一意义而言，思孟学派的"内圣"之学，在汉以后的中国封建社会起了"准宗教"的作用，并因而成为高居庙堂的胜利者。

随着封建社会的推移，孟轲的地位愈趋提高。汉代赵岐称孟轲为"亚圣"，唐代韩愈认定孟轲才是孔学衣钵的嫡传正宗，他提出了"尧—舜—禹—汤—文—武—周公—孔—孟"这样一个发展系统，并特别指出："轲之死，不得其传焉。"（《原道》）韩愈虽然也推崇荀况，说"荀卿守正，大论是弘"，但毕竟是"大醇小疵"，因而被排斥在儒学正统之外；唯有孟轲，才是完美无缺的，所谓"孟氏醇乎醇者也”。韩愈实际上已提出了“道统”说。宋代理学家也大体作如是观，不过他们更从理论上阐扬“道统”，并发展了孟轲的内圣之学，将其进一步与外王之学分离开来、对立起来。程颐说：“圣人之学，若非子思、孟子，则几乎息矣。”（《河南程氏遗书》卷一七）这既是对孟轲的推崇，也是对发展外王经世路线的荀学的抨击。理学家还明确提出内本外末、修身为始、治平为终的观点：

学莫大于知本末终始。致知格物，所谓本也，始也；治天下国家，所谓末也，终也。治天下国家，必本诸身。其身不正，而能治天下国家者，无之。（《河南程氏粹言》卷一）

这就把以“正心诚意”为内容的“修身”无限抬高，以致压倒并控制“治国平天下”，甚至认为只有“修身”才具有本体论意义，“治平”倒成为一个不需要实际探讨和具体努力而自然而然可以达到的目标。

总之，秦汉以后，沿着孟荀指引的“内圣”和“外王”两个方向，儒学分道扬镳。近人康有为对此做了颇有概括力的论述：

孔子之学，有义理，有经世。宋学本于《论语》，而小戴之《大学》、《中庸》及《孟子》佐之，朱子为之嫡嗣，凡宋明以来之学，皆其所统，宋元明及国朝学案，其众子孙也。多于义理者也。汉学则本于《春秋》之《公羊》、《谷梁》，而小戴之《王制》及《荀子》辅之，而以董仲舒为《公羊》嫡嗣，刘向为《谷梁》嫡嗣，凡汉学皆其所统，《史记》、两汉君臣政议，其支脉也，近于经世者也。（《长兴学记》）

康氏所论，大体勾勒出儒学的两大主潮，但需要订正和补充。

其一，康氏所说的儒学两派，并非只有义理一派本于《论语》。其实，经世派的崇尚《论语》绝不下于义理派。从荀况以至于宋代的叶适、陈亮，明清之际的顾炎武、黄宗羲、王夫之以至于清代中后期的龚自珍、魏源等力倡经世实学的学者，也都是以《论语》为其学术圭臬的，他们在力斥理学空疏之时，往往以《论语》的救世精神为指针。

其二，宋明理学虽然激烈批评荀学的外王路线，着重发展义理之学，但无论是程朱还是陆王，都并未抛弃儒学经世这一基本宗旨。因此，经世风格并非由“荀况—董仲舒”等经世派所完全垄断。如二程便一再申述儒学的经世致用传统：

穷经，将以致用也。……今世之号为穷经者，果能达于政事专对之间乎？则其所谓穷经者，章句之末耳，此学者之大患也。（《河南程氏遗书》卷四）

二程还反复指斥佛教的“无实”（《河南程氏遗书》卷一三），批评学禅者的“平居高谈性命”，于“世事”“不晓”（《河南程氏遗书》卷一八）。

宋学的另一支——邵雍的象数之学，以抽象虚玄的形态出现，但即使是邵雍，也意在“经世”，他的主要著作便标明这一职志：《皇极经世》《经世衍易图》。

至于朱熹，更特别强调内圣之学兼有“修身”和“治平”两方面的功能。他指出，思孟学派的代表作《中庸》：“放之则弥六合，卷之则退藏于密，其味无穷，皆实学也。”（《中庸章句》）朱熹还发挥了孔子“下学而上达”之义，认为应当在深研人事的“下学”方面多用气力，“上达”方有根基。他说：“圣贤教人，多说下学事，少说上达事。说下学工夫要多，也好；但只理会下学，又局促了。须事事理会过来，也要知个贯通处。不去理会下学，只理会上达，即都无事可做，恐孤单枯燥。”（《朱子语录》）

众所周知，陆九渊、王阳明亦以平治为己任，时人称王阳明“事功道德，卓绝海内”（《千百年眼》卷一二）；连反理学健将清人颜元也认为陆王“精神不损，临事尚为有用”（戴望《颜氏学记》卷一）。可见，孔子以后儒学两翼的差别，并不在于要不要经世，而是如何经世——是通过“内圣”之径达到经世目的，还是直接着力于外在事功。至于理学末流，尤其是王学末流，则确乎有背于经世宗旨，他们“平居高言性命，临事茫无措手足，彼求空虚之理，而于当世之事未尝亲历而明试之”（陈仙鹤《储功篇下》，《皇朝经世文编》卷一）。这已经脱离了儒学经世的轨道，流于空疏清谈一途。

其三，康有为论经世派，只到董仲舒等两汉议政家为止。事实上，与义理派相抗衡的经世派，汉以后还有非常重要的发展，尤其是当义理派发展到宋明理学，与其相反相成的学派更列出堂堂之阵，与之论难。这是因为，程朱陆王虽然没有抛弃儒学经世的传统，但他们吸收了佛道二教注重宇宙论研究和个体修炼的特点，并与思孟学派的内圣之学相融会，这样，他们用力的重点已转移到宇宙本体的思考和个人修养的完善上来，在哲学和伦理学两方面超越前人，然而其拯救社会的热情已大大冷却。诚如章学诚所言：“性命之说，易入虚无。”（《文史通义·朱陆》）这显然是对中国文化固有的救世风格的淡化，也与两宋以降国家民族面临的严峻局势形成强烈的反差。这样，与朱陆相抗衡，以南宋叶适、陈亮为代表的反理学派便应运而起。清人全祖望在《宋元学案》中对这种势态做了清楚的表达：

> 乾淳之际，婺学最盛，东莱兄弟（吕祖谦、吕祖俭）以性命之学起，同甫（陈亮）以事功之学起，而说斋（唐仲友）则为经制之学。（《宋元学案·说斋学案》）

叶适、陈亮高举儒学经世的旗帜，一反朱陆以理气心性为中心的学术路线，却以政治、军事、经济等社会实际问题为出发点，绝不讳言事功。叶适的批判锋芒更不限于朱陆，他还指向思孟学派。叶适说：

曾子之学，以身为本，容色辞气之外，不暇问。大道多遗略，未可谓圣。子思作《中庸》，高者极高，深者极深，非上世所传。世以孟子传孔子，殆或庶几。然开德广，语治骤，处己过，涉世疏，学者趋新逐奇，忽亡本统，使道不完而有迹。（《宋元学案·水心学案》）

这显然是对孟学内圣路线的非议，因而也就包蕴着对荀学外王路线的肯定和阐扬。

反理学派在元明两朝并未得到发展，理学的朱陆两派则相继大盛天下，其内圣之学的片面性也愈益推向极致——“道问学”的程朱派日趋空疏，“尊德性”的陆王派更流于禅释，终于导致明末的“空论亡国”，迷恋于心性之学的士人们“愧无半策匡时难，惟余一死报君恩”（颜元《存学篇》）。明清之际的顾炎武重新高擎经世大旗，尖锐抨击心性之学：

窃叹夫百余年以来之为学者，往往言心言性，而茫不得其解也。命与仁，夫子之所罕言也；性与天道，子贡之所未得闻也。……今之君子则不然，聚宾客门人之学者数十百人，譬诸草木，区以别矣，而一皆与之言心言性，舍多学而识，以求一贯之方，置四海之困穷不言，而终日讲危微精一之说……（《亭林文集·与友人论学书》）

顾氏显然是从孔学正宗出发，批评理学的空寂。而他针对时弊，力主“明道救世”，提倡学人之为学“非利己而已也，有明道淑人之心，有拨乱反正之事，知天下之势之何以流极而至于此，则思起而有以救之”（《亭林全集·与潘次耕札》）。与顾炎武同时的黄宗羲也提出“史学经世”的口号，他指出：“夫二十一史所载，凡经世之业，无不备矣。”（《南雷文约·补历代史表序》）王夫之亦认为史学的功用在于“述往以为来者师”，使“经世之大略”彰明昭著（《读通鉴论》卷六）。此外，王夫之论政，为了资治；论风俗，富于警世作用；论财赋，意在追究治乱兴衰之源；论学术，主旨在寻找政治之迹。可见，提倡经世致用，成为明末清初的一种学风。顾炎武的门人潘耒曾批评一般人误将顾氏之学仅仅看作考据之学，他说：“顾氏之学，经济实用之学也，如用之足以致太平。唯赞其考据之精，未知顾氏之意。”（《日知录序》）然而，清中叶的学界恰恰只继承和发展了顾氏的“考据之精”，抛弃了顾氏“明道救世”的主旨，以致考据学极一时之盛，经世精神则闇而不彰，其原因如章太炎所说：“多忌，故歌诗文史楛；愚民，故经世先王之志衰。”（《检论·清儒》）

救正清中叶这种沉溺于故纸堆的逃世学风的，是道光、咸丰间的经世学者龚自珍和魏源。龚、魏等人面对鸦片战争前后的社会危机，一反当日学者专事考证的媚古之习，力倡“以经术为治术”，留心社情政务，研讨本朝掌故之学、边疆及域外史地，为当时诸大政献计，谋求富强之策。龚、魏的学术，成为中国传统的经世之学走向睁眼看世界、救亡图存的近代新学的过渡形态和桥梁。

概而言之，以孔子为开端，儒学的经世传统沿着“内圣”和“外王”两个方向朝前发展，二千余年间，此伏彼起，却不绝如缕。其大略路径是：

孔丘 →颜回、曾参→子思→孟轲→韩愈→二程→朱熹、陆九渊→朱熹后学、王阳明

孔丘 →仲弓、子夏→荀况→董仲舒→王通→陈亮、叶适→黄宗羲、顾炎武、王船山→龚自珍、魏源、包世臣①

五、小　结

儒学经世及其两个走向彼此间的冲突和交融，既是中国封建社会各种矛盾运动的反映，又铸造着中国封建社会政治、经济、文化以至于民族性格的内在精神。例如，中国人具有一种执著的对国家民族命运的忧患意识（所谓“天下兴亡，匹夫有责”）；同时，又往往把道德的自我完善置于创造性的社会活动之上，这显然渗透着儒学经世两个走向的影响。

中国士人似乎普遍怀抱经世之志，但其中高者以天下国家为已任，“先天下之忧而忧，后天下之乐而乐”，为了挽救国家民族不惜抛头颅洒热血；低者则一味“求干禄”“觅仕进”，钻寻终南捷径，一旦成为“政要之官”，则只“知车马、服饰、言词捷给而已，外此非所知也”（《定庵文拾遗·明良论二》）。中国士人的这两种思想行径均与儒学经世传统有联系，都可以从孔子原教中找到渊源。

经世精神在近代中国各种政治派别中也各有运用和发展。一方面，近代中国的革新者和革命派，无不保有经世、救世的激情，打开康有为的公车上书，谭嗣同的绝命诗，孙中山的一系列政论，邹容的《革命军》，陈天华的《警世钟》《狮子吼》《猛回头》，那种贯注了新的时代精神的经世济民的古风便扑面而来。以戊戌变法和辛亥革命为代表的近代政治运动，从所承袭的文化思潮而言，固然与西学的刺激、熏染大有干系，但同时也与贯穿于两千余年间的经世济民精神（这一精神当然并不专属儒家）有着深刻的血肉联系。另一方面，近代中国某些统治阶层人物，如曾国

① 此表仅就儒学经世“内圣”和“外王”两个走向大略划分，并非指每一走向内部诸人的哲学路线、政治主张均相一致。

藩、胡林翼之类，也大有励精图治的经世精神。曾氏还在姚鼐“义理、考据、辞章”之外，加上“经济”一门，将经世致用之学提到重要地位。这显然也是儒学经世十分重要的一翼。

从学术本身而论，儒学的经世风格作为一种分工不细、各种学科尚未获得独立发展的经学传统的产物，把士人经世的渠道主要引向“仕进”一途，这对古代及近现代的中国知识阶层以至于广大民众的影响未可低估。理学虽然有意把哲学和伦理学从经学中离析出来，将思考宇宙本体的学者与治理政务的官吏区分开来，却由于抑制了实证科学的发展而陷入空疏；而反理学派固然洋溢着救世热情，并有发展政治学、经济学、社会学、军事学、历史学的趋向，但同样由于没有获得实证科学的有力支持而失之于笼统，他们在抨击心性之学与社会生活实际相脱节时，也只能沿袭“道、学、治”三位一体的古老传统，所谓“必内本于道德，而外足以经世”（《汤子遗书·黄庭表集序》）。因此，反理学派的经世实学中尽管包蕴着某些启蒙因子，但毕竟难以独立发展成近代新学。

（载于1986年第3期）

经典链接

子曰：“君子食无求饱，居无求安，敏于事而慎于言，就有道而正焉，可谓好学也已。”

——《论语·学而》

子曰：“君子谋道不谋食。耕也，馁在其中矣；学也，禄在其中矣。君子忧道不忧贫。”

——《论语·卫灵公》

漫谈《论语新解》

钱 穆

我开始写《新解》，是在 1952 年之春末。那时学校在桂林街；我开始讲《论语》一课，讲堂上有许多旁听的，此刻我们图书馆馆长沈燕谋老先生也是其中之一。沈先生携有一本美国新出版某氏的《论语》译本做参考。他说：他将逐条笔记下我所讲与此译本不同处，将来汇齐寄与原译人资其改正。但听过几月，沈先生的笔记停了。他说：相异处太多，除非从头另译。我为此，打动了作《新解》的念头。

普通读《论语》，总是读朱注。但朱子集注成书，距今已过七百年，有些我们应该用现时代的语言和观念来为《论语》作新解，好使人读了亲切有味，易于体会，此其一。清代汉学盛兴，校勘训诂考据各方面，超越前代甚远，朱注误处经改正的也不少，我们不应仍墨守朱注，此其二。各家改订朱注，亦复异说纷歧，我们应折中调和以归一是，此其三。我立意作新解，主要用心，不外此三点。

我刻意想写一通俗本，用最浅近的白话来写，好使初中以上学生人人能读。为求简要，把汉学家繁称博引的旧格套摆脱了——虽亦博综诸家，兼采群说，但只把结论写出，没有枝叶烦琐。我又模仿西方人翻译《新旧约》，把《论语》各章全用白话翻出，好使读者看了一目了然，再无疑义。这是我写新解的体例。先列《论语》原文，其次逐字逐句分释，又其次总述一章大义，最后是《论语》本文的白话翻译。

王贯之先生知道我草创新解，每两周便来把我写出的几章要去，分期刊载在他主编的《人生》杂志上。但我写了些时便停止了，一则没有整段的闲暇供我撰写，时作时辍，精力浪费，亦甚苦痛；二则我开始感到此书要力求通俗，也有弊病：遇义理精微处，定要用通俗白话来写，势难简洁，而且亦势难恰当；文字冗长，反不能开人思路，引人入胜；又不能把精微处扼要确切地表达。我想不如改用平易浅近的文言，收效会更好些。好在能读《论语》，其人了解文字之水准，必有相当基础。我不应在力求通俗上着意。因此我想待把捉得一段假期清闲，竟体改写。这一搁却搁下几年，我的冗杂有增无减，始终没有一段清闲的假期。

直到1960年，我有机会去美国，在耶鲁讲学半年。我事先计划，这半年，或许能使我继续撰写《论语新解》，但事前没有把握。我想若不能继续此一工作，我正好乘此机会学习说英语和看英文书。

我在一月二十六日抵达新港，隔一日，二十八日，正是阴历除夕，但在国外，全没有过年气氛。我和内人当天上街去逛书铺，选到一本现代历史哲学的论文选集。我匆匆看其序文和目录，深感兴趣，便买了；在二月六日上午开始阅读，八日开始授课，在十分冗忙不安定的生活中，到二月二十日，把那本现代历史哲学读完了。我又续看西方哲学书，从头顺着次序择要阅览。又到书铺买了苏格拉底和柏拉图两集，络续翻看。但我感到生活已逐渐上轨道，与其当小学生学读西书，还不如改变计划完成我的《论语新解》，对己对人，或许较有意义，较有贡献。如此心中往返打算，终于把这一问题决定下来。从三月一日起，把阅读西书的计划全放弃了，来继续《论语新解》的撰述。

《论语》全书二十篇，共四百九十八章。我先计算：倘每天能最低限度写出新解六章，每周以五天计；因周末和星期日，一则多应酬，二则我要拨出时间出门到处游览。如是每一月作四星期算，每星期作五天算，每天写新解六章，一月当可写出新解一百二十章。我预计在新港尚有四个月停留，到六月底，岂不把全部工作可告一结束了！但我又怕事先预定，并不能如此般乐观；因把在1952年所成旧稿共一百零二章，尽快先校读一过，略事修改，即直从第一百零三章开始。如是一面可以逐渐集中精神，把我的兴趣和注意力引起一头绪，一面又可减轻我工作分量四分之一，那就不致有失败。

我在三月一号和二号两天，打开旧稿，一面读，一面改，尽两日夜之力，把此一百零二章约略改过。三月三日起，正式继续写新稿。那天正逢大雪，竟日彻夜没有停。我已整整十二个年头没见过下雪了——只有1954年在日本东京临走前的一下午，寒雨中夹着些微薄雪片——今天见此大雪，心情十分愉快。窗外隔一马路，是一大停车场，到薄暮时分，近百辆汽车全没入大雪堆里去；近窗有两株矮树，到深夜也全给大雪淹没了。自晨至夜，门外冷清清没见人过；我夜间，学校本有两堂课，也借此告了假。那是我开始写此新稿，最值得纪念的第一天。

那天，我上午写成新解六章，下午续成四章，夜后又续成一章，一整天共得十一章，已超出我预定计划几乎一倍。此后我在日记里，把每天所写新解，上午几章，下午几章，夜几章，必详细记下；每周一结算，本周共写新解几章，来督促我自己莫把此工作懈怠了。自然也有一天写不到六章的，也有整整一天或连续几天不写的。但我越往后，精神越集中，时间安排越能活泼有条理。有因当天有事，赶一清晨，在早餐前写出一两章；有因应酬，或出门游览，而归后尚有余力熬一深夜，补写上一两章的。最多的一周，写过六十二章；最少的一周，只写九章。到五月二十八日起程去哈佛，我已只剩《尧曰》一篇，但无论如何是赶不完了。待哈佛归来，在六月十三那天，算把《尧曰》也补完了。但我把上论《乡党》一篇跳过没有解；十四日起，再补解《乡党》，到十八日竟体完毕。合计新旧稿共得一千四十三页。以篇幅计，当得二十五万字；在新港所成，当合二十万字。实算字数，全部应该不超出二十万字；新港所成，约合十五万字上下。幸而我的全稿到此完成，此下在离新港前，又是一大段忙乱，实也再无从下笔了。

我在七月一号离新港，漫游美国东西部，又去加拿大，再赴欧洲，于十月上旬，改变了全部游程，径返香港。我早知道一返香港，生活又会冗杂；因此只有将《新解》的全部初稿，在美国一气赶成，留待返港后再零碎络续修订。

我在是年十一月，卜居沙田，地僻较闲，到寒假，又把《新解》全稿拿出再整理。我写《新解》虽说是义理考据辞章三方兼顾，主要自以解释义理为重。虽说不墨守朱注，主要还是以朱注为重。我此次补订，先把《朱子语类》关于《论语》的几卷，通体细读一过；因《语类》在朱子注《论语》以后，有些处和他初注《论语》时见解有不同。有些见解不断有改变，但可惜有许多重要异同，不能放进我的《新解》里面去。这是为著书体例所限。我为《论语》作新解，只重在解释《论语》原文之本义；其引申义、发挥义、相通义乃及其他问题，并非不重要，但不能阑入我《新解》中。我逢初稿应修改处逐条修改以外，其余意见，曾写了一篇《从论语朱注论孔孟程朱思想异同》，刊载在美国出版的《清华学报》上。

我读完《朱子语类·论语》之部，将我《新解》有关各章再有所修改外，又将我《新解》全稿逐篇逐章细读一过。觉得我全稿前后文体尚有不纯，尤其是最先完成的一百零二章，在美国只匆匆修改了两天，显与此下文体有不类。而一百零二章以下之最先几十章，其文体也和前一百零二章较近。较后则文体较为简净，因此又把全稿的前半部在文字上多加了一番删润。

据我经验，著作草创固不易，而成稿后要自己修改则更难。因人有成见，总认为自己写的又对又好，要发见自己的不对不好处，岂是容易之事！只有一法，且把自己成稿暂搁下，待时久淡忘，再取来，如看别人著作般平心细读，庶可发现出自己一些毛病。我自将《新解》全稿通体阅读一过之后，又把束搁在一旁，约摸过了半年多，我想再读一过。此次再读，我把王船山的《四书大全说》中《论语》的一部分先读，因船山阐说义理，颇有能超出宋明儒之外的，而又为此下清儒所未见。但可惜我读船山《四书大全说》也如读《朱子语类》般，所获许多意见无法插进我《新解》中，我只逢可修改处修改一些。我又乘兴读了船山的《四书大全说》中《孟子》《大学》《中庸》之部，写了一篇《王船山的孟子性善义》，刊载在香港大学金禧典礼东方文化研究所之论文集。

如是我又把《新解》全稿搁置。适逢杨联升先生自美国哈佛来，我在新港时，他早知道我在写此稿，我到哈佛也曾和他畅谈过；因此把全稿请他在旅馆中为我看一遍，遇有意见，我嘱他批注在眉端。那是去年四月、五月间事，杨先生自香港去日本，我开一书单，托他在日本代买几部日本学者的《论语》注做参考。杨先生把书寄来了，正值暑假忙过了一阵，我又想再把我的《新解》全稿细细读一过。其时已值八月下旬，我把家中书房和客厅对调了一下，书房扩大了，我好静下做工夫。那知九月一日大飓风来了，沙田受灾严重；我家大门吹开了，大门旁的新客厅风雨纵横，受打击最重，新书房的屋顶也掀破了，大雨直注，我冒着险，从走廊冲进书房，把我的《新解》全稿抢救了。幸而我事前把客厅和书房对调布置过，否则若我原先把此稿放在旧书房，可能风吹漫天飞，全散失了；可能雨打成烂纸，钢笔原稿和原子笔的改稿，全模糊不易辨认了。

经此飓风为灾，我家搬下楼去，在别院住，我放一大书桌在楼上原来卧室中，桌上只放我《新解》全稿，及从日本买来的几部新的参考书；我只要不到学校办公，便一人踱上楼，静心做我对此稿最后一次的校阅。这是我三年前离开新港后，又一次意外获得了一个好环境。至今回想，1960 年 3 月 3 日在新港的大雪，1962 年 9 月 1 日在沙田的大飓风，和我从事撰著此书先后结不解缘，正好遥相映照，留做我私人的一番回想和纪念。

我从日本买回来的三部书，第一部是伊藤仁斋的《论语古义》，第二部是物茂卿的《论语征》，第三部是安井息轩的《论语集说》。这三部书正好代表着日本学者治“论语学”的三阶段。东瀛学风，本和我中国息息相通。伊藤仁斋的书，笃守程朱理学家言。物茂卿的书，则相当于我们自王船山下至毛奇龄与戴东原，有意批驳宋儒，力创新义。到安井息轩则受清代乾嘉以下汉学家影响，实事求是，在训诂考据上用力，而重返到汉唐注疏古学上去。我按着三书先后次序，逐章分看，正如把朱注《论语》下到近代数百年来中国学术界汉宋之争的旧公案，重新在心头温一遍。我如此般读过一章之后，在心中对此一章自然会浮现出一番见解来。然后我再把自己原稿翻出再读，有的是我此刻心上所浮现出的新见解，和原稿见解还是相同，那就算把我原稿通过了；也有的是新旧见解大体相近，只要在字句上稍加增删便过去；也有时发现我原稿见解，或许因当时参考材料出此三书之外，或许我当时思索较之当前更细密，更周详，而认为原稿意见实是胜过了我此刻的意见的，那真是一番喜悦，而且是喜出意外似地叫我高兴；但也有时，我发觉原稿旧见解和我此刻的新见解正处在相反之两端，那就为难了，不得不为此一章从头再作深思。本来《论语》尽多异解，我以前是主从甲说的，现在又想从乙说，其间取舍抉择，煞是不易。有的经过内心私下再三思辨，终于舍弃了旧见解改从新见解了。亦有的经过再三思辨，终于决定仍从旧见解，而放弃了新见解。但也有已从新解，再经几天思考，又改从旧说的。也有已留旧说，再经几天思考，又改从新见的。也有几章，在自己新旧见解冲突、异说纷歧、十分难解之际，而忽然悟出一番新义，自谓能超出以往旧见，更有新得的，那又是一番喜出意外的喜悦。直从九月十日到十一月，那三个月中，我常一人，或半天，或全天，独坐空楼，已凉天气未寒时，下帘寂寂，至今回味，仍感到乐趣无穷。

到十二月，破楼修理完竣，我们把家再迁回楼居，但那时我的《新解》全稿，早已校读完毕了。照理，我该可把全稿付排了。但我想，此稿付排，我仍有最后一次的校字工作可做，或许到那时又可能发现几许错误应改正处。若此刻即去付排，我正满怀欢喜，怕不易发现自己错处。因此决定将此稿再压几个月，待我对此稿的心情冷一些。在 1963 年暑假前开始发排，果然，仍发觉有许多文字义理未妥须修改。中间我去台北一个半月，此稿的排样亦邮寄台北去。这一个半月，台北天气极热，我在旅居生活中，又极忙乱；但校此稿，又有两章，彻头彻尾改动了。直至此刻，全稿也校过十分之八，尚余十分之二未校；但因前面改动，牵涉后面，至少后面有一章未校的，临校时，我将添进两句，而此两句则是颇关重要的。默计全稿，我在此次最后校字时，又已改动了十章左右。可见过些时，说不定，又会发现需改动处。但对此稿，我总算已尽我心力。一待正式出版，我想再要由我自己来发现错误，其事当更不易，则只有希望读我的书的人多了，自会有好意见络续来告诉我，我且留待此稿再版三版时，再有所订正吧！

以上叙述《论语新解》完成之经过，以下略告读者所应注意之一点。去年我写《论语读法》，已将读《论语》应注意处约略提及；此下则专就此一点言。

王贯之先生知道我《新解》已付排，他来要一份清样，他说将择要分期刊载于《人生》杂志，为吾书做介绍。我想书已付排，出版在即，何必再浪费《人生》宝贵之篇幅！但贯之意极诚，来索再三，不得不应。待《人生》各期把《新解》择录刊出，我也按期翻阅，一面心佩贯之做事不苟，所摘录的确也花了一番心。但另一方面，我别有感想，便是此下所欲申述者。

一般人总爱说儒家思想或孔子哲学，当然《论语》是关于此方面一部最重要的书。但我常感到中国思想，其从入之途及其表达方法，总与西方的不同。西方一位大哲学家的思想总见其有线索，有条理，有系统，有组织。他们提出一问题，关于其所用之名辞与观念，必先有一番明确的界说；他们讨论此问题，千回百折，必有一项明确的结论。读中国书便不然。即如《论语》，颇不见孔子有提出问题，反复思辨，而获得结论的痕迹。若我们依着研究西方哲学的心习来向《论语》中寻求，往往会失望。

读《论语》的，都认为孔子思想主要在讲仁与礼。但孔子对此两名词根本不见有何明确的界说。直要待朱子作注，才为此两名辞定下界说来。朱子说："仁者，爱之理，心之德。"又说："礼者，天理之节文，人事之仪则。"朱子是经千锤百炼而始定下此两个界说的。朱子所定下的界说，虽非无当于《论语》原文之本义，然而朱注所下界说，实比《论语》本文使读者有更难体会之苦痛。若我们真要把此"爱之理，心之德""天理之节文，人事之仪则"十六字，细细咀嚼，便会发觉其中比《论语》本文所论远为深广。由此十六字，可以引申出更多问题。而此等问题，在我们读《论语》时，实暂可不必理会。而且若非细读朱子书，对此十六字之内涵意义，亦实难确切了解。我们为一书作注，其用意本为使读者对我所注书之本文增加其简易明白之感；而朱注则有时似为《论语》增添出许多晦涩艰深反而难理解处。要之在宋代理学盛行时，不能无朱注。在我们此时，时代变了，则不能不在朱注外来另作一新注。

我们若要问：《论语》中对仁字礼字究竟提出了何项问题，获得了何项结论？那就更模糊了。似乎孔子平日讲仁讲礼，根本上没有提出什么问题，因而也不见有什么结论之获得。我们读《论语》，每章每句，都像是一种结论。试问在西方，一个思想家，那有如此轻易获得结论的？如此般的思想，又那得成为一套哲学的思想？

但上面这许多话，其实对《论语》是无伤的。我们把研究西方人哲学思想的头脑来研究《论语》，则每易于《论语》中提出许多不成问题的问题来。主要在于东西双方思想从入之途不同，因而其表达方法也不同。读《论语》，应该依照孔子的思路来读，才能于孔子有了解。今试问孔子思想究从何路入？这一问题，其实在《论语》里是表现得明白可见的。思想从入之路不同，因此其表达方法也不同。孔子思想之表达方法，也即在《论语》里明白可见。因此我们只该从《论语》本书来了解孔子思想，不该先自束缚在西方哲学之格套中来寻求。

让我们从最浅显处看，《论语》中孔子论仁，有许多话只是就人就事论。孔子只就人与事来论仁，并不见有超越了人与事而另提出一套近似于哲学玄思的仁的问题来。如云殷有三仁，微子箕子比干。又说，伯夷叔齐求仁而得仁。又说：管仲相桓公，九合诸侯，不以兵车，一匡天下，民到于今受其赐，即是管仲之仁。又有人问管仲，孔子说：人也，夺伯氏骈邑三百，饭疏食，没齿无怨言。本章人字，亦有人说即是仁字。又如说令尹子文是忠不是仁，陈文子是清不是仁，子路冉求公西赤皆不得为仁。宰我欲短丧，是不仁。凡此之类，皆专指某一人而分辨其仁与不仁。今若问何以微子箕子比干伯夷叔齐管仲都是仁？何以令尹子文陈文子子路冉求公西赤宰我都不得谓是仁？我们要在此等处研究，便知对此诸人至少该略有所知，不能说此等处只是孔子在批评人物，与其哲学思想无关，可以搁置不理。

又如孔子答弟子问仁，告颜渊则曰“克己复礼为仁”；告仲弓则曰“出门如见大宾，使民如承大祭；己所不欲，勿施于人。在邦无怨，在家无怨”为仁；告司马牛则曰“仁者其言也讱”；告樊迟，则曰“仁者先难而后获”。又曰：仁者“爱人”。又曰：仁者“居处恭，执事敬，与人忠”。告子张则曰能行“恭宽信敏惠”五者为仁；告子贡，则曰“居是邦也，事其大夫之贤者，友其士之仁者”为仁。这些处都是说如此行事乃为仁，不如此行事则非仁，或不是仁。就事而论，也如就人而论，义实相通，无大分别。在行事之背后必然有一人，孔子批评人，也只就其行事而批评。在此处，可见我们要了解孔子仁字真义，应该从那许多行事上去体会。如我亦能爱人，亦能居处恭，执事敬，那我也可依稀仿佛想象到孔子教人以此仁字的一番体段与境界。

又如孔子平日论仁，说“能好人，能恶人”为仁；“仁者乐山”；“仁者静”；“仁者寿”；仁者“己欲立而立人，己欲达而达人”；“仁者不忧”。又说“刚毅木讷近仁”；“克伐怨欲不行”，不得即以为是仁。又说：“仁能守之。”又曰：“巧言令色鲜矣仁。”此等亦都是就事而论；只不是具体专指某一事而已。由上可知，我们总不能舍却人生实际行事来求了解孔子这许多话，乃及其所提仁字之涵义。

以上专举仁字言，若礼字则不用更多举。如何行事始是礼，如何行事即非礼；何人算能知礼，何人便是不知礼不守礼。凡属《论语》中讲礼处，全从具体的实人实事来讲，更是显而易知。

我们再从此推说，便知全部《论语》多是在讲具体的实人和实事。若忽略了《论语》中所讨论到的具体的实人实事，则全部《论语》所剩无几。我们尽可说，全部《论语》都为讨论这些具体的实人实事所包括了。因此我们可以说，中国儒家思想主要是在具体的人和事，而孔子《论语》则为此下儒家思想之大本原所在。即如宋明儒言义理，其实也只紧扣于具体的人和事上而来讨论其义理之所在。若抽离了具体的人和事，超越了具体的人和事，凭空来讨论思索，那便近于西方哲学思想的格套。

因此，我们可以说：中国思想，尤其是儒家思想，主要是从具体的实人实事上思入的。及其表达出来，亦仍大体不脱离于具体的实人实事。先秦如是，汉唐诸儒亦如是。后来宋明理学家言大体还是如是；而大本大原则在孔子之《论语》。

我们若明白此意来读《论语》，自应更多注意到《论语》中所提到的许多具体的实人实事，却不应凭空思索去求了解。因此，讲求孔子思想，不宜脱离人事。我们自己的思想，若要遵从孔子道路，也该从具体人事做出发点。近人都已说中国思想是一种人文思想，也便是此意了。

正因为如此，所以读《论语》，若在解说义理或思想上有争辩，势必牵涉考据。考据工夫，正为要确切明白《论语》中那些实际的人事；此乃孔子思想及其所指示的义理之具体背景与主要对象。清儒刻意要来反对朱子的《论语注》，最先也是在义理上争辩，但精而求之，便不得不转入于考据。此亦是一种大势所趋，自然会走上这条路。其实朱注《论语》也何尝不经一种考据。如今硬要把义理分作两项，认为考据便无当于义理，那就又是一条岔路，不可不辨。

现在再进一步说：既然孔子的思想和义理都扣紧在人事上，因此读《论语》，也并不能专注意仁字礼字等许多字眼。换言之，《论语》中凡牵涉具体人和事的，都有义理寓乎其间，都是孔子思想之著精神处。要懂得如此平铺用心，逐章逐句去读《论语》之全部，才见孔子思想也有线索，有条理，有系统，有组织；只是其线索条理系统组织与西方哲学有不同。

因此我的《论语新解》，逐章逐句逐字都要解，任何一字一句一章都不敢轻易放过。我作新解的用意，只在求能帮助读者获得些方便去了解《论语》本文；并不是要自创一说，或自成一家言。离开了《论语》原文，我的新解便更无少许剩余的独立价值可言，那便是我的成功，那便是我作新解时所要到达的一个理想境界。当然我知道我还未能到达此境界；尤其在每一章后综述大意，总难免有浮辞删削未尽之感，但我总算是向此理想而努力的。

其实我此一种解《论语》的方法，乃完全遵依朱子成法。从来注《论语》，善言义理，亦莫过于朱子。但朱注中的剩余独立价值仍嫌太丰富。此亦不得怪朱子，因朱子时代，乃是一个理学盛行的时代。朱子之学，近承二程，乃由二程而追溯到孔孟。遇二程之说有与孔孟分歧处，好像朱子总不肯完全抛开二程来直解孔孟。其注《论语》，如“获罪于天”，如“性相近”，如“孝弟为仁之本”诸条，本是极平易，而解成极艰深。又如“吾与点也”一语，本可不烦多解，而朱注花去了近四百字，发挥出一番大理论。后儒从此等处来批驳朱注是应该的。但朱注终是善言义理。朱子之善言义理，并不在乎此等凭空独标新义处，也不在我上举如其解仁字礼字十六字之千锤百炼处。朱注之所以为善言义理者，则在其凡遇《论语》所及实人实事，其中所涵义理，朱子最能阐发得细腻而熨帖。但朱子终是带有宋代理学一番极浓厚的气息，我不是说宋代理学无当于孔孟原意，我之作新解，乃是要冲淡宋代理学气息来直接作解，好让不研究宋代理学的人也能直接了解《论语》，由此再研究宋代理学，便可以迎刃而解，更易契悟。

朱注对《论语》所牵涉的实人实事，也有些处考据不及清儒之密细，因此其所阐发的内涵义理也便不免有差失。但清儒说《论语》，究竟太求在考据上见长，而忽略了《论语》本文中所涵之义理。因此读清儒说《论语》，乃只见有考据，不见有义理，既近买椟还珠之诮，亦陷于歧途亡羊之失。

《论语》中最难读者，有些处，虽亦是实人实事，而考据工夫则用不上。因此其内涵义理亦更难把捉。臆测无准，异解歧说多由此而起。我上半篇自述作新解，有改了再改、终难决夺的，亦以此等处为多。

今试举数例略说之。如“射不主皮”章，此显属一实事，古注及清儒都注意在考据上；唯朱子独侧重在义理上，再从义理来另作考据，遂使朱注对此一章独为卓越。又如“鲁人为长府”章，此又属一实事。孔子盛赞闵子骞言必有中，可见此章中，必涵有一番义理。但朱子未曾将鲁人为长府一事细考，则注文所阐发，近是望文生义，有类臆测。而清儒所以胜过朱注，有不可不加意采纳者，则多在此等处。又如“阙党童子将命”章，究竟是孔子使此童子将命，抑是阙党之他人使此童子将命？此属一琐事，无从考据。但孔子使此童子将命，与阙党之他人使此童子将命，事终有别。事不同，而事中所蕴义理亦不同。故要阐述本章义理，势必先肯定本章之事实。朱注说此章，乃肯定其为孔子使此童子将命，本此而阐说，其所说义理自佳。后儒遵朱注再加发挥的亦有。然亦有异说，认为乃阙党他人使此童子将命。所以持此异说，亦有其一番理由。于是为求解说此章之真义，乃不得不由作注者胸中自有一番义理来做抉择。此章虽属小节，然他章有不是小节而与此章类似的，那就更费斟酌了。

又如“子路问成人”章，孔子意究谓是须兼有臧武仲、孟公绰、卞庄子、冉求此四人之长，而再加以礼乐之文，而始可以谓之成人否？朱注是如此说。然或说则从下文亦可以为成人之“亦可以”三字，谓可见只具一人之长已足，不是要兼四人之长。但朱注亦未尝不注意到此“亦可以”三字；故曰“亦之为言，非其至者”“若论其至，则非圣人之尽人道不足以语此”。此章实极关大义，非“童子将命”章可比。然欲定此章之真义，考据训诂之为用皆有限，非作注者自有一番义理做抉择不可。朱注之所以独出古今者正在此。由此可知我们固是要读《论语》来通义理，但亦要通了义理再来读《论语》。读了《论语》再来读群书，此是初学者的门路如此。但又要读了群书再来读《论语》，此则是成学者之所当务。此层尤不可不知。

故知读《论语》，每章各有一番义理可寻，不得谓遇孔子论仁论礼诸章始有义理，其他各章可以搁置不问。而每章尽多异说，多见一异说，即多触发自己一番义理见解，切不当囿于一先生之言。但异说终当定于一是，此所谓一是，即指《论语》原文之本义言。求《论语》本义，则主要须用考据训诂功夫，否则尽说得义理高明，却可与《论语》本义有背。然亦有时，考据训诂无可用，非用读者自己识见不可，否则终无以通《论语》之本义。故读《论语》，有易读处，有难读处，学者贵能由易及难。但今为《论语》作解，则难处易处全解了，此则贵学者之善自研寻。我作此新解，每多存异说，而于异说中必求抉择一是。我之识见果足以胜此任否，唯有更待读吾书者之再做辨认。我所谓读《论语》必义理考据辞章三者兼顾，而义理则更其要者，其意亦在此。绝非谓不顾考据辞章而可以凭空求得其义理之所在，更不谓求义理者，只挑读《论语》某几章已足。此意极关紧要，不得不在此郑重提出。

今贯之先生为我选载于《人生》杂志之诸章，似乎都选载些近似于凭空发论者，又多载我在此一章之后综述其大义者。择要诵读，固亦是读书之一法。专心先求大义，且置考据辞章之琐末，此亦未可谓非。但若专一从此路进，则又近于只要讨究孔子所抱之一番哲学思想，而非研寻孔子所提示之人生义理。如是则仍似把孔子看成一西方哲学家般，此处差之毫厘，是会谬以千里的；读《论语》者不可不戒。程子说：如读《论语》，未读时是此等人，读了后又只是此等人，便是不曾读。又说：读《论语》，有读了后全然无事者，有读了后，其中得一两句喜者，有读了后知好之者，有读了后直有不知手之舞之足之蹈之者。程子此两番话，只有从人生义理上去读《论语》，始可了解得。若真了解得须从人生义理上去读《论语》，则自然会遵从朱子所说，平铺读，循序一章一句读。且莫认为《论语》说到仁字处在讲仁，不说到仁字处即与仁无关。更莫认为训诂考据工夫，便就与义理无关。至于我之《新解》，以则只求为读《论语》者开一方便，一切全只是筌蹄，实不足重。我怕读者把我的《新解》太重视了，那就罪过之极；因此特郑重在此提及。

（载于 1986 年第 3 期）

漫说“西体中用”

李泽厚

在毛泽东逝世和“四人帮”垮台后，理论、学术、文化界所掀起的两次思想浪潮，都使人回想起“五四”。一次是关于启蒙、人道、人性的呐喊和争论，一次是最近两年关于中西比较的所谓“文化热”讨论。

的确很热。从北京到上海，从官方①到民间，从研究生、大学生到老学者、老教授，统统出场。各种讲习班、研讨会此起彼落。

这是怎样发生的呢？难道历史真如此喜欢开玩笑，绕了一个大圆圈，又回到了原来的起点？时间已经过去了七十年，难道今天二十几岁的青年还要再次拾起他们的祖父甚至曾祖辈们的问题看法和选择去思索、去争辩？1949 年中国革命胜利时，毛泽东曾总结过近代中国“向西方学习”的历史。今天所谓的“文化热”却是在惊醒了“最高最活的马克思主义”和“世界人民的革命灯塔”的迷梦之后，重新痛感落后而再次掀起“向西方学习”的现实条件下产生的。因此，冷落多年的中、西、体、用之类的比较又重新被提上日程。

一、“中体西用”的由来和演化

要了解这种中西文化比较，便得追溯一下百多年来“西学”东渐的基本遭遇。不少人指出，西学东渐或“向西方学习”经历了科技—政治—文化三个阶段，亦即洋务运动—“戊戌”“辛亥”—“五四”三个时期。由船坚炮利振兴实业以富国强兵，到维新、革命以改变政体，到文化、心理的中西比较以改造国民素质，人们今天认为这是历史和思想史层层深入的进程。其实，戊戌变法前夕，湖南的保守派曾廉早就如此概括过：“变夷之议，始于言技，继之以言政，益之以言教，而君臣父

① 1986 年 5 月上海文化战略会议上，市委第一书记、中宣部部长、文化部副部长出席，见《解放日报》《文汇报》。

子夫妇之纲，荡然尽矣。君臣父子夫妇之纲废，于是天下之人视其亲长亦不啻水中之萍，泛泛然相值而已。悍然忘君臣父子之义，于是乎忧先起于萧墙。”（曾廉《上杜先生书》，《鄃庵集》卷一三）这主要是针对当时谭嗣同、梁启超在湖南宣传民权平等而言的。曾廉看出，如果鼓吹西方这些文化思想，就将从根本上破坏中国传统的“君臣父子夫妇”的纲常伦纪，这是非常危险的，本来为抵抗外侮而做的变革将首先在内部引起动乱。

不能不说这位保守顽固派的眼光锐利，但他言之过早，因为当时康有为、谭嗣同等人活动上和思想上注意的焦点，主要仍在政治，即进行变法维新的政治体制的改革。以后的革命派也如此。他们还没有从根本文化心理上来动摇传统的打算。即使如此，“向西方学习”过程的本身在客观上就带来了一个如何对待和处理中西文化即中学西学的关系问题。

在“言技”阶段，问题比较简单。“西学”不过是些声光电化、工厂、实业。顽固派是坚决反对的，认为这些东西是“奇技淫巧”、有害人心，应该坚决拒绝，因此在他们那里就没有中学西学的关系问题，只要统统排斥西学就行了，但对洋务派以及后来的改良者们有这个问题，即如何安排这两者。改良派的先驱冯桂芬最早提出：“以伦常名教为本，辅以诸国富强之术。”（《校邠庐抗议》）他的所谓“富强之术”便主要是“制洋器”重格知，而且不仅承认船坚炮利不如人，还开始承认“人无弃才不如人，地无遗利不如人，君民不隔不如人，名实必符不如人”，从而要求适当改革内政：扩大士绅权力，改革赋税，精简官吏等。以后，19 世纪 70 年代的王韬、马建忠、薛福成，80 年代的郑观应、陈炽等人，努力把这种学习西方、改革内政的要求向前逐步推进，除了工艺科技之外，在经济上提出扶助民间资本，“振兴商务”，开办近代工业，在政治上提出从法律上保护民间资本，实行西方上下院代议制度，在文化上提出废科举办学堂等。但他们仍坚决排斥西方资产阶级社会政治的理论思想，无保留地拥护中国传统的“纲常名教”。他们认为西方的工艺科技以至政法制度只是拿来便可用的“器”；至于维护中国自身生存的“道”和“本”，则还是传统的“纲常名教”。他们说：“盖万世不变者，孔子之道也。”（王韬《易言跋》）“取西人器数之学以卫吾尧舜禹汤文武周孔之道。”（薛福成《筹洋刍议·变法》）“道为本，器为末；器可变，道不可变；庶知所变者，富强之权术而非孔孟之常经也。”（郑观应《危言新编·凡例》）“形而上者谓之道，修道之谓教，自黄帝孔子而来至于今，未尝废也，是天人之极致，性命之大源，亘千万世而不容或变者也。”（陈炽《庸书·自强》）“中国之杂艺不逮泰西，而道德、学问、制度、文章，则夐然出于万国之上。”（邵作舟《危言·译书》）……总之，他们几乎一致认为，中国的纲常名教等“圣人”的“道”“本”是不可变易的，而且优越于西方……虽然在具体政治上开始具有开议院行立宪的要求，但在理论上完全自相矛盾（他们没有也不能觉察这矛盾）地排斥和反对的正是作为西方代议制度理论基础的资产阶级的自由平等的思想学说。用郑观应的话来概括就是：“中学其本也，西学其末也，主以中学，辅以西学。”（《盛世危言》）这也就是后来在维新变法高潮声中，洋务派大理论家张之洞所提出来的“中学为体，西学为用”的著名的“中体西用”说。张之洞在《劝学篇》中正式概括为：

不可变者，伦纪也，非法制也；圣道也，非器械也，心术也，非工艺也。……法者，所以适变也，不可尽同；道者，所以立本也，不可不一。……夫所谓道、本者，三纲四维是也……若守此不失，虽孔孟复生，岂有议变法之非者哉？（《劝学篇·外篇·变法第七》）

中学为内学，西学为外学；中学治身心，西学应世事。……如其心圣人之心，行圣人之行，以孝弟忠信为德，以尊主庇民为政，虽朝运汽机，夕驰铁路，无害为圣人之徒也。（《劝学篇·外篇·会通第十三》）

可注意的是，第一，“器”在这里已不仅是指工艺器械，而且包括某些政经体制，即政经体制也可以改，但“道”绝不可变。这“道”指的便是伦常纲纪，即封建专制的政治制度和家族本位的社会秩序。因此，所谓“法”可变，便必须限制在不破坏、不动摇、不损害这个根本制度和秩序的范围和限度之内。第二，这个“道”“本”是与“孝弟忠信”的个体的道德修养联系在一起的，所以，它是“治身心”的“内学”，不同于应付世俗外事的西学。这两点合起来，就正是中国儒家传统的所谓“内圣外王之道”，只是现在这个“外王”要“辅以西学”“西政”就是了。但由“内”而“外”，先“内”后“外”，“内”为“主”“本”、“外”为“辅”“末”仍是一贯的。这确乎是忠于儒学孔孟的基本原则的。

儒学孔孟千百年来建立起来的权威性，它在人们（主要是士大夫知识分子）心中所积淀下来的情感因素和维卫力量，确乎极其巨大。所以，康有为、谭嗣同等尽管已大不同于上述那些人，接受了民权、平等、自由等西方观念、思想，但也要打着孔子旗号来“托古改制”。康有为不必说，连急进如谭嗣同在痛斥三纲五伦，提出“数千年来三纲五伦之惨祸烈毒，由是酷焉矣”“像谈变法而五伦不变，则举凡至理至道，悉无从起点”（《仁学》）等时，也仍然要假借孔子的名义，即以“仁”代“礼”把西方近代自由平等博爱观念勉强纳到中国古老传统的格局中去。中国传统的肯定性的认识和情感在他们那一代人心中的积淀是那样强大，他们完全相信孔子和中国传统中仍然有许多与西学完全符合一致从而非常适合于改革的东西，所以他们总是想尽量发掘、表彰、附会中国传统中的任何民主、平等、自由的观念，他们尽量抬高从孟子到王阳明、黄宗羲的思想主张，在他们这里，所要提倡、宣传、传播的“西学”是与传统的“中学”混合“杂揉”（梁启超语）在一起的。从而，中学西学的根本差异，在他们那里便远没有被清楚地揭示出来。

直到“五四”新文化启蒙运动，情况才有了根本变化。“西学”“中学”的根本对立和水火不容才被凸显出来，“打倒孔家店”的呼喊的重要意义也就在这里。陈独秀喊出伦理的觉悟是最后觉悟的觉悟，要求打倒忠、孝、贞（操）等一切旧道德，胡适提出“全盘西化”，要求“死心塌地的去学人家，不要怕模仿。……不要怕丧失我们自己的民族文化”。鲁迅说少读或不读中国书，激烈抨击着种种所谓中国的“国粹”，吴虞接着鲁迅大讲孔学吃人：“孔二先生的礼教讲到极点，就非杀人吃人不成功，真是惨酷极了。一部历史里面，讲道德说仁义的人，时机一到，他就直接间接的都会吃起人肉来了。”（《吃人与礼教》，《新青年》第6卷第6号，1919年11月1日）总之，传统必须彻底打倒，中学必须根本摈弃，中国才能得救。

这个“五四”新文化启蒙运动一开始就有其强有力的对立面，这个对立面实质上是承继着张之洞“中学治身心”“中学为本”的传统，以梁启超、梁漱溟、张君劢、章士钊等人为代表，提出了中国的“精神文明”或“东方文明”的优越性，并引起“科学与人生观”的著名大论战。如前几篇文章所已指出的，前一派可说是西化派，这一派可说是国粹派。如果说前一派的好些人（主要是年轻一代）后来日益走向马克思主义，那么后一派则变化发展为中国文化本位派和“现代新儒家”。尽管这种分野具有某种政治的性质和成分，但它毕竟又是文化思想的。在中国近现代，文化、思想总与政治结下不解之缘。

现在看来，在各种议论中，陈独秀当年突出“西学”与“中学”的根本区别，把这区别归结为“个人本位主义”和“家庭本位主义”，应该说，是相当尖锐而深刻的。至今为止，在种种文化心理现象中，大到政经体制，小到礼貌习惯，都可以清楚看出这种中西的差异。我在《中国古代思想史论》一书中曾指出：“就在称谓和餐桌上，便也可说是一‘名’一‘实’地在日常生活中把这种以血缘亲属为基础的尊卑长幼的等级秩序，作为社会风习长期地巩固下来了。”（第299～300页）中国号称“礼仪之邦”，中国王朝和中国人素来以“礼仪”来标榜自己的传统特征，“礼”首先来源于公物的分配。荀子说：“礼起于何也？曰：人生而有欲，欲而不得，则不能无求，求而无度量分界，则不能不争。争则乱，乱则穷。先圣恶其乱也，故制礼义以分之，以养人之欲，给人之求。”（《荀子·礼论》）“礼”本来就是为制定一定的规矩秩序即所谓“度量分界”来分配食物，制止争斗，满足人们生存需要而出现而产生的。中国人却把这种原始秩序长久地彻底地一直贯彻到饭桌上来了，并且成为一种规矩、仪容、礼貌。中国传统要求在饭桌上也必须“长幼有序”“主客有别”，要求控制或节制自己的食欲以循规蹈矩，不予放纵。本来，“从儿童心理学看，服从社会指令（普遍性、理性），克制自然需求（个体性、感性），不为物欲（食物）所动，也正是建立道德意志，培育道德感情的开端。”［《批判哲学的批判（修订本）》，第309页］中国传统的确把这个方面极端地扩充了，中国哲学之所以成为伦理学，确乎与这种“制礼作乐”的现实传统直接相关。即它不是发挥思辨的认识论，而成为规范行为的伦理学。

在“称谓”上也如此。中国传统“称谓”的繁密细致说明这些区划的必要性和重要性，以示远近、别亲疏，如叔父、姑父、姨父、舅父，如堂兄弟、姑表兄弟、姨表兄弟……便各有区别。林黛玉比薛宝钗对贾宝玉更亲，因为林贾是姑表而薛贾是姨表，父系亲戚的地位自然更重要，叔父姑父之于姨夫、舅父亦然。而叔父比姑夫又更亲一些，因为同姓重于异姓，男重于女。与前述的吃饭一样，中国传统的这种尊卑长幼的秩序规定（“礼”）已浸透到中国人“习焉而不察”的整个文化心理结构中去了。这在西方是没有的。在西方，人人都是上帝的儿子，在上帝面前所有世间的尊卑长幼都平等地接受最后的审判，在中国，人不相信上帝审判或来世天国，于是，人执着地从理智到情感、从现实到观念，都处在这个细密复杂的人世的伦常关系网络中。我是谁？我是父之子，子之父，弟之兄，妇之夫……人的存在和人的本质就在这网络之中。人只是关系，人的“自己”不见了，个性、人格、自由被关系、“集体”、伦常所淹没而消失。人被规范在这种“社会关系的总和”中。他（她）的思想、情感、行为、活动都必须符合这“社会关系的总和”的存在或本质。于是，父有为父之道，子有为子之道，此即“道在伦常日用之中”。没有脱离人世的“道”，“天道”也不过是这“人道”的同构而已。这与西方认为有独立于人世的宇宙自然、有超越世间的主宰上帝、有自然律，是大不相同的。

不仅如此，就在日常生活的一般习惯中，例如，见面打招呼，不是“早上好”，而是问“吃饭了没有？”路上打招呼，不是说“今天天气不坏”，而是问“到哪里去？”……这些在西方人也许会觉得“干预私人事务”的风俗，在中国却正是行之久远表现出某种“人际关怀”的习惯。本来，你的存在（吃饭与否）与行为（到哪里去），都是集体的一部分，“集体”是有权过问和表示关注的。这仍是上面所说的，个体的存在、行为，是被规定在、束缚在纲常秩序的社会关系中。这里难得有个体的自主、自由、平等与独立。

又例如，当人被称道或赞誉时，西方人常常回答“谢谢”即已足够；中国人却习惯于谦逊不遑地推谢："过奖""不敢当"，这正如中国人不很习惯于夸耀自己的才干、能力一样。总之，个体不能突出，这种种谦逊无非是有意识地去压抑、贬低、掩盖个性主体，以尊重、护卫、高扬集体（社会）的伦常秩序。中国人的吵架，也习惯于由第三者的调停、协商，和谐解决，不重是非曲直的客观审断。所以，礼俗替代法律，国家变为社会，关系重于是非，调解优于判定，"理无可恕"却"情有可原"……也就成了直到今日仍普遍存在的现象。它说明中国以"礼"教为特征、以儒家为代表的传统文明已浸透到一般现实生活中、习惯风俗中，形成了超具体时代、社会的"文化心理结构"，这种结构的稳定性质主要来源于陈独秀讲的"家庭本位主义"，亦即拙作《中国古代思想史论》里讲的"血缘基础"——以原始氏族社会为渊源、建立在自然小生产经济之上的家族血缘的宗法制度。

血缘宗法是中国传统的文化心理结构的现实历史基础，而"实用理性"则是这一文化心理结构的主要特征。所谓"实用理性"就是它关注于现实社会生活，不作纯粹抽象的思辨，也不让非理性的情欲横行，事事强调"实用"、"实际"和"实行"，满足于解决问题的经验论的思维水平，主张以理节情的行为模式，对人生世事采取一种既乐观进取又清醒冷静的生活态度。它由来久远，而以理论形态呈现在先秦儒、道、法、墨诸主要学派中。与希腊哲学"爱知"为特征，寻求宇宙的本源根底，以了解自然、追求真理为己任不同，中国先秦哲学大都是一种社会论政治哲学，它以"闻道"为特征，要求理论联系实际，服务于实际，解决现实社会问题、人生问题，以"救民于水火之中"和"治国平天下"。与西方基督教使与实用无关的理知思辨和情感幻想充分发展从而精神变得精致不同，中国哲学执着于人世实用，即使清醒开通如荀子、王充、柳宗元、王夫之等也都如此。总之，人与自然的关系服从于人的关系，人对自然的研究从属于对人的服务，前者没有独立的地位。"天道"实际上只是"人道"的延伸或体现。从而中国文化及哲学中缺乏对上帝及恶的"畏"，从而缺乏谦卑地去无限追求超越的心理。中国人容易满足，并满足在人世生活中。

这种实用理性不同于美国现代的实用主义。它不只是一种工具主义，它有自己的"天道""人道"相同构而统一的历史信仰和客观规范，主要表现为"参天地，赞化育"的《易传》世界观和汉代形成的早熟型的系统论宇宙论模式。这模式成为中国人认识世界、解释世界和指导自己实践行动的基本心态，是中国整个物质文明和精神文明在文化心理结构上的积淀表现。它具体呈现在医、农、兵、艺、历史、哲学之中。

本文所要反复指出的是，作为早熟型的系统论，中国文化善于用清醒的理智态度去对付环境，吸取一切于自己现实生存和生活有利有用的事物或因素，舍弃一切已经在实际中证明无用的和过时的东西，而较少受情感因素的纠缠干预。这是因为实用理性不是宗教，它没有非理性的信仰因素和情感因素来阻碍自己去接受外来的异己的事物并丢弃本身原有的东西。

正因为此，中国文化传统在某种意义上，倒是最能迅速地接受和吸取外来文化以丰富、充实和改造自己的。从物质文明到精神文明，从衣食住行到思想意识都如此。日本今日保留中国古代的东西（如木屐、和服、“榻榻米”以及茶道、花道……）就比中国多。又例如，在唐代诗文中，便可以看见当时作为国都的长安城竟是一个“胡帽”“胡酒”“胡舞”“胡姬”的世界。而今日中国的民族器乐中著名的“二胡”“京胡”……也都是从异域传来而落户的，古代中国人丝毫没有排斥拒绝它。包括与儒学教义格格不入的佛教佛学，自印度传来后，从南北朝到隋唐兵不血刃地统治了中国意识形态数百年。尽管有“三武”之祸，但毕竟是一个极短暂和极个别的时期；相反，列朝历代帝王如梁武帝定为国教，武则天奉之首席，释迦牟尼的地位经常在本土圣人孔夫子之上。不仅在下层百姓，而且也在上层士大夫知识者中，从谢灵运到王维，以及到后代的好些文人，佛学比儒家，在心目中的地位也常常更高一层。这说明中国儒家的实用理性能不怀情感偏执，乐于也易于接受外来的甚至异己的事物的。也正因为此，“五四”时代才有上述那种在其他民族文化里所没有出现过的全盘性的反传统的思想、情感、态度和精神。这种全盘性反传统的心态倒又恰恰是中国实用理性传统的展现。从积极方面说，是为了救国，为了启蒙，为了唤醒大众。当时先进的中国知识分子认为必须激烈地彻底地抨击孔孟，舍弃传统，才有出路。这不是为个体超越或来生幸福的迷狂信仰，它是经过理智思考过的有意识的选择。所以这仍然是积极入世以求社会、国家的生存发展的实用理性儒学精神的表现。从消极方面说，它没有如上述的那种非理性的宗教情感的阻挡、干扰和抵制，也是因为实用理性并非宗教信仰的缘故。所以，这种全盘性激烈反传统的“五四”启蒙运动，发生在具有高度传统文化教养的第一流知识分子身上，由一批学通中西、思想敏锐、感情丰富的优秀人士所发动、所倡导和推行，便并不偶然。它实际显示着中国传统文化的负荷者并不受本传统的束缚限制的开放心灵。这其实也说明这个古老的文化心理传统仍有其自身的活力。所以，它能延续数千年之久而不灭绝消失，不是没有自身的原因的。

此外，中国知识分子在近代如此顺利和迅速地接受进化论观念，一举扔弃历史循环论的传统思想，以及后来接受马克思主义阶级斗争学说，一举扔弃“和为贵”的传统思想，都证明中国实用理性这种为维护民族生存而适应环境、吸取外物的特征。实用理性是中国民族维护自己生存的一种精神和方法。

但是，也正因为是以早熟型的系统论为具体构架，中国实用理性不仅善于接收、吸取外来事物，而且同时也乐于和易于改换、变易、同化它们，让一切外来的事物、思想逐渐变为自己的一个部分，安放在自己原有体系的特定位置上，模糊和销蚀掉那些与本系统绝对不能相容的部分、成分、因素，从而使之丧失原意。总之，是吸取接收之后加一番改造，使之同化于本系统。就近现代中西文化说，这倒是最值得注意的“中体西用”的演化，即“西学”被吸收进来，加以同化，成为“中学”的从属部分。结果“中学”的核心和系统并无根本变化。

这个特点不仅表现在中古吸收佛教化出禅宗，进而出现理学这个上层文化现象上，同样也表现在下层社会中。这说明它是一种全民族性的现象，即这个实用理性的系统论模式是中华民族将外来事物中国化而后使自己延续生存的基本文化方式，它不是超社会的，却是超阶级的。

二、历史经验和“西体中用”新释

关于中国在“向西方学习”时怎样同化、消融外来的观念，我想重复摘引《中国近代思想史论》第一篇关于太平天国的一些论述，来作为例证。

“太平天国”的领袖洪秀全，是毛泽东提名的第一个“向西方学习”的近代人物。到毛泽东晚年，也将他与孙中山相提并论，评价甚高。洪秀全所创立的“拜上帝教”，的确是从西方传教士的基督教小册子里借来一个皇上帝而组织成的宗教—军事—政治组织和规范秩序。它在农民战争的革命斗争中起了极为巨大的现实作用和思想作用。洪秀全和“太平天国”表现了近代中国人为了生存是勇于接受外来的异己思想，同时又将它改造为服务于自己需要的事物，即善于“中国化”的。

且看洪秀全和太平天国的这种将基督教义的“中国化”。

普列汉诺夫讲到宗教时曾提出观念、情绪和活动（仪式）是三个要素，洪秀全把这三者都注入了革命的内容。“人皆兄弟”基督教的博爱观念，被注入了农民阶级的经济平均主义和原始朴素的平等观。宗教狂热被充实以积压已久的农民群众的革命欲求。更突出的是，宗教戒律被改造成相当完备的革命军队所需要的严格纪律。……洪秀全把摩西“十戒”改为“十款天条”，太平军奉此为初期的军律。人皆兄弟的观念在这里便具体化为官长必须爱惜兵士，军队必须爱护百姓等。《行营总要》中对此有种种具体规定，这使得太平天国有比历史上任何一次农民起义远为严明的军事纪律，如“遵条命”（即听指挥），“不得下乡造饭起食、毁坏民序、掳掠财物”（甚至规定不许“出恭在路井民房”），“公心和傩”，“不准妄取一物”，“路旁金银衣物，概不准低头捡拾以及私取私藏，违者斩首不留”……各种基督教义、宗教仪式都被实用地改造成了一整套农民革命战争所需要的规章制度。这确乎是“中国化了”，这个“中国化”不仅是精神教义的世俗化，而且也是实用化，直接适应、符合于当时农民革命战争的实践需要。总之，是接受了西方传来的基督教义，但使之服从于中国现实的农民战争，并以此实践标准来进行改造和变易。尽管原意丧失，却极其有效地推动了太平天国事业的迅速发展，使它迅速地占据十余省，建国十六年，如无战略错误的偶然因素，本可长驱而入北京推翻清朝的。

农民革命战争有其不依人们主观意志为转移的规律，在太平天国利用和改造西方基督教义运用在农民战争中并使之“中国化”时，便有几个鲜明的特征值得注意。

第一，平均主义和禁欲主义。太平天国在理论（如《天朝田亩制度》等）和初期军事实践中，根据他们所了解和宣传的基督教义，强调“人无私财”，建立“圣库”，实行严格的供给制度。这种供给制又并非绝对平均主义，而是按官阶而有等级差别的。如“天王日给肉十斤，以次递减，至总制半斤，以下无与焉”等。

太平天国分“男营”“女营”，男女严格分开，夫妻不能同居，“虽极热，夜卧不得光身，白昼不得裸上体”，“老天王做有十救诗给我读，都是说这男女别开不准见面的道理”（《洪福瑱自供》），但天王及其他五个王明文规定可以有好些妻妾。

第二，行政权力支配一切。既然是平均主义的分配、消费的经济生活，当然需要一种具有极大权威的行政力量和严密的组织来支配和保证。《天朝田亩制度》规定了一系列社会生活的准则。这种严格组织起来的集体化的生活和权力高度集中的社会结构，实际是要求建立在军事化的基础之上。

它以二十五家为一“两”，“两”是生产、分配、军事、宗教、政治、教育等几合一的社会基层组织和单位。在这里，军事（兵）、生产（农）是合一的，政治、经济是合一的，行政、宗教是合一的，统统由“两司马”（官名）领导管理。两司马管理生产，执行奖惩，保举人员，负责教育，处理诉讼，领导礼拜，宣讲《圣经》……具有极大的权力。《天朝田亩制度》非常重视生产和宗教生活，以之作为根本标准，也非常重视社会福利：“鳏寡孤独废疾免役，皆颁国库以养。”总之，一切组织化，集体化，军事化，规格化，单一化，吃饭要祈祷，结婚有证书……一切都有强制纪律来保证执行。

所以，这是一种兵农合一、政（治）社（会）合一、宗教领先，从上至下权力都高度集中，由行政权力支配一切的社会结构和统治秩序。并且，从永定到天京，从《太平礼制》到《天命诏旨书》，它的制度是等级异常确定，尊卑十分分明，弟兄称呼纯为形式，君臣秩序备极森严，不仅有等级制，而且有世袭制……根据《天朝田亩制度》的理想规定，产生官吏是“保举”（并非选举），即层层向上推举，然后由上层选择任命……政权人选和权力实际上仍然长期操纵在上级官员的手中，广大群众并无真正的权力。

第三，高度阶级觉悟基础上的道德主义。太平天国把农民阶级的阶级意识或阶级觉悟提到了空前的高度。它把劳动者与剥削者的对立极大地突现了出来。比如：一方面，“凡掳人每视人之手，如掌心红润，十指无重茧者，指为妖”“见书籍，恨如仇雠，目为妖书，必残杀而后快”。另一方面，“挖煤开矿人、沿江纤夫、船户、码头挑脚、轿夫、铁木匠作，艰苦手艺，皆终岁勤劳，未尝温饱，被掳服役……必善遇之，数月后居然老兄弟矣”。太平天国就这样非常自觉地建立起以贫苦劳动人民为骨干领导的从基层起的各级革命政权。“木匠居然做大人。”（《金陵纪事》）太平军对劳动大众极为热情和信任，对地主阶级的知识分子则一般是使用（如做文书）而并不重用。

与此同时，洪秀全极端重视部队和整个社会的思想教育工作，太平天国强调人们要“换移心肠”“炼好心肠”。“炼好”“换移”的具体办法是“习读天书”（即读洪秀全改编过的《圣经》）和“讲道理”，“凡刑人必讲道理，掠人必讲道理，仓卒行军临时授令必讲道理……为极苦至难之役必讲道理”。“讲道理”就是以宣讲宗教教义的方式所进行的鼓动工作和思想教育。

洪秀全和太平天国以这种思想教育作为革命的动力，确乎起了巨大作用，使广大的太平军战士团结一致，奋不顾身，前仆后继，不可阻挡。

第四，农业小生产基础上的“新天新地新人新世界”的乌托邦思想。基督教的上帝叫人死后进天堂，洪秀全的上帝要在地上建立天国。洪秀全利用了《劝世良言》关于大天堂、小天堂的含混说法，强调地上也应建立天国。具体制度则主要是把在农民起义和革命战争中积累起来的经验加以理想化和规范化。《天朝田亩制度》以改革土地所有制为核心，提出了一整套相当完备的理想设计。它宣告平均分配土地，共同从事劳动，彼此支援帮助，规定副业生产。更重要的是，它对分配、消费的规定，其特点是否定私有财产，消除贫富差别，“有田同耕，有饭同吃，有衣同穿，有钱同使”，希望把“无人不饱暖”建立在“无处不均匀”的分配基础上。

如此等等。

但是，众所周知，洪秀全和太平天国终于悲惨地失败了。这失败倒不在于被曾国藩等人的军队所打败，而在于他这一套中国化了的基督教义自身的失败。如《中国近代思想史论》所认为："洪秀全迷信前期主要是在军事斗争中和在革命军队中所取得的经验，当作整个社会生活所必须遵循的普遍法则来强制推行，违反了现实生活的要求需要，当然要失败（如废除家庭，实行男营女营），在战争中有效的，在和平时期便行不通（如没收私有财产，废除贸易，实行圣库制度等）。平均主义、禁欲主义在早期发动组织群众作为军队风纪，的确能起巨大作用，但把它们作为整个社会长期或普遍的规范、准则和要求，则必然失败。"（第 27 页）

"思想、观念、情感、意志靠一种非科学或反科学的宗教信仰和强制纪律来统一和维系，是不可能支持长久的。它必将走向反面。特别是经过天父代言人杨秀清竟然被杀的巨大事件之后，忠诚的信仰就逐渐变成怀疑或欺骗，狂热的情感变为'人心冷淡'，仪式流为形式，禁欲转成纵欲，道德纯洁走向道德毁坏……"（第 14 ~ 15 页）"蜕化变质、徇私舞弊种种封建官场的陋习弊病便都不可避免弥漫开来。在上层，情况更是如此。由于没有任何近代民主制度，专制与割据、阴谋与权术，便成了进行权力争夺的手段，而且愈演愈烈……"（第 21 页）"洪秀全从前期经验出发，直到最后仍一再颁布各种诏令，极力强化道德说教和宗教宣传，结果在前期取得巨大成效的，现在却收效极微。以前好些论著说洪秀全到天京后如何昏聩无能，不问政事，以致失败。其实洪秀全始终是管事的，并且与前期一样，仍然在行政、组织、军事各方面表现出极大的敏锐、识力和才能……问题并不在这里，而在于他在基本思想和政纲政策上仍然顽固坚持，并愈来愈迷信他那一套非科学的宗教信仰和道德说教，他不是如实地总结斗争的经验教训，而把革命的成败归结于是否忠诚于宗教信仰，抱着他那些僵死的教义和前期的经验不放，甚至最后在改国名、朝名、玉玺名上面做文章，把'太平天国'改为'上帝天国'等，以期拯救危局、改变形势，显然不能解决任何问题。从这个洪秀全个人的悲剧中，可以看到的正是阶级的局限。一代天才最后落得如此悲惨、被动，是由于他不可能摆脱封建生产方式带给他的深刻印痕。"（第 15 ~ 16 页）

为什么这里要讲这么多的"太平天国"？就是为了说明在"向西方学习"中搬来的观念、思想、学说、教义，在"中国化"的进程中，被本土的系统所改造和同化，而可以完全失去原意。无怪乎，当时的好些传教士认为："我们的圣经注解，都很难得到他的赞同，我们最好的经本，都被他用朱笔在旁批上天意，全弄坏了。"（《天京游记》）传教士发现他们很少与太平军一致之处，"洪秀全的教义是完全不象我们那样会从天父那里得来的，也和耶稣所说的话极不相同"（费正清《美国与中国》第八章第二节）。

为什么会这样？就是因为这种看来似乎是"西学为体，中学为用"——从西方搬来的基督教教义为主体，并规定为主要的、核心的观念、思想、体系，而通过中国传统的下层社会的观念、习惯来具体应用它，实际上仍然是中体西用，即“中学”仍然是根本的。这里所谓“中学”，就是生长在传统社会小生产经济基础上的各种封建主义的观念、思想、情感、习惯，如等级制、道德主义、不患寡而患不均的平均主义，分配、消费上的共产主义乌托邦等。因此，“西学”在这里便不过是一层外装而已。这种“向西方学习”当然没有效果。农民战争有其自身的规律，洪秀全搬来的西方基督教在它的“中国化”中自然变成了“封建化”。我以为，太平天国作为一个极富有启发意义的思想史的课题，就在这里。

以上说明，由于有一个长久的传统小生产的社会经济基础和其上的意识形态，由于实用理性的系统论结构善于化外物为自己，“中体西用”便确乎具有极为强大的现实保守力量，它甚至可以把“西学为体，中学为用”也同化掉。

太平天国是以下层人民（主要是农民）的革命实践活动方式把西方观念、教义“中国化”，使“西学”终于成为“中学”的。从张之洞到现代新儒家则是以上层社会的思想学术的理论方式进行着同一种“中国化”。例如，在“五四”时期，陈独秀就批评过把西方的自由民主说成是与中国古代“民为贵”“天视自我民视，天听自我民听”的民本思想混同、把人民做主与为民做主混同起来的论调。但是在现代新儒家那里，仍可以找到极为类似的论调，并且至今在许多报刊文章上可以看到。这同样表现了在“中国化”的过程中，“中学”吃掉“西学”，使“中体”岿然不动。

这种历史和思想史的教训使得今天对“体”“用”、“中”“西”的比较和讨论，不是没有意义，而是很有必要。对“体”“用”、“中”“西”重新作番研讨，有重要的现实价值和理论价值。

首先，应该重新探讨和明确“体”“用”范畴的含义。

我在《“西体中用”简释》一文中说：“今天要使用‘体’、‘用’范畴要加以明确的规定。我用的‘体’一词与别人不同。我一再强调社会存在是社会本体。把‘体’说成是社会存在，这就不只包括了意识形态，不只是‘学’。社会存在是社会生产方式和日常生活。这是从唯物史观来看的真正的本体，是人存在的根据。现代化首先是这个‘体’的变化。在这个变化中，科学技术扮演了非常重要的角色，科学技术是社会本体存在的基石。因为由它导致的生产力的发展，确实是整个社会存在和日常生活发生变化的最根本的动力和因素。就是在这个意义上，我来规定这个‘体’。所以科技不是‘用’，恰好相反，它们属于‘体’的范畴。在《批判哲学的批判》一书中，我以使用工具制造工具来规定实践，也正是这个道理……张之洞的‘中体西用’说强调‘教忠’。‘教忠’是什么？就是维持清朝的政治制度，这个政治制度是维系在封建土地关系基础之上的。而土地关系就是属于社会生产方式。他不懂得在他所要维护的‘中学’（三纲五常的政治制度和以三纲五常为轴心的封建意识形态）下有根本的东西。他不知道，他要维护的‘学’不只是一个‘学’的问题，也不仅是政经体制的问题。他看技术仅仅是‘用’，不知道轮船、火车、汽车之类的东西是与社会生产力、与社会生产方式紧密连在一起，是后者的具体体现。生产力和生产方式的变化必定带来生活方式和意识形态、政治制度的改变。可见，我讲的‘体’与张之洞讲的‘体’正好对立。一个（张）是以观念形态、政治体制、三纲五常为‘体’，一个（我）首先是以社会生产力和生产方式为‘体’。”（《中国文化报》1986 年 7 月 9 日）

总之，“学”——不管是“中学”“西学”，不管是孔夫子的“中学”还是马克思的“西学”，都不是真正的“体”，都不能作为最根本的“体”。这个根本的“体”只能是社会存在的本体，即现实的日常生活。这才是根本、基础和出发点。忽视或脱离开这个根本来谈体用、中西，都是危险的。就中国来说，如果不改变这个社会存在的本体，则一切“学”，不管是何等先进的“西学”，包括马克思主义，都有被中国原有的社会存在的“体”——即封建小生产经济基础及其上的种种“中学”所吞食掉的可能。上面讲“太平天国”就是为了说明这一点。另文讲马克思主义在中国，也包含了这一点。从而，所谓现代化，首先是在改变这个社会本体，即小生产的经济基础、生产方式和生活方式。这也就要相应改变、批判现实日常生活。例如，农民只有从土地束缚中解放出来，走进各行各业的现代产业和城市中去，祖祖辈辈的各种传统观念才会瓦解。大家庭才会分化小家庭。“体”有变化，才可能有“学”的真正变化。只有商品经济发达，才能有自由主义的意识和“西学”产生、发展的基地。“现代化”并不等于“西方化”，但现代化又确乎是西方先开始，并由西方传播到东方、到中国来的。现代大工业生产、蒸汽机、电器、化工、计算机……以及生产它们的各种科技工艺、经营管理制度等不是从西方来的吗？在这个最根本的方面——发展现代大工业生产方面，现代化也就是西方化。所以，我提出的“西体”就是这个意思。在科学直接成为生产力的今天，这一点更加清楚、明白。

但是，陈寅恪早就说过：“寅恪……思想囿于咸丰同治之世，议论近乎（曾）湘乡（张）南皮之间。”（《冯友兰〈中国哲学史〉审查报告三》）冯友兰也曾认为：“中国现在所经之时代，是自生产家庭化的文化转入生产社会化的文化之时代。”（《新事论》，第 77 页）从而批评“民初人”专搞文化（即指“五四”的新文化运动），而赞赏“清末人”（即洋务派）兴办实业，认为前者反而耽误和延缓了后者，以致中国未能富强。那么，难道今天这样提出“西体”是否又回到当年洋务派和陈、冯等人的立场？

答曰：否！早在陈、冯以前，李大钊就深刻地指出过：“他（指孔丘）的学说所以能在中国行了两千余年，全是因为中国的农业经济没有很大的变动，他的学说，适宜于那样经济状况的原故。现在经济上生了变动，他的学说，就根本动摇，因为他不能适应中国现代的生活、现代的社会。就有几个尊孔的信徒天天到曲阜去巡礼天天戴上洪宪衣冠去祭孔，到处建筑些孔教堂，到处传布‘子曰’的福音，也断断不能抵住经济变动的势力来维持他那‘万世师表’、‘至圣先师’的威灵了。”（李大钊《由经济上解释中国近代思想变动的原因》，《新青年》第7卷第2号，1920年1月1日）

可见，远不止陈、冯，马克思主义者更明白首先应是社会经济基础（首先又是新的生产力）的变化，然后才有观念形态的变化，但李大钊、陈独秀等人之所以仍然要搞启蒙和革命，恰恰又是为了加速改变这个经济基础，所以，抽象看来，陈、冯的议论似很合理，但如果真正历史具体地考察一下，就会发现，洋务运动之所以被维新、革命和“五四”所替代，恰恰是因为当年虽兴办了不少实业却极端腐败、贪污、无效能，从而带来了普遍失望。洋务运动主要是官办企业和所谓“官督商办”，其历史经验正是：“洋务派在八十年代由求强而言富，着手创办非军工的近代工业。但是，与私有工业的资本家不同，主持、管理或监督这些官办、官督商办企业的封建官僚们的个人利益与工业本身的利益是脱节的，官员们感兴趣的不是企业利润的扩大和资本的积累，而只是如何在企业内中饱贪污。陈陈相因、毫无效能的封建衙门及其官吏当然完全不能也不愿适应资本主义的经济所要求的近代经营管理，所谓官督商办实质上是加在资本主义经济上的一付沉重的封建主义的上层建筑镣铐。……资本主义经济发展必然要求不适应于它的、严重阻碍它的封建上层建筑的改革。这一历史必然规律在上一世纪八十年代的中国开始显露出来了……西方资本主义代议制度在这时广泛地被当时中国开明人士所注意所介绍所赞扬，被看作是救亡之道、富强之本。”（《中国近代思想史论》，第55~56页）

这是整整一百年前的故事了。然而，历史残酷无情，今天似乎又面临非常相似的问题和局面，使这百年前的故事到今天仍有其现实意义。在一场农民战争（太平天国）之后，由洋务（“同治中兴”）而变法（戊戌）而革命（辛亥）而文化批判（“五四”）这个历史行程，今天似乎把它们紧缩在一起了。社会本是一个有机体的结构系统，作为结构的改变转换却有赖于它的诸因素相互作用所造成，特别是在中国，以从属和依附于政治的士大夫阶级为轴心建构的社会文化心理，已成为斟衡整个社会动向、经济行为的强而有力的因素。因此，这个社会结构机体的改变，光引进西方的科技、工艺、兴办实业，是不能成功的，光经济改革也是难以奏效的。必须有政治体制（上层建筑）和观念文化（意识形态）上的改革并行来相辅相成，现代化才有可能。经济、政治、文化的三层改革要求的错综重叠正成为今天局势发展的关键。

于是继经济改革之后，政治体制改革和观念改革被突出地提了出来。涉及观念与政制，于是也就有了今天“西学”“中学”的问题讨论。那么，究竟如何来看待和规定“西学”“中学”？或者说，究竟什么是“西学”什么是“中学”？它们谁主谁次、谁本谁末、谁“体”谁“用”呢？

如果承认根本的“体”是社会存在、生产方式、现实生活，如果承认近现代大工业和科技是近现代社会存在的“本体”和“实质”，那么，生长在这个“体”上的自我意识或“本体意识”或“心理本体”的理论形态，即产生、维系、推动这个“体”的存在的“学”，它就应该为“主”为“本”为“体”。这当然是近现代的“西学”而非传统的“中学”。

这个“西学”当然包括马克思主义。马克思主义是近代大工业基础上产生出来的革命理论和建设理论。但这马克思主义也必须随着世界社会存在本体的发展变化而发展变化。同时“西学”也不只是马克思主义，还有好些别的思想、理论、学说、学派，如当代的科技工艺理论、政治管理理论、文化理论、心理理论等。我们今天的意识形态、文化观念以及上层建筑便应输入这些东西来作为主体作为基本作为引导。西方自培根到康德，自文艺复兴到19世纪初，启蒙经历了数百年的历史，中国的启蒙行程还如此之短暂，它在观念体系上彻底摆脱中世纪的封建传统，就不是容易的事情。特别是与西方宗教相比，中国的伦理纲常由于有理性的支撑，从中解放出来，就更为艰难。① 而西方启蒙文化对击溃中世纪封建传统是一种最为锐利的武器，所以，现在对“西学”不是盲目输入过多的问题，而是了解、输入太不够的问题。

现代社会是一个多元化和多样化的社会，现代的“西学”亦然。因之，在全面了解、介绍、输入、引进过程中，自然会发生一个判断、选择、修正、改造的问题。在这判断、选择、修正、改造中产生了“中用”——即如何适应、运用在中国的各种实际情况和实践活动中。“实体（Substance）与功能即‘用’（Function）本

① Vera Schwarcy, *The Chinese Enlightrnment*, California, 1986.

不可分，中国传统也讲‘体用不二’：没有离‘用’的‘体’，‘体’即在‘用’中。因此，如何把‘西体’、‘用’到中国，是一个非常艰难的创造性的历史进程。例如大家都早知道要去取西方的‘科学’、‘民主’，但在中国用起来，却由于没有意识到‘体’、‘用’转化的艰难性而遇到了重重阻碍。这就是由于对自己的国情和传统不够了解的缘故。”（《“西体中用”简释》）

这也就是本文为什么要讲近代中国历史、从“五四”运动讲到太平天国的原故。只有充分了解这作为“国情”的传统，才能清醒地注意到，首先不要使“西学”被中国本有的顽强的“体”和“学”——从封建小生产方式、农民革命战争到上层孔孟之道和种种国粹所俘虏、改造或同化掉。相反，要用现代化的“西体”——从科技、生产力、经营管理制度到本体意识（包括马克思主义和各种其他重要思想、理论、学说、观念）来努力改造“中学”，转换中国传统的文化心理结构，有意识地改变这个积淀。

改变、转换既不是全盘继承传统，也不是全盘扔弃。而是在新的社会存在的本体基础上，用新的本体意识来对传统积淀或文化心理结构进行渗透，从而造成遗传基因的改换。这种改换又并不是消灭其生命或种族，而只是改变其习性、功能和状貌。例如，在商品经济所引起的人们生活模式、行为模式、道德标准、价值意识的改变的同时，在改变政治化为道德而使政治成为法律的同时，在发展逻辑思维和工具理性的同时，却仍然让实用理性发挥其清醒的理智态度和求实精神，使道德主义仍然保持其先人后己、先公后私的力量光芒，使直觉顿悟仍然在抽象思辨和理论认识中发挥其综合创造的功能，使中国文化所积累起来的处理人际关系中的丰富经验和习俗，它所培育造成的温暖的人际关怀和人情味，仍然给中国和世界以芬芳，使中国不致被冷酷的金钱关系、极端的个人主义、混乱不堪的无政府主义、片面的机械的合理主义所完全淹没，使中国在现代化过程中高瞻远瞩地注视着后现代化的前景。因为即使是资本主义，也还需要有一种非以赚钱为唯一目的的责任心、天职感、某种献身精神，中国传统的文化心理中的上述某些东西难道不可以由我们做出转换性的创造吗？中国没有基督教、宗教传统，是否能使它从自己传统文化中以审美来作为人生境界的最高追求和心理本体的最高建树？……所有这些，不都是“西体中用”么？这个“中用”既包括“西体”运用于中国，又包括中国传统文化和“中学”，应作为实现“西体”（现代化）的途径和方式。在这个“用”中，原来的“中学”就被更新了，改换了，变化了。在这种“用”中，“西体”才真正正确地“中国化”了，而不再是在“中国化”的旗帜下，变成了“中体西用”。这当然是一个异常艰难、漫长和矛盾重重的过程。但真正的“西体中用”将给中国建立一个新的工艺社会结构和文化心理结构，将给中国民族的生存发展开辟一条新的道路和创造一个新的世界。

最后，从文化思想史上看，这里还要注意的是：从中国目前的前现代化社会到现代化社会和某些高度发达国家的走向后现代化社会，是三个不同的历史发展阶段，不能混淆它们。特别因为表面现象上，前现代化与后现代化有某些近似处，便更需要予以清醒对待，不能因要求在现代化中注意后现代化问题，而将后现代化与前现代化混同起来。

例如，对待自然，前现代和后现代也许更强调人与自然和谐或重视人回到自然怀抱，现代化则重点致力于征服自然，改变环境，前者重视精神的自由享受，后者首先着力于物质生活的改善。对待社会，前现代和后现代也许更重视财富平均、社会福利，而现代则主要是个人竞争、优胜劣败。对待人际关系，前后现代都追求心理温暖，现代则基本是原子式的异化的个人。对待人生，前后现代，伦理和审美占重要地位，人本身即目的、超功利、非目的、否认科学能解决人生问题，现代则突出工具理性，关注于目的、功利、前景和合理主义，人自身成了手段。在思维方式上，前后现代均重直觉、顿悟和个体经验，现代则重逻辑、理知。在前后现代，每个人都是重要的，几乎无分轩轾。现代则是明星、天才、领袖、名家、奇理斯玛（Charisma）的世界。……

所有这些描述，是非常粗陋和简单化了的。之所以做这种描述，是想指出，尽管前现代与后现代有某些接近或相似之处，但两者在根本实质上是不相同、不相通的。现代与后现代尽管在表面上不同，但在实质上更为相通和接近。

为什么？因为现代和后现代基本上建筑在同一种类型的社会存在的本体之上，即大工业生产之上，与前现代建立在农业小生产自然经济基地的本体上根本不同。正如没有下过“五七干校”的国外“左派”知识分子会觉得简单的体力劳动是真正的愉快和幸福，吃腻了冰冻食物和习惯了家用电器会感到简单落后的原始生活充满了生气和快乐……实际上，这两者是根本不相同的。所以，在今天的文化讨论和文化现象的研究评论中，重要的仍然是历史具体的科学分析。所谓“历史具体的科学分析”，也即是说，首先要注意社会存在“本体”的区别，并以之作为前提。只有这样，才能在现代化的过程中，清醒地吸取前现代化中的某些因素，即包括中国传统文化心理结构中的实用理性、道德主义等，来作为走出一条中国化的现代化道路的充分和必要条件，这就是《中国古代思想史论》一书所讲到的期望。

因之，我不同意绝对的文化相对主义。这种相对主义认为任何文化、文明均有其现实的合理性，从而不能区分高下优劣。原始文化与现代文明、农业文化与工业文化都是等价的，因为它们不能用同一标准去衡量。人们在这不同文化里的生活和幸福也是不能区分高下优劣的，这样就甚至可以不必现代化。我以为，物质文明从而生活质量、水平（包括寿命长短）有其进步与落后的共同和客观尺度。不管哪一个国家、民族、社会、宗教，人们都希望乘坐飞机、汽车来替代古老的交通工具，都希望冷天有暖气夏天有空调，都希望能通过电视、电影，看到听到世界上更多的东西，都希望能吃得好一些，居住得宽敞舒适一些……人毕竟不是神，他（她）是感性物质的现实存在物。他（她）要生活着，就必须有上述欲求和意向，那当然就仍然有一种普遍性的客观历史标准，而并不能是绝对的文化相对主义。

但是，人毕竟又不是动物。除了物质生活，人有精神需要，并且这种精神需要和欲求渗透在物质生活本身之中，也推动、影响、制约着物质文明的发展，影响着物质文明所采取的具体途径。所以，文化发展既有其世界性的普遍共同趋向和法则，同时又有其多元化的不同形态和方式。不同的民族、国家、社会、地域、传统便可以产生各种重大的不同。自“五四”以来，西化派从严复到胡适、陈独秀，强调的是普遍性；国粹派从章太炎到梁漱溟强调的是特殊性。一派追求“全盘西化”，一派强调“中体西用”，但只有去掉两者各自的片面性，真理才能显露，这也就是“西体中用”。

关键在于解释。解释过去就是解释今天，反之亦然。为对近代以来“中体西用”的驳难而提出“西体中用”的新解释，正是如此。

（载于 1987 年第 1 期）

竹简《家语》与汉魏孔氏家学

李学勤

1973年发掘的河北定县八角廊汉墓，《简报》推断为中山怀王墓葬。怀王卒于西汉宣帝五凤三年，即公元前55年（《河北定县40号汉墓发掘简报》，《文物》1981年第8期）。前些时候我写了一篇小文①，其中论及该墓所出《儒家者言》竹简，限于篇幅，没有展开引申。现再补述几点，同大家商榷。

八角廊墓竹简经整理有书约八种，简介所说《论语》《儒家者言》《哀公问五义》《保傅传》四种都属于儒家（《定县40号汉墓出土竹简简介》，《文物》1981年第8期）。《儒家者言》存二十七章，释文业已发表（《〈儒家者言〉释文》）。我在上述小文中提到，八角廊《儒家者言》和安徽阜阳双古堆简牍中的一种性质相类，内容以孔子及其弟子言行为主，且多和《说苑》及今本《孔子家语》有关，两者应该都是《家语》的原型。这个情形和湖南长沙马王堆帛书中的《战国纵横家书》是今本《战国策》的一种原型一样。既然不少学者主张把《战国纵横家书》称为帛书本或别本《战国策》，《儒家者言》也可称为竹简本《家语》。况且《汉书·艺文志》本有《儒家言》十八篇，云“不知作者”，与竹简没有关系。

八角廊简这四种儒家著作，当时大约都是很通行的。《论语》不必说，《哀公问五义》见于《荀子·哀公》，又收入《大戴礼记》和今本《家语》；《保傅传》见贾谊《新书》，也收进《大戴礼记》，在汉代还常单行（参见刘宝楠《愈愚录》，《广雅丛书》）。《家语》在《汉书·艺文志》列为《论语》十二家之一。十二家的前九种都是《论语》不同传本及传、说，下面便是《孔子家语》二十七卷。后面还有《孔子三朝》七篇，现在《大戴礼记》中，《孔子徒人图法》二卷则是一种图说。由此可见《家语》和《论语》关系密切，竹简同出一墓不是偶然的。

《汉志》本于刘向、刘歆父子的《别录》《七略》。汉成帝河平三年（前26）

① 1985年，中山大学高等学术研究中心和中文系古文字研究室举办“中国古文字学学术研讨会”论文《新发现简帛与汉初学术史的若干问题》。

始命刘向校书，广收众本，其时距八角廊墓不到三十年，所以刘向不会没有见到过出土的这种《家语》。《汉志》《家语》有二十七卷，竹简可能只是其间一部分，也许是摘抄本。这在出土书籍中是常有的，如同墓所出《文子》也不如《汉志》所记九篇之多。竹简《家语》不少地方见于刘向所编《说苑》《新序》，是又一证据。最重要的是，《汉志》中专以孔子及其弟子事迹为主的书只有《论语》类那几种，因此竹简就只能归于《家语》了。

从体例来看，竹简《家语》和今本是相近似的。清陈士珂作《孔子家语疏证》，详细对照今本《家语》及传世其他古书，证明该书多与《荀子》《韩诗外传》《礼记》《大戴礼记》《说苑》等书相出入，竹简本正是这样。看来我们对今本《家语》的认识应当重新考虑。

今本《家语》是一部久成定论的"伪书"。颜师古注《汉志》，已说二十七卷的《家语》"非今所有《家语》"，后世指斥今本的学者很多（详见张心澂《伪书通考》）。《四库全书总目提要》著录今本十卷，魏王肃注，即指为王肃所依托。陈士珂则说："小颜（师古）既未见（孔）安国旧本，即安知今本之非是乎？"（《孔子家语疏证·序》），为今本辩护。

陈氏说孔安国旧本，是因为今本有以西汉孔安国口气写的序，序中对《家语》来源有比较详细的记述。据说，《家语》本和《论语》同源，系孔门弟子各记所问，后选一部分辑为《论语》，所余即集录为《孔子家语》。秦昭王时，荀子入秦，昭王问儒术，荀子"以孔子之语及诸国事、七十二弟子之言凡百余篇与之，由此秦悉有焉"。汉高祖克秦，"悉敛得之，皆载于二尺竹简，多有古文字"，随后被吕氏取归收藏。吕氏诛灭后，《家语》散在民间，被好事者任意增损。景帝末，募求天下礼书，《家语》送官而多错杂，"与《曲礼》众篇乱简合而藏之秘府"。武帝元封时，孔安国求得副本，整理为四十四篇，又《曾子问礼》一篇。在这一段后，又录有另一说法，认为《家语》同《尚书》《论语》《孝经》等都出于孔壁，由孔安国编为四十四篇。成帝时，刘向校书，名之为《古今文书论语别录》。还提到戴圣编《礼记》，曾利用这项材料，受到孔衍指责云云。这两种互相矛盾的说法都未必足信，后者尤为失实，但它们都反映了《家语》和礼书的关系。八角廊简在《家语》外还有收入《大戴礼记》的两篇，证实了这种关系的存在。

王肃注《家语》，是由于《家语》在某些点上有利于他在经学方面反对郑玄的学说。不论他是否在这些地方动笔改窜，说他伪造整部《家语》，恐怕是不可能的。陈氏《疏证》已证明《家语》文字有本，王肃当时一手抄辑出这部书，是难于欺人的。王肃在序言中已说明《家语》得自孔子二十二世孙孔猛，这应当是事实。我们现在所知道的是，在西汉前期的双古堆简牍和西汉晚期的八角廊竹简中，都存在《家语》发展的一定链环。

根据整理研究近年发现简牍帛书的经验，我们认为："古书的形成每每要有很长的过程。除了少数书籍立于学官，或有官本，一般都要经过改动变化。很多书在写定前，还有一段口传的过程。尤其在民间流传的，变动尤甚。"（李学勤《对古书的反思》，《新论》第123期）因而，对古书的形成和流传不可用静止的观点去看待。《家语》也就是其间的一个例子。

《家语》出于孔猛，有源自孔安国的传说，这便和汉魏时期的孔氏家学有关。这一时期的孔氏家学在学术史上非常重要，又同经学的重大公案相联系，可惜迄今没有很好探讨，下面就让我们初步试探一下。

汉代儒学定于一尊之后，孔子后裔一家出过若干人物，有的受封袭爵，有的仕宦显贵，也有一些世守家学，成为一个学派，这很少为人所注意。学者中最早的一个是孔安国，见于《汉书》，其事迹前人考证甚多（参见刘汝霖《汉晋学术编年》卷一）。此后有些人传习他的学术，可考而又特别值得提到的，是东汉时的孔僖和孔季彦。

孔僖父子的事迹，见《孔丛子》书中的《连丛子》和《后汉书·儒林传》。孔僖字仲和，汉章帝时任兰台令史。元和二年（85），章帝到阙里祭孔，以孔僖为郎中，从还京师，校书东观。当年冬任临晋令，三年卒于官。他有两个儿子，名长彦、季彦，在华阴居留，治学十余年，有门徒数百人。安帝永初二年（108）（据《连丛子》。《儒林传》作延光三年，为122年），孔季彦到京师探望亲属，受皇帝召见，进谏未得采纳。后来鲁相长孙子逸举他孝廉，他也不就。延光三年（124）卒，年四十九（据《连丛子》。《儒林传》作四十七）。

《儒林传》说孔家"自安国以下世传古文《尚书》《毛诗》"。孔长彦随时尚为章句之学，孔季彦则守其家业。《连丛子》载孔季彦说："先圣遗训，壁出古文，临淮传义，可谓妙矣，而不在科策之例，世人固莫识其奇矣。斯业之所以不泯，赖吾家世世独修之也。"所谓临淮传义，即指孔安国释读孔壁所出古文《尚书》而言。

《孔丛子》一书可以说是孔氏家学的学案，由孔子一直记到孔季彦。为了树立《尚书》学的统绪，书中专有《论书》一篇，内容是孔子关于《尚书》的言论。例如子夏问《尚书》大义，孔子说："吾于《帝典》见尧舜之圣焉，于《大禹》《皋陶谟》《益稷》见禹、稷、皋陶之忠勤功勋焉，于《洛诰》见周公之德焉；故《帝典》可以观美，《大禹谟》《禹贡》可以观事，《皋陶谟》《益稷》可以观政，《洪范》可以观度，《泰誓》可以观义，五诰可以观仁，《甫刑》可以观诫。通斯七者，则《书》之大义举矣。”不难发现，其《尚书》篇目和今传《孔传》本古文《尚书》相合。由此足见，《孔丛子》所说孔氏世传的古文《尚书》，就是《孔传》本的《尚书》。

《孔丛子》也是长期公认的“伪书”，从宋代朱子以来备受责难。书中所载东周史事确有很多不实，不足征信，前人已有仔细分析（钱穆《先秦诸子系年》），但这部书的出现并不太晚。书中《连丛子》记到孔季彦之死，没有再下一代，可知最后的作者离孔季彦不远。西晋皇甫谧《帝王世纪》已引及此书，有明引也有暗引。明引如《御览》卷八三所引：“太甲反位，又不怨，故更尊伊尹曰保衡，即《春秋》传所谓伊尹放太甲，卒为明王是也。太甲修政，殷道中兴，号曰太宗，《孔丛》所谓‘尤思三年，追悔前愆，起而即政，谓之明王’者也。”（徐宗元《帝王世纪辑存》，第69页）这几句见今《孔丛子·论书》，唯“即政”作“复位”。暗引如《论语·泰伯》正义引：“王季于帝乙殷王之时，赐九命为西长，始受圭瓒秬鬯。”（徐宗元《帝王世纪辑存》，第81页）此本于《孔丛子·居卫》子思答羊客语。诸如此类，说明《孔丛子》的出现当早于皇甫谧。它当然不会像传统所说是孔鲋所撰。[①] 朱熹认为其文软弱，多似东汉人语，李燫推测为“或子丰、季彦辈集先世遗文而成之”，现在看来很可能出于孔季彦以下一代。

前面谈到的《家语》得自孔猛，也属于孔氏家学。其序思想与《孔丛子》相同，不足为异。

《孔传》本古文《尚书》，自宋代吴棫《书经纂言》以来，已成为一大公案。清代阎若璩到近人张荫麟（《伪古文尚书案的反控与再鞫》，《燕京学报》第5期）都力辨其伪。许多学者主张是晋人梅赜伪造。按《尚书·尧典》正义引十八家《晋书》佚文，晋代古文《尚书》的传授是很清楚的：

郑冲—苏愉—梁柳—臧曹—梅赜

梅赜奏上其书，于是施行。从郑冲到梅赜都实有其人，有事迹可考，陈梦家《尚书通论》论述已详。但陈氏提出书成于东晋孔安国，此说出于清人周广业（周春《古文尚书冤词补正》周广业《跋》），这和梅赜伪造一样未必妥当。事实上，皇甫谧《帝王世纪》已大量引用今传古文《尚书》及《孔传》。明引篇名的，如《御览》卷一五五所引《帝王世纪》引《五子（之）歌》；《尚书·汤誓》正义所引有《伊训》《汤诰》；《御览》卷一五五所引又有“古文《仲虺之诰》”，《诗·玄鸟》

① 西北大学黄怀信同志对《孔丛子》时代性质和版本源流作了详细研究，成果尚待发表。

正义所引同；《艺文类聚》卷四九所引有“今尚书《君牙》、《伯冏》（即《冏命》）二篇”等（《帝王世纪辑存》，第49、60、61、66、92页）。明引《孔传》的，如《后汉书·野王二老传》注所引，有“唯孔安国注《尚书》云鸣条在安邑西”，见今传本《汤誓》传鸣条“地在安邑之西”；又如《初学记》卷九所引，有“《商书》曰：‘成汤既没，太甲元年。’孔安国注云：‘太甲，太丁子，汤孙也。太丁未立而卒，及汤没而太甲立，称元年。’”这段经传见今传本《伊训》，无一字之异（《帝王世纪辑存》，第60、77页）。凡此证明，西晋皇甫谧已经看到了今传古文《尚书》和《孔传》。

皇甫谧和今传本《尚书》的关系也是清楚的。《晋书·皇甫谧传》云：“城阳太守梁柳，谧从姑子也。”梁柳正是传古文《尚书》的天水人梁柳，字洪（或作鸿）季。《尚书·尧典》正义引十八家《晋书》也说他“姑子外弟梁柳得古文《尚书》”（《帝王世纪辑存》，第127页）。郑冲以古文《尚书》授苏愉，苏愉授梁柳，因而皇甫谧得闻其学，是很自然的。《孔丛子》许多地方与《孔传》相合（也有个别不合处），与《孔传》相表里，皇甫谧所见也可能得于梁柳之学。

还有一种说法，认为今传本《尚书》是王肃伪造的。近年已有著作证明，王肃的学说与《孔传》不合，今传《尚书》出于王肃实不可能（李振兴《王肃之经学》第二章第四节）。

今传本古文《尚书》的出现，比王肃的时期还要早，这一点清代特别是晚清的一些学者业已有所论证，可以光绪时吴光耀的《古文尚书正辞》为代表。他们所举证据，有仲长统引《周官》，应劭引《泰誓》，徐干引《蔡仲之命》，郑玄引《伊训》《周官》等。这里面有的是无法驳倒的，如郑玄之孙郑小同所著《郑志》记载郑玄关于《周官》的讲述。郑小同在魏明帝时已年逾三十，距郑玄之卒不过二十余年，所传当属可信（参见刘汝霖《汉晋学术编年》卷六）。有的由于引文可能来自其他古书，还可讨论。但要注意的是，东汉时好多学者的作品中能找到至少可能来自今传古文《尚书》的文句，这难道是巧合么？一种合理的解释是，东汉中晚期这种《尚书》本子逐渐传播流行。这和当时孔僖、孔季彦等人的活动在时间上便合拍了。

传闻陈寅恪先生曾认为古文《尚书》非一人所能杜撰，大约是根据秦火以后所传零星断简，采取有关部分，编纂而成（《陈寅恪先生论文集》卷首）。今传本古文《尚书》、《孔丛子》、《家语》，很可能陆续成于孔安国、孔僖、孔季彦、孔猛等孔氏学者之手，有着很长的编纂、改动、增补的过程。这样说，并不是要夸大这几部书对研究先秦史事的价值，而是想指出它们是汉魏孔氏家学的产物。即以《后汉书·儒林传》而论，所记传古文《尚书》的，本有孔氏及杜林两系。前人多注意后者，却把孔氏家学忽视了，这是不公平的。从学术思想史的角度深入探究孔氏家学，也许是解开《尚书》传流疑谜的一把钥匙。

古文《尚书》问题牵涉极广，而且与文字学上的“古文”问题、学术史上战国至清的种种问题都有关系，希望将来再有机会加以论述。

（载于1987年第2期）

经典链接

孟武伯问孝。子曰：“父母唯其疾之忧。”

——《论语·为政》

子游问孝。子曰：“今之孝者，是谓能养。至于犬马，皆能有养；不敬，何以别乎？”

——《论语·为政》

子夏问孝。子曰：“色难。有事弟子服其劳，有酒食先生馔，曾是以为孝乎？”

——《论语·为政》

孟懿子问孝。子曰：“无违。”樊迟御，子告之曰：“孟孙问孝于我，我对曰‘无违’。”樊迟曰：“何谓也？”子曰：“生，事之以礼；死，葬之以礼，祭之以礼。”

——《论语·为政》

论方苞的经学与理学

杨向奎

桐城方苞（望溪）以文名，青年补县学弟子员，游京师，安溪李光地见其文，曰：“韩、欧复出。北宋后无此作也。”万斯同，浙东名家也，降齿与之交。曰：“子于古文，信有得矣，然愿子勿溺也。唐宋号为文者八人，其于道粗有明者韩愈氏而止耳，其余则资学者以爱玩而已，于世非果有益也。”（俱见《清儒学案》本传引）于是先生意求经义，又好读宋儒书。时当清初，由文返质。万季野持文以载道说，以昌黎为粗明圣道，其余诸家之文字资人爱玩而已！望溪此后经营儒家书，由理学及经学，尝与刘拙修书，自述其为学次第云：

> 仆少所交多楚越遗民，重文藻，喜事功，视宋儒为腐烂，用此年二十，目未尝涉宋儒书。及至京师交言洁与吾兄，劝以讲索，始寓目焉。其浅者皆吾心所欲言，而深者则吾智力所不能逮也，乃深嗜而力探焉。然尚谓自汉唐以来，以明道著书为己任者众矣，岂遂无出宋五子之右者乎？二十年来于先儒解经之书，自兄以前所见者十七八，然后知生乎五子之前者，其穷理之学未有如五子者也；生乎五子之后者，推其绪而广之，乃稍有得焉、其背而驰者皆妄凿墙垣而殖蓬蒿，乃学之蠹也。夫学之废久矣，而自明之衰，则尤甚焉。某不足言也，浙以东则黄君梨洲坏之，燕赵间则颜君习斋坏之。盖缘治俗学者懵然不见古人之樊，稍能诵经书承学治古文，则皆有翘然自喜之心，而二君以高名耆旧为之倡，立程、朱为鹄的，同心于破之，浮夸之士，皆醉心焉。……（《再与刘拙修书》，《望溪先生文集》卷六）

望溪盖醉心程朱理学者，故谓“生乎五子之前者，其穷理之学未有如五子者也；生乎五子之后者，推其绪而广之，乃稍有得焉”。既张宋帜，则于清初反程、朱者，南方黄梨洲，北方颜习斋，虽不直斥其非，亦颇致微辞焉。他说：“浙以东则黄君黎洲坏之，燕赵间则颜君习斋坏之……二君以高名耆旧为之倡，立程、朱为鹄的，同心于破之，浮夸之士，皆醉心焉。”卫道之心，跃然纸上。

宋儒谈“理”，故谓之为“理学”，而关于“理”之涵义，千头万绪，最贻后人攻击之重点者，则为“崇天理以灭人欲”的观点。若依望溪说，则天理根于人心，化二元为一元，省去若干纠葛。望溪曾经说：

> 凡人心之所同者，即天理也。然此理之在身心者，反之而皆同。至其伏藏于事物，则有圣人之所知，而贤者弗能见者矣。（《周官辨序》，《集外文》卷四）

“凡人心之所同者，即天理也”，天理不外于人心，同于陆王。但又谓“至其伏藏于事物，则有圣人之所知，而贤者弗能见者矣”。贤者弗能见物理，故须格物，是同于程朱。时至清初，部分学者合程朱陆王为一，但所主不同，或主朱，或主王，望溪盖主朱者，亦吸取陆王。望溪于此似未能继续有所发挥，在维护朱子之权威中，他竭尽全力，力竭而声嘶。当康熙六十年，他听到李刚主丧子，乃作书于李曰：

> 九月中自塞上归，附书相问，而息耗久不至，仲冬望后二日，或致函封，发之，则太夫人行述也。呼儿章读之，篇终而郎君长人之状附焉。惊痛不能夕食。太夫人耄而考终，在仁孝者犹难为怀，况重以长人之夭枉乎！此子天民之秀，非独李氏所持赖也。仆不能自解，岂能为吾兄解。然有区区而欲言者，言之则非其时而重伤吾兄之意，不言则于友之道为不忠，是以敢终布之。《易》曰，“荏雷震君子以恐惧修身”。仆生平所遭骨肉悯凶，殆人理所无，悲忧危蹙中每自念性资迫隘，语言轻肆与不详之气，实有相感召之理。以吾兄之德行醇懿，而衰暮罹此，语天之道，有不当然者。窃疑吾兄承习斋颜氏之学，著书多訾謷朱子。习斋之自异于朱子者不过诸经义疏与设教之条目耳；性命伦常之大原，岂有二哉。此如张、夏论交，曾言议论各持所见而不害其并为孔子之徒也，安用相诋訾哉?《记》曰，“人者天地之心”，孔孟之后，心与天地相似而足称斯言者，舍程朱而谁与？若毁其道，是谓戕天地之心，其为天之所不祐决矣。故自阳明以来，凡极低朱子者绝世不祀，仆所见闻，具可指数，若习斋、西河，又吾兄所目击也。仆自今年来，食饮益衰……恐一旦委沟壑则终无以此闻于左右者，是仆负吾兄夙昔相爱重之谊而死有余责也。昔泰伯无子，伯鱼早丧，况吾兄子姓甚殷，固知所陈理弱情鄙，不足移有道者之虑。然君子省身不厌其详，论古不嫌其恕，倘鉴愚诚取生平所述訾謷朱子之语，一切薙芟而直抒己见，以共明孔子之道，则仆之言虽不当，而在吾兄为德盛而礼恭，所补岂浅小哉！（《与刚主书》，《望溪先生文集》卷六）

反朱者将亡后，颜习斋、毛西河俱有此报，以此戒刚主删除反朱言论而直抒己见，共明圣道。反朱为什么无后，望溪亦知其言“理弱情鄙”，理不直而以无后休之，说明望溪所得不圣，理不足而求助于报应，用心良苦。但引“仁者天地之心”以说明圣道，则为知言。宇宙茫茫，“天听自我民听，天视自我民视”，此义在哲学史上为破天荒之大发现。天之视听来自人民，否则，天如木石，无视无知；进一步遂谓“人为天地之心”。天地本无心，无心则冥顽不灵，天而冥顽，人何以堪，于是为天地立心。这“立心”的工程，在人类历史上是伟大的事业，无此事业，则宇宙权威归之于上帝。人作天心，则人为天地主人，最高权威在人，这是宗教与哲学的根本分歧点：上帝作主，人为客，则人处于无权的地位；人为主，上帝作客，则上帝可有可无。儒家思想在中国实起双重作用：一是代替了宗教，人为天心，人为宇宙主人；二是师表的作用，孔子、孟子以其伟大的人格为人师表，儒家思想与经书遂作为教育工具。儒家没有宗教化，实际起了宗教作用。不宗教化遂使儒家思想没有僵化而随时发展；起宗教作用，亦不免束缚人情，相反相成，有益于人亦有损于世者。

望溪有多种经学著作，而治《周礼》尤勤。他在所有经学著作中，最引人注意的观点是刘歆伪窜经书说。此说开一代学风，影响及于近现代，而今文学派据之以为抨击古文经之法宝。自常州学派刘逢禄起扇望溪余风，遂使萍末变成狂涛。清末康有为以今文公羊义谈变法维新，既张今文，遂抑古文，于是刘歆之罪不容诛。同时章太炎执古文说击今文不遗余力，而以为刘歆之功大于孔子。学派之争关涉政治主张，今、古文两派遂冰炭不相容，而焦点集中在刘歆。今文以为刘歆罪当诛，而古文以为刘功在圣人上。呜呼！功过是非，固玩弄于学者股掌上，非复谈经夺席之故。顾颉刚先生出以之说史，更抹杀古文记载，于是中国古史研究走向一新的时期。望溪自《周官》疑起，以为原书虽出圣王，但其中有伪，则来自刘歆。

他在《读周官》一文中道：

> 呜呼，世儒之疑《周官》为伪者，岂不甚蔽矣哉！《中庸》所谓“尽人物之性，以赞天地之化育”者，于是书具之矣。盖惟公达于人事之始终，故所以教之、养之、任之、治之之道无不尽也。惟公明于万物之分数，故所以生之、取之、聚之、冥之之道无不尽也。运天下犹一身，视四海如奥阼，非圣人而能为此乎！然自汉何休、宋欧阳修、胡宏皆疑为伪作。盖休耳熟于新莽之乱，而修与宏近见夫熙宁之敝，故疑是书晚出，本非圣人之法，而不足以经世也。莽之事不足论矣，熙宁君臣所附会以为新法者，察其本谋，盖用为富强之求，以视公之依乎天理，以尽人物之性者，其根源较然异矣。……修与宏不能明辨安石所行本非周官之法，而乃疑是书为伪，是犹惩覆颠而废舆马也。是书之出千七百年矣，假而战国秦汉之人能伪作，则《冬官》之缺，后之文儒，有能补之

者乎？……其不能补者何也？则事之理有未达而物之分有未明也。呜呼！三王致治之迹，其规模可见者，独有是书，世变虽殊，其经纶天下之大体，卒不可易也。(《望溪先生文集》卷一)

“伪”与“不伪”的定义并非明确，如谓《周官》本出周公，否则为伪；则现存《周官》（即《周礼》）是伪书，周公绝非本书作者。即使书中有若干宗周制度。如谓《周官》乃战国时学者掇拾宗周政治经济以及军事中若干制度加以系统化及理想化者，则此书不伪。望溪以为《周官》出于周公，所谓“运天下犹一身，视四海如奥阼，非圣人而能为此乎！”只是空论，不能证实《周官》之出于周公。何休及宋人疑之为伪，疑其不出于宗周周公乎。就此而论，实为卓识，但如谓其中毫无故实，皆为伪造，亦为不明古史真相者，但以此要求清初人理解，为时尚早。

望溪虽承认《周官》全书不伪，但谓其中有刘歆作伪处，则影响颇远。盖《周官》为古文经，今文经据此对古文经全面攻击，江河泛滥，如洪水滔天矣。望溪又说：

凡疑《周官》为伪作者，非道听涂说而未尝一用其心，即粗用其心而未能究乎事理之实者也。然其间决不可信者实有数事焉。《周官》九职贡物之外，别无所取于民，而《载师》职则曰，近郊十一，远郊二十而三，甸稍县都皆无过十二。市官所掌唯廛布与罚布，而廛人之絘布、总布、质布则增其三。夏秋二官敺疫、禬蛊、攻鲤蠹、去妖鸟、敺水虫，所以除民害、安物生、肃礼事也。而以戈击圹，以矢射神，以书方厌鸟，以牡棒象齿杀神，则荒诞而不经；若是者揆之于理则不宜，验之于人心之固然则不顺，而《经》有是文，何也？则莽与歆所窜入也。

盖莽诵六艺，以文奸言，而浚民之政，皆托于《周官》。其未篡也，既以公田口井布令，故既篡下书，不能遽变十一之税，而谓汉法名三十税一可，实十税五，则其意居知矣。故歆承其意而增窜《闾师》之文，以示《周官》之田赋本不止于十一也。莽立立泽、六筦、榷酒、铸器，税众物以穷工商，故歆增窜《廛人》之文，以示《周官》征布之目，本如是其多也。……夫歆颂莽之功，既曰“皮得《周礼》以明因监”。而公孙禄数歆之罪，又曰，“颠倒五经，使学士疑惑”。则此数事者乃莽与歆所窜入决矣。然犹幸数事之外，五官具完，圣人制作之意昭如日星，其所伪托，按之以《经》之本文，而白黑可辨也。……凡世儒所疑于《周官》者，切究其义，皆圣人运用天理之实，惟此数事揆以制作之意，显然可辨其非真，而于莽事则皆若为之前辙而开其端兆，然则非歆之窜入而谁乎！……（《周官辨伪》一，《望溪先生文集》卷一）

全书不伪，出于圣作，但其中有可疑处，如《载师》中之“近郊十一，远郊二十而三，甸稍县都皆无过十二”。又《廛人》中之絘布、总布、质布等文皆刘歆窜入。望溪申述其理由道：“古者公田为居，井皂场圃取具焉。国赋所入实八十亩，《孟子》及《春秋传》所谓十一，乃总计公私田数以为言。若周之赋法不过岁入公田，公田之谷，并无所谓十一之名也，又安从有二十而三与十二之道哉。《闾师》之法通乎天下，又安有近郊、远郊、甸、稍、县、都之别哉。《载师》职所以特举国宅、园廛、漆林，以田赋之外地征，惟此三者耳。今去近郊十一至无过十二之文，而《载师》职固辞备而义完矣，《周官》之田赋更无可疑者矣。”又说：“肆长之敛总布盖总一肆买赊官物所入之布而敛之，非别有是征也。若质布则本职无是，絘布则通经无是也。今去絘布、质布、总布之文，而廛人职固辞备义完矣，《周官》之市征更无可疑者矣。”

方氏之说未免武断，同时惠士奇之《礼说》则谓：“所谓圜法者，重不废轻，小不妨大，子母相权而有九品，故曰‘九府圜法’，其名见《周官》者，夫布、里布、辟布、絘布、总布、质布、罚布、廛布、儳布是为布货九品。其九品在国曰邦布，外府掌之。在市曰征布，泉府掌之。载师有里布，闾师有夭布，皆邦布也。……百亩为夫，五邻为里，民间之布以夫里得名。说者以为罚布误矣。司市有辟布，廛人有絘布、总布、质布、罚布、廛布。肆长有儳布皆征布也。敛诸市入诸官，故曰征布。辟布一名辞布，辞之言赀也，犹汉之赀钱。或曰辟法也，辟布犹法钱，市中作布皆取法焉。故曰辟布者于其地之叙，叙犹监也，作布之叙，盖铸钱之监与？王莽布货十品，一曰大布，次曰次布。盖法《周官》之絘布，乃市中思次介次之布也。总布未详。质布者，质剂卖价之布。罚布者，质人所罚犯禁者之布。廛布者，门关征廛之布。儳布者，无肆立持之布。《集韵》云，‘儳，蹔也，音才鉴切’。徐邈读《诗》云，‘抱布抱此’。《管子》云，‘握路握此’也。郑司农曰，‘布参印书，广二寸长二尺以为币贸易物，此立持之布与？管子谓‘隰朋于国有不知政，于家有不事，举齐国之币，握路家五十室，而其人不知’。握，犹持也，古之儳布也，肆长敛之，廛人掌之。……一说儳布者，总布之别也。”（见《廛人》掌敛布）于所有布币详其原由，而以为“王莽布货十品，一曰大布，次曰次布。盖法《周官》之絘布”。而望溪固谓《廛人》中之絘布、质布、总布等皆刘歆窜入《周官》。两者正好相反，方氏说为想当然，士奇固说礼之名家也。又关于宗周有近郊、远郊、甸、稍、县、都之别，亦属刘歆伪窜，而士奇云：“内有六乡，外有六遂，甸、稍、县都，犬牙相错，虽有不臣之心，其力亦不能为乱。”（《礼说·载师》）两说亦相反。

望溪实文人，于中国古代史无所知，六经皆史，抛开史而谈经，将无所折中。他反对《周官》中关于“近郊十一，远郊二十而三，甸稍县都皆无过十二”之记载，以为是刘歆窜入，说：“古者公田为居，井皂场圃取具焉。国赋所入实八十亩……所谓十一，乃总计公私亩数以为言。若周之赋法不过岁入公田之谷，并无所谓十一之名也，又安从有二十而三与十二之道哉。”（《周官辨伪》一）望溪之斥为伪者正宗周社会中之关键问题，当时国与野分，国即王都或诸侯所在，居者为士；野即国以外之甸稍县都，居者为农。国与野，士与农，是紧密接合在一起而有严格阶级上的划分。国有士，故其赋轻，野有农，故其赋重，此所以有十一、二十而三及十二之分。据此可以证明《周官》所载为当时实录，绝不能斥之为伪。此义自汉以后，经学名家率能知之，清末《周礼》大师孙诒让于此分析尤为详尽，他在《周礼·载师正义》中指出：“近郊十一者，即李悝所谓百亩岁收粟百五十石，十一之税十五石，盖据下地平岁之税计之，虽地有肥垳，年有丰俭，而其率略同。依此推之，远郊二十而三，百亩税二十二石五斗也。甸稍县都无过十二，百亩税三十石也。……江永云，《国语》载孔子之言曰‘先王制土，籍田以力，而砥其远迩’，是田赋有远近取平之法。《禹贡》甸服五百里，近者贡粗而且服，远者贡轻而不服，是虞夏砥远迩之法也。《载师》近郊十一，远郊二十而三，甸稍县都皆无过十二，是《周官》砥远迩之法也。取民固不过十一，然力役先取诸近，近者多而远者少，其势不得不然。……若通融远近，以立均平之法，乃王政也。……俞樾云……园廛二十，近郊十，远郊二十，甸稍县都十，其数六十。园廛税一，近郊税一，远郊税三，甸稍县都税二，其数七；是为六十而税七，稍浮于十一。然有国宅一分无税，则适是十而税一矣。《公羊》据其大数言之，《周礼》以通率言之，二者虽异而实同。案江、俞两说足以释此经与《公》《谷》《孟子》之纷。《国语·齐语》云：‘相地而衰征，则民不移。’《荀子·王制》篇亦云：‘相地而衰征，理道之远近而致贡。’此与《鲁语》孔子之言合，皆足与此经互证也。”

虽然解释不同，但他们都承认“相地而衰征”的历史事实。事实的根源是国人井田无公田，纳十一税，而野有公田出劳力，纳税二十而三，有至十分之二者。是野人之赋重于国人，国人为士，是战时的车战甲士，而农民为徒，是战时的徒卒匹夫，阶级不同而有赋税轻重之不同。清末孙诒让等经师虽不能知此分野，但考证史实，合于实际，远胜于望溪之想当然者。虽望溪之武断说经不足信，但“刘歆窜入”说，为后来今文学派添加一有力手段，有此手段，而创为“刘歆造经造史”说，并上推孔子造经造史，下及康有为亦造经造史，史而可造，何事而不可造，于是康有为谈变法维新，后来史家，顾颉刚老师，童书业老友，更广大其说，刘歆之手段通天，遍伪一切；章太炎反之，谓刘歆之功在孔子上。波澜壮观，方望溪实首开堤者！

在社会风俗上，望溪以为《周礼·媒氏》中“仲春三月，大会男女，奔者不禁”，以为“若会焉而听其自奔则虽乱国污吏，能布为宪令乎。盖莽之法，私铸者伍坐没入为官奴婢，传诣钟官者以十万数，至则易其夫妇，民人骇痛，故歆增窜《媒氏》之文，以示《周官》之法，官会男女而听其自奔，则以罪设而易其夫妇，犹未为已甚也”。在望溪看来，《媒氏》有关记载为不伦，必出歆、莽伪造。其实婚姻制度屡有变迁，母系、父系，制度不同，而当儒家之伦理思想未与封建制度结合前，男女关系本极自然而随便，《诗》之《关雎》何莫非男女之恋乎？当然以此责望溪，非其时也。望溪之最不满于刘歆者并不在此，乃在《尚书》诸篇之周公称王说，正义所在，望溪不得不大声疾呼：

> 书说之谬悠莫如《君奭》篇序，称召公不悦及周公代成王作诰而弟康叔。自唐以后，众以为疑，朱子出，其论始定；然折之以理而未得其情也。余既辨《周官》，正《戴记》，然后悟曰，是二者亦刘歆之为耳。盖歆承莽意，作《明堂记》，奏定居摄践阼之仪，而《戴记》所传无是也，故豫征天下有逸礼古书周官文字者，令记说于廷中，以示《明堂记》所自出。……而又多为之征于《文王世子》之篇窜焉。周末诸子言礼者莫笃于荀卿，而网罗旧闻莫先于《史记》，故于荀氏、司马氏之书亦窜焉。奏称“周公践阼，而召公不悦”，所以探汉大臣之心而多为之变，以携之也。而于《记》无可附，故于《君奭》之序窜焉，而并窜《鲁燕世家》以为之征。莽改元，称《康诰》曰，“朕其弟，小子封”，以为周公受命称王之文，则当是时尚无篇首，周公作洛众会之文也。……歆知其说为天下所心非，故复窜此以设疑于后世尔。盖是篇乃伏生之书，博士弟子所循诵也，若早窜焉，则众哗然而辨其非矣。苏氏谓《康诰》之首乃《洛诰》错简，群儒疑之，亦非也。其地其时实与《多士》篇应，而见士于周，又亦近焉。……余悯汉唐诸儒为歆所蔽，使圣人之经受其诬，而记礼者及荀氏、司马氏亦为歆而受恶，故辨其所由然，使后有考焉。（《读尚书记》，《望溪先生文集》卷一）

望溪说，刘歆为莽篡找历史根据，所以于《君奭序》中称召公不悦于周公之称王，而《康诰》中之“朕其弟，小子封”等文亦有疑义，皆刘歆为莽篡作张本者。又伪《荀子》及《史记》中有关著作，更于《戴记》中窜入《明堂位》。而以为“莽之篡无事不托于周公，其居摄也，群臣上奏称明堂位以定其仪，故《记》所称，莫不与莽事相应，其称周公践天子位，以治天下，朝诸侯于明堂。以莽践阼背斧依南面朝群臣也。贼臣受九锡以为篡征，自莽始。……或疑周公践阼倍依以朝诸侯，别见《史记·鲁燕世家》，而荀卿《儒效》篇亦曰‘以枝代主’。或疑《明堂记》或有所授，不知古用简册，秘府而外，藏书甚稀。……凡后世子史之传皆刘歆校录也。歆既伪作《明堂记》，独不能增窜太史公、荀子之文哉？则歆实伪乱增窜以文莽之奸也，决矣。”（《辨明堂位》，《望溪先生文集》卷一）举凡古籍中有关周公称王、践天子位等记载，望溪都断为刘歆之伪，恣肆独断，前所未有而开今文学派攻击古文经之先河，刘逢禄以之为不二法门，康有为更张皇其词，不知所止矣。

其实，关于周初，武王逝世，成王尚幼，周公当政，其地位，向有三说：

（1）摄政、称王、践天子位。顾颉刚老师颇主此说，一改其刘歆窜改之旧说，盖乃师之晚年定论。

（2）摄政而未称王，此说较合史实，我近来在几篇论文中主张此说，详见《宗周社会与礼乐文明》。

（3）未摄政亦未称王，近来马承源先生主之。

虽有不同意见，但无一人涉及刘歆者，刘歆窜改之说，乃“歆加之罪，何患无辞”，今文家用之以济其穷，而望溪先生无意中为之提供了有力手段，亦始料所不及者。

方苞生于康熙七年（1668），卒于乾隆十四年（1749），字凤九，一字灵皋，老年自号望溪，桐城人，为人抗直，遇会议时有争执，为时所忌，著述颇多，有：《周官集注》十二卷；《周官析疑》四十卷；《周官辨》一卷；《仪礼析疑》十七卷；《礼记析疑》四十卷；《丧礼或问》一卷；《春秋通论》四卷；《春秋直解》十二卷；《春秋比事目录》四卷；《诗义补正》八卷；《左传义法举要》。并删订《庄子》《荀子》等。《文集》有《正集》十八卷，《外集》十卷，《补遗》二卷，行于世。

（载于1988年第3期）

“仁”的抽象与“仁”的秘密

刘文英

“仁”不但是孔子哲学的基本范畴，也是中国哲学的基本范畴。然而这个范畴到底是怎么来的呢？是不是孔子偶然的直觉呢？根据我们的考察，在孔子之前，中国文化很早就有了“仁”的观念。“仁”作为哲学范畴，同中国哲学的其他许多范畴一样，都是哲学思维长期发展的产物，孔子的贡献，主要是他完成了“仁”的抽象。只有具体了解“仁”在历史上的抽象过程，才能真正把握中国哲学这一范畴的秘密，因而才能真正把握孔子仁学思想的秘密。

一、“德”的参合和超越

《贾子·大政上》曰：“仁者，德之出也。”贾谊并不是讨论“仁”的抽象，他只是强调“仁”是“德”的表现。但从历史过程来看，确实“德”的观念在前，“仁”的观念在后，后者是前者所产生的，清代学者阮元曾指出，《尚书》中的《虞书》《夏书》没有“仁”字，《虞书》中的“德”字实际包含着“仁”之意，其中“克明峻德”即与《孟子》中的“仁”字无异（见《揅经室一集》卷八）。在《尚书》中，人们从《周书》才开始发现“仁”字。据《金縢》记载，周公曾自称“予仁若考”。这个“仁”字，历代注家均读如字而无诂，近代有人“仁若”连读而训为“柔弱”。不管此字如何理解，周公认为他有仁德则无疑。因而“仁”在这里内属于“德”，只是“德”的一种表现。

但是，“仁”的观念虽在西周已经出之于“德”，由于“德”的内涵尚未得到充分分化，所以“仁”的含义并不那么明确，甚至还没有独立的地位。人们在西周那些重要人物的言论中可以看到，“德”字简直俯拾即是，但比较笼统，而“仁”字则极为少见。《诗·大雅》及《周颂》、《鲁颂》、《商颂》竟然没有一个“仁”字。这种现象当然有深刻的社会历史背景。在周初那些统治者看来，殷之从兴到亡、周之从弱到强，其经验教训都集中在一个“德”字。殷人之曾经相当强大并统治了很长时间，主要是殷先王“经德秉哲”（《酒诰》）、“秉德明恤”（《君奭》），后来之所以灭亡，则是由于“不敬厥德”而丧失了“天命”。周之所以能够代殷，也是因为文王“明德”（《康诰》）、“敬德”“正德”（《大盂鼎》）。这里，“敬德”“不敬厥德”实际已蕴含着周王和殷王的“仁”与“不仁”的观念，但在周初，这种含义并未真正分化出来和表现出来。

“仁”同“德”的明确联系和“仁”从“德”内的明确分化，大概始于西周末年，至春秋则越来越明朗。西周末年先后有厉、幽之乱，上下矛盾激化，客观上把周王的“仁”与“不仁”的问题突出出来。春秋时期，诸侯间开始兼并，内外矛盾复杂，客观上又把各国君主“仁”与“不仁”的问题突出出来。据《国语·周语中》记载，郑文公伐滑，“不听王命而执王使”，襄王决定征讨，大夫富辰谏曰“不可”。他指出，郑国先君曾经辅佐平王东迁，卓有功勋，现在“以怨报德，不仁”。这就是说，“不德”意味着“不仁”。富辰还说“仁所以保民也”“不仁则民不至”。周初曾提倡“敬德保民”，现在提倡“仁以保民”，“仁”和“德”具有同样的功能。《齐语》又记载，齐桓公曾帮助邢国、卫国抵御狄人侵袭，当时“天下诸侯称仁焉”。《左传》哀公七年亦引子服景伯曰：“大所以保小，仁也。”“伐小国，不仁。”这些“仁”都属于“仁德”。《晋语》还记载，晋献公去世，国家大丧大乱，大臣里克和秦穆公先后派人要求重耳回国即位。重耳在舅犯辅佐下，一一婉言拒绝。舅犯曰：“亡人无亲，信仁以为亲。”“父死在堂而求利，人孰仁我？”此“仁”同样属于“德”，但比上述“保民”“保小”的含义要广泛得多。后来夷吾即位，把国家搞得乱七八糟。秦公子絷曰：“晋君之无道莫不闻，公子重耳之仁莫不知。”“杀无道而立有道，仁也。”公子絷这里以“有道”规定“仁”，“仁”的含义已走向抽象化和普遍化。

人类思维的发展也是很复杂的。春秋时期，关于“仁”和“德”的关系，我们同时看到两种矛盾的趋向。一种是分化的趋向，“德”的内容分化得越来越具体，“仁”作为“德”的一项内容、一种表现，其含义也越来越明朗。《周语下》记载，单襄公论列晋周德行时，曾提到敬、忠、信、仁、义、智、勇、教、孝、惠、让共十一项，“仁”只是其中的一项。《晋语二》记载，杜原款曰：“死不迁情，强也；守情说父，孝也；杀身以成志，仁也；死不忘君，敬也。”强、孝、仁、敬并举，“仁”也是其中的一项。《左传》僖公四年记庆郑曰：“背施，无亲；幸灾，不仁；贪爱，不祥；怒邻，不义。四德皆失，何以守国？”“仁”作为“四德”之一，同其他德目的内容有明显的区别。另一种是综合的趋向，“仁”作为“德”的一项内容、一种表现，反过来又要综合“德”的其他项目和内容。前引公子絷以“有道”

规定“仁”，已经反映出这种苗头。有人更直接做出“参合为仁”的概括。《左传》襄公七年记载，穆子称宣子“好仁”，而对“仁”的具体解释是：“恤民为德，正直（正己心）为正，正曲（正人曲）为直，参合为仁。”“参合”者，德、正、直三者合为一体。当然，“恤民为德”，“正直”和“正曲”亦属“德”，穆子的划分未必恰当。然“参合为仁”的新概括清楚地表明，“仁”在这里已不是“德”的一个项目，而是多种德目的一种统一。通观《论语》提供的材料，孔子正是沿着这种综合的趋向，来规定“仁”的内容。

按照孔子的观点，“仁”包摄了“智”，又包摄了“勇”。他曾肯定令尹子文“忠”和陈文子“清”，但认为他们都还没有达到“仁”的境界。为什么？“未知（智），焉得仁？”（《论语·公冶长》。以下只称篇名）“勇”也必然是“仁”所包含的一种品德。他说：“仁者必有勇。”（《宪问》）又说：志士仁人“有杀身以成仁”（《卫灵公》），这更是一种大勇。当然，仁者之“勇”与小人之“勇”是不同的。在孔子看来，“仁”还包摄了“德”的其他许多项目。樊迟问仁，他说：“居处恭，执事敬，与人忠。”（《子路》）子张问仁，他说：“能行五者于天下，为仁矣。”（《阳货》）五者的细目是恭、宽、信、敏、惠。大凡从前属于“德”的那些子目，都被孔子的“仁”所包摄。无怪乎《庄子·缮性》曰：“德无不容，仁也。”宋儒干脆称“仁”为“全德”之名（《北溪字义》卷上）。

那么，孔子的“仁”是否可以简单地等同于传统的“德”呢？并不是。孔子的“仁”出之于“德”，而又超越于“德”，这里有层次的不同，亦有境界的不同。在孔子之前，“德”一般是通过许多具体德行、品德而出现的。孔子则通过“仁”把“德”的所有内容统摄成一个整体。这样，组成“德”的那些子目要是离开“德”的整体的话，虽然可以谓之有“德”，却不可称之为“仁”！例如，令尹子文的“忠”和陈文子的“清”，谁也不能不承认是美德，但都不能称之为“仁”。又如，简公在齐国“弃其民而归陈氏”，宽则宽矣，焉能称“仁”！季氏在鲁国“世修其勤”而“广施于民”，惠则惠矣，焉能称“仁”。相反，由于“仁”统摄了“德”的所有内容，凡“仁”者必具有各种美德。“仁者必有智”“仁者必有勇”，仁者必忠、必清、必正、必直等。陈淳曰：“孔门教人，求仁为大。只专言仁，以仁含万善，能仁则万善在其中矣。”（《北溪字义》卷上）在孔子看来，一个人具有某方面的美德是不难的，要达到“仁”的境界则很难。他从不轻许人以“仁”，连他自己也是说“若圣与仁，则吾岂敢”（《述而》）。所以，孔子的“仁”不但是“德”的参合，而且达到一个很高的境界，又是“德”的超越。

二、“礼”的深化和内化

在中国古代文化中，“礼”本来就有规范“德”的作用。“仁”由于一开始内属于“德”，同样受到“礼”的制约。《左传》文公十八年记季文子曰：“先君周公制《周礼》，曰：则以观德，德以处事……”这说明“礼”是“德之则”也。《周语上》记内史兴曰：“礼所以观忠、信、仁、义也。”“仁”作为“德”的一项内容，绝不允许超越“礼”的规范。“德”的任何内容，只有首先纳入“礼”，而后才能纳入“仁”。孔子说过：“恭而无礼则劳，慎而无礼则葸（胆怯），勇而无礼则乱，直而无礼则绞（尖刻）。”（《泰伯》）同样还可以说，智而无礼则诈，忠而无礼则恶。冉求帮助季氏聚敛财富，对其主子可谓“忠”矣。然由于违礼，孔子拒绝承认他为自己的学生，并让其他门徒“鸣鼓而攻之”（《先进》）。

“礼”包括礼仪和礼制。“仁”的观念如果求溯其源，最初即同一种古老的礼仪相联系。郑玄注《中庸》“仁者人也”曰：“‘人也’读如‘相人偶’之人。”“相人偶”就是一种礼仪。《仪礼·大射礼》“揖以耦”注：“相人耦（偶）也。”同书《公食大夫礼》“宾入三揖”注：“每曲揖及当碑揖，相人耦（偶）。”这种礼仪就是两个人面对面地躬身作揖，表示互相问候、互相关照、互相尊重。不过，“仁”的观念虽然源于“相人偶”的礼仪，“相人偶”的礼仪本身却并不等于“仁”。“仁”只是这种礼仪所蕴含的一种人际意识，并在发展中逐步摆脱了其最初的外在形式。人们从《左传》《国语》中可以看到，春秋时代的公卿大夫，都是从“仁”的内涵论述他们对“仁”的理解，而不关心其原来依附的外在形式，这显然是那种古老礼仪的深化和扬弃。孔子论“仁”不但首先注意“仁”的内容，而且对其人际意识进行哲学的思考。孔子仁的思想，既表现了人际间亲密的感情，又表现了人对人的尊重。后来孟子把这种思想归结为“仁者人也”和“仁者爱人”。孔子以为仁需要一定的礼仪。《左传》僖公三十三年记臼季曰：“臣闻之，出门如宾，承事如祭，仁之则也。”孔子论“仁”亦曰：“出门如见大宾，使民如承大祭。”（《颜渊》）这就是说，仁者必须待人以“礼”，讲究礼仪。当然，礼仪形式是为“仁”的内容服务的。离开其内容，单纯的礼仪形式便没有什么意义了。

“礼”在殷周时代，更重要的是一种宗法等级制度。其主要内容就是人际之间“君臣父子”的结构和秩序。《国语·周语中》记鲁大夫曰：“为臣必臣，为君必君。”《国语·晋语四》又记勃鞮曰：“君君臣臣，是为明训。”后来孔子把这些传统思想进一步概括为“君君，臣臣，父父，子子”（《颜渊》），集中反映了礼制的精髓。礼制的社会作用或功能，是要人们知道“上下之则”（《国语·鲁语上》），从而使人际关系“上下有序”（《国语·楚语下》）。所以说：“礼，国之纪也。”（《国语·晋语四》）“礼，所以正民也。”（《国语·鲁语上》）然而“礼”如何发挥其作用，实现其功能呢？“礼”作为一种外在的规范，主要靠行政的手段和传统的习惯。从历史的实际来看，整个西周时期，“礼”对维护上下等级秩序和社会生活的安定曾经起过重要的作用。可是到了西周后期，特别是进入春秋以后，由于社会深层经济力量和政治力量的变动，“礼”越来越受到人们的漠视。“君不君、臣不臣、父不父、子不子”的弃礼、违礼现象不断发生，原来的“上下有序”变成了“上下无序”。于是，这种外在的规范越来越不灵了。面对“礼崩乐坏”的严峻现实，开始有人主张让“礼”在人们的心理深处扎根，按照“礼”来进行意识修养，这就是“礼”的内化。

《左传》昭公十二年引仲尼曰：“古也有志：‘克己复礼，仁也。’信善哉！楚灵王若能如是，岂其辱于乾谿！”“古也有志”，说明孔子之前很早就有这种说法。“克己”即克制自己非礼的欲望，这是一种自我意识的修养。修养的目标则是履行和恢复“礼”的规范。楚灵王屯兵乾谿，企图让天子把周鼎颁赐给他。殊不知周鼎乃是天子王权的象征，这种要求明显地非礼而犯上。结果目的没有得逞，还受到子革的讽刺。不过，“克己复礼”虽然“古也有志”，却没有得到应有的重视，很少有人真正由此去认识“仁”的意义和价值。《周语上》记内史兴曰：“仁所以行也。”《诗·郑风》“洵美且仁”正义曰：“仁，行之美名。”《诗·齐风》“其人美且仁”正义谓“仁”为“仁恩”。诸如此类的解释，仍然把“仁”仅仅视为一种美德，而且只注意“仁”的外在表现，并不关心“仁”的心态和精神内涵。只有孔子才充分地重视这一古训，并自觉地强调“仁”是“礼”的内化的修养。颜渊问仁，他说：“克己复礼为仁。”进一步把“克己复礼”的细目具体化为“非礼勿视，非礼勿听，非礼勿言，非礼勿动”（《颜渊》）。这就是说，“仁”的基本要求就是时时刻刻都要克制自己那些非礼的欲望，从而把“礼”内化成一种稳定的心态，来指导自己的一言一行、一举一动。

在孔子看来，行为上的非礼来自内心的非礼之欲。因而行为上要“复礼”，首先内心里要“克己”。人们从《论语》中可以看到，孔子评论历史人物的“仁”与“不仁”，主要根据其行来判断。然而对于学生的教育，把“仁”主要看作一种意识修养。他说：“君子无终食之间违仁，造次必于是，颠沛必于是。”（《里仁》）哪怕是吃一顿饭的工夫，即使是最紧张的时刻或流离在外，君子心里都应该想着“克己复礼”、想着“仁”。“礼”在意识中内化的程度，正是“仁”的修养所达到的水平。他认为颜回“三月不违仁”，堪称修养的模范，其余学生都不过是偶尔心里想到“仁”。至于“礼”的内化的办法，他一方面提倡“内省”，一方面提倡“学习”。曾子曰：“吾日三省吾身。”这正是实践孔子的主张。一个人如果经常用“礼”反省而问心无愧，那就达到了“仁”的境界。孔子自己说：“学而时习之。”“礼”通过学习而潜移默化，就从一种外在的规范变成一种内在的品德，变成“仁”。

由于孔子用“仁”统摄了“德”的一切肯定性的内容，“仁”就不再单纯是一种美德之名。由于孔子把“仁”视为“礼”的深化和内化，“仁”也不再单纯是受“礼”制约的一种规范。孔子曰：“人而不仁，如礼何?”（《八佾》）只有仁者才能自觉地履行“礼”的规范，不仁者必经常违“礼”而破坏其规范。在《论语》中，“仁”同“德”、同“礼”在根本上是一致的。但相比之下，“仁”要高出一个层次或深入一个层次。“德”和“礼”始终是伦理学的范畴，而“仁”还包含对人际关系和人的本质的思考，它则属于哲学范畴。

三、“爱”的推广和扩大

樊迟问仁，孔子曰：“爱人。”这是孔子对“仁”所做的一个基本的规定。他不但用这种亲密的人际意识来概括人的内涵，而且把它作为“仁”的具体标志。应当说，这也不完全是孔子的发明。据《国语·周语下》记载，单襄公就曾说过“仁，文之爱也”“爱人能仁”。不过，在单襄公那段长篇谈话中，此意并不十分突出，而孔子把仁看作“爱人”则是一个很明确的哲学命题。

“爱人”作为一种人际意识，远在三代以前就出现。当然，那个时代，“人不独亲其亲、子其子”，由于氏族本身是一种血缘组织，氏族系统内的“爱人”实际上是“爱亲”或“亲亲”。三代已进入奴隶制社会，人“各亲其亲、子其子”。不但宗法系统内的“爱人”仍是“爱亲”或“亲亲”，同时由于上下等级不许逾越，“爱人”也有严格的等级差别。《韩非子·外储说右上》引孔子曰：“夫礼，天子爱天下，诸侯爱境内，大夫爱官职，士爱其家。过其爱曰侵。”此话未必出于孔子，但与孔子仁的思想是一脉相通的，当时的现实也确是如此。至于在贵族与奴隶之间，由于彼此没有血缘关系，由于奴隶不被当人来看待，一般不存在或不允许有“爱人”的人际意识。

在孔子之前，既有上述“爱人能仁”的观点，也有“爱亲之谓仁”的说法（《国语·晋语一》）。“爱亲”，显然是传统的“亲亲”观念。“爱人”，则有可能突破“亲亲”而使仁爱泛化。单襄公称晋周“爱人能仁”，已经不是专指他对亲族的态度，而是泛指他对上下左右人们的态度。通观《论语》的记载，孔子把仁看作“爱人”，一方面继承了传统的“亲亲”观念，同时又进一步把仁爱推广到非亲族的人际关系，以至广大的民众和奴隶。孔门弟子有子曰：“孝弟也者，其为仁之本与！”（《学而》）“孝弟”都是“亲亲”之爱。不过，孔子肯定这一点，却并不以此为局限。他指出：“弟子入则孝，出则弟，谨而信，泛爱众，而亲仁。”（《学而》）从“孝弟”到“泛爱众”，明显地超出了亲族的界限。而所亲的仁者也主要指贤者和圣者，是不是亲族则无关紧要。《论语·尧曰》引用周初一位统治者的话：“虽有周亲，不如仁人。”这说明，“仁人”比“周亲”更为重要。孔子用“仁”的观点去评价历史上和当时的统治者，更着重于他们如何处理对民的关系。子贡问：“如有博施于民而能济众，何如？可谓仁乎？”孔子曰：“何事于仁，必也圣乎。”（《雍也》）他之所以口口声声称赞管仲“如其仁，如其仁”（《宪问》），正是因为“管仲相桓公，霸诸侯，一匡天下，民到于今受其赐”（《宪问》）。在春秋那个动乱的时代，他认为老百姓最需要的就是当权者对他们的仁爱，所谓“民之于仁也，甚于水火”（《卫灵公》），他之所以哀叹“吾见蹈（水火）而死者，未见蹈仁而死者也”（《卫灵公》），正是针对那些为政而不仁者。

孔子对仁爱的推广和扩大，主要是基于时代的变化而顺应历史的潮流。在奴隶制时代，广大奴隶们处在社会的最下层。他们虽有直立的人身，虽和贵族同属人类，却没有人的地位和尊严，而只是会干活的工具，可以被任意宰杀的人牲。然而，在殷亡周兴的过程中，奴隶们用自己的行动开始表现出他们的觉醒和力量。所以在西周，官方已经产生了一种“保民”观念，它意味着对平民和奴隶也应该给予某种“爱”。西周末年，特别是春秋以来，随着封建制生产方式的出现和奴隶解放的历史潮流，“民”和“众”的地位较之以前有了很大的改善，由此“保民”意识也日益发展。《国语·周语中》记富辰曰“仁所以保民也”“不仁则民不至”。《左传》襄公二十五年记然明曰：“视民如子。见不仁者，诛之。”孔子正是沿着这种进步思潮，强调当权者为仁必须“爱众”“济众”“博施于民”“安百姓”。孔子对“仁”的思考，没有摆脱“亲亲”的观念，没有摆脱等级的界限，这是旧传统的影响。但他把仁爱推广到“民”，扩大到“众”，无疑闪耀着进步的思想光辉。“民”是民氓，当时泛指平民和奴隶。“众”原指田野耕作的奴隶，当时泛指广大下层劳动者。据《论语·乡党》记载，马厩失火，孔子问“伤人乎？”不问马。他所首先关心的是养马人的死活，而不是马的死活。养马人当时称“圉”，地位十分卑贱。《左传》昭公七年曰“人有十等”，在“十等”之外才是“马有圉，牛有牧”。由此可见孔子仁爱的广泛性。

孔子对仁爱的推广，主要采取一种由近及远、将心比心的方式。他说："夫仁者，己欲立而立人，己欲达而达人。能近取譬，可谓仁之方也已。"（《雍也》）这种方式，也可能是受前人的启发。《国语·晋语四》引《礼志》云："欲人之爱己也，必先爱人，欲人之从己也，必先从人。"孔子对人己类系的理解，正与此一脉相承。按照孔子的观点，"爱人"首先必须"爱亲"，"爱人"的感情要从"爱亲"中去培养，由"爱亲"去扩大。一个人如果连自己的父母兄弟都不爱，怎么还能去爱别人！同时在培养"爱人"感情的过程中，还应该以己之心去理解人之心。我爱我的父母兄弟，别人也爱他的父母兄弟。我希望别人爱我和我的父母兄弟，那么，我首先应该爱别人和别人的父母兄弟。在孔子看来，一个人如果能以自己"爱亲"的感情为譬喻，把这种感情推广到疏者、远者，推广到其他人，那就可以做到"爱人"，达到"仁"。

孔子把仁爱从"爱亲"推广到"爱人"，这是顺应历史潮流的重要贡献，应该充分予以肯定。但是也要注意，在"爱有差等"的原则之下，孔子给予平民和奴隶的仁爱极其有限。其具体内容主要是爱惜民力、使民以时，最多也不过是满足他们温饱的要求。其目的则是要收拢民心（"得众"）、便于其统治（"易使"），让老百姓规规矩矩而不犯上作乱（"弗畔"）。因而，孔子的仁爱同时具有浓厚的封建性，并不是真正尊重人权的平等之爱。

四、"人"的发现和思考

孔子所以把仁爱从"爱亲"推广到"爱人"，并具体扩大到平民和奴隶，主要是时代潮流使之然也。但从理论思维来看，孔子的这个贡献，则主要得力于他对"人"的发现和思考。平民和奴隶的地位何等卑贱，为什么在人际关系中也要作为被爱的对象？在孔子看来，因为他们同贵族、同统治者一样都是人，都有人的价值，因而应该当作人去关心、爱护和尊敬。本来，"仁"的观念一开始就蕴含着这样一种内容：人我双方都要以人待人，互相关照，互表敬意。但是，在孔子之前和孔子的同时，没有任何人对这种意蕴做出理论的抽象和概括。虽然天下之人都是人，然他们在现实中只知道君臣父子、上下尊卑，谁也没有真正发现"人"，谁也没有真正对"人"去思考。孔子周游列国，那些大大小小的统治者没有一个理解这一点。孔子收了很多门徒，真正理解这一点的也很少。所以孔子不仅把仁视为"爱人"，他还把仁直指为人，后者比前者更深沉，更有思辨性。

《礼记·中庸》提出“仁者人也”的命题，这最集中地反映了孔子对人的思考。这个命题表面上是用“人”来规定“仁”，实际上则是用“仁”来规定“人”。它标志着中国哲学已经明确地把“人”自身作为认识的对象。战国时期百家关于人性的争论，实际正由此而发端。郑玄解释这个命题的含义是：“以人意相存问。”“人意”即人之为人所应有的那种思想感情。这已经接触到“人之为人”的问题。朱熹解释这个命题曾指出：“人，指人身而言。具此生理，自然便有恻怛慈爱之心。……”（《四书集注·中庸》）这是根据后来孟子的观点，把“仁”看作人的先天本性。但朱熹解释《孟子》“仁也者，人也”说得很好：“仁者，人之所以为人之理也。”（《四书集注·孟子尽心下》）这倒基本符合孔子的原意。你要知道什么是“仁”吗？那你首先应该了解什么是“人”和人之所以为人之所在。你要做一个仁者吗？那你必须具有人之为人所应有的那种思想感情并以此去待人。“仁者，人也”的主旨是要说明：什么样的人才是真正懂得人之为人、真正懂得人的价值，因而真正把人当人去对待的人。

根据人们对“人”的自觉的程度不同，孔子把人分成了几个层次。一类是“不仁者”，包括他所鄙视的“小人”在内。这些人既然是“人”，在生活中当然应该有做人的权利，在交往中当然应该以人来对待。但是，这些人由于没有教养和缺乏修养，只迷恋于个人的私欲，根本不懂得人之为人之所在，根本不懂得人的价值和理想，因而他们在人格上还很不完善，还不是真正的人，只能在社会的下层而被人统治。一类是仁者，包括他所崇敬的贤者、圣者在内。这些人不但是人，而且通过自觉修养有道德、有理想，懂得人之为人之所在，懂得人的价值，能够自觉地去关心和爱护他人，只有他们才是人格上完善的人、真正的人，只有他们才是理想的统治者。在不仁者和仁者中间还有很多的人，孔子主张他们应该通过修养而使自己成为仁者。在他看来，“小人”没有教养，永远不可能成为仁者。“君子”为了防止堕为不仁者，必须时刻自觉地进行修养。他说：“君子去仁，恶乎成名？”（《里仁》）君子如果离开了“仁”，就不成其真正的君子。在任何情况下，君子也不能“违仁”，而要牢记着“为仁”。他甚至认为“仁”比人的生命还可贵：“志士仁人，无求生以害仁，有杀身以成仁。”（《卫灵公》）

如前所述，孔子把“仁”的境界看得很高，连他自己也表示不敢当。这说明，做一个真正的仁者很不容易。然孔子又认为，“仁”的境界并不是远不可及和高不可攀。他说：“仁远乎哉？我欲仁，斯仁至矣。”（《述而》）又说：“有能一日用其力于仁乎，我未见其力不足者。”（《里仁》）这里前后好像互相矛盾，实际上各自强调的重点不同，其目的都在于高度肯定君子对“仁”的追求和这种追求的精神。

而“成仁”的追求说到底，乃是人之为人的一种自我完善。

孔子对“人”的思考和对“人”的划分，在我们今天看来，当然是肤浅的，并且包含着那个时代的不少偏见。因为他不知道人的本质乃是其自然属性、社会属性和思维属性多方面的统一，也不知道这种统一的具体性和历史性，更不知道社会地位的等级差别同个人修养根本无关。但有一点应该肯定，孔子并不认为“仁”是人的先天本性，而认为是主体长期修养的结果。这实质上是把“仁”看作道德实践的积淀和内化。他认为仁者才是完善的人、真正的人，也是把“仁”看作人的修养和人的文明的一个理想的标志。不管将来人对人的自我认识发展到什么程度，“仁”作为人的一种文明修养和高尚品德，都值得人们在新的水平上去再认识，在新的条件下去发扬。

总之，经过中国哲学思维长期的发展和积淀，孔子在前人的基础上自觉地完成了“仁”的抽象。由于“仁”的抽象是“德”“礼”“爱”的演化和人的自我认识多维综合的结果，由于这种抽象及其结果凝聚着中国文化的特征和中华民族的心理，所以孔子铸造了“仁”这样一个中国特有的哲学范畴，其内涵十分丰富。“仁”的观念和“仁”的范畴在中国历史上产生了极为广泛而复杂的社会影响，我们今天应该多方面、多角度、多方位进行剖析、审视、鉴别和研究。

（载于1990年第2期）

本体与工夫

——理学主旨新探

王国轩

中国古代社会思潮迭起，思想史研究向人们展示，一种社会思潮，一种理论体系，总有其中心思想或中心议题。宋明理学的主旨是什么？历来有不同说法，或谓“义理”，或谓“本体”，或谓“心性”，或谓“性命与天道”。应该说，这些说法都是有一定根据的。理学与汉唐以来学术不同的是，它既不是章句之学，也不是辞章之学，更不是时文科举之学，而是寻求义理之学。理学家讲学的目的在于穷理求道，因此称理学主旨为“义理”是不足为怪的。理学家大都讲本体，谈心性，论天道，而且这些范畴都是理学家非常重视的问题，甚至可以说都是理学根本的、首要的问题。但把这些归结为理学的中心议题，似乎还不太完满。我经过研究，觉得把理学的主旨概括为“本体与工夫”，也许会更符合实际些。如果这样确立理学主旨，既可体现理学的宇宙论、存在论、心性论、境界说，也可以包含理学的认识论、修养论，乃至审美和心理建设，使理学研究更贴近其本来风貌。

一

中国哲学同世界哲学一样，当它掀开宗教和神话面纱以后，就开始思索自然界万千现象的起源问题。我们生存的世界及其空间，何以如此广阔无垠？它们是怎样形成的？这些问题困扰着古代哲人们的头脑，经过长期的实践与思索，出现了五行说、八卦说、阴阳说，用以解释世界万物的生成与变化。进而又思考宇宙万物的生成过程及其统一性，于是就出现了老子关于“道”的哲学探讨，这种探讨可以称为宇宙生成论。仅探讨自然界还不够，人们更关心自己生存的社会及环境，或者说更要思索人类自身，探索人和物之差别，于是便要系统地界定人际关系，建立起核心价值系统，以求正常的种族繁衍和社会安宁，从而出现了孔子关于人伦关系的道德原理。继而又要探讨这些道德化之人的内在根据，便出现了孟、荀对人心及人性等问题的探索。孟子的理论可以称作道德存在论。汉代的哲人们仍然关心宇宙构成及人与自然的关系问题，于是出现了董仲舒的天人合一理论与王充的元气理论，这可称为宇宙构成论。魏晋学者大都关心宇宙生成及存在的根据问题，于是出现了“以无为本”与“名教与自然”等问题的种种猜测，这就带有一些本体论色彩了。经过唐代佛教心性问题的广泛传播，想复归儒学的学者们，深感中国固有文化的失落，试图摆脱章句之学的烦琐、辞章时文的困扰、佛老的空寂，把“讲学求理”作为人生目的之一，试图建立自己民族的心性理论，便从经书和孔孟著作乃至前代哲学中，寻求依据，终于提出了系统的辨析毫厘的本体论哲学，即关于存在和一切存在物根据或本质的学说。

二

宋明理学是中国古代哲学思想发展的高峰期，其博大精密，其探讨问题的深刻，与当时的欧洲相较并不逊色。宋明理学是典型的本体论哲学，同时又是讲工夫的哲学。这种本体论关心天地、万物和人的联系、本质及其根据。本体蕴含于天地万物之中，也贯通于人的心、性、情、欲之中。其工夫论不仅是一般道德修养方法，而且有其丰富的内涵。就本体而论，可归结为四种类型。一是理本体论（包括以道、太极为本等），二是气本体论，三是心本体论，四是性本体论。宋明学者大都可归结于四种类型之中。在这里，我们选择些代表人物，来探讨他们学说中本体与工夫的关系。周敦颐、二程、朱熹可为理本论的代表；陆九渊、王阳明可为心本论的代表；张载、王夫之可为气本论的代表；胡宏则属性本论的代表，这一派有待于进一步研究。

首先谈谈周敦颐。哲学史界认为周氏的一些思想来源于道家，似可成为定论。朱熹对周氏的师承关系有些闪烁其词，而对于《拙赋》，明言是老子哲学。但在有关本体问题上，朱熹斩钉截铁地说，“无极而太极”是周敦颐的太极图的本根，并且指出太极就是理，无极即无形，理即实有却无形，使周氏复归儒学；不肯承认另一种刻本所讲的“自无极而太极”的事实。我们今天平心而论，周氏哲学的最高范畴似应为“无极”，在周氏《太极图说》中，明确地出现了“五行，一阴阳也；阴阳，一太极也；太极，本无极也”这样的话，所以我们没有理由赞成朱熹的说法，而认定周氏哲学的最高本体是“无极而太极”。“无极”既是万物的本根，又是万物和人的统一性、普遍性的依据。但是周氏毕竟还是儒者，其关键在于“无极”并不是虚，而是“诚”，诚的特点是“无妄”（《通书·诚上》朱注）、“无为”（《通书·诚几德》）、“寂然不动”（《通书·圣》）。诚既讲天道，又讲“圣人身上家当”（刘宗周语），“无极”既是实在的，这就使他的思想既出于佛老而又不同于佛老。这个“诚”或“无极”完满地体现在人身上则为圣。如何才能成为圣人？那就需要工夫。周敦颐所讲的工夫，就是“乾乾不息于诚”“惩忿窒欲，迁善改过”（《通书·乾损益动》），其原则是“主静”，静了便回归于无极的本体状态，“中正仁义”就得以恢复。这就叫“立人极”，其功效为“与天地合其德，日月合其明，四时合其序，鬼神合其吉凶”（《太极图说》）。二程的最高哲学范畴是“天理”，天理乘阴阳五行的运动变化，产生了人和万物，人之性即天理的体现，所以说“性即理也”。因此性无不善，而性之不善不是本然极致的天理所生成的，而是阴阳二气和五行之质运化而成的。气有清浊厚薄，质有刚柔，从而形成了人与万物的差异性。“禀其清者为贤，禀其浊者为愚”，物性也是如此。人、物之不同，在于人有主体性，能认识、复归天理，即“复性”，物虽有一线光明，但不能能动地复其本然之性。人要想复其性，必须以性制气，即“养气”“养心”，也就是“以理制欲”，所谓“存天理、灭人欲”。为此需要“涵泳存养”，涵养需用“敬”，敬就是整齐严肃，“主一无适”，即专一不走样，这是养本。此外尚须“集义”，即顺理而行，这样，做到内外交相养。这些讲的都是工夫。实际不仅复还本体需要工夫，就是推及本体于亲、于物也需要工夫。二程讲工夫较细密，有一定的次第。集理学之大成的朱熹也是以理为本体，本体理既为本根，又体现于人、物、草木之中，本体具有永恒性、统一性，寓于气中，气有阴阳，阴阳无端；气有动静，动静无始。由阴阳之气摩荡形成五行，从而构成万物，本体之理在人心中形成性，其主要内容为仁义礼智，性发为情，则为恻隐、羞恶、辞让、是非等四端，性是根，情是芽子。性为未发，情为已发，“心统性情”。本体是源头，是大本，人要想成为圣贤，首先要复其性，复性必须用工夫。首要工夫是“敬”，主要功夫是“格物致知”（《大学·格物致知》章补传），通过格致穷理，节制情、欲，恢复本体，认识事物之理，以求内外交相养，达到是非之明辨，本体之光明，情欲之中庸。因此，“格物致知”既有道德修养的意义，又有认识的意义。朱熹重视工夫，他同弟子谈话时，常问“做甚工夫”，在《中庸章句》中，朱熹提出了大量工夫问题，认为“博学之，审问之，慎思之，明辨之，笃行之”，极有工夫节次。朱熹讲工夫，贯通于大小、本末、体用、精粗、动静、知行等各方面，特别是对下学工夫更为重视。他讲工夫不只是要恢复道德本体，而是在修、齐、治、平的各个环节中都要有工夫。他是从多角度讲的，有审美、心理、认识等内涵。一些研究朱熹的论著，很少从这方面着墨，终是缺憾。有一种观点认为理学是道德理性之学，这种说法虽有启发性，但并不太切当。如果说理学是以道德为本根的理性之学，也许更为恰当。因为理学是两端之学，它既讲天德，又讲王道；既讲内圣，又讲外王；既讲格致、正心、诚意、修身，又讲齐家、治国、平天下。所以说，如果仅说理学是道德理性之学，则恰恰丢了下端。朱熹讲工夫，贯输于两端之中。工夫问题，也是朱熹批评佛老和其他学派的一个方面，他在批评佛老在心性问题上的虚空的同时，也指佛学在下端全不要或缺少工夫。他批评陆学缺乏下学工夫，流向禅，吕祖谦不重经求理，杂驳不能守约；“陈同甫才高气粗”；“叶正则说话只是杜撰”。总之，认为“江西之学只是禅，浙学却专是功利”（《朱子语类》卷一二三《陈君举》），都涉及心性本体的涵养工夫，有一定的合理性。

气本论的代表人物是张载、王夫之。张载的一个重要命题为“太虚无形，气之本体”（《正蒙·太和》篇）。气之阴阳、动静摩荡形成五行而成万物，人与万物成形时察气清浊虚实，使人性有善恶之分，即有天地之性与气质之性，人要复天地之性就需变化气质，识得仁体。为此便要读书讲义明理，加以“培壅”。张载虽不明用“工夫”一词，但这里实际讲的都是工夫。如果说张载对工夫语焉不详，则王夫之却多讲工夫。王夫之具有丰富的辩证法思想，善于从姿态万千的蓬勃运动中观察事物，对理学有许多突破和修正。但是我们还是把他归结为气本论的理学家。这不仅仅是他一生“希张横渠之正学”（《自撰墓志铭》），而是他是以气为本体的本体论者。在王夫之看来，气是形成宇宙万物的根本质体，气、理是一元的，理为气的秩序条理即规律。人在二气五行的作用下，产生形质，而“理以日成”，并且“方生而受之，一日生而一日受之”，始生自然受理，但是生后随着得二气五行之正、驳，而使性不断发展。王夫之强调了后天之习对人性形成的作用，但又认为初生所受之理，含有仁、义、礼、智之根。这样使他的宇宙论和道德论相统一了，也因此而保留了理学特色。王夫之重视后天成性，这是事实，但一些论著过分夸大了王夫之在性的问题上的后天习染作用，否认了王夫之伦理观中的某些先验性，这不仅不符合实际，也割断了王夫之理论的一致性。如何达到圣人境界？王夫之认为“德”就是“得”，有得于天者，有得于人者，得于天者是“性之得”，得于人者是“学之得”，“性之得者”必须要“静存动察”，学之得者要“知道而力行”，存养、省察、知道、力行是王夫之所讲的主要工夫。此外，如“存养需主敬”，知“道”必须“穷理格物”等，也是王夫之所称道的工夫。

心本论的代表人物是陆九渊和王阳明，陆九渊认为“学问之要，得其本心而已”。陆九渊认为理存在于宇宙间，无论从时间和空间上看都是无穷的，人之心也是无穷的，正与理相应，所以说“心即理也”。理在人心即为“仁义”，“仁义者，人之本心也”，有时又说四端为本心。人要自立，先志道明理，为此要立志问学，“存心、养心、求放心”，“切己自反，改过迁善”，但由于资禀、渐习等原因，此心常有不明，其蔽有二：一为“物欲”，二为“意见”。因此，必须隆师亲友，“磨砻锻炼”，剥落荡涤私意与私欲，恢复本心之明，使之成为主宰，以与理、道同一。所以他同弟子讨论学问时，不愿多谈性、情、才等问题，而是让学者直探本心。直探本心也可称为“先立乎大”或“尊德性”，“抓大纲要，大要紧处”。得其本心后，加以涵养，又在事上磨炼，只有天德完满了，才能从事其他。所以心就是“本体”，而使“本心”“日充月明”的存心、养心、求放心、剥落、磨砺、锻炼便是工夫。在朱熹看来，陆九渊的思想在本体问题上不够细密，并没有穷究心性之本源及差异，在工夫上较易简，不够缜密，容易流于禅。正是由于朱熹理学逐步成为官方哲学，又加上心学过分强调自立，强调“民为贵”“保民而王”，强调“做一个人”，强调不为利所网罗，势所屈从，故不大可能受当权者青睐。陆九渊死后，陆学转为沉寂。直到明代由陈献章、湛若水等提倡，心学又有振起之势，到王阳明，心学才在民间大大发扬起来。如果说陆氏还承认心外还有理之客体，而王阳明则不承认心外有理的存在。所以他说：“吾心之良知，即所谓天理也。”（《王文成公全书》卷二《答顾东桥书》）“良知是未发之中，即是廓然大公，寂然不动之本体，人人所同具者。”（《王文成公全书》卷二《答陆原静》），认为求理不在格物而在“致知”，“致吾心之良知天理于事事物物，则事事物物皆得其理矣”（《王文成公全书》卷二《答顾东桥书》）。又说：“身之主宰便是心，心之所发便是意，意之本体便是知，意之所在便是物”（《王文成公全书》卷一《传习录》）。由于“意之所在便是物”，所以“天地万物，便在我良知的发用中”。就是说，我良知不想它，它也就寂灭了。但是人不能不昏蔽于物欲，故需学以去其昏蔽，其工夫是“省察克治”，省察是存天理，克治是去物欲，然后按心的良知行事，这就叫“致良知”，又加上“事上磨炼”，就可以达到理学所追求的圣贤境界。王龙溪说：“自先师（王阳明）提出本体工夫，人人皆能谈本体，说工夫，其实本体工夫须有辨。自圣人分上说，只此知便是本体，便是工夫，便是致。自学者分上说，须用致知的工夫，以复其本体。博学、审问、慎思、明辨、笃行五者，废其一非致也。世之议者或以致良知为落空，其亦未之思耳。”（《王龙溪先生全集》卷一《冲元会纪》）这里说王阳明提出本体工夫，似不当，但指出了本体、工夫，则抓住了王学乃至理学的主旨。一般认为王畿似乎不讲工夫，所谓“本体即工夫”，玩味上面一段话，无非是说圣人无须工夫，而平常人则需“博学”等五个节次工夫。王龙溪还说：“良知即是独知，独知即是天理，独知之体，本是无声无臭，本是无所知识，本是无粘带拣择，本是彻上彻下。独知便是本体，慎独便是工夫。”（《王龙溪先生全集》卷一三《欧阳南野文选序》）明言本体工夫。

明标以性为本体的思想家当为南宋理学家胡宏，他的思想在理学家中确属别具一格。胡宏认为性具备万理，“天地由此而立矣”“万物皆性所有也”（《知言》卷四），又说：“性，天下之大本也。”（引自朱熹《知言疑义》）“非性无物，非气无形，性其气之本乎?”（《知言》卷四）人之生，“粹然天地之心，道义完具”，所谓天地之心，是指天地生生不已而言，所谓道义完具，是指万物于五伦之性常得于一偏，而人则得其全。因此胡宏所谓性，则指人伦之理，所以他说：“仁义，性也。”但由于好恶有邪正之别，取舍有是非之分，所以有不仁者，唯有圣人既生而知之，又学以审之，既尽人之性，又尽物之性，使万物各得其所。如何尽性，胡宏认为关键在于“尽心”，因为心能“知天地，宰万物，以成性也”（引自朱熹《知言疑义》)。朱熹认为“心成性”之说不妥，他认为孟子所讲的尽心包含两个方面，既包括脱落私意、私欲，以尽此心之体，又要存养此体。胡宏这里缺少“存养扩充节次功夫”。实际上，胡氏这里讲的尽心是指圣人的工夫，所以说圣人能立“天下之大本”，而常人要“求其放心”，求放心就要“戒慎”“恭敬”，这些是常人工夫。何以求其放心，胡宏认为“齐王见牛而不忍杀，此良心之苗裔”，一有见，就操而存之，存而养之，养而充之，以至于大，大而不已，与天地同。这些都是指工夫及功效。

三

在人类的价值系统中，其核心是什么？一般认为是道德。这比较符合实际，符合我们的观察。道德体系这是个堡垒，如果攻破了这个堡垒，人格将要解体。一个民族失去了这个堡垒，就如有的学者所说的那样，便是个失魂落魄的民族；一个人失去了道德，就可能变得随波逐流，如蓬蒿一般，随风转动。更有甚者，将会为满足个人权利地位的需要而丑态百出。理学是一种以道德为首位的理性哲学，理学家构筑了中华民族的价值核心堡垒，并给以哲学依据，理学家所探讨的人生思想境界、人心、人性、人情、人欲等问题，都是做人的核心问题，体现了人生的不同层次。理学家的本体论，恰是要给人心、人性、人情、人欲以哲学依据。但理学绝不仅仅是道德哲学，因为理学家还要实践，还有广泛的社会理想。同时，他们又提出了工夫问题，有些论著只强调工夫是完成道德的手段或方法，实际这种看法是不全面的，工夫问题不仅是完善道德的手段——虽然这是首位的，而且还应该看到，工夫又是人的认识能力、审美能力、心理建设的重要方法和途径。对于认识方法，有些论著已提到了，但对于审美和心理建设，鲜有提及者，这方面尚需进一步研究。

总括上述四种类型，都说明理学家即讲本体又讲工夫，我国学术界对道德本体做过不少研究，而对工夫研究得不够，特别缺少对本体与工夫之间的关系做统一的考察，因此难以再现理学的本来风貌。理学家都讲工夫，但各家所讲工夫又有异有同，有粗有精，有不同的着眼点，甚至在同一位理学家一生的某个时期中，其工夫的侧重点常有不同。一般说来，理本论者工夫较细密，较有节次，其他几种工夫较简捷，较突出重点。因此，工夫有顿、渐之分，有易简、支离之辨，但都没有否定工夫。树有主干枝条，河有主流支流，学术思想有主旨，这是不言而喻的，我们研究理学，抓住本体与工夫两端，思路就会大开，许多难读难懂的理学著作都将迎刃而解。如《中庸》一书，朱熹认为是四书中最难读的，如果我们抓住这个主旨，此书便好读了。① 又如《宋元学案》和《明儒学案》，常常提到某家主什么，某家主什么，就是从本体与工夫上说的，我们从这个角度来读，就比较容易抓住要点。

今天我们研究理学的本体与工夫，有其现实意义。但是，我们必须用科学的态度加以分析。对于理学所讲的本体，我们一方面要看到它具有整体性和内在性的思维特点，它要把人的道德品质内化、理性化，要求人们在内心世界加强自律，以达到自然化，诚信无欺。这具有道德建设的普遍性。完全缺乏自律、诚信的道德，无论言辞多么高远，毕竟不是“切己”“为己”之学，只是表面工夫罢了，这些表面工夫，一遇风云变幻，利害攸关，就会露出本相。但是我们应看到，理学所讲的本体，缺乏科学依据，理学的论证方法基本是类推和直观体验的，如从天地能生万物，便说天地有生生之心；人与万物既为天地所生，人与万物便具有生生之性；此性即仁义，或仁义礼智；发而为恻隐、羞恶、辞让、是非之情。这种类推方法以非类相比，在逻辑上是难以成立的。

至于在工夫方面，对我们更有启发。作为主体的人，不仅要有能动性，而且应具健全的心理、良好的道德、高尚的审美能力，以及广博的知识和深邃的认知方法。如想达到这样的目的，必须要广泛地学习，除读书、实践外，还需要在自我的身心上下一番功夫。而理学工夫恰能帮助我们在某种程度上实现这一目的。如《朱子语类》的《训门人》篇，很多都是讲工夫，有些是讲如何读书，有的讲如何集中心理注意力不受外界纷扰，有些则是讲什么影响了道德的完善，有些则是从美育

① 请参阅笔者《中庸章句新论》，《社会科学辑刊》1990 年第 3 期。

角度讲如何增进心灵和仪表美。这些虽然对我们今天不完全适用，但对如何造就一代新人会有许多启发。我们要细心加以抉择，结合时代加以选取，宣导而不强加于人，我们就将会得到许多精神财富，使我们的教育更加有血有肉，放出异彩。诚然，我对理学所讲的工夫并不是要全面肯定，理学工夫本来要求“时中”，即做到恰到好处，乃至变成自然而然的东西。但是在实行时，出现了许多差误，于是出现了过与不及，这本不是理学家的目的，又加上本体论不够科学，无论用何种工夫，也不可能达到理学要求的境界，再加上一些人陈义过高，于是在时代面前经不起诱惑，出现了迂夫子和假道学，这有社会原因，但理学也应负一定责任，这是毋庸讳言的。

中华民族创造了古老的文明、灿烂的文化，从“五四”以来，我们对待自己的文化强调批判的比较多，而强调继承的较少；大肆挞伐的比较多，细心研究的比较少；大而化之的高谈引论较多，按本来面貌加以抉择、消化、吸收、创造的较少。近十年来，一些人又过分迎合某些急于求成的心理，客观环境又不利于那些精心研究的人，所以我们的文化宝藏还挖掘不深。我这里不是要否定“五四”以来的文化成就，但是我们应对自己的民族文化给予尊重。自己有宝不知挖掘，反而左顾右盼，东摘西采，根基不牢，大厦何成？

（载于 1992 年第 1 期）

论《中庸》

——兼析朱熹“中庸”说之谬

金景芳　吕绍纲

《中庸》是儒家经典中至为重要的著作，它虽不是孔子亲手所作，是孔子身后由孔子之孙子思写成，但是反映了孔子的思想。就其所反映的孔子思想的系统性与完整性而言，意义和影响甚至不亚于《论语》。这一点古人早有认识。汉人把《中庸》编入《小戴礼记》第三十一篇；自汉代起，不断地有人为它作注解，到清代朱彝尊作《经义考》时为止，已有《中庸》单篇注解一百五十余种。唐人韩愈、李翱视《中庸》（还有《大学》）为与《论语》《孟子》同样重要的经典。北宋程颢、程颐更表章《中庸》《大学》与《论语》《孟子》并行。至南宋朱熹，著《四书集注》（《大学章句》《中庸章句》《论语集注》《孟子集注》），“四书”的名称确定下来，随后数百年间“四书”跃居与“五经”同等重要的地位，而朱熹的《四书集注》更成为士子必读的教材。朱熹还规定青少年读“四书”，应先读《大学》，次《论语》《孟子》，最后读《中庸》。可见，《中庸》在“四书”中是重要的也是难读的一部。

宋人给《中庸》以特殊的重视，没有错，今日亦应如此。唯宋人尤其朱熹对《中庸》所做的道学家解释，必须认真加以分析揭示。我们需要的是孔子本色的中庸思想，朱熹的一套理论应抛弃。

以下从几个方面讨论《中庸》的问题。

一、《中庸》篇名含义

《中庸》篇名“中庸”一词肯定来自孔子，孔子说过“中庸之为德也，其至矣乎，民鲜久矣”（《论语·雍也》），“君子中庸，小人反中庸”（《中庸》引子曰），这两段话就是确切的证据。但是孔子没有对“中庸”一词做过任何正面的解释。

《中庸》作者取“中庸”作为篇名，正文中使用“中庸”一词也不下十次，却也没做明确的说明。因此，“中庸”一词到底是什么意思，两千多年来一直众说纷纭，莫衷一是。

自古至今关于“中庸”的解释最为权威的有郑玄、程颐、朱熹三家。郑玄说：

名曰“中庸”者，以其记中和之为用也。庸，用也。(《礼记正义》引郑玄《三礼曰录》)

程颐说：

不偏之谓中，不易之谓庸。中者天下之正道，庸者天下之定理。(《河南程氏遗书》卷七记作二先生语，朱熹《中庸章句》引作程颐语，今从朱氏)

朱熹说：

中者，不偏不倚，无过不及之名。庸，常也。(《中庸章句》)

三家的解释，郑玄训庸为用，释“中庸”为“中和之为用”，基本上是正确的。说它正确，因为训“中庸”之庸为用，最得《中庸》篇名的真义，“中庸”正是“用中”的意思。说它“基本上”正确，因为“中庸”是中之为用，不是“中和之为用”。人们把未发之中加以应用即付诸实践，产生的结果便是和。和必在用之后，中在未用时是谈不到和的。所以只能说中之为用，不可说“中和之为用”。

郑玄训“中庸”之庸为用，是不可移易的确诂。庸字在《诗》、《书》、《易》、“三传”以及先秦诸子书中多次出现，如《舜典》“明试以功，车服以庸”，《康诰》“勿庸以次汝封”，《诗·南山》“齐子庸止，既曰庸止”，《左传》僖公二十四年“庸勋亲亲”，《左传》昭公二十五年“不能庸先君之庙”，《荀子·王制》“则庸宽惠”，《庄子·齐物论》“为是不用而寓诸庸，庸也者用也”等，庸字皆训用。《说文·用部》：“庸，用也，从用庚。”“用，可施行也。”这是庸字的本义，庸字单作一词使用时一般都训用。有时庸字与另一字连合为一个成词，构成比较稳定的意义，如《尧典》“帝曰畴咨，若时登庸”，《君奭》“天不庸释于文王受命”。“登庸”和“庸释”都是由庸字组成的成词，庸字都训用。“登庸”就是“用登”，“用登”是用某人登位的意思。“庸释”就是“用释”，“用释”是厌弃、抛弃的意思。“中庸”一词的结构与“登庸”类似，“中庸”就是“用中”，就是把中加以应用，付诸实行的意思。另一方面，从《礼记》四十九篇的篇名看，类似“中庸”这种结构的还有一些，例如《学记》《服问》《经解》，其实便是“记学”“问服”“解经”的意思，与《中庸》之为“用中”同。

《论语·学而》记有子说：“礼之用，和为贵。”根据《礼记·仲尼燕居》所记孔子“礼所以制中也”的说法，知礼的特点是制中。那么，我们可以把“礼之用，和为贵”的话理解为“中之用，和为贵”。中，用起来最好达到和的状态。用中的结果是中和，所以《中庸》用大量篇幅讲中和。这个问题下文要详加阐述，此不细言。“礼之用，和为贵”的和与中和之和同义，即孔子讲的时中，子思讲的“皆中节”，孟子讲的权，绝对不是和气的意思。朱熹《论语集注》释“和为贵”的和为“从容不迫”，比释作和气更加离题。

不过，庸字在经典里不可一概训作用。《中庸》篇中“庸德之行，庸言之谨”之两庸字不宜训用。郑玄《中庸》注说：“庸犹常也。言德常行也，言常谨也。”这是对的。

这里特别应该指出，《中庸》的作者提出中和的概念，并且划清了中与和的不同，使我们知道“中庸”是用中，把中付诸实行，使之皆中节就是和。令我们明白：有个中在那里，这对于人来说还不够，人必须解决如何在“中”的实行中使之皆中节，即达到和的问题。一个孔子虽然身体力行做到了却未曾确切言明的问题由《中庸》作者讲明了。这是《中庸》作者的重大理论贡献。这位思想家委实不简单，他会是谁呢？司马迁、郑玄说是孔子之孙子思（《史记·孔子世家》、《经典释文》引）。我们相信这一说法。古书用简策，长期传抄中窜入几句后人语乃司空见惯事，不必因为见《中庸》文中杂有“车同轨，书同文”数句就把它的成书时代拉到秦以后。欧阳修、崔述及现代某些学者的质疑，不足信据。

中这个概念很古老，尧传位给舜时曾交代说：“咨尔舜，天之历数在尔躬，允执其中，四海困穷，天禄永终。”后来舜传禹时也说了同样的话（《论语·尧曰》）。孔子也说舜“执其两端，用其中于民”（《中庸》）。据孟子说，这“允执其中”的王者五百年出一位，自尧舜禹汤文武周公传至孔子（《孟子·尽心下》）。但是“允执其中”的中到底怎样理解，怎样实行，谁也没有讲。现在我们知道，孔子自己是完全做到了“允执其中”了，也言及了“中庸”，可是“中庸”是怎么回事，怎样“允执其中”，他没有言明。这个问题是子思作《中庸》才回答的。

那么，程颐说，“不偏之谓中，不易之谓庸”，对不对呢？不对。庸是用，不是不易。中是“喜怒哀乐之未发谓之中”的中，即不偏不倚，不左不右，无过不及。这个中是静的，自在的。“中庸”二字的含义就是如何将这个中付诸实行。而程颐讲“不偏之谓中”的中是喜怒哀乐既发之后的和，即孔子讲的时中，孟子讲的权。“中庸”之中不是这个中。程颐释“中庸”为“不偏”“不易”，说明他对子思作《中庸》的意义没能把握。

但是，程颐对中的理解实在相当深刻。他说：“只一个中字，但用不同。”（《河南程氏遗书》卷一八）以为一个中字有二义，一是在中之义，一是时中之义。

在中之义的中，即喜怒哀乐未发之中。他说，“天下事事物物皆有中”，“事事物物上皆天然有个中在那上，不待人安排也”（《河南程氏遗书》卷一七），也是这个中。至于他说的“不偏之谓中”的中，是时中的中，即喜怒哀乐既发之和。他释“不偏”说，“若以手足胼胝、闭户不出二者之间取中，便不是中。若当手足胼胝，则于此为中；当闭户不出，则于此为中”（《河南程氏遗书》卷一七）。又说，“且如初寒时则薄裘为中，如在盛寒而用初寒之裘，则非中也。更如三过其门而不入，在禹稷之世为中，若居陋巷，则不中矣。居陋巷，在颜子之时为中，若三过其门不入，则非中也”（《河南程氏遗书》卷一八）。程氏说“不偏之谓中”，甚得孔子时中即“无可无不可”之精义，只是用以释“中庸”的中则错了；“中庸”之中是在中之中。当人们把它付诸实行之后，达到恰当不偏，切合时宜，那时才可以叫做时中，叫做“不偏之谓中”。

朱熹讲“中者，不偏不倚，无过不及之名。庸，平常也”，与子思“中庸”之义根本悖谬。释“中庸”之中为“不偏不倚，无过不及”，是对的，而释庸为平常，则大错。说明他完全没有理解子思《中庸》之义。况且他在《中庸或问》里又说：“盖不偏不倚，独立而不近四旁，心之体，地之中也。无过不及，犹行而不先不后，理之当，事之中也。故于未发之本，则取不偏不倚之名；于已发而时中，则取无过不及之义，语各有当也。”此话至少有两个错误：第一，不偏不倚与无过不及同义，都是程氏所谓“在中”之中，亦即喜怒哀乐未发之中，但是朱熹视作二事，以为不偏不倚是在中之义，无过不及是时中之义。因而第二，朱熹实际上以为“中庸”之中既是在中又是时中，既是中又是和，是不对的。比照他在《中庸章句》里释中为“天命之性”，释和为“情之正，无所乖戾”，看得出他在中的问题上逻辑混乱，认识不清，整个未曾弄懂。

二、中、和

《中庸》提出了“中和”的概念，其文云：“喜怒哀乐之未发谓之中，发而皆中节谓之和。”子思这一提法具有开创性，有重大的理论意义，等于揭开了孔子“中庸”一词含义之谜。把中字析为中与和两层意义，中在未发时，客观地存在那里，犹如今语讲的客观辩证法。中在由人付诸应用之后，处理得当，无不中节，名曰和，犹如今语讲的主观辩证法。人的任务是把客观存在的中应用起来，使皆中节，这不正是“中庸”之义吗！

“喜怒哀乐之未发谓之中”的中，是程颐所说“在中”之义。喜怒哀乐未发，即未尝有喜有怒有哀有乐，处在静态当中，谈不上过或不及，可以说一切都在不偏不倚、不左不右的恰当位置上，这当然可以叫做中。孔子答子贡问子张与子夏孰贤，曰：“师也过，商也不及。”又曰：“过犹不及。”（《论语·先进》）《礼记·仲尼燕居》记孔子曰：“师尔过，而商也不及。”郑玄注：“过与不及；言敏钝不同，俱违礼也。”意谓过敏与钝不及敏，皆不可取，居二者之中为好。孟子说：“杨子取为我，拔一毛而利天下不为也。墨子兼爱，摩顶放踵利天下，为之。子莫执中，执中为近之。”（《孟子·尽心上》）言子莫既不取杨朱为我，拔一毛而利天下不为，也不取墨子摩顶放踵利天下为之，而取二者之中。孟子认为子莫的做法虽不知权，但是毕竟强于杨墨，因为他知执中。这些不偏不倚、不左不右、无过不及、居中守中的中，就是“喜怒哀乐之未发谓之中”的中，亦即程颐所说的“在中”之中。朱熹《中庸章句》题下注所说：“中者，不偏不倚，无过不及之名。”用以释“中庸”之中，是正确的，若用以释“中和”之中，即“喜怒哀乐之未发谓之中”的中，也很恰当。但是朱熹自己并不这样理解。他用“其未发，则性也，无所偏倚”解释“喜怒哀乐之未发谓之中”的中，把中与性扯到一起，又误。就朱熹释中之义逻辑如此混乱这一点看，他对于《中庸》的理解，可谓基本不得要领。

喜怒哀乐“发而皆中节谓之和”的和，是程颐所说中字有二义之第二义——时中。以时中解释《中庸》“发而皆中节”的和，切中肯綮，任何其他的解释都不能取代。喜怒哀乐未发出来，自然有个不偏不倚的中在，故云在中。既发之后，喜怒哀乐之中节与否，就要依时而定了。时当喜而怒，当哀而乐，或时当怒而喜，当乐而哀，便是不中节，亦即不合时宜，不是和。时当喜则喜，当怒则怒，当哀则哀，当乐则乐，便是中节，亦即合时宜，是和。《中庸》举“喜怒哀乐”之发与未发说中和，仅是个比喻，因为喜怒哀乐是尽人皆有的经验，说来易懂；并非说和仅仅表现人之喜怒哀乐发而皆中节上。朱熹《中庸章句》注和字说：“发皆中节，情之正也，无所乖戾，故谓之和。”前面未发之中扯到性上，这里释和又扯到情上。人之能否喜怒哀乐皆中节，不是情的问题，而是如何驾驭情的问题。这完全决定于人的智力，也就是认识水平。所以孔子称赞舜能“执其两端，用其中于民”时，说舜是大知的人，而不说他性情如何美好。说“无所乖戾”就是和，也不是准确的解释。很明显，和，必然“无所乖戾”，但是“无所乖戾”的事情不必是和。况且，事实上表现中和与否的事情多着呢，是普遍存在的，绝不止于喜怒哀乐发与未发这一个方面。

例如礼，古人视为立身治国之大经，视听言动均不得有违。礼的规定很繁很细，实行起来要靠人灵活把握，即有个经与权的问题。《中庸》说：“优优大哉，礼仪三百，威仪三千，待其人而后行。”三百三千是死的规定，是经；“待其人而后行”，就是要人权宜行事，灵活机变。这礼的规定，必是根据最一般的情况做出，不偏不倚，不左不右，具有普遍的适应性。这正是《中庸》所说未发之中。所以古人说：“夫礼所以制中也。”（《礼记·仲尼燕居》）礼文之规定是必须取不偏不倚的中道的，必须具有普遍的适应性，而同时又要允许有所变通。例如丧服期限，“至亲以期断”，直近亲属以一年之丧为中，但是亲疏远近不同则丧期有变。父母必三年之丧，是加隆。其余有缌麻、小功等不足一年者，是杀（《礼记·三年问》）。隆杀便是和。

古人中孟子是最为知权的一位。“男女授受不亲”是古礼中一条重要规定，通常情况下谁也不得违犯。遇有特殊的情况例如嫂溺怎么办？孟子说，“嫂溺援之以手”，“嫂溺不援，是豺狼也”。“男女授受不亲”与“嫂溺援之以手”，看似抵触，其实极顺理。孟子说：“男女授受不亲，礼也；嫂溺援之以手，权也。”（《孟子·离娄上》）平时授受不亲，特别时候援之以手，都是正确的，前者是中，后者也是中。但是，毕竟有区别，前者属于一般性，相当于“喜怒哀乐之未发”的中；后者属于特殊性，相当于“发而皆中节”的和。孟子对于权的理解极其深刻，上文已言及孟子曾说子莫既不学杨子为我，也不学墨子兼爱，而是执中，执中比为我、兼爱两个极端好。但是，孟子认为，“执中无权犹执一也。所恶执一者，为其贼道也，举一而废百也”（《孟子·尽心上》）。执中是对的，但只对了一半，另一半尚须知权。执中而不知权便等于执一，执一则绝对达不到《中庸》所谓皆中节的和。老子贵柔守雌不为天下先，所以道家不讲中和也做不到中和。

孟子讲权，孔子讲时中，都是《中庸》讲的皆中节的和。孔子自称他与前圣伯夷、叔齐、柳下惠诸人之根本不同在于那些人拘于一偏，而他是“无可无不可”（《论语·微子》）。什么事情都无所谓可也无所谓不可，一切依时而行。孔子确实是这样做的。据孟子说：“孔子之去齐，接淅而行。去鲁，曰：迟迟吾行也，去父母国之道也。可以速而速，可以久而久，可以处而处，可以仕而仕，孔子也。”“孔子，圣之时者也。”（《孟子·万章下》）孔子教学因材而异，“求也退，故进之；由也兼人，故退之”（《论语·先进》）。弟子问仁问孝，孔子因人而异，时而这样答，时而那样答，都是“无可无不可”的表现，换句话说，就是时中。孔子看问题做事情这种知权达变、不为典要的灵活方法使弟子们既难以捉摸又深为叹服，所以颜渊慨叹说：夫子“仰之弥高，钻之弥坚。瞻之在前，忽焉在后”（《论语·子罕》）。

以上扼要地讨论了“中和”之中与和的不同。简言之，中是不偏不倚，不左不右，无过不及。它是隐的，静的，自在的，有待于人去实行。由于事物是复杂多变的，人在实行这个中时务须知道权变，把握时宜，否则不流于执一，便陷入折中调和，看来是中，其实不是中。如果能够知权达变，合乎时宜，表面看不是中，但是，是正确的，恰当的，因而实质也是中。这个中，孔子叫时中，孟子喻以权，《中庸》则径称之为和。程颐讲中一字而有二义，一曰在中，二曰时中，真可谓真知灼见。

子思《中庸》的和概念是有承继的，不是他的突然发明。和概念早在孔子及孔子之前已经出现。《国语·郑语》记史伯批评周幽王用人拘于一偏，是“去和而取同”。《左传》昭公二十年记齐晏婴说，和与同异。《论语·子路》记孔子说，“君子和而不同，小人同而不和”。三人所说的和皆与同对言，那么这和是什么意思呢？史伯说：“以他平他谓之和。”晏婴说：“和如羹焉。水火醯醢盐梅以烹鱼肉，燀之以薪，宰夫和之，齐之以味。”又说：“君臣亦然。君所谓可，而有否焉，臣献其否，以成其可。君所谓否，而有可焉，臣献其可，以去其否。是以政平而无干，民无争心。”《左传》昭公二十年又记孔子说：“善哉，政宽则民慢，慢则纠之以猛，猛则民残，残则施之以宽，宽以济猛，猛以济宽，政是以和。”《郑语》韦昭注：“和谓可否相济。同谓同欲。”《左传》昭公二十年杜预注：“否，不可也。献君之否，以成君之可。”以上诸人对和的理解与《中庸》是一致的，只是《中庸》概括为“皆中节谓之和”更为简练、确切，因而更具有理论意义。

《中庸》之中和说与《易传》也有关系。《易》以二、五两爻为中，《易传》解释卦爻辞特别以中为重。二、五之中，相当于未发之中，其特点是不偏不倚，不左不右，恰在中道。《易》又以阳爻居阳位，阴爻居阴位为正，《易传》解释卦爻辞也以正为重。正，其实是做事正确，符合实际，相当于既发而皆中节的和。皆中节的和，在《易传》里更突出地表现为时。艮卦《彖传》说“艮止也，时止则止，时行则行，动静不失其时，其道光明”，最能反映《易传》时中的思想。六十四卦一卦代表一个时代，一爻代表一个时代中的不同阶段。例如乾卦，是元亨利贞的时代，乾之六爻则有潜、见、惕、或、飞、亢六种不同的表现。时不同，对待亦应不同。人在乾时应当刚健奋进，自强不息。在乾之初则当隐伏不见，乐则行之，忧则违之；在乾之三则要进德修业，终日乾乾。《易传》明确强调时或时中的言论很多，如升《彖传》：“柔以时升。”蒙《彖传》：“时中也。”损、益《彖传》：“为时偕行。”《易传》正、时、时中的概念到得《中庸》，就成为中和的和。

中和二字连用时，二字的关系是中而和，不能理解为中与和、中之和。中而和是“中庸”即把不偏不倚、不左不右的中加以灵活应用所达到的结果。人有中和问题，自然界也有中和问题。在人，属于思想方法，是方法论的问题；做到中和，是高智力的表现。能“致中和”的人极为罕见。孔子绝不轻易许人以仁，但也说管仲是仁者，说颜渊三月不违仁，而对于中和，他仅仅以为舜够标准，因而说：“舜其大知也与。”（《中庸》第六章）孟子则除言及舜做到中和之外，又提到孔子。在自然界，中和属于天道运行、万物生育的一种最佳状态，是无思无为，自然天成。孔子讲的“天何言哉！四时行焉，百物生焉。天何言哉”（《论语·阳货》）和《周易》乾《彖传》说的“乾道变化，各正性命，保合大和”，正是自然界的中和状态。孔子认为人若真正做到中和，便会取得伟大的效果，乃至于“与天地合其德，与日月合其明，与四时合其序，与鬼神和其吉凶”（《周易》乾《文言传》）。也就是《中庸》讲的“致中和，天地位焉，万物育焉”（第一章），“可以赞天地之化育”“可以与天地参”（第二十二章）。这当然不是说人“致中和”能够决定或改变天地万物的面貌，而是说人的中和与天地自然之中和具有一致性，人是可以合于天的。

三、天、性、道、教

《中庸》开宗明义便说：“天命之谓性，率性之谓道，修道之谓教。道也者，不可须臾离也，可离非道也。”从天讲到人，从天之道讲到人之道，而后落到人之修养——教上。然后全篇都是讲君子如何修道、尽性、知天，以至于达到与天地参的问题。主旨与逻辑层次同《易传》一致而比《易传》更系统、圆通。

“天命之谓性”，命是谓词，使令、赋予之意。天是主词，指称天地自然。性，物之性及人之性。全句是说天所使令，天所赋予，天所生成的，就是性。这个性具有普遍意义，包括人类和万物，与《易·文言传》“各正性命”之性同义。

“天命之谓性”之“天”，宜据《易传》作解。《易传》讲万物乃自然天成，与神无涉。而自然就是天，天不能单独成物，必天地合德方能造就万物。故《序卦传》说“有天地然后万物生焉”“有天地然后有万物，有万物然后有男女”，不单言天而合言天地。《说卦传》说“立天之道曰阴与阳，立地之道曰柔与刚”。天的实质性内容不是别的，就是太阳。《礼记·郊特牲》讲“大报天而主日”，《汉书·魏相传》说“天地变化必由阴阳，阴阳之分以日为纪”。可见古人指天为太阳，所谓“立天之道曰阴与阳”，这阴与阳是太阳造成的，如昼夜、寒暑、阴晴、春夏秋冬等。“立地之道曰柔与刚”，柔刚其实也是阴阳。地即大地，地上的阴阳表现在金木水火土等实物上。

天地生成万物以及人类，《文言传》认为是天地合德即相互作用的结果。《文言传》用乾指称天，用坤指称地。《系辞传下》又说：“乾阳物也，坤阴物也。”从小处说，天地各有阴阳，从大处说，天地亦一阴阳。那么，在生成万物的问题上天地各起什么作用呢？乾《彖传》说：“大哉乾元，万物资始。”坤《彖传》说：“至哉坤元，万物资生。”天广大无比，万物赖之以生，地亦至广无比，万物赖之以成，天地合德，然后万物“各正性命”“品物咸章”。从万物的角度看，飞潜动植以及人类男女，全由天赋，自然天成，既非神意，亦非人为。《中庸》所说“天命之谓性”之“天命”，恰是此意。命字在此作动词用，不宜视为名词。“天命”，天是天地自然，命是生成万物以及人类。

性是什么，“天命之谓性”句便是最明确的定义。万物及人类由天地合德而自然生成，其形其质皆自然所赋予。此自然所赋予之形与质，便是性。《系辞传上》说：“一阴一阳之谓道，继之者善也，成之者性也。”一阴一阳实即乾与坤，乾坤对立统一便是自然规律。继是人继，人能与乾坤合其德，顺应自然规律，就是善。善不是性，“成之者”才是性。成是天成，天（即乾道与坤道）生成万物；万物从天那里获得一定的形体，一定的性质，便是性。《大戴礼·本命》说“形于一谓之性”，义与此同。《春秋繁露·实性》说“性者，天质之朴也”，讲得更加明白无疑。这样理解性，与孔子“性相近”的说法完全符合，性就是天赋的自然本性，人类如此，“品物流形”“各正性命”的万物亦如此。朱熹《中庸章句》说“性即理也”，大谬。他说的理实际是老子“道生一”的道。此“道”先天地生，独立而不改，与物之性、人之性无干。即便他说的“理一分殊”之分散于万物的理，也不是《中庸》所言之性。孔子固然也讲理，如《说卦传》说“穷理尽性以至于命”“顺性命之理”，但是此理指一般事理而言，与朱熹的理不是一事。

“率性之谓道”，此性指人之性，此道指人之道。人之性问题历来争论最大，说法很多。我们讨论《中庸》所言之性，自应遵循孔子的意见。孔子说：“性相近也，习相远也。”《论语》记孔子言性只有这一条。这一条却十分重要，也十分明白。性是天赋自然之性，人们大体相同，故言近。习是后天习染，人们相差甚远，故言远。自然之性无所谓善恶，善恶乃后天环境、教育造成，人各有不同。孟子“人性善”、荀子“人性恶”以及后世人之“有善有恶”“善恶混”诸说，都与孔子相近相远之说不符，也都不正确。

人之道，依《说卦传》“立人之道曰仁与义”的说法，是仁与义。仁与义在孔子那里既是道德的概念，也是人伦关系的概念。人之所以是人，与动物不同，除形体特质的自然属性之外，更重要的在于人有社会属性。《说卦传》用仁与义概括的人之道其实说的就是人的社会属性。仁与义不是别的，正是人必然生活其中的社会关系的两个方面。一个是血缘关系，一个是血缘外关系（在阶级社会表现为政治关系）。人生活在这两种社会关系中，所以叫人；动物有血缘但没有血缘关系，某些动物虽有群体关系（如蜂、蚁），却属于天赋本能，没有群体意识支配，更无道德可言。所以动物不是人。《中庸》记孔子说："仁者人也，亲亲为大；义者宜也，尊贤为大。亲亲之杀，尊贤之等，礼所生也。"显然在孔子看来，仁主要讲血缘关系，义主要讲政治关系。两种关系都有等差，由此而产生礼。

人之道与天之道是相通的。"一阴一阳之谓道"是天之道，天之道由抽象到具体，就是人之道。"立天之道曰阴与阳"落到人类，便是"立人之道曰仁与义"。仁与义的实质是阴与阳。

"率性之谓道"，应是"天率性之谓道"，天字作为主词，因上句省。这里，率字的训释是关键。郑玄《中庸》注："率，循也。"宋人程颐、朱熹因之。率字固有循训，经典率字多有训循者，如《诗·大雅·绵》"率西水浒"、《小雅·北山》"率土之滨"，毛传率并训循。但是率与帅古同音通用，帅亦作率。《荀子·富国》："将率不能则兵弱。"《汉书·申屠嘉传》："迁为队率。"师古注："一队之率也。"郑玄注《仪礼·聘礼》"帅众介夕"云："古文帅皆作率。"《说文·辵部》："達，先导也。"段注："達，经典假率字为之。"又："《释话》《毛传》皆云'率，循也'，此引伸之义，有先导之者，乃有循而行者。"是知率训循行，亦训先导、率领。

"率性之谓道"之率字宜训先导、率领，训循是不对的。是谁率性？是天率性。率什么性？率人的自然属性。自然属性决定人有喜怒哀乐爱恶欲。天既能生人，使之备具人之性，亦能使人性中的诸多情欲有所节制，即先导之，率领之，使达于中和的状态而不至于无忌惮，这就是道。道是客观的，不以人的主观意识为左右。率人之性的是天，是天之道，然而落实到人类身上，便由抽象上升到具体而成为人之道。人之道即如上文所说，是仁与义。仁与义不是别的，就是任何个人都不能逃脱或改变的血缘、血缘外两种社会关系。社会关系是变化的，古今有所不同，但是人必生存于其中且受其率领、节制这一点，永远不会变。如果训率为循，则循性者必是人；人循性而行，必无所节制，何可谓道！

道不能改变却可以修治，故云："修道之谓教。"概言之，"修道"就是学道，就是通过一定的手段使人不离道且自觉地处在道的节制中。具体地说，包括治人和修身两方面。朱熹以为"修道之谓教"的教只是"圣人因人物之所当行者而品节之，以为法于天下，则谓之教，若礼乐刑政之属是也"，注意了治人的一面，忽略了修身的一面。其实《中庸》重点在于讲修身，故云："为政在人，取人以身，修身以道，修道以仁。”人之修道在于仁，也包括义、知、勇等。仁、义、知、勇都有个时与度的问题，须做到“无可无不可”“无过不及”，亦即把握中庸之道。达到极致，是“致中和”，可“赞天地之化育”“可以与天地参”。

《中庸》开宗明义提出天、性、道、教四个概念，指明四者的关系，意在强调人道与天道的差异性与一致性、修道的必要性与可能性。君子修道之最重要也最难能的一项是做到“时中”，以达于“致中和”“与天地参”。其中蕴含着孔子人与天地合其德的“天人合一”的思想。朱熹《中庸章句》用理释性，以循训率，说率性是“人物各循其性之自然”，亦即循理而行；而理是宋人鼓吹的所谓天理，根本不是孔子讲的天之道、人之性。

四、诚

《中庸》用很多篇幅讲诚的问题。由人道的诚讲到天道的诚，又由天道的诚讲到人道的诚，强调人道的诚与天道的诚的一致性，在中和问题之后更进一步从诚的角度阐述天人合一的观点。

《中庸》提出诚的概念，是与孔子及《周易》有关系的。《论语》没有明确的诚概念，有两个诚字也都与《中庸》哲学意义上的诚不同。但是，《中庸》讲的天道之诚的确可在《论语》中找到根据。“天何言哉！四时行焉，百物生焉。天何言哉！”（《论语·阳货》）“子在川上曰：‘逝者如斯夫，不舍昼夜！’”（《论语·子罕》）所言天不言而流行生物不息，岂不正是《中庸》讲的天道之诚！《周易》无妄卦卦辞讲“无妄，元亨利贞，其匪正有眚，不利有攸往”，《彖传》解释“无妄，元亨利贞”为“天之命也”，解释“其匪正有眚，不利有攸往”说，“无妄之往，何之矣，天命不祐，行矣哉”。《象传》说“天下雷行，物与无妄，先王以茂对时育万物”。这是说无妄是天之命或曰天之道亦即由太阳运行规律决定的万物生生不息地生长、发展、运动、变化的历程，这历程恒久而无差忒。人的思想行为也有个能否适应天之道的问题，天道是无妄的，人亦当效天而无妄。《周易》无妄的思想，《中庸》使用一个诚字来概括。

诚字怎么讲?《尔雅》《广雅》都训信，《说文·言部》则诚、信互训，《诗·九罭》“于女信处”，郑玄笺：“信，诚也。”贾谊《新书·道术》说“期果言当谓之信，反信为慢；志操精果谓之诚，反诚为殆”。训诚字为信，为言行一致，心口如一，为慢殆的反义，当然是对的。但是《中庸》的诚已具有哲学的蕴含，不可简单对待。朱熹《中庸章句》说：“诚者，真实无妄之谓，天理之本然也。”说天道之诚是真实无妄，极得要领，说诚是“天理之本然”，则大谬。天理是朱熹强加给《中庸》的概念，是宋人的东西，孔子以及《中庸》只讲天之道、人之道等，从不言什么天理。朱熹所谓理，在物之先，物之外，在某物之先，先有个某物之理在，然后才有某物；在天地之先，先有个天理在，然后才有天地。这理与孔子讲的道根本不同。《中庸》本身已交代得十分清楚：“道也者，不可须臾离也，可离非道也。”若说诚是天道之本然，那就对了。

《中庸》言诚先从人之道说起。它的逻辑思路是这样的：君子的人生价值在于修身、治人、治天下国家；为此要处理好君臣、父子、夫妇、昆弟、朋友五种关系即天下五达道，要解决好修身、尊贤、亲亲等所谓九经；而要做到这些，必须具备知、仁、勇三方面即天下三达德；而根本的一点是修身，修身的直接目标是使身诚；如何使身诚？曰：“诚身有道，不明乎善，不诚乎身矣。”曰：“诚之者，择善而固执之者也。”一是明善，二是行善。由此可见，君子诚身的内涵就是一个善字。《系辞传》说：“继之者善也，成之者性也。”由此又可见，性是天成，善是后继，是人为修养；诚当然不是人性所固有。这道理在《易传》和《中庸》表述得极确切。

《中庸》说：“诚者天之道也。诚之者人之道也。诚者不勉而中，不思而得，从容中道，圣人也。”这是《中庸》论诚至关重要的言论。它是说，第一，无论天道人道，诚都是一样的，故天人可以相通，可以合一。第二，天与人诚的途径有别，天道之诚“不勉而中，不思而得，从容中道”，即不须努力，不须思虑，自然天成。而人道之诚则须通过勉、思达到。第三，人中之圣人特殊，与天相同，诚可以不勉不思而成。亦即《中庸》另处所言“生而知之”“安而行之”之人。“生而知之”说本孔子（见《论语·季氏》）。“生而知之”之人本不存在，孔子自己从不以“生而知之”自许。他之所以在“学而知之”之前虚悬“生而知之”一格，是时代迫使他不得不如此，犹知他本不信鬼神之存在，却又充分肯定祭祀之重要一样，是出于神道设教的考虑。子思对此当然是要继承的。

虚设圣人生而知之，不勉不思而成这一格，实具有重大的理论意义，既给人达到天道之诚从而实现天人合一提供可能性，也给对人提出明善、择善而固执之以达到诚的境界找到了充分的理由和依据。所以《中庸》言诚特别详述天道之诚，然后特别强调人道效天道而达到诚的途径。第二十六章讲“故至诚无息”云云，即是言天道之诚。天道之诚表现在天地之生物、成物上。天地“至诚无息”，天高明，地博厚，二者共悠久。它们“为物不贰”，专一不乱；“生物不测”，多至无穷。而所有生物成物的过程始终表现为“不见而章，不动而变，无为而成”。所以第二十五章说“诚者自成也”“诚者物之始终也，不诚无物”。诚表现在物之成上，倘无物，诚则无从说起。朱熹将诚释为真实无妄，是符合《中庸》本义的。

《中庸》按照天道之诚给人道之诚描述出修养的途径。第二十一章说：“自诚明，谓之性；自明诚，谓之教。诚则明矣，明则诚矣。”由诚而至于明善，是天命之性使然，不假人为修养，属于“不勉而中，不思而得”的圣人一类。这类人能尽己之性，又能尽人物之性，甚乃可以“赞天地之化育”而“与天地参”，以至于“发育万物，峻极于天”。圣人以下的君子贤人一类不能“自诚明”，而须“自明诚”，他们要“明善”并“择善而固执之”，为此务必要“博学之，审问之，慎思之，明辨之，笃行之”，而且学、问、思、辨、行务须造其极，做到“人一能之己百之，人十能之己千之”，付出十倍于人的努力。

以上是《中庸》诚说的大概。它的渊源显然在孔子及其《易传》。《文言传》之“夫大人者与天地合其德”“君子学以聚之”“君子敬以直内，义以方外”，《系辞传》之“精义入神”“穷神知化”云云，讲的正是“自诚明”“自明诚”的问题。《中庸》诚说并不神秘，参照《易传》看，不难明白，对于人的道德修养也很有积极的意义。它说天道是诚的，人也要学天道之诚，办法是学以明善，择善而固执之，要终生积渐，奋斗不息。这道理极其朴实，且有哲学意义，对于今人也有借鉴的价值。

可是《中庸》诚说到宋人尤其朱熹那里变了样。朱熹说诚是真实无妄，是对的，其余则加以扭曲。朱熹喜言体用，便用体用说框《中庸》的诚。他说“性即理”（《中庸章句》），“诚是实理自然”“诚之者是实其实理”（《语类》卷六二）。性是理，诚也是理，则诚必是性。又说“性是体，道是用”（《语类》卷六二），“天下之物，洪纤巨细，飞潜动植，亦莫不各得其性命之正以生，而未尝有一毫之差。此天理之所以为贵而不妄者也”（《中庸或问》），“大本者，天命之性。天下之理皆从此出。道之体也”（《中庸章句》）。以为性、诚都是道体，而道是用。这里，朱熹对《中庸》的扭曲至少有三。第一，《中庸》思想得自孔子及其《易传》，不讲体用，讲体用是朱熹的思想，与《中庸》不相干。况且《中庸》讲诚是天之道，“诚之”是人之道，诚与“诚之”分别表现在天之道与人之道之中，不可谓诚是体，道是用。第二，《中庸》讲道不讲理，而且只讲天之道、人之道、天地之道、天下之道等，不讲超越物外之道。朱熹在道之外又讲理，且谓诚是理是体，而道是用，等于说理是体，道是用。第三，《中庸》谓“天命之谓性，率性之谓道”“诚者天之道也”，性、道不同，而诚表现在天之道上，故诚、性亦非一物，朱熹却谓性、诚一事。

以上就四方面问题讨论了《中庸》的基本思想，分析且批评了朱熹“中庸”说之谬误。我们的观点概括地说是以下几点。第一，《中庸》确系孔子之孙子思所作，反映孔子的思想且与《易传》有关。第二，中的概念始于尧，传至舜禹成汤文武周公，谁都不曾明白地讲过人究竟应当怎样用中。至孔子才提出“中庸”说，并且身体力行地给用中指出了一条道路，但是也没有明言“中庸”的含义为何。子思作《中庸》，把中划分为中与和二义，这才使人知道了“中庸”就是用中，就是让人把客观自在的未发的中付诸应用，使达到皆中节的和。这和相当于孔子的时中，孟子的权。中与和的关系毋宁说是经与权的关系。第三，《中庸》全文贯穿着天人合一的思想，由天道言及人道，认为人道与天道一致，人道应该也能够与天道合，进而强调人修道进德的积极意义。第四，朱熹借助《中庸》建立自己的理学体系，他对《中庸》的解释在诸多要害问题上都是错误的，背离《中庸》的原义。朱熹包括《中庸章句》在内的《四书集注》，自元至清六七百年间被官方定为士子课读和应试的最高教材。朱熹注释的权威性甚至高过“四书”本身，必须绝对遵信，稍有怀疑，便是非圣叛道。谬说流传，贻误后代，影响至今仍然随处可见。《中庸》（还有《大学》《论语》《孟子》）实蕴含着深刻而正确的思想，对于当代精神文明建设尤其道德伦理方面的建设具有积极意义，而朱熹的“中庸”说必须批判、抛弃，因为它是传统思想文化中的糟粕，而不是精华。

（载于1994年第2期）

论儒学的“哲学的突破”

韩德民

美国社会学家帕森思提出，纪元前10世纪之后的一段历史时期内，各主要文明都先后发动过一场他谓之为“哲学的突破”的精神革命。通过这次革命，人乃渐次摆脱与自然缠绕不清之混沌状态，于自我在宇宙间的位置、意义等，形成了明确的理性化的观念，为继起的进一步发展奠定了基本的支点。“哲学的突破”在中国应以春秋战国时期诸子百家的争鸣为标志。儒学在这个过程中发挥了主导作用并对后世产生了最广泛的影响。

一

就古希腊、以色列、印度和中国诸文明“哲学的突破”的方式看，帕森思认为，中国表现得最为温和。余英时认为这种温和的特征与诸子特别是与儒家立言所取的托古的方式有关（《士与中国文化》，第30～31页）。

世界各民族在其发展的早期阶段，都以氏族部落为单元形成过强制性的图腾与禁忌，即原始的礼俗。礼俗作为综合性的意识形态，支配着早期人类生活的各个方面。礼俗的核心是血缘伦理，其在中国的集大成者是周公。与夏礼、殷礼等早期各阶段礼制比较，周礼最为完备。

不同于其他文明，中国历史的特殊性在于，在其更后起的阶段，它没有发展出一套新型的社会伦理，而依然由血缘性的宗法伦理发挥调节人与人社会关系的意识形态的功能。经周秦之变，尊尊亲亲的血缘性宗法伦理在确定维护社会秩序活动中的作用及发挥作用的方式都有了巨大变化，但它确乎延续了下来，延续了几千年。

西周末年开始跃动于社会意识形态内部的人文精神，经长期积累，到春秋终于有可能脱颖而出。这种人文精神的成熟，意味着人可以跨出西周天命神学的神秘化笼罩，用理性主义的态度对自己的本质与使命进行冷静的反省。

“孔子之大，学周礼一言可以蔽其体。”（章学诚《文史通义·原道下》）孔子对人之在世立足点反思的结果，是恢复周礼。“周监于二代，郁郁乎文哉，吾从周。”（《论语·八佾》）对礼崩乐坏的现实有着难可言尽的愤怒，“八佾舞于庭，是可忍也，孰不可忍也”（《论语·八佾》）。

但孔子能完成“哲学的突破”，重要的不在于他从社会政治层面对周礼的选择和维护，而在他从本体论高度对这种选择这种维护所做的哲学论证。这种论证的意义超越了具体的社会政治策划，奠定了中国文化关于生命本质与意义目标的基本观念。

孔子认为，礼的本质不像它表面上看起来的那样是一种外在强制，而是内在人性自然流露的结果。人之高于禽兽，中国之异于夷狄，就在于他具有仁性。仁也者，人也。丧失了内在的仁性，礼也就成为无意义的了，因为此时的人实际上已不复其为人了。“人而不仁，如礼何？人而不仁，如乐何？”（《论语·八佾》）儒学的根本，就是何以为人之学。

仁由于和礼的渊源关系而带有强烈的伦理色彩，但其内涵远非伦理学所可涵盖。“士不可以不弘毅，任重而道远，仁以为己任，不亦重乎，死而后已，不亦远乎。”（《论语·泰伯》）仁构成了生命追寻的终极性意义目标，提供了生存的根本立足点和根本动力，因而“仁者不忧”（《论语·子罕》），它也同时意味着生命旅途中的圆满与安宁。仁作为“人极”，作为终极性意义目标，与对象的存在性现实间应保持某种张力。现实存在由于其直接性而注定了与超越性的人的意义目标间的区别。但另一方面，存在界由于和人的联系而必然与人的意义目标保有联系。联系保证了二者间相互渗透、包容、转化、过渡的可能性。

意义与存在的关系，实质上是人与自然关系的一种特定形式。在不同文化中，这种关系的表现是不同的。西方文化突出二者间的区别对立，中国文化则倾心于肯定二者间的联系。就仁而言，其性质虽是主体性的需要，具体内容却是由作为历史事实的礼转化而来的。“克己复礼为仁。”周礼是早期更原始礼仪的继承和发展，早期礼仪是人类面临的自然环境和氏族社会内部结构规律共同作用的结果，是一种存在必然性的反映。由礼内化而来的仁，形式上是应然之理想，实质上却与对象界有根本的一致。所以儒学不无理由地坚信自己意义追求的现实实践功能。在由思孟而明确化了的心学传统中，这种坚信越来越被推向极端。诚意正心修身，而后才谈得上齐家治国平天下。“三代之得天下也以仁，其失天下也以不仁。国之所以废兴存亡者亦然。天子不仁，不保四海；诸侯不仁，不保社稷；卿大夫不仁，不保宗庙；士庶人不仁，不保四体。”（《孟子·离娄上》）仁或无仁直接成了天下得失的根本。仁性的力量沛然无敌，不可以人数之多寡计。“仁不可以为众也。夫国君好仁，天下无敌。”（《孟子·离娄上》）仁甚至也不再只是现实事功的前提或必要条件。很多时候，在儒者眼里，内圣的建立几乎就是立功的充分条件，所以“仁，人心也。……学问之道无他，求其放心而已矣”（《孟子·告子上》）。由必须内圣才谈得上外王，而至于有了内圣则自然会外王，以至于有了内圣，有无外王都无关紧要。内圣即仁被摆到了一个本体性的不为任何外在客体所动摇的地位。由此也才可能理解所谓足乎内而无待于外，所谓万物皆备于我，所谓万物森然于方寸之间等。

在非常确定的阈限范围内，礼既然是必然性的存在的现实，那么以理想的形式概括地反映揭示其精神实质的仁是应该能够积极有效地适应现实和改进现实的。但作为特定历史时期的产物，礼有其相对凝固性，以礼为参照建造的内圣目标因而也有相应的凝固性。现实在急剧地变化，本来是含蕴着必然之理的当然性，慢慢地就与存在的必然间出现了裂隙。裂隙愈来愈大，则对由内圣而必外王，由意义而化存在的坚信，也就会愈来愈缺少现实性的根基。同时，有异于孔子的把仁与外在之礼相沟通，孟子极端强调作为善端的仁由主体生而禀有的性质。“恻隐之心，人皆有之；羞恶之心，人皆有之；恭敬之心，人皆有之；是非之心，人皆有之。恻隐之心，仁也；羞恶之心，义也；恭敬之心，礼也；是非之心，智也。仁义礼智，非由外铄我也，我固有之也，弗思耳矣。”（《孟子·告子上》）内圣的仁性失去礼的现实性的规定，它愈来愈成为一种主体意向，愈来愈成为一种过分内向的精神修养的目标。

仁作为儒者践履性的生命目标，其内容表现分普遍人性层面上的和具有特定时代性意义层面上的两部分。后一方面可以也确乎在随着现实的变化而调整，这与三代之礼的损益沿革是相应的。但就历史的实际看，特别就近代历史的实际看，这种调整的机制与成效都是不够的。

二

不同于孔孟的以仁释礼，以仁代礼，荀子把礼当作了自己人生哲学的重心。同样是礼，荀以礼法并称，强调礼作为存在领域必然性的反映与主体心性要求间的对立性质，强调礼的约束、规范、强制功能。“礼起于何也？曰人生而有欲，欲而不得，则不能无求，求而无度量分界，则不能不争。争则乱，乱则穷。先王恶其乱也，故制礼义以分之，以养人之欲，给人之求。使欲必不穷于物，物必不屈于欲，两者相持而长，是礼之所起也。”（《荀子·礼论》）“人之分不能无群，群而无分则争，争则乱。”（《荀子·富国》）“故先王案为之制礼义以分之，使有贵贱之等，长幼之差，知愚、能不能之分，皆使人载其事而各得其宜，然后使悫禄多少厚薄之称，是夫群居和一之道也。”（《荀子·荣辱》）礼是人的社会性生存与发展的必然，正是这种必然构成了人与动物的区分，构成了人之为人的根本即人道。礼不是依什么主体性的当然之则、依什么抽象良知善端设置的，它是现实的必须。因此礼的内容也不再是保守的、凝固的，而是可以不断调整的。不再是法先王，而是法后王。

内在先验的善性不再必要，主体人格自由基础上的意义目标也成为从属，重要的乃是依外在律则的强制。生命本然的愿望为恶，须用外在之礼加以改造。不是意义需要导出礼仪事功，恰恰相反，意义追寻是后天习得，是自我否定的结果。同样讲修养，孟子是通过修养找回自己天赋之真性善端，荀子则是要压抑克制重塑自我。对孟子而言，生命的存在自身就已经包含了它应有的意义，问题只是如何发扬之推导之成为普遍存在的现实。荀子则以意义为适应群体秩序的结果。

自然生命必须予以社会性的改造才能具备人之道。就天来说，天行有常，不为尧存，不为桀亡，是纯粹客体性的存在的天。人要生存发展延续，要实现自身的意义，就必须与自然奋斗，必须认识、征服、改造自然。故此，不同于天人合一观念，荀子提出了天人相分的思想。天有不同于人的独立的客体性质，要努力把握认识对象的自然性，只有如此才能制天命而用之。荀子十分强调学的意义。他所谓学不再只是修身养性，而与对存在之客体性的承认、把握、利用相联系。

孟子仅求放心，荀子之学则指涉存在之理。沿此理，可抵“天见其明，地见其光”的宇宙本体。不过，荀子思想的这个方面没有得到充分的发展，也没能产生应有的影响。真正奠定荀学在中国文化中地位的，是其人道观。但荀子并没有很好解决外在的礼与内在心性的关系，他说明不了强制改造的主体性依据，说明不了这种化性起伪的结果对生命何以具有终极依归的意义。因此他关于礼的观念，也就只能在社会政治理论的层面被发扬，由此而最终走向韩非等根本否定主体价值，完全从政治操作的层面看待礼—法的法家理论。这就由人文主义的对人生意义的探求蜕变成了否定主体性特有意义的反人文主义。

内圣修养，仁义礼智之学，没能真正实现生命的意义需要，反而最终蜕变为非人文性的专制政权残暴地摧残人性、剥夺生命自由的工具。在道家特别是在与儒学孔颜一脉有承续痕迹的庄子看来，这是人为地追求所谓意义性的必然报应。人本来就是自然存在的一部分，生命的真正需要与自然是一致的，生命的真正意义本来就包含在自然而然的存在之中。空悬一个所谓意义性的目标，只能破坏天与人的固有同一，破坏意义与存在的固有同一。

孟子也讲天人合一，但孟子的天人合一与庄子的大不相同。孟子强调天人二者在人的宗法伦理性善端基础上的合一，庄子则主张取消人的一切不同于自然的社会属性，主张在纯粹自然性的基础上与天合一。庄子对天与人作过区分，《秋水》称："牛马四足是谓天；落马首，穿牛鼻，是谓人。"《庚桑楚》谓："性者，生之质也。性之动，谓之为；为之伪，谓之失。"但与荀子强调人为不同，庄子区分天人是为了抛弃人为，只有抛弃人为才能恢复人的真性，恢复与天合一之性。

曾有人以庄子比之现代存在主义，其实大异于存在主义者的存在先于本质，庄子是典型的存在即本质即道即意义的目标论者。万有即自然，自然即道，道即无限即自由。存在的本原意味着生存的本质，意味着人的意义。回到存在的本体，回到自然，回到道无，也即回到了真正圆满的自我。人为的意义追求导致了人为的仁义，人为的礼法，人为的戕害，破坏了生命的也是存在的本原性、自然性、全面性。因而必须从天下汹汹的末世退回民风淳厚的上古。价值目标扰乱了精神的纯一周全，必须借各类神秘的反文明的修养来返朴归根，回到原始的朴野淳厚状态。破坏真正生存意义的，正是圣君贤相们鼓吹的所谓价值目标。放弃这些目标，才能摆脱意义缺乏感，才能体会真正的意义——无缺憾的状态，也才能安放我们的人世生存。安放的支点不需要寻找，它不是别的，它就是这自然、这存在。我们所要做的，就是执著地看护这存在，就是宁静地酣梦于这存在之中。

在相信意义自具于存在之中这一点上，孔孟与庄学完全相通。只是对个体生命意识言，存在既可能是社会历史性的，也可能是自然性的。孔孟作为满怀希望的救世者，所面对的所谓存在首先是前者，庄子作为绝望之余避居世外的隐者，所面对思考的当然只能是后者，由此造成了对与存在同一的意义的不同发挥。

庄子对天人之学做了消极无为的自然主义发挥，过度强调人对自然承续的一面。尽管其理论出发点是寻找生命的意义支点，结果却是以自然性吞并人性，否定超越自然的人文的意义。难怪当时就有人批评他蔽于天而不知人。

孔子把求道、行道、弘道，把人之为人的道，提到了精神反思的核心命题的高度。沿着孔子的思路，孟子强调人在天地间的崇高地位，强调人生意义追求的本体地位。对内圣之学而言，主体当然之理在对象领域有必然之理作为依据。如孔子称"巍巍乎，惟天为大，惟尧则之"，称"天何言哉！四时行焉，百物生焉"等，但他所理解的天还保留有浓厚的人格性、意志性色彩，这就使他对真正自然性的天体会不够，因而没能解决好人与天的关系问题，某种程度上有蔽于人伦而不知天的偏向。由此，儒学确立的意义支点在后来的发展中，就有了从对象性存在之域、从现实性的必然之域悬空的危险。庄学合理地指斥这种悬空性，却又过分偏执于人对天的连接性，过度强调天道自然的轴心地位，从而将主体的意义过度朝存在境域倾斜，最后完全取消了主体性，这也就从根本上否弃了生命支点的必要。

出现在战国中后期的《易传》，试图对此加以总结，通过整合前此各家思想，主要是儒道两家思想，对天人关系其中包括主体性的意义目标与客体性存在自然间的关系，做出了更全面的处理。

中国思想最古老的源头，可追溯至西周的天命神学。经周末勃兴之人文思潮重铸，而为儒道墨等各家所分别承续。这是一种既明于本数又系于末度的整体之学。明于本数，即对天人整体有根本的理解。这种理解是统贯天人的，故此种理解的观念包含着反映天道自然的思想精髓与体现人道理想的意义目标两个方面。这种天人之学的基本思路，是一方面援引天道来论证人道，另一方面又按照人道来塑造天道。援引天道证明人道，是为了表明主体性的追求不是空洞的臆想，而是符合天道的自然法则，有着如同天道那样的客观确实性根据。以人道塑造天道，因为他们对天道的研究，不是要建立一种自然哲学，而是要为人道寻找合理性根据。所以，"天人合一"也就是通过"以人合天"与"以天合人"两个过程的不断循环往复来把握天人整体。诸子各家在建立体系的时候往往割断了这种思路的循环往复过程，由此或偏于"以人合天"，或偏于"以天合人"，前者如儒，后者似道，这就事实上破坏了天人之学的完整性，不能真正完成"立命"的任务。

孔子思考主体性的终极依据时也追溯到天，孟子把主体性的本质归结为天之命，但他们都没最后找到贯穿天道与人性的根本规律。老庄无视主体人性的独立意义，只是用阴阳范畴论述天道自然的对象世界。《易传》围绕"一阴一阳之谓道"的命题，对儒道的偏于天或偏于人做了重新整合。"一阴一阳之谓道，继之者善也，成之者性也，仁者见之谓之仁，知者见之谓之知，百姓日用而不知，故君子之道鲜矣。显诸仁，藏诸用，鼓万物而不与圣人同忧。盛德大业至矣哉！富有之谓大业，日新之谓盛德。生生之谓易，成象之谓乾，效法之谓坤，极数知来之谓占，通变之谓事，阴阳不测之谓神。"（《易·系辞上》）以阴阳范畴贯通天人，由此形成了一个天与人互相发明的完整体系。周易的天是保持着自然性的天，因此是有存在的现实可靠性的天。这种天又并不隔绝于人、对立于人。周易的人是拥有主体性的人，是有着主体性意义目标与价值规范的人，但这种人同样不把自己从天道自然中孤悬起来。与其视这种人为自然性的否定，不如视之为自然性的最后完成。主体性的意义就来自存在的对象界，是自然性延伸的必然结果，因此它的外推、它的现实化，就不会缺少客观的依据、客观的可能性。在这个意义上，《周易》最后完成了儒学的"哲学的突破"，最后完成了儒学对主体性意义支点的探求，并对此后中国人人格理想的塑造起着终极参照的作用。

三

天道与人道循环论证所反映的，并不是单纯思维的逻辑，而是现实的生存本身的逻辑。

人最初是自然的一部分。世界诸文明在其发展的最初阶段，都显出主体与自然缠绕不清的特点。随着文明的进步与实践的深入，现实的逻辑就会转化为思维的观念，人与自然的分立于是就会逐渐成为毋庸置疑的事实。这在以古希腊罗马为源头的欧洲文明的发展过程中表现得特别明显。自然成了人类的生存工具、生存手段，成了人的认识对象，人类则成了自然的叛逆者、审视者、征服者。人类只有认识、征服自然，才能在世界上生存下去，于是有热烈不懈的科学探求精神。科学精神愈是冷静愈是有希望接近对象真况。人作为一元自然世界之否定，有自己主体性的希望、冲动和主体性的意义目标。但这种希望的目标作为纯粹精神性的否定，在其起点上只是一个抽象的无。只有经过不断的奋斗征服才可能转化为实现了的意义感，人也才可能从其起点上的空洞的存在转化为真正有本质、有内涵、有意义的存在。因此，西方现代人对世界的荒原意识和存在先于本质的鼓吹，只不过是对这种自其发轫时代就形成了的天人观的某些侧面的逻辑引申罢了。对西方文化而言，存在与意义间有着难以弥合的鸿沟。这也是高度理性化的希腊文明能够接纳一个来自希伯来的神秘上帝作为意义归依的基本条件之一。

与欧洲文明不同，华夏祖先始终也没有离开过泥土气息浓郁的田野。小农耕作的生存方式将人与自然紧密地结合到了一起。四季往复，阴晴雨雪，自然运动的秩序节律直接投射为人们的意识。人们生长在广大而和谐的宇宙系统中，与阴阳大生机浑然同体，浩然同流。在这样的文化背景下，自然就不再只是单纯被认识被征服的对象，人也不单纯是对自然存在的否定性，二者毋宁是一种一而二、二而一的关系。“夫大人者，与天地合其德，与日月合其明，与四时合其序。”（《易·文言传》）小农经济与自然生态变化的直接相关，决定了生民对天地的依赖感和亲和感。春生夏长，秋收冬藏，日出而作，日入而息，天人合一观念在这种土壤中生长是非常自然的事。圣人大人不过是借一心之灵明充分自觉发扬这种合一性罢了。天地不是机械性的物质，而是生生不息、化育万物的德性。存在不仅是存在，而且是终极性的意义目标。仁者浑然与万物同体，内圣修养是对生命意义的追求，同时也是对自然大化的投入。

小农经济的生产生存方式，使一家一户成为社会单元，也使安土重迁、聚族而居成为普遍风尚。尊尊亲亲的孝悌伦理把人们紧紧地团结在氏族的或家族的共同体中。在这样的背景下，与社会相分立的个人本位的观念一直没能充分发育起来。个人需要及他对自我需要的意识，都同外在的社会人伦环境密切相关。儒学所言的人极，在根底上也只能是外在世界的内化。故此，性善论在中国哲学中始终占主导地位。

性善论的实质，无非是坚信人的发而为外的行为，根本上说将是必然符合外在世界的普遍性秩序需要的，顺着人的本性的自然延伸，我们必将达到一种确定的完美与和谐的状态。礼的基本原则是仁性的依据和内核，反过来，仁性作为主体意向性自然就会导向对礼的需要和符合。所以对中国哲学来说，不仅天人是合一的，自然存在与人的意义上下同流，而且个人与社会也是合一的，个人的意义追求既相通于外在的自然环境，也相通于外在的人伦环境。以礼为则之修养，使人与社会礼仪取得和谐，同时又可以使心性复归于天理。在这个意义上，中国哲学中没有一个存在与意义的关系问题。无意义的存在和不存在的意义，都只能被视为无可理喻，故而只能置之不论的怪力乱神。存在与意义的同一，生命与价值的同一，很大程度上成为不言而喻的思维预设或思维前提。

主体意义与客体存在的同一，是生命的永恒课题。该课题的儒学式解决，满足了农业文明时代人的立命需要。生命不是一个叛逆的孤独的个体，自然也并不以其漠然神秘令人敬畏。“乾称父，坤称母。予兹藐焉，乃混然中处。故天地之塞，吾其体；天地之帅，吾其性。民吾同胞，物吾与也。”（张载《西铭》）天地自然，人文社会，心性灵明，都像聚族而居的家庭一样，血肉关联，忧乐与共，为融融的亲情所笼罩。不需要另外寻觅，这当下的世界就是我们的家园。“天地絪缊，万物化醇；男女媾精，万物化生。”“天地之大德曰生。”（《易·系辞下》）一草一木，无不浸透大化生机，鱼跃鸢飞，花开花落，皆资生于道。“行到水穷处，坐看云起时。”（王维《终南别业》）云水动静，俱见出化机之妙。中国人不需要上帝那样孤悬的抽象意义本体的降临，他的存在已自具神圣。中国人不需要一个超自然的彼岸世界，现实就是他安妥灵魂的归宿。纵然避世者也不需要宗教的天堂，因为鸟兽并非真的不可与同群。山水田园之中自具真意。尽管有那样多的磨难周折怀疑厌倦，有那样多的痛苦失望以至绝望，中国士人却终于难以抛舍此在之执着，难以成为真正意义上的宗教徒。有许多许多的居士道人，如苏轼如欧阳修如黄庭坚等，说穿了仍不过俗人——此岸中人。他们所能感受到的意义永远寄寓在存在的现实中。首先是人伦的现实，其次是自然的现实。他们眼中的存在，永远透着不可抗拒的意义性之魅力，不管它有多么多的缺憾，不管它给过他多么多的刻骨铭心的伤害。

在两千多年的漫长岁月里，儒学提供了稳固的生命支点。它不是宗教，却满足了生命对终极意义的需要，它不是美学，却能够引导人们以体验同情的眼光去观赏自然。物我浑然、心物交融，就是在现时当下，建立了一个温馨的精神家园。

家园却也是有代价的。意义与存在的同一既是先在的，则人要做的就主要是适应而不是改造对象。这就形成了中国文化偏于静的性格。舒缓从容的节奏，周期性循环的历史，无疑都与此有关。当这种同一发生故障时，如孔子一方面自信天生德于予，另一方面悲叹河不出图、洛不出书，就只能把故障的原因归之为理性无法企及的某种神秘的命。命意味着相对软弱的主体面对客体世界的消极无力。

个人与社会、主体意义目标与客体存在间的和谐同一，没有经历过充分的分化发展，始终徘徊在低层次上。这个和谐系统理论上并不否认个体特殊性的合理性，但它所能承受的张力十分有限。个体意义向度与存在环境冲突时，首先就是要以存在来参照意向，要通过修养克制来恢复“真性”。自由往往被过分地强调为实践理性的自觉。在群体的人伦礼制受到破坏时，在系统的平衡稳定面临威胁时，这个淳朴的笼罩着亲情的家，对叛逆性的异端人格将会是毫不留情的。仁义社会的维持背后，无疑有着血和泪的牺牲。这种低层次和谐平衡的积极意义，不可避免地会随着个体主体性的丰富、高扬而降低。也只有从这样的角度，才能解读“礼教吃人”的控诉，才能解读巴金《家》所代表的深层文化学内涵。

四

意义与存在同一的观念模式，导致价值关怀与认识实践、操作实践的紧密联系。最高意义目标的实现与最后存在本体的把握，对中国哲学来说是一件事的两种表述。该种目标或本体也即所谓道。道既可理解为类似于存在本体的东西，也可理解为类似于精神境界性的东西。它既意味着本体，也意味着境界，是本体与境界的同一。这是道与西方哲学从作为宇宙始基的水开始的各种存在本体和以上帝为代表的各种超自然的意义本体根本不同之处。因此，中国哲学的分类，很难适应源自西方哲学中精神与存在间对抗关系的唯物主义唯心主义的范畴体系。中国哲学强调，在客体对象与主体意义的相互作用中，能找到生命最终极的支点。它排斥对与主体目的性、意向性无关的纯客体的穷究，也排斥与对象世界彻底隔绝的单纯主体的非理性冥想。为科学而科学的精神不会出现于中国，贝克莱式的唯心主义也不会出现于中国。

对象存在的本原与主体价值关切相通，认识、改造对象的实践与主体的价值关切也不可分离。以具有价值合理性的方式对世界进行体会和亲和，我们就可以得道行道内圣外王。离开价值合理性指导的认识和实践，即使有成效，也是无意义的。正好像不合当然之理的必然之理不成其为理，只能归入不可理喻的怪力乱神一样。由此乃有儒学的君子小人之辩，乃有儒学的公私义利王霸之辩。

儒学并不否认谋生实践的合理性。“天之生人也，使人生义与利。利以养其体，义以养其心。”（董仲舒《春秋繁露·身之养》）关键是如何满足利益需要。既然利益追求可以和意义关切相结合，意义关切又高于利益，那么求利之实践就理所当然地应接受意义向度的制约。“富与贵，是人之所欲也；不以其道得之，不处也。贫与贱，是人之所恶也；不以其道得之，不去也。”（《论语·里仁》）孟子更称“非其义也，非其道也，禄之以天下，弗顾也，系马千驷，弗视也”（《孟子·万章上》）。君子喻于义，小人喻于利，只是强调志向趣味的着重点不同。程颐就明确承认“君子未尝不欲利”（《河南程氏遗书》卷一九）。区别只在小人为利而无所不用其极，君子却守死善道，任何情况下都自觉接受价值准则的约束。

意义指向的，在儒学是一种外在的宗法伦理秩序。“义者，所以等贵贱，明尊卑。”（《大戴礼记·盛德》）“大小不逾等，贵贱如其伦，义之正也。”（董仲舒《春秋繁露·精华》）虽然要“因民之所利而利之”（《论语·尧曰》），但利只能摆在次要地位。由于对利之害的过分警惕，如朱熹所谓利“是个监界鏖糟的物事……少间便使人生计较”，导致以价值关切冲击贬斥利欲。意义结构对社会是一种约束性因素，它总是相对保守的。利欲则源自生命本能的冲动，是人类进步的原始动力。儒学正确地看到了感性冲动非理性的一面，却体会其正面积极效应不够充分。

“何必曰利”作为个体人格理想，作为对上层统治者的规劝，自有其合理性。一旦放大为社会文化整体的运行方针，就几乎是必然地会陷入停滞落后的局面。生存实践涉及的环境，除人伦环境外，更重要的还有自然环境。自然有其不同于价值关切的自在规律。认识改造自然的目的在于谋利，但这种谋利的方式只能依存在本身的自在之理、必然之理，很难依循主体价值关怀指向的意义结构。在这些领域鼓吹义高于利，鼓吹德性之知高于见闻之知，只会给具体操作加上无谓的束缚，妨碍生产力水平的提高。这样就确乎有着给实践理性和纯粹理性、意义目标和存在对象、人与天划界的必要。儒学也确乎忽略了这种划界的必要。

儒学意义关切和利益追求二者关系的理论集中体现在君子人格的构成上。“质胜文则野，文胜质则史。文质彬彬，然后君子。”（《论语·雍也》）君子人格的文，是指知礼守礼；质，是指养成内在的仁性。求仁学礼，是意义关切，也是成功之途得利之路。君子求义与求利的能够同一，在于他以重义轻利的方式自觉地适应了宗法伦理社会的环境，并以自身的典范效应反过来强化了这种环境。君子人格在宗法伦理秩序的社会内部如鱼得水，在引导社会群体更有效地改造自然以提高物质文明的水平方面，或在对抗外来夷狄的野蛮冲击方面，却并不擅长。仁义对稳定确立某种社会人伦秩序的需要有吸引力，对消除非理性的暴力事实却倍感棘手。这也是典型的儒家君子不能成为开一代基业的帝王的原因。只有在暴君奸雄夷狄们确立了自己的位置，感到有确定秩序的需要的情况下，君子才能因势利导，才能借其机运而弘道。“天地间惟理与势为最尊。虽然，理又尊之尊也。庙堂之上言理，则天下不得以势相夺。……故势者，帝王之权也；理者，圣人之权也。”（吕坤《呻吟语》卷一）作为终极性意义关切的理比势更尊贵，实践上却更多地是势拒绝接受理的制约引导而理不得不屈服于势。在20世纪前所未有之变局中，在不同文明之正面冲撞竞争不可避免的局面下，如果仍以古代君子为范本，仍然以为单凭理想的人格结构就可以制造巨大的事功效应，或坚持任何层面的操作都必须从源自传统的终极性价值关切中找到依据，并接受这种价值关切的直接指导，那必将陷入难以解脱的困惑。

但即使在认识和征服自然的似乎纯功利层面，坚持价值目标对手段过程的规导作用又确乎仍有自己的理由。脱离价值关切而恶性膨胀的纯粹理性、技术理性，几乎是必然地要反过来蚕食生命的意义结构。有机用者必有机心，19世纪以来西方文化的命运似乎在给庄子作注。而庄子在这一点上，不过是把儒学以正面积极肯定的观点用消极否定的形式做了更强烈的表述罢了。

现代文明的进步、巨大的物质财富以其刺激性快感掩盖了全部生存空间。但我们愈来愈感受到了对泥土的思念，感受到了对前现代条件下自我完整性的思念。作为自然经济条件下的人文精神，儒学由此显示了它特有的魅力。20世纪激烈反传统倾向的负面影响及其当代困境，也决定了重新审视古典的需要。在这样的背景下，究竟应该怎样才能使儒学的内在合理因素在一种全新的文明的建设中得以充分发挥，是学术界面临的一个课题。

（载于1994年第3期）

关于马克思主义与儒家文化之间关系的思考

刘宏章

正确地认识马克思主义与儒家文化之间的关系，是当前文化思想领域里的一个迫切需要解决的问题。之所以如此，这是因为：

第一，自20世纪初马克思主义传播到中国之后，就存在着与中国本土文化特别是与儒家文化的关系问题。但是，这一问题长期以来并没有得到很好的解决，在大多时间里二者处于对立的状态。就马克思主义方面来说，在大多时间里，对儒家文化的全盘否定，是其基本的态度。“五四”新文化运动前后，当时先进的知识分子普遍认为，中国近代的落后，是由儒家文化造成的。这是新文化运动兴起的一种文化背景。因此，新文化运动是以批判和否定儒家文化为特征的。这种批判在当时有其历史的进步性、合理性，在批判中引进了新的文化观念，对中国文化的现代转型做出了贡献。但由于中国早期的马克思主义是在这种批儒的氛围中成长发展起来的，这就给后来的共产党人留下了“五四情结”的两个模式：一是“文化决定论”，认为中国落后，都是由于文化尤其是儒家文化造成的。因此，解决文化问题、伦理问题是解决一切社会问题的前提。所谓改造民族劣根性的思想就是从此而来的；毛泽东同志认为意识形态决定一切的观念，其渊源也在于此。一是新文化与传统文化的绝对对立，宣扬“新旧之间绝无调合两全之余地，吾人只得任取其一”（《独秀文存》第3卷，安徽人民出版社1987年版，第789页）。后来演变为马克思主义与传统文化和儒家文化的绝对对立。这一文化模式在新中国成立以后，影响至为深刻。马克思主义这时成为国家的指导思想，在与儒家文化的矛盾中，是其矛盾的主要方面。在“左”的思潮的影响下，虽然有着百家争鸣的方针，但实际上只有马克思主义的一家独尊，儒家文化等同于封建主义，只能作为批判对象而存在。儒家文化既没有生存和发展的土壤，也没有传播的市场和条件，儒家文化作为一个学派、一种思潮，在中国内地销声匿迹了。这是中国文化史上的悲剧。这种情况不仅损害了儒家文化，而且也损害了马克思主义。

第二，由于东亚经济的崛起，首先在海外展开的“儒家思想和现代化”问题的讨论，引发了对儒家文化的再评价。在20世纪初，对儒家文化的评价似已成定论。在国内，如前所述。在国际学术界，大多接受德国著名思想家马克思·韦伯的主张，认为儒家文化极大地阻碍和压抑着中国近代资本的产生和发展，有碍于中国的现代化。东亚经济的崛起，则向这已成定论几十年的思想提出了挑战。国际上许多社会学家、思想家认为东亚经济的崛起，除有政治、法律、经济、地理的原因之外，也有文化的因素。他们认为，用欧美现代化的模式解释不了东亚经济的崛起，而把深层原因归结为儒家伦理所发挥的作用，用“儒家文化圈”或“儒家资本主义”来概括东亚地区的共性，以区别欧美现代化的另一种模式。海外新儒家在讨论中，也涉及儒学和马克思主义的关系问题。一些海外新儒家学者认为，马列主义不是中国的“慧命”，“只有当代新儒学，才是顺通中华民族文化生命而开显出来的中国智慧的方向”。但多数学者已不再一味否定，有的主张区分马克思主义作为社会科学理论层面和作为政治意识形态层面；有的更提出了传统文化、儒家文化、马克思主义、西方文化四者之间的“健康互动”。上述所有问题，不仅是学界回避不了的，事实上也是近些年来讨论的热点。

第三，当前中国面临的主要任务，是建设一个有中国特色的社会主义现代化的国家。“中国特色”就是指在中国实现现代化，必须根据中国的国情，不能照搬西方的模式。在国情中，文化传统是一个极为重要的因素。两千多年来一直影响中国人的思维方式、心理结构、价值观念、风俗习惯的传统文化，尤其是儒家文化，不能不是中国国情的极为重要的一个方面。长期以来，对儒家文化、传统文化采取简单否定的态度，给社会主义现代化的事业造成重大损失。在世界上没有哪一个国家的现代化是在否定自己文化传统的基础上建成的。同时，建设有中国特色的社会主义包括了经济、政治、文化三个方面，缺一不可。列宁在《青年团的任务》一文中说：“应当明确认识到，只有确切地了解人类全部发展过程所创造的文化，只有对这种文化加以改造，才能建设无产阶级的文化。”这是马克思主义的一般原则。党中央有鉴于历史的经验教训，在1990年前后明确提出了弘扬民族优秀文化的方针，指出，这“是一个长期的具有战略意义的任务”（李瑞环《繁荣文艺必须大力弘扬民族优秀文化》，《光明日报》1990年1月12日）。可见，弘扬中国优秀传统文化，是建设有中国特色的社会主义的一个重要内容。但是，对贯彻这一方针还是有不同认识的。有的同志说：“孔子学说的封建性质不会促进资本主义的发展，这是很有道理的。但事情更奇怪的是：现在泛滥的孔子学说——一个非常封建的学说，不仅企图证明促进资本主义的发展，而且更进一步，企图证明它还会促成社会主义的建设。”又说：“马克思主义和孔子的教义，无论如何是两个对立的体系，而不是可以调和的体系（折中主义），或者并行不悖的体系（二元论）。”（《李一氓给蔡尚思教授的一封信》，《文汇报》1990 年 12 月 26 日）近来也有些同志发表文章，批评“国学热”现象，认为儒家文化过热，冲击了马克思主义等。这里涉及了儒家文化同社会主义建设、同马克思主义的关系。这是一个长期以来没有很好得到解决的问题，但这个问题很重要，它关系到建设中国特色的社会主义及其精神文明，关系到中国文化的建设及其未来的发展。所以，我认为是当前文化思想领域里一个迫切需要解决的问题。

批判继承的正确方针得不到贯彻的原因的分析。

马克思主义与儒家文化之间，在“五四”新文化运动之后的大多数时间里，处于对立的状态，但也曾有过一段友好相处的美好时光，这就是八年抗日战争时期。这一时期，政治上有了民主化的趋势，文化上也有所开放。在文化思想领域里出现了一个重要特点，就是对“五四”新文化运动的反思，其中也包括了对“打倒孔家店”的反思。说法不一，但大多不赞成对传统文化的过激的态度。毛泽东同志在对“五四”新文化运动的反思过程中，提出了对传统文化的批判继承的方针。毛泽东首先肯定了“五四”新文化运动的伟大功绩，同时也指出“那时的许多领导人还没有马克思主义的批判精神，他们使用的方法，一般地还是资产阶级的方法，即形式主义的方法”。“对于历史，对于外国事物，没有历史唯物主义的批判精神，所谓坏就是绝对的坏，一切皆坏；所谓好就是绝对的好，一切皆好。”（《反对党八股》，《毛泽东选集》第 3 卷，人民出版社 1991 年版，第 831、832 页）并在《新民主主义论》一文中，提出了“剔除其封建性的糟粕，吸取其民主性的精华”这一方针。在这一方针的指引下，对传统文化和儒家文化的研究，出现了一个时期的百家争鸣的繁荣景象。但在新中国成立以后，批判继承这一方针并没有得到很好的贯彻执行。这原因是多方面的，从理论上和认识上的角度来分析，大体有以下几个方面：

首先，毛泽东同志的批判继承的理论，虽然在基本方针上是正确的，但也存在着一些理论上的缺陷与不足。这些缺陷与不足，与后来再一次全面否定传统文化与儒家文化，有着密切的关联。比如说，文化的内容与形式的问题，《新民主主义论》中有一个公式：“民族的形式，新民主主义的内容——这就是我们今天的新文化。”张岱年、程宜山著《中国文化与文化论争》一书中指出：“这个公式给继之而起的研究者一种错觉。”（《中国人民大学出版社 1990 年版，第 376 页》）什么错觉？即对历史文化遗产的继承只能在形式方面，而不是在内容方面。讲中国气派、中国特点，常常也只是提到民族形式。事实上，形式和内容是绝不能分成两截的。

第二，片面地、错误地理解了批判与继承二者的关系。多年来，把毛泽东同志所倡导的“破字当头，立在其中”当成处理批判与继承二者关系的指导思想，片面地强调“破字当头”，强调批判，以为破就是立，于是把批判当成了目的，结果是只有批判而抛弃了继承。

第三，片面地、错误地理解了批判与继承的标准。长期以来，文化思想界是以“民主性的精华”和“封建性的糟粕”作为区分传统文化中精华与糟粕的标准。“民主”与“封建”都是政治概念。对古代文化首先对其阶级性和政治倾向进行分析，这无疑是正确的、必要的。但文化不仅有阶级性的差异、政治倾向的差异，而且还有科学性、艺术性之类的差异。这二者虽有联系，却不能等同。“民主”和“封建”只是观察、分析传统文化的一个标准、一个角度，尽管是一个极其重要的标准。过去的错误是把它当成了唯一的标准，排斥了其他的标准。这样，传统文化中的许多精华便以“民主性”的名义给排斥掉了。

第四，批判与继承的理论根据，特别是继承的理论根据，没有很好地得到解决。对于传统文化为什么要批判，批判什么，应该说这在理论上是明确的，因为中国的传统文化特别是儒家文化，是封建时代的文化，有其阶级和历史的局限，这便是批判的理论根据和前提。但封建时代的文化，何以在现代特别是在社会主义国家，仍然可以而且应该继承，其理论根据和前提是不明确的。1957 年在“中国哲学史讨论会”上，冯友兰先生发表了《中国哲学遗产的继承问题》一文，似乎便是为了解决这一难题。冯友兰提出，中国哲学史的命题，可以区分为抽象意义和具体意义，认为其抽象意义可以继承，而具体意义是不可以继承的。冯友兰提出的哲学命题有抽象意义的看法，从一定意义上来说，接触到对传统文化继承的理论根据问题。所谓抽象意义，即普遍意义、一般意义。任何一个反映时代精神的哲学命题，都具有两重性，即普遍性和特殊性，也即是时代的属性和超时代的属性。封建时代的文化，为什么会对社会主义社会仍然有价值、有益处呢？就是因为其文化中有一部分具有普遍的意义，不仅适用于不同社会，而且适用于不同国家。但在当时，冯友兰的看法被概括成为“抽象继承法”大加批判。从此，历史上哲学命题的抽象意义便成了禁区，只能从具体意义上即时代的和阶级的意义去了解，于是传统文化特别是儒家文化便难逃封建糟粕的命运了。

第五，对传统文化的批判继承要以马克思主义为指导，但长期以来对以马克思主义为指导做了片面性和简单化的理解，这也极大地妨碍了对传统文化的批判继承。所谓片面性，是指只注意一个方面的论断，而忽视了另一个方面的论断。比如马克思主义经典作家在创立唯物史观时，着重批判了旧历史观的唯心主义，阐述了二者的对立，但同时也肯定了二者的继承关系，我们过去是只讲对立，不讲继承，唯物史观与过去的历史观似乎毫无关联。所谓简单化，是指把马克思主义经典作家的话当成句句都是真理，当成模式，硬套在哲学史上。谈到历史观时，几乎无一例外地都要戴上两顶帽子，其一是说“至多考察了产生人们历史活动的思想动机，而没有考察产生这些动机的原因”；其二是说“没有说明人民群众的活动”，而不去做具体分析，结果是千篇一律、千人一面。哲学史是唯物主义与唯心主义斗争的历史，于是历史上的哲学则必须戴上一顶唯物或唯心的帽子，不能容忍也有介乎二者之间的哲学家。毛泽东说阶级社会中的各种思想，“无不打上阶级的烙印”，于是对每一句话都要贴上阶级的标签，可是有些话，如荀子的“天行有常”，就很难做什么阶级分析。

马克思主义与儒家文化的同和异。

谈马克思主义与儒家文化的同和异，这是一个有风险的题目，因为长期以来，在“左”的思潮影响下，只许讲马克思主义与儒家文化的异，不能讲它们之间的同，以至于时至今日，有些同志对讲“同”仍然疑虑重，他们认为讲马克思主义与儒家文化之同，是“把马克思主义与儒学等同，是既不懂马克思主义，也不懂儒学”（《“马克思主义和儒学”学术研讨会述要》，《孔子研究》1996 年第 1 期），混淆了二者的界限，罪莫大焉。谈到同和异，我想在这里引证一下黑格尔下面的话，是非常有必要的：“假如一个人能看出当前即显而易见的差别，譬如能区别一支笔与一头骆驼，我们不会说这人有了不起的聪明。同样，另一方面，一个人能比较两个近似的东西，如橡树与槐树，或寺院与教堂，而知其相似，我们也不能说他有很高的比较能力。我们所要求的，是要能看出异中之同和同中之异。但在经验科学领域内对这两个范畴，时常是注重其一便忘记其它，这样，科学的兴趣总是这一次仅仅在当前的差别中去追溯同一，另一次则又以同样的片面的方式在同一中去寻求新的差别。”（《小逻辑》，商务印书馆 1980 年版，第 253 ~ 254 页）又说：“真理只有在同一与差异的异的统一中，才是完全的。所以真理唯在于这种统一。”（《逻辑学》下卷，商务印书馆 1976 年版，第 33 页）对马克思主义和儒学的同和异，我们也应做如是观，既要看到它们的异，也要看到它们的同，更重要的是要看到这异是同中之异，这同是异中之同，不能形而上学地去理解同和异，一说异就是绝对对立，一说同就是绝对等同，而要在同和异的统一中去把握真理。

马克思主义和儒家文化是不同时代、不同国度的产物，又有着非常不同的阶级基础和文化背景，它们之间的差异是十分明显的。第一，马克思主义是现代科学的结晶，具有科学性和实证性，是一个严密的完整的思想体系；儒家文化是古代科学的产物，不具有现代科学的基础，呈现出朴素性和直观性的特征；儒家作为一个学派虽有其共性，但其内部不同学派之间在政治倾向、哲学世界观等方面的差异是很大的，远不是一个严密完整的思想体系，而是一个十分庞杂的不同学派的集合体。第二，马克思主义在本质上是一种革命的批判的学说，主张“造反有理”，通过阶级斗争推翻旧的社会制度、打碎旧的国家机器并建立无产阶级专政的社会。而儒家文化则倾向于保守，是一种只适于守成而不适于进取的学说，它在本质上是使社会趋向于和平、稳定、秩序、协同和发展，它主张通过一种持续不断的内在的自我批判和自我更新，来达到社会各阶级之间的和谐。第三，由此反映在哲学世界观上，在矛盾双方的斗争性和统一性的看法上，马克思主义着重强调的是斗争性，认为斗争是绝对的、无条件的，而统一则是相对的、有条件的。儒家学说虽然也不否认为矛盾的斗争，但只把它看成矛盾过程的一个阶段，而把统一、和谐看成是最重要的，认为“和为贵”“仇必和而解”，和谐才是事物发展和人类追求的最高境界。第四，马克思主义反对普遍的超阶级的人性，主张具体的阶级性，把人性看成是一种经济关系的体现，是各种社会关系的总和。儒家文化则主张一种普遍的超阶级的人性，不论主张性善或性恶，都是把人性中这种善恶的本质看成先天的，是人类的一种心理和生理构成的展开等。以上只是举其大要，叙述下去还可以有很多，如儒家维护血缘宗法关系、封建伦理纲常秩序，强调人治等，都是与马克思主义格格不入的。

根据黑格尔的说法，在两个如此明显不同的思想体系之间，看出它们的差异，并不能说这个人有什么了不起的聪明。更重要的是能够看出它们的异中之同。但为什么两个不同的思想体系之间，会有相同的关系呢？这首先是因为，马克思主义不是从天上掉下来的，它是人类文明发展过程中的产物，正如列宁所说：“马克思主义同‘宗派主义’毫无相似之处，它绝不是离开世界文明发展大道而产生的一种固步自封、僵化不变的学说。”（《列宁选集》第2卷，人民出版社1995年版，第309页）马克思主义是继承和总结了人类文明的积极成果而产生的，在自己的体系中容纳了这些成果。这是马克思主义和以前文化的积极成果有相同之处的基本原因。其次，儒家文化不是西方文化，马克思主义的文化继承关系中不包涵儒家文化，何以也会有相同之处？这里就涉及人类文化的共性问题。人类社会在其发展过程中，不仅面临着一个时代、一个民族的特殊问题，而且也面临着许多人类生存和发展的共性问题，如改造自然、治理国家社会、处理人际关系、提高人类自身素质等。对这些问题的认识和解决，作为人类认识和改造世界的成果，往往超出了时代、国家和阶级的局限，具有普遍性。马克思主义和儒家中都包含了这种普遍性的认识，即文化的共性，因此这两个体系之间便有了许多相似或相同的部分。

张岱年先生说：“中国人特别是知识分子接受马克思主义，与中国传统文化也有密切关系。中国文化中本有悠久的唯物论、无神论、辩证法的传统，有民主主义、人道主义思想的传统，有许多历史唯物主义的思想因素，有大同的社会理想，如此等等，因而马克思主义很容易在中国的土壤里生根。”（《中国文化与文化论争》，中国人民大学出版社1990年版，第186页）过去我们讲马克思主义在中国的传播，往往只强调社会的需要、阶级斗争的需要，这当然是正确的，但忽视了文化土壤的条件，也是不全面的。张岱年先生在这里指出了马克思主义在中国传播的文化土壤条件，是十分必要的。根据张岱年的提示，儒学与马克思主义的相似、相同之处有七个方面：唯物论、无神论、辩证法、历史观中的唯物论因素、民主主义、人道主义和大同的社会理想。这七个方面又可归为三类：哲学世界观、政治思想和社会理想三个方面。哲学世界观方面相同之处是最多的。不论时代和国度，凡唯物论、无神论、辩证法都有相同之处。马克思主义和儒学都崇尚理性，以理性取代宗教信仰，都否认有一个造物主存在，都强调世界的统一性，主张统一于物质（“气”），都主张宇宙是运动发展的，宇宙间的一切事物都处于不停的变化中，都主张事物运动的原因是事物内部的对立统一（“一阴一阳之谓道”），都认为思维是物质的一种功能和作用，等等。在政治思想方面，说二者有相似之处似更为恰当，相似不等于相同。毛泽东曾举出孟子的民本思想，以论证中国共产党的群众路线，可见群众路线与儒家的民本思想有相似之处。儒家的“举贤才”与马克思主义的任人唯贤也是有相似甚至是相同之处。在社会理想方面，儒家的大同理想与马克思主义的社会主义有没有相同之处呢？列宁指出：“剥削制度的存在，永远会在被剥削者本身和个别知识分子代表中产生一些与这一制度相反的理想。”“这些理想对马克思主义者来说，是非常宝贵的。”（《列宁全集》第1卷，人民出版社1955年版，第393～394页）中国文化中的大同理想自《礼记·礼运》借孔子之名提出后，影响深远。大同思想最主要之点是主张废除私有制，实行公有制。这是通常所讲的社会主义的最基本的含义。也正是在这一点上我们才说马克思主义与儒学大同理想有相同之处。马克思说：“中国的社会主义跟欧洲的社会主义，象中国哲学跟黑格尔哲学一样，具有共同之点。”（《国际述评一》，《马克思恩格斯全集》第7卷，人民出版社1961年版，第265页）甚至连批儒最激烈的陈独秀也认为儒家要求平分财富、限制土地所有权，是社会主义的先声（《实行民治的基础》，《新青年》第2卷第1期，第13页）。

有的同志很顾忌谈儒家的大同理想与马克思主义的社会有相同之处，因为在他们看来，二者在这个问题上如有相同之处，似乎便表明了“社会主义古已有之，既然如此，只需从本土的‘国学’故纸中去寻找所谓‘五千年一以贯之的文化之道’，而不必靠外来的马克思主义为指导了”（《国学研究·意识形态与百家争鸣》，《哲学研究》1996 年第 4 期）。其实这种顾忌是完全没有必要的。根据我们的同异观看，马克思主义与儒学之同，是异中之同，而且同中又有异。我们只是承认都主张社会主义这一点上是相同的，从这个意义上也可以说社会主义是中国古已有之的，但社会主义又有不同的类型，儒家的大同理想是一种空想社会主义，马克思主义的社会主义是科学社会主义，在这一点上，二者又有本质的不同，科学的社会主义在中国古代是没有的。毛泽东在评论康有为的《大同书》时说：“经过人民共和国到达社会主义和共产主义，到达阶级的消灭和世界的大同。康有为写了《大同书》，他没有也不可能找到一条到达大同的路。”（《论人民民主专政》，《毛泽东选集》第 4 卷，人民出版社 1991 年版，第 1471 页）既指出我们与大同的共同点，又指出区别，这是一种辩证的同异观。空想社会主义与科学社会主义是如此的不同，还有什么必要担心儒家的大同理想会取代马克思主义的指导呢？

马克思主义与儒家的优秀文化相结合，实现马克思主义的中国化并丰富和发展马克思主义。

长期以来，在马克思主义的理论研究中，马克思主义与中国优秀传统文化以及儒家文化相结合的问题，不仅没有得到应有的重视，而且至今仍然受到一些同志的拒斥。他们认为，马克思主义和儒学是两种不同的思想体系，因而是不可能结合的。其实，不同的思想体系是否能够结合，这在中国历史上是一个早已得到回答的问题。印度佛教从汉初传入中国之后，正是与中国的本土文化相结合，才形成了中国化的佛教或佛教的中国化。而宋明新儒学又正是吸收了佛教、道教这些异质文化，才使得儒学发展到一个新的阶段。美国学者 S·阿瑞提在其所著《创造的秘密》（辽宁人民出版社 1987 年版）一书中，提出促进文化发展的九个因素，其中第六个因素是“接受不同的甚至相对立的文化刺激”（《创造的秘密》，第 409 页），“古希腊获得那样显著的文化成就的原因之一就是她向不同的文化开放，并且领会到其中的某些成分”，而古希腊文化衰落的原因之一，是由培里克里斯制定的一条禁止外国人在雅典居住的法律，“瑞士人获得高度成就，其部分原因是由于法国、德国和意大利这三种不同文化的会合与异花受精所带来的”（《创造的秘密》，第 410 页）。中国古代文化中所讲的“和实生物，同则不继”，也把这个道理说得很是透彻了。只有不同的事物相结合，才会产生新的事物，而相同事物的相加，则永远只能产生相同的事物，这大概不只是文化，也是包括人类在内的一切事物的发展规律吧！

马克思主义是西方文化的产物，对中国来说是一种外来文化。中国的革命与建设要以马克思主义为指导，便有一个与中国的具体实际相结合的问题，也即是实现马克思主义的中国化。马克思主义与中国实际相结合，包含了两个方面的内容，一是与中国的革命与建设的实际相结合，一是与本民族的传统文化相结合。这是马克思主义与中国实际相结合这一方针的完整的内容。只有实现了这两个结合，也才能够实现马克思主义的中国化。所以马克思主义与中国优秀传统文化相结合，是马克思主义与中国实际相结合这一方针的题中应有之义。应该说，毛泽东思想便是这两个结合的产物。毛泽东思想中吸收了大量的中国传统文化和儒家文化的精华，如实事求是、学以致用、理论联系实际、群众路线、任人唯贤、大公无私、为人民服务、集体主义等思想，都与传统文化与儒家文化中的经世致用、知行合一、民本主义、举贤才、天下为公等有着密切的联系，可以说这是毛泽东对传统文化的继承与发展。毛泽东思想有两个源头，一是马克思主义，一是中国传统文化。毛泽东不仅实现了马克思主义与中国革命实际相结合，也实现了与中国优秀传统文化相结合，才取得了中国革命的胜利。所以马克思主义与儒家文化的结合，应该是一个不争的历史事实。但在新中国成立以后，很长时期，我们只强调马克思主义与中国革命和建设的实际相结合，而对于与优秀的传统文化相结合，则是忽视和不认识的。在“左”的思潮影响下，只讲马克思主义与儒家文化的对立、冲突的一面，而不承认它们之间有统一、相通的一面。由于长期以来，对传统文化和儒家文化持否定态度，造成了在青年一代的头脑中，传统文化一片空白，出现了文化断裂。这些年来，在某些青年中出现了所谓信仰危机，原因是多方面的。其中的原因之一，就是因为我们愈来愈忽视马克思主义与中国优秀传统文化的结合，从而使马克思主义与中国传统文化也愈来愈疏远了。列宁在《论战斗唯物主义的意义》一文中，提到“恩格斯早就嘱咐过现代无产阶级的领导者，要把18世纪末战斗的无神论的文献翻译过来，在人民中间广泛传播”时，批评人们曾以“18世纪无神论的旧文献已经过时、不科学、很幼稚”为借口，不翻译、不宣传，他说：“一个马克思主义者如果以为，被整个现代社会置于愚昧无知和囿于偏见这种境地的亿万人民群众（特别是农民和手工业者）只有通过纯粹马克思主义的教育这条直路，才能摆脱愚昧状态，那就是最大而且是最坏的错误。”（《列宁选集》第4卷，人民出版社1995年版，第648～649页）我们过去恰恰在很长时期犯过列宁所指出的这种错误。传统文化、儒家文化是沟通马克思主义与人民群众的心灵、实现马克思主义中国化的一座重要桥梁。前几年我在一篇文章中说过：“马克思主义与传统优秀文化相结合，是摆在我们面前的重要任务，它已经到了需要认真解决的时候了，切不可再徘徊、犹豫，延误时光了。”（《弘扬中国优秀传统文化四论》，《当代哲学思潮研究》，中共中央党校出版社1992年版，第222页）至今我仍认为这个呼吁并没有过时。

总结、弘扬中国传统文化、儒家文化的精华，与马克思主义相结合，而且可以丰富和发展马克思主义。这是一个过去很少接触的问题，或许在一些同志看来，这是不可思议的。马克思恩格斯吸收了人类所创造的优秀文化成果，从而创立了马克思主义。但在马克思主义诞生之后，还是否需要继续吸收人类所创造的文明成果呢？回答是肯定的。列宁在《关于无产阶级文化》一文中说：“马克思主义这一革命无产阶级的思想体系赢得了世界历史性的意义，是因为它并没有抛弃资产阶级时代最宝贵的成就，相反却吸收和改造了两千多年来人类思想和文化发展中一切有价值的东西。只有在这个基础上，按照这个方向，在无产阶级专政的实际经验的鼓舞下继续进行工作，才能认为是发展真正的无产阶级文化。”（《列宁选集》第4卷，人民出版社1995年版，第299页）这就是说，马克思主义不仅在创造过程中，而且在其运用和发展过程中，仍然要继续吸收人类文明的一切积极成果。中华文化是世界三大文化体系之一，至今在世界上有着广泛的影响。但是马克思、恩格斯在创立马克思主义时，由于条件的限制，没能把中华文化放在视野之内，吸取其精华，这不能不是一个历史的缺陷。中华文化是东方文化的代表，东方文化有许多方面与西方文化不同，有自己的特点，其中有许多内容是西方文化和马克思主义所缺少的。仅以儒家文化来说，以下三个方面的内容就是值得重视的，即是儒家关于人际关系的学说、关于天人合一的学说、关于国家和社会管理的学说。挖掘这些学说的精华，对于发展马克思主义，甚至对于世界和中国的未来发展，都是有意义的。

最后还有一点要说明的是，我们强调结合，不是说儒家文化一切都好，不分精华糟粕，不分良莠，一股脑儿地吸收、结合。吸收、结合儒家文化是要经过选择、批判与改造的。事实上，马克思主义传入中国之后，既有与优秀的传统文化的结合，也有与其糟粕结合的时候，使马克思主义在一定程度上扭曲变形。当前在建设社会主义市场经济体系过程中，儒家文化所维护的血缘宗法制度、家长制、封建伦理纲常等，都在不同程度上扭曲着社会主义市场经济，产生腐败。当前为人们所深恶痛绝的腐败现象，与儒家文化中的糟粕有密切的联系。所以，从这个角度上说，批判与克服儒家文化的糟粕，清除它的影响，净化现代化建设的思想文化环境，也是文化思想战线上的重要任务之一。

（载于1996年第3期）

关于“学而时习之”章的解释及其所反映的孔子精神

李启谦

一、问题的提出

《论语》是反映孔子思想的主要典籍，《学而》是《论语》的第一篇，“学而时习之”章又是第一篇的第一章，其在孔子思想中的重要性自然可知。因此，研究孔子和《论语》时，首先把这一章的言词语句和精神实质搞清楚是十分必要的。然而可惜的是，自古至今，很多人对这一章的解释不能令人满意。该章共有三句话，即：

> 子曰：“学而时习之，不亦说乎？有朋自远方来，不亦乐乎？人不知而不愠，不亦君子乎？”

目前人们根据历代多数学者的注释译成的白话一般是：

> 孔子说：“学了后再时常（或按时）温习，不是也很高兴吗？有志同道合的人从远方来，不是也很快乐吗？别人不了解自己，自己不恼怒，不也是个君子吗？”

我认为以上译成的白话很不恰当，因为如果这样理解这一章的内容，从很多方面都是讲不通的。

第一，前后连贯的体例问题。一部《论语》共二十篇，四百九十八章，每一章都是前后连贯地说明一个事、理。不仅六七个字一章的是如此，就是最长的有三百一十五个字的《先进》篇中的“子路、曾皙、冉有、公西华侍坐”章，也是系统地记述同一件事。然而唯独第一篇第一章，三句话三个意思，前后互不连贯，前面说的是学了后再时常温习的问题，中间说的是来了朋友的问题，后面说的是别人不了解自己也不生气的问题，前、中、后三者的内容根本不接茬，这不符合《论语》各章前后连贯的体例。

第二，开宗明义的要旨问题。绝大部分典籍或著作，往往在前言或第一章中都要说明该书的主旨、要义或基本态度。儒家典籍如《大学》《中庸》《孟子》等莫不如此，然而唯独《论语》第一篇的开头，不仅三句话三个意思，而且只是讲些生活问题，从中根本看不出它的主旨所在，也看不出孔子对其学说的基本态度。这是不符合开宗明义的惯例的。

第三，孔子对学习的态度问题。孔子是“敏而好学”“学而不厌”的，但他从来不提倡死记硬背，而是鼓励人们在学习中去取得新体会和新收获。他称赞子贡学《诗》有新体会，“告诸往而知来者”（《论语·学而》。以下凡引《论语》只注篇名）；又评论颜回说：“吾与回言终日，不违，如愚。退而省其私，亦足以发，回也不愚。”（《为政》）显然，“回也不愚”是因为颜回有新发挥、新发明。孔子曾强调说：“温故而知新，可以为师矣。”（《为政》）既要“温故”，又能“知新”，这才是“为师”的条件。与此同时，孔子对那些死念书本的人是不欣赏的，他曾说“举一隅不以三隅反，则不复也”（《述而》）。所以，孔子对单纯地“温习”从来是不赞成和不欣赏的。

另外，孔子还格外重视“行”，他一再说要“敏于事，慎于言”（《学而》），“君子欲讷于言而敏于行”（《里仁》），“君子耻其言而过其行”（《宪问》）。孔子对那些只会温习背诵而不能实际办事的人，不但不喜欢，反而认为是无用之才。如他说：“诵诗三百，授之以政，不达；使于四方，不能专对。虽多，亦奚以为?”（《子路》）由此可以看出，孔子对那些只能背诵书本文字而不能用于社会实际的人，是很不以为然的。

因此，要是说孔子学了后再温习一下就格外高兴，恐怕有失孔子的原意。因为学了以后再进行温习，这是常事，不一定有多么高兴。聪明人一学就懂，再叫他去按时温习，他就乏味。较笨的人去温习，很费力，也不会高兴。不用功的人，强迫他去温习，自然更无兴趣。总之，学了以后再温习一下是应当的，但如果没有新体会、新见解和新发现，只是温习再温习，当不会有多大的高兴可言。

由上情况可以看见，不论从哪个角度讲，目前通行的对“学而时习之”章的解释，都是不能成立的。

二、“学而时习之”章另解

怎样解释“学而时习之”章才合适呢?《齐鲁学刊》1986 年第 6 期发表《“学而时习之”章新解》一文，曾提出一个富有启发性的新看法，但因该文短小，论述不充分，所以没能引起人们的注意。下面参考该文的一些提法，结合自己的理解和心得，提出一些认识，以供大家讨论。

我认为，这里的“学”不是动词，而是名词，指的是孔子的“学说”。“时”不应解作“时常”或“按时”，而应解作“时代”（可引申为社会）。“习”不应作“温习”讲，而应作演习、采用讲。这样一来，全章的意思大体是：

孔子说：“如果我的学说被时代（或社会）所采用，那不就太值得高兴了吗？[退一步说，如果时代没采用,]，可是有很多赞同我的学说的人从远方而来［和我一同讨论问题］，不也很快乐吗？［再退一步说，不但社会没采用，而且人们也不理解我的学说,］我也不恼怒，不也是位有道德修养的君子吗?”

这样理解是否科学和恰当呢？是否有根据呢？请看下面的分析。

（1）符合前后连贯的体例。该章实际上说的是，孔子对其学说三种不同境遇的三种不同态度。第一种最高兴；第二种也快乐；第三种不悲观不失望。这样看就和《论语》各章前后连贯的体例相一致了。

（2）符合首篇首章开宗明义的惯例。按照这一新解释，《论语》一开头就讲孔子对其学说的基本态度。首先要争取实现自己的理想；若退而求其次，则要得到很多人的理解和支持；最后，若不被人知，也要抱定信念，不失君子的品格。这就和其他著作一样，也是一开头就宣明自己的观点和基本态度的。

（3）符合孔子的实际情况。孔子是“知其不可为而为之”的、积极入世的人。他努力宣传自己的学说，而且很多弟子也给以称赞，他从中确曾得到快乐。可是他的学说没被各国接受，在鲁国受到排挤，在周游列国期间更有过匡被围之难，有“微服过宋”之险，有陈蔡绝粮之苦等。可是，在任何艰苦的情况下，孔子都没有悲观失望，而是坚持宣传自己的学说。这样看“学而时习之”章的三句话，也就是对其经历和对其不同境遇所抱态度的真实写照。另外，这样理解也符合孔子“用之则行，舍之则藏”（《述而》）和“隐居以求其志，行义以达其道”（《季氏》）的一贯态度。

（4）文字训诂通顺。尽管前面说的合乎情理，但是如果文字训诂不通，这一新解释也不能成立。可是恰恰在训诂方面，能够完全讲得通。请看事实。

“学”字固然可以训为学习，但也可以解释为学问、学说、学派。《庄子·天下》：“百家之学，时或称而道之。”这里的“学”便是学说的意思。不仅道家的典籍中有这样的义项，儒家的文献中也有，如《大学》首章说“大学之道，在明明德”，这里的“学”也是学说之义。再进一步说，就是《论语》中也同样有之，如“子曰：‘德之不修，学之不讲……是吾忧也’。”（《述而》）这里的“学”字也是学问、学说之义。其实古人已看到了这一点，如毛奇龄在《四书改错》中就说："学者，道术之总名。"程树德在《论语集释·学而上》按语中也说："学字系名辞。"如当名辞讲，就是"学说"的意思。

"而"字，从来是在不同的地方有不同的讲法，其中有的训为"若"，如王引之训《诗·小雅·都人士》中的"垂带而厉"的"而"字时，就训为"若"。还有的训为"能"，如《庄子·逍遥游》"而征一国"，郭庆藩就训"而"为"能"。

"时"字，固然可以作时常或按时讲，但是在先秦两汉的古籍中，作"时代""时世"讲者也多有之。如《墨子·兼爱下》说："吾非与之并世同时，亲闻其声，见其色也。"这里的"时"就是时代的意思，"同时"就是同时代。《孟子·公孙丑下》："彼一时，此一时也。"这里的"时"与上同义。《楚辞·离骚》："固时俗之流从兮，又孰能无变化。"这里的"时"也是时代之义，"时俗"就是时代的风俗。时，时代也，可引申为社会。

"习"字，在大量古籍中多作"演习""实习"之义，如《左传》隐公五年"习威仪也"，再如《礼记·射义》"以习礼乐""习射于泽"等就是。《史记·孔子世家》："孔子去曹适宋，与弟子习礼大树下。"这"习"字更是实际"演习"的意思。这些"习"字都是和做、行、用相连系。另外，有的还作"因袭"解，如《左传》襄公十三年"岁习其祥，祥习则行"。总之，"习"有实际演习、因袭和相因而行的意思。

"说"（或悦）、"乐"两字的训释，自古及今没有大的争议。但似有程度不同的差别，晋代谯周注解说："悦深而乐浅。"（玉函山房辑佚书《论语·谯氏注》）宋代朱熹在《论语集注》中说："说在心，乐主发散在外。"这是说，两字虽都有喜乐之义，但在喜乐的程度上以"说"为最，以"乐"次之。

通过以上训诂可以看出，"学而时习之"章的新解是可以成立的。

（5）《论语》末篇末章的启示。孔子晚年已感到"吾道不行矣"（《史记·孔子世家》），他对自己的学说没得到社会采用表示出的态度是"不怨天，不尤人……知我者其天乎"（《史记·孔子世家》）。孔子晚年这个态度和"人不知而不愠"的态度是一致的。问题分析到这里，我们又发现，《论语》最后一篇最后一章是："不知命，无以为君子。"意思是说，我的学说没被采用是天命如此，不懂得这一点而有所怨恨，就不算是位知命的君子。这和《论语》首篇首章的"人不知而不愠，不亦君子乎"的精神也是一致的。我认为这种前后相互照应的编排，绝不是偶然的，应是孔子对其学说所抱态度首尾一贯的反映，也是《论语》编纂者有意的安排。这一点更说明"学而时习之"章新解是恰当的。

总之，我们可以有信心地说，以上对“学而时习之”章的新解是完全站得住脚的。

三、几点认识和评说

新的解释既明之后，还有以下几个问题需要弄清楚。

（1）时间问题。孔子思想有一个发展过程，前、后期是不一样的。判明孔子说这段话的时间，有利于了解这里所说的“学”的内容。

从“有朋自远方来”这句话看，据《史记·孔子世家》记载：“（鲁）定公五年……鲁自大夫以下皆僭离于正道，故孔子不仕，退而修诗书礼乐。弟子弥众，至自远方，莫不受业焉。”鲁定公五年是公元前505年，这年以后孔子的弟子弥众，至自远方，而“有朋自远方来”就是说的这类事。这年孔子四十七岁。由此可以推断，这段话肯定是在孔子四十七岁以后说的。至于后到哪一年，再从他有“人不知而不愠”的经历看，孔子所遇到的最大的“人不知”，首先是在鲁国受到排挤，并于定公十三年被迫出走之事，这年孔子五十五岁。因此我们可以得出粗略的认识，即“学而时习之”章是孔子五十五岁前后时说的。

（2）“学”指什么学说的问题。在孔子思想中，既有“礼”的学说，也有“仁”的学说，那么“学而时习之”的“学”是指哪种学说呢？这需要弄清楚。

孔子思想发展演变的过程是，早年重视礼，后来重视仁。“大量资料表明……孔子是在五十岁以后，也就是他被迫辞职离开鲁国前后提出‘仁’来的。”（见拙著《结合鲁国社会特点认识孔子思想》，《齐鲁学刊》1987年第6期）其后他就用仁的思想来改造和统帅原先的礼的思想。他是先成为礼乐大师，五十岁以后成为仁的思想家的。既然知道他是五十岁以后提出和宣扬“仁”的，同时又知道，他是在五十五岁左右说“学而时习之”那段话的，那么我们就可以断定，“学而时习之”中的“学”，就是他的“仁”的学说。他是为实现“仁”的学说而奋斗而高兴的。

还必须明白，孔子“仁”的思想也不是一成不变的，而是有一个不断充实完善的过程。开始时，“仁”的内容主要是“爱人”和“己欲立而立人，己欲达而达人”“己所不欲，勿施于人”。后来在周游列国的过程中，他广泛地接触了社会各个层面、各类文化，使之认识到，蛮夷人也知礼义，下层社会也有智慧等。这样，在他“仁”的学说中就又增加了南人可亲、下层社会也有智慧的观念。在周游列国的后期，在他的脑海中又出现了“大道之行也，天下为公”的“大同”社会理想和次一等的“小康”境界。这就在他的仁学中又充实了一种“与民同乐”的“大同”的美好社会憧憬。

（3）如何看待该章所反映的孔子精神的问题。自己的思想学说得到社会采用，当然最高兴；不被采用，有人赞同也值得欣慰；倘若不幸而未为人知，也不悲观颓废，而要坚持做一个有信念有品格的君子。这就是该章所反映的孔子精神。

孔子和《论语》的编纂者，为什么如此重视这一精神呢？经初步考察后认为，这一精神对孔子及其弟子确实曾起到稳定情绪、保持信心、鼓舞士气和增强本团体凝聚力的作用。这仅从周游列国期间所遇到的一些情况，就可说明这一问题。如在陈绝粮，“从者病，莫能兴”时，孔子就“讲诵弦歌不衰”（《史记·孔子世家》），以此稳定弟子的情绪。当一些弟子“有愠心”时，孔子就叫得意门生颜回发表意见，借以教育其他弟子。颜回说：“夫子之道至大，故天下莫能容……不容何病，不容然后见君子。夫道之不修也，是吾丑也。夫道既已大，修而不用，是有国者之丑也。不容何病，不容然后见君子。”（《史记·孔子世家》）这里的“不容然后见君子”的“君子”和“人不知而不愠，不亦君子乎”的“君子”，其精神状态是完全一致的。而孔子正是利用这一精神来感染和教育其弟子的，并取得了良好的效果。

孔子“仁”的学说，始终没被各国国君采用，直到晚年回到鲁国时仍一如既往。在此情况下，孔子还是抱着“不怨天，不尤人”的态度，也就是“人不知而不愠”的态度，来对待此事。可见“学而时习之”章，就是孔子终生的格言。

不仅孔子如此，就是后儒也有这种精神，如子思说：“君子依乎中庸，遁世不见知而不悔。”（《中庸》）后来孟子更说：“人知之，亦嚣嚣（自得其乐之貌）；人不知，亦嚣嚣。”又说：“得志，泽加于民；不得志，修身见于世。穷则独善其身，达则兼善天下。”（《孟子·尽心上》）显然，这一精神既包含有思想家经世济民的崇高愿望，也有大丈夫拿得起、放得下的洒脱，以及于失意之际修身见世、待时而动的奋斗意向，不仅古人可以从中受到影响和熏陶，而且今人也可以从中吸取有用的东西。当然其中也有无可奈何、听天由命的一面，对此应予注意，但总体来看，积极面大于消极面。至于如何批判继承，那是另外的一个问题，在此不便展开讨论。

（4）如何对待两种不同解释的问题。如上所述，“学而时习之”章，自然应当按照新的解释去理解。但是，旧的注解已经广泛流传，尤其是朱熹的《四书集注》也是如此解说，并且后来成了官方认可的标准注本，凡是读书人都十分熟悉朱熹的注解，这样，旧注很快就成了社会的共识。在此情况下，“学而时习之”就又逐渐成了表达学习后再时常温习的一句习惯用语。另外，学习后时常温习一下，能巩固和加深学习成果，是符合学习程序的。因此，谁要是一见到“学而时习之”五个字，就想按照新的解释去理解，这不仅是不必要的，而且也是不可能的。那么，如何看待这两种解释呢？我想应当区别不同的情况，分别对待。当学者们把“学而时习之”放在《论语》第一篇第一章的位置上来理解的时候，一定要遵从新的解释；要是把这句话当成一般社会用语时，就不妨按照传统的解释去对待。我想这是比较恰当的。

同一语句在不同情况下有不同的解释，也还有别的例子。如“四体不勤，五谷不分”，人们一看就会知道，这是说“四体不劳作，五谷不辨识”。但是，这句话在《论语·微子》篇中的“子路从而后”章，就不能如此解释，因为这句话中的两个“不”字都是虚词，无意义。相反，这句话是指“四体勤作，分辨五谷”。只有这样讲解才符合原文原义（详见拙文《试析〈论语〉子路从而后章》，《东岳论丛》1995 年第 5 期）。因此，“学而时习之”章也应在不同情况下做出不同的解释。

（载于 1996 年第 4 期）

经典链接

孔子曰：“君子有三戒：少之时，血气未定，戒之在色；及其壮也，血气方刚，戒之在斗；及其老也，血气既衰，戒之在得。”

——《论语·季氏》

孔子曰：“君子有三畏：畏天命，畏大人，畏圣人之言。小人不知天命而不畏也，狎大人，侮圣人之言。”

——《论语·季氏》

中国文化与人文精神

蒙培元

中国文化能为现代人提供有价值的精神资源吗？这个问题表面看来似乎没有什么争论。但是，中国文化究竟能提供什么样的精神资源，或者在哪些方面能提供现代人所需要的精神资源，这个问题就复杂了。就拿人文精神来说，已经被认为是“老生常谈”了，它意味着陈旧、过时、落后、腐朽等。但是仔细一想，这里有许多问题并没有真正解决，甚至缺乏基本的共识。比如说，什么是人文精神？中国人文精神的基本内涵是什么？它与西方人文主义有何联系与区别？它与宗教又是什么关系？是否一提人文精神，就一定要用西方人文主义的尺度作为衡量标准？如何“重建”中国的人文精神？诸如此类的问题，恐怕有各种各样的不同看法，甚至有很大的分歧，这是需要进一步讨论的，至少还有讨论的余地。

还有人认为，目前的当务之急是实行现代化，讨论人文精神的“重建”问题为时尚早。我倒认为，现在讨论这个问题正当其时。

一、转换视角

探讨中国文化资源的立足点，只能是现时代，不可能是别的。我们固然不能离开传统，不能离开前解释的“成见”，但我们毕竟进入了一个新时代，这个时代对我们而言，意味着“现代性”这一特征。所谓“现代性”，无非是工业化时代所具有的基本性质，包括现代人的基本的生存方式。我们只能站在这个时间维度并以现代主体的身份反省和透视传统文化。但就人的存在而言，“现时代”不可能是凝固的、停滞的，它同时兼有过去、现在、未来三维，因此，“现代性”在其展开中，不仅预示着未来，而且包涵着过去。这不只是所谓“积淀”的问题，还有主体自觉的选择问题。

正如我们不能离开现时代一样，我们也不可能离开一定的生存空间，就是说，除了时间维度，还有空间维度。现时代是多元化的时代，同时又向一体化发展（信息高速公路的出现，使这种发展速度空前地加快了），这说明人类文化有趋同的一面（文化冲突是自然现象，只有在冲突中才有所谓吸收与融合）。人类一体化的过程，究竟是空间的扩大还是缩小，这是另一个问题，但是有一点是十分清楚的，这就是作为现代人的生存空间（或生活空间），绝不是封闭的，只能是开放的。只有开放，才能发展，无论就社会而言，还是就文化而言，都是如此。这已是事实所证明了的。从一种意义上说，我们必须走出传统，或者正在走出传统；但从另一种意义上说，我们只能生活在传统之中，只能立足于传统而又创造新的传统。

但是问题还有另一面，这就是传统文化也能够解释现代、批评现代。这绝不是如同某些人所说的那样，用落后反对进步，用保守反对变革，而是继续进行新的创造的一个基本前提。传统文化中有生命力的部分在现代不仅能够活下去，而且应当变成现代人的最重要的精神资源。当我们以现代意识重新透视和解释传统文化时，传统文化中有生命力的部分就已经被带进了现时代，被带进了我们的生存空间，成为现代文化的重要组成部分。这绝不是什么浪漫主义的想象，这是人类生存与发展的基本要素，无论东方还是西方，无不如此。

这里就有视角转换的问题。我们虽然站在“现时代”的观察点上，但是能够从不同视角去审视传统文化的种种现象或问题。事实正是如此。比如有人着眼于社会经济政治结构及其发展变化，有人着眼于个人及家庭关系的变化，还有人着眼于社会角色的转变以及社会实践，等等。这些多视角的观察、透视是完全必要的，符合现代社会多层次的发展需要。但是，除此之外，还有没有更根本的问题呢？有的！这就是人本身的问题，人的存在、价值与意义的问题，人的内在心灵的问题（包括宗教一类问题），这是更加需要我们关心和重视的问题，因为中国人文精神的真正内核与灵魂就在这里。

就目前的情形看，人们普遍关心社会经济政治等层面的问题，这当然是非常重要的，但还只是外在的、工具性的，如果仅止于此，甚至从实用的功利主义目的出发，试图从传统文化中引出“有利”或“无利”、“有用”或“无用”的简单结论，进行一些浅层的比附，我认为这样的研究具有很大的危险性，它不仅缺乏价值理论的指导与支持，而且很可能将中国文化的生命再一次割断。

观察视角的转换，实际上与主体选择有关。既是选择，就有某种自由。但这种自由又是相对的，不是绝对的，它受到各种客观条件的限制或制约。实际上，正如某些学者所说，现代社会的发展在很大程度上表现出某种强制性与不自由，人们犹如进入高速公路的车子，不得不跟随潮流前进，这就使我们在进行选择时，往往不由自主地受制于客观环境（可称之为历史惯性），从而出现许多“盲点”。在这样的情况下，我们不仅要跟上历史潮流，坚持历史意识；而且要弘扬传统文化中有生命力而又能够跨越时空的东西，坚持超越意识。

这样的东西不是别的，正是人的问题，人的内在心灵与终极价值的问题。为此，我们需要同传统文化进行对话，同古人进行心灵的沟通，这样才能做一个真正无愧于古人的现代人。我以为，传统文化的“现代性”即在于此。这一点对现实的社会经济政治等显然不会产生直接效应，但它最终可能影响整个社会的发展，其作用是无法估计的。

这就要求我们不仅要有自我反省、自我批判的能力，克服传统文化的历史惰性，而且要有敏锐的洞察力，溯本求源，掘井汲泉，以领悟传统文化的深层底蕴及其“现代性”问题。

长久以来，哲学文化与现实政治难以区分，变成政治斗争的工具，并且形成一种思维定式，以致我们在研究传统文化的问题时，难以改变这种定式。改革开放以来，这种情况有所改变，但思维定式的转变毕竟是困难的。如果昨天是“为政治服务”，今天是“为经济服务”，虽然性质不同，但根本的思考方式并没有改变，仍然是价值理性工具化、实用化的态度。任何文化都不可能脱离经济或游离于经济之外，也不可能脱离一定的社会形态，但人绝不仅仅是“经济的动物”，也不仅仅是“社会的人”。人还有其个体性的一面，更有内在性的东西，即内在的需要、目的、动力和资源。

文化的主体是人，文化研究的根本着眼点应当是人的问题。人既是社会主体、历史主体，又是自身存在的价值主体。它可以分为内在性与外在性两方面，前者指人的自我实现、自我完成的内在潜力及其价值取向，后者指人的社会角色及其活动等（这只是大致近似的区分），二者互为条件，互相作用。就人的根本存在而言，其核心则是内在方面。如果丢弃了内在方面，只限于外在化甚至工具化的方面，那么，更深层的问题就被忽视了，人本身的问题就被忽视了，甚至变成一般的“物”，同一般的对象没有区别，一句话，人的存在、价值和尊严被遗忘了。中国文化启示于今人的，恰恰是在这个方面。

二、原形的与变形的

有人认为，中国文化本来就是实用的、功利的，从属于政治的，被称之为“政治伦理”或“政治文化”。这是一个相当普遍的看法。有趣的是，这种看法首先并不是由中国人自己提出的，而是由西方学者提出的。比如马克斯·韦伯就认为，中国文化是“实践理性主义”的[1]，是一种“社会伦理”而非“宗教伦理”[2]，其目的是为了“纯粹的实用”[3]，等等。这一看法后来被中国学者所接受，并且产生了广泛影响。按照这种看法，如果再加上“不可通约性”理论，中国将永远不能进入现代社会。关于这个问题，不属于本文讨论的范围，但有一点是清楚的，那就是这种看法只着眼于中国文化的一个层面，而且是与封建官僚机构相结合的一面，或被统治者所利用的一面。

中国文化是由不同层面所构成的一个整体，但是首先必须区分原形的中国文化与变形的中国文化。“轴心时代”（借用这个词）的中国文化是原形文化，具有丰富的人文主义精神，后来被专制政权所利用，形成所谓“政治文化”，即变形文化。它是为专制政治服务的。在这样的情况下，原形文化的内在机制受到严重压制，即便如此，原形文化的人文主义精神仍然在继续发展，正所谓“不绝如缕”。

现在有人重提“三纲五常”一类的问题，以为这就是中国文化的核心所在，并且认为，这些东西早已被“五四”新文化运动所批判、所否定，今天如果谈所谓“复兴”“重建”，就只能是复古、倒退。“五四”的历史功绩不能否定，但它正是为了解决当时的现实问题，触及了中国文化的社会伦理与政治伦理这个层面，犯了形式主义的错误。它并不是中国的“宗教改革”。今天我们既要继承“五四”的批判和启蒙精神，又要超越“五四”，重新反观传统文化问题，正是出于时代发展的需要，也是出于文化建设的需要。据我所知，以孔孟为代表的早期儒家，并没有提出什么“三纲”，这是后来的事情，而且是政治社会层面的问题，当然有其历史背景。至于“五常”，则要做具体分析，并不都是外在的社会伦理，它还是一种内在的德性。社会伦理与内在德性并不完全是一回事，后者并不完全是“俗世”的或“实用”的，也不都是“服从”的，它既有超越层面的问题，又有独立人格的设计。如果进行仔细分析，就会发现其中的深层底蕴，也会出现真正的“视界融合”“心灵沟通”。

从社会层面看，中国文化确是一种“家族文化”或“群体文化”；从政治层面看，它又是“家族文化”的延伸或扩大，这种扩大和延伸，就是一种变形。但是从人的角度看，中国文化则是所谓“圣人文化”，每个人都是家族或群体中的一员，但又有个体人格，有个人的价值追求，这就是以成圣成贤为最终目的。又因为中国

① 《儒教与道教》，江苏人民出版社1995年版，第177页。
② 《儒教与道教》，江苏人民出版社1995年版，第264页。
③ 《儒教与道教》，江苏人民出版社1995年版，第180页。

文化所说的圣人，是人而不是神，“圣人与我同类者”“人皆可以为尧舜”，所以它是人文主义的。所谓圣人，其实不过是一种人格类型，是人生的价值目标，这个目标是能够实现的，因为它是人人心中具有的，是“天之所与”，是“天爵”而非“人爵”（《孟子·告子上》）。这里所谓“天”，具有绝对普遍性意义，但又不是上帝那样的绝对实体，它无非是自然界“生生不息”“大化流行”之道。人有“天赋”的内在本性，成为心灵的本体存在，实际上是指“天赋”的内在潜力，能够实现自己的人格。这就是人之“良贵”，人的价值所在。王阳明说，“良知是你自家的准则”（《传习录》）。“良知”就是圣人，所以人人心中都有一个圣人。圣人不只是“人伦之至”，圣人还有超伦理的一面，这就是与天合一（“合天德”），具有超越意义。他不仅是社会伦理中人，而且是宇宙生命中人，自有其独立地位，他的内在潜力的实现，就是真善美合一的心灵境界。因此，人绝不可“自轻”“自贱”。

中国文化又可称之为“德性文化”，它将自然界看作有生命意义的“大化流行”之道，将人看作“生生不息”之道的真正实现者，也就是自然目的的实现者，因此人就是目的。实现“天人合一”的心灵境界，不仅是一种人生态度，而且是一种价值关怀。这种关怀正是现代人所呼唤的。这种以实现“内在德性”为特征的文化，仅仅用“家族文化”或“政治文化”显然是不能说明的。我以为，这就是中国文化中最深层的义蕴所在，也是“现代性”的主要标志。人不仅是封建专制统治下的“臣民”，他还是能够自我实现的“天民”。作为“臣民”，他要服从封建统治秩序，这是历史的命运；但作为“天民”，他有自己的人格尊严，不可欺凌。“三军可夺帅也，匹夫不可夺志也。”（《论语·子罕》）这个“志”，就是个人的自由意志。至于道家，则超越了社会伦理层面，提倡个人的精神自由。

现代社会是科技、信息时代，是创造物质财富的时代，但是，现代人是否也需要在“德性”方面完善自己呢？从现代社会以及正在实行现代化的社会所表现出来的种种现象看，这方面并不是没有问题。大自然既然创造了人，是否就意味着只能发展“智性”而不能发展“德性”，或者说现在已进入“智性”时代而“德性”时代已经过去？这似乎是一个难以回答的问题，但是作为历史主体的人，必须做出回答。现代人不必也不可能成为古代的“圣人”，但是，现代人应当实现自己的内在潜力，应当有目的的追求，从而树立自己的人格尊严，包括道德尊严。只有“德性”而无“智性”，显然不行，即不能成为市场经济条件下的现代人；但是只有“智性”而无“德性”，也算不上一个全面发展的现代人。至于既无“德性”又无“智性”而只受物欲驱使的人，就更难指望实现现代化了。“德性”与“智性”并不是“非此即彼”而不能协调发展。在现代竞争激烈的时代，尤其需要关心人的情感，满足和发展人的情感需要，以避免人的各种形式的“异化”。中国文化在这方面提供了丰富的精神资源。中国的“德性文化”，从某种意义上说是一种情感文化，包括道德情感、审美情感与宗教情感，它提倡高尚的情操、情趣和情怀，把情感看作人的基本的存在方式，并且变成理性化的“德性”。它不需要上帝的“拯救”，只需要自我实现、自我完成，这是人的内在需要，也是人对自己提出的要求。

这种以情感为核心的“德性文化”，就是中国原形文化的基本涵义，它具有个体性特征。这种文化对现代社会经济发展而言，是否缺乏内在动力呢？这的确是一个问题。但是可以肯定的是，它绝不会构成现代经济发展的阻力。它所表现出来的理性不是“狡狯”的，而是真诚的，不是掠夺的，而是和谐的。如果对之进行现代维度的调整，不仅能够适应现代经济的发展，而且能变成一种内在动力与调节力。

三、理性的与非理性的

许多学者包括某些西方学者认为，中国文化是理性主义的，但不是西方式的理性主义，而是一种特别的理性主义，最通常的说法就是前面所说的“实用理性”；但也有人认为，中国文化是非理性的、神秘主义的，这也是同西方理性主义相比较而言的；更有甚者，则认为中国文化是巫术一类的东西（如尼采、布留尔等人）。

怎样看待这个问题呢？人究竟是理性的还是非理性的？

“理性”已成为西方文化的同义语、代名词，也是西方哲学的根本精神。无论是主张理性的，还是批判理性的（如存在主义、后现代主义），他们对“理性”的看法都是一致的，即抽象的、分析的、普遍的等理性能力。就其根源而言，与人的知性或智性分不开，而且与自然科学的认识方法有密切联系，数学与逻辑被认为是纯理性的。

如果从这个意义上说，中国文化很难说是理性主义的，所以有人把中国文化称之为直觉主义或神秘主义，充其量只能同西方的柏格森、怀特海等人比较。近代以来，冯友兰先生讲中国哲学与文化，同西方的新实在论等比较，被认为不是讲中国哲学；金岳霖先生同西方实证主义比较，更被认为是讲中国的西方哲学；牟宗三先生同康德比较，突出“实践理性”，有人认为讲对了，有人认为有问题。现在我们应当如何讲呢？以人为中心的中国文化究竟如何处理理性与非理性的关系呢？这一点对现代有何意义呢？

西方理性主义的发展，已经产生了一个现代工业社会，创造了巨大的科技成果与物质财富，但人变成了理性及其创造物的对立面，出现了“异化”。因此，西方普遍出现了对理性的批判，这就是所谓的后现代文化。但是，这种批判不能理解为完全否定理性，抛弃理性，它只是批判理性的至高无上的“权威”与“专制”。他们宣称重新发现了人，提倡“完整的人”，认为人不仅是“理性的动物”，人要比理性复杂得多，丰富得多。这实际上是正确的。情感问题被提出来了，意志问题被提出来了，还有人性中最底层的东西也被提出来了（比如“无意识”“潜意识”之类）。由于他们对理性已经有一个传统的先入之见，因此很多人声明自己是非理性主义者。事实上，他们对情感、意志等的看法确实是非理性的，他们所说的情感，多是恐惧、颤栗、发抖、痛苦、焦虑等，连康德的“敬畏”也不讲了；他们所提倡的意志，则主要指强力意志、权力意志，康德的“自由意志”就更不讲了。

正因为中国文化始终以人为中心，关心人的情感、意志等方面，所以未能发展出西方式的理性主义，未能发展出认识主体，这是事实；但能否由此断言，中国文化是非理性主义，或者只是“实用理性”？这就不是用简单的是或否所能回答的了。事实是，中国文化重视整体的人、完整的人，因此并没有将知、情、意等分离开来，更没有将它们对立起来。它追求真、善、美的统一，也是建立在内在心灵的完整性这一基础之上的。但是我们不能不承认，它更重视内在心灵的情感方面，而不是客观认识方面，这就显出了它的特点和缺点。

中国文化之所以重视情感，是因为它自觉地意识到，情感是人的基本的存在方式，也是人的内在需要，人而无情，不可以为人。但情感是理性的，还是非理性的？这就不是西方式的感性与理性的二分法所能解释的了。在某种意义上，情感属于感性层次，“性情”范畴的提出和广泛使用最能说明这一点。一般而言，性是普遍的、理性的、绝对的、客观的，情是个人的、感性的、相对的、主观的。“以情顺理”“以理主情”“性其情”等说法正指明理性对感性的指导和调节作用；但在另一种意义上，性和情又是不分的，理性和感性是不分的。孟子所谓“若乃其情，则可以为善矣”（《孟子·告子上》），陆九渊所说“心性情才只是一事”（《象山全集·语录》），王阳明所谓“良知只是一个真诚恻怛之心”（《传习录》），等等，都是反对对理性、感性做二元论的区分。要之，情是可以上下其说的。往下说，是感性的情绪情感；往上说，是理性的德性情感或“情理”“情性”。中国哲学、文化善于讲心性论，但是如果离开了情感，所谓心，所谓性，就完全变成抽象化、形式化的概念了，就会丧失中国哲学、文化所固有的丰富性。

情感确有不同层次、不同方面，其中有个人的自然情感，也有道德情感、审美情感和宗教情感。自然情感多与欲望相联系，中国思想家并不是一般地反对情欲，但更强调道德情感、审美情感与宗教情感，并与道德理性、审美理性与宗教理性相联系。在这里，情和理是不能分开的，但又不是西方式的理性。这正是中国文化的特点。但是处理不好，就会变成个人私情用事，甚至以情徇私，以情代理（法），出现严重后果。古人所谓“陶冶性情”，是有理性原则的。但是在纯粹属于个人的私情、隐私和爱情等方面，中国文化缺乏必要的理论保证，而是强调情感的理性化、宗教化方面。

意志和意向也是中国文化的重要问题，被看成是人的内在心灵不可缺少的动力因素，以致梁漱溟在比较中西文化时，从“意欲”立论。但“意”既不能说成是纯粹的理性，也不能说成是纯粹的非理性，“非此即彼”在这里同样不适用。意或志既是“心之所发”“心之所之”，又是“心之所存”，意志、意向、意识是联系在一起的，而在中国文化中，特别强调其实践特性。“我欲仁，斯仁至矣。”（《论语·述而》）主要就是从意志的实践特征上说的。所以，它并不讲“观念意向”，也不讲“权力意志”，而是讲情感意向、道德意志，其中既有主观动机和目的，又有情感需要和认识等问题，它是情意合一、知行合一的。所谓道德意志，虽然包涵了“自由意志”即道德理性的内容，但又不同于西方的理性主义，它是理性与感性、经验与超验的连结点。简单地说，中国并没有西方式的“意志哲学”或“自由意志”学说，但是就人的存在意义而言，随时都有意志问题，要完成和实现理想人格，意志和实践是关键性的。从这个意义上说，它可以说是“实践理性”的，但不是康德式的“实践理性”，因为在康德那里，“实践理性”仍然是“纯粹理性”的。中国的道德意志固然是理性的，但又是在现实的感性活动中实现的，也是在感性活动中存在的。

但是在知的问题上，中国文化确实没有发展出系统学说，也没有形成知识系统，既缺乏经验实证精神，又缺乏逻辑理性精神。它所关心的是人自身的存在真理，不是获得客观知识以及如何获得知识的方法。它的缺点在此，优点也在此。就前者而言，缺点是明显的；就后者而言，要获得人自身的存在真理，就不能把人作为对象去认识，不能当成一物去对待，而是需要生命体验与整体直觉。牟宗三先生讲“智的直觉”，确实是对中国哲学与文化的贡献，但直觉不只是“智的直觉”，其中还有情感体验与生活实践的问题，它也不仅仅是理性的，因为用理性二字很难说明直觉体验的全部特征。杜维明先生讲“体知”，强调认识与身体力行的实践不可分，这很符合中国文化的特点，但是不能仅从“知”上去理解，更应当重视情感体验的问题。“体”既是“知”和“行”的问题，又是“情”的问题。生命体验正是“如人饮水，冷暖自知”，虽是主观的，却是实在的、真实的，人生的真理就是如此。

这种跨越理性与非理性二元对立的人文精神，对于现代人而言，自有其解释价值。它有利于克服理性至上主义所造成的“异化”，也有利于克服非理性主义所造成的“无序”，对于说明整体的人、具体的人、完整的人是有积极意义的。但是，我们不得不承认，对我们来说，更加需要理性主义，因为这不仅是我们所缺少的，而且是现代人所必需的。中国传统的人文精神，需要理性主义的洗礼，这是当务之急，但不可由此否定其自身的价值。

四、内在的与外在的

中国文化的最大问题与困惑，在于将“内圣”与“外王”牢固地结合在一起，企图用“内圣”解决“外王”的问题。当代新儒家也大讲“内圣外王”之学。其实，这是最大的误区。它既严重束缚“内圣”的开展，又严重阻碍“外王”的建设。

但是，有一个问题必须指出，即“内圣外王”之学常常被理解为“内圣”只是手段，“外王”才是目的。这样一来，又回到前面的问题，中国文化的最高理想是实现某种理想社会，而不是实现理想人生。按照这样的理解，人虽是社会的人、政治的人，但不是作为社会政治主体的人，而是作为社会政治工具的人。总之，人既不是如同西方传统文化所说，是“理性的动物”，也不是如人本主义所说，是自身存在的主体，即以个人为本位的价值主体。人虽不是理性的“异化”，却变成社会伦理、政治的“异化”。这确是一个严重的问题。

追求“天下一家，中国一人”的群体和谐，是中国文化的基本精神，特别是人与自然的和谐，是中国文化的重要内容，这一点已成为现代社会必须解决的重要课题。但这一切都必须以人的自我完善为前提，以人的自我实现为目的。“大本”既立，“达道”方行，这即是孔子所说的“为己”之学或“成己成物”之学。这既不是科学的问题，也不是民主的问题，而是人自身的修养问题。在这里既不能把个体与群体、人与社会绝对分离（不可能），也不能将二者混为一谈。这里有层次之分，内外之别。

人作为主体，可从不同层面去分析。作为认识主体，人将自然界作为认识和主宰的对象（这是“人类中心论”的原意，也是目前有些人谈论“主体性”的依据），而与之对立；作为审美主体，人将自己同自然界融为一体，体会和谐统一的情感愉悦；作为德性主体，人会向自然界寻求生命意义，从而显发自己的生命价值。从这个意义上说，中国文化是内在的德性文化，而不是外在的智性文化。追求个体人格的完善，树立个体人格的信念和尊严，始终是中国文化的核心主题。

但是，中国文化要从“内圣”开出“外王”，解决社会政治层面的问题，这不能不说是它的严重缺陷，至少具有泛道德主义的嫌疑。社会是人际间的交往关系或主体间的交往关系方面的问题，从这方面看，社会又是一个客体，不是内在信念的问题。它需要客观的行为法则，需要“游戏规则”。一句话，需要客观理性精神及其架构理论（比如西方的“契约论”），包括法治、民主建设等。在社会理论以及实践中，人既是主体，又是客体，就是说，人除了自身的心灵需要、目的追求，还需要一套客观建构及操作程序，以保证其实现，还需要有相应的社会权利与责任等观念。无论是法治、民主建设，还是社会正义的价值体系、社会利益集团的保障等，都需要这种客观理性精神及其建构。中国文化显然缺乏这方面的精神资源，这是不争的事实。它重视内在而忽视外在，重视义务而忽视权利，重视主观心灵而忽视客观理性，其结果是，缺乏社会政治制度的建制，家族制一旦崩溃，便不知如何建设。

有人说，中国的文官制度不是很好吗？这可能有它的历史作用，对现代社会也有某种启示，但它基本上是建立在“礼”文化的基础之上的，并且受到专制制度的严重限制，容易产生腐败和虚伪，这也是不容否认的。社会结构的不健全反过来能够压制人的内在潜力的发挥，甚至扭曲人性。这是中国传统文化的一大悲剧。

中国文化虽然没有显发人的智性，因而没有走上科学技术之路；虽然没有树立客观理性，因而没有走上民主、法治之路。但是，它的内在价值不能否定。它毕竟肯定了人的内在潜力、内在资源，重视人的情感需要、意志自由以及自我超越的目的追求，从而显示了人的内在价值和人生意义。这一点正是值得我们汲取的，不可因现代化的进程而将其“搁置”。

这里所说的自我超越，包括外在超越，不只是当代新儒家所说的内在超越。“天人合一”就是自我超越的心灵境界，是内在与外在的统一。实现了这种境界，就是实现了主观合目的性与客观法则的统一，确立了人在宇宙自然界的地位，因而有一种宇宙关怀、生命关怀。它能“参赞化育”，而不是把自然界作为占有和掠夺的对象。这同合理开发、利用自然资源并不对立，甚至不是同一类的问题。但是作为人生的价值追求，是非常重要的。

五、消解与重建

就人的内在性而言，中国文化虽然有丰富资源，但也有其严重不足。这倒不是因为它缺乏超越性，而是因为它有现实层面的缺陷。人不仅是“万物之灵”，他还是万物中之一物，这一点中国文化也是承认的。但是在现实层面，人如何实现自己的独立人格，如何实现人的自由，这方面中国文化并没有提供足够的经验和资源。在社会现实层面上，儒家提倡群体精神，在个人权利方面缺乏考量，充其量不过是“独善其身”；道家则提倡个人的精神自由，对于现实命运，却“知其不可奈何而安之若命”（《庄子·人间世》）。作为自然的人，生物的人，他还有最底层的需要与能量，这是西方文化特别是现代文化所关心的，在这方面，中国文化更倾向于宗教文化，而不是世俗文化。但它不同于西方宗教，毋宁说是一种人文主义宗教。它有终极性追求，又要在现实人生中实现，既缺乏清教式的禁欲，又缺乏世俗化的动力与工具理性的支持，形成一种单向度的发展。这样看来，所谓“完整的人”“具体的人”，其实并不完整，也并不具体。

造成这种现象的原因，主要是中国文化本身的封闭性与完美主义。“一心之中，万理具足”（《朱子语类》），我之良知“完满自足，原无欠缺”（《传习录》），“德性之知，不假见闻”（《张子正蒙》）。这种德性至上主义严重限制了智性的发展（但这同“智力”不是一回事），也限制了感性的冲动与激情，既没有走上科学技术发展之路，也没有完成个性解放的任务，在社会转型期，出现了向人欲方面的滑行而与道德脱节。这种乐观主义的德性文化，由于缺乏外在性的支持，在社会转型期失去必要的适应能力是可以想见的。

但是，如果进行消解之后重新加以整合，以开放的心胸吸收西方智性文化以及合理的感性主义，那么，中国的德性文化不仅是价值资源，而且能变成现代文化的重要组成部分。所谓“开放意识”，不仅是从社会文化的层面上说，而且是从心灵上说。就是说，要由内在性文化转变为外在性文化，同时又保持其内在文化的特质，使内在性与外在性结合起来，使德性与智性结合起来；同时使传统的“德性文化”向世俗化发展，而又不放弃终极价值的追求。这诚然是理想主义的，但任何理论形态的文化，都有理想主义的前设或假设。

现在到处都在讲文化“复归”，东方人在讲，西方人也在讲。但是，这种“复归”不仅是时间上的跨越，即“回到原典”，从传统文化中寻找现代所需要的东西，而且是空间上的跨越，即实现不同文化之间的信息传播与相互交流。

事实上，历史上的任何一次文化“复归”，都是如此。文艺复兴是西方文化的一次“复归”，其结果是人的价值的发现，上帝的权威动摇了，换上了人的理性的权威。启蒙运动是文艺复兴的继续，理性的权威大显身手，接着而来的是科学技术、工具理性的飞速发展，甚至主宰了一切，结果是出现了人的“异化”。现在西方又在讲“复归”，情感伦理向德性伦理的复归，就是明显的一例。至于某些哲学家从希腊语言中寻找人的存在的根据和“真理”的根源，更是众所周知的。但这次“复归”从一定意义上说是针对理性本身的，即反对理性的权威，重新发现人的存在。不可否认的是，现代和后现代西方文化所发现的人，多是病态的人，分裂的人，脆弱的人，走向死亡的人，一句话，是非理性的人。这不能不说是深刻的，它揭穿了理性万能的神话，具有深刻的背景。但我们绝不能说西方文化已经“病入膏肓”，无以自救。它可能意味着新哲学、新文化的出现，而且根据西方文化发展的特点和速度，为时可能不会太晚。特别需要指出的是，西方文化同其他任何文化一样，具有排他性（特别是宗教文化），但基本形态则是开放的，一方面具有扩张性，另一方面又善于吸纳其他文化。无论是启蒙运动，还是后现代主义，都借鉴了中国文化与东方文化，这一点是不容怀疑的。

中国文化也经历过一次“复兴”，那就是中古时期的新儒学运动，其结果是消化佛、道文化，重新确立人的价值和地位。它也是理性主义的，但不是客观理性，而是主观理性，不是工具理性，而是目的理性。正如有人所说，“内圣”强了，“外王”弱了。但这不能不说是人的又一次发现。“为天地立心，为生民立命”（《张载集·语录》），“自作主宰”“顶天立地作人”（《象山全集·语录》），以及“狂者胸次”（《传习录》）等思想，就是这时提出的。可惜的是，它并没有把“内圣”与“外王”彻底分离，重新解决“外王”的问题，而是以强化“内圣”的方式解决了“外王”的问题。这当然是不成功的。因为如前所说，“外王”的问题不是靠“内圣”所能解决的。“内圣”是个人信念的问题，“外王”则是社会政治建构的问题；前者是内在心灵的问题，后者是外在交往的问题。后者不仅需要社会架构理论，而且需要对人性的另一面的认识。平实而论，自孔子以来的中国文化根本缺乏这方面的理论资源，所谓“德治”“仁政”是过于理想化的，不仅缺乏权利意识与法治观念，而且容易被专制统治者所利用。当代新儒家的“返本开新”之学，由于没有进行必要的消解，因而不可能开出科学与民主之路。

现在我们又讲弘扬优秀传统文化，如果说这也是一次“复归”，那么，它将是具有时代意义和世界意义的。它不再是封闭的体系，而是开放的体系，它所面对的不再是道家或佛家，而是整个世界，其核心主题仍然是人的问题。当然，要解决人的问题，首先要解决所面临的现代化问题，但是，要解决现代化问题，首先是人的现代化，这就需要对中国文化进行必要的“消解”。只有“消解”，才能“重建”，而这一切，都需要开放意识。事实一再证明，凡是开放的时代，文化都有大的发展；凡是封闭的时代，文化受到严重的阻碍。

这里所说的“消解”，具体地讲，有两方面意思。一是将社会政治层面的人与自身存在的人进行必要的区分。这不是说二者没有联系，而只是说有内外层次之别。在社会政治层面上，有个体本位与群体本位之分，但在自身存在的意义上，只能是个体的人，这就是传统文化所说的“为己”与“独”。在这一方面，特别要吸收传统文化的精神资源，发展人的内在潜力，确立人的地位与人格尊严。二是消解“内圣外王”的整体结构，开发“内圣”之学的现代意义，重新解决所谓“外王”的问题，其中包括法治与民主建设。终极价值的关怀，是人类文化所创造的最大成果，中国文化在这方面有自己的独特贡献，绝不能完全消解，但在社会发展的问题上，必须实行“改革”。这样一来，所谓“内圣”之学已不是原来意义上的，而是具有时代意义的价值理论；所谓“外王”之学，则有根本性的转型。所谓“重建”，就是消解之后重新进行“整合”。特别是要将德性与智性、内在性与外在性、终极价值与工具理性、世俗化结合起来，开创新的人生。中国有“正德、利用、厚生”之学与“崇德广业”之学，比起“极高明而道中庸”来，似乎更有广阔的胸怀，但是无论哪一种，都要赋予时代内容，进行现代诠释。要实现真正的重建，必须放开心胸，吸收一切先进文化，包括西方文化，“消解”的过程同时就是“整合”与“重建”的过程。这是时代课题，也是中国文化发展的必由之路。

（载于1997年第1期）

中国的民本与民主

李存山

“民主”在现代汉语中意味着“人民的权力”或“大多数人的统治”。这种意义与古希腊所说的“民主”是相同的，但不同于中国古代所说的“民主”。在儒家经典《尚书》的《多方》篇中，“民主”意味着“人民之主”或“人民的君主”(“天惟时求民主……汤……代夏作民主”)。在中国古代，没有现代意义的“民主”一词。作为一种政治思想，中国传统文化中的“民主”与“民本”思想紧密结合在一起。在19世纪下半叶，现代的民主思想从西方传入中国。自此以后，从一定意义上说，中国的政治思想和政治制度就是从民本走向民主的过程。民主不同于民本，但在近现代中国，民主首先是与救亡图存、反抗西方帝国主义的侵略相联系的，也就是说是与整个国家和民族的利益相联系的。实际上，中国人民接受民主在一定程度上仍有中国传统文化——包括民本思想——作为其思想文化的基础，而与西方的民主并不完全相同。

一、中国古代的民本思想

包括民本思想在内的中国传统文化渊源于夏、商、周三代，经过春秋战国时期的发展和变革，至秦汉之际而成形。以后，虽有不断的发展，但直至明、清时期没有根本的范式的突破。在明、清之际，曾经出现了一些变革的萌芽，但这些萌芽被清王朝所摧毁。

在记载夏、商、周三代文化史迹的《尚书》中，政治上的最高权威是“王”，而思想观念上的最高崇拜者则是具有人格和道德意志的“天”（神）。天神所具有的道德，也就是“保民”“裕民”的道德：天神所具有的道德意志，代表的是人民的意志。这也就是所谓“天聪明自我民聪明，天明畏自我民明畏”（《尚书·皋陶谟》），“民之所欲，天必从之”（《尚书·泰誓》）。民之上是王，而王是天所选择的能够秉承天的道德意志而“敬德”“保民”的统治者。天所选择的王称为“天子”，因天子能够像父母般地爱护、保护人民，所以他才能成为王。《尚书·洪范》所云“天子作民父母，以为天下王”，就是此意。如果王违背了天的道德意志，肆虐于人民，那么天“惟德是辅”“改厥元子”，选择另外一个诸侯，讨伐暴君，取代他为王。

如果我们用现代民主的分权思想来比附夏、商、周三代的民本思想，那么我们可以说，在夏、商、周三代也潜含着三权分立的观念。因为天的意志代表民的意志，而王又须按照天的意志来执政，那么民似乎具有立法权，王则行使行政权，而对王的选举、监督和罢免权则属于天。当然，这只是一种比喻，我们以此比喻是想说明，按照《尚书》中的设想，社会的权力和权利是可以有所节制而保持平衡的。不过这显然要以统治者对天的信仰、崇拜和畏惧为条件。我们在《尚书》中可以看到，天子因为畏惧“天之罚”而不敢“不敬厥德”，而那些暴君最终被新的君王以“天讨有罪”的名义所打败。

除了畏惧“天之罚”之外，《尚书》中还塑造了几位能够自觉地或天生地与天和民的意志保持一致的“圣王”形象，这就是尧、舜、禹、汤、文、武和周公等。所谓“圣王”就是集道德与权力于一身的人物，后来的儒家称此为“内圣外王”，这是儒家所理想的君主。在夏、商、周三代，较多地遗存着氏族的组织形式和道德观念，私有制和私有观念并不发达，因此，带有氏族领袖特点的能够像父亲般地爱护和保护人民的“圣王”形象在当时是有某种程度的真实性的。

然而，在春秋战国时期，对天的崇拜已经动摇，怀疑和否定天神的思潮兴起。而且，私有制和私有观念发展了。周天子的权威衰落，出现了诸侯争霸的局面。在思想文化上，这正是“百家争鸣”的时期。儒家持一种以道德为本的政治观，他们主张君主制，而君主必须是一个仁慈的君主，如果君心不仁，则有赖于“大人”能够“格君心之非”（《孟子·离娄上》）。因为君主具有至高无上的权力，同时又是人民的道德上的楷模，所以有了仁慈的君主就可以“君仁莫不仁，君义莫不义，君正莫不正，一正君而国定矣”（《孟子·离娄上》）。儒家的这种政治设想仍是取法于三代，但是春秋战国时期与三代已有很大的不同，天神的权威被当时兴起的自然哲学所消解了（庄子所谓“通天下一气也”，荀子所谓“天行有常，不为尧存，不为桀亡”，体现了当时自然哲学达到的水平），从井田制向土地私有制的发展使君主以及其他社会阶层的私有观念也极度地膨胀了。正如法家代表人物韩非子所说，“竞于道德”和“逐于智谋”的时代已经过去，当时正是“争于气力”（《韩非子·五蠹》）的时候。在此时，儒家主张以“竞于道德”的方式来统一天下则未免“迂远而阔于事情”。

儒家学说具有鲜明的民本思想的特点。孔子主张“修己以安百姓”（《论语·宪问》），他把“博施于民而能济众”（《论语·雍也》）作为最高的道德追求。孟子更提出：“民为贵，社稷次之，君为轻。”（《孟子·尽心下》）荀子也强调：“天之生民，非为君也；天之立君，以为民也。”（《荀子·大略》）荀子对于君民关系还有舟水之喻：“君者，舟也；庶人者，水也。水则载舟，水则覆舟。”（《荀子·王制》）中国古代的“民本”思想可从两个主要方面去理解：一是说人民的利益是国家和社会的价值主体，二是说君主的权力只有得到人民的拥护才能稳固。《古文尚书·五子之歌》所谓“民惟邦本，本固邦宁”似乎同时表达了这两方面的意义。就两方面意义的统一而言，前者是价值判断，后者只是一种事实判断。但就统治者所最看重的后一方面的意义而言，它包含了从统治者自身利益考虑的因素（因而发生了价值主体的转移），儒家学者在劝说君主照顾人民的利益时也往往更强调了后一方面。

儒家主张君主制，但不主张臣对君主的单方面的道德义务和绝对服从。孔子提出“君事臣以礼，臣事君以忠”（《论语·八佾》），还提出“以道事君，不可则止”（《论语·先进》），如果君主不遵循儒家所提倡的“道”，那么臣可以离君而去。孟子提出“惟大人为能格君心之非”，实际上是说杰出的儒家学者可以担任君主的道德的老师。孟子和荀子对《尚书》《易传》所记载的“汤武革命”都给予了肯定。但是，在天神的权威已经衰落的情势下，儒家对于如何切实节制君主的权力，使其不得不服从儒家的道德，是缺少设计的。

秦始皇依照法家的学说，凭借武力统一了全国，建立了中央集权的君主专制制度，但秦王朝很快被农民起义所推翻。汉代的统治者逐渐重视儒学所能起到的稳定社会的作用，在汉武帝时，儒学取得了“独尊”的地位。为了适应君主集权，汉代的儒家学者董仲舒一方面“屈民而伸君”，提出了“三纲”之说，另一方面“屈君而伸天”（《春秋繁露·玉杯》），重建天神的权威，以所谓“天人相与之际甚可畏也”儆戒人君，节制君权。但天神的权威已不可能完全恢复，以天神节制君权实际上是很有限的。董仲舒也有“民本”的思想，他说：“天之生民，非为王也；而天立王，以为民也。故其德足以安乐民者，天予之；其恶足以贼害民者，天夺之。”（《春秋繁露·尧舜不擅移汤武不专杀》）

宋明时期的新儒家并没有完全放弃以“天”或“阴阳灾异”来儆戒人君，但他们更主要是以道德说教劝说皇帝“正心诚意”。他们比以往的儒家更加强调治理天下的“根本”是君主之心，只要“人主之心一正，则天下之事无有不正”，“天下之治乱系乎人君仁不仁耳”。新儒家认为儒者在政治上的第一要事是“格君心之非”。如程颐说：“格其非心，使无不正，非大人其孰能之！”（《程氏外书》卷六）朱熹说：“今日之事第一且劝人主收拾身心，保惜精神，常以天下事为念，然后可以讲磨治道。”（《朱文公文集·与赵尚书》）朱熹几次晋见皇帝都劝说皇帝“正心诚意”，但“正心诚意之论，上所厌闻”（《宋明学案》卷四八）。当他们对“格君心之非”感到失望时，就只能把此归于“非人力所能为”的由天命所决定的善恶“消长之势”（朱熹致陆九渊的信，见《陆九渊集》卷三六）。

虽然在中国的君主制中包含了谏议制度和经筵制度等，这些在一定程度上和某些时间内限制了皇帝的为所欲为，但这些限制终归是有限的，而且是偶然的，取决于皇帝的个人的秉性。一般来说，历代朝廷终归要走向腐败，由此而引起天下大乱，开始改朝换代的一个新的过程。

使儒家学者更为痛心的是，由于皇权的腐败，由汉族统治的政权往往不能抵御北方少数民族的入侵，以致宋亡于元，明亡于清，使江山沦落，民生涂炭。在这种严重的刺激下，一部分士人开始反思君主专制的弊病。例如在宋元之际出现了邓牧所写的激烈声讨君主专制的《伯牙琴》，在明清之际更有一批儒家学者批判君主专制，其中最有代表性的是黄宗羲写了著名的《明夷待访录》。在这部书的《原君》篇中，黄宗羲重申了一个古老的、儒家一直坚持的命题：“天下为主君为客。”但他指出，秦以后的现实情况是：“以君为主，天下为客，凡天下之无地而得安宁者，为君也！”在《原臣》篇中，他批判“君为臣纲”，提出：“君臣之名，从天下而有之者也。吾无天下之责，则吾在君为路人。出而仕于君也……以天下为事，则君之师友也。”他认为君与臣在治理天下上是平等的合作关系。在他看来，君权既然是“为民”所设，那么君权就不一定非要父传子继，“彼鳃鳃然唯恐后之有天下者不出于其子孙，是乃流俗富翁之见”（《明夷待访录·奄宦下》）。他对中国的政治制度提出了一些新的设想，如“重相权”“设政事堂”“使治天下之具皆出于学校”等，其目的是要使“其主亦有所畏而不敢不从也”（《明夷待访录·置相》），“天子亦遂不敢自为非是”（《明夷待访录·学校》）。尽管对黄宗羲的《明夷待访录》还有不同的评价，但我认为，由于黄宗羲把对皇帝的道德约束转变为权力的制衡，用权力而不是用“天人灾异”来使皇帝“有所畏”，所以他可称作是中国政治思想史上从民本走向民主的第一人。

与黄宗羲同时代的顾炎武、王夫之、傅山、唐甄、吕留良等人有与黄宗羲相同的思想倾向。顾炎武从黄宗羲的门人处得见《明夷待访录》后，“读之再三，于是知天下之未尝无人，百王之蔽可以复起，而三代之治可以徐还也”。他在给黄宗羲的信中说：“炎武以管见为《日知录》一书，窃自幸其中所论，同于先生者十之六七……”（《亭林佚文辑补·与黄太冲书》，《顾亭林诗文集》，中华书局1983年版，第238～239页）吕留良指出：“君臣以义和……志不同、道不行便可去。……嬴秦无道，创为君尊臣卑之礼……千古君臣之义为之一变。”（《四书讲义》卷三七）“此一伦不正，上体骄而下志污，欲求三代之治未易得也。”（《四书讲义》卷二七）吕留良后来因曾静案被清雍正皇帝剖棺戮尸，满门灭绝，黄宗羲、顾炎武等人的著作也被清王朝列为禁书，明清之际的批判君主专制的浪潮就这样被剿杀了。

因此，直至1840年鸦片战争之后西方的民主思想传入，中国的政治思想和制度仍然是与民本思想结合在一起的君主制。在清朝皇帝的起居室里有这样一副对联：“惟以一人治天下，岂将天下奉一人！”这副对联可以说最集中、典型地表达了中国传统的民本思想。

二、中国近现代的民主进程

鸦片战争开始了西方列强欲变中国为殖民地而中国人民奋起反抗西方帝国主义的过程。在鸦片战争时期，魏源提出了“师夷长技以制夷”（《海国图治》原序）的思想。从一个广泛的意义上说，这句话体现了整个中国近代历史的特殊境况和特点，即中国人民要反抗西方帝国主义的侵略，而为此又必须学习西方文化的长处。这样就开始了中国文化和社会的近现代转型。在政治思想和政治制度方面，这种转型可以说就是从民本走向民主的过程。不过，中国人民学习西方的民主，首先是与反抗西方帝国主义的侵略、与整个国家和民族的利益相联系的，因此，中国的民主实际上仍然坚持了中国传统民本思想的集体主义价值观，而在政治制度上则是从与传统民本思想结合在一起的君主制走向民主制。

魏源所说的“夷长技”主要是指“一战舰，二火器，三养兵练兵之法”。但他同时对西方的民主制度也给予了肯定。如他赞扬英国的“巴厘满”（议会）制度对待民意的原则是“大众可则可之，大众否则否之”（《海国图志》卷五〇），还赞扬美国四年一届的民选“总领”（总统）制度是“一变古今官家之局……议事听讼，选官举贤，皆自下始”，认为这种“章程”称得上是“公”，“可垂奕世而无弊”（《海国图志》卷五九）。从鸦片战争至戊戌变法，这是中国的一些知识分子初步认识和肯定西方的民主的阶段。

冯桂芬在1861年写成的《校邠庐抗议》一书中指出，中国之所以败于几个西方大国，“非天时地利物产之不如也，人实不如耳”。所谓“人实不如”，在政治上主要是“君民不隔不如夷”。这实际上是认为，西方国家不仅在“技艺”上而且在政治制度上比中国优越。他强调中国要“自强”，显然，学习西方的政治制度也是他所说的“自强”的内容之一。

郑观应在于1875年基本成书的《易言》一书中，表示希望中国仿行西方的君主立宪制度，认为这种制度可以“通上下之情，期措施之善”，并且“颇与三代法度相符”（《易言·论议政》）。他还指出：“欲张国势，莫要于得民心；欲得民心，莫要于通下情；欲通下情，莫要于设议院。”他当时称西方的君主立宪为“君民共主”，说：“盖五大洲有君主之国，有民主之国，有君民共主之国。君主者权偏于上，民主者权偏于下，君民共主者权得其平。”（《盛世危言·议院》）在中国古代，“君主”与“民主”本是相通的。汉代的权威著作《白虎通》云：“君者，群也，群下归心也。”“群”即“民”，“君主”也就是《尚书》中所说的“民主”。在中国近代，“民主”成为与“君主”相对立的两种政体。

1894年，中国在甲午战争中战败，这一刺激使中国的政治改革由思想的酝酿进入了付诸行动的阶段。戊戌变法的领袖康有为在1896年写成的《孔子改制考》中，用历史进化论思想诠释儒家经学的“三世”说，提出“君主专制—君主立宪—民主共和”是社会政治制度进化的三个阶段。他在以后写的《大同书》中，发挥儒家经典《礼运》篇的思想，提出人类最终要进化到一个“无帝王”“均产”“至平、至公、至仁”的“大同”之世。《礼运》篇中“天下为公”的思想，在中国近现代受到了包括孙中山在内的许多政治家和思想家的高度重视。在中国近现代，对民主的追求是与对社会主义的向往结合在一起的。

严复在于1895年写的《论世变之亟》一文中把“自由”与“不自由”视为中西文化的根本差别。他说：“自由既异，于是群异丛生……如中国最重三纲，而西人首明平等……中国尊王，而西人隆民……”（《严复集》第1册，中华书局1986年版，第2~3页）在同年发表的另一篇文章《原强》中，他将西方国家之所以强于中国的原因归结为“以自由为体，以民主为用”（《严复集》第1册，第11页）。

梁启超把人类政治制度的进化归结为多君为政之世、一君为政之世和民为政之世三个阶段。他认为，当今的世界，民为政是世界历史的潮流：“地球既入文明之道，则蒸蒸相通，不得不变，不特中国民权之说既当大行，即各地土番野猺亦当丕变，其不变者即澌灭以至于尽，此又不易之理也。”（《饮冰室合集·与严幼陵先生书》）梁启超在后来写的《中国近三百年学术史》中称黄宗羲的《明夷待访录》为“人类文化之一高贵产品”，并且说这部书包含的“民主主义的精神”，在戊戌变法时“实为刺激青年最有力之兴奋剂。我自己的政治运动，可以说是受这部书的影响最早而最深”。

戊戌变法以失败而告终。进入 20 世纪之后，中国的政治改革成为中国救亡的更加迫切的历史课题。在改革的方案上，当时发生了以康梁为代表的改良派和以孙中山为代表的革命派的争论。改良派由于对清光绪帝存有幻想，而且更多地考虑到中国国民的文化素质，主张循序渐进，在中国首先实行君主立宪制。在改良派看来，中国的“民智未开”，所以不宜实现共和。而革命派认为，中国的“民智未开”，正可“恃革命以开之”。

革命派的领袖孙中山曾于 1894 年上书清政府大臣，提出使“人能尽其材，地能尽其力，物能尽其用，货能畅其流”（《孙中山选集》，人民出版社 1981 年版，第 2 页）的强国方案。这次上书碰壁后，孙中山“知和平之法无可复施”，遂决心用革命手段推翻清朝统治。他在创建兴中会和同盟会时，都把“创立合众政府”“建立民国”作为革命的宗旨之一。在 1905 年写的《〈民报〉发刊词》中，他正式提出了“三民主义”的主张。在后来写的《五权宪法》中，他解释说：“我们革命之始，主张三民主义，三民主义就是民族、民权、民生。美国总统林肯所说的‘The government of the people，by the people，for the people’，兄弟将他这主张译作‘民有’‘民治’‘民享’。他这民有、民治、民享主义，就是兄弟的民族、民权、民生主义。要必能治才能享，不能治焉不能享，所谓民有总是假的。”（《孙中山诗集》，第 493 ~ 494 页）孙中山所说的“民权”或“民治”显然就是民主。孙中山认为，只有实现了民治，才能够有民享，而民有也才能是真实的。在中国传统的民本思想中实际上包含了民有的思想，但由于民本与君主制结合在一起，所以国家成为“家天下”，民有遂成为虚假的，民享则适成其反面，即韩愈所谓“民者出粟米麻丝、作器皿、通货财以事其上者也”（《韩昌黎集·原道》）。孙中山的三民主义吸收了西方文化的民主思想，但与中国传统的民本仍有着密切的联系。从政体上说，民主与民本是对立的；而从价值观上说，民主是为了民本的真正实现，是把民本提升到一个新的历史高度。

孙中山不赞成改良派的循序渐进，而主张以革命手段推翻帝制，建立共和。但他也认识到“革命之志在获民权，而革命之际必重兵权，二者常相抵触者也”（《孙中山全集》第 1 卷，第 289 页）。为了防止革命成功以后形成军人专制，他提出“为革命之际先定兵权与民权之关系”，革命之进程是由“军法之治”到“约法之治”再到“宪法之治”。这一“革命方略”重视了中国的特殊国情，认识到在中国实现民主需走特殊的道路，而且民主不能一蹴而就，革命的过程同时就是在人民中普及民主思想，“陶冶其成共和国民之资格”的过程。

孙中山的三民主义是主张将民族革命、政治革命和社会革命“毕其功于一役”。

民族革命是要解决“少数满洲人专制”的问题，政治革命是要解决“君主一人专制”的问题，而社会革命则是要解决“少数富人专制”的问题。孙中山认为，西方的资本主义制度造成了“贫富不均”，“善果被富人享尽，贫民反食恶果”。他提出“民生主义”，就是要实现社会革命，使中国成为“社会的国家，这决是欧美所不能及的”（《孙中山选集》，第85页）。

辛亥革命推翻了帝制，建立了中华民国，宣告了中国君主制度的灭亡。虽然辛亥革命的果实很快落入以袁世凯为代表的北洋军阀手中，后来发生了袁世凯称帝和清廷复辟的丑剧，但历史正如孙中山所预示的，民国建立以后“敢有帝制自为者，天下共击之”（《孙中山选集》，第78页）。

由于北洋军阀政府对内实行假共和，对外屈服于帝国主义，中国的内忧外患在辛亥革命以后更趋严重。在反袁斗争中，孙中山组建了中华革命党，以后改称中国国民党。在此时，一些知识分子认识到民主政治能否真正实现，“纯然以多数国民能否对于政治自觉其居于主人的主动地位，为唯一根本之条件”。因此，他们提出政治革命的成功需以思想革命为前导，在“政治的觉悟”之后，“伦理的觉悟，为吾人最后觉悟之最后觉悟”（陈独秀《吾人最后之觉悟》，《独秀文存》，安徽人民出版社1987年版，第41页）。这样就形成了以“五四”为标识的新文化运动。

新文化运动的主要倡导者之一陈独秀在于1915年创办的《青年杂志》（以后改称《新青年》）的创刊号上就提出中国要“急起直追，当以科学与人权并重”。后来他在答复对《新青年》的非难时说：《新青年》拥护的就是“德莫克拉西（Democracy）和赛因斯（Science）两位先生”，“我们现在认定，只有这两位先生可以救治中国政治上、道德上、学术上、思想上一切的黑暗”（《独秀文存》，第243页）。

新文化运动所讲的民主，一是在伦理道德上追求个性解放，二是在政治上主张实行“民治”。新文化运动的倡导者们认为，前者是后者的基础，只有民众都去除了传统的纲常礼教的束缚，实现了“伦理的觉悟”，才谈得上建设“民治”国家。他们宣扬个人价值、个人自由，但同时也提醒人们：“小我”是不能脱离“大我”而独立存在的，“小我”对于“大我”的过去与未来“须负重大的责任”（《胡适文存》，亚东图书馆1923年版，第113、118页）。在他们看来，解放“小我”是为了拯救“大我”，启蒙是为了救亡。

1914年爆发的第一次世界大战使中国的许多政治家和思想家对西方资本主义文明感到失望，而战后帝国主义列强对中国的不公平待遇以及北洋政府对帝国主义的屈服，更激起青年学生、知识分子和广大民众的愤怒。由此而触发了1919年的

“五四”运动。在此运动期间，俄国“十月革命”的胜利向一批知识分子展示了一条能够拯救中国而又不重蹈西方资本主义覆辙的新路，他们很快接受了马克思主义的思想。

中国共产党的创始人之一李大钊把俄国布尔什维主义的胜利不仅看作是劳工主义的胜利、社会主义的胜利，而且看作是“庶民的胜利”、民主主义的胜利。他在1919年写的《劳动教育问题》一文中说：“现代生活的种种方面，都带着Democracy的颜色，都沿着Democracy的轨辙。……Democracy就是现代唯一的权威，现在的时代就是Democracy的时代。战后世界上新起的那劳工问题，也是Democracy的表现。”（《李大钊文集》上卷，人民出版社1984年版，第632页）他确信，“德谟克拉西与社会主义，在精神上亦复相同”。无产阶级专政是“以劳工阶级的统治，替代中产阶级的少数政治”，当阶级对立已经消失，无产阶级专政就告结束，“那时事物的管理代替了人身的统治”，人与人之间“只有自由联合的关系”，这样的社会才是“纯正的平民主义”的社会（《李大钊文集》下卷，第607~609页）。

1922年中共第二次全国代表大会确立了中国革命实行从民主革命到社会主义革命分两步走的战略。孙中山于此时也提出了“联俄、联共、扶助农工”的三大政策。这奠定了1924年至1927年第一次国共合作的基础。孙中山在向有共产党人参加的国民党第一次全国代表大会提交的《宣言》中，把“反帝国主义”作为民族主义的重要内容。关于民权主义，他指出：“近世各国所谓民权制度，往往为资产阶级所专有，适成为压迫平民之工具。若国民党之民权主义，则为一般平民所共有，非少数者所得而私也。……国民党之民权主义……唯求所以适合于现在中国革命之需要。”（《孙中山选集》，第592页）关于民生主义，他提出了“平均地权”和“节制资本”两项政策。这次大会的《宣言》还提出了“实行三民主义为中国唯一生路”“芟除实行国民党主义之一切障碍，更应以党为掌握政权之中枢。盖惟有组织、有权威之党，乃为革命的民众之本据，能为全国人民尽此忠实之义务故耳”（《孙中山选集》，第590、594~595页）。这次大会还确认，“国民党之组织原则，当为民主主义的集权制度”。革命成功为第一需要，党代表了人民的利益，为了革命成功而需实行“民主主义的集权制度”，这是当时国共两党共同接受的原则。

国共合作领导的军事斗争和工农运动赢得了北伐战争的胜利。随之，国民党实行“清共”“剿共”政策。蒋介石凭借军事实力，确立了其在国民党内的领袖地位。国民党在“军政时期”后开始了“以党治国”的“训政时期”。共产党则在其红色根据地内效仿苏联，实行“苏维埃”制度。

在国民党“训政时期”之始，自由主义知识分子的代表胡适有感于人民的权利自由“没有法律规定的保障”，“种种政府机关或假借政府与党部的机关侵害人民的身体、自由及财产”，写了《人权与约法》一文，要求“确定法治基础”“保障人权”。胡适的文章得到了知识界的广泛关注和响应，一些自由主义知识分子形成了以“保障人权”为旗帜的“人权派”。孙中山的夫人宋庆龄等人也于此时发起组织了中国民权保障同盟。人权运动持续了数年时间，“九一八”事变之后，由于中国面临着空前的民族危机，人权派做出让步，表示不再以“言论自由”等使当局为难。在民主与救国的双重呼唤下，文化、教育和实业界等一些人士逐渐组成一些民主党派和团体，成为处于国民党和共产党之间的第三政治势力。

1936年，以“西安事变”为契机，开始了国共两党共同抗日的第二次合作。中共在抗战期间为反对国民党的一党专政和争取抗战的胜利，强调人民是抗战的主体，“只有民主运动的发展，抗日救亡运动才能成为广大群众的运动，民众力量乃能发扬，敌人才能战胜”（《中共中央告全党同志书》，《六大以来》上，第828页）。国共两党之外的各民主党派和团体在此时也积极活动，纷纷要求国民党政府开放党禁，开放政权，由国民党一党专政的训政时期进入宪政时期，施行正确的抗战方针。国民党在民主势力的压力下，做出了一些让步，但同时宣扬为了抗战胜利，需“意志集中，力量集中”，在思想和政治上需实行“一个主义，一个政党，一个领袖”。

中共领袖毛泽东在抗战期间发表了《新民主主义论》，提出了他关于建立“新民主主义的共和国”的构想。他对“国体”与“政体”做了区分，国体是指社会各阶级在国家中的地位，而政体是指政权构成的形式，亦即“一定的社会阶级取何种形式去组织那反对敌人保护自己的政权机关”。他指出：“国体——各革命阶级联合专政。政体——民主集中制。这就是新民主主义的政治，这就是新民主主义的共和国”。他认为民主集中制是“真正的民主制度”，只有实行这样的制度“才能充分地发挥一切革命人民的意志，也才能最有力量地去反对革命的敌人”，“如果没有真正的民主制度，就不能达到这个目的，就叫做政体和国体不相适应”（《毛泽东选集》，第637~638页）。

在《新民主主义论》的思想指导下，当时身处抗日前线、身居八路军和中共北方局重要领导职务的邓小平，于1941年发表了《党与抗日民主政权》一文。此文坚决贯彻中共中央关于在抗日根据地建立“三三制政权”的指示，并且深刻阐述了“三三制政权的实质是民主”，“党在领导政权工作时，必须贯彻民主的精神”，“党的领导责任是放在政治原则上，而不是包办，不是遇事干涉，不是党权高于一切”。他尤其指出：要“反对‘以党治国’的观念”，“‘以党治国’的国民党遗毒，是麻痹党、腐化党、破坏党、使党脱离群众的最有效的办法。我们反对国民党以党治国的一党专政，我们尤要反对国民党的遗毒传播到我们党内来”（《邓小平文选》第1卷，第9、12页）。这篇文章对当时抗日根据地的政权建设起了重要的作用，而政权的民主性质不仅决定性地使中共领导的敌后抗战取得了胜利，而且在战后与蒋介石集团的决战中决定性地取得了解放区民众的全力支持。

抗战胜利后，国共两党举行重庆谈判，达成了和平民主建国的协议。然而，国共双方在如何处理中共领导的武装力量和解放区政权的关键问题上实际存在着严重的分歧。尽管由于各民主党派的推动，国共两党出于避免内战和争取中间势力的考虑，达成了一定的协议，但国民党实际坚持的仍是谋求“军令政令统一”的一党专政，而共产党实际坚持的是要建立以社会主义为发展前途的新民主主义国家，双方的政治立场和主张在当时是难以调和的。1946年6月，国民党决定以战争的方式解决与中共的分歧，对中共领导的解放区大举进攻。在企图以武力消灭中共的同时，国民党对各民主党派的和平民主运动也进行镇压，遂使他们进一步向中共靠拢。

内战力量的对比很快发生了有利于中共的变化。1948年9月，中共已在军事上取得了决定性的胜利，各民主党派的负责人及无党派爱国人士的代表陆续进入解放区，表示愿意接受中共的领导，与中共一起致力于新中国的建设。1949年9月，由各党派、区域、军队和团体共45个单位的代表参加的中国人民政治协商会议第一届全体会议在北平召开。10月1日，中华人民共和国宣告成立。自鸦片战争开始的中国人民反对帝国主义的侵略，挽救民族的危亡，建立一个独立、民主和富强的现代化新中国的追求，从此进入了一个新的阶段。

三、几点启示

以上我们简要地叙述了中国传统的民本思想和自鸦片战争以来至中华人民共和国建立中国的政治思想和政治制度的变化。我们从中似可得出以下几点启示。

第一，在中国传统文化中居于主导地位的是一种集体主义的价值观，民本思想是这一价值观的集中体现。在中国古代，民本思想与君主制结合在一起。明清之际，君主制的弊病已经引起一些士人的反思，在中国传统文化内部蕴含着从君主制向民主制发展的种子。鸦片战争之后，中国人民学习和接受西方文化中的民主思想，主要是出于救亡图存、民族自强的考虑，而不是出于对个人权利和不同社会集团利益的追求，因此中国近现代的民主思想虽然否定了与民本思想结合在一起的君主制，但在价值观上仍然是以集体主义的民本思想为基础。在西方，民主是以个人自由和资本主义的多元利益的“市民社会”为基础的。在中国，在集体主义的主导价值观下，如何达成社会整体利益与个人自由的和谐，中国的社会主义的“市民社会”如何既有一定程度的利益分化又能保持社会的共同富裕，这将是中国的民主需要解决的关键性的问题。

第二，由于中国政治、经济和文化的自身特点，中国的政治民主化必然是一个长期的、曲折的、与多方面因素相联系的过程。在19世纪末20世纪初，立宪派提出渐进改良的政治构想，就已考虑到“民智未开”的问题。革命派虽然推翻了帝制，建立了共和，但由于缺少社会经济和文化的支持，不得不向旧势力做出妥协和让步。在中国近现代史上，具有公民文化素养、自觉追求民主的主要是为数不多的新式知识分子。他们代表民众的利益，首先由他们组成一定的政党，在中国革命进程中发挥了重要的作用。在中国，政治的成败取决于政党是否真正代表了最广大阶级和阶层的利益。而如何正确处理党的领导与民主政权的关系，是辛亥革命以后中国政治改革中十分突出的问题。

第三，中国的民主化进程是与中国革命的进程密切联系在一起的。由于帝国主义的侵略给中国造成了严重的民族危机，以及中国的旧势力为维护自身的利益而对内压制民主势力、对外屈服于帝国主义，中国在近现代没有可能走一条循序渐进的改良道路，而只能通过革命推翻旧势力，动员民众反抗侵略，以建立一个独立、民主的新中国。革命为了救亡，而救亡需要民主，革命与民主从根本上说是统一的。但是，革命就要进行军事斗争，而军事斗争需要集中力量和集中指挥，因此革命与民主又有相抵触的一面。在救亡成为最迫切的任务时，民主往往被视为手段，而失去了其目的的意义。就革命与民主有相抵触的一面而言，中国的民主化进程只有在外部压力比较缓和、国内进行和平建设的时期才能真正取得大的进展。

第四，中国近现代的民主思想取自西方，而学习西方是为了有能力反抗西方帝国主义的侵略。西方近代文化中的民族竞争、弱肉强食是与中国传统文化中的“协和万邦”“世界大同”思想相违背的，也是中国近现代知识分子和广大民众难以认同的。中国人民在学习西方民主的同时就已认识到西方文化的缺陷，尤其是西方帝国主义造成的第一次和第二次世界大战，可以说从根本上影响了中国人民对中国发展道路的选择和中国历史的进程。中国之所以走向了社会主义民主的道路，是在外部造成的民族危机的压力下自己选择的结果。当然，这也给中国的民主化建设提出了更加艰难的课题，即中国在还没有充分吸收西方民主的精华时又需探索和解决社会主义、无产阶级专政与民主的关系问题。在这方面，国际社会主义运动已有严重的失误和失败，中国在1949年之后也同样留下了教训，特别是在“文化大革命”

期间只讲专政而践踏民主的教训更为惨重。1976年以后，“没有民主就没有社会主义，就没有社会主义的现代化”，这已成为人们的共识。随着中国经济和文化的发展，中国的政治民主化也必将取得进展。

第五，西方的议会民主是以政党间的相互竞争、谈判和妥协为其操作规程的，而中国的近现代历史没有为这种制度的形成提供充分的社会条件。民国初年，曾有人试图通过议会来改变北洋军阀政府的假共和，但这种努力遭到失败。孙中山最终认识到必须联合民众，通过武力扫除军阀，建立真正的民国。中国的国共两党之争，是在民族危亡的迫切形势下，选择什么样的道路才能救中国之争，这只能在面对共同的敌人时达成一定的妥协，而从根本上说不可能通过议会的利益协调来解决。中国的近现代历史没有为中国的政党政治提供一个比较宽松的、和平的选择发展道路的环境。因此最终形成的是国共两党的分裂和在一党领导下多党合作的制度。当国际冷战的形势已经结束，国际国内都进入和平与发展的新时期时，如果国共两党都能接受“一个国家，两种制度”的原则，国共两党有可能达成新的谅解和合作。

（载于1997年第4期）

经典链接

子曰：“君子道者三，我无能焉：仁者不忧，知者不惑，勇者不惧。”子贡曰：“夫子自道也。”

——《论语·宪问》

子谓子产：“有君子之道四焉：其行己也恭，其事上也敬，其养民也惠，其使民也义。”

——《论语·公冶长》

二十世纪儒学的衰落与复苏（上）

牟钟鉴

即将过去的20世纪，对于世界对于中国都是历史上变动最剧烈的时代，不仅建立在农业文明基础上的传统社会已经消失，整个人类都在大跨步地迈进现代社会，就是20世纪前中期形成的社会主义与资本主义两大对立社会及文化体系，到了世纪之末，也都发生了巨大的变化，形态变了，关系也变了。伟人说过，理论容易变成灰色，而生活之树是常青的。时代的变动超出任何预言家的预测和理论家的设计，使我们常有沧海桑田、白云苍狗之慨。所幸运的是我们这一代人经历了20世纪的大部分重大事变，尤其是经历了近二十年翻天覆地的深刻变化，亲身感受到社会辩证运动的巨大力量，我们真正懂得了一点辩证法，再也不容易思想僵化了。我们的进步与其说是正面学习得来的，不如说是从错误与挫折中走出来的。有些事情在某一历史阶段上是看不清楚的，我们不能固守已有的旧观念，我们必须更新自己的观念，跟上这个急速变化的时代，从更大的时间跨度上，从事变的全过程中来把握事物的整体面貌。

就拿儒学的发展和人们对儒学的评价来说，20世纪初、中、末的变化何止十万八千里，简直是天壤之别，令人眼花缭乱，感慨万分。世纪之初，儒学还安坐在庞大中华帝国的官学位置上，它不仅是最正宗的意识形态，它所外化的礼教体系还支配着社会道德与民间习俗，虽然谭嗣同等改良派对它进行了冲击，但它依然根深蒂固，似乎不可动摇。曾几何时，辛亥革命成功，帝制社会瓦解，儒学失去了政权的依凭，地位迅速下降。及至“五四”新文化运动，儒学在先进思潮的批判中声名狼藉，差不多成了“封建保守”的同义语。从此儒学一蹶不振，在中国衰败沉沦达半个多世纪，进入它的“冬眠期”，它在社会上的声音越来越微弱，以至于到五六十年代被很多中国人遗忘了。只是由于“文革”中批孔反儒运动，它才以“反面教员”的身份又一次在政治舞台上亮相，但它的面目全非，人们已经不知道真儒学为何物了。当然，在中国港台地区，在韩国和日本，儒学依然受到某种推崇，但毕竟不能挽回儒学故乡中国的巨变给儒学带来的厄运。老子说“反者道之动”，事物往往按着物极必反的否定之否定规律运动，儒学也是这样。儒学这样一个对整个民族的精神发展有着巨大影响的思想体系，一个有着深厚内涵和多层面结构的文化系统，是不能用强烈情绪化的政治批判手段加以消除的，只要它有真理的成分和民族的特色，它就会被实际生活保留下来；只要它有适应社会需要的内容，它就会被实际生活发扬起来，重新焕发出生命活力。80 年代到 90 年代儒学的情形正是如此。随着东亚经济的腾飞，儒学文化圈的意义被东亚人和全世界重新审视和认识。随着中国改革开放的实行和文化的多元发展，儒学的价值和作用被中国人重新揭示和评估。随着世界性文化交流的加快和关于文明危机与文明转型讨论的日益深入，儒学的国际意义和未来价值得到了人们更多的阐发。于是儒学出现了一阳来复的转机，渐渐有了生气，并逐步形成一个世界性的文化思潮，其发展势头越来越强劲，引起了广泛的关注和兴趣。尤其是在儒学的故乡中国，社会上下和各界都在积极弘扬优秀传统文化的总口号下努力开发儒家思想资源，形成一定声势，取得一定成果。人们的感觉是：儒学又重新站立起来了。

这究竟是怎么一回事呢？是否像有些人所说的是一批守旧派掀起的一股复古主义的保守思潮？抑或是一种有进步意义的社会及其文化的辩证运动？笔者当然认为是后一种。让我们站在世纪之交的高度，从社会史和文化学的角度，简要回顾一下 20 世纪儒学的百年演变历程，看一下社会生活如何在“扬弃”儒学（即有选择的抛弃和保留），如何在锤炼和转换儒学，如何在推动儒学走向现代化的道路，这对于我们展望儒学在 21 世纪的前途或许是有帮助的。

一、儒学在剧烈的社会大变革中的衰落和消沉

（一）中国传统帝制宗法社会的崩溃，导致了儒学在社会文化系统中主位性的丧失

孔子创立儒学，本来是一种民间的文化学说，自汉武帝“罢黜百家，独尊儒术”以后，儒学便成为中国两千年间的官方学说，从此儒学便具有民间与官方的双重性，成为社会上下都认同的最正宗的思想体系。儒学为宗法等级社会提供了一种具有家族文化形态的政治理念、礼乐制度、道德规范、教育方式，也为知识分子提供了一种在现实中超越的追求“内圣外王之道”的人生哲学，同时也铸造了一种仁爱通和的民族精神。儒学的民间性、民族性和文化性使它有着牢固广大的社会根基，儒学的官方性、贵族性和社会性又使它强烈地依赖着帝制社会的政权体系和宗法等级制度。儒学与政治的关系可从两方面加以说明：其一，儒学为历代实际政治

提供一种价值理想和价值标准，使政治不断得到约束、批评、改良，因而得以稳定长久，同时实际政治又可以利用它、扭曲它、神化它，使儒学变得僵化、教条甚至虚伪、冷酷，失去其固有的精神；其二，儒学由于得到政权系统的强大支持和提倡而发达兴旺，在社会道德、教育和学术研究等领域均居主导地位，同时也会由于传统政体的彻底坍塌而失去依凭，受到严重的打击。儒学的僵硬化和失去政治庇护这两方面的危机在清末民初都连续发生了。从此，儒学不再具有官学地位，它在人们心目中的威望也一落千丈了。

中国传统政治以家庭社会的宗法等级制度为基础，所以儒学对政治的依赖根源于对家族社会宗法等级制度的依赖。帝制的倒台只是使儒学不再享有官学特权，而宗法等级制度的渐趋瓦解，则促使儒学的基础发生动摇，这种危机是更为深刻的。宗法等级制度最重要的特征有二：一是亲亲，即强调家族血缘纽带；二是等级，尊卑有序、贵贱有别。其主要体现便是所谓封建礼教，而儒家的礼学正是从理论上阐述礼教的内涵与合理性的。民国以来，传统的家族社会在衰颓，现代的公民社会在成长，封建礼教不再能够维系人心，特别不再能够维系进步的青年和有识之士；人们对于儒学价值的唯一性和至上性发生怀疑，乃至提出批评，要求平等和自由，要求个性的解放，并形成社会发展不可遏止的趋势。儒学由于失去它深厚的社会基础而走向衰落是必然的历史过程。

挽回儒学颓势的唯一机会，是儒学自身的批判和转换。在清末那样的社会历史条件下，儒学必须适应中国变法自强、走向现代化的需要，剔除封建性糟粕，发掘真善美的精华，创造性地发展自己的理论，并且在改变中国的贫穷落后状态、附庸屈辱地位和振兴中华的斗争中发挥积极作用，重新树立人们对儒学的信心。这件事情有人在做了，但没有成功。康有为托古改制用新公羊学来推动政治改良；谭嗣同著《仁学》，以“通”的精神改铸儒家仁学，主张打破封闭，开放社会，发展现代工商政教。但是他们在政治上都失败了，他们的理论还来不及形成大的严整系统，虽有精彩的见解，但不能发生广泛的影响。戊戌变法的失败，使先进的中国人完全丧失了“儒学救国”的信心，转而到西方或俄国寻找拯救中国的真理。作为传统社会精神支柱的儒学既然无法实现自身的批判超越，只好静待外部的批判超越；儒学既然无法成为社会改革的动力，便只能变成社会改革的对象，历史就是这样的无情。

（二）随着中国成为西方的附庸，中国文化成为西方文化的附庸，儒学也必然由一种主流文化变成一种支流文化

西方近代文明是建立在工业化和发达商品经济基础上的以科学理性为突出特征的文明，与古老的建立在农业经济基础上的东方文明相比，占有明显的优势。所以

两种文明一接触，东方文明就败下阵来，东方国家陆续成为西方列强的附庸，同时在文化上不能不接受西方文化的大举进入，西方文化反客为主，成为东方国家的主流文化。由于儒学是东方文明的思想代表，所以20世纪前、中期儒学的衰落，也就是东方文明衰落的标志；当东方国家还仰视西方国家并追赶犹恐不及的时候，儒学就很难再现昔日的辉煌。

儒学在汉魏时期碰到了印度佛教文化的进入和挑战。虽然印度佛教在理论上有其细致、深刻和独绝之处，但它与儒学仍然属于历史发展同一阶段上的文化，加以儒学在中国有深厚的传统，有博大的胸怀，有强烈的自信，所以印度佛教在中国传布的结果，只是更加丰富了中国文化，并没有使中国变成佛教国家。相反，印度佛教接受了儒家和道家的洗礼，逐渐被中国化，变成了中国式的佛教，而儒学的主位性并未丧失。

这一次中国人却是在国力孱弱、被动挨打的情况下，在传统文化的生命力日益衰减的情况下，与西方文化发生碰撞的，而西方文化是发展程度更高、正在蓬勃发展并主导世界潮流的文化。在这种情况之下，儒学的暂时失败是必然的。

西方近现代文化向国人展示的东西是前所未有的，政治民主、思想自由、天赋人权、科学理性，以及发达的市场经济和各种高精尖产品，它们极大地改善了人类的生活方式和质量，而这些东西恰是中国人所向慕而在中国传统文化里所缺少的。儒学文化精于伦理道德、人际和谐、礼乐教化和人的内心世界的开拓，而对于西方文化所擅长的领域来不及去思索、吸收、消化和开拓，它当然要被先进的中国人所冷落。而中国人认为当务之急是学习西方，振兴中华，尽快改变被奴役、受屈辱的地位。不过在很长的时间内，这种学习并不见成效，因为中国的现代经济基础太薄弱，一时不能发达，同时西方列强并不希望中国复兴和强大，因而对中国百般控制，实行瓜分。中国人在失望之余转而以俄为师，向俄国学习马克思列宁主义，建立中国共产党，实行社会革命，走武装斗争以争取民族独立和人民解放的道路。这条路果然奏效，中国终于在20世纪中叶获得了真正的独立，建立了人民共和国，开创了一个崭新的时代。儒学既不能正面回应欧美文化的挑战，又不能回应社会主义文化的挑战，在西方上述两大文化思潮的有力冲击下，自然要退出文化中心舞台，在边缘地带苟延残喘。

（三）随着社会革命运动的蓬勃兴起和接连不断，儒学的保守性消极性被突显出来，成为文化批判的主要对象

20世纪前中期是中国社会革命运动的高潮时期，以1911年的辛亥革命为开端，接着是1916年的讨袁护国运动，1919年的“五四”新文化运动，1925年的北伐革

命运动，1937 年至 1945 年的抗日爱国运动，最后是中国共产党领导的新民主主义革命运动于 1949 年取得胜利。这一系列社会革命运动所要解决的根本问题有两个：一个是破除封建制度及其影响，使中国走向现代化的富强之路；一个是解除帝国主义对中国的控制和压迫，使中国实现真正的民族独立。革命的最终目标是振兴中华，再造辉煌。中国的社会变革势在必行，要么改良，要么革命；改良的路走不通就只有实行革命；而革命就要采取激烈的方式，实行大破大立，当它冲击到旧文化的时候，不可能也来不及做细致的分析和耐心的筛选，往往矫枉过正、玉石俱焚，这是革命的特点。而旧势力之顽强也迫使革命者不得不倾全力大刀阔斧地去破除旧有的系统，否则就见不到成效。在以破为主的革命时代，偏激情绪的普遍存在是难以避免的，儒学作为旧文化代表的命运便可想而知了。

“五四”新文化运动提出“打倒孔家店”的口号，很快便为先进的中国人特别是青年知识界所接受，发展成为一种具有文化革命性质的社会运动，无论是欧美自由派的胡适，还是以俄为师的李大钊、陈独秀，抑或是民主主义者的鲁迅，均成为批儒反孔的勇将。他们是当时青年的思想库和新文化运动的倡导者，他们对儒学的批判使儒学的声誉一落千丈，影响了整整一代人，形成了反传统的强大思潮，对儒学的打击是极为沉重的，儒学后来的长期沉沦主要是这次运动冲击所造成的。不过“五四”运动对儒学的批判并不是致命的，因为它的锋芒所向主要不是儒学的本义和原精神，而是儒学的后期形态——被保守政治扭曲了的丧失了仁爱精义的理学和礼教，而这样的理学和礼教是应该受到谴责和清理的。李大钊说：“余之掊击孔子，非掊击孔子之本身，乃掊击孔子为历代君主所雕塑之偶像的权威也。”（《自然的伦理观与孔子》）僵化的理学和保守的礼教严重压抑青年的个性解放，窒息社会的创造活力，阻碍社会改革运动的发展，理所当然地要受到先进人们的激烈批判。一般的人总是根据现实形态的作用来评价一种学说的，像李大钊那样能够区分原始儒学与变态儒学的人毕竟是少数，所以许多人仍然把中国社会保守落后的责任账算在整个儒学身上，使儒学的声望大受损害。尤其使人感到痛心的是，历来皆受士人尊崇的中国传统文化的代表人物孔子，经过激进人士无情攻击之后，从道德圣哲变成了守旧人物，中华民族暂时失去了一面思想文化的旗帜，而又无法替代，其不良后果直到很晚才显现出来。

以反帝反封建为主要任务的新民主主义革命运动，以更彻底的姿态破除旧文化旧传统，加以从俄国学来的马列主义带有激进、教条的色彩，强调与旧传统彻底决裂，更助长了革命者在文化问题上的“左倾”偏激情绪。虽然毛泽东在《新民主主义论》里明确规定了对文化遗产采取批判继承的方针，并倡导民族文化，可是在后来乃至新中国成立以后的实际文化工作中，仍然比较多地强调了新文化与旧文化的对立和对旧文化的整体破除，而相当忽略新文化对传统文化的继承和发扬。文化批判的锋芒所向，除了帝国主义的奴化思想和资产阶级文化以外，便仍然是以儒学为主的所谓封建文化。在这种形势下，中国取消了儒学和儒学研究，儒学经典完全被排除在学校教育之外，孔子长期以来基本上是一个反面的形象，儒学销声匿迹了。

“文化大革命”是一场由领导人错误发动、被“林彪、江青反革命集团”乱中利用的极端的狂热的社会运动，它把革命发展成为荒谬，因而把“文化大革命”变成了大革文化命，中国社会和文化都遭到了极度的破坏摧残，称为“十年浩劫”。1973 年至 1975 年由“四人帮”发动的批儒反孔运动，就其声势和规模而言，是中国历史上最大的一次儒学批判运动。对于这场运动可以从两个层面来说。从政治上说，“四人帮”反儒是一种形式和姿态，骨子里是为了影射和攻击周总理及其务实路线，因而这不是一般的学术批判，甚至也不是一般的政治批判，而是假历史亡灵进行的一场政治阴谋活动。从理论上说，“四人帮”反儒又确实包含着与儒家学说和精神的实质性的冲突，主要是用斗争哲学和以阶级斗争为纲的“左倾”路线来否定儒家“仁者爱人”、“和为贵”和“中庸之道”，亦即儒家的人道主义与和谐思想，煽动人们去“打倒一切”，进行“全面内战”，他们得以从中夺权，建立法家式的封建专制统治。所以“文革”中的批儒运动与“五四”运动绝然不同，并不是要破除封建枷锁，解放社会和青年，恰恰相反，是要破除儒学的仁道精华而发扬专制主义的封建糟粕，要把政治独裁和文化独裁一齐加给中国人民，因而它是反动的一无可取的。但是在当时，“四人帮”的歪曲宣传确实也蒙蔽了一些人，使他们把儒学看成全是坏得很的东西，都要扫到历史垃圾堆里去。可以说儒学进入了它最为暗淡悲惨的时期。

二、儒学在低谷萎缩中的延续、反思和探索

民国以来，儒学遭受一连串沉重的打击，然而并没有灭绝，就好像冬季风雪中的野草，枝叶枯萎了，根系还活着。这是对儒学生命力的一次严峻考验，也给了人们对儒学进行全面反思的机会。儒学失去了政权的支持，同时也在丧失家族社会的基础，它还能够甚至有必要继续存在吗？儒学是否就等于封建主义文化？它有否超越封建时代而转向现在和未来的内容？正像尼采宣布“上帝死了”一样，中国的激进派不止一次地断言，儒学已经过时，正在被历史淘汰，它的生命即将结束。然而有许多中国人并不这样看，他们深受儒家文化的熏陶，不忍心割舍这份感情，但愿

意进行反思，重新审视儒学，给予它一个合乎时代精神的解释，而这个问题关系到我们民族文化的存亡。

（一）民国时期儒家学者对儒学的重新阐释和再建

1. 梁漱溟、张君劢、熊十力对儒学普遍价值的阐述

梁漱溟是中国现代文化哲学的创始人，是对文化的民族性进行阐述的最有力者。当时中西文化之争的流行看法，是认为西方文化是先进的，中国文化是落后的，因而中西文化的差别是历史发展阶段的不同，按照这种思路，中国文化要现代化必须走西方文化的道路。梁漱溟则认为西方文化、中国文化和印度文化之间的差别本质上不是历史先后的不同，而是由于民族性的差异而形成的“根本精神”和“文化路向”上的不同，因而各有优劣。西方文化着重解决人对物的问题，人生态度是向前的，故科学与物质文明发达；中国文化着重解决人对人的问题，人生态度是调和持中的，故道德与玄学发达；印度文化着重解决人自身的情志问题，人生态度是反身向后的，故宗教发达。梁氏这一分析未必尽当，但他在文化的时代性之外肯定了文化的民族性，也就是肯定了民族文化传统延续的合理性和多种文化同时并存与互补的必要性。就中国而言，作为中华民族传统思想文化主导的儒学，也因其民族性而有其超时代的意义。他指出：“一民族真生命之所寄，寄于其根本精神，抛开了百家的根本精神，便断送了自家前途。”（《中国民族自救运动之最后觉悟》）这个“民族的根本精神”便在文化中，便是儒家的伦理理性，他认为民族生命、文化生命不会遽亡于一时之武力，而终制胜于文化。梁氏也批评了儒学的缺点，即没有民主、科学与人权自由，需要从西方引进。可知梁氏并非抱残守缺的复古派，他只是主张在保存自己固有民族优秀文化传统的同时来学习西方。同时他还认为儒学并非仅仅属于中国，由于它的早熟性，儒学将显示它的现代意义和价值，从而为世界未来文化做出贡献。

张君劢在1923年的科学与玄学的论战中，针对西方科学主义在中国的广泛流行，指出单纯的科学不能解决人生观问题，迷信科学，认为科学万能是错误的。他认为人类文化正处在由崇尚科学演而崇尚“新玄学”即哲学的转变时期，而新玄学时代的基本精神，“与我先圣尽性以赞化育之义相吻合”，故“宋明理学有昌明之必要”（《再论人生观与科学并答丁在君》下篇）。中国近代极度缺乏科学和理性，所以才愚昧落后。当西方理性主义思潮与科学文化传入中国的时候，凡先进的人们莫不举双手欢迎，认为科学可以救国，理性可以救国。自由主义和社会主义都是作为理性主义的形态而在中国大行其道的。而“科学”一度成为先进的中国人衡量一切是非的标准，因而也造成一些弊害，就是用科学去否定不属于相同层次的哲学、

宗教和人文文化，这成为人们认同自己文化传统的一大思想障碍。张君劢的贡献在于他看出科学主义的偏失，指明了哲学与科学不能互相代替，从而为中国传统哲学（主要是儒释道哲学）的继续合理存在保留了一个必要的空间，也为中国人文主义的复兴提供了一个新的思路。张君劢提倡以心性哲学为特征的“新宋学”，但他并没有创造出新宋学的理论。

熊十力是民国年间最具有创造力和追求生命真实的哲人，他的学问会通儒佛，上承陆王而归宗于儒家《周易》的尊生健动哲学，以“体用不二”立宗，高扬道德理性，强调精神生命的自发自开与活泼洒脱。在熊十力看来，儒家哲学的精华在于它的生命哲学，“尊生而不可溺寂，彰有而不可耽空，健动而不可颓废，率性而无事绝欲”（《读经示要》），“无宗教之迷，无离群、遗世、绝物等等过失，亦不至沦溺于物欲而丧其灵性生活”（《体用论》）。儒家重视生命的主体性、生动性和创造性，不造成遁世主义，亦不赞成功利主义，主张在现实中超越，这种哲学精神确实是儒学特有的，也是它具有生命力和普遍价值的地方。熊十力的贡献在于第一次站在现代的高度，使用现代的语言，深刻揭示了儒家哲学的真精神和独特性，展示了儒学可以在现代社会发挥积极作用的价值所在，这对于提高民族自信心和振奋民族精神有莫大的启迪作用。熊氏的理论具有宏大的气势、深邃的理念、感人的魅力，所以身后子弟弥众，遂形成一个新儒家学派。

2. 贺麟对儒学的反思

贺麟是位颇有见识、善于反思的学者，他既具有民族文化本位的立场，又相当熟悉西方古典哲学的传统，因而能够站在中西融合的高度，深刻总结儒学发展的曲折历史，评析其利害得失，指出其未来的前途，表现出很高的睿智远见。

首先，他认为中国哲学的前途，只能是正统的中国哲学即儒家主流哲学和正统的西洋哲学之间的融会贯通。所以对于民族文化和儒学命运真正关心的人，必须主动接受西方哲学的洗礼，用以改造中国的传统哲学，因为“不能接受西洋的正统哲学，也就不能发挥中国的正统哲学”（《当代中国哲学》），“欲求儒家思想的新发展，在于融会吸收西洋文化的精华与长处”（《儒家思想的新开展》）。他既不像全盘西化论者那样鄙弃自己的民族文化，又不像国粹派那样敌视西方文化，他是中西文化结合论者而不是中西文化对立论者。

其次，他主张儒学在批判中再生，因此他对于“五四”运动有一个客观的评价，并不如一般人认为的那样，“五四”运动批儒是对儒学的严重打击，也许表面和一时看来是如此，但实际上是促使儒学重建的大好机会。他认为新文化运动最大的贡献，在于破坏和扫除儒家的僵化躯壳形式部分及其束缚个性的腐化传统部分，并没有打倒孔孟的真精神、真意思、真学术，反而做了洗刷和扫除的工夫，使得孔孟程朱的真面目更显露出来（见《儒家思想的新开展》）。这种见解既超出了守旧派的故步自封，也超出了激进派的简单武断，有大气度，在当时和后来一段时间内是颇不多见的。

最后，他设计了“以民族精神为体，以西洋文化为用”，促使儒学复兴的具体途径，这就是“从哲学、宗教、艺术各方面以发挥儒学思想”。哲学上“必须以西洋的哲学发挥儒家的理学”，吸收苏格拉底、柏拉图、康德、黑格尔等西方古典哲学，“使儒家的哲学内容更为丰富，系统更为谨严，条理更为清楚，不仅可作道德可能之理论基础，且可奠科学可能之理论基础”。宗教上“吸收基督教之精华，以充实儒家之礼教”，即吸收“精诚信仰，坚贞不贰之精神”，“博爱慈悲，服务人类之精神”，“襟怀旷大，超脱现世之精神”，目的是给人注以热情，鼓以勇气。艺术上“领略西洋之艺术，以发掘儒家之诗教”（以上见《儒家思想的新开展》）。儒学应是合诗教、礼教、理学三者为一体的学养，也即是艺术、宗教、哲学三者的谐和体。贺麟自己倾向于新陆王哲学，他没有创立自己完整的哲学理论，但是他站在民族文化复兴的立场上对儒学所做的反省和创思，有着重要的启迪心智的意义。

3. 冯友兰对理学的再建

冯友兰是哲学史家兼哲学家。他的两卷本《中国哲学史》使中国传统哲学走向西方社会。他的“贞元之际所著书”共六本，建立了自己的新理学哲学体系。就思想倾向而言，冯友兰远承孔孟，近接程朱，将理学发展成新理学，无疑是位儒家学者。但他将儒家更新了，其一是他吸收道家和佛家，使他的哲学具有儒道互补和儒佛道三教合流的特色，因而他把中国哲学精神归纳为“极高明而道中庸”，“极高明”（即超越精神）主要由道家和佛家推动，“道中庸”（即现实态度）主要由儒家提倡，而他的新理学则是“极高明”和“道中庸”的高度统一；其二是他吸收西方新实在论的理性主义哲学，用以改铸程朱理学，使中国原本贯通天人、兼具宇宙和价值本体的“理”更具有西方哲学“共相”的属性，是纯逻辑的概念，这使理学变成了新理学，同时也使儒学部分地丧失了自家面貌。新理学所使用的逻辑分析方法，使以儒学为主体的中国哲学走向明晰化和精确化，更易于与西方哲学接轨，这是中国哲学现代化的必由之路；同时这种理性主义的思路和方法，又与中国传统哲学的体验方法与直觉主义发生矛盾，这个矛盾在新理学体系中没有得到圆满解决。不论怎样说，新理学是近代中国哲学与西方哲学相结合过程中所建立的第一个有严整体系的新哲学，是一次伟大的试验，是对传统哲学一次全新的诠释，它开辟了中国哲学走向未来的道路。

冯友兰的“境界说”是对中国传统哲学精华的创造性的发展，最具中国特色。他认为哲学不能增加人的积极知识，这是科学的任务；哲学的任务是提高人的精神境界。这是真正的中国哲学精神。中国传统儒佛道哲学，都是教人如何做人、如何提高精神的层次的学问，都把哲学的关注放在精神生命的炼养和升华上面，而反对把哲学变成与人生了不相关的纯知识系统。冯先生正是继承和发扬这一传统，在《新原人》一书中提出人生“四境界”说，即“自然境界、功利境界、道德境界、天地境界”，由低到高，一步一步提升，人的精神也由此一步一步得到解放。这一过程就是超越的过程，却不要求人们脱离现实社会，恰恰就要在人伦日用中实现超越。所以冯友兰的哲学不是宗教出世的，也不是功利实用的，而是儒家的中庸之道，力图把理想主义与现实主义统一起来。“四境界”中的天地境界是超道德的，其心态是天人一体的，具有道家回归自然的精神，因而也就具有某种生态哲学的意义。

（二）港台新儒家在边缘地带的学术创造活动

1949 年以后，中国内地以马克思主义为指导，建设社会主义社会，儒家被放逐。一部分儒家学者流落到香港和台湾，在欧风美雨笼罩下的边缘地带，继续从事儒学研究和传统文化弘扬事业，其主要代表人物是牟宗三、唐君毅、徐复观，他们都是熊十力的学生。他们对共产主义持批评态度，但他们不是政治活动家，他们的大部分精力用于文化讨论和学术研究，独立于政治权势之外，保持着儒家系统的自主和批判精神，办教育，创刊物，撰论著，发宣言，进行理论的总结和创造，终于形成一个新儒家学派，有一批弟子和追随者，并逐渐将其影响扩展到国际上。他们在文化上的贡献有以下几点：

第一，他们有强烈的文化使命感和文化传承的担当力，以文化改良派的姿态，从正面深入阐扬儒家的精义和真精神，在西学大潮席卷中国大地、文化激进主义占据上风的情况下，在边缘地带保存了儒学的命脉和生机，使之不绝如缕，成为而后儒家文化复兴的重要依凭。他们当时面对的主要是西方文化咄咄逼人的攻势，而他们怀着对民族文化深切的理解和强烈的自信，进行着文化寻根和培植的艰苦工作，维护着民族文化的尊严，这种文化爱国主义精神是难能可贵的。中国文化的转型和再生，激进派和改良派都各有其独特的作用。没有激进派的有时偏颇的批判冲击，旧文化的陈腐部分很难彻底扫除；没有改良派对优秀文化的正面维护，文化改革便会破坏大于建设，有可能丧失自己的文化根基。所以港台新儒家在一定意义上是对内地猛烈文化改革的一种弥补和制衡，它早晚是会发生有效作用的。

第二，他们在会合中西思想的基础上开创儒家的新学术，做出可观的理论成果，是民国以来文史哲领域一次极为可观的收获。文化的传承与开新，如果只有批判与呐喊，没有扎实的学术研究，势必表面热闹而不能实际推进。有破坏而无建树，则旧文化依然不可能被新文化所取代。所以新文化运动必须以有效的学术成就为根基。牟宗三、唐君毅、徐复观三先生，著作丰厚，思想博深，是海内外公认的一流思想家、学问家。牟宗三一生创作理论作品三十多部，其《心体与性体》《智的直觉与中国哲学》《中国哲学的特质》《圆善论》等论著，运用西方哲学方法，完成了儒家道德形上学的重建，强调道德主体的挺立对于完善人格的意义，并通过良知的坎陷而转出知性主体，由内圣开出民主与科学的新外王，又分疏道统、学统、政统，揭示儒家文化的多层次性，所有这些都是对传统儒家的创造性开发，由此使他成为当代中国的哲学巨人。唐君毅一生有二十余部专著，建立起自己的文化哲学体系，一方面写出《中国哲学原论》这样的长篇巨著，为中国哲学研究做出贡献，另一方面写出《生命存在与心灵境界》的著作，分析生命存在之三向，心灵展现之九境，丰富了内圣之学。徐复观的史学著作如《两汉思想史》、美学著作如《中国艺术精神》皆是学术精品，对于民族文化精神有切实的把握，而又具有鲜明的现代意识。在三先生之后的新儒家学者中，杜维明、刘述先二人的学术成就突出，他们学贯中西，能够从世界文化最新发展的高度来连释儒家思想，吸引青年学者从事于转化传统的切实工作。广义的新儒家，还包括钱穆、方东美等大学者，他们一生著述丰富精彩，在海内外有广泛的影响。

第三，新儒家的强烈忧患意识和批判意识，不仅触及了中国近现代的文化危机，还更广泛地触及了世界性的文化危机，即由工商文明带来的人际紧张、精神失落与生态失调，从而与当代西方最新的人文主义思潮合拍，成为人类文明向更高阶段转型的一项重要思想资源。他们一方面主张学习西方的科学与民主，用以推动中国的现代化事业，另一方面也对西方文化做出深刻批评，指出人类应该学习中国和东方文化重视人生境界的提升、道德情怀的扩展、天人之间的和谐，从而克服科学主义带来的弊端，改善人类的生存模式。新儒家已经和正在参与的关于人类未来命运的讨论，超越了国家和民族的局限，真正具有全球意义，它使中国哲学走向世界，也使世界面向中国哲学。

当然，港台新儒家也有局限性。从理论上说，他们主张返本开新，从内圣开出新外王，对中国社会与文化的革新有所推动。但是新儒家的代表人物都是学者和教授，对于社会政治和经济缺乏经验和实践，也缺少影响社会实际生活的有力途径和手段，同时对于民间社会与文化的实际与演变也缺乏热情与接触。这样，新儒家仍然是一种学院式的思潮，其影响局限于学人和知识界，不能对社会现实发生直接的巨大的作用。新儒家学派里，缺少商儒、政儒、科儒等各行各业的人才，与民众团体、宗教组织、社区活动也缺乏广泛的沟通，距离真正的大规模的社会事业还有很大一段路程。

（三）儒学在道德和民俗的层面，仍然保持着深刻而普遍的影响

1. 在中国，儒家道德作为“日用而不知”的民间传统，在潜移默化中发挥着作用

1949年以后，儒学作为一个独立的思想派别，在学术的层面上，在教育的层面上，都不存在了。但是儒家的为人之道，它的忧国忧民意识，它的道德观念，还继续以传统的习惯力量影响着知识界和民众，这种影响有正面的也有负面的。例如儒家以天下为己任的忧患意识，在知识分子中就普遍存在，讲信义讲操守讲涵养也是知识分子所推重的。甚至有些激烈反对儒学的学人，在他们身上也有着儒家自强自尊、以民为本的精神，不过日用而不知罢了。儒家提倡的敬老爱幼、和睦邻里、礼貌待人、尊师重道、敬业乐群、将心比心等道德观念，在民众之中仍然有着广泛而深刻的影响，而且一代一代传下来，成为社会道德的基础。当然，儒家传统中愚忠愚孝的观念，不孝有三无后为大的观念，尊卑等级的观念，重男轻女的观念，在社会生活中依然有它们的影子，以变化了的形态发生消极影响，成为社会发展的阻力。

社会主义者和共产党人中有一些人，主张吸收儒家文化的精华来充实社会主义文化的内容。最典型的莫过于刘少奇的《论共产党员的修养》，此书赞扬儒家的修德之学，肯定了儒家的忠恕之道、道德气节和社会关怀，认为儒家的反省、律己、慎独等修身方法仍然可以用于共产党人的锻炼与修养。这本书在50年代与60年代前期在广大进步青年中发生巨大的积极的作用。

冯友兰在50年代中期提出对待文化遗产的所谓“抽象继承法”，企图分析中国传统思想命题的抽象意义和具体意义。他认为具体意义带有很强的时代性、阶级性，现在很难继承，而抽象意义便具有普遍价值，现在可以继承的思想就比较多。他举《论语》中“学而时习之，不亦说乎”为例，其具体意义是叫人学诗、书、礼、乐等传统的东西，对于现在没有多大用处；其抽象意义是说无论学什么东西，学了之后，都要及时地经常地温习和实习，这就是很快乐的事，这样去了解，这句话现在仍然有用，是可以继承的。思想文化遗产的继承，当然并不如此简单，但冯友兰企图从传统思想中寻找具有一般规律性和普遍价值的内容，从而在对文化遗产否定太多的“左”的气氛中，为传统思想文化争得一个合理的空间，以便切实地继承和发扬民族文化的精髓，这种苦心是值得赞赏的。虽然“抽象继承法”受到许多

批判，但是人们在日常生活中仍然自觉或不自觉使用这种方法来继承和转化文化传统。例如“忠”的概念，历史上其具体意义是忠君，其抽象意义是尽己，去其忠君，存其尽己，并且与当今社会要求相结合，便是忠于祖国、忠于人民、忠于职守，其他依此类推，便有许多东西可以继承。刘少奇《论共产党员的修养》对传统儒家道德的分析和吸收，正与抽象继承法暗合。

“文化大革命”中，“四人帮”对儒家仁学、中庸之道和修养之方大肆口诛笔伐，这本身就证明儒家思想在民众中仍然有很深的影响，人们不愿意接受斗争哲学，不愿意把“文化大革命”进行到底，所以“四人帮”才花大气力反孔批儒，为推行他们的反动路线扫除思想障碍。

儒家思想经过两千多年的传布，已渗透到民族性格、文化心理和民间习俗中，成为中华民族精神生命的组成部分，这不是社会运动和政治批判所能完全消除的。

2. 在韩国，儒学以儒教的形态继续存在

韩国在历史上接受宋明理学以后，其社会精神生活便以理学为主导。尽管20世纪以来世界和东亚形势发生了巨变，儒学的故乡中国从尊儒变为反儒，韩国国内也处在不断的社会变更之中，但韩国依然如故地尊孔祭孔，重视礼义文化的传承和教育，把儒学放在社会道德教化的正宗地位，奉之如宗教，使儒学长期保持着主流文化的态势，这在世界上是个特例。可以说，作为生活日用的儒学，韩国是保存最多的国家。

50年代以后，随着西方文化特别是基督教文化的大规模传入，韩国儒教的力量和影响也在减退之中，但它没有发生激烈的反儒批儒运动，儒家伦理观念在韩国社会实际道德生活里仍然居支配地位。只是由于国家较小，未能对东亚儒家文化圈发挥有力的辐射作用。

3. 在日本，儒学趋于衰落，而礼仪习俗得以保存

20世纪前半期的日本，以“脱亚入欧”为其发展的目标，并越来越富于扩张性侵略性，走上侵略朝鲜、中国和整个亚洲的帝国主义道路。在日本发动侵略战争期间，全国上下弥漫着武士道和军国主义精神，儒学片面强调“忠”的服从观念，丧失了它的仁爱精神，只剩下一个躯壳。二次大战结束以后，日本大量接受美国和欧洲的文化，儒学的影响也越来越小。作为一种文化，儒家的礼仪仍然是人们社会行为的规范和人际交往的习俗，促进了社会生活的有序化。工商界把儒学用于工商业经营管理，即所谓《论语》加算盘，它给传统儒学开拓了新的领域，极富于现代精神。

（载于1998年第3期）

二十世纪儒学的衰落与复苏（下）

牟钟鉴

三、儒学在新时代社会转型期的复苏与重建

20年代以来，世界形势发生了许多重大的变化，这些变化在许多方面都带有根本的性质，影响到人类的命运，这些变化迎来了一个崭新的时代。中国和东亚的崛起与快速发展，苏联的崩溃和东欧原体制的瓦解，改变了世界的格局。西方文明引起的全球性生态危机、人际冲突、社会犯罪等日益加剧，引起人们强烈的批判意识和对文明转型的渴望。力量对比的变化和文化危机的加深，迫使人们重新审视东方文化和西方文化的价值和东西方文化的关系，以便从中寻找全人类文明发展的出路，儒学的现代与未来意义由此逐渐显露。

（一）中国摆脱了“文化大革命”的灾难，实行改革开放和以经济建设为中心的发展战略，给儒学的研究与开发创造了必要的社会条件

1. 对“文革”的反省，打破了“批孔必进步”的神话，从而结束了批孔的时代

“文革”把反传统推到极端，也把国家推进灾难。人们总结它的惨痛教训，醒悟到反传统反儒学未必就是革命的进步的，不分青红皂白的反，其结果是断裂优秀传统，而使糟粕大肆泛滥。固定的观念一旦打破，人们便会恢复正常的心态，重新审视被“四人帮”一概骂倒的传统文化和儒学是否还有值得继承的内容，从而客观地冷静地去研究儒学，既超越传统，也超越反传统，为文化的传承开出一个新的天地。江青等人实际上起了反面教员的作用。在批判了“四人帮”的政治与文化专制主义之后，重新提倡学术上的百家争鸣方针。改革开放的实行，不仅开放了社会与经济，也开放了文化与学术。中国一反过去在思想上自我封闭的状态，转而以宽容的姿态对待西方文化和传统文化。在这种社会环境中，结束了批孔批儒的时代，开始了研究孔子和儒学的时代。

2. 斗争哲学和以阶级斗争为纲的路线的失效，意味着通和哲学与务实路线开始发挥作用，文化上必然要走融合中西、贯通古今的道路

“文革”及其以前，人们只注意不同文化之间的矛盾与斗争，完全忽略多种文化之间的沟通与融合。在“批资”的名义下拒斥西方文化，在“批封”的名义下拒斥传统文化，在“批修”的名义下拒斥苏联东欧文化，满眼都是敌人。“文革”以后，从以破为主转而以立为主，从拒斥一切转而广泛吸收。随着民族文化意识的觉醒，越来越多的人包括许多共产党人和老干部都认识到，文化是民族之本，丧失自己文化的民族是可悲的，中国文化要健康发展，必须要以自己民族的优秀传统文化为根基，同时吸收人类一切文明的成果，这样文化的发展才是丰富多彩又具有民族的特色。中国目前存在着三大文化体系，即社会主义文化、中国传统文化和西方欧美文化，它们之间有差异有冲突，但总的方向应该在良性互动中走向融合，彼此互补，相得而益彰，而不是水火不相容。中国恰处在三大文化体系都显示强势的会合地区，只要处理得当，三种文化的冲突与会合，会增强中国文化发展的动力和生气，形成一种前所未有的璀璨的新文化。

3. 港台新儒家思想的回流，刺激了中国内地的民族文化情结，引起人们对儒学的重新关注和评价，推动了文化热的升温

70 年代末 80 年代初以来，海峡两岸关系松动，人员往来与文化交流发生并发展。内地与香港、中国与欧美的经济文化的交流与合作发展迅猛。港台新儒家著作回流内地，新儒家学者到内地做学术访问、参加学术会议和文化讨论，带来许多新鲜的文化信息。内地学者也开始走出去，到港台等地区及欧美等国家做学术交流，进一步接触到新儒家及各种文化思潮；同时也开始认真研究介绍现代新儒家的理论学说。新儒家的民族文化意识及其思想，直接或间接影响到内地学界和青年知识分子，使他们得到一种借鉴和启发，重新思考儒学及传统文化的历史作用及现代、未来意义。由于港台与内地的政治经济制度不同，这种文化交流便具有为中华民族重新统一寻找思想基础的重大作用。海内外的中国人认识到，中国优秀的传统文化乃是中国走向统一的思想基础。因此研究作为传统文化核心成分的儒学，其意义就不限于文化遗产的继承问题，而是为推动中国统一做思想准备工作，其任务是把绝大多数中国人都能接受的具有民族特色又富有现代精神的思想资源开发出来，正确诠释，增强中国人的文化认同感。

4. 中国社会与经济的快速发展，带动了儒学研究的繁荣

历史的规律一般是：民族强盛，它的文化才被人看重。中国近二百年的积贫积弱，使它的传统文化的声誉大跌，不仅西方人看不起它，连中国人自己也看不起

它。1949 年新中国成立了，但经济发展时起时落，没有找到最符合国情的道路，与国际社会处于隔绝状态。70 年代末实行改革开放以来，在邓小平理论的指导下，经济得到快速的发展，由计划经济向市场经济的转型也在有效进行中，国力成倍地增强，各项事业在蓬勃发展，人民生活得到很大改善，在国际舞台上中国是一个受人尊重的泱泱大国。中国人提高了民族自信心，因而更加重视弘扬自己优秀的民族文化。同时全世界对中国固有的文化也刮目相看，想更多地了解中国和它的文化，想知道中国社会的活力如何得到它深厚文化的滋润。这样无形中提高了中国传统文化和儒学的国际地位。美国政治学权威亨廷顿撰文《文明的冲突》，把中国儒学看成是西方文明未来的敌人，这当然是冷战思维的产物，但它透露出这样的信息：中国文明即将重新崛起，所以才引起美国人的严重关切。当然，中国文明是和平的，它不会威胁任何人，只会造福于人类。

中国社会发展要走自己的路，要建设有中国特色的社会主义，这就必须大力开发自己民族文化的资源，使文化与经济相结合，使精神文明建设密切配合物质文明建设。人们都说中国地大物博，资源丰富，其实中国的思想文化资源比物质资源还要丰富，这是一笔价值无可比拟的宝贵精神财富。在这其中，研究、发掘和运用儒家的哲学、道德、教育等方面的思想资源，丰富精神文明建设的内容，提高全民的文化素质，振奋中华民族的精神和加强中华民族的团结，就是十分必要的了。因此社会上下，政府、民众、学者都致力于弘扬优秀传统文化，形成一定的热潮。从民族的历史发展看，这股潮流的根基是十分深厚的，这种热潮将会长期保持下去，它将与中华民族的振兴相始终。可以说，中国的社会主义现代化需要优秀的传统文化，需要从民族文化中吸取自强不息、稳健和谐、厚德载物、敬业乐群的精神和理念，它们是中华民族的灵魂和思想动力，也是我们沟通西方、向外国优秀文化学习的思想基础。

中国经济的高速发展，不仅提出了弘扬优秀传统文化的需要，也给这种弘扬工作提供了比以前更多的财力和物力。中国孔子基金会就是在这种情况下建立起来的。

（二）亚洲四小龙的经济腾飞提高了儒家文化的国际地位

韩国、新加坡和中国的台湾、中国的香港从 70 年代起，实现了连续二十多年的经济腾飞，被称为“四小龙”，再加上中国和日本，使东亚成为全世界经济发展最有活力的地方，并且在经济发展模式上表现出东方文化的特色，这在很大程度上改变了西方的亚洲观，引起了全世界的敬佩和重视。东亚地区处在儒家文化圈和佛教文化圈之中，人们不能不联想到东亚的经济发展是否与东亚文化的潜在活力有关，于是有更多的人去研究东亚文化特别是儒学在经济现代化中的正面价值，去总结“亚洲四小龙”的成功经验。西方社会学家韦伯曾断言儒学不能成为经济现代化的精神动力，然而东亚创造的奇迹把这个风行一世的论断打破了，事实向人们第一次显示了儒学的现代性，从而提高了儒学的地位。

当然，亚洲四小龙的快速发展，首先得力于引进西方已经成熟了的市场经济机制和现代管理及科技手段。但不可否认，儒学关于和谐协调的思想，关于以人为重心、人的社会责任感和道德自觉心的思想，关于开发、培养和使用人才的思想，关于以义导利、信用为重的思想，都不仅在亚洲四小龙经济现代化过程中有利于保持社会的稳定和有序性，为经济发展创造出一个比较文明的社会环境，而且也能弥补西方经济管理中见物不见人、利润就是一切和劳资尖锐对立等弊病，使社会发展得比较平稳。

虽然目前亚洲的金融危机暴露了从东南亚到东北亚许多国家经济的内在病态和一系列严重问题，但是这些国家毕竟打下了发展的深厚基础，经过一段调整，是会继续起飞的。何况中国内地巍然不为所动，中国台湾亦较少受损，中国香港依然充满信心。亚洲的模式需要改善，但没有过时。东亚国家对儒家文化的重视影响到中国，中国大力开发儒学资源又带动了周边国家，彼此互相推动、互相交流，极大地提高了东亚人的文化自信心。在金融危机的威胁面前，东亚人会用地区性文化为纽带，加强团结，增进合作，更勇敢地走向21世纪。

（三）西方文明日益严重的危机，促使人们把目光转向东方文化和儒学

1. 西方有识之士反省西方文明，认为工业文明向更高层次的转型需要儒学

西方文明主要是指近二三百年中由欧美国家创造的工业文明，它极大地提高了社会生产力，推动了科学技术飞速发展，为社会创造出巨大的财富，使人们的物质生活得到空前的提高。我们今天所享受的现代化产品和生活条件，几乎都是西方工业文明带来的。但是工业文明已过了它的巅峰期，并显露出一系列的弊端，有些弊端发展下去将给人类造成根本性的威胁，主要是信仰危机、道德危机、社会危机和生态危机。人的生活高度物质化外向化，内心世界无所归依；科学和金钱左右一切，道德风气普遍下滑；社会犯罪和社会冲突加剧，社会秩序不能正常维持；环境和资源被严重破坏，人类的生存基础发生动摇。当代的西方文明使人类异化成了商品的附属物，从而使人丧失了自己。一些有识之士深为忧虑，指出必须大力发展人文主义，以便与科学主义相制衡；必须大力加强精神文明建设，以便与物质主义相抗衡；必须大力改善环境，以避免自然界的毁灭性报复。他们认为以儒家为代表的东方文化，重视人文价值，重视人的德性培养，提倡仁道、礼义、和谐，阐扬天下

一家、天人一体，这些精神和传统代表着世界文明进一步发展的要求，可以为人类文明的转型提供方向性的理念与思路，人类必须到孔子老子那里寻找智慧。罗马俱乐部主席佩奇，英国历史学家汤因比和科学史家李约瑟，都在他们的著作里对中国传统文化寄予厚望。澳大利亚学者李瑞智、黎华伦在《儒学的复兴》一书中指出，中国固有的儒家文化正在复兴，并预言“它将在世界文明的核心中占有一席之地，并将带领世界进入二十一世纪”。这是一种真诚的期望，说明西方学者有很强的自我反省能力，并且有着虚心学习东方的博大胸怀。事实上，东西方文化应该取长补短，互相学习。西方文化的精华如理性、民主、人权、法制等，东方是缺乏的，应予吸收。而西方文化忽略人情、太重金钱、个人至上、崇尚斗争，又是它的缺点，东方应有批判的态度。东方文化有某种早熟性，其道德、礼义、和谐等内涵固然应当发扬，但它忽略个人、不尚竞争、不重法制、漠视逻辑等弱点，也需要加以克服。东西方文化的互补性很强，最理想的状态是兼而有之。不过，西方文化仍是世界主流文化，其学者对东方儒学表示了很大的敬意，无疑会提高儒学的国际声望。

2. 西方华裔学者在比较研究中阐扬儒家思想精华，促进了儒学的世界化

一批对中国文化颇有研究并长期生活在西方的华裔学者，如美国的陈荣捷、余英时、杜维明、林毓生，澳大利亚的柳存仁，加拿大的冉云华、秦家懿等，他们用现代的眼光做中西文化比较研究，使中国人更好地了解西方文化，也使西方人更多地了解中国文化，推动了两种文化的互释与互补。其中陈荣捷、杜维明、林毓生等学者，在西方讲授中国传统思想和儒家学说，用西方人熟悉的思维方式和话语系统诠释和阐扬儒家思想精华，大大扩展了儒学的影响，促进了儒学的世界化。杜维明近些年根据儒家主和的理念，提出“文明对话论”，用以回应亨廷顿的“文明冲突论”，主张不同文明之间要平等对话，互相沟通，互摄互补，共同发展。这一主张不仅有利于打破东西方的文化隔膜，推动世界和平事业和文化合作，也显示了儒学精神在解决当代文化冲突中的宽大胸襟和重要作用，得到了越来越多的人的赞同。

3. 国际性的文化研讨频繁进行，促使世界更加了解中国和儒学

随着“地球村”的形成和文化问题在国际生活中地位的提高，国际性的文化对话与讨论活动也在快速发展。其中中国的开放和参与，给国际间的文化讨论注入一股强大的活力。近二十年来有东西方学者共同参加并具一定规模的有关东方与中国文化的国际研讨会，差不多年年都有。这些会议的主题大都是东方传统与现代社会的关系，或是中国文化与21世纪的关系问题，而儒学的诠释与再造始终是大多数会议的热点。这说明儒学研究已成为当今世界范围颇为流行的一门学问。

正是在世界需要和关注儒学，中国走向世界并重视儒学的新形势下，国际儒学

联合会于1994年应运而生，它的总部永久设在北京。它的宗旨是：研究儒学思想，继承儒学精华，发扬儒学精神，以促进人类之自由平等、和平发展与繁荣。国际儒联的工作得到了中国政府的支持，得到了世界各国学者的积极参与，三年来有了一定的开展和成绩，在联络和推动世界性儒学研究方面做了许多有益的工作，其影响正在逐步扩大。儒学这面文化旗帜，比以往更加鲜艳了。

四、儒学发展的新特点及未来展望

（一）特点

1. 儒学重新回归中国，并成为东亚各国团结的重要文化纽带

儒学的故乡中国，在放逐儒学半个多世纪以后，终于重新接纳了儒学，把它作为民族文化的重要组成部分而开始了认真系统的研究，儒学的思想资源也得到较好的开发运用。不是作为一种意识形态，而是作为一种文化，儒学开始焕发出新的生命活力，这是中国现代思想史上一件划时代的大事，其意义是深远的，它标志着整个民族文化的复苏与复兴。

同时，受儒家文化影响较大的亚洲国家，如中国、韩国、新加坡、日本、马来西亚（华人社区）、印度尼西亚（华人社区）等国，这些年加强了地区性的经济和文化的交流与合作。在平等与西方文化对话同时拒绝“西方文化占领”中，东亚传统文化成为一种重要的精神力量，儒学成为一种通行的共同语言，它增强了彼此的文化亲近感。由于儒学有“和而不同”的精神，它也有利于东亚各国的社会开放和广泛吸收世界一切进步文明成果。

2. 儒学正在走出学者的书斋与课堂，而为社会各界所关注

在中国，政府和教育界十分重视整理和发掘儒家道德教育的遗产，让它的精华部分在学校、家庭和社会教育中发挥更大的作用，为提高国民的人文素质和改善社会风气服务。各地各族都在努力开发包括儒学在内的传统文化资源，使中华民族文化振兴事业具有广泛的社会基础。

在新加坡，儒学受到特殊的尊重，儒家伦理成为公民教育的重要内容，并取得了一定的成绩。李光耀由于新加坡模式的成功和关心儒学，被推举为国际儒学联合会名誉理事长。

儒学得到工商界的关心和支持是20世纪后期出现的重要文化现象。从东南亚到中国，儒商和儒商文化开始运作，它把经济与文化结合起来，正在给儒学的发展开创出一个新的境界。儒商是指有文化素养、见利思义、取之有道并关心社会事业

的工商实业家，他们与奸商是对立的。儒商的出现，改变了儒学重义轻利、重农轻商、重道轻器的主流传统，使儒学面向现代市场经济，这将使儒学获得一个新的生存和发展形态。

3. 儒学不再是古老中国和东方一门比较保守的传统学术，而成为当代世界性的显学，是诸多现代文化思潮中的一支，是处在学术前沿的融过去、现代与未来为一体的一门重要新学科

以往的儒学研究本质上是一种史学，当前的儒学研究本质上是一种现代学。现代新儒学是经过了自我批判改造和社会批判冲刷之后再生的儒学，是吸收了其他文明成果并用新的时代精神重新改铸过的儒学，是根据当代社会发展需要而筛选过的并运用现代思维与语言重新诠释了的儒学，它又与西方哲学和思想相沟通，具有开放和兼容的特色。中国内地、港台地区以及东亚、欧美各国的儒学和儒学研究，在理论方法上各不相同，但彼此交错，其义理之学的主流都是针对当前社会弊病和危机而做出的文化上的回应，可以说都是古为今用的。因此笼统地把提倡儒学说成“复古主义”是错误的。由于现代性的大量参与，当代各种新儒学完全可以与其他现代学术、学说与思潮进行平等的对话和交流。由于儒学同西方文化有强烈的互补性，儒学甚至与未来学相联系，成为国际社会制定人类文明未来发展战略的重要参考。所以“儒学与二十一世纪”是国际文化讨论的热门话题也就不足奇怪了。当前的儒学研究是在世界规模上进行的，一刻也离不开国际交流和合作，所以及时沟通国际地区之间的学术信息，加强研究者的相互来往，就是十分必要的了。当然也有抱残守缺者，企图简单地恢复儒学，把儒学看作是万古不变的教条，这样做是没有出路的。

（二）展望

儒学是人类古代文明延续至今的为数不多的有藏量有特色的文化系统，由于它的内涵深邃，普遍价值和现代性潜能丰富，它必将通过转换形态在21世纪有一个较大的发展，这是可以预期的。如果说历史上的儒学在很大程度上要靠贵族政权的力量推行，那么如今的儒学只能凭借自身的活力而存在和发展，而且它确实做到了。帝制的垮台没有断灭它，社会的革命没有摧毁它，说明它的生命力十分顽强，以后再也不会有什么力量足以打垮它。各种批判运动所能做的是清除它的陈腐内容，为显露它的精华创造条件。儒学之所以能够衰而复兴，从根本上说是因为它包含着许多人生和社会常道，是人类文明的结晶，为人性的改善和社会的改良所必需，也就是古语所说的“道不可须臾离，可离非道也”。从另一方面来说，它又能提供西方文化所缺乏的东方智慧，这些智慧恰恰是全人类克服种种社会危机、健康地迈向下一个世纪所十分需要的。从20世纪前期传统与现代的分离，到20世纪后

期及未来传统与现代的结合，这是人类曲线的进步。下一个世纪的前半期，儒学很可能成为世界文化相当重要的文化潮流，将改变西方文化独尊的局面而与西方文化、伊斯兰文化以及其他多种文化共存共荣、互补共进。它的表现形态并不必然是某种学派，更不是回到独尊，而是儒学的广泛研究和应用，是一种“大儒学”。这种大儒学可以归结为“仁爱通和之学”，以“仁”为核心理念，以爱为基础情感，主张天下一家、天人一体，和而不同，通畅无碍，看重和爱护生命，提倡修己成物，向往世界大同。

具体地说，儒学将在四个方向上为21世纪的人类文化做出贡献

1. 儒学将在中国新文化建设中发挥越来越大的作用，而中国又会影响整个世界

儒学将丰富中国的社会主义文化，使它带上民族特色。在中国未来的哲学、道德、经济、政治、文艺、民俗等建设中，人们都会吸取儒学的营养，借鉴儒学的智慧，当然也要广纳道家和其他诸子百家，并向外国学习。中国是一个文化大国，随着经济实力的增强和政治改革的发展，它的文化必将进一步丰富多彩，百花齐放。如果说历史曾限制了儒学，那么儒学的优点和潜力，由于传统宗法等级社会的倾覆和封闭保守状态的改变，由于社会的进步和社会主义学说与西方文化的激发，而得到充分的发挥和释放，它的弱点也将得到更好的克服。在中国，儒学的精华与社会主义绝不是对立的，而是可以相通的。可以说儒学在本质上具有社会主义（主要是指社会正义与公平）的倾向，而只有社会主义才能真正实现儒家的大同理想。中国将试图在这方面做出榜样。

2. 儒家伦理将在世界普遍伦理建设中发挥重要作用

人类由于无限度地追逐物质利益而使行为严重失范、道德滑坡，从而导致社会无序加剧成为世界性的普遍现象。这不仅会使人类的精神堕落，也会严重损害经济的健康发展。在当前东南亚金融危机中，政治道德的腐败是一个重要的原因。此外，家庭的解体，职业道德的伪善，都严重威胁着人类社会的稳定和发展。儒学是伦理型的思想体系，它的道德思想最为丰富。它的以“廉”为中心的政治道德，以“忠”和“信义”为中心的职业道德，以“恕”为中心的人际道德，以“孝”为中心的家庭道德，在清除了等级性的陈迹以后，都可以为世界普遍伦理的建设提供价值基础。它将和各种健康的宗教和非宗教道德一起，为推动世界道德的进步发挥巨大作用。

3. 儒家文化将与市场进一步结合，促进儒商队伍的壮大和世界性市场的健康发展

世界经济的发展，到下个世纪进一步地区化和国际化，这固然带来了互通有

无、共同繁荣的前景，同时也包含着“一损俱损”、连锁危机的莫大危险。如果政治家、企业家、金融家没有起码的道德标准，世界听任少数投机家兴风作浪，那么世界的经济将极不稳定，类似亚洲金融危机还会发生。如果儒商的队伍成为世界工商界的主流，或者掌握着重要的经济命脉，那么世界必将繁荣稳定，遇到经济危机也容易克服。所以儒商队伍的培养，儒商文化的扩大，就成为一种当务之急。可以先从中国和亚洲做起，再向世界推广。这件事情做得有成绩，将使儒家文化在下个世纪大放光彩。这里的儒商是个大概念，“儒”泛指信义文化，“商”则是指一切实业，它要求把东方的人文道德和西方的实业智慧高度结合起来。目前文化人关心实业，实业家关心文化，已经成为一种趋势，趋势会继续加强，这是值得庆幸的。儒学在丧失了它的历史基础——农业文明和家族社会之后，将再度获得一个新的现实基础，那便是现代市场经济。一旦有了这样的基础，儒学的前途是不可限量的。

4. 儒家仁爱通和之学将在解决国际冲突和族群争端中发挥积极作用

到目前为止，整个世界指导处理国家、民族和地区性冲突的主流思想还是强权与斗争哲学。它的根据是：利益冲突是不可避免的，优胜劣汰、损人利己是铁的规律。但是在地球村已经形成、经济向着国际化发展的今天，各国各族的利益仍然会靠损害和牺牲别人来得到吗？情况已经不同了。对立和斗争仍然是有的，但主导方面已经变成“和则两利、斗则两伤”的局势，各国各族间的共同利益、长远利益大于它们之间的局部利益和眼前利益，问题在于要使更多的人早日知道这一点，东南亚的金融危机影响到全世界，没有一国从中得利便是证明。“金钱冷漠”“族群仇恨”“霸权主义”已经和正在严重损害着全人类，包括那些主动倡导者。人类不在和谐中生存，就会在互斗中灭亡。但国际社会缺乏一种共同承认的和解哲学，所以仍然忍受着冲突、仇杀和战争折磨的痛苦。我以为儒家仁爱通和之学，可以用泛爱化解仇恨，用和解处理争端，用沟通打破隔膜，使人类醒悟到必须彼此关心，树立“共赢”的理念，学会理解和尊重别人，学会在一个多元的社会里和平共处、睦邻友好。“仇必和而解”（张载语）是人类的唯一出路，仇必仇到底是绝对没有出路的。中国香港的和平回归就是和解哲学的胜利。在这方面，中国和亚洲还应该继续率先做出榜样，并向世界宣传仁爱通和的道理，大力推行对话、沟通、谈判、合作的处事方式，消除冷战思维和斗争哲学的影响，使世界在和平安宁中发展。

儒学的未来前途不仅取决于儒学的资源与时代的机遇，更取决于人们对儒学再造的水平和效果。人能弘道，非道弘人，儒学的命运掌握在我们和下一代的手里，所以我们要好自为之。

（载于1998年第4期）

儒家文化的新启动

刘蔚华

今年是孔子诞辰2550周年，国家将在9月份举行重要的纪念活动。中国孔子基金会、国际儒学联合会与联合国教科文组织也将在10月7日联合举办大型的纪念学术活动。围绕这一中心，中国孔子基金会还举办了其他形式的多种纪念性文化活动，如在6月连续同《人民日报》《光明日报》分别召开了两次纪念座谈会，并在人民大会堂主办了展示孔子金质塑像座谈会；7月6日举办了纪念孔子的全国美术与书法作品展以及同新华社联合出版有史以来第一部金箔《论语》。与此同时，在山东省曲阜市举行的孔子文化节也比往年格外隆盛。这在新中国成立以来是不曾有过的。

20世纪末，如此大规模地纪念孔子，并非逢五逢十的时间巧合，而是意味着中国文化经过20世纪百年的起伏跌宕和中西文化反复撞击之后，终于进入了振兴阶段。中国人民已经能够以开放的胸怀正确地把握时代精神，也能够比较成熟地、满怀自信地对待自己的民族文化了。和新中国国庆50周年盛大的庆祝活动相辉映的这一系列丰富多彩的文化纪念活动，真正意味着面对21世纪中华民族的振兴和儒家文化在建设有中国特色社会主义思想指导下的新启动。

中华文化是中华民族的一切优秀精神财富的总汇，包括了各少数民族文化的丰富内涵和诸子百家以及历代文化创新的积累。但是，由于孔子创始的儒家文化，经过历史的选择，数千年来一直居于中华文化的主流地位。因而如何对待儒家文化就具有典型代表的意义。对儒学研究的新开展，绝不排斥全方位弘扬中华文化一切优秀成果。

这个新启动、新开展，应当从哪些方面做出努力呢？冯友兰先生生前有句名言“接着说”，而不仅限于对前贤说过的话“照着说”。时至今日，“接着说”显然不够了，应当发展为“接着做”，就是要接着20世纪众多学人对儒家文化的改铸、创新的工作，坚定地做下去，并且要更加全面系统地“接着做”。

一、对儒家文化的普遍价值进行现代性诠释

儒家文化之在中国，之所以能够长期迎受种种挑战，有时甚至面临被灭绝的险境，却能够不断自我更新，与时俱进，就在于儒家文化的价值体系不仅具有历史性，曾有效地为特定历史时期服务，而且也在于它的精神特质中具有超越时空的普遍价值、蕴涵着建构人类文明的共同因素。对儒家文化，如果只从其具体的历史性出发，做出种种否定性评价，既具一定理由，且并不困难。但是，要从其中剥离出适合于不同历史时期的普遍价值和构成文明的共同因素，并非易事。它需要深邃的历史睿智和在特殊条件下反潮流的胆识。我们很长一段时间认同马克斯·韦伯的观点，表现出一种担心，就是认为中国儒学天然地与社会及人的现代化是不相容的。为了实现现代化，为了救亡图存，先从批判自己的传统文化入手，以促进社会的变革。经过百年的摸索和社会的实际发展，我们开始发现，这种观念所标榜的恰恰是“西方文化中心主义”，它逻辑地通向西方文化霸权主义，是配合列强炮舰政策的一种文化战略。如果让它得逞，就有使世界上唯一保持一脉相传的悠久中华文明濒于断流的危险。

其实，现代化并不是西方社会的专利，也不是某种社会的偶然变异，而是人类社会从低级阶段向高级阶段发展的普遍过程。在现代化进程中，国家之间会有先有后，然而不存在某种前现代社会有成长为现代化社会的独特基因，而另一种前现代社会则先天缺失这种基因。因此，我们尽可以分析本民族传统文化中存在过时的、不适于现代化成长的种种因素，对它加以改造、创新和发展，但绝不能卑怯地认为只有全面进行本族文化的大换血，才能实现现代化。

西方文化受基督教原罪思想的影响，对人性的看法基本持性恶论观点，夸大了人的生物特性的作用，导致了对力的崇尚、利的追求、欲的放纵、情的驰逐，因此基督教文化不能不用激发人的悔罪感把人纳入道德规范。但是，当尼采在近代社会来临之际宣告“上帝已死”的时候，本已脆弱的宗教道德便更加失去了维系之力。到20世纪末，西方那种已经处于生态危机、道德与价值观念危机、极端放纵自我、人性严重扭曲、两性关系混乱、家庭结构解体、犯罪与暴力充斥的社会文化，无情地宣告了自己的没落。一种饱含着失落、彷徨与无可奈何情绪的“后现代文化”思潮正在兴起。谁也说不清，这股西方新思潮将给人类社会带来什么，是祸还是福。我们为什么不从自己的优秀文化中寻找普遍价值呢？

儒家文化对人性的看法则异于是。性善论是儒家看待人的主流观点，它虽然没

有脱离唯心论的窠臼，却道出了一个朴素的真理：绝大多数人是好的，群众是好的，人民是好的，人类是好的，即使是在恶劣的环境中，依然是好人多。这种对人的信任和信心、对人性的尊重与乐观主义态度，使儒家文化走向崇尚道德之路，积极肯定了人具有自我完善的要求、自我超越的能力，人与人之间有合群的亲和力，和谐是任何文明社会的内在需要，文化的功能就在于建制有道德的社会和塑造有道德的人。孔子、孟子和历代硕儒所倡导的仁者爱人，有礼者敬人，尚义者惠人，忠者尽己、诚者信人，恕者推己及人，己所不欲、勿施于人，己欲立而立人、己欲达而达人，泛爱众而亲仁，民胞物与，忧以天下、乐以天下，为了维护正义，可以毫不犹豫地做到“杀身成仁”“舍生取义”，从而导出了“人为贵”“民为贵”“和为贵”等重要思想。这种既具现实性又带有理想主义浓重色彩的普遍性价值观，不仅适用于中国，也适用于世界，不仅适用于昨天，也适用于今天和明天。

当然，儒家文化的普遍价值绝不仅限于这一些，我们有义务和责任将儒家文化中的一切有普遍价值的精神资源进行全面的发掘、系统的整理，做好适合于现代社会关系和现实生活要求的创造性的诠释，使它真正成为我国和世界建设现代文明重要的有机组成部分。

二、对中华元典精神进行全面的整理和开发

我国自上古流传下来的文献典籍，至春秋时已处于散佚状态，经孔子抢救，“述而不作”，亲手编纂、修订、讲授而流传下来的《六经》（《乐经》后来缺失），实际构成了中华文化的源头和基础。孔子被赞为“集大成者”，伟功在此。孔子生前与身后，曾遭受过无数次大大小小的批判，他和他创立的儒家文化之所以没有一蹶不振，就在于“斯文在兹”。任何民族怎么可以毁弃自己的元典呢？《六经》所表征的是旷古长存的中华文明，是哺育了世世代代中国人的元典精神。

元典之所以重要，在于它具有极其宝贵的文化发生学意义，为文化的持续发展奠定了基础和内在地规定了发展的路向。因此，文化的特质与分野，由此而始。文化的源是如此，文化的流也是如此，都要取决于适合时代要求的对于元典精神的不断的领悟与会通。

这就必然要涉及儒学的一个特殊领域，即经学。我们要把握住中华文明的元典精神，对儒学的研究就不能只热衷于子学而不涉足于经学。千百年来的重要经验就是，脱离元典精神的儒学研究，会流于“私作”，于社会文明的进步无所裨益。所以在中国历史上，每当社会处于重要转折时期，都要重新整理元典，做出新的能够

反映时代特点的训释，以保持中华元典精神的精进。从战国以迄清末，从《五经》到《九经》到《十二经》再到《十三经》，这个工作已经做过许多次了。而每一次对元典的整理和训释的修订，都是一桩重新审视传世经籍的浩大工程，既保持着元典精神的继承性，又是对儒家文化的一次更化和创新。

盛世修典。这个工作，在20世纪，我们没有来得及全面地做，只是零星地做了一些基础性工作和局部的训释工作。当我国进入现代社会，由农业文明转向工业文明的时代，适应于建设繁荣、富强、民主的有中国特色社会主义社会的需要，必然面临着完成将中华古典文明元典精神的传统性向现代性转变的历史任务。

现代化是个过程，而形成人与社会的现代性，则是现代化的目标。历史实践表明，我们不能从“西方化”中获得现代性，那样必然会背离中华文明的元典精神，而必然招致传统文化的猛烈反弹，从而发生牢固的传统性对脆弱的现代性的吞没现象。

毋庸讳言，当前在我国，文化现象十分复杂。既有西方文化的诸多因素，积极的、消极的、优秀的、丑恶的都有；又存在着传统性中遗留下来的许多糟粕，如巫术泛起、神秘文化盛行、家长制与人身依附的影响残留。尽管传统美德也在顽强地施展着自己的影响，但是鱼龙混杂、泥沙俱下的现象，纷呈于现实。古谚云：非圣必乱德，亡经必及巫。这是一条值得重视的历史经验。我们要卓有成效地进行社会主义文化建设，亟须对中华元典精神进行一次全面的整理和完成向现代性的转化。这里布满了未知的领域，需要我们去研究和认识，以保证我们从西方文化中吸收的是积极的成果，对我国固有文化继承的是优秀传统。

三、将儒家人格理想与社会理想模式现实化

道家作为竞争对手曾把儒家文化概括为“内圣外王”之道，这是深得要领的。这里说的内，是指人之心性，外是指事功；儒家就是以内修圣德、外兴王业为长远目标的。做现代含义来理解，就是要通过造就理想人格来建设理想社会。

孔子回答子路问君子的人格标准时说：“修己以敬，修己以安人，修己以安百姓。”（《论语·宪问》）这是儒家修己递进而至的三重境界。他认为，“修己以安百姓，尧舜其犹病诸”，这重最高境界连儒家崇奉的尧舜时代也未能达到。孟子和荀子把这种思想发展为儒家的王道、仁政或王政观。对于儒家王道思想的理解，不能简单地理解为只要由帝王来主政的社会，就是实行“王道”，实现了“内圣外王”。这要看执政者是不是坚守自律道德、能不能严格修己；衡量其社会是不是达到了王

道境界，要看能不能做到“安百姓”。和这一理想境界可以互通的是孔子对子贡问仁的标准时说：“如有博施于民而能济众……何事于仁！必也圣乎！尧舜其犹病诸。”（《论语·雍也》）“安百姓”的实际含义，就是“博施于民而能济众”。可见，在儒家理想中，圣和王是互通的。一向祖述尧舜的孔子，认为这种既是“圣”又是“王”的理想境界，连尧舜也未能达到。这恰好表明，这是孔子对中华文明人格理想与社会理想的新拓展。

《礼记·礼运》篇记载了孔子关于社会理想的一段著名论述：“大道之行也，天下为公。”他用“选贤与能，讲信修睦”一系列具体描述勾勒了一幅“大同世界”的生动画面。可以认为，这是孔子对“安百姓”与“博施于民而能济众”的进一步阐发。

这种对理想人格和理想社会的思想，既是儒家人文思想与社会思想的现实关切，又是儒家始终不渝的终极关怀。在不同历史时期，对儒家所憧憬的人格与社会理想，完全可以有不同的内涵，赋予不同的时代内容。但是，这种思想的逻辑架构对中国的社会心理的影响是牢固的、持久的。中国人民在20世纪选择了社会主义道路，是和儒家“大同世界”与道家“太平社会”的理想长期哺育所形成的心理积淀分不开的。如果不把这种思想流于乌托邦，就需要将理想现实化，同现实的使命联系起来。

21世纪，将是中国特色社会主义社会全面建成的时代，理想人格与理想社会的现实要求，将表现为全面实现人与社会的现代化，不断提高全民族的综合素质，提高社会物质生活与精神生活的品位，不断趋近中华民族的理想境界。

（载于1999年第3期）

明体达用

——儒学研究中的两个层面

余敦康

自从改革开放以来，学术界拨乱反正，排除了“极左”思潮的干扰，儒学研究也相应地取得了很大的成绩。虽然没有出现如同三四十年代的梁漱溟、熊十力、冯友兰那样的大师级的人物，但是研究的领域扩大了，探索的问题深入了，并且带有鲜明的时代特色，从总体上看，是大大超过了前人。我在这二十年中跟随着时代的浪潮蹒跚地前进，曾经断断续续写了一些文章，提出了一些看法，在内心深处却始终存在着一个极大的困惑，无法把我的一些零零碎碎的看法形成一个稍能自圆其说的系统。我所感到的困惑，简单说来，就是既不能明儒学之体，也不能达儒学之用。所谓“明体”，是就理论的把握层面而言的；所谓“达用”，是就实际的运用层面而言的。作为一个从事儒学研究的学者，如果对儒学之体缺乏全面清晰明确的把握，尽管在某些个别的问题上钻研颇深，确有所见，实际上也不过是管窥蠡测，蔽于一曲，而暗于大方。此外，儒学并不是死去了的学问，本质上是活着的文化精神，无论就正面或者负面来看，都对现实生活产生促进或者阻碍的强烈的影响。如果我们缺乏现实的人文关怀，把儒学看作是古人之陈言，仅仅停留在文字典册上来研究，不去联系实际进行创造性的转化，不去探索有效的操作方法来帮助我们摆脱困境，促进现代化的事业，那么这种研究也就失去了应有的价值，根本不值得去认真从事了。正是由于我在儒学研究中既不能“明体”，又不能“达用”，长期困惑莫解，所以我一直不敢奢谈什么儒学未来发展的走向或者儒学在21世纪的复兴之类的题目。这一次，刘蔚华、王钧林两位先生约我参加笔谈，多次催逼，盛情难却，迫不得已，只好把我多年潜藏于心的困惑隐私和盘托出，向广大的学界同仁虚心求教，以启我愚蒙。

关于“明体”层面，我在80年代中期曾经围绕着“何为儒学”的问题进行了一些探索。这是一个如何对儒学做出高度的概括，下一个带有普适性的定义的问题，属于“元儒学”的范畴。之所以提出这个问题，是因为当时的文化讨论中包括我的朋友在内的许多人过分夸大儒学发展中的阶段性的断裂现象，而忽视其整体精神的延续，只注意各种表现形态上的分殊，而不顾及其本源意义上的同一，认为孔子的儒学不同于董仲舒的儒学，心性儒学不同于经世儒学，政治儒学不同于批判儒学，如此等等。就客观的历史事实而言，这种区分确凿有据，自有一定的道理；至于所谓发生了断裂现象，也是古已有之的成说，不是今人的发明。但是，如果我们只见其异而不见其同，把一部儒学史看成是各种派别、各种主张杂然并陈、相互斗争的历史，这就必然会引发出一个问题；既然如此，为什么这些纷争不已的各家各派仍然紧密联系在一起而统称之为儒学？是否存在一个儒学之体贯穿于各家各派之中而构成儒学的整体精神？把儒学与其他各家严格区别开来的本质特征究竟何在？换句话说，这个问题其实就是如何对统一完整的儒学下一个合适的定义的问题。

自“五四”以来，人们曾经对儒学下了各种各样的定义，比如“封建专制主义”“吃人的礼教”“修己治人之学”“内圣外王之学”“反躬修己之学”“心性之学”“经世济民之学”“道德理想主义”“人文主义”“仁学”“礼学”“宗教”等。在这些形形色色的定义中，“封建专制主义”和“道德理想主义”两种说法至今仍有很大的影响。前一种说法自认为继承了“五四”精神，站在反传统的立场，对儒学采取否定的态度；后一种说法虽然肯定了儒学的价值，但消解了蕴含于其中的丰富的社会历史内容，把儒学简缩为极少数知识分子用来追求成圣成贤的心性修养之学，二者皆不免失之于片面。针对这种情况，我也不揣冒昧，对儒学下了一个“封建宗法主义”的定义，试图在“封建”和“宗法”这两个词上做点文章，来概括儒学的整体精神。

我所说的“封建”，指的是长达两千多年的封建社会。中国古代的各种思想，包括先秦的诸子百家以及后来的佛道二教，都是封建社会的产物，打上了“封建”的烙印，儒学也不例外，这是儒学与其他各家的共性。我所说的“宗法”，指的是产生于原始社会父系家长制时期的以血缘亲属为纽带的家族组织和价值观念，到了周代，发展成为一套系统完备的宗法制度。春秋战国时期，中国古代社会由奴隶制向封建制转变，道家、墨家、法家都反对宗法制度，唯独儒家主张以周礼为模式，重建一套适应于封建制需要的新的宗法制度。这才是儒学区别于其他各家的本质特征，也是儒学的独特的个性。儒学的这种封建宗法主义在两千多年的历史长河中，经历了不同的发展阶段，形成了不同的理论形态，比如先秦的原始儒学，两汉经学，宋明理学，清代朴学，一方面是一个动态的结构、开放的体系，不断适应不同历史时期的具体情况而变化，另一方面又是牢牢地坚持其不变的思想核心，体现了强烈的封建宗法的精神。因而儒学的发展是一种多样性的统一，也就是所谓一本而万殊，万殊而一本。

我的这个定义提出以后，有人赞成，也有人反对。反对的理由主要有两点。一点是认为这只是一个社会学的定义，而不是关于儒学本身的定义。另一点是认为我所说的“封建”是根据马克思的五种社会形态的理论模式立论的，把这种模式硬套在中国的历史上，并不适合，比如中国历史上是否存在一个奴隶社会的发展阶段是大可怀疑的，秦汉以后建立在郡县制基础上的中央集权体制也与西方中世纪的封建社会有很大的不同。对于第一点的批评，我不敢苟同，可以做一些辩解；至于第二点，则引发我长期的思考，至今尚未能做出积极的回应。

我认为，所谓“宗法”，本质上是一个社会学的范畴。在父系家长制时期，血缘亲属关系事实上是当时人们唯一重要的社会关系。这种关系一方面按照血缘的亲疏厚薄区分不同的等级地位，同时又以天然的骨肉感情把人们亲密地团结在一起，由此而派生出“尊尊”和“亲亲”两个既对立又统一的具有张力结构的价值原则。尊尊的原则着眼于“别异”，这是礼的本质。亲亲的原则着眼于“合同”，这是乐的本质。合同者，以爱心促使人际关系和谐融洽，结为一体，谓之曰仁。别异者，辨别上下贵贱男女亲疏之分，合乎事物之所宜，谓之曰义。因而儒学中的一套仁义礼乐的思想，只有联系到宗法性的社会结构才能找到合理的解释。由于这种宗法性的社会结构在中国历史上长期存在，所以儒学也就相应地具有顽强的生命力，一直居于主导的地位支配着中国的精神生活，历久而不衰。宋代理学把仁义礼乐提到宇宙论和本体论的高度进行哲学的论证，称之为“天地之序”与“天地之和”。序是秩序，本于尊尊的原则。和是和谐，本于亲亲的原则。照理学家看来，天地万物，社会人伦，不能没有秩序，也不能没有和谐，和谐必以秩序为前提，秩序必以和谐为依归，此二者的有机结合既是万事万物的本然的状态，也是应该随时调整奋力追求的理想目标。通过理学家的论证，儒学建构了一套完整的天人合一的文化价值理想。这套价值理想不仅是道德理想，而且是社会理想、政治理想、宇宙理想。由此看来，所谓儒学之体，就是仁义礼乐历世而不可变者，就其发生学的意义而言，本于宗法性的社会结构，就其哲学本体论的意义而言，无非是一个“序”字与一个“和”字，因而“宗法主义”既是儒学的一个社会学的定义，也可以用来概括儒学本身的整体精神。

但是，在“宗法主义”的上面再加上一个“封建”的定语，儒学的那一套价值理想就不免打了很大的折扣，失去应有的合法性了。因为所谓“封建”，指的是一个落后的社会形态，必须打倒，用“资本主义”或“社会主义”取而代之。既然如此，尽管费尽心力证明儒学之体确有一种价值理想，这种价值理想也只能适用于古代，而不能适用于现代。学术界许多人为了摆脱这种理论上的困境，提出了一个较为圆通的说法，认为儒学既有时代性，又有民族性。就时代性而言，固然是落后，应该批判，但就民族性而言，是不能完全否定，是可以继承的。这么说来，那么究竟什么是中国的民族性呢？民族性强调的是历史的延续性，时代性立足于五种社会形态的理论模式，强调的是发展阶段上的断裂性，这是两种不同的历史观，显然是很难调和的。为了从民族性的角度来论证儒学价值理想的合法性，应该有一个更加宏阔的世界史的视野，把中国的民族文化与世界上其他的民族文化进行比较，并且运用文化人类学的方法探索中国民族文化生成的特殊的途径和发展的规律，如果简单地套用五种社会形态的理论模式，削足适履，实际上也就从根本上抹煞了中国文化的民族性。从90年代开始，我主要围绕着这个问题进行探索，因为儒学不仅有一个价值之体，更重要的还有一个民族历史文化之体，如果说我对价值之体的研究是一种社会学和哲学的研究，那么对文化之体的探索则是进入文化史学的范畴了。由于我对这个问题至今仍处于困惑之中，所以80年代所提的那个“封建宗法主义”的定义也就弃而不用，不敢坚持了。

关于儒学存在的合法性的问题，自孔子创立儒学之日起，就有一个十分明确的说法。孔子自称“述而不作”，《中庸》曰：“仲尼祖述尧舜，宪章文武。”这是认为，儒学合法性的根据不是宗教，不是哲学，也不是伦理，而是中国长期发展而来的历史文化。后来，《大戴礼记》的《五帝德》《帝系》、司马迁的《五帝本纪》由尧舜往上推到五帝，《周易·系辞》、《白虎通·圣人》再往上推到三皇。这套由三皇、五帝、三王所构成的古史系统既是中国传统史学之所本，也是牢固地站在历史文化的立场对儒学存在的合法性的证明。唐代韩愈提出了道统说，着眼于仁与义的价值理想层面，编排了一个尧舜禹汤文武周公孔子的传授系统。到了宋代，石介在《复古制》中着眼于礼乐制度的创作层面，加上伏羲、神农、黄帝三人，提出了十一个圣人的传授系统。张载在《正蒙·作者》篇中为儒学编排了一个新的道统，认为中国文化的创作者仅有伏羲、神农、黄帝、尧、舜、禹、汤七人。在中国文化史上，伏羲始服牛乘马，创造了畜牧业；神农始教民稼穑，创造了农业；黄帝始正名自物，在此物质文明的基础上创造了制度文明与精神文明；尧始推位，舜始封禅，尧以德，禹以功，汤始革命，进一步创造了政治文明。因此，作为中国文化的完整的体系，包括物质生产、礼乐制度、价值规范和政治运作各个层面，通过这七位圣人的创作，业已定型。虽然孔子的儒学集道统之大成，却是遵循知礼成性的程序、好古敏求的努力，才臻于德盛仁熟之境，就其思想核心而言，乃是对这个文化体系的全面的继承。张载满怀信心地指出，这种由孔子的儒学所全面继承的文化，可以传之久远，为万世开太平。因而儒学道统的承传也就是对整个中国文化的承传。儒学道统的合法性建立在三皇、五帝、三王的古史系统之上。这套古史系统凝结了古代中国人的历史记忆，代表了古代中国人的文化自觉。历代的儒家对中国的历史文化普遍地怀有虔诚崇敬之心，无一例外，并且以斯文自任，以继往圣之绝学作为自己神圣的职责。由此看来，贯穿于历代儒学中的整体精神也在很大的程度上体现了中国文化的精神。

但是，自晚清以来，西学东渐，在西方的强势文化的冲击之下，中国人逐渐地对自己的民族文化丧失了自信，就历史观而言，也发生了根本的转变。古史辨派引进了西方的科学实证主义的历史观，把中国原有的一套古史系统看作是层层累积的伪造，认为儒学的道统完全是虚构，于是包括儒学在内的整个中国文化便一齐失去了存在的合法性。继之而起的新史学派用适用于西方的五种社会形态的理论模式来剪裁中国的历史，虽然能对儒学和中国文化的时代性有所说明，却无法解释其独具一格的民族性。在这长达一百多年的时段中，几乎所有关心儒学和中国文化命运的有识之士，都陷入了如同王国维所感叹的“可爱者不可信，可信者又不可爱”的深刻的矛盾之中。我一直认为，造成这种矛盾的关键，是一个历史观的问题。西方的历史观虽然自诩为科学，但实质上是一种西方中心论，如果因其为科学而信之，势必会贬低中国的文化而损害中国人的感情，不可能迫使自己崇洋媚外而爱之。反过来说，中国五千多年的历史所创造的丰富灿烂的文化，虽然是中国人朝夕生活于其中而不可须臾离的文化存在方式，在最深的层次上与中国人的感情血肉相连，可爱之极，但是由于原有的古史系统所构成的历史观无法令人信服地证明其存在的合法性，所以可爱而不可信。关于儒学研究的困境也是由这个问题所引起的。从文化人类学的角度来看，每一个民族的远古的历史记忆是不能轻易抹煞的，社会形态可以有变化，而文化本身自有其整体的结构和本质的特征，这是不受时代的影响，根深蒂固，万古常新的。因此，为了摆脱我们面临的困境，必须建构一个新型的历史观来证明中国的历史文化既可爱又可信。这种新型的历史观不同于西方中心论的理论模式，但也不同于古代中国孤立于世界民族之林的中国中心论，而是用一种全球意识和全球眼光来全面地审视中国的历史，目的在于促使民族文化的复兴，以自己的一套独特的话语系统参与世界性的平等的对话。归结起来，这也就是一个何为中国文化之体的问题。如果我们从事儒学研究，仅仅局限于阐明其社会学意义的本体，或者阐明其道德理想乃至其哲学思辨的本体，而不着眼于整个中国的历史文化阐明其本源性之体，那么对儒学本身也就很难取得突破性的进展。

在古代的儒学中，由体以达用，由用以明体，这是普遍的共识，因而儒学广泛地参与了当时的政治、经济、家庭、社会的全面的运作，发挥了应有的批判调整的功能，创造了广义的文化。只是到了现代，儒学的声望一落千丈，被视为现代化的阻力，弃之如敝屣，所谓“达用”当然也就无从谈起了。但是，作为一种民族的文化，一种长期积淀的文化心理和价值观念，儒学仍然在现实的生活中以一种潜藏的状态继续存在，并且影响着现代化的进程。值得注意的是，儒学的这种存在和影响并不特别表现在从事儒学研究的学院派的知识分子之中，而是表现在与儒学无缘的广大的民众之中。我对此感到困惑，相应地，虽然研究了多年的儒学，在“达用”层面，却是毫无建树。从理论的角度来看，“明体”是第一位的，只有“明体”，然后才能“达用”。但是，从现实操作的角度来看，“达用”更为重要，如果不能“达用”，也就无从“明体”。因为儒学的生命力以及进一步的发展，关键并不在于学者的理论上的阐明，而在于对现实生活所发挥的功能。在当代的中国，农村中的家庭联产承包制事实上就有儒学的影响；企业中所推行的一套有中国特色的企业管理模式，儒学的影响也是显而易见的；家庭关系以及各种人际关系中所奉行的价值观念，更是普遍地渗透着儒学的影响；至于国家的行政管理，民主法制的建设，处理国际关系的准则，随时随处也都可以找到儒学影响的蛛丝马迹。只是所有这些都处于一种所谓“集体无意识”的状态，并没有形成一种文化自觉的意识。我们这些关在书斋中做学问的学者，对这些视而不见，不去联系实际从事“达用”层面的研究，应该说是一个很大的缺陷。如果我们转换一下思路，把“明体”与“达用”有机结合起来，开发出一套应用性的儒学，是完全可以如同科技那样转化为一种生产力，促进我们的现代化事业的。

（载于 1999 年第 3 期）

儒学世俗化的现代意义

蒋国保

儒学原本是入世的学问。现在提出儒学世俗化问题，纯属为克服儒学所遭遇的现代困境着想。儒学在现代遭遇困境是不争的事实。究其原因，固然由于儒学与现代的经济、政治、文化的建设之要求有相当的距离，但更主要的是因为儒学自身不能因时而变，以适应现代民众的精神生活需要。儒学之所以难以适应现代民众的精神生活需要，又因为儒学的价值蕲向与现代民众的精神追求相背离。而儒学的价值蕲向与现代民众的精神追求相背离，根源在于儒学之精神发展在原始儒学之后走上了拒斥“世俗化”、崇尚“贵族化”的道路。有鉴于此，儒学要走出现代困境，为现代民众安身立命提供精神支柱，首要的问题，当是消除其精神上强烈的“贵族化”倾向，以恢复原始儒学那种在价值上追求“世俗化”的精神蕲向。可是，自诩以实现儒学现代化为使命的现代新儒家，他们为复兴儒学所做的种种努力、为复兴儒学所设计的种种途径，其宗旨莫不在于强化儒学已有的精神上的“贵族化”倾向。由于这个原因，现代新儒家复兴儒学的愿望与他们用以复兴儒学的手段恰好悖反，故他们为复兴儒学所做的不懈努力，不但无助于克服儒学的现代困境，反倒加深了这一困境。这不能不是现代新儒家的悲剧。为了就现代如何复兴儒学这个问题提出与现代新儒家不同的思考，本文着重探讨儒学世俗化的现代意义。

一

在20世纪，儒学所遭遇的困境是空前的。这一点，连现代新儒家自己亦不讳言。早在20年代，梁漱溟就承认：“现在谈及中国文化便羞于出口，孔子的道理成了不敢见人的东西。”① 50年代，牟宗三、徐复观、张君劢、唐君毅联名发表《中国文化与世界》宣言时，亦不无悲凉地承认：“我们不能否认，在许多西方人与中

① 梁漱溟《东西文化及其哲学》第五章《我们现在应持的态度》。

国人之心目中，中国文化已经死了。”① 待到七八十年代，杜维明先生在为复兴儒学“不懈陈词”时，仍悲叹：“今天我们根本一无所有，连最起码的栖身之处都不容易找到。在这样艰难困苦的环境中，那里能谈广度的影响。的确，基督教有教堂，释迦有庙宇，孔子连一个高三尺的讲台都没有。”② 现代新儒家在不同年代对儒学现代处境的感悟如此一致，岂不足以说明在整个20世纪儒学都不曾摆脱其生存困境。

儒学在20世纪所遭遇的困境，固然是指它屡被批判（例如，“五四”时代的“打倒孔家店”；“文革”期间的“评法批儒”“批林批孔”）、屡遭冲击（例如，在“五四”新文化运动中，为丑化孔子，在曲阜曾上演“子见南子”一剧；而到了八九十年代，在商潮的冲击下，儒家的价值更被冲到了无可复低的地步，但更是指它被严重歪曲，或被断为“吃人之教”，或被判为“复辟之学”，似乎儒学毫无是处，唯有反动性）。然而，所有这些，对于儒学之未来发展，尚非致命的威胁。对于儒学未来发展构成致命威胁者，应是现代民众“在感情上排斥儒学”（杜维明语），对儒学采取疏离的态度。现代民众对儒学之冷漠与隔膜，不是一个理论问题，而是一个现实问题。对此，无须从全球的情形加以说明，仅就有儒学文化传统的东亚地区的情形来看，亦不难说明。在日本，对普通民众影响较大的是佛教和神道，“而儒教几无影响”（沟口雄三语）。在新加坡，“很多人对儒学有一种‘先天的’排拒感”（杜维明语）。在儒学的故乡，就中国大陆而言，大家对儒学还是比较隔膜；就台湾来说，儒家所护卫的价值，已被整个社会日益商业化的风气“冲淡到若有若无的地步”（刘述先语）。

儒学在整个东亚地区的现代境遇雄辩地表明现代民众在情感上排拒儒学是无可置疑的事实。但有些学者置事实于不顾，仍强调说现代民众大多数情愿接受儒学。例如在1998年秋召开于济南的牟宗三与当代新儒家国际学术讨论会上，针对我关于现代民众普遍冷漠儒学的发言，有位来自台湾“中央研究院”的学者当场发问，表示难以苟同。据他说，他们曾在台湾做过问卷调查，调查的统计结果显示，有百分之八十的答卷者选择了儒家价值。我们没有理由不相信这位台湾学者所说的问卷调查的统计结果，但我们仍要在相信该统计结果的前提下提出我们的疑问。在我们看来，通过问卷调查，尤其是那种当事者双方直接见面的问卷调查，不足以全面、

① 牟宗三、徐复观、张君劢、唐君毅《中国文化与世界》第三节。按：现代新儒家以儒学作为中国文化“精神生命之核心”，则所谓“中国文化已经死了”云云，实际上无异于说儒学已经死了。

② 杜维明：《体验边缘的问题》。

准确地反映被调查者的真实的价值取向。这里有一个外在的选择与内在的认同不一致的问题。外在的选择，是公开向外人表白自己的价值认同。而内在的认同，则是基于情感的真诚地认可，而且这种认可往往出于下意识的自然流露。外在的选择，由于种种客观原因，未必完全真实地反映内在的价值认可。试问，当人们被要求回答愿不愿意接受“忠、孝、信、义”之类的道德信条时，即便有人内心觉得难以接受，也未必敢于公开表示不愿意接受，因为一旦公开表示，就等于自己宣布同世俗的价值取向决裂，这在人们在精神生活上普遍追求世俗价值的社会里，不啻自己断送自己安宁、平静地生活下去的生存环境。这对一个普通人来说，又有什么必要？

退一步说，即便某些人的外在的选择与内在的认同是吻合的，那么他们的价值认同难道真的意味着对儒家的价值的认可吗？对这个问题，不妨举通俗歌曲《常回家看看》引起普通民众共鸣的事例加以说明。《常回家看看》被媒体炒得家喻户晓，它在宣传者以及普通老百姓的眼里，无疑是被当作颂扬儒家“孝”道的歌曲，否则，媒体就不会一再报道说，许多年轻人被这首歌曲所感动，纷纷表示今后要孝敬父母，抽空常回家看看。年轻人何以会如此认识、如此表示，不是我们在这里要探讨的问题，我们在这里要指出的是：假如有人根据年轻人的这一表示断言现代青年亦乐意接受儒家“孝”道，那就意味着既未体察现代年轻人的情感，亦未能把握儒家“孝”道的精神实质。其实，儒家所护卫的“孝”道，在价值取向上并不看重诸如使父母衣食住行不犯愁之类的外在行为，而是看重对父母的爱心和关心是否出于真情流露。孔子之所以以“色难”（《论语·为政》）两字回答何谓“孝”，就是因为只有对父母的关心出于真情流露，才有可能对父母和颜悦色。否则，“有事，弟子服其劳；有酒食，先生馔”（《论语·为政》），那么在孔子看来，都算不得“孝”。

或许有人要说，以一首通俗歌曲的反响来说明现代民众是否真的在情感上认同儒学这么复杂的问题，不够严肃，缺乏说服力，那么，为了更深入地说明上述观点，不妨再分析一个事例。据某文章载，台湾有位现代新儒家，为了表示自己对儒家的拥戴和对儒家学说的信服，在自己的家里摆上孔子的牌位，每天焚香礼拜。我们无理由怀疑其行为出于真诚的信仰。但是，我们不得不对这种方式的象征意义（它无非是要表明其信服儒学在情感上是真诚的）表示异议。我们认为，儒学作为“无神”之教，它的人文情怀寄托于对世俗人生的直接体恤，而非寄托于偶像崇拜。因此，为孔子设神位，向孔子神位焚香礼拜，以为不这么做不足以表示自己对儒家信仰的真诚，恰恰背离了儒家的价值取向，将对于“人”的关注转向对于“神”的关注。况且，儒学是“为己之学”，而非“为人之学”。既然是“为己之学”，则信服儒学是为了个人之修身、正心、诚意，不是做给别人看的。既然信服儒学不是为了做给别人看的，那么有什么必要非要以一种外在的方式来表示自己内在的真诚呢?!

值得一提的是，与由于情感上排斥儒家价值而疏远儒学比较起来，那种虽公开表示接受儒家价值而实质上背离儒学之真精神的所谓认同儒学，从某种意义上说，是儒学在现代陷入困境的更重要的原因，因为：这种选择，与其说是选择儒家的价值，不如说是贞定一己的信仰情感，其结果，势必以自己的情感规避儒家的道德规范，而绝不会以儒家的道德理想来规范自己的情感蕲向。

二

文化认同，不只是理解问题，更重要的是情感问题。情感上不接受、不欣赏的东西，即便理解了也不可能认同。从这个意义上讲，现代民众由难以认同儒学走向对儒学的疏离，主要原因，当非如有些学者所强调的，是因为现代民众对儒学缺乏基本了解，而是因为他们对儒家所护卫的价值缺乏感情，不感兴趣。问题是，儒学原本是讲入世的，有着为普通民众提供安身立命之精神支柱的强烈的人文情怀，它又怎么会因不合现代民众的情感需要而被他们所冷落？在探讨这个问题时，我们发现，儒学在秦汉以后的精神发展历程，与基督教为适应人的世俗要求不断由精神上的“贵族化”转向精神上的“世俗化”[①] 这一精神发展历程正相反，走的是由精神上倾向“世俗化”逐步转向精神上追求“贵族化”的道路。基督教正是由于其在精神上由重“贵族化”转向重“世俗化”的这一思想变革而赢得了现代民众的更广泛的信仰。由此不难推论，儒学之被现代民众之冷落，就儒学自身找原因的话，只能归咎于其后来的精神发展在价值取向上坚持“贵族化”的倾向，越来越背离其原本重“世俗”的精神蕲向。为了说明这一点，我们下面将简要地描述一下由原始儒家到宋明新儒家在精神蕲向上的演变历程。

儒学创始于孔子。孔子在创立儒学时，面对“礼崩乐坏”、传统道德已严重失范的社会现实，清醒地认识到有必要对旧礼教进行变革，损其当损，益其当益，以便确立一种适应于时代要求的新型的人际关系准则。可当他着手设计这一准则时，他才发现这是件十分棘手的事。而最令他费神的是，根据他一贯坚持的方法论原

① 这里所谓的“世俗化”与“贵族化”，是相对而言的，“贵族化”是指在精神上拒斥世俗情感、世俗欲望，而“世俗化”则相反，是指对世俗情感、世俗欲望的同情的理解。

则，他必须讲究“中庸”“允执其中”，所设计出来的行为准则，须以“和为贵”，能够起到调和社会各阶层之间的矛盾的作用。但“用中于民”，谈何容易，有利于“君”者，便不利于“民”；适宜于“君子”者，必不适宜于“小人”；适合于“辟人之士”者，则不适合于“辟世之士”；方便于“野人”者，就不便于“鄙夫”，要做到“无适也，无莫也”，对人没有厚薄亲疏之分，一视同仁，简直不可能。但孔子“知其不可而为之”，仍极力去寻找出路，希望能设立一个适合人的基本欲望之需要的行为准则，以维护各阶层基本的人际关系。既然所要设立的这个基本准则必须以适合人的基本欲望为原则，那么对孔子来说，首要的问题是要弄清什么是人的基本欲望。为此，孔子对人性进行了分析，结果他发现“性相近也，习相远也”（《论语·阳货》），认识到人就其属性看并不存在什么差别，人之行为的善恶之别，完全是后天习俗影响的结果。这个发现使孔子深切地体察到，从“性相近”推论，人不论贫富贵贱，其基本欲望必定是相近的，人不可能在基本欲望方面存在明显的差别。可人普遍共有的基本欲望是什么呢？饮食男女，这是人的本能，在孔子看来，它不属于价值范畴，可以不论。从价值层面看，孔子觉得，人之共有的基本欲望就是“欲立”，即希望实现自己的生存价值，在社会上站得住脚。基于对人的世俗欲望的这一深切体悟，孔子终于认识到“忠恕之道”正是他所希望设立的调和人际关系的基本准则。作为人之基本的行为准则，“忠恕之道”既有正面的提倡，亦有负面的约束。正面的提倡是“己欲立而立人，己欲达而达人”；负面的约束是“己所不欲，勿施于人”。可就价值蕲向上讲，无论是从自己“欲”的层面去帮助别人实现其“欲”，还是从自己“不欲”的层面杜绝妨碍别人实现其“欲”的行为，都贯彻了“能近取譬”（《论语·雍也》）。这种就自己打比方、推己及人的方法，在价值上体现了一个根本精神，即人既肯定自己的存在价值，就应承认别人的存在价值。换言之，人由对自己存在价值的肯定必然导致对别人存在价值的肯定。在孔子看来，由肯定自己的存在价值走向对别人存在价值的肯定，不啻实现“仁”的方法，因为“仁者，爱人”，“仁”之基本的人文精神，就是每个人都基于自己作为一个人着想去真诚地爱别人。由此不难理解孔子何以将“仁”就内容上具体化为“忠恕之道”。

在道德理想上，孔子本来有着无比高尚的精神追求，故他不敢自诩达到了“仁”，亦不敢自比“圣人”。但当他为民众制定人际关系准则时，他并不以自己高尚的道德理想为依据，而是基于对世俗人情之同情的理解，以人莫不欲实现其生存价值这一基本欲望为根据。他的这种对世俗人情之同情的理解的人文情怀，在以私淑他为荣的孟子那里，得到了相当程度的提升。一方面，孟子以孔子的情怀为情怀，同情地理解人之世俗欲望，承认人之欲美色，欲富贵，欲名声，乃“人心之同然”，有其合理性，故他认为：立“人伦”，不应以排斥人之合理的欲望为基本原则，而要“无为其所不为，无欲其所不欲”（《孟子·告子下》），坚持不违背人的愿望，从人之“可欲”的层面寻找道德规范的可行性。另一方面，当他从人之“可欲”的层面去探讨应确立什么样的行为规范时，他发现，孔子所提倡的“忠恕之道”，可取之处在于找到了推己及人这个方法，但没有涉及人何以能推己及人这个更为重要的问题。这一发现，使孟子很自然地将自己的探讨重心落在人何以能推己及人这个问题上。探讨的结果，他认为人所以能推己及人是因为人在价值取向上有“心之同然”，莫不重视“与人为善”。何谓“善”？他说“可欲之谓善”（《孟子·尽心下》），认为“善”仅仅意味着将个人的欲望贞定于合乎人性这一价值认同上。而合乎人性，正如他所强调的，“言性也，则故而已矣，故者以利为本”（《孟子·离娄下》），根本在于不违背“利”。“利，犹顺也”（此系朱熹的解释），则合乎人性，其实也就是指“顺”着世俗人情去贞定“欲”之“可”与“不可”，违背世俗人情者为“不可欲”，符合世俗人情者为“可欲”。这一价值贞定过程，在孟子看来，也等于落实人之固有的善性。而人之“善性”的落实，则体现了人主动地扩充其固有的“不忍人之心”。所谓“不忍人之心”，是指出于本性、不存任何动机的怜悯人、同情人的情感。孟子认为，这种情感是人有别于禽兽、人之所以为人的根本所在，所以他强调说“无恻隐之心，非人也”。而人的道德认同，归根结底，只是此“怵惕恻隐之心”（不忍人之心）的发用，所以他又强调说“恻隐之心，仁之端也”（《孟子·公孙丑上》）。

孔子罕言“性与天道”，在探讨人之本质时从不把人性从根源上追溯到“天”。可从子思开始再到孟子，在承袭孔子依据世俗人情去把握人性这一思想传统的同时，已开始思考“人性”与“天”的联系，《中庸》所谓“天命之谓性”，孟子所谓“尽其心者，知其性也；知其性者，知其天也”（《孟子·尽心下》），正是这一思考的反映。这种将世俗之人性与非世俗之神性联系起来思考的致思导向，就原始儒学讲，虽属偶然的萌动，不足以从根本上消解原始儒学直面世俗社会、体恤世俗人情的人文情怀，但它毕竟为后儒背离原始儒家这一人文情怀留下了话柄。待到董仲舒，他固然成功地说服了汉武帝“罢黜百家，独尊儒术”，为儒学成为封建官方哲学铺平了道路，但他对儒家精神的阐释，无论是将“天”宗教化，还是直接将孔子神化，不论是强调“道之大原出于天，天不变，道亦不变”（《汉书·董仲舒传》），还是强调“人副天数”，都是基于非世俗的宗教情怀，将儒学在精神上宗教化、神秘化。而儒学在精神上被宗教化、神秘化的直接结果，便是使儒学与民众之世俗的情感需要产生了相当大的距离，把儒学引向了无视民众的情感需要、一味追求“成贤成圣”这一崇尚精神“贵族化”的发展道路。到宋代，新儒家登上历史舞台之后，虽然标榜接续原始儒家的“道统”，但他们实际上是沿着这一发展道路，把追求精神上的“贵族化”推向了极致。新儒家虽有“理学”与“心学”派别之分，但无论是“理学”派还是“心学”派，在精神境界的追求上无二致，都是以“士所希望达到的一层高于一层的精神境界”（所谓“圣希天，贤希圣，士希贤”）作为理想的生命境界。问题是，新儒家并不仅仅将这一生命境界作为“士”这个阶层应有的理想追求，而且进一步以它作为标准来设立人（泛指）之行为的基本准则，其结果，对于普通民众来说，“士”之所谓的理想追求，便变为他们的精神上的桎梏。之所以出现这一结果，是因为他们为“士”所设计的“成圣成贤”的这一理想的生命境界，原本就是一个精神上的虚幻，不可能真正达到。它之被当作人之道德理想，根本目的在于提倡“欲望的否定”（岛田虔次语），把“无欲”作为人之行为的根本规范，彻底否定世俗欲望的合理性。这个用心，在新儒家之先驱周敦颐那里，就已说得很清楚：“圣可学乎？曰：可。曰：有要乎？曰：有。请问焉。曰：一为要。一者，无欲也。”（周敦颐《通书》第十二章）后来，当新儒学正式创立时，二程兄弟便更进一步从与“人欲”对立的意义上将“天理”确立为人之根本的伦理原则，强调“不是天理，便是私欲”（《二程遗书》卷一五）。这种“天理人欲”根本对立的思维定式，始终支配着新儒家的价值选择，决定他们必然要把“去人欲”作为“存天理”的必然条件，认为只有彻底克服世俗欲望，才有可能实现高尚的道德理想。由于新儒家认为道德理想的实现必须建立在彻底克服世俗欲望的基础之上，故他们势必因无视世俗人情而向世俗之庸言庸行宣战。而这种做法的直接后果，只能导致他们自己为世俗社会所不容。新儒家后来被人们痛斥为“伪道学”，正是他们无视世俗人情、否定世俗欲望之合理性的必然结果。

三

新儒家既然从“欲望之否定”的意义上确立儒家的生命境界，则在他们看来，世俗社会只是“人欲横行”，难以容忍，只应批判。这种将儒家生命理想与世俗人生追求完全对立起来的做法，正如谭嗣同所尖锐指出的，乃“为孔教者终不思行其教于民”（《仁学》卷四〇），实质上是有意识地断绝儒学与世俗社会的联系，把儒学变成读书人（士）安身立命的学问。儒学一旦变成了只有读书人才有资格谈论的学问，则它充其量“不过几个读书人能传之”（谭嗣同《论学者不当骄人》），而

“其余农工商亦徒闻其名而已”（谭嗣同《论学者不当骄人》）。“如此，又安望其教之行哉?”（《仁学》卷四〇）

现代新儒家兴起后，理应重视历史教训，从现代社会的世俗需要出发，找到一种切实可行的途径，以便消除现代民众拒斥儒学的情感，引导现代民众在感情上真诚地认同儒学。但遗憾的是，现代新儒家的复兴儒学，无论是沿着程朱的路数讲发展，还是沿着陆王的路数讲发展，或者宣称径直接续原始儒学讲发展，在价值取向上，不但没有改变宋明新儒家发展儒学的精神方向，而且更以现代的理性方式，把原始儒学原本十分明白易懂的世俗说教，变成了只有少数知识分子才能体悟的“绝学”。

那么，现代新儒家如何将儒学进一步变成了“绝学”呢？为了说明这个问题，这里不妨具体分析一下方东美与牟宗三关于儒家“真精神”的阐述。

方东美从总体上把儒学发展史视为儒家精神日趋失落的历史。他称先秦儒学为原始儒学，认为它代表儒学的最高成就，而汉代经魏晋到唐末五代这一千二百余年内，儒家精神逐步堕落；从北宋到明末清初，虽有新儒学起而复兴儒学，但其精神境界已难比孔孟。因此，在方东美看来，要复兴儒学，以拯救日益加剧的文化意义危机，就不能循着新儒家的路数以求儒家精神的新发展，必须直接回归原始儒学，在现代人的生命体验中落实原始儒家的生命精神。但是，当方东美提倡直接恢复原始儒家生命精神以作为现代人之精神寄托时，他否认了《论语》对于把握原始儒家生命精神的价值，强调《论语》只是格言学，不足以代表孔子学说的真精神。既然《论语》不足以代表孔子学说之真精神，那么又从哪里去寻找孔子学说之真精神呢?他认为应从《尚书》和《周易》中找。可是，该从《尚书》和《周易》找什么思想呢？他认为最值得挖掘的精华思想，便是“皇极”或“大中”这个“根本意符”和“生生之德”这一“大生广生之创造力”。我们暂不论他如此把握原始儒学之真精神有何根据，我们且看他是如何解释的。方东美解释“皇极”或“大中”说：“‘皇极’或‘大中’原是一种根本意符，象征神秘化之宗教信仰”，后赖“哲王之周公大力护持，与时圣孔子及其后学之共同发扬，藉以成就高度之伦理文化；终于导致初期原始儒家之形成，强调‘民为邦本’与‘忠恕絜矩之道’，充分表现于共同建立一在社会、道德、精神方面之民主。”① 方东美又解释“生生之德”说：“在易经纯哲理之核心部分，孔子及其门弟子后学等，以余所谓之‘时际人’身份，将一切思议想象所及者，概投注于时间变之铸模中，而一一贞定之，于以洞见吾人所

① 方东美《中国哲学之精神及其发展》之《导论》第一部分《儒家哲学之体系》。

居处之宇宙天地，处处布大生机，表现为大生广生之创造力，是谓‘生生之德’。面对着此种弥贯全宇宙天地之创造力，人类即应当下自觉诚明在躬，油然而生参赞化育之感矣。于兹可见：人性崇高论，由创建初期之原始儒家显扬之、肯定之，且由之而引申出一套极高明而启人向往无穷之哲学人性论，保证人性之内在价值与尊严。”①

这就是方东美极力阐述的原始儒学之真精神。试问，此所谓原始儒学之真精神，对我们专门从事中国哲学研究的人来说，理解起来，已相当困难，又如何能设想让普通民众把它当作自己的精神寄托而落实在自己的生命体验中？但这个问题，对方东美来说，并不成为问题。他认为，对普通民众来说，要落实原始儒家的生命精神，当先提升自己的生命精神。人如何提升自己的生命精神呢？他设计了一个生命提升的蓝图，称作“人与世界在理想文化中的蓝图”。根据他自己的解释，这个蓝图的设计思路大致如下：该图在提升路径上设计为双回向。上回向表示人的生命一层一层向上提升，由物质世界经历生命境界、心灵境界、艺术境界、道德境界提升到宗教境界。到达这一最高价值理想境界之后，再把它的精神力量循“下回向”向下贯注宗教领域、道德领域、艺术领域、心灵领域、知识领域，一直到物质的活动。通过这一贯注，人性也分享了创造的权力，物性也分享了创造的权力，实现了天人合一，人性也就包含了神性。

同方东美比较起来，牟宗三为复兴儒学而对儒家精神所做出的阐述的确别有“新意”。例如，他对方东美轻视《论语》予以批评，指出方东美从美学的角度轻视《论语》的价值，是误解儒家精神，难以苟同。但他并不因此而依据《论语》来把握儒家之真精神，而是循着陆王心学的路数走下去，把对儒家精神的阐发落实在建立所谓的“道德的形上学”。按照牟宗三自己的解释，“道德的形上学”不同于“道德底形上学”。“道德底形上学”，重点在道德，是关于道德的形上学之研究和解释；而“道德的形上学”，重点在形上学，是循着道德的进路对于万物之存在的说明。从道德的视角对万物之存在做出说明，在牟宗三的论证中，相当复杂，相当精致，但它实质性的步骤不外乎这么几步：首先是将人的内在道德真性超越为宇宙终极实体，然后费心去证明“智知”与“识知”对应“本体”的作用，再后将“智知”与“识知”从认识论上区分为“无执”与“有执”，以分别对应“本体界的存有”与“现象界的存有”。他之所以不厌其烦地这样对应，用心在于把“现象界的存有”与“本体界的存有”之差别，从认识论上归结为人之“本心”是否有

① 方东美《中国哲学之精神及其发展》之《导论》第一部分《儒家哲学之体系》。

“执”。因为是否有“执”只意味着“本心”的“观法”不一，所以“两层存有”的差别，最终被归结为“本心”的“一机之转”：“对无限心之无执而言，它即有无限性，无时空性，无流变相，它即是如；对有限心之执而言，它即决定是有限的，有时空的，有流变相的乃至有概念所决定的种种相的，它即是不如。”①

牟宗三建构“道德的形上学”，看似纯粹出于理论上的兴趣，但实际上是为了给在现代文化背景下发展儒学提供理论根据。正是出于这个目的，他将“道德的形上学”所要确立的人之内在的道德真性称作“良知”或曰“知体明觉”。“知体明觉”既是“道德的实体，同时亦即存有论的实体”②，它必能开出“知性”。那么，“知体明觉”（或曰“智的直觉”）何以能必然开出“知性”呢？牟宗三说，这是因为“知体明觉”能“自觉地坎陷其自己”：“知体明觉不能永停在明觉之感应中，它必须自觉地自我否定（亦曰自我坎陷），转而为‘知性’；此知性与物为对，始能使物成为‘对象’，从而究知曲折之相。它必须经由这一步自我坎陷，它始能充分实现其自己，此即所谓辨证的开显。”③ 对于牟宗三来说，弄清楚了“知体明觉”如何开出“知性”，也就等于弄清楚了儒家学问如何在坚持不变“内圣”的前提下开出“新外王”。而儒家的“内圣”之学一旦开出“新外王”，即开出民主、科学，便意味着儒学实现了现代化。

四

以上的分析应该说明：像现代新儒家那样，出于与世俗情感格格不入的精神贵族似的生命情调，以“学院派”钟情的理性方式来诠释儒学，除了将儒学变成不同凡响的“绝学”外，绝不可能为儒学赢得现代民众的认可提供有益的帮助。因此，儒学要赢得现代民众的真诚的认可，绝不能循着现代新儒家的路数去发展儒学，而必须重视儒学的世俗化，以原始儒学那种质朴的世俗情怀、虔诚的生命情调去赢得现代民众的认可，使儒学真正成为现代民众世俗生活的精神寄托。

问题是，儒学如何世俗化呢？在回答这个问题之前，有必要就儒学世俗化这个提法做一点说明。所谓儒学世俗化，当然不是主张将儒学庸俗化，使儒学变成市侩哲学，而是反对将儒家的生命精神引向超绝空灵的宗教世界，主张以贴近普通民众

① 牟宗三：《现象与物自身》，台湾学生书局1984年版，第113页。
② 牟宗三：《现象与物自身》，台湾学生书局1984年版，第92页。
③ 牟宗三：《现象与物自身》，台湾学生书局1984年版，第122页。

情感需要的方式求得儒学的现代发展。这里有一个问题必须弄清，即从理论上发展儒学并不是儒学必定能赢得民众认可的必要条件。这就是说，对于普通民众来说，将儒学在理论上复杂化、精致化、系统化，不但无益于它的普及，反倒容易导致民众对它的厌烦。理论上发展儒学的必要性，是另一个问题，不是本文所当讨论的。现在既然是谈儒学如何争取现代民众的认可，那么必须重视儒学世俗化，这是一个不可回避的问题。况且，即便从理论上发展儒学，也有一个是“世俗化”还是“贵族化”的问题，因为倾向于“世俗化”还是倾向于“贵族化”，不但直接决定着该理论是简要易明还是晦涩难懂，而且从根本上决定了该理论之人文情怀的趋向。

儒学世俗化的主张，既然如上所说，旨在提倡儒学的现代发展必须顾及现代民众的情感需要，那么，从这个意义上考虑，儒学要实现世俗化，当前应注意哪些方面呢？我们认为，笼统地讲，它必须改变以往那种精神上“贵族化”的倾向，以便落实原始儒家那种顾及世俗情感的人文情怀。具体地讲，它必须切实完成以下三个转变：

其一，改变立场，由重“士”转向重“民”。以“民”为重，则不可以“民”之教主身份训人，必须外敛强人之势，内显淑世之态，予现代民众的生活方式和价值观念以同情的理解。因此，那种以为现代民众若不按照儒家的道德标准改变自己的价值观念，便难以提高自己的生活价值与生命境界的认识，是无益的，必须放弃。要知道，你固然有提倡推崇儒学的权利，别人也有不欣赏、不接受儒学的权利。接受不接受儒学，是个认识问题，是个情感问题，而不是人生价值问题。你无权因别人不欣赏、不接受儒学而贬低别人的人生价值、生命境界。如果你硬要这么做，那只能伤害别人的感情，不啻强迫别人与你保持距离。

其二，改变观念，由不能容忍世俗价值转向重视现代民众的世俗要求。为此，儒家没有必要过分地强调按“经”行事，而应更重视行事宜“权”，甚至当“经”“权”相冲突时，取“权”弃“经”。要知道，在讲究实效和利益的现代社会里，若坚持儒家常道不变，任何时候都强调守“经”以制“权”、依“经”以行“权”，则只能导致因失去“权”而终究守不住“经”的结局。

其三，改变导向，由专注正面指导人生转向积极关注人生的负面。儒家必须清醒地了解，现代人的积极人生，是靠现代价值观念来支持和维系的，不是其他价值观念所能左右的。但现代的价值观念，往往不能满足现代人渴望消除人生困境的强烈愿望。因此，现代人迫切寻求精神寄托，不是出于积极的人生需要，而是出于消极的人生需要，即希望找到一种能揭示其负面人生之真相的学说。那么，儒学是否属于这种学说？回答是否定的。因为儒学的严重不足，正在于对人及人生的负面缺乏起码的了解和应有的关切。所以说，在现代的文化背景下，儒学假如不正视现代人消极的人生要求、不认真解决现代人的种种人生困惑，则不足以与专以解脱人生困惑为宗旨的佛教或基督教抗衡，因而也就不可能真正起到指导现代人精神生活的作用。儒学若不能全面地指导现代人的精神生活，则儒学走向未来便失去了现实的可能性。

（载于2000年第1期）

经典链接

樊迟问知。子曰："务民之义，敬鬼神而远之，可谓知矣。"问仁。子曰："仁者先难而后获，可谓仁矣。"

——《论语·雍也》

司马牛问仁。子曰："仁者，其言也讱。"曰："其言也讱，斯谓之仁已乎？"子曰："为之难，言之，得无讱乎？"

——《论语·颜渊》

仲弓问仁。子曰："出门如见大宾，使民如承大祭。己所不欲，勿施于人。在邦无怨，在家无怨。"仲弓曰："雍虽不敏，请事斯语矣。"

——《论语·颜渊》

子张问仁于孔子。孔子曰："能行五者于天下，为仁矣。""请问之。"曰："恭、宽、信、敏、惠。恭则不侮，宽则得众，信则人任焉，敏则有功，惠则足以使人。"

——《论语·阳货》

东亚儒学核心价值观及其现代意义

郭齐勇

要论证什么是东亚儒学的核心价值观，是一件十分困难的事情。儒学在东亚社会的长期发展中，在殊异的时空环境与民族文化背景下，形成了异彩纷呈的诸多流派、思潮，有着丰富多样的价值诉求。仅就中国、韩国、日本各国历代儒学大师而论，其强调的侧重面也各个不一。至于在东亚不同地区、不同民族、不同时代的社会生活或文化小传统中，民间的信仰、信念、价值观念与文化大传统的差异，更是不可以道里计了。对于这些繁杂的问题，我们很难以偏概全。当然，儒学之为儒学，儒家价值系统之为儒家价值系统，固然有不同的特殊表现，然而也有其主旨和一贯之道。时下有很多文章谈中韩日道德价值的殊异性，本文则只是试图探讨中韩日儒家精英大致认同的核心价值观念、普遍性伦理或中心范畴，然后略述其现代意义。

一

仁爱、诚敬、忠恕、孝悌、信义，这样一些思想范畴或德目是不是中韩日三国儒学史上比较有共同性的内容呢？从“四书”和《荀子》来看，从汉儒到宋明儒，其共同体认的核心价值，大体上是以仁爱为中心的展开，重要的范畴有如仁、义、礼、智、信、孝、悌、忠、恕、诚、敬等。这是学界诸君耳熟能详的，不需赘引。

新近讨论的热门——1993 年郭店楚墓出土的竹简中的资料表明，孔子和七十子继承前哲，创造发挥的圣、智、仁、义、礼、忠、信、敬、慈、孝、悌、反己、修身、慎独等观念，在战国时期已流布并影响到荆楚之地。如《六德》以“圣、智、仁、义、忠、信”为根本，《五行》强调“仁、义、礼、智、圣”，《尊德义》肯定“尊仁、亲忠、敬壮、归礼”，《忠信之道》说明忠是“仁之实”，信是“义之期”，《唐虞之道》重视“爱亲尊贤”，仁义并举。与后世儒学略有不同的是，《五行》的作者提倡“听”德、“视”德，前者为“聪”，后者为“明”，强调“圣”“智”二行。所谓“圣”，是闻而且知君子之道。所谓“智”，是见（视）而且知贤人之德。闻知、见知都是体验之知。不过，这些篇目都强调，“仁爱”是亲爱亲人的推广。《五行》：“不悦不戚，不戚不亲，不亲不爱，不爱不仁。”“颜色容貌温，变也。以其中心与人交，悦也。中心悦［焉，迁］于兄弟，戚也。戚而信之，亲［也］。亲而笃之，爱也。爱父，其攸爱人，仁也。”“攸”在这里是“进”或“继”的意思。

原始儒家以爱亲为仁，尊贤为义，或者说，仁是“爱亲”的推广，义是“尊贤”的推广，认为二者可以互补。《语丛》中一些言论重申孔子的教诲，把“仁”规定为“爱人”“爱善”，又把义规定为“善之方”，“德之进”，事之“宜”。又以丧为仁之端。《语丛三》：“丧，仁也。义，宜也。爱，仁也。义处之也，礼行之也。”“爱亲则其方爱人。”《唐虞之道》：“爱亲忘贤，仁而未义也。尊贤遗亲，义而未仁也。”《语丛一》中有的句子据《礼记·表记》可排为：“［厚于仁，薄］于义，亲而不尊。厚于义，薄于仁，尊而不亲。”以上关于“仁”“义”关系的界定，既爱亲又尊贤，既源于血缘亲情，又突破了血缘亲情，修订了亲亲、尊尊的原则，实为非常值得肯定的儒家伦理价值观念。

《六德》对夫妇、父子、君臣三伦六位的规定，强调各行其职，对内讲仁德，对外讲义德。“父圣，子仁，夫智，妇信，君义，臣忠。圣生仁，智率信，义使忠。”“仁，内也。义，外也。礼乐，共也。内立父、子、夫也，外立君、臣、妇也。”“为父绝君，不为君绝父。为昆弟绝妻，不为妻绝昆弟。为宗族叛朋友，不为朋友叛宗族。”《语丛一》视君臣关系为朋友关系。《语丛三》认为，臣之于君，“不悦，可去也；不义而加诸己，弗受也”。以上可以视为父慈子孝、君义臣忠、夫敬妇顺的原型。在君臣关系上，既有很强的血缘情感，“为父绝君”，又体现了士人的自由精神，不悦可去，不义弗受。

郭店简文较之孔、孟文本，虽有其殊异之处，然仍在总体倾向上以仁爱为中心，并举仁义，视仁、义为忠、信的实质与目标，视忠君、爱民为孝、悌之拓展，视敬为礼之内核，孝悌、忠信、礼敬都与仁义有关。郭店简只是未能如《孟子》《中庸》那样强调“诚”，但强调了“信”，“诚”是“信”的发展结晶。

二

韩国儒学至少已有了两千年的历史。三国时期的太学开始教授儒学经典，高丽朝时期的儒学在朝野成为主流。从元朝引朱子学入高丽的是安珦（1243—1306），时间约在1290年。安珦认为：“圣人之道，不过日用伦理。为子当孝，为臣当忠；

礼以齐家，信以交朋；修己必敬，立事必诚而已。”（《晦轩集·谕国子诸生文》）高丽末朝鲜初，性理学家李穑、郑梦周、郑道传、权近等全面推进儒学，使理学在朝野得到长足发展。李穑（1328—1396）以“忠、孝、中、和”四字概括儒家重要价值：

孝于家，忠于国，将何以为之本乎？予曰：大哉问乎，中焉而已矣。善事父母，其名曰孝，移之于君，其名曰忠。名虽殊而理则一，理之一即所谓中也。何也？夫人之生也，具健顺五常之德，所谓性也，曷尝有忠与孝哉？寂然不动，鉴空衡平性之体也，其名曰中。感而遂通，云行水流性之用也，其名曰和。中之体立，则天地位；和之用行，则万物育。圣人忝赞之。妙德性，尊人伦，叙天秩，粲然明白，曰忠、曰孝、曰中、曰和，夫岂异哉？（《牧隐文稿》卷一〇）

按李穑的看法，“中”为体，“和”为用，“中”为大本，“和”为流行。忠、孝均“中”之理的实现。李氏朝鲜朝，朱子学大兴，其中著名的有以李滉（1502—1571）创立的退溪学派和李珥（1536—1584）创立的粟谷学派，还有曹植（南冥，1501—1572）、韩元震（1682—1751）等学者。李滉对儒家核心价值有全面的论述和创造的发展。在其《圣学十图》这一天地、社会、人生的庞大系统中，“仁”是贯通天人的精魂。《圣学十图》的实质是做人，提升人格境界。李滉借助朱子的《仁说图》阐明四端与四德，以及仁、义、礼、智四德之间的关系。恻隐贯四端，周流贯彻，无所不通。仁包四德，涵育浑全，无所不统。李滉又推崇张横渠《西铭》，以“民胞物与”为仁爱思想的扩大。

李滉（号退溪）的创造，在提出统合性情与理气的“合理气、统性情”的命题，主张从理气与性情一体性的观念，来看待本然之性与气质之性的关系，理解“理发而气随之”的恻隐、辞让、羞恶、是非的四端与“气发而理乘之”的喜怒哀惧爱恶欲的七情之间的相互渗透关系。① 这里且不谈他的心性论。李退溪的政治伦理论以“仁孝”为宗纲。他指出：

窃谓天地之大德曰生，凡天地之间，含生之类，总总林林，若动若植，若洪若纤，皆天所闷覆而仁爱，而况于吾民之肖象而最灵为天地之心者乎？……天之于君所以反复丁宁若是者无他，既以仁爱之责委重于此，自当有仁爱之报惓惓于此也。（《戊辰六条疏》之六）

然则所谓道者，何待乎他求哉？即忠恕而尽其理，则忠恕即道；即仁义礼

① 参见张立文主编：《退溪书节要·前言》，中国人民大学出版社1989年版，第13～14页。

智而尽其理，则仁义礼智即道。今以忠恕则云未尽于道，以仁义礼智则难名于道，乃欲别求他物以为道，此则尤非浅陋所及也。(《答金思俭希禹》)

故治国本于孝、悌、慈以及于仁让忠恕之属。平天下亦本于三者。(《答李平叔》)

由此可见，李退溪价值观念的核心是仁爱，由仁爱统率仁义礼智、忠恕、孝悌等。他又格外推崇“孝”，认为“虽然孝为百行之原，一行有亏，则孝不得为纯孝矣。仁为万善之长，一善不备，则仁不得为全仁矣”（《戊辰六条疏》之一）。“人有孝思，百行之则。苟能竭力，未学谓学。”（《中训大夫李公墓碣铭》）退溪弟子柳西涯甚至认为“忠孝之外无事业”。

此外，与朱子以“敬”为圣门第一义一样，退溪也格外重视“主敬”。持敬是修养工夫，《圣学十图》在一定意义上又“以敬为主”。李退溪说：“持敬者，又所以兼思学、贯动静、合内外、一显微之道也。其为之之法，必也存此心于斋庄精一之中，穷此理于学问思辨之际。不睹不闻之前，所以戒惧者愈严愈敬。隐微幽独之处，所以省察者愈精愈密。”（《进圣学十图札》）

南冥、李粟谷等李朝儒学大师都重视“敬义夹持”，强调敬体义用，敬内义外。“持敬”本是“心”的工夫，即“心体”之用，或“心体”的呈现，因此又成为“义外”之体。按体用不二之说，“持敬”则“义”存，当“义”则“敬”在。① 综上所述，韩国儒学主流学派对仁爱、诚敬、忠恕、孝悌、信义等价值是相当尊重的。他们对此有全面的领会、发挥并身体力行，尤其对“仁”“孝”“敬”等德目有所偏重。

三

日本早期儒学的主要内容是“德治”的政治理念。日本于7世纪形成律令制，以隋唐律令及汉唐经学为主要范本。最早将儒学渗透到个人修养和信仰领域的是圣德太子。他于603年12月制定了以儒家德目（德、仁、礼、信、义、智）命名的《冠位十二阶》，次年4月又公布了以儒家思想为基调的《宪法十七条》。这里有了“忠于君”、“仁于民”、“以礼为本”、“背私向公”及“仁政”的内容。日本统治者倡导“孝”道，是奈良时代（710—784）的事。奈良、平安时代，“孝”道已被

① 参见汤一介：《读〈南冥集〉所得》，《国际儒学研究》第4辑，中国社会科学出版社1998年版，第77～78页。

日本人广泛接受，在社会上层还展开了有关“孝”之意义和“孝”与“忠”之关系的讨论。720 年，元正天皇下诏：“人禀五常，仁义斯重。士有百行，孝敬为先。”①

律令制时代国家儒学主要以五伦为内容，特别强调“父子之亲”（父子天合）和“君臣之义”（君臣义合）。当时在贵族中间爱好汉文、汉诗蔚然成风，其中流露出忠孝、公私孰为先后的思想矛盾。《经国集》卷二〇所载主金兰的回答，已经有了忠为公、孝为私、忠先孝后的意识。他说：“别或有背亲以殉国，或有弃私以济公。……在于父便以孝为本，在于君乃以忠为先。探今日之旨，宜以忠为先，以孝为后。”这就为而后幕藩国家的儒教思想家的讨论埋下了伏笔。

到了江户时代（1603—1867），日本儒学大盛。朱子学兴起，门派甚多，而且逐渐官学化。此外还相继形成了阳明学派、古学派等。日本朱子学开创者林罗山（1583—1657）在讨论忠孝矛盾时说，“君有重于父母时，父母有重于君时”，但在评论孟子关于舜帝之父瞽叟杀人的处理方法——舜必弃天下背父潜逃时，则认为“舜虽云孝行而爱父，不可以私恩而破公义”②。这样就把“公义”作为天下国家，而把“私恩”作为父子关系来加以理解。林罗山把忠孝关系约化为公私关系，将其对立起来。日本朱子学以“公”为普遍性道德律，以“私”为任意性欲望，逐渐发展为“忠”绝对优于“孝”的观念，进而成为主导幕藩国家伦理方向的思想。这比较适合于地域领主型的日本社会。“忠”遂成为日本武士道的精髓。

日本阳明学开创者中江藤树（1608—1648）则把“孝”放在“忠”之上，乃至放在一切道德之上。他认为“孝”是人类根本的良知，如果泯灭了“孝”心，即丧失了良知，失去了精神上安身立命之所。在“公义”与“私恩”的矛盾面前，中江藤树认为，感父母养育之恩的“私恩”较“公义”更为重要。其“私恩优位”观反映了市民阶级的价值诉求。他强调“孝”，主张恢复儒学本来的面目，开了日本“复古主义”的先河。③

朱子学的另一派首领山崎闇斋（1618—1682）强调孔子仁学，彰显朱子仁说，并著《仁说》与《仁说问答》。他受到朝鲜李退溪的影响，在《仁说问答序》中说：“盖求仁首先在于理解名义，体认其意义意味，其次在敬、恕上下工夫，致力于克己复礼，则可得矣！此为朱子教人求仁之本意也。……读《论语》《孟子》书

---

① 参见王家骅：《古代日本儒学及其特征》，《比较文化：中国与日本》，吉林大学出版社 1996 年版。

② 转引自三宅正彦著，陈化北译：《日本儒学思想史》，山东大学出版社 1997 年版，第 86 页。

③ 参见盛邦和：《东亚：走向近代的精神历程》，浙江人民出版社 1995 年版，第 28 ~ 29 页。

并反复熟读，则仁之慈味亲切意思精微处诚可领会也。”据冈田武彦先生的研究，闇斋重视朱子所说的爱之理，认为爱之理就是心之德的精义和慈味亲切处，认为朱子以后宋元明诸儒没有人理解其中真意，甚至连退溪的《圣学十图》也没有说清楚。程朱以仁为理，以内在于人的理为性，强调性的纯粹与尊严，因此认为性气之间具有体用关系。闇斋把“仁”解释为“生之性”“未发之爱”，主张生与性一体，仁与爱一源，因此只要能体认仁，仁就充满慈味亲切。与朝鲜朱子学者一样，闇斋也讨论了敬与义的关系问题，批评了程朱。关于敬义内外说，崎门派展开了激烈的争论。阿部吉雄在《日本的朱子学与朝鲜》一书中，拿闇斋与李退溪相比较：李退溪重视个人修养，偏重理气心性的哲学思考，将学问之道归纳为学、思、敬；闇斋则重视日本人伦秩序社会的建构，积极参与社会，将学问之道归纳为知、行、敬（这里有具体情况的限制，李退溪的时代士祸甚炽）。总之，他们相对重视“敬”。

古学派的山鹿素行（1622—1685）、伊藤仁斋（1627—1705）都主张回到孔孟，强调“仁”与“诚”这两个重要范畴，当然也重视“义、忠、信”等。

山鹿素行批评宋明儒学和日本以“敬”为中心的禁欲主义，指出：“仁者人之所以为人，克己复礼也。天地以无而行，天下以仁而立。颜子问仁，夫子以纲目答之，仁之全体大用尽。仁者兼五常之言，圣人之教，以仁为极处。汉唐儒生，以仁作爱字，其说不及；至宋儒以仁为性，太高尚也。共不知圣人之仁。汉唐之蔽少，宋明之蔽甚。仁之解，圣人详之。仁对义而谓，则为爱恶之爱。仁因义而行，义因仁而立，仁义不可支离。人之情爱恶耳，是自然情也。仁义者，爱恶之中节也。”① 这就对宋明性理之学有所松动，而回复到孔子之仁，即不脱离性情的仁爱思想。他把“诚”讲成人情之不得已，如好好色、欲美食等。当然他也反对情之过度，此亦为不诚。关于忠信，山鹿素行说：“忠者为人谋而不私于身也，信者悫实而不欺也。忠不私，信不欺。忠就心上说，信就事上说。忠以事君长，信以交朋友。圣人之教在忠信。”② 这就是他的仁义忠信观。

伊藤仁斋背离朱子而回到孔孟原典。其《语孟字义》全面复兴孔仁孟义。据台湾学者杨儒宾和黄俊杰研究，伊藤仁斋的堂号与思想，有一个由“敬”到“仁”的过程，其间经历了严重的心灵搏击与意义危机。他要把儒家学说拉回到人文世界、世间伦理，这是他由“敬”到“仁”的本旨。他对《孟子》的解读，也抖落其超越性，主张“道在俗中”，从“人事”中觅“天理”，与晚于他一百年的戴震

① 田原嗣郎等校注：《日本思想大系·山鹿素行》，岩波书店 1976 年版，第 343 页。

② 田原嗣郎等校注：《日本思想大系·山鹿素行》，岩波书店 1976 年版，第 344 页。

若合符节。他说："圣人之道，莫大于仁，莫要于义。""孔门学者，以仁为其宗旨。""仁义二者，实道德之大端，万善之总脑。""慈爱之德，远近内外，充实通彻，无所不至之谓仁；为其所当为，而不为其所不当为之谓义。"又说：

> 仁者，性情之美德，而人之本心也。盖天地之大德曰生，人之大德曰仁。而所谓仁者，又得夫天地生生之德，以具于心者也，其本以爱得名。而众善之所由而生，即所谓不忍人之心，而能充能大者此也。盖尝以仁者之心观之，仁者其心以爱为体，故能与物同体……此仁道脉络相因，而莫不皆从爱出也。……故仁之为德，一言以蔽之，曰"爱"而已矣。……夫浑然与物同体，仁也。施物各有差等，义也。……是故求圣人之道，莫大于为仁，而为仁莫切于爱人，爱人莫先于孝亲，故"强恕而行，求仁莫近焉"，学者其识诸?①

伊藤仁斋实对先秦、宋明儒之"仁爱"思想做了一个大的综合，肯定其爱意、生生之德意。他强调仁者以爱为心，这也是一种自然之性情。他也肯定"忠信"，认为这是为学之根本，是学者不可改易的原则。他对智仁勇、对仁义礼智都有发挥。

山鹿素行和伊藤仁斋都强调"诚"。伊藤仁斋认为忠信和诚的意思相近，即"尽己心朴实实行去"。他们都反对雕凿伪饰，而主张带有真实无妄、表里如一的感情之升华。在江户时代后期，"诚"逐渐上升为道德的根本，幕末志士更是大讲"诚"与"至诚"。

在江户初期，林罗山与他的老师藤原惺窝（1561—1619）是非常肯定"敬"而且把"敬"与"诚"并提的。他们主张"诚""敬"可以合为一体。林罗山甚至把"敬"解释为"主一""不二"之意，即"此心不二"，专主一人，专注一事。这适应了德川家康统一日本、开辟江户时代的需要。林罗山强调身份、名分、职分、上下定分、君臣父子之分，建立武士阶级基于身份观念的阶位制的伦理纲常。然而到了江户末期，志士们接过古学派的"诚"来代替"敬"，要求外部社会与个体愿望相一致，积极参与社会改革。由"敬"至"诚"的变迁，表明了伦理观念随时代不断变化。

当然，我们不能不看到，在日本伦理思想史上，"敬"的观念以及"自敬""敬人""敬事""敬业"意识的提倡，而且与"忠""信""义""耻""知耻"等道德观念相结合，确实与前引盛邦和书所说，使日本人的文化心理结构中有了适应

---

① 吉川幸次郎等校注：《日本思想大系·伊藤仁斋、伊藤东涯》，岩波书店1979年版，第143、130、128、277～278页。

于自己社会与民族的素质，例如武士和国民的忠君敬上精神等，这自然增强了日本民族与政治的凝聚力和整合力。这些心理、精神因素都积淀下来，由此也给亚洲和世界带来了正负面的后果。日本儒学史上对于“仁爱”思想的重视和新释，关于“诚”与“敬”、“忠”与“孝”、“公”与“私”的争论，有着具体的复杂的语言背景、文化场景和思想内涵，需要做具体的分析。美国人类学家本尼迪克特（Ruth Benedict）在《菊花与刀》中说日本的伦理体系根本排斥“仁”，从未接受过这一道德观念，这种说法至少在精英层上是不确当的。以上粗浅的描述，旨在说明某些价值观念成为一定时期一定社会的主导观念，是由多重原因决定的。选汰某些观念，或者某一观念内涵的流变，都是正常的。

四

东亚儒学的价值理念既有共性，又有个性。所谓共性，指的是仁、义、礼、智、信，或者说仁爱、敬诚、忠恕、孝悌、信义等基本观念的某些主要内涵是普遍的、稳定的，是东亚各儒学大师的精神追求和信念、信仰，在不同时空环境中对社会文化具有价值导向的功能。所谓个性，指的是儒教伦理在中、日、韩、越各国的不同时代具有不同的表现。同一价值理念的内涵会发生一些变化。特别由于社会结构、文化习俗、民族心理等各方面的差异，导致伦理价值观各有偏重，有的价值变得更加重要。沟口雄三具体比较了中日“公私”观的差异，认为日本的“公”与“私”是领域性的和限定性的，中国的“公”与“私”则是原理性的和道德性的。日本人的这种“公”观念产生出“灭私奉公”的意识，并与尽忠领主的“忠”的观念相结合，对日本经济起飞起了支柱性的作用。在日本，“忠”的观念化为对国家和自己所属集团的忠诚，加上社会普遍重视的“信”与“义”，超越了宗族血缘伦理，成为资本主义性质的契约关系和商业交易关系的有效伦理。在中国精英层不受重视的勇、武、刚、强、毅等武勇价值，在日本则受到重视，而且较易导入基于弱肉强食的生存竞争之上的资本主义竞争原理。他认为，日本儒教伦理与江户时代的世袭阶级社会有深刻的联系，这种伦理易于适应日本的工业化。①

尽管如此，我们仍然可以看到中日传统的“公”“私”观有相同的一面，例如山鹿素行就把对国家、天下、人民尽力，视为最大的忠，也就是“公共之忠”——

① 详见沟口雄三：《日本的近代化及其传统因素：与中国比较》，李明辉主编《儒家思想在现代东亚：总论篇》，台湾“中研院”文哲所筹备处 1998 年版。

"公"。这就与沟口先生所说的中国人追求的道德性与普遍性的"公"的观念十分相近。中国的"公"的观念也并非如沟口先生所说，是没有层次性的。沟口先生又说，日本"忠"强"孝"弱，宗族血缘关系薄于中、韩，亦是契约关系和商业伦理的又一生长点。这当然有一定的说服力。但另一方面，我们又不能不看到，日本其实也有重"孝"派，例如中江藤树等。特别是，"孝"的意识在韩国、中国台湾与中国香港等国家和地区的经济起飞中，亦成为一种助缘，对家族产业也起过一定作用。此外，传统中国注重相互扶助而不是竞争，警戒"恃强凌弱"和一定程度的平均主义、均富情结，虽不易导入基于弱肉强食的资本主义竞争原理，但仍然可以作为协调当下和未来社会的利益分配，求得社会公正的一种支援意识。沟口先生在前引论文中正确地指出：新的社会体制往往更加受到以往的伦理观念的影响；在不同的时期与不同的条件下，过去成功的传统因素，可能变成衰落的因素，过去不利的传统因素，可能变成有利的因素。传统伦理、道德条目、社会观念对于特定时期、特定条件的适应性和不适应性并不是绝对的，而是活动的、相对的。这些论断不仅没有排斥东亚儒学共同的价值理念，反而说明流变、相对、特殊之中仍有其常住、绝对、普遍价值。

罗伯特·贝拉（Robert N. Bellah）关于德川宗教的研究给我们多方面的启示。他说："存在于德川时期的中心价值系统在现代依然起着决定作用，也许是以更加强化的、理性化的形式而存在。将作为各个阶级的身份伦理而起作用的中心价值系统应用于现代，证明是十分有利于处理每个阶级所承担的新的经济责任。"① 贝拉关于中国的整合价值占首位，日本以重视政治或达到目标为特征，中国伦理是普遍主义的，日本伦理是特殊主义的等论断，都是值得商榷的。但他具体分析了德川时代的中心价值，预先指出了这些价值在日本现代化道路与过程中的作用，是很有意义的。丸山真男曾给予了中肯的评价。我们倒不必以化约主义的方式简单地得出"中国重仁、韩国重孝、日本重忠"等类似的结论。我想说明的是，在中、日、韩诸国的价值系统中，各种价值固然不是平列的，但也并非没有整合起来。如前所述，"孝"的价值及忠孝之关系在日本儒学史上就引起过多次讨论，"孝"作为次一级价值，仍然起着作用。

总之，我认为，东亚儒学的中心价值系统或核心价值观念是仁爱、敬诚、忠恕、孝悌、信义。仁爱是人性之本然，中韩日诸前贤大儒均视为人之所以为人之根

---

① 罗伯特·贝拉：《德川宗教：现代日本的文化渊源》，三联书店、牛津大学出版社1998年版，第228页。

本，即人的类特性、类本质，亦与世界各民族各宗教伦理之精核均可以相沟通。己所不欲，勿施于人，己立立人，己达达人，仁民爱物，民胞物与，完全可以成为新的全球伦理的基石，成为化解宗教、民族、国家、文化间诸矛盾冲突的药方和协调人与自然关系的指南。敬与诚是人面对天、地、人、物、我的一种虔诚、恭敬的态度，一种责任意识和敬业精神，真诚无欺，真情自然。愚忠愚孝已被洗汰，而忠孝之心仍可以存于现代社会，化为孝敬父母、尊重前辈、老吾老以及人之老、幼吾幼以及人之幼的行为，化为对人类、民族、国家、社会、团体的奉献精神。持守道义，主持公道，讲求信用，言行一致，仍是我们做人的准则。

仁爱、敬诚、忠恕、孝悌、信义等价值在当下和未来中国或东亚社会的发展中，不仅作为普遍性的道德理念，而且作为企业、商业、职业、环境伦理，还将继续起着作用。传统伦理经过时代的转化、洗汰与我们自觉地批判继承，可以与现代化的新的伦理价值——个性自由、人格独立、人权意识等整合起来。儒家核心价值观念与现代人权、平等、尊严、理性、道义，不乏可以沟通之处。现代伦理缺乏信念的支撑，也缺乏深度、累积的社会资本和文化资本的支撑。

在天道性命贯通的思想背景中，东亚价值潜含有宗教精神，即超越的理据；同时又是圣凡合一的。礼乐伦教在东亚传统民间社会、民心深处有极大的渗透力。以人的道德责任而不是超越外在的上帝为依凭，对现世的重视，足以显示“仁学”的力量。

未来社会的发展仍需要价值指导。面对人与自然、社群、天道诸种复杂关系的调治问题，面对东亚社会的现代化问题，儒家的核心价值有重大意义。在人生的安立、精神的归属方面，在社群伦理乃至全球伦理、环境伦理的建设方面，仁义礼智信等核心价值观仍然是我们重要的精神资源。

（载于 2000 年第 4 期）

《性自命出》《中庸》《孟子》思想的比较研究

许抗生

“性自命出”出自荆门郭店楚墓竹简《性自命出》篇，其篇名是竹简整理者根据该篇中有“性自命出，命自天降”这一提法而加的。“天命之谓性”，是大家都熟知的《中庸》首句的文字。而《孟子》则讲“尽心知性知天（天命）”。它们三者都是先秦儒家的典籍，都把性看作是来自天命的，就这方面说，它们的思想是相通的，但由于它们对“性”各有不同的解释，因此它们三者的思想又有其各自不同的思想特点。对它们三者做一次分析比较的研究，确实是很有必要的，也是很有意义的。从性、命思想上来看，《性自命出》与《中庸》比较接近，而与《孟子》则差异较大。因此我们首先对比分析《性自命出》与《中庸》的思想，然后我们再来分析《性自命出》、《中庸》与《孟子》思想的同异，这样我们就能把三者的关系看得更清楚些。

一、《性自命出》与《中庸》思想的比较

要做《性自命出》与《中庸》思想的比较，自然首先要能读懂这两篇文章。一篇是刚出土的古代典籍，一篇是富有哲理性的著作，都比较难读。《性自命出》通过竹简整理者的整理和注释，大概的思想尚是可以把握的。而《中庸》的思想，尤其是带有纲领性的首章的文字，很不好理解。《中庸》首章是它的哲学思想的高度概括，如果不理解首章，恐怕整个《中庸》的思想也就难以弄清了。所以，在这里，我们还是先从《中庸》的首章谈起吧！

《中庸》首章说：“天命之谓性，率性之谓道，修道之谓教。道也者不可须臾离也，可离非道也。是故君子戒慎乎其所不睹，恐惧乎其所不闻。莫见乎隐，莫显乎微，故君子慎其独也。喜怒哀乐之未发，谓之中；发而皆中节，谓之和。中也

者，天下之大本也；和也者，天下之达道也。致中和，天地位焉，万物育焉。”很明显这是讲的一套儒家的哲学世界观，具有纲领性的一段文字。所以，朱熹说：“杨氏所谓一篇之体要是也。”这么一段《中庸》的哲学文字，由于太概括简略，叫人确实很难来理解它的深刻涵义。

读懂这段文字的关键是如何理解“性”与“道”两个概念。东汉的郑玄对此作注说：“天命谓天所命生人者也，是谓性命。木神则仁，金神则义，火神则礼，水神则信，土神则知。”这是用汉代的五行说（木、金、水、火、土）解释性（仁、义、礼、信、智）。这显然是汉代人的思想，并不是《中庸》的原义。

至于宋代理学家用理学思想来解释《中庸》的性与命，虽在历史上影响很大，但也是不见得符合《中庸》原义的。如朱熹说：“命，犹令也。性即理也。天以阴阳五行化生万物，气以成形，而理亦赋焉，犹命令也。于是人物之生，因各得其所赋之理，以为健顺五常之德，所谓性也。”（《中庸章句》）这是用理学家的天理来解释性，性即理（理的主要内容是仁义礼智信五常之德）。这显然是宋代理学的解释。

但不论东汉的郑玄也好，还是南宋的朱熹也好，他们的共同点是皆用五常（仁、义、礼、智、信）来释性。其实五常说是后起的东西，在先秦儒家有五行说，自马王堆出土《五行篇》之后，我们才知道先秦儒家五行说是指仁义礼智圣，并不完全等同于后来的五常说，那么《中庸》所说的“天命之谓性”的性是否就是五常或五行说呢？在这一点上我是有怀疑的。如果“性”是五常或五行，那为什么《中庸》接着又要谈情之未发与已发呢？朱熹的注释是：“喜怒哀乐，情也。其未发，则性也，无所偏倚，故谓之中。发皆中节，情之正也，无所乖戾，故谓之和。大本者，天命之性，天下之理，皆由此出，道之本也。”（《中庸章句》）这就是说，喜怒哀乐是情，其未发为性。这无疑是说，仁义礼智信五常为性，而发出来则为喜怒哀乐之情，而《中庸》只是讲情之未发与已发，未发之情怎么变成五常之性呢？我感到困惑。

大概我的朋友方尔加先生也不满意这样的解释，他在《中庸索隐》中提出了一个新说。他说：“既然人由万物之精华所构成，人命中注定应顺应自然之法则。《中庸》起始有三句话：‘天命之谓性，率性之谓道，修道之谓教。’天命之性、率性之道、修道之教的具体体现就是礼乐。《礼记》认为，礼乐是自然秩序的体现，自然与社会是同构的，人类文化的准则与自然规律是一致的，所谓‘圣人作则，必以天地为本’‘夫礼，先王以承天之道，以治人之情’。‘大乐与天地同和，大礼与天地同节’‘乐者，天地之和也；礼者，天地之序也’。人之善德均源自天地自然，取法于天地自然。中庸之德亦不例外。”方氏之解不同于朱熹。朱熹的注解并无先秦文献根据，是自己的创造发挥，按冯友兰先生的说法，他是“接着讲”的，是哲学家的做法。方氏的解法有古代典籍《礼记》中的根据，是想按照《中庸》的原义讲的，按冯先生的说法是“照着讲”的。方氏的解释，是以礼乐来解性解道的。礼，孟子有“辞让之心，礼之端也”的说法，但古代典籍中没有把“乐”当作“性”的。音乐是心声，是表达人的感情的，感情是内在的，音乐是外在的，所以不能把音乐作为内在的性。这样，《中庸》首章仍然没有得到满意的解释。

1998年公开出版了湖北荆门郭店出土的一批有关儒家的著作。按照李学勤教授的看法，这些著作主要是子思学派的著作。确实，其中就有一篇有关鲁缪公与子思对话的文字。其中还有一篇现取名叫《性自命出》的文章，我读后感到它与《中庸》首章的思想比较相似或相近。《中庸》讲“天命之谓性”，《性自命出》讲“性自命出，命自天降”，两者都讲了“性”来自“命”，思想基本一致。所以裘锡圭教授在《性自命出》的注中说：“《中庸》天命之谓性，意与此句相似。”这是说得很正确的。我按照这一思路对比了《性自命出》的基本思想与《中庸》首章的思想，发现它们之间有不少的思想相同之处。因此，我从《性自命出》的思想中得到了启示，可以用《性自命出》的有关思想来解读《中庸》首章。我感到这一解读要比前人的解读更符合《中庸》原义一些。

《性自命出》的思想特点是：以情来释性。它用“喜怒哀悲未发之气”来释性，以已发来释情。它提出了“喜怒哀悲之气，性也”和“性发现于外，则为喜怒哀悲之情”，即所谓“情生于性”的思想。何谓“喜怒哀悲未发之气”呢？用我们现在的话来说，即是指情之未发时一种情感上的心理、生理状态，它是产生情感的根据。这种状态是天生就有的，天赋的，是人的本有的天性。这种天性为外物所动则生成喜怒哀乐之情，这就是“情生于性”之说。但这样发出来的情是否能符合社会礼义道德规范的要求呢？显然是不可能保证的。所以《性自命出》又强调了要以“道”来教化的必要。它说：“四海之内，其性一也；其用心各异，教使然也。”这即是说，人们的本性是一样的，但用心不同，发出的情就可不一样，这是不同的教化使之然也。所以在这里教化就显得十分重要了。如何教化呢？这就要以“道”（即儒家的道德原则）来教化，通过教化使“德”生于心中（“教，所以生德于中者也”）。可见，人是离不开“道”的，要用“道”来教化，要以“道”来修养自己的性情。以上就是《性自命出》的基本思想。

《性自命出》以情释性，那么《中庸》呢？《中庸》首章说的“天命之谓性”的“性”究竟应做如何理解呢？这还是要靠《中庸》自己来回答。《中庸》说：

“天命之谓性，率性之谓道，修道之谓教。……喜怒哀乐之未发，谓之中；发而皆中节，谓之和。中也者，天下之大本也；和也者，天下之达道也。致中和，天地位焉，万物育焉。”这里讲的是性命，却又谈了喜怒哀乐之情的未发与已发，那么性命与喜怒哀乐之情又是什么关系呢？这就有一个首先要弄清楚如何理解“中”与“和”的问题。“中者，天下之大本”，朱熹注说：“喜怒哀乐，情也。其未发则性也，无所偏倚，故谓之中。发皆中节，情之正也，无所乖戾，故谓之和。大本者，天命之性，天下之理皆由此出。”（《中庸章句》）朱熹讲得很清楚，大本即是天命之性，即是喜怒哀乐之未发之中。所谓“中”就是未发之情的无所偏倚。可见，如果按照这样的解释，《中庸》是与《性自命出》相类似的，皆是以情释性的。性就是指未发之情的无偏倚状态（“中”），然而朱熹并没有做出这样的结论，而仍然是用理学家的性即理来解释的。其实，性即天理（主要指五常之德），完全是朱熹加上去的。在这里，《中庸》只是讲了情之未发与已发，情之未发而无所偏倚（“中”），这就是“性”。无所偏倚就是未发之情处于平衡的状态，也可以说是处于静止状态。正如《礼记·乐记》说：“人生而静，天之性也；感物而动，性之欲也。”情欲是以物感而发的，受物的影响，因此已发之情有中节与不中节的问题。“中节”就是符合社会各种制度和道德规范而言的，也就是喜怒哀乐之情与社会节度相和谐，所以说“发而皆中节谓之和”。

根据以上的分析，我们就可以对《中庸》首章尤其是开头的几句难以理解的文句，做这样的解释：所谓“天命之谓性，率性之谓道，修道之谓教”，即是说，在人的喜怒哀乐之情未发时，情处于不偏不倚的“中”态，这就是人的本性，这种本性是天生的，天赋予人的，所以说“天命之谓性”。“率性之谓道”是说，遵循着这个性而行，这就是“道”。遵循性行，也就是遵循着中道而行，所以这个“道”就是指的中道（中庸之道）。这个“中道”是须臾不能离的（“道也者，不可须臾离也”）。离开了中道就会走偏出错。因此，《中庸》第二章紧接着就讲“君子之中庸也，君子而时中”。朱熹在此注说：“君子之所以为中庸者，以其有君子之德，而又能随时而处中也。”（《中庸章句》）君子随时随地都能处中，小人则不能，“小人而无忌惮也”。至于“修道之谓教”，则是对一般人说的，进修中庸之道还得靠道德的教化才成。如何教化呢？《中庸》说：“修身以道，修道以仁。”修中庸之道还须有仁爱的思想，所以要进行仁爱的思想教育。但圣人与一般人不同，他能“率性”而行，做到“不勉而中，不思而得，从容中道，圣人也”。圣人的喜怒哀乐之情可以自然地“发而皆中节”，一般人的情感则容易为物所引，而不能皆中节，所以对一般人来说，教化与修养就显得十分重要。所以《中庸》十分重视道德的教化与慎独的修养工夫。

最后，再谈一下“中”与“和”的关系问题。“中”其实已经包含有“和”。正如朱熹所说：“中庸之中，实兼中和之义。”《中庸》的意思是，只要按照中道去行，不偏不倚，保持中正，喜怒哀乐之情发出来就能皆中节，“发而皆中节，谓之和”。可见，和是中的结果，由“中”才能达到“和”。中是天下之大本，和是天下之达道，所以《中庸》首章的最后结论是“致中和，天地位焉，万物育焉”，从而把中和之道提到宇宙的根本法则的高度。

以上是我们对比了《中庸》首章与《性自命出》思想的相似或相通的地方。至于《中庸》与《性自命出》之间的不同或差异的方面，也还是很明显的。

（1）《性自命出》用“喜怒哀悲之气”来释性，性发现于外则为情，而《中庸》不讲“喜怒哀悲之气”，只是强调“喜怒哀乐”之情的未发，处于不偏不倚的“中”为之性，即为“天下之大本”。这里虽说都是以情释性，然而一个主“气”（喜怒哀悲之气），一个主“中”（“喜怒哀乐未发谓之中”）。“中”即指情之未发处于不偏不倚的“中”态，这是人们很容易理解的。然而“喜怒哀悲之气”的“气”，就使人不容易把握。这是因为“气”这一概念比较含混，不是一个很确定的概念。在战国中期思想界上，既有把“气”看作是物质性的“气”，也有把“气”看作是精神性的“气”，气的思想比较复杂。如孟子讲“浩然之气”，此气为“集义所生”，所以“浩然之气”是一种精神性的道义之气。而《管子》中《内业》《心术》中所讲的气，则主要是指物质的气，它能“此则为生”，“下生五谷，上为列星”。很明显，这种气大不同于浩然之气。那么《性自命出》所讲的“喜怒哀悲之气”，应做如何看待呢？它是物质性的还是精神性的，这里就很难确定，因为一个人的情感、情绪的产生，既与心理的因素有关，亦与生理的因素有关。因此，能产生喜怒哀乐之情的“气”这一概念就很难把握，很抽象，很含混，是不明确的。《中庸》似乎看到了这一点，它抛弃了“气”这一概念，而明确地提出了“喜怒哀乐之未发谓之中”的思想，这就明确了“性”的内容，“喜怒哀乐之未发谓之中”，即为天下之大本（“性”）。“中”即为“性”。这就克服了《性自命出》中“气”的不确定性。同时，《中庸》还强调“喜怒哀乐发而皆中节谓之和”，提出了“中和”概念，并把“中和”思想提升到“致中和，天地位焉，万物育焉”的整个宇宙法则的高度，为《中庸》思想奠定了哲学理论基础。所有这些在《性自命出》中皆未论及。由此我们可以做这样的推断：在时间上，《中庸》很可能晚于《性自命出》。如果《性自命出》是战国中期前的作品的话，《中庸》则只能是战国中晚期的著述。

（2）《中庸》与《性自命出》在对“道”这一概念的理解上，也有所不同。《中庸》明确地提出了“率性之谓道”的思想，而所谓“性”就是喜怒哀乐未发之“中”，因此“率性之谓道”，就是讲的中庸之道。这样就把道与性密切地联系了起来，由性而自然地推出道。在这里，思维的逻辑性亦很强。然而《性自命出》中并没有把“喜怒哀悲之气，性也”与“道”较密切地联系起来，它所讲的“道”内容也较宽泛，也并没强调中庸之道，强调的是“道者，以心术为主”，当然，这里的心术（心法）主要是指众多的儒家的伦理道德原则。至于《性自命出》中，也讲了“道始于情，终于义”的思想，但这里的“道始于情”，并不是《中庸》所说的“率性之谓道”。“道始于情”是指道从“情”出发，有了情之后才会有“道”的教化的。这是因为“喜怒哀悲之气”发见于外的情，并不能保证符合社会典章制度和伦理规范的要求，既可以为善的，也可以为恶的，所以要用“道”来引导。所谓“道始于情，终于义”，是指情中有近仁近义的东西（“唯性爱为近仁”“唯恶不仁为近义”），以道来教化使其达到仁与义。所以说：“四海之内，其性一也。其用心各异，教使之然也。”又说：“教，所以生德于中者也。”这些都是说明道的教化始出于情的，没有情也就用不着“道”。有了情必须要有“道”的教化，最终才能使情合于道义。这就叫做“道始于情，终于义”。由此可见，《性自命出》的“道始于情”说与《中庸》的“率性之谓道”说，两者显然是不一样的。

（3）在修养功夫上两者亦有不同。《中庸》提倡“慎独”的功夫，“慎独”功夫是与“道”密切联系着的。道不可须臾离，因为“道”就是“率性”而行，性即是情之未发之“中”，是内在于心中的中庸之德，所以不可须臾离，必须时刻反省自己，做“慎独”的功夫。因此，朱熹注说：“是以君子之心，常存敬畏，虽不见闻，亦不敢忽，所以存天理之本然，而不使离于须臾之顷也。”（《中庸章句》）当然，朱熹在这里讲的天理仍然主要是指“五常”之德，而《中庸》其实只是讲的本然之性即中庸的思想。而《性自命出》并不强调“慎独”，亦不强调反省内求，这是因为它把喜怒哀乐之情当作性，而情是自然的，并不具有伦理道德的属性，所以修养并不需要内求。《性自命出》也讲独，但讲的是“独处而乐”和“独处则习父兄之所乐”，强调的是“独乐”。所以，一个强调“慎独”，独处而敬慎不离中庸之道，一个强调的是独自快乐，去掉忧愁伤感之情，还是从情上出发的。这样就在修养方法上有了明显的不同。

以上我们讲的是《中庸》与《性自命出》思想之异。当然这个“异”只是它们的“同中之异”。它们之间的“同”也还是明显的。两者之间都主张“情”来自“天命”，两者皆以情释性，两者又都强调“道”的教化作用等方面，决定了它们两者思想有着不少的相同点。可以说，《性自命出》与《中庸》的思想两者是比较接近的。

二、《性自命出》《中庸》思想与《孟子》思想的比较

自荀子在《非十二子》一文中，把子思、孟子放在一起加以批评之后，人们常把子思孟子看作是儒家中的一个学派，即所谓思孟学派来看待的。荀子批评他们两人说："略法先王而不知其统，然而犹材剧志大，闻见杂博。案往旧造说，谓之五行，甚僻违而无类，幽隐而无说，闭约而无解。"（《荀子·非十二子》）又说："子思唱之，孟轲和之。"一唱一和，当然就是一个学派中的人了。所谓"案往旧造说，谓之五行"，应做何理解呢？以往人们都把"五行"看作是中国古代的阴阳五行说的五行，即指金、木、水、火、土五种物质元素而言，但《孟子》书中找不到有这种"五行"的思想。自1973年湖南长沙马王堆汉墓出土了帛书《五行》篇之后，人们才弄清楚先秦儒家所说的"五行"是仁、义、礼、智、圣的五行，是指道德观念上的五行。现查《孟子》一书，并未发现有"五行"这样的概念，但有关五行（仁、义、礼、智、圣）的思想还是有的，孟子强调的是"四端"，指的是仁、义、礼、智。然而荀子明明说"子思唱之，孟轲和之"，由此人们做如此推断说，儒家的五行说应是子思学派的思想。这似乎也就顺理成章的了。那么子思是否真的讲五行说呢？子思的思想与孟子的思想是否完全一样呢？又如何理解所谓"思孟学派"呢？所有这些问题，现在看来，皆需要做重新的研究，做重新的认识。

从上文的分析中，我们已经看到，子思学派的《中庸》一书和接近子思思想的《性自命出》一文，是与孟子的思想有着较大的区别的，思想并不完全一样。正如《韩非子·显学》所说："自孔子死后，有子张之儒，有子思之儒，有颜氏之儒，有孟氏之儒，有漆雕氏之儒，有仲良氏之儒，有孙氏之儒，有乐正氏之儒。……取舍相反不同。"这就是孔子死后"儒分为八"的说法，并认为这八派思想之间是"取舍相反不同"的。在这八派中既有子思派，亦有孟子派，可见它们两派之间的思想也应是"取舍相反不同"的。那么子思派与孟子派思想之间最大的不同又何在呢？在这里，我们是应当很好地加以分析后给予回答的。

《性自命出》和《中庸》思想的最大特点，就是以情释性。《性自命出》以"喜怒哀悲之气"释性，有时甚至直接把情当作性（"好恶，性也；所好所恶，物也"）。《中庸》则以喜怒哀乐之情的未发之"中"谓之性（"天下之大本"）。这就与孟子的人性论有着很大的不同。孟子以道德心释性，孟子说："仁义礼智，非由

外铄我也，我固有之也。”又说：“恻隐之心，人皆有之；羞恶之心，人皆有之；恭敬之心，人皆有之；是非之心，人皆有之。恻隐之心，仁也；羞恶之心，义也；恭敬之心，礼也；是非之心，智也。”（《孟子·告子上》）因此，“孟子道性善”，认为人性是善的，“君子所性，仁义礼智根于心”（《孟子·尽心上》），仁义礼智是人心中所本有的。由此可见，《性自命出》与《中庸》皆是以情释性的，而与《孟子》以心（道德心）释性，两者是有着根本上的区别的。可以说，以喜怒哀乐之情释性，实际上是以人的自然性释性，喜怒哀乐是人的自然生理的表现，可以属之于“生之谓性”的范围，其与告子的“食色，性也”，以生理欲望（物欲、情欲）为性是处于同一层面上的。而孟子强调的是人的社会伦理性为性，是以道德心释性的典型代表。由此可见，《性自命出》《中庸》与《孟子》在人性论上有着很大的不同，不过它们之间又有着异中之同。尤其是《中庸》与《孟子》更有着密切的联系。《中庸》所说以喜怒哀乐未发之“中”释性，基本思路上是以情释性的。但“中”（中庸）早为孔子所提倡，并把它看作为至德的表现（“中庸之为德，其至矣乎，民鲜久矣”）。不偏不倚的中庸之道，本来是一种思想方法，《中庸》把它看作是性，即未发之情的平衡状态，但儒家早已把它当作为一种德目。所以《中庸》中的中庸之道，也具有道德性，为君子之德、圣人之德。所以孟子也提倡中庸之德，孟子说：“中也养不中，才也养不才，故人乐有贤父兄也。”（《孟子·离娄下》）就《中庸》与《孟子》都提倡中道来说，它们的思想是相一致的。《中庸》与《孟子》更相近的地方是两者皆讲“诚”，皆把“诚”看作是人性的重要内容。《中庸》说：“诚者，天之道也；诚之者，人之道也。”又说：“自诚明，谓之性；自明诚，谓之教。诚则明矣，明则诚矣。”诚是天道，是天生的本性；由明乎善而达于诚，则是人的教化的作用，是人道。何谓“诚”呢？诚者实也，“真实无妄之谓”，真实而无欺妄，实实在在。这是一个人天性所本有的。“诚”这一字本来是指实在实有，也与中庸一样，本不具有道德属性。正如王夫之所说：“诚也者，实也，实有之，固有之也。”（《尚书引义》卷四）又说：“夫诚者实有者也，前有所始，后有所终也。实有者，天下之公有也，有目所共见，有耳所共闻也。”（《尚书引义》卷三）但“诚”也可做道德品性解，讲诚实不虚伪。《中庸》中也把“诚”当作道德性来看待，所以说：“诚身有道，不明乎善，不诚乎身矣。”那么诚与中庸是什么关系呢？诚者实有，固有者也，“中庸”是人性本有的，是天赋的，那么从诚实出发，也就要从“中庸”（或中道）出发，不能有所虚假。孟子接过《中庸》的思想，也讲“诚”，也讲“是故诚者，天之道也；思诚者，人之道也”（《孟子·离娄上》）。又说：“诚身有道，不明乎善，不诚其身矣。”（《孟子·离娄上》）孟子的讲法，几乎与《中庸》的讲法一样。但从孟子以仁义礼智解性来看，“诚者，天道”的真实无妄的内容应是指仁义礼智四端之性。由此可见，《中庸》与《孟子》在这方面的思想是有相通一面的。《中庸》已带有用道德观念释性的倾向，孟子则进一步发挥了这一思想，以仁义礼智的道德性来释性。所以荀子把子思、孟子看作为一个派别，“子思唱之，孟轲和之”，是有道理的。但《中庸》并不讲五行（仁、义、礼、智、圣），而孟子则继承了五行的思想（关于孟子的五行思想下文再谈），因此，把子思当作儒家五行说的倡导者，看来是不符合实际情况的。

三、先秦儒学在人性论上的两条不同的发展路向

在人性论上，先秦儒学有着明显的两条不同的发展路数。以往我们只是注意了孟子和荀子在人性论上的分歧，而对孟荀以前，自孔子至战国中期儒家思想的发展，皆不甚了了。自郭店楚墓出土了一批战国中期的儒家著作之后，我们就有可能对孔子之后孟子以前的这一段时间里儒家思想的发展做一探索。尤其在儒家哲学基础人性论上，我们似乎可以看到一些发展的轨迹。孔子讲性讲得不多，孔子只是说“性相近，习相远”，肯定人们的“性”大多是相近的，只是后天的习行使人性有了区别。孔子重视“命”，但也没有把“命”与“性”联系起来。之后，子思学派的著作《中庸》(《中庸》一书可能成书较晚，但可以说其思想还是反映了战国中期的子思学派思想的)、马王堆和郭店出土的《五行》篇和郭店出土的《性自命出》篇，皆应是孟子以前集中讨论儒家人性论尤其是性、命问题的著作。从《性自命出》与《五行》篇比较来看，显然是儒家内部两种不同的思想路数的产物。《性自命出》用情释性，以喜怒哀悲之气释性，即以人的自然情感作为性，并认为这种性来自天，是天赋的自然本性（“性自命出，命自天降”）。而《五行》篇讲五种道德的德行，《五行》说：“五行：仁形于内，谓之德之行，不形于内，谓之行；义形于内，谓之德之行，不形于内，谓之行；礼形于内，谓之德之行，不形于内，谓之行；智形于内，谓之德之行，不形于内，谓之行；圣形于内，谓之德之行，不形于内，谓之行。德之行五和，谓之德。四行和，谓之善。善，人道也。德，天道也。”这是用仁义礼智圣释性，即以社会道德性释性，显系是不同于《性自命出》的。《五行》还把形于内的五种德行称作为天道，是天赋予的，而行于外的行为即是人道。在这里，把形于内的五种德行与天道联系了起来，德行是来自于天道的。就此可见，孟子与《五行》篇有着直接的承继关系。虽说孟子只强调四端，以仁、义、礼、智四端释性，但四端也是五行中的四种德行，同时孟子也谈了五行的内

容，虽没有点出五行这一概念。如《孟子·尽心下》说："仁之于父子也，义之于君臣也，礼之于宾主也，知之于贤者也，圣人之于天道也，命也，有性焉，君子不谓命也。"这即是说，仁、义、礼、智、圣五者皆是天命所授，是人的本性，但君子不强调它们是天命决定的，而强调它们是性，目的是为了强调人的修养德性。可见孟子是讲了五行内容的，但《五行》中的"圣"解释为五种德行之一。《五行》说："未尝闻君子道，谓之不聪。未尝见贤人，谓之不明。闻君子道而不知其君子道也，谓之不圣。见贤人而不知其有德也，谓之不智。见而知之，智也。闻而知之，圣也。"可见，圣并不等同圣人。在此指五德行之一，而孟子则把圣解释为圣人，这应当说是孟子对《五行》思想的解释。由此可见，孟子讲五行的内容，并把五行的内容看作天命的本性，他的这一思想是与《五行》思想有着直接承继和发挥的关系的。至于《性自命出》的以情释性的思想，则为孟子同时的告子所发挥，告子讲自然人性论，以"食色"释性（"食色，性也"），即以人的自然生理欲望（物质欲望和男女情欲）为性。应当说，以自然情感释性和以物质欲望释性，都是讲的自然人性说（"生之谓性"），都是处于同一层面的思想。当然，孟子也并没有否定这些自然人性，但孟子强调的是人的社会道德性。正如《孟子·尽心下》所说："孟子曰：口之于味也，目之于色也，耳之于声也，鼻之于臭也，四肢之于安佚也，性也，有命焉，君子不谓性也。"孟子承认，人的物质欲望是人的本性，也是天赋的（天命定的），但君子不强调它是人的本性；孟子强调的人的本性是区别于禽兽的社会道德性。《性自命出》与告子的人性学说，最后为战国末年的荀子集了大成，并顺此提出了人性恶的理论，以此与孟子性善论相抗衡。荀子继承了《性自命出》与告子的"生之谓性"说，把人的生理欲望和自然情感当作人性的主要内容。《荀子·性恶》说："今人之性，生而有好利焉，顺是，故争夺生而辞让亡焉。生而有疾恶焉，顺是，故残贼生而忠信亡焉。生而有耳目之欲，有好声色焉，顺是，故淫乱生而礼义文理亡焉。然则从人之性，顺人之情，必出于争夺，合于犯分乱理而归于暴。……由此观之，然则人之性恶明矣。"人生而有物质之欲望，有疾恶之感情，有好声色之情欲，当然这些都是天生就有的，但对这些如果不加节制，而是完全顺从它发展下去，则必然产生争夺、残贼、淫乱的恶果，必然会走到犯分乱理而归之于暴。由此可见，人性是恶的，"从人之性，顺人之情"是不可取的。人的本性中并没有什么辞让、礼义、忠信等社会道德性，所以"必将有师法之化礼义之道，然后出于辞让，合于文理而归于治"（《荀子·性恶》）。可见，人之善完全是道德教化的结果和以法治理的结果，所以说"人之性恶明矣，其善者伪也"，成为善人是后天人为所造成的。在《性自命出》和告子那里，虽主张以自然情感和欲望释性，但并没有得出人性恶的结论。人的自然情感和欲望本身确实并没有善恶之分，也不带有社会道德性。在这一点上，荀子也是看到的。荀子强调的是，“从人之性，顺人之情”，如果这样发展下去，则必将产生争夺残贼犯分乱理的结果。因此，荀子得出了人性恶的结论。这显然是对《性自命出》和告子的思想做了进一步的推论和发挥了。正由于人性中没有什么社会伦理道德性，所以要使人有善心，成为善人，必须要进行道德的教化。在这一方面，《性自命出》与荀子的思想是完全相通的。

通过以上的分析，我们可以看到，孔子之后，儒家在人性论上有两条发展路向：一条主张自然人性说，从《性自命出》、告子到荀子；一条主张社会伦理人性说，从《五行》篇到《孟子》。《中庸》则处于这两条人性论路向之间，它接受了《性自命出》的以情释性说，同时又把“中庸”和“诚”当作人性中的道德性来看待，因此又倾向于主张社会伦理人性说。子思思想并对孟子发生了很大的影响，最后受到了荀子的批评。

以上就是先秦儒学在人性论或称性命论上两条的基本发展的路向。当然其中还有许多复杂的关系，尚待做进一步的研究。

（载于2002年第1期）

经典链接

子路问政。子曰：“先之，劳之。”请益。曰：“无倦。”

——《论语·子路》

子曰：“可与共学，未可与适道；可与适道，未可与立；可与立，未可与权。”

——《论语·子罕》

五四新文化运动与孔子观念的根本转折

林存光

一、引 言

五四新文化运动对西方近代文化（科学与民主）一心一意的输入与宣传以及对中国固有文化传统的价值重估与颠覆，留给我们太多值得反思的东西。20 世纪 90 年代，不少学者对近代政治的和文化的激进主义思潮的批评反思颇能发人深省，但反思的结果似乎并未能将人们的思想引向存在的澄明之境，也许这是由于历史的和现实的问题的复杂性所致。但正因为如此，我们才仍然有必要不断重新审视五四新文化运动的思想启蒙或思想革命的意义。

如所周知，中国人历来对圣人孔子及孔子之道所持的牢不可破的信仰，在 19 世纪不仅遭到了直接来自于西方的强势文明的严重挑战，而且更受到了来自于内部的、接受了西方基督教上帝信仰的洪秀全所领导的太平天国革命运动的猛烈打击。不过，无论是来自外部的挑战，还是来自内部的打击，对信仰圣人孔子的晚清统治者和传统士大夫虽然造成了巨大的心灵震撼，但最初并没有根本动摇他们那根深蒂固的偶像化的孔子观念和对孔教的信仰。然而，随着民族生存危机的日益加深和变法维新思潮的日趋高涨，中国人相沿二千多年的孔子观念和孔教信仰再也不可能像原来那样一成不变地维持下去了，于是，在来自外部的西方强势文明的挑战和来自内部的变革要求下，孔子观念与孔教信仰在做出不同回应的人们的心目中发生了深刻的、难以弥合的分裂和变化：一方面是康有为、梁启超、谭嗣同等变法维新派极力重塑对以太平大同为主旨的孔教的新信仰，一方面是守旧派和洋务派仍然固守着对以纲常名教为核心理念的圣人孔子之道的传统信仰。前者欲将孔子树立为人类公共的人道教主，以建构足可“泯中西之界限，化新旧之门户”而不中不西即中即西的“新学”；而后者则严守古今中西、君臣上下之界防。但双方又都打着尊孔保教的旗号。由此可见，在一个新旧嬗递、急剧变革的时代，“尊孔”既可以成为维新变法的先导，亦适足以构筑顽固保守的壁垒。然而，风气既开，新思想的输入更加如火如荼，守旧难敌开新之势既已成不可逆转的历史潮流，故而整个时局的发展已不是老朽垂暮的清王朝所能掌控的了，孔子观念与孔教信仰或圣人孔子在现代中国的命运也已不是尊孔保教者所能决定的了，中国开始步入一个更加难以实现整合的多元信仰的时代。

在20世纪初，革命民主思潮逐渐取代维新改良思潮而成为时代的主流。1911年的辛亥革命浪潮以摧枯拉朽之势推翻了清王朝的统治，而且，这不仅仅是清室一家一姓的覆亡，更意味着统治了中国两千余年的帝制或专制君主政治的荡灭。尽管代之而起的“民国”并非是实至名归，中国传统社会及旧的保守势力、风俗习惯、心理积习、思想信仰等经过这一场政治革命远没有被彻底根除掉，然而，近代中国毕竟义无反顾、不可逆转地迈入了一个根本转型的革命时代。继辛亥革命推翻了帝制之后，五四新文化运动更打倒了孔子的偶像，于是，随着独一至尊的皇权与神明至上的圣人这两大不可思议的怪物被颠覆，借此两者联袂而行、相互维持而延续两千余年的儒教中国最终走向了终结。不过，“民国”乃至后“民国”时代的历史脉搏撒播出的并不是一串激情与理性、活力与节制交相辉映的和谐音符，而是充满了吊诡性的风云波澜。民主革命的激流勇进与尊孔复辟的逆流回潮交错激荡，中西文化的会通调和与异质冲突是非纷纭。正是在这种云谲波诡的现代历史风云中，孔子的功与过、孔教的是与非成为新文化运动重新估定和评判一切价值的一大焦点问题。

二、新文化运动与孔子观念的根本转折

五四新文化运动是中国现代史上最具启蒙意义的思想革命，它正面拥护和大力倡导的是科学与民主以及白话文运动，而反面则向孔家店发起了集中而猛烈的攻击。何以在这个时候，孔教又成了一个严重的问题呢？新文化运动究竟是如何来重新评判和估定孔教问题，我们又能从中获得一些什么样的有重要价值的启示和教训呢？综观吴虞、易白沙、陈独秀、李大钊、胡适等五四时期主要的反孔斗士们的评孔言论，我认为，以下几点是最值得我们重视的：

1．对尊孔派的批评

面对西方强势文明的冲击与压迫，不同时期、不同阶层和群体的中国人采取了极为不同的解释与行为反应的模式，有的极力维护固有的政教传统（顽固守旧派），有的欲引进“西用”以护卫我圣人之道（早期改良派与洋务派），有的欲改铸或重

新构造新的政教传统（变法维新派）以积极回应西方文明的挑战等。就此而言，这些人的面目依然还是清晰的，而随着中外民族矛盾的日益加深和革命形势的进一步发展，本来清晰的面目开始变得模糊起来，譬如清末新政的推行者们和民国时期的康有为、袁世凯们，他们表面上对西方外来的新学新政的学习仿行或对内部革命潮流的外在顺从，其实不过是一种迫于无奈的伪装，是一种“极端保守主义的伪装”。他们有两大挥之不去的情结，一是帝制的情结，一是孔教的情结，而且这两种情结往往纠结在一起。而五四新文化运动的“反孔”正是直接缘起于对当时尊孔复辟的逆流回潮的反动，以致不得不采取“稍嫌过激”的方式与言辞排诋、掊击“孔子”。

新文化运动的“反孔”斗士们，对尊孔者的批判主要集中在两个方面，如下所述：

一是，尊孔者欲重新定孔子于一尊，或将孔子之道编入宪法，而“反孔”斗士们则认为这是对人们思想自由与信教自由的最大侵害。如陈独秀和李大钊等人，在将孔子之道编入宪法这一问题上，均持坚决反对的态度。在陈氏看来，康有为等尊孔者以孔教为宗教实是“平地声波，惑民诬孔”①；他们“蔑视他宗，独尊一孔”，或者“竟欲以四万万人各教信徒共有之宪法，独规定以孔子之道为修身大本”而“强全国之从同”，不仅“侵害宗教信仰之自由”或阻碍“思想信仰之自由”，② 而且，更有违近世“政教分途”之“公例”而“将以启国家无穷之纷争”。③ 不过，陈氏亦认为，“使孔教会仅以私人团体，立教于社会，国家固应予以与各教同等之自由，使仅以‘孔学会’号召于国中，尤吾人所赞许”④。

李大钊亦同样主张“绝对排斥以孔道规定于宪法”，因为宪法与孔子、思想自由与圣人权威实在是两种性质截然相反的事物。李氏的这一主张包含两方面的意思，一是从积极、正面的方面讲，李氏所坚持的是一种没有任何“商榷之余地”的“绝对的主张”，即宪法必须保障国民的“思想自由”；二是从消极、反面的方面讲，李氏所反对的是以圣人的权威束缚国人的思想自由。本来，国民中一部分尊崇孔子的人“尽可听其自由以事传播”，不仅国家“无法律以禁止之”，甚至社会还

---

① 陈独秀：《驳康有为致总统总理书》，吴晓明编选《德赛二先生与社会主义——陈独秀文选》（以下简称《陈独秀文选》），上海远东出版社 1994 年版，第 47 页。

② 陈独秀：《宪法与孔教》，吴晓明编选《陈独秀文选》，第 51、52 页。

③ 陈独秀：《再论孔教问题》，吴晓明编选《陈独秀文选》，第 64 页。

④ 陈独秀：《宪法与孔教》，吴晓明编选《陈独秀文选》，第 52、51 页。

可“另设方法以奖助之”，无奈这部分人定欲借“宪法之权威”而“为孔子壮其声势”，[①] 或是托庇藏身于偶像之下而欲“以圣人之虚声劫持吾人之思想自由”，而且，“圣人之权威于中国最大者，厥为孔子”，[②] 故李氏以勇猛之决心征伐声讨者不是别人，亦正是孔子，然此孔子非私名的孔子，而是在中国拥有最大圣人权威或作为历代帝王专制护符的孔子之偶像。

二是，“反孔”斗士们认为尊孔者没有真正认清孔教的精华或实质，在他们看来，孔门的精华在其礼教，儒者亦以纲常为其立教的大本大原，而且孔门礼教或儒家纲常名教最宜于为君主利用，故不仅在历史上圣人与帝王、乡愿与大盗二者总是交相为用，即使在今日尊孔与复辟两股势力亦往往纠结在一起。因此，孔子与孔学也就不可避免地因其往往成为专制权力和权威的源泉而作为大盗的帮凶和帝王专制的护符受到质疑乃至攻击了。如易白沙《孔子平议》一文的主旨即在揭破“中国二千余年来尊孔之大秘密”，即汉以后历代帝王之“尊孔”，不过是要“利用孔子为傀儡，垄断天下之思想，使失其自由”；历代“所谓尊孔”不过是“滑稽之尊孔也”，而“推论孔子以何因缘被野心家所利用，目一作滑稽之傀儡”的其因，则“不能不归咎孔子之自身”。具体言之，野心家主要是利用孔子的四大缺点，即“孔子尊君权，漫无节制，易演成独夫专制之弊”，“孔子讲学不许问难，易演成思想专制之弊”，“孔子少绝对之主张，易为人所藉口”，“孔子但重作官，不重谋食，易入民贼牢笼”。吴虞亦认为，儒教与君主之间乃是一种相互依附利用的关系，故曰：“霸主民贼，既利用经传，盗窃圣知，以遂其私，而钳制天下，而儒者亦利用霸主民贼之力，以扩张其势而行其学。二者盖交相为用。”“儒教不藉君主之力，则其道不行。故于信教自由之国家，而必争定孔教于宪法；君主不假儒教之力，则其位不固。故洪宪建元之皇帝，而首制祭天祀孔之大典；儒教与君主，盖相得而益彰者也。”[③]

2. 打倒孔子的偶像

偶像化的孔子是儒教中国的灵魂。一方面，依靠孔子的意识形态霸权的一尊性，儒教一直占据着对现实的官方解释的垄断地位，既一直垄断着对政治合法、合理与正当性的解释和制度安排的价值基础的构造，亦长期主导着学术思想与精神文

---

① 李大钊：《孔子与宪法》，高瑞泉编选《向着新的理想社会——李大钊文选》，上海远东出版社 1995 年版，第 70 页。

② 李大钊：《宪法与思想自由》，高瑞泉编选《向着新的理想社会——李大钊文选》，第 63 页。

③ 吴虞：《康有为“君臣之伦不可废”驳议》，赵清、郑城编《吴虞集》，四川人民出版社 1985 年版，第 146 页。

化的基本方向，更塑造了社会生活的基本形态与样式；另一方面，官方也一直利用孔子的意识形态霸权的一尊性，有效地实施着对社会文化的整合与规范以及对人们心智生活的监控与禁锢。毫无疑问，这种偶像化的孔子被赋予了太多过剩的象征意义，“说它是过剩的，是因为它无所限制”①。正因为它无所限制，所以人们可以任意地增添、扭曲和盗用它，或者是将一切都推给它，这不仅使“孔子”被包裹上了种种武断的成见和虚妄的迷信，更使人们丧失掉了思想信仰的自由与个体人格的独立自主。

新文化运动的“反孔”斗士们集中批判的正是偶像化孔子的权威，在他们看来，古之所谓至圣，其实不过是虚妄骗人的偶像；古之所谓万世不易的真理，其实不过是一种作为强权之基的宗教迷信。偶像的用处，“不过是迷信的人自己骗自己，非是偶像自身真有什么能力”，但“这种偶像倘不破坏，人间永远只有自己骗自己的迷信，没有真实合理的信仰”②。尽管他们所要破坏的偶像不仅仅是指孔子的偶像，但他们主要攻击并成功地打倒的正是在中国历史上拥有最大权威的孔子或孔家店的偶像。而唯有孔子的偶像被打倒了，孔子压制性的圣魅被祛除了，现时代的人们才可能获得人格上和思想上的真正独立自主和自由解放，人们的精神与社会生活也才可能日趋于真实与合理；唯有儒教的意识形态霸权被终结了，现代的中国才可能真正实现意识形态的整体性转向，并为文明的“再造”开辟一条尽管曲折却不可逆转的未来道路。

为了破除孔子偶像的权威，新文化运动的“反孔”斗士们采取的最为重要的话语策略就是还孔子以历史的本来面目，或是站在“平视诸子”的立场上重新评估孔子的真价值。在历史上，在所谓“至圣”“垂宪万世”“万世师表”“万世教主”的名义下，孔子与孔子之道主要被做了一种非历史和非语境化的读解，从而剥夺了人们对他进行反思与批判的根据。而新文化运动的“反孔”斗士们正是通过把孔子与孔子之道放回到产生他的历史时代和社会语境中，或者是通过考察和揭示孔子偶像被塑造和利用的历史，来重新评估其地位和价值的。但是，重新估定孔子的价值与地位，只是要把孔子还给历史，还给他的时代，也就是说，虽然“反孔”斗士们承认孔子是他那个时代的一代哲人或伟人，其学说亦足以代表他那个时代的状况而具有相当的价值，而且不管孔子的形象在历史上如何变换，但他在现时代已不可能转生为“共和之魂”，明体达用的孔子之道已不再适用于今世了。

---

① ［法］福柯：《词与物》，三联书店2001年版，第42页。

② 陈独秀：《偶像破坏论》，吴晓明编选《陈独秀文选》，第87页。

“攻击孔教最有力的两位健将”吴虞和陈独秀，主要就是“专注重‘孔子之道不合现代生活’一个主要观念”，只是方法稍有不同而已。陈氏主要分析和批判孔子的伦理政治、纲常礼教观念，而吴氏则着重分析和批判孔子学说在实际上发生的影响，因此，“他的非孔文章大体都注重那些根据孔道的种种礼教、法律、制度、风俗。他先证明这些礼法制度都是根据于儒家的基本教条的，然后证明这种种礼法制度都是一些吃人的礼教和一些坑陷人的法律制度”①。依陈氏之见，“别尊卑明贵贱之孔教”，显然已不适于今世或现代生活，这是因为“道德之为物，与真理殊，其必以社会组织生活状态为变迁，非所谓一成而万世不易者也”②。故随着时代的变迁，孔子之道自然已不足以支配当今之时代，已无任何现代价值；不唯如此，作为“孔教之精华”和“吾国伦理政治之根本”的礼教与现代生活的方式、原则和精神根本就是对立而绝不相容的。因此，吾人既然“欲建设西洋式之新国家，组织西洋式之新社会，以求适今世之生存，则根本问题，不可不首先输入西洋式社会国家之基础，所谓平等人权之新信仰”，并“对于与此新社会新国家新信仰不可相容之孔教，不可不有彻底之觉悟，猛勇之决心；否则不塞不流，不止不行”③；吾人既然信仰法律上的平等人权、伦理上的独立人格和学术上的思想自由，故不能不首先破除礼教的束缚。不过，上述对孔教现代价值的评判绝不意味着对历史上的孔教也应做如是评判。对历史上的孔教，陈氏一方面采取一种社会语境决定论的或历史主义的评判态度与立场，即认为任何思想学说都有其社会决定性，亦是历史时代的产物，孔子的学说思想也不例外，所谓“孔子的学说思想决不是他自己个人发明的，孔子的学说思想所以发生在中国也决非偶然之事，乃是中国的土地气候造成中国的产业状况，中国的产业状况造成中国的社会组织，中国的社会组织造成孔子以前及孔子的伦理观念”④；所谓“孔子生长封建时代，所提倡之道德，封建时代之道德也；所垂示之礼教，即生活状态，封建时代之礼教，封建时代之生活状态也；所主张之政治，封建时代之政治也”⑤。而且，“别尊卑明贵贱之阶级制度，乃宗法社会封建时代所同然”，故今人“正不必以此为儒家之罪，更不必讳为原始孔教之

---

① 胡适：《〈吴虞文录〉序》，姜义华主编《胡适学术文集·哲学与文化》，中华书局1997年版，第135页。

② 陈独秀：《孔子之道与现代生活》，吴晓明编选《陈独秀文选》，第62页。

③ 陈独秀：《宪法与孔教》，吴晓明编选《陈独秀文选》，第55页。

④ 陈独秀：《新教育是什么?》，吴晓明编选《陈独秀文选》，第164页。

⑤ 陈独秀：《孔子之道与现代生活》，吴晓明编选《陈独秀文选》，第61页。

所无”。[①] 而另一方面，陈氏亦对历史上的孔教给予了肯定性的评价，即认为它于其时代也正有其相当的价值，故陈氏曰：孔子所建立的“君、父、夫三权一体的礼教”，“在二千年后的今天固然一文不值，并且在历史上造过无穷的罪恶，然而在孔子立教的当时，也有它相当的价值”，“我向来反对拿二千年前孔子的礼教，来支配现代人的思想行为，却从来不曾认为孔子的伦理政治学说在他的时代也没有价值；人们倘若因为孔子的学说在现代无价值，遂极力掩蔽孔子的本来面目，力将孔子的教义现代化，甚至称孔教为‘共和国魂’，这种诬罔孔子的孔子之徒，较之康有为更糊涂百倍”。[②]

李大钊在《自然的伦理观与孔子》一文中，则从自然进化的伦理观来评判“孔子于中国今日之社会”的价值。依李氏之见，宇宙间的一切现象都遵循着自然法则而“发生渐次进化”，而“道德者，宇宙现象之一也”，亦必随着“自然进化之社会”而发生进化，故曰：“古今之社会不同，古今之道德自异。”据此以论孔子，则虽然“孔子于其生存时代之社会，确足为其社会之中枢，确足为其时代之圣哲，其说亦确足以代表其社会其时代之道德”，但其人对于“今日之吾人”毕竟已成“数千年前之残骸枯骨”了；而孔子既然“生于专制之社会，专制之时代，自不能不就当时之政治制度而立说，故其说确足以代表专制社会之道德，亦确足为专制君主所利用资以为护符也”，以致“历代君主，莫不尊之祀之，奉为先师，崇为至圣”而使孔子成为“历代帝王专制之护符”，显然，孔子学说的精神已经是“不适于今日之时代精神”了。因此，李氏为谋求“新生活之便利，新道德之进展”，乃不惜甘冒“毁圣非法之名”而“掊击孔子”。然而，此孔子同样不是彼已作古二千余年的孔子本身，李氏所言至明至切，曰：“余之掊击孔子，非掊击孔子之本身，乃掊击孔子为历代君主所雕塑之偶像的权威也；非掊击孔子，乃掊击专制政治之灵魂也。”另外，李氏还在《由经济上解释中国近代思想变动的原因》一文中，从唯物史观的理论立场系统分析了孔子主义何以能够支配中国人心二千余年，并在现代必将走向崩颓粉碎的问题。依李氏之见：“孔子主义（就是中国人所谓纲常名教）并不是永久不变的真理。孔子或其他古人，只是一代哲人，决不是‘万世师表’。他的学说，所以能在中国行了二千余年，全是因为中国的农业经济，没有很大的变动，他的学说适宜于那样的经济状况的原故。现在经济上生了变动，他的学说，就根本动摇，因为他不能适应中国现代的生活，现代的社会。”

---

① 陈独秀：《宪法与孔教》，吴晓明编选《陈独秀文选》，第 54 页。

② 陈独秀：《孔子与中国》，吴晓明编选《陈独秀文选》，第 371 页。

上述对孔子之道或孔子主义的社会语境决定论的与历史化的“终结式”（终结其对现代人的支配性影响）的读解与诠释，显然是要终止孔子与孔学在现时代重新转生的可能，以便将其送进历史的“博物馆”。[①] 因此，新文化运动的健将们对孔子与孔学所做的社会语境决定论的和历史化的读解与连释，虽然不像历史上的异家别派对孔子与孔学的批评那样激烈尖刻，如庄子“圣人不死，大盗不死”那一类的批评，但对孔子与孔学来讲实在是致命的一击。

与陈独秀和李大钊在话语策略上不同的是，胡适则站在“平视诸子”的立场或视角，对包括孔子在内的先秦诸子的本来面目或真价值重新予以整理和评判。依胡适之见，新思潮的根本意义就在于它那“评判的态度”，并认为尼采所谓的“重新估定一切价值”八个字便是“评判的态度的最好的解释”。和陈独秀一样，他也极力反对言从和调和，主张破除前人对于古代学术思想的种种“武断的成见”和“可笑的迷信”，“如骂杨朱、墨翟为禽兽却尊孔丘为德配天地、道冠古今”。[②] 因此，胡适在其所著《中国哲学史大纲》（上卷）一书中，依据平视诸子的眼光对古代的学术思想包括孔学在内做了系统的整理研究工作。这一工作具有两方面的意义，一是破除了人们对古代学术思想的种种武断的成见和可笑的迷信，二是“各家都还他一个本来面目，各家都还他一个真价值”[③]。还孔子以本来面目也许只是一个理想或新的神话，但胡适基于“整理”来还孔子以本来面目，较之前人基于种种武断的成见和可笑的迷信来“返求真孔”，不仅是学术思想上的一大进步，更开创了一种现代学术的典范。

3. 站在古今中西分水岭上的“反孔”

新文化运动的“反孔”不仅直接由尊孔复辟的逆流回潮所引发，而且有其更根本的动因，即根源于他们在伦理、文化上的新觉悟。如果说陈独秀等人的诋孔批儒最主要的就是基于“孔子之道不适于现代生活”这一主要观念来立论的话，那么他们的这一观念又正是基于他们在人格、伦理和文化问题上的根本觉悟之上的。陈氏在《敬告青年》一文中，对新时代的青年所应具备的崭新人格特征已做过相当精到的概括。而后，陈氏又在《一九一六年》一文中，不仅表达了一种以1916年为界“在历史上画一鸿沟”的时代意识，并再次重申新时代的青年应该树立“个人独立自主之人格”而“勿为他人之附属品”。依陈氏之见，“儒者三纲之说，为一切道

---

① 顾颉刚：《我与古史辨》，上海文艺出版社2001年版，第215、149页。

② 胡适：《新思潮的意义》，姜义华主编《胡适学术文集·哲学与文化》，第132页。

③ 胡适：《新思潮的意义》，姜义华主编《胡适学术文集·哲学与文化》，第132页。

德政治之大原”，也正是儒家的三纲教义才使天下人民尽失其独立自主之人格而沦于附属品之地位，故陈氏大声疾呼地号召1916年的男女青年“各奋斗以脱离此附属品之地位，以恢复独立自主之人格”①。紧接着，陈氏在《吾人最后之觉悟》一文中，更发出了一种文化上和伦理上“最后觉悟之最后觉悟”的强烈呼声。在陈氏看来，“欧洲输入之文化，与吾华固有之文化，其根本性质极端相反”，“儒者三纲之说，为吾伦理政治之大原，共贯同条，莫可偏废。三纲之根本义，阶级制度是也。所谓名教，所谓礼教，皆以拥护此别尊卑、明贵贱之制度者也。近世西洋之道德政治，乃以自由、平等、独立之说为大原，与阶级制度极端相反。此东西文明之一大分水岭也”，“盖共和立宪制，以独立、平等、自由为原则，与纲常阶级制为绝对不可相容之物，存其一必废其一”，故“伦理的觉悟，为吾人最后觉悟之最后觉悟”。质言之，新人格、新伦理、新文化之觉悟必当以破除孔子礼教与儒者三纲之义的束缚为前提，而且，这是一个大是大非而绝对不可“依违调和”的时代性的根本问题，故曰：“要拥护那德先生，便不得不反对孔教、礼法、贞节、旧伦理、旧政治；要拥护那赛先生，便不得不反对旧艺术、旧宗教；要拥护德先生又要拥护赛先生，便不得不反对国粹和旧文学。”②

显然，陈氏反对孔教、排诋纲常礼教的言论采取的是一种非此即彼的极化语式，而最耐人寻味的是，这与张之洞、叶德辉等洋务派和守旧派所采取的话语策略实在是别无二致的，如张氏所谓“圣人所以为圣人，中国所以为中国，实在于此（指三纲五伦——引者注）。故知君臣之纲，则民权之说不可行也；知父子之纲，则父子同罪免丧废祀之说不可行也；知夫妇之纲，则男女平权之说不可行也”③。可见，新文化运动的“反孔”斗士们与顽固守旧分子在有关孔门精华和中西文化的异质性问题上，实有着最一致的共识与话语策略，只是取舍的态度相反而已。而在新文化运动那种中西一古一今、一是一非而水火不容的文化理念中，通过对孔子进行一种历史性的估价和是非性的评判，可以说“反孔”斗士们在中西文化的是非场中打了一场漂亮的阻击战，颇能给人一种快刀斩乱麻之感。他们不仅极力阻击“孔子”跨越古今历史的分水岭，而面对未来，他们更坚信找到了一种替代性的崭新的文化发展方向，那就是输入新欧化之科学与民主。而且，这不仅仅是以一个西方的替代品或新的选项来置换中国传统的文化基线的问题，更是古老的中国文明蚕变蝶

① 丁守和主编：《中国近代启蒙思潮》（中卷），社会科学文献出版社1999年版，第36～38页。

② 陈独秀：《〈新青年〉罪案之答辩书》，吴晓明编选《陈独秀文选》，第97～98页。

③ 张之洞：《劝学篇·内篇·明纲第三》，中州古籍出版社1998年版，第70页。

舞、翻身引领世界未来新型文化之路的希望所在。

4. 对孔子本人的真实态度

新文化运动的“反孔”斗士们的反孔言论，虽然不免有矫枉过正、偏颇过激之弊，然而仔细推敲他们评孔的各种言论和真实用心，则可以说，他们虽然对孔教批评多于肯定，但殊为难能可贵的是，他们对孔子本人和孔教的价值评判实际上大都能够采取一种历史的、一分为二的评判态度和立场，而并非如一般人印象中误解的那样，是不加区别分析地一概全盘予以否定或简单地予以蔑弃。因此，就新文化运动的“反孔”斗士们对孔子本人的真实态度而言，可一言以蔽之，即坚决反对膜拜孔子的偶像，而对作为一代哲人或伟人的孔子本人又是崇敬的。而且，有意思的是，“反孔”斗士们大都是直言不讳地一再声明并不反对孔子本人，吴虞如此，李大钊如此，胡适如此，陈独秀亦如此。

如吴虞虽曾在《家族制度为专制主义之根据论》一文中对《庄子·盗跖》篇中指斥孔子为“盗丘”而深表赞同，并谓“盗跖之为害在一时，盗丘之遗祸及万世；乡愿之误事仅一隅，国愿之流毒遍天下”，其言辞不可谓不激烈，然而吴氏主要批驳的只是孔子的孝弟之说，并非排诋孔子本人及其人格，故曰：“章太炎称孔子有功文献，不佞亦称孔子自是当时之伟人，盖讨论学说之是非，不必遂关于其人格之高下，而此间人多笼统而混同之，异矣！”① 又曰：“不佞常谓孔子自是当时之伟人，然欲坚执其学以笼罩天下后世，阻碍文化之发展，以扬专制之余焰，则不得不攻之者，势也。梁任公曰：‘吾爱孔子，吾尤爱真理。’区区之意，亦犹是耳，岂好辩哉？”② 显然，吴氏认为只有儒教革命、儒学转轮，吾国才能有新思想、新学说，并造出新国民来，为此则不能不攻击孔子儒教之说，但他并不诋毁孔子本人及其人格。

曾盛赞吴虞为“只手打孔家店”的老英雄的胡适，虽然赞同吴虞批判吃人的礼教，但另一方面，像吴虞一样，胡适对于孔子本人甚至是“孔家店”又并非是一概否定和抹杀其价值的，如胡适在 1948 年 3 月 3 日《思想不可变成宗教——答陈之藩》中说：“关于‘孔家店’，我向来不主张轻视或武断的抹杀。你看见了我的《说儒》篇吗？那是很重视孔子的历史地位的。”③

陈独秀在《孔教研究》一文中亦是这般说话：“我们反对孔教，并不是反对孔

① 吴虞：《对于祀孔问题之我见》，赵清、郑城编《吴虞集》，四川人民出版社 1985 年版，第 240 页。

② 吴虞：《致陈独秀》，赵清、郑城编《吴虞集》，第 385 页。

③ 胡适：《读书与治学》，三联书店 1999 年版，第 312 页。

子本人，也不是说他在古代社会毫无价值。”不仅如此，陈氏甚至认为孔子的“非宗教迷信的态度”除了在历史上有其相当价值之外，即使在今天也仍有其重要的价值。蔡元培先生亦在《致〈公言报〉并答林琴南君》中说：“惟‘新青年’杂志中，偶有对于孔子学说之批评，然亦对于孔教会等托孔子学说以攻击新学说者而发，初非直接与孔子为敌也。”有“反孔”斗士们自己的声明为证，故蔡先生的话虽有替“新青年”回护的意思，却绝非虚言。因此，我们也绝不能笼统地称新文化运动是“反孔”的。

然而，无论他们是反对尊孔派欲将孔子之道编入宪法、重新定孔子于一尊，还是主张对诸子“均一视同仁，平等研究”，无论是崇敬孔子为一代伟人，还是承认在历史上曾经遗祸无穷的孔门礼教在其立教的当时还是有其相当价值的，他们的结论毕竟是孔门一贯的“伦理政治之纲常阶级说”与近世文明社会是绝对不相容的，因此，他们虽无意于声讨已作古二千余年的孔子本人，但孔子在他们对孔学的一片喊打声中真的是声誉扫地荡尽了，竟至于到了“孔子的道理成了不敢见人的东西”的地步。这又能怪谁呢？“只为旧派无人，何消说得！”新派“能表出一种西方的精神”，而旧派“只堆积一些陈旧古董”，“那些死板板烂货”怎配和新派对垒而禁得起陈独秀先生那明晰的头脑、锐利的笔锋和锋利的逼问？①这是梁漱溟先生对旧派的批评，真不失为是一针见血之见。

三、评　价

那么，我们究竟应如何评价新文化运动的孔教观和中西文化观呢？

我认为，我们必须像新文化运动重估孔子的价值那样来重估新文化运动的价值，我们必须历史地来看待和评估中国近代文化论争中先后出现的各种孔子观与中西文化观。如20世纪初民主革命思潮中的排孔、无圣、非儒的主张，即所谓的三纲革命和圣贤革命等，事实上已预示了现代中国人孔子观念的根本转变，但也毋庸讳言，其排孔无圣的思想革命主张显然不乏疏于学理之处，即他们对孔儒的批判并不是基于真正平心静气地对孔孟之学本身首先进行深入细致和全面客观的学理研究的基础之上，而主要针对的是后世的专制政府对孔孟之学的尊崇和利用，故不免有认识上评价先行的弊病和效果上矫枉过正的偏颇。但，非如此就不能冲决数千年来专制君主定孔子于一尊的思想专制，非如此就不能破除士人对孔子历久弥尊而莫敢

① 《梁漱溟全集》第1卷，山东人民出版社1989年版，第532页。

怀疑的思想藩篱，即非矫枉过正就不能促进思想之进化，故疏于学理、矫枉过正又不只是那个时代的革命者本身在认识上的偏失，更是革命者处在那样的时代而不得不选择那样一种思想进化的认识逻辑和革命路径的那个时代的不幸。然而，不管是偏失也罢，是不幸也罢，而思想革命的潮流一旦开始，则它势必不将孔子与儒教打倒而不止，故才有后来新文化运动的“打倒孔家店”。而新文化运动所持的那种非此即彼、二元对立、水火不容的孔教观与中西文化观，无疑正是那个社会急剧变革时代的特有产物！质言之，作为那个特定时代下的产物，每一种孔教观和中西文化观都是相对的，是历史现象的一部分，是由处于竞争中的社会群体的存在决定着的观念。

因此，就新文化运动的孔教观和中西文化观而言，一方面，我们的确应该看到，它在学理上显然是不周全而存在着某些缺陷的，如仅仅是历史化的读解，未必就能把孔子简单地克服掉，不是孔子的结论性的思想主张而是他提出的有关人类生存的问题性的理论主题，可能仍然是摆在我们面前的一道难题，而且，孔学或儒教虽然是社会历史的产物，但它除了信守某种一贯不变的原则之外，还会随着时代的变迁而不断地调整自我，只要守旧的势力不足以再拉我们走回头路，我们也没有必要压制它适应时代的要求而转生；如仅仅把孔学视作是一堆错误的观念或封建时代的意识形态，也未必就能把它简单地抛弃掉，因为意识形态尽管具有其虚假性和欺骗性，但它毕竟又包含着一些具有生命力的理想或教义；如孔子的权威存在于它发挥作用的领域，取决于人们与它建立一种什么样的意义关系，而并非单单是帝王专制的纯粹御用性的工具，故应对孔子形象的层次性及其权威作用做一种历史的微观的具体分析；如中西文化的问题不仅仅是一个古与今、是与非的简单化的问题，文化的问题也不是单靠简单的移植就可以解决的，尽管文化有其惰性而在当时也需要快刀斩乱麻式的摧陷扫荡，但对文化要素中的积极成分进行创造性的转化也是十分必要的。文化是一种有差别的共享，文化比较也是一柄双刃剑，在中西文化的抗拒与冲突、对比与调适中，双方的文化要素也可能会被分解并有选择地重新组合，而并非一定是整体的优胜劣败；如道德问题也不是简单地破旧立新就能解决的，我们的先哲所倡导、所教诲的许多美德，诸如诚信、仁爱、勤俭、廉洁，尽管是一些“老生之常谈”，尽管并非我们民族所独有，甚至不是我们实行最力的，也不值得我们恃之以矜异，但既然如陈独秀所言是“救国之要道”而为社会所必需，那么，我们宝爱之、珍视之、提倡之、力行之当然不是什么罪过等。

但是，另一方面，我们更应该也必须明白，我们文化的进步实受了新文化运动的无穷恩惠。尽管新文化运动的孔教观和中西文化观有这样或那样的偏颇之失，甚至“愤激了”而说了一些“过激”的话，但它打碎了孔家店供奉的万能的孔子的牌位，它使“现在大多数明白事理的人，已打破了孔教的迷梦”①；它通过古今中西的文化优劣比较，使我们对自身文化的反思性得到了质的提升，这种反思性的提升可以说是文化成长中最弥足珍贵的东西，因为它使本来对我们发挥无意识钳制作用的传统不再具有不证自明的合理性了，它使中国文化再想回到儒教中国的老路上去已是不可能的事了。然而，新文化运动提出的创建新型文化的目标仍有待我们去努力实现，为此，仅就新文化运动和孔教问题而言，我认为杜维明先生所持的态度是最为公允的，即一方面“我们应该继承一九一九年伟大的五四运动以来杰出的中国学者的传统，继续批评和反思儒家思想的局限性”，另一方面“理解儒家哲学的潜在价值又是很应该、很重要的”②。当然，“理解儒家哲学的潜在价值”，既不意味着对它做一种简单的现代化或后现代化的价值处理，也并非是说它本身本来就内含着或预设了一种永恒性的、超时代的价值而可直接拿来以适用于现代化或后现代化的时代要求，孔子绝不是现代化或后现代化的“万世师表”，他的潜在价值需要我们根据现代化或后现代化的时代要求做一种审慎的创造性转化的工作。或者，如果有人乐于采取一种简捷路径的话，即愿意走宗教化的道路并信守信教自由的教规而做孔教的信徒，或是本着思想自由的原则而在个人修身的层面躬行实践孔学，或者组织学会对孔学或儒教进行有系统的科学研究，这些都是我们所不反对的，新文化运动的“反孔”斗士们曾经如是说，至今我们仍然可以如是说。

新文化运动的“反孔”最重要的历史功绩就在于，它破除了孔子偶像的权威或人们对孔子神圣特性的盲目信仰，从而将我们中国人的思想从权威和偏见之中彻底解放了出来！正是基于它的这一历史功绩，我们说它带来了孔子观念的根本转折；也正是基于它的这一历史功绩，新文化运动的“反孔”并没有也不必然就导致一种一味“批孔”的单一视界与态度，相反，继新文化运动的“反孔”之后，从文化特色的角度弘扬和阐释孔学价值者有之（梁漱溟），肯定与表彰孔子在中国文化史上的历史地位者有之，主张对真假孔子区别对待者有之，只把孔子“当作过去的人物来对待”③ 者有之。

最后，我想说的是，在走出了“文化大革命”和“批孔”的迷狂之后，在今日已走出尊孔与批孔交相激荡之时代的新世纪之初，我们再来回顾 20 世纪乃至二

---

① 胡适：《新思潮的意义》，姜义华主编《胡适学术文集·哲学与文化》，第 128 页。

② ［美］杜维明：《新加坡的挑战》，三联书店 1989 年版，第 11 页。

③ ［美］列文森：《儒教中国及其现代命运》，中国社会科学出版社 2000 年版，第 336 页。

千余年来的尊孔与批孔的历史风云，吾人不能不有一大感叹和一大觉悟。

一大感叹是，“孔子实在是中国一个最不幸的人”①，因为他总是身处吊诡而反讽的历史迷雾之中。尊崇他的人可以把他偶像化，批判他的人可以把他作为替罪羊而随心所欲地丑化；尊崇他的人总是利用他，批判他的人也可以利用他；不仅读过他的书的人，有的尊崇他，有的批判他，即使未读过他的书的人，也会跟着尊崇他或批判他；对于孔门的精华（纲常礼教）与中西文化的不相容，五四时期的“反孔”斗士们与顽固守旧分子有着最一致的共识与话语策略，而取舍的态度最相反对；对于西方文化（科学与民主），梁漱溟最能与陈独秀产生共鸣，而对于孔子的态度，二人南辕北辙。究其因，历代的中国人不过是根据不同时代的需要来塑造孔子的形象而已，而其尊孔或反孔亦不过在表达其个人的、民族的、文化的、政治的种种诉求而已。

一大觉悟是，我们必须超越膜拜与夜读、独尊与打倒的迷狂式的孔子情结。不仅在尊孔与批孔之外，即使在尊孔与批孔之间，我们仍然有许多富有意义和价值的事情要做。在经历了二千余年对他不敢稍有异想的言目崇拜和近百年基于现代知识与理性的话语霸权的自恋对他的无情审判之后，孔子实在是中国一个最需要理解的人。而当我们理解他的时候，也许我们应采取的是德国著名哲学家伽达默尔所谓的“解释学”的态度。伽达默尔如是说：“‘解释学’问题出现的一般特征，即必须把一些远离我们的东西拉近，克服疏远性，在过去和现在之间建造一座桥梁。因此，解释学作为一种对待世界的一般态度，是在近代才取得它目前的这种形式的。正是在近代才开始意识到把我们同古代相分隔的时间距离以及不同文化形式的生活世界的相对性。”因此，“只有当再没有强有力的传统把人们的立场吸引到它自身之中，只有当人们发现自己同一种他从属于或者把他根本不能不加疑问地接受的陌生传统相遇时，才会清楚地显现出解释学问题”②。也就是说，作为现时代的人，我们是在已经“意识到把我们同古代相分隔的时间距离以及不同文化形式的生活世界的相对性”的情况下，来对我们自身的文化传统进行理解与解释的。因此，我们必须明白，理解与解释虽然可以把一些已经远离我们的东西拉近而在过去和现在之间架起一座意义的桥梁，但我们不能简单地抹杀我们与古代的历史间距；我们必须明白，不是别的什么，而是由于历史变革而变得与传统疏离间距化了的我们自身此时此地的解释学处境和我们自己时代的生存问题意识，真正在引导或规约着我们对孔子与

① 张申府：《尊孔救得了中国么》，《清华周刊》第42卷第3、4合刊“尊孔复古讨论专号”。

② ［德］伽达默尔：《哲学解释学》，上海译文出版社1994年版，第23、45页。

儒家思想的理解和解释。

总而言之，孔子是中国历史上的一位学识渊博、思想卓越的文化伟人，而且是中国文化史上的一位承上启下的中心人物。他上承夏商周文明之精华，下开两千年中国思想之正统，他的影响遍及政治、伦理、哲学、教育等社会生活的各个领域，对于模塑中华民族的世界观、价值取向和认知思维习惯产生了难以估量的历史作用。对这样一位历史人物，有时人们对他尊崇过甚，有时又对他误解太深。但笔者相信，只要尊孔和批孔不再是一种“时尚”，只要是出自对民族、国家、政治、文化之前途与命运的真诚关怀，只要你有一颗自由而开放的心灵，平等地看待他就像看待世界上其他伟大的思想家一样，那么，孔子就是孔子，只要你愿意走近他，他也就会走近你。

（载于 2004 年第 3 期）

经典链接

子曰：“先进于礼乐，野人也；后进于礼乐，君子也。如用之，则吾从先进。”

——《论语·先进》

有子曰：“礼之用，和为贵。先王之道斯为美，小大由之。有所不行，知和而和，不以礼节之，亦不可行也。”

——《论语·学而》

子曰：“恭而无礼则劳，慎而无礼则葸，勇而无礼则乱，直而无礼则绞。君子笃于亲，则民兴于仁；故旧不遗，则民不偷。”

——《论语·泰伯》

德欲之争

——早期儒家人性论的核心问题与发展脉络

郭　沂

绪　言

心性论实乃中国哲学之根蒂、中国文化之命脉，其中又以人性论更为根本。历代哲学家们往往是围绕着人性问题来建构自己的思想体系的，从而人性论自然就成了哲学史家们反复讨论的焦点。然而，令人不无遗憾的是，人们对中国人性论史的一些基本问题，诸如中国人性论的核心是什么，其主要发展脉络又是如何等，似乎并没有明确的认识，在研究方法上，似乎也还存在一些偏差。

我以为，宋明儒学不仅是中国人性论发展的一个高峰，而且为我们正确地认识整个中国人性论史提供了制高点。当时人性二元论的提出，无疑是中国人性论史上的一个重大突破。其实，义理之性和气质之性，虽然作为概念至宋代才被明确提出，但作为事实一开始就已然存在，作为问题也很早就引起了人们的注意。纵观先秦人性论史，盖以天、命、心、性、情、欲、道、德诸范畴及其相互关系为基本内容。其中，德和欲分别代表人之为人的本质与人生而即有的本能，可分别归之于宋人的义理之性与气质之性。二者及其相互关系，不但是先秦人性论的核心问题，也是整个中国传统人性论的核心问题。儒释道三家人性论，无不以德欲之辨为出发点和归宿点，只是各家之“德”的具体内容不同而已。

中国人性论正是在德和欲或者说义理和气质这两种人性的激荡中萌芽和发展的。中国早期对人性的认识经历了一个从“欲”到“德”，或者说从人的本能到人的本质的过程。孔子以前，“性”就是欲望、本能，也就是宋人所说的气质之性。当时人性论的核心，可以归结为以“德”御“性”，包括以“德”“节性”和以“德”“厚性”两个方面。后来逐渐产生了一种以“气”释“性”的思想，将人性论大大向前推进了一步。老子和《论语》等文献所体现的早期孔子开始将“德”作为人之为人的内在本质。今、帛书《易传》中孔子易说所体现的晚年孔子则进一步以“德”为“性”，从而完成了对传统人性论的根本转化。这实为义理之性之渊源、性善说之滥觞。

自此以后，先秦人性论的巨流演变为两支。一支就是晚年孔子所开创的以“德”为“性”以及内在道德先验论的新传统。这个新传统为子思“天命之谓性”之说所弘扬，又被孟子的性善论推向极致。另一支是三代以来以“欲”为“性”老传统的继续发展。子思虽然一方面将“欲”赶出“性”的大门，但另一方面又巧立名目，以情欲之未发也就是传统的“性”为“中”，从而在实际上延续了传统的情欲论。竹书《性自命出》不但发展了子思的“中”论，而且将其恢复为“性”，并为之建构了一套独特的外在道德先验论，从而使以“欲”为“性”的旧传统发扬光大。这就是说，不管孟子的人性论，还是《性自命出》的人性论，皆以子思学说为出发点，皆是对子思学说的扬弃。

那么，这两条支流或两种传统在先秦儒学中各占什么地位呢？从目前所能见到的文献看，真正坚持以“德”为“性”即义理之性新传统的，只有孔子、子思和孟子三人而已，但像《性自命出》那样拥护以“欲”为“性”旧传统的，人多势众，蔚为壮观，实为当时人性论的主流。不仅如此，战国以降以至唐末的儒家人性论，大抵可归为气质之性的旧传统。而孟子之后，新传统即告失传，至唐宋之际，才被重新发现。就是说，在唐末以前，新传统只是一段前无古人、后无来者的绝响，像历史太空中的一道闪电，既璀璨绚丽，又转瞬即逝。宋明时期那种人性二元论，其实是在继承旧传统的基础上，又遥绍早已中断的新传统，将二者熔为一炉，将两条支流重新合流，将义理之性和气质之性纳入到一个统一的思想体系中，从而再铸辉煌。

上述研究结果事实上曝光了中国人性论史研究中的一种偏见，我称这种偏见为“泛孟子主义”。自韩愈提出道统说以来，孟子的地位日见提高，学者们遂以为孟子的性善说是当时人性论的正宗和主流。更有甚者，人们以孟子性善说为圭臬，不自觉地将中国人性论史涂上了一层明显的孟子色彩。所以，纠正这种“泛孟子主义”，恢复历史的本来面貌，乃当务之急。本文即以子思、竹书《性自命出》和孟子为重点，试图揭示早期儒家人性论演变的基本线索，以期澄清相关史实。

上、“性”与“中”——子思的人性论

晚年孔子所创立的形上学为其后儒家哲学的发展开辟了一个广阔的天地。如果说早期孔子侧重于仁礼名教之学，晚年孔子致力于以易为最高概念的宇宙论，而处在两者之间的心性学说尚嫌粗疏的话，那么心性问题正是战国儒学乃至整个战国哲学界的理论焦点。

让我们先来看孔子嫡孙、战国初期大儒子思的人性学说。

根据笔者多年来的研究，现存子思著作主要有《天命》（今本《中庸》除以孔子语单独成章之外的部分）、《大学》、见于马王堆帛书和郭店楚简的《五行》、见于《淮南子·缪称训》的《累德》残卷。其中，《天命》讨论人性问题最为集中，而开篇三句教不但是全篇的大纲，也是整个子思哲学的要领，所以我们的分析便从这里开始。

“天命之谓性”，顾名思义，“天”所赋予的就是“性”。问题是“天”是将什么赋予万物的。这就首先需要了解“天”的本性或本质。子思本人的意见是：“诚者，天之道也。”可见，“天”的本性或本质就是“诚”。“天”正是将“诚”“命”于万物，以成万物之“性”的，所以子思说“诚者，物之终始，不诚无物”。

那么，我们应该如何把握“诚”的内容呢？子思说：“在下位不获乎上，民不得而治矣；获乎上有道，不信乎朋友，不获乎上矣；信乎朋友有道，不顺乎亲，不信乎朋友矣；顺乎亲有道，反诸身不诚，不顺乎亲矣；诚身有道，不明乎善，不诚乎身矣。”整个连环论证的归结点是“不明乎善，不诚乎身矣”。也就是说，全段都是就善立论的，因而所谓“诚”，实质就是善。子思把善称为诚，是说善是诚信无妄的。

在子思看来，“诚”之“善”是通过“成己”“成物”得以表现的：“诚者，自成也……诚者，非自成而已也，所以成物也。成己，仁也；成物，知也。”成就自己便是仁，成就万物便是智，而仁、智之善正是“诚”之内涵。这不禁令人想起孔子的话：“夫仁者，己欲立而立人，己欲达而达人。能近取譬，可谓仁之方也已。”（《论语·雍也》）既然“天”所“命”并成为万物之“性”的是以“善”为内涵的“诚”，那么我们可以说“性”是“善”的。

子思也把“性”称为“德”：“性之德也，合外内之道也。”旧注多将此“德”训为道德之德，与“性之德”语义不合。其实，这个“德”为动词，“德，得也”，当为正诂。天道在天与人、物之间传递。这个过程，对天来说为“命”，对人、物来说为“德”。对于人、物而言，天道为外，自身为内，所以将外在的天之本性禀受为自身所有，便是“合外内之道”，也就得到自性了。德，作为动词固然为得，而作为名词则为所得自天者，如此则德又可理解为性。正因为德得自天，所以子思又称之为“天德”。

通过“天命之谓性”，人一旦获得了“诚”“性”以后，这种“诚”“性”又是如何作用于人，或人又是如何对待其“诚”“性”的呢？子思在“不明乎善，不诚乎身矣”一段后接着说：“诚者，天之道也；诚之者，人之道也。诚者，不勉而中，不思而得，从容中道，圣人也；诚之者，择善而固执之者也。”在这里，子思区分了两种道德路径。一种是“诚者”，一种是“诚之者”；前者是圣人之所为，后者是普通人之所为。

“诚者，天之道也”有两层含义。一是其字面意思，如上文所云，是讨论“天”的本性或本质的。另一层含义，从“诚者……圣人也”来看，指的是圣人。之所以如此，正如《五行》所说：“圣人知天道也。”由于“圣人知天道”，所以圣人能够直接而全面地体现“天道”，是“天道”的化身，以致子思经常将圣人与“天道”合为一体。子思认为，对于圣人来说，性能够自然而然地呈现出来：“诚者，不勉而中，不思而得，从容中道，圣人也。”“勉”，《说文》云：“强也。”“强，迫也。”段玉裁《说文解字注》说：“凡言勉者，皆相迫之意。”顺诚性而发者，不需有意勉迫便可“中道”，即符合道。不必有意思索便可得到人性本旨，从从容容，自自然然，便无不若合符节。这正是孔子所说的“从心所欲，不逾矩”的境界。普通人则不然：“诚之者，择善而固执之者也。”“诚”在这里为动词。“诚之者”，使“之”“诚”也，即通过有意识的努力，达到“诚”，可谓“勉而中”“思而得”。其具体途径便是“择善而固执之”，即抓住“善”，从而达到“诚”。此“善”即“不明乎善”之“善”，当为一偏之“善”。

事实上，“率性之谓道”和“修道之谓教”正是分别对“诚者”和“诚之者”两种道德路径的概括和提升。也就是说，“率性之谓道”者，圣人也；“修道之谓教”者，贤人以下也。

什么是“率性之谓道”呢？自从郑玄说“率，循也。循性行之是谓道”以来，学者多从之。正确理解这句话的关键，在于如何训释“率”字。“率”乃“逹”之假借字。《说文》曰：“逹，先道也。”段玉裁《说文解字注》曰：“道，今之导字。逹，《经典》假率字为之……《释训》《毛传》皆云：‘率，循也。’此引申之义。有先导之者，乃有循而行者。亦谓之逹也。”《玉篇》曰：“逹，先道也，引也。”我以为，此处之“率”字，正用其本义，即导也，引也。所谓“率性之谓道”，就是说将“性”引导出来，便形成“道”；或者说引导出来的“性”就是“道”。盖性为内在之物，必靠引导方可呈现。

由于所有的道德范畴都是“率性”的结果，所以在子思思想中，“道”是各种道德范畴的总概念。如他说：“天下之达道五……曰君臣也，父子也，夫妇也，昆弟也，朋友之交也。五者，天下之达道也。”（《天命》）“君臣也”等五者皆为“道”。他还说：“德之行五，和谓之德；四行和，谓之善。善，人道也；德，天道也。”（《五行》）将所谓“五行”即圣、智、仁、义、礼皆称为“道”。只不过在这里，子思据“形于内”和“形于外”的不同将其区分为“天道”和“人道”而已。

因而，“率性之谓道”是“性”由内在而外发呈现为“道”的过程。这个过程子思又表述为：“自诚明，谓之性。”在《天命》中，“诚”居于不同层面。本来“诚者，天之道也”；但随着“天命之谓性”，它下贯到“性”的层面；由“率性之谓道”，它又呈现在“心”的层面。此处的“诚”居“性”的层面，为诚性。“明”，《说文》云“照也”，引申为“显明”。也就是说，“诚”为名词，“明”为动词。所谓“自诚明”，即（天道）由诚性而显明，谈的仍是性的呈现，故“谓之性”。

与此相反，“修道之谓教”，则是由外至内的过程。“道”是“性”的呈现者，是外在的道德规范。从字面上看，“修道”就是指修行这种外在的道德规范，它似乎并没有明确地透露出内外的向度。不过，子思在“自诚明，谓之性”之后接着说的“自明诚，谓之教”则弥补了这一不足。此语其实是对“修道之谓教”的进一步说明和阐发。一方面说“修道之谓教”，另一方面说“自明诚，谓之教”，可见“自明诚”亦即“修道”。和“自诚明”的词性正好颠倒，“自明诚”的“明”字为名词，即“自诚明”之所“明”者，也就是“道”；其“诚”为动词，即上文谈到的“诚之”的“诚”。“自”字表明一个起点或一种方向感。“明”既然为外在之“道”，那么“自明”所指向的必然是内在性。所以，这个“诚”字已深入到内在之“性”。人人虽皆有诚性，但百姓日用而不知。“自明诚”者，谓通过修行外在的“明”，即通过“修道”向内追求，以致“诚”其“性”，达到对“性”的自觉。郑玄云：“由明德而有至诚，是贤人学以知之也。”孔颖达亦云：“‘自明诚，谓之教’者，此说学而至诚，由身聪明勉力学习而致至诚，非由天性，教习使然，故云‘谓之教’。”二家之说甚为确当。

子思继承了晚年孔子的“尽性”之说。不过，他的“尽性”论同其“诚者”和“诚之者”、“率性之谓道”和“修道之谓教”、“自诚明”和“自明诚”等的区分是密切相关的。也就是说，子思区分了圣人和贤人以下“尽性”的不同路径。他说：“唯天下至诚，为能尽其性；能尽其性，则能尽人之性，能尽人之性，则能尽物之性；能尽物之性，则可以赞天地之化育；可以赞天地之化育，则可以与天地参矣。”“天下至诚”，圣人也，故此言圣人之“尽性”。这种对“尽性”的阐释和“成己”“成物”之说是相辅相成的。所谓“尽其性”，即最大限度地“成己”；所谓“尽人之性”“尽物之性”，即最大限度地“成物”。结合“成己，仁也；成物，知也”的说法，“尽性”实为大仁、大智，非圣人不足以当之。

子思接着说：“其次致曲，曲能有诚，诚则形，形则著，著则明，明则动，动则变，变则化，唯天下至诚为能化。”“致”，朱熹云：“推致也。”“曲”，郑玄云：“犹小小之事也。”朱熹云：“一偏也。”我认为，“致曲”，即“择善而固执之者也”；“曲能有诚”，即“诚之者”也。故此处乃论贤人以下之“尽性”。贤人以下通过“择善而固执之”即“致曲”，达到“诚”，以致“形”“著”而“明”。至于“明则动，动则变，变则化，唯天下至诚为能化”的过程，则正是“尽人之性”“尽物之性”“可以赞天地之化育”的过程。“天下至诚”，圣人也；“化”，“赞天地之化育”之“化”也。到这里，事实上已经达到“天下至诚”的圣人的水平了。看来，贤人以下通过不懈的“诚之”“修道”“自明诚”“至曲”，最终也可以成为圣人。

子思所提出的“外发”和“内推”两种道德路径的学说，在其《五行》篇中也有充分体现。在该篇中，子思分别称之为“形于内”和“不行于内”。《五行》的“圣”，当为圣人的品格。“形于内”和“不形于内”的“圣”，当分别指本来的圣人和通过修行而成的圣人之品格。由于“德，天道也”“圣人知天道也”，所以“不形于内”的“圣”和“形于内”的五行一样，也“谓之德之行”，而其他“不形于内”的“四行”只能“谓之行”。

这样，子思就将后天的学习与先天的德性完全结合起来了，而“君子尊德性而道问学”正是对此过程的总结。由此可见，“自诚明”和“自明诚”可以收到异曲同工的效果，故子思说才有“诚则明矣，明则诚矣”之论。诚性可以显发为明德，而修行明德亦可达致诚性，两者是相辅相成的。

从以上论述看，子思继承和发展了晚年孔子以德为性或以义理为性的先验道德思想，但又对其形上学进行了较大幅度的改造。最值得注意的是，子思扬弃了晚年孔子以“易”“乾坤”“阴阳”及其构成的宇宙生成论来论证人性的思路，重新使用传统的“天”这个概念以代替晚年孔子的“易”，并直接从道德性入手来探讨人性，从而避免了许多宇宙生成论方面的曲折。

与晚年孔子另一个显著不同的是，子思明确地讨论了以“欲”为重要内容的气质之性：“喜怒哀乐之未发，谓之中；发而皆中节，谓之和。中也者，天下之大本也；和也者，天下之达道也。致中和，天地位焉，万物育焉。”如上所述，在孔子以前的漫长时期，“性”就是以情欲为重要内容的气质之性。孔子晚年自从以“德”为“性”，从而转换了“性”的内容以后，便不曾以情欲为“性”。

耐人寻味的是，子思虽然讨论情欲，但并没有直接谓之“性”，而用了一个模糊概念“中”。然而从其叙述看，这个“中”，正相当于孔子以前的“性”，所以朱子以“性”释之，曰：“喜怒哀乐，情也；其未发，则性也。无所偏倚，故谓之中。”但朱子的解释毕竟是朱子的解释，我们不可将这种解释当作子思本人的看法。其实，子思并没有表示他“喜怒哀乐之未发”的“中”“则性也”。另外，这个“中”，并非“无所偏倚”之“中”。《说文》云：“中，内也。”此乃“中”之本义。既然“喜怒哀乐之未发，谓之中”，显而易见，这个“未发”之“中”正是“内也”。“发而皆中节”的“中”才是“无所偏倚”之“中”。正是为了将情欲之性或气质之性同道德之性或义理之性的“性”相区别，子思才费尽心思地创造了“中”这个概念。事实上，不管义理之性，还是气质之性，都由“天”所“命”，因而都内在于人。在这个意义上，二者都可谓之“中”。但是，由于“性”为本性、本质，而“中”乃方位词，不具实质性，所以子思只将义理之性称为“性”，也就是说只承认义理之性为“性”。在他眼里，气质之性是没有资格称为“性”的，只可谓之“中”。其抬高义理之性、贬低气质之性的意图，不言而喻。

“性”和“中”虽然都由“天”所“命”，都内在于人，但是，内在的“性”只要引导出来便成为“道”，而内在的“中”则有“发而皆中节”和发而不“中节”之别（既然有发而“中节”，便一定有发而不“中节”的情况存在）。只有“发而皆中节”，才可谓之“和”，从而谓之“道”。所谓“中节”，即符合各种道德范畴，即符合“道”。这种情况子思并没有直接谓之“道”，而是先解释说“发而皆中节，谓之和”，才进一步推断“和也者，天下之达道也”。与此相比，“率性之谓道”则是直截了当的，没有周折的。

“致中和”，朱子注曰：“自戒惧而约之，以至于至静之中，无少偏倚，而其守不失，则极其中而天地位矣。”其实，“致中和”的“中”，仍然是“喜怒哀乐之未发谓之中”的“中”，“和”仍然是“发而皆中节谓之和”的“和”。综之，“致中和”，就是使“中”即未发之“喜怒哀乐”“发而皆中节”以达致“和”。如此，则人人“中节”，万物依“道”，天地万物各得其所，岂不“天地位焉，万物育焉”？

中、“性”与“道”——《性自命出》的人性论

在郭店楚简中，《天降大常》（原题《成之闻之》）、《性自命出》、《尊德义》、《六德》四篇不但竹简形制一样，而且思想一贯，当出自一人之手。我以为，此人很可能就是子思弟子孟轲。不过，此孟轲非孟子。根据笔者的新考，子思年九十二，生活在公元前504—前403年之间，但这仍不能与孟子时代相接，而多种典籍中有关孟子受业于子思的说法乃至有关子思、孟轲相见的记载又难以置疑。实际情况是：孟子虽然深受子思及其门人的影响，并与之构成思孟学派，但他既非受业于子思，亦非受业于子思门人。《子思子》《孔丛子》等书所载的那位姓孟、名轲、字子车的儒者，并不是孟子，而是一位与孟子同姓名的子思弟子。

在先秦人性论史上，《性自命出》占有非常重要的地位。由于该篇表达方式多有类似《天命》之处，如“性自命出，命自天降”，裘锡圭先生按语已经指出“《中庸》‘天命之谓性’，意与此句相似”，所以包括我本人在内的许多学者随之以为《性自命出》的“性”就是《天命》的“性”，而《性自命出》的人性论亦和《天命》一样，属于道德形上学。今重新细读全篇，我发现《性自命出》的人性论完全以气质之性立论，其“性”字实相当于《天命》的“中”字，而其人性论的基本思路亦与《天命》的“喜怒哀乐之未发，谓之中”一段相表里。可以说，《性自命出》的“性”，为情欲之“性”、气质之性，即晚年孔子之前的那个传统的“性”。这种“性”论并不认同为孔子所开创并为子思所弘扬的义理之性，而是回到了晚年孔子之前的传统，是对传统人性论和《天命》“中”论的继承和发展。或许可以这样说，晚年孔子和子思那种以“德”为“性”的主张，在当时是异端新说，并没有被广大学者所接受，而学术界所流行的仍然是传统的那种人性论。《性自命出》即立足于传统人性论和子思的“中”论，同时扬弃了晚年孔子和子思的人性新说，建构了一套独特的人性论体系。

《性自命出》是这样定义“性”的：“喜怒哀悲之气，性也。及其见于外，则物取之也。”“凡性为主，物取之也。金石之有声也，弗扣不鸣；人虽有性也，弗取不出。”所谓“见于外”，即“发而皆中节”之“发”也。从“及其见于外”等语看，“喜怒哀悲之气，性也”是一种内在状态，和《天命》的“喜怒哀乐之未发，谓之中”的状态是完全一样的。显而易见，《性自命出》的“性”和《天命》的“中”所指全同。这就是说，《性自命出》和《天命》一样，都将情欲分为“未发”和“已发”两个阶段或两种状态。所不同的是，前者将“未发”状态的情欲

理解为“气”，并名之曰“性”，而后者则称之为“中”。当然，前者以“性”为“气”的思想和《左传》“民有好恶喜怒哀乐，生于六气”是一脉相承的。

“性”或“中”是如何“见于外”或“发”的呢？《天命》似乎语焉不详，而《性自命出》则明确地不止一次地说“物取之也”，并以“金石之有声也，弗扣不鸣”来比喻“人虽有性也，弗取不出”。

“物”即各类客观事物，不具有能动性，何以“取”“出”“性”？原来，在“性”和“物”之间，存在一个不可或缺的环节，这就是“心”。就像《性自命出》所说的：“凡人虽有性，心无定志。待物而后作，待悦而后行，待习而后定。”“凡心有志也，无与不可。志之不可独行，犹口之不可独言也。”人虽然有心志，如果“无与”，即没有参与者，也无所作为。这个“与”，就是“物取之也”之“物”。所以，“心”本“无定志”，需要“待物而后作，待悦而后行，待习而后定”。心志由“物”引起的“作”“行”“定”的连锁反应，正是“物”“取”“出”“性”的过程。

“性”从何而来，它的道德意义何在呢？《性自命出》说：“性自命出，命自天降。道始于情，情生于性。始者近情，终者近义。知情者能出之，知义者能入之。”从首二句看，在“性”为“天”所“命”这一点上，《性自命出》的作者和所有各家并无二致。他真正的独到见解是接下来的那段文字，而最值得注意的是“道始于情，情生于性”同《天命》的“率性之谓道”有着本质的差别。它只是说“道”开始于“情”，但这不能简单地理解为“情”产生了“道”，更不意味着“道”是“性”的转换。事实上，站在《天命》的立场上，由于“性”的内容是“德”、是义理，所以如果说将它引导出来便形成了“道”，那是顺理成章的；但站在《性自命出》的立场上，“性”的内容是情欲、是气质，没有道德意义，如果说将它引导或转化出来便形成了“道”，那是不可思议的，甚至是荒诞的。

“道始于情，情生于性”之语只有结合《天命》的“中”论，才可有深切的了解。我们不会忘记《天命》是这样说的：“喜怒哀乐之未发，谓之中；发而皆中节，谓之和……和也者，天下之达道也。”据此看，《性自命出》的“情”，即为《天命》的已发之“喜怒哀乐”。而已发之“情”，当有“中节”和不“中节”的区别，只有“发而皆中节”之“情”，才可“谓之和”，从而谓之“道”。显然，“道”并不源自“性”，并非人自身所固有。所以，《性自命出》的“道”说，是一种道德外在论。

“始者近情，终者近义”的主词为上句的“道”。“道”是各种道德规范的综合。在作者看来，“道”也是一个过程。这个过程的开端接近于情，其终端接近于义。由于“情生于性”，因此，虽然情为已发，但它是最接近于内在之性的已发。在作者看来，这就是道的开始。从“终者近义”一语看，义为外在的道德范畴。这种观点是和《五行》一致的。由此，我们可以得出这样的结论：道为已发或“见于外”者。但是，它是一个过程。这个过程是以虽然为已发或“见于外”但最接近于内在之性的情作为出发点，由内向外延伸的。所谓道的始终，就是指这种由内而外的过程。

“知情者能出之，知义者能入之”，仍反映了这种思路。情虽然是外在的，但它毕竟最接近于内在之性，所以在整个道的过程中，真正理解情的人，应由情向外扩展，以成道，是谓“出之”。义是外在的，已经接近于道的终端了。所以仅仅理解义的人应该由此向内追求，这样才能成道。

“道”既然外在，则非出于自然，而是出于人为。对此，《性自命出》是这样论证的：“《诗》《书》《礼》《乐》，其始出皆生于人。《诗》，有为为之也。《书》，有为言之也。《礼》《乐》，有为举之也。圣人比其类而论会之，观其先后而逆顺之，体其义而节度之，理其情而出入之，然后复以教。”就字面看，这里是谈“教”的，但“教”总是以“道”为内容的，所谓“修道之谓教”是也。因而，这段文字事实上是在讨论《诗》《书》《礼》《乐》之“道”的产生。“其始出”之“始”，正是“道始于情”之“始”。所谓“有为为之”“有为言之”“有为举之”，皆人为也，非自然也。

然而，这并不是说“道”完全是经验层面的，是与“天”完全阻隔的。《性自命出》的作者在其另一篇作品即《天降大常》中说：“天降大常，以理人伦。制为君臣之义，著为父子之亲，分为夫妇之辨。是故小人乱天常以逆大道，君子治人伦以顺天德。”“降”即“命”也。“天降大常”犹“天命大常”。这里的“大常”“人伦”，即各种道德规范，也就是“道”。这里的“大道”“天德”当指“道”之在“天”者，即“天”之“道”或“天”之“性”。当然，这里的“大道”“天德”也可理解为“天”已“降”于天下的“大常”，即人间之“道”。人间之道德来源于“天”，故谓之“天德”。可见，和人之“性”一样，人间之“道”亦由“天”所“降”，只不过“天”并不是将“道”“降”于人自身，而是直接“降”之于天下、“降”之于社会、“降”之于人间。

这种天命观颇值得注意。我们知道，“天”最初有宗教之“天”和自然之“天”两层含义。宗教之“天”所“命”的是人格神的意志，自然之“天”所“命”的是万物的自然属性，包括人的情欲之“性”和后来的本性之“性”。到了《诗经》和《春秋》时代，义理之“天”开始萌芽，故《诗经》有“天生烝民，有物有则”之诗，而《左传》有“礼以顺天，天之道也”之语。但它们都没有明确地说其“则”其“礼”由“天”所“生”、所“命”。所以，直到孔子发出“天生德于予”的时候，义理之“天”才真正地确立。晚年孔子纳“德”于“性”以至子思的“天命之谓性”皆承这一思路而来。这种天命观的特点是，“天”将其本性“命”于人，以成人之“性”；内在的“性”又可外发为道德规范，以成“道”。我将这种天命观称为内在的道德先验论。与此不同，《性自命出》的作者认为“天”只“命”气质之性于人，而不能“命”义理之性于人，“道”则是“天”直接“命”或“降”于天下的。这表明，《性自命出》的作者在人性之外建立了一套外在的道德形上学世界。所以我将这种天命观称为外在的道德先验论。道德非我固有，故不可内求，只可外知，所谓“知情者能出之，知义者能入之”也。因而，《性自命出》的外在道德先验论具有知识论的性质。

这样，《性自命出》的“天”就具有自然之天和义理之天双重含义，前者是“性”（具体地说是气质之性）的来源，后者是道德的来源。

既然“性”为未发之“情”，即“喜怒哀悲之气”，而“道”为外在之物，那么，“道”如何作用于“性”呢？正如《天降大常》所说的，君子要通过“治人伦”也就是修“道”才可以“顺天德”。但问题的关键是，如何才能“治人伦”，如何才能修“道”？《性自命出》不是说过吗？“道始于情，情生于性。”这就是答案。按照以上的分析，内在之“性”“发而皆中节”便是“和”，便是“道”。就这样，“情”将外在的“道”与内在的“性”接通了，将先验层面和经验层面结合在一起了。

如果说“道始于情”显示出以“德”“节性”传统的色彩的话，那么《性自命出》的另一句话“长性者，道也”则更体现了以“德”“厚性”传统的特点。“长”，当为“进益”“滋长”之义。“性”不但不能产生“道”，反而受“道”的培养。正是在这一点上，《性自命出》提出了其“教”论：“四海之内，其性一也，其用心各异，教使然也。”“教，所以生德于中也。”“性”既然为“喜怒哀悲之气”，而“喜怒哀悲之气”为人所固有，所以人性相同，“四海之内，其性一也”。至于人心的善恶文质之异，那是“教使然也”。而“教”的作用，则是“生德于中也”。这个“中”字，倒与“喜怒哀乐之未发谓之中”的“中”相当，当谓“性”也。在这里之所以用“中”代“性”，旨在强调“德”为外在之物，“性”为内在之物，而“教”的作用正是使外在的“德”在内在的“性”中生根。“生德于中”，即以“道”“长性”也。

总之，晚年孔子和子思的“性”说为孟子的人性论开辟了道路，而子思的

"中"论和《性自命出》的"性"学则为荀子的人性论打开了大门。

下、"性"与"命"——孟子的人性论

由晚年孔子所开创的内在道德先验论，被子思发扬光大，却被子思弟子所扬弃。《性自命出》的外在道德先验论无疑意味着对孔子、子思形上学新传统的偏离甚至背离，也标志着儒学发展的重大转向。这一学说影响甚巨，可以说主导着当时的学术界。别的且不说，只要看看年长于孟子并屡屡和孟子辩难的告子的言论，不是正和《性自命出》相互呼应吗？战国中期起而扭转这一趋势并使儒学发展重归晚年孔子和子思新传统的，便是孟子。只不过，纠枉常常过正，孟子比晚年孔子和子思走得更远。

《孟子·尽心上》曰："尽其心者，知其性也；知其性，则知天矣。存其心，养其性，所以事天也。"此段可以说是孟子哲学的纲要，其意义相当于《天命》"天命之谓性"一段之于子思哲学。或许受这种表述的影响，徐复观先生说："孟子以心善言性善。""心善是性善的根据。"① 窃以为，这种说法还可斟酌。

孟子的确是从"心"来开始其哲学建构的。他说："仁义礼智根于心。"（《孟子·尽心上》）不仅如此，孟子还从"心"中找到了仁义礼智各自的端绪，提出了"四端"说："无恻隐之心，非人也；无羞恶之心，非人也；无辞让之心，非人也；无是非之心，非人也。恻隐之心，仁之端也；羞恶之心，义之端也；辞让之心，礼之端也；是非之心，智之端也。人之有是四端也，犹其有四体也。"（《孟子·公孙丑上》）当公都子罗列出告子等多种有关性善恶的观点后问孟子："今日性善，然则彼皆非与?"孟子回答说："乃若其情，则可以为善矣，乃所谓善也。若夫为不善，非才之罪也。恻隐之心人皆有之，羞恶之心人皆有之，恭敬之心人皆有之，是非之心人皆有之。恻隐之心，仁也；羞恶之心，义也；恭敬之心，礼也；是非之心，智也。仁义礼智非由外铄我也，我固有之也，弗思耳矣。"（《孟子·告子上》）这里值得注意的是，"四端"即"恻隐之心"、"羞恶之心"、"恭敬之心"和"是非之心"，"非由外铄我也，我固有之也"，"人皆有之"，无之则"非人也"，以致"人之有是四端也，犹其有四体也"。如此，则"四端"，即"恻隐之心"、"羞恶之心"、"恭敬之心"和"是非之心"，就是人生而即有的本性、本质，也就是"性"。在这个意义上，孟子的"性"就是"四端"，就是"心"；他的"性善"，也就是

① 徐复观：《中国人性论史》，台湾"商务印书馆"1987年版，第161～198页。

"心善"。不可否认，孟子的"心"具有更广泛的含义，其中只有"恻隐之心"等"四端"才是"性"。对于孟子来说，"心"中有"性"，"性"中有"心"，"心""性"一也。

因而，我们很难说孟子是以心善言性善，还是以性善言心善；也很难说心善是性善的根据，抑或性善是心善的根据。它们完全是一个东西，只是论述的角度不同。但是，不管在孟子的论证中，是以心善言性善还是以性善言心善，是心善为性善的根据还是性善为心善的根据，都不能否认在事实上，心善是以性善为根据的，因为只有在"性善"的基础上人才有"心善"。"若夫为不善，非才之罪也。"这个"才"，指的就是"性"。"性"既然为"才"，即是基础和前提，即是"心"之寄托。皮之不存，毛将焉附？这就是说，无论如何，在事实上，孟子的性善论是其心善论的基础。

当然，归根结蒂，"心""性"之"善"的最终根据是"天"。对于"天"之"诚""善"，孟子直接引子思之说云："居下位而不获于上，民不可得而治也。获于上有道，不信于友，弗获于上矣；信于友有道，事亲弗悦，弗信于友矣；悦亲有道，反身不诚，不悦于亲矣；诚身有道，不明乎善，不诚其身矣。是故诚者，天之道也；思诚者，人之道也。"（《孟子·离娄上》）

不难发现，上半段几乎和《天命》完全相同，下半段则有明显不同。《天命》的原文是："诚者，天之道也；诚之者，人之道也。诚者，不勉而中，不思而得，从容中道，圣人也；诚之者，择善而固执之也。"而孟子将其修改为："是故诚者，天之道也；思诚者，人之道也。"这里的关键是，以"思诚者"代替"诚之者"。自古以来的注家们恐怕都不认为这种替代有什么实质性的意义，但笔者发现，它其实隐藏着孟子和子思思想的巨大差异。

不错，孟子完全认同子思"天命之谓性"的思想，并且也和子思一样以"诚""善"界定"天之道"和人之"性"，这正是孟子引用子思"居下位而不获于上"一段的原因。不过，孟子又进一步将"性"规定为"四端"。这个微妙的变化预示着孟子开始和子思分道扬镳。当涉及"性"如何作用于人或人如何对待"性"的问题，也就是道德路径的问题时，孟子和子思的思想就大异其趣了。孟子不但扬弃了子思的"外发"之论，也扬弃了其"内推"之学。他另辟蹊径，推陈出新，独创"思"说。

在孟子看来，既然"人之有是四端也，犹其有四体也"，那么对于人人所固有的"四端"，就不必外求，也不必借助任何手段，只需当下体认，便可获得。这种体认，孟子谓之"思"："人人有贵于己者，弗思耳矣。"（《孟子·告子上》）这里的“人人有贵于己者”指的是什么呢？是仁义礼智这些本心或善端，即“四端”。何以见得？于此可证：“仁义礼智非由外铄我也，我固有之也，弗思耳矣。”（《孟子·告子上》）“思”的对象，正是“四端”。换言之，“四端”是通过“思”来得到的。至此，孟子以“思诚者”代替“诚之者”的奥妙已昭然若揭。“诚”，在“天”为“天之道”；在人，为得自“天”者，即性。所以，孟子的“诚”，即是“四端”；“思诚”，即是“思”“四端”。

“思”有不同的表现形式。本心之被遮蔽，孟子或称为“丧心”：“非独贤者有是心也，人皆有之，贤者能勿丧耳。”或称为“失本心”：“此之谓失其本心。”或称为“放心”：“人有鸡犬放则知求之，有放心而不知求。”这种情况下的“思”，孟子称之为“求放心”：“仁，人心也；义，人路也。舍其路而弗由，放其心而不知求，哀哉！人有鸡犬放则知求之，有放心而不知求。”（《孟子·告子上》）本心的丧失犹如鸡和狗的走失，因而，找回本心就像找回走失的鸡狗一样。

“四端”不但是人的本性、本质，是道德的本原，而且也是判断是非的标准。当搞不清自己的行为是否正当时，免不了内求于心，“思”其“四端”。这种“思”，孟子称为“自反”：“有人于此，其待我以横逆，则君子必自反也，我必不仁也，必无礼也，此物奚宜至哉？其自反而仁矣，自反而有礼矣，其横逆由是也，君子必自反也，我必不忠。自反而忠矣，其横逆由是也，君子曰：‘此亦妄人也已矣。如此，则与禽兽奚择哉？于禽兽又何难焉？’”（《孟子·离娄下》）

根据“思”的特点，我们或许可以称这种道德路径为“内求”。“内求”之不同于子思的“内推”，在于前者不需外部条件，直指本心，而后者则需要以外在的道德规范即“道”为凭借。

“思”的主体，当然是“心”。孟子说：“心之官则思，思则得之，不思则不得也。此天所与我者。”（《孟子·告子上》）“心”作为人体的一个器官，“此天所与我者”，故人人具备。

既然“四端”“非由外铄我也，我固有之也”，而用来“思”“四端”的“心”又是“天所与我者”，那么孟子得出的必然结论是，每个人的道德能力完全相同，圣人和普通百姓并无丝毫差异。孟子认为这种人人相同的道德能力是“不学而能”“不虑而知”的“良能”“良知”：“人之所不学而能者，其良能也；所不虑而知者，其良知也。孩提之童无不知爱其亲者，及其长也，无不知敬其兄也。亲亲，仁也；敬长，义也；无他，达之天下也。”（《孟子·尽心上》）所以孟子认为：“圣人，与我同类者。”（《孟子·告子上》）“人皆可以为尧舜。”（《孟子·告子下》）

那么在现实中，人们为什么或圣或愚、或贤或不肖呢？孟子的解释是：“圣人先得我心之所同然耳。”“非独贤者有是心也，人皆有之，贤者能勿丧耳。”（《孟子·告子上》）一方面，圣贤先得到“四端”（所谓“我心之所同然”，即指“四端”）；另一方面，圣贤能够保存“四端”而不致丧失。就这个问题，时人曹交曾专门请教过孟子：

> （曹交问曰：）“交闻文王十尺，汤九尺，今交九尺四寸以长，食粟而已，如何则可？”（孟子）曰：“奚有于是？亦为之而已矣。有人于此，力不能胜一匹雏，则为无力人矣；今日举百钧，则为有力人矣。然则举乌获之任，是亦为乌获而已矣。夫人岂以不胜为患哉？弗为耳。徐行后长者谓之弟，疾行先长者谓之不弟。夫徐行者，岂人所不能哉？所不为也。尧舜之道，孝弟而已矣。子服尧之服，诵尧之言，行尧之行，是尧而已矣；子服桀之服，诵桀之言，行桀之行，是桀而已矣。”（《孟子·告子下》）

虽然人的善性相同，但是否成为尧舜，不是“能”与“不能”的问题，而是“为”与“不为”的问题。孟子举例说，像“徐行后长者”之悌，是任何人都可能做到的，而这种孝悌，正是尧舜之道的根本。一个人如果能够实行孝悌，就说明他“能勿丧”其本性，他就会成为圣贤；否则，他不能实行孝梯，这说明他“失其本心”，他就不会成为圣贤。因此，如果言谈举止都像尧那样，就能够成为尧；如果言谈举止都像桀那样，也只能成为桀。

这样，我们就明白了为什么孟子不像子思那样以道德能力区分圣人和贤人以下，并相应地将道德路径分为“诚者”和“诚之者”，且分别称之为“天之道”和“人之道”，而是强调唯一的道德路径就是“思诚”，就是“人之道”，除此之外并不存在所谓“天之道”的道德路径。这就是说，“诚者天之道也”一语在子思和孟子中的含义是不同的。如上所述，在子思，它含有两层含义，一是“诚者”为天的本性或本质，二是“诚者”为能够直接而全盘地体现“天之道”的圣人。但在孟子，此语只有前一种含义。

既然“思诚”是唯一的道德路径，可见全部的道德功夫只系于一“心”。所以孟子不像晚年孔子和子思那样讲“尽性”，而是力主“尽心”。“尽其心”之“心”，当然为“恻隐之心”等，即“四端”。所谓“尽心”，是说“四端”全盘呈现，为我所得。此“心”既为“性”，故“尽其心者，知其性也”。而“性”由“天”所“命”，故“知其性，则知天矣”。至于“存其心，养其性，所以事天也”云云，则遥绍“厚性”的悠久传统，兹不赘言。

孟子之所以将“性”即本心称为“四端”，旨在强调它只是一种“端绪”。而既是“端绪”，则可沿此“端绪”向外推广、扩充。对此，孟子多有论述。如：

“凡有四端于我者，知皆扩而充之矣，若火之始然，泉之始达。”（《孟子·公孙丑上》）“老吾老，以及人之老；幼吾幼，以及人之幼。天下可运于掌。《诗》云：‘刑于寡妻，至于兄弟，以御于家邦。’言举斯心加诸彼而已。故推恩足以保四海，不推恩无以保妻子。古之人所以大过人者，无他焉，善推其所为而已矣。”（《孟子·梁惠王上》）“亲亲而仁民，仁民而爱物。”（《孟子·尽心上》）显而易见，这种说法同子思以“成己”“成物”为内容的“尽性”说实异曲同工。

既然“若夫为不善，非才之罪也”，然则“不善”何来？孟子说：“耳目之官不思，而蔽于物。物交物，则引之而已矣。”（《孟子·告子上》）原来罪魁祸首是“耳目之官”，即情欲。“耳目”等感官没有“思”的能力，故为外物所遮蔽。外物陈陈相因，最终导致堕落。孟子进一步分析道：“体有贵贱，有大小。无以小害大，无以贱害贵。养其小者为小人，养其大者为大人。”（《孟子·告子上》）朱子注云：“贱而小者，口腹也；贵而大者，心志也。”或者我们可以更确切地说，贱而小者，情欲也；贵而大者，“四端”也，“本心”也。故“大体”“小体”之别，“德”“欲”之分也。“养其大者”，即“存其心，养其性也”。一个“害”字点明，情欲是“四端”或“本心”的残害者。“以小害大”“以贱害贵”的结果，用孟子自己的话说，就是“此之谓失其本心”（《孟子·告子上》）。原来，孟子建立其“思”的即“内求”的道德路径的根源在此！

在上述对孟子思想的诠释中，我们明显地感觉到了老子的影响。孟子不但接受了老子关于情欲可以导致背离心之本然状态的看法，而且完全继承了老子关于返归心之本然状态的思维方法。

情欲既为万恶之源，孟子虽已斥之为“小”“贱”之“体”，然意犹未尽，非将其逐出“性”的大门不可。他说：“口之于味也，目之于色也，耳之于声也，鼻之于臭也，四肢之于安佚也，性也，有命焉，君子不谓性也。仁之于父子也，义之于君臣也，礼之于宾主也，智之于贤者也，圣之于天道也，命也，有性焉，君子不谓命也。”（《孟子·尽心下》）说“口之于味也”等为“性也，有命焉，君子不谓性也”，又说“仁之于父子也”等为“命也，有性焉，君子不谓命也”。这种表述真让人感到丈二和尚摸不着头脑，不知所云，所以自古注家鲜有了解其中奥秘者。

我们知道，就先秦学术界的一般观点看，本能情欲即“口之于味也”之类和先验道德即“仁之于父子也”等，都由“天”所“命”，因而在这个意义上，它们都可谓之“命”。另一方面，它们又都内在于人，为人所固有，为人的本性和本质，因而在这个意义上，它们又都可谓之“性”。但是，由于“性”的最初含义是情欲，所以在习惯上人们一般只把前者称为“性”，而把后者称为“命”，此即“口之于味也……性也”“仁之于父子也……命也”。“命”本来是动词，乃“赋予”之意。至于名词“命”，含义相当宽泛。“性”自从由“生”字脱胎出来以后，便就是名词，后来又引申出“本性”“本质”之意。显然，“性”字更富有实质性。这样，如果以重“德”轻“欲”的思维方式用“性”“命”二字将先验道德和本能情欲相区别的话，当然会用更实质的“性”来指先验道德，用实质性相对薄弱而含义宽泛的“命”来指本能情欲。此即“口之于味也……君子不谓性也”“仁之于父子也……君子不谓命也”。这和子思用一个含义宽泛且不具实质性的“中”字来指称传统的情欲之“性”极为相似。可以说，孟子和子思对义理之性和气质之性的态度以及处理方式完全相同。

当我们对孟子之前的人性论有了大体了解后，不难发现这里的“君子”并非像旧注所说的那样为普通概念，而是特指，是可以落实的。自从晚年孔子以“德”为“性”后，便不再以“性”称情欲，子思则称情欲之“性”为“中”。故此处之“君子”，谓孔子、子思也。孟子一句“君子不谓性也”，公然将情欲排除在“性”之外，从而划清了晚年孔子、子思以至孟子本人的人性论新传统与旧传统的界线。

孟子的这种“性”“命”之辨与其人禽之辨密切相关。他说：“人之所以异于禽兽者几希，庶民去之，君子存之。舜明于庶物，察于人伦，由仁义行，非行仁义也。”（《孟子·离娄下》）从上下文看，人不同于禽兽的“几希”是指仁义礼智之端绪，即“恻隐之心”等“四端”。就是说，情欲是人和动物共有的，而“四端”只有人才具有，有没有“四端”是人和动物的根本区别。在这一点上，孟子同晚年孔子和子思发生了分歧。在晚年孔子和子思看来，万物皆有“性”，而在孟子看来，只有高贵的人类才配有“性”。

由此，我们或许可以重新理解孟子的诸多言论。如：“万物皆备于我矣。反身而诚，乐莫大焉。”（《孟子·尽心上》）这可算得上《孟子》一书的名章了，但我以为自古学者均未解孟子真意。简而言之，既然“万物皆备于我”，那么这里的“万物”指“天”之予“我”的一切，包括身体、情欲和“四端”。禽兽不具“四端”，故不可谓之“万物皆备”。“反身而诚”一句乃“反身不诚，不悦于亲矣；诚身有道，不明乎善，不诚其身矣”一段的概括。“反身”之“反”，即孟子常说的“思”“自反”，犹今语“反思”“反省”。身体，目击可得者也，故不是“反”的对象。这样，“反身”的对象就只剩下情欲和“四端”了。“反身而诚”，是说反省自我之身而得到“诚”。何谓“诚”？即“天”将其“诚”性赋予人者，亦即人之“性”，亦即“四端”。孟子的意思是说，人类毕备“天”所赋予的一切，如果反省自己并体验到只有人类才具有的“诚”亦即“四端”，便是人生最大的快乐了！可见，此章仍体现了孟子的“性”“命”之辨和人禽之辨。

那么，晚年孔子、子思和孟子所代表的以“德”为“性”的新传统在先秦人性论史上占有什么地位呢？孟子弟子公都子曾将当时的人性论观点归结为四种，一是“性无善无不善”，二是“性可以为善，可以为不善”，三是“有性善，有性不善”，四是孟子的“性善”（《孟子·告子上》）。后来王充还提道：“周人世硕，以为人性有善有恶……宓子贱、漆雕开、公孙尼子之徒亦论性情，与世子相出入，皆言性有善有恶。”（《论衡·本性》）这可以看作第五种观点。如果再加上战国末期荀子的性恶论，那么就有六种观点了。在这六种观点中，何属新传统，何属旧传统？以理推之，若以“德”为“性”，必然得出“性善”的结论；反之，不持“性善”，必非以“德”为“性”，必不承认义理之性。因而，六种观点中只有孟子的“性善”论属以“德”为性的新传统，其余五种人性论皆属气质之性的旧传统。可见，战国时期人性论的主流仍然是旧传统。新传统不仅在当时属少数派，而且在孟子之后即告中绝，直到一千数百年之后才被宋明新儒家重新激活续起。

值得强调的是，当时人性论的种种问题，尤其新旧传统之间的诸多争议，往往是由各家对“性”的不同理解造成的。这个现象应当引起我们足够的重视，否则会产生一些不必要的纠葛。

（载于2005年第5期）

竹帛《五行》篇为子思、孟子所作论

——兼论郭店楚简《五行》篇出土的历史意义

陈 来

一

1973年湖南马王堆三号汉墓出土了一批帛书文献，其中《老子》甲本卷后有四篇佚书，第一篇即所谓《五行》篇。此篇可分为两大部分，第一部分论述仁、义、礼、智、圣为“五行”，第二部分是对第一部分的逐句解说与发挥。依照战国时文献往往有经有说的旧例，庞朴先生最先提出应将全篇分为经和说，将第一部分名为经，第二部分名为说。[①] 这种将帛书《五行》篇视为经说结构的看法，得到了研究者的一致同意。

帛书《五行》篇公布后，庞朴首先指出，书中表达的五行思想即是荀子在其《非十二子》篇中所批评的子思和孟子一派的“五行”说，庞朴称为“思孟五行说”。他认为：“我们应该可以得出这样一个结论，马王堆帛书老子甲本卷后古佚书之一，是‘孟氏之儒’或‘乐正氏之儒’的作品。”[②] 此是儒家思孟学派的五行说，即被荀子所批评的五行说。应当说，庞朴指出《五行》的思想内容即是荀子所批评的子思孟子一系传承的五行说，是正确的。

关于帛书《五行》篇的作者和年代，庞朴开始时推测其成书年代约“在孟子以后或同时”。后来他倾向在战国后期，故在后来的《帛书〈五行〉篇评述》中提出说：“《五行》篇的特点与价值是，它以战国后期流行的经与说的形式，继续思孟学派的心性论，创立自己的知行说……帛书《五行》篇可以说是思孟学派的余

① 参看庞朴：《竹帛〈五行〉篇与思孟“五行”说》，《竹帛〈五行〉篇校注及研究》，台湾万卷楼图书有限公司2000年版，第100页。

② 庞朴：《马王堆帛书解开了思孟五行说古谜》，《竹帛〈五行〉篇校注及研究》，第132页。

波，它对孟子的心性论作了补充和发挥。但《五行》又完成于《易传》的主要篇章出世之后，因而也吸收了宇宙论成就。"① 这些说法，把帛书《五行》的成书时代和作者归结为战国后期思孟学派的余波。

绝大多数中国学者的看法与庞朴相同，如整理者之一的韩仲民便称此篇为"子思孟轲学派的门徒"的作品。② 认为此篇作于孟子之前者唯有魏启鹏，20世纪90年代初魏启鹏作《德行校释》，认为帛书《五行》是战国前期子思氏之儒的作品，在孟子之前。③ 此外，也有学者认为此篇作于汉代，以池田知久为代表，他在《马土堆汉墓帛书〈五行〉篇研究》一书中推论此篇成书于汉代初期（这个观点在郭店楚简公布后他已经加以修改，认为成于战国后期）。④

从今天的观点来看，即站在郭店楚简公布以来新的研究的基点上，应当肯定，庞朴于20世纪70年代对此篇的研究贡献有三：第一是分别经与说，这在当时和后来都得到了一致的同意。第二是命名为《五行》，虽然曾有学者有不同意见，如魏启鹏定名为《德行》，但在郭店楚简的《五行》篇出土后已很少再有异议。第三是确认此篇的思想内容即荀子所批评的观点。⑤

然而，由于郭店楚简的公布有了新的证据，使我们在作者和年代的问题上有可能重新加以考察；同时，也给了我们一个机会，从学术史的角度重新检讨20世纪70年代以来的以往研究，使《五行》篇的研究在此基础上进一步得以推进。

二

1993年湖北荆门郭店一号楚墓出土一批竹简。考古学者据楚墓类型学研究推定，该墓入葬时间约在公元前300年。⑥ 郭店楚墓出土的竹简文献中有一篇自题为《五行》，其内容基本同于马土堆帛书《五行》篇的经部，而没有说部。首先，这

---

① 庞朴：《帛书〈五行〉篇评述》，《竹帛〈五行〉篇校注及研究》，第156页。

② 韩仲民：《长沙马王堆汉墓帛书概述》，《文物》1974年第4期。

③ 魏启鹏：《德行校释》，巴蜀书社1991年版，第105页。

④ 池田知久：《郭店楚简五行研究》，《郭店简与儒学研究》，《中国哲学》第21辑，辽宁教育出版社2000年版，第129页。

⑤ 也有少数学者对此有不同意见，如李耀仙、赵光贤。黄俊杰曾指出，这些反对以《五行》为思孟五行的主张都不能获得帛书内容的支持，故无法成立。参见黄俊杰：《中国孟学诠释史论》，社会科学文献出版社2004年版，第93页。

⑥ 除原发掘报告外，参看彭浩：《郭店一号墓的年代及相关的问题》，陈福滨主编《本世纪出土思想文献与中国古典哲学研究论文集》下册，台湾辅仁大学出版社1999年版，第357页。

一新的出土资料问世使得学者们都认为，以往帛书《五行》篇的命名是合理的。其次，竹简《五行》有经无说的事实，使得学者大都接受这样的推定，即经与说不是同时完成的。最后，由于竹简《五行》入葬于公元前300年，其成书年代必在孟子以前，从而使得以往对马土堆帛书《五行》篇成书年代的推定必须加以修正。

仍然是庞朴最先对此做出反应，他说："荀子批评子思、孟轲编造五行，则此篇既早于孟子，其为子思或子思弟子所作，或大有可能。"① 由于此篇与竹简的《缁衣》同抄一卷，而《缁衣》古代被认为是子思之作，更加强了学者以《五行》思想为子思一派的看法，于是子思作竹简《五行》的看法被普遍接受。李学勤甚至认为整个郭店楚简儒书文献皆为《子思子》。② 由于《五行》经部的出土，庞朴对帛书《五行》的说部的年代和制作也进一步提出了自己的想法："因此我设想，《五行》篇早先并没有说或解，帛书所见的说，是某个时候弟子们奉命缀上去的。"③ 他还推测，其原因"大概是由于荀子的批评，思孟学派的弟子们觉得应该将他们的经典《五行》篇施以解说，以杜讨伐，以广流传，于是遂有了解说本，如马王堆所见"④。"说文完成的时间，当在《孟子》减书以后，是由弟子们拾掇老师遗说补作出来的。"⑤

郭店楚简公布后，有关《五行》篇的研究，主张、结论多同于或近于庞朴，即帛书《五行》的经部为子思所作，说部是孟子后学的缀补，唯与庞朴以帛书《五行》荀子之后的主张不同，李存山主张竹简《五行》早于《中庸》帛书《五行》则在孟子之后、荀子之前。⑥ 郭沂则认为，不仅竹简《五行》为子思所作，而且帛书《五行》的说的部分的作者亦当为子思门人。⑦ 郭沂此说无疑重新肯定了魏启鹏的说法，以经说两部分都定为孟子以前的子思氏之儒的作品。

三

现在让我们来看看从帛书《五行》公布到竹简《五行》篇公布以来，研究者

---

① 庞朴：《竹帛〈五行〉篇校注及研究》之《引言》。

② 李学勤：《先秦儒家著作的重大发现》，《中国哲学》第20辑，辽宁教育出版社1998年版。

③ 庞朴：《竹帛〈五行〉篇比较》，《竹帛〈五行〉篇校注及研究》，第94页。

④ 庞朴：《竹帛〈五行〉篇比较》，《竹帛〈五行〉篇校注及研究》，第94页。

⑤ 庞朴：《竹帛〈五行〉篇与思孟五行说》，《竹帛〈五行〉篇校注及研究》，第104页。

⑥ 李存山：《从简本五行到帛书〈五行〉》，武汉大学中国文化研究院编《郭店楚简国际学术研讨会论文集》，湖北人民出版社2000年版，第244页。

⑦ 郭沂：《郭店楚简与中国哲学》，《郭店楚简国际学术研讨会论文集》，第575页。

对于帛书《五行》经部与说部的思想差异，以及说部与孟子思想联系的论点。

庞朴在早期研究中即提出，帛书《五行》说文中大量引用《孟子》文句，如集大成、金声玉振等，他说："对照两边引文，自会发现，佚书同孟子，在这里不仅思想相同，而且连语言也一样，几乎无需多加说明……据此，可以说佚书中的圣是脱胎于孟子的。"① 即使是反对把帛书《五行》篇的思想归结为思孟学派的池田知久也承认，马王堆《五行》篇最中心的思想是孟子思想，"马王堆《五行》所怀抱的思想是儒家思想，作为其中最重要的思想是孟子思想，这一点毋庸置疑。"当然他认为此篇中也有荀子思想的影响。②

竹简《五行》和帛书《五行》最大的差异是帛书《五行》的说部突出"仁义"，而竹简《五行》并没有突出"仁义"。竹简《五行》公布后，陈丽桂比勘了竹简《五行》和帛书《五行》之后，指出竹简《五行》崇"圣"，而帛书《五行》崇"仁义"，二者思想重点有所不同，基本上说部更切近孟子的观点，而经部则有所不同。③ 李存山也认为："正是在孟子思想的影响下，帛书《五行》篇出现了对简本的种种改编的情况，这些改编是迁就于孟子思想的改编，而其解说，一是解释原有的文本，二是加进了孟子思想的因素……如果说简本五行乃是子思（或子思氏之儒）的作品，那么帛书《五行》似可谓'孟氏之儒'的别派的改编解说本。"他所说的孟氏别派，指的是孟子后学中与孟子思想有所不同的儒者。他还认为，荀子在楚地应见过帛书《五行》篇，其批评包括对此篇的批评，或主要针对的就是此篇。④ 李景林认为，简本《五行》从思想结构上应接近孔子，为子思"昭明圣祖之德"，绍述孔子思想之作。而帛本《五行》则强调"仁义，礼知之所由生也"，此说则接近孟子，其说在用语和思想上更接近孟子。从简本到帛本，其性善论之征愈益明显。⑤ 这也是在内容上充分肯定帛书说部的思想近于孟子的思想，但他未就作者问题加以讨论。

---

① 庞朴：《马王堆帛书解开了思孟五行说古谜》，《竹帛〈五行〉篇校注及研究》，第 130 页。

② 池田知久：《郭店楚简五行研究》，《郭店简与儒学研究》，《中国哲学》第 21 辑，第 97 ~ 98 页。

③ 陈丽桂：《从郭店竹简〈五行〉检视帛书〈五行〉说文对经文的依违情况》，陈福滨主编《本世纪出土思想文献与中国古典哲学研究论文集》上册，台湾辅仁大学出版社 1999 年版，第 196 页。

④ 李存山：《从简本〈五行〉到帛书〈五行〉》，《郭店楚简国际学术研讨会论文集》，第 246 页。

⑤ 李景林：《从郭店简看思孟学派的性与天道论》，《郭店楚简国际学术研讨会论文集》，第 633 页。

可见，从帛书到竹简，学者大多认为帛书《五行》的说部的思想切近孟子的思想，在这一点上，似无争议。当然，也有个别学者认为五行思想与孟子有所不同，这一点我们在下节来解释。我们的问题是，如果荀子在《非十二子》中的批评是主要针对帛书《五行》，那么荀子究竟根据什么指定说“子思唱之，孟轲和之”？

四

现在我们回过头来，检讨一下以往有关思孟五行说的论证，看看其中有什么薄弱的环节，又有什么方法可以改进。

首先，我们来看看《荀子·非十二子》篇的那句话：

> 略法先王而不知其统，犹然而材剧志大，闻见杂博。案往旧造说，谓之五行，甚僻违而无类，幽隐而无说，闭约而无解。案饰其辞而祗敬之曰：此真先君子之言也。子思唱之，孟轲和之。

然而，现存历史资料并不能提供更多的细节说明被荀子批评的对象。正如庞朴在一开始就指出的：“在流传下来的孟子书上，以及相传为子思书上（《中庸》《缁衣》等），也找不到直白无隐的可以佐证荀子的什么五行说。”他又说：“孟子道性善，讲仁义礼智‘根于心’的君子本性，这是众所周知的。孟子当然也没少谈圣，只是，人们似乎从未见到七篇巨著中，孟子曾在哪里把仁义礼智与圣字连举并提过。至于子思，就更难说了，因为其书已不可考……在现在的《中庸》及版权上疑为子思的《缁衣》、《表记》等《礼记》篇章中，我们似乎同样并未看到仁义礼智圣五德并举的字样。”[①] 此说完全正确。既然今存典籍中很难找到佐证《孟子》《中庸》中有五行说的资料，那么怎么联系帛书《五行》篇来证明思、孟本有五行说呢？

庞朴的特识，是在《中庸》《孟子》中各找到一例在他看来是五德并举的例子。对于孟子，他认为“最为关键的证据是：孟子也曾将仁义礼智圣并列，来谈论人性和天命的关系”。他举出《孟子》中的一例资料是：

> 口之于味也，目之于色也，耳之于声也，鼻之于臭也，四肢之于安逸也，性也，有命焉，君子不谓性也。仁之于父子也，义之于君臣也，礼之于宾主也，智之于贤者也，圣人之于天道也，命也，有性焉，君子不谓命也。（《尽心下》）

---

① 庞朴：《帛书〈五行〉与思孟五行》，《竹帛〈五行〉篇校注及研究》，第100页。

庞朴根据朱熹《四书集注》记载的一种说法，认为圣人的人字是衍字，这样：“现在有了马土堆帛书，我们可以而且应当理直气壮地宣布，‘圣人之于天道也’一句中的人字，是衍文，应予削去，原本为‘圣之于天道也’。孟轲这里所谈的，正是‘仁义礼智圣’这‘五行’。”① 然而，即使如此，我们也得承认，孟子只讲“四端”，并未提到“五行”的观念，而且，《孟子》中上面这一段也不是独立讨论“德行”，而是在《孟子·公孙丑上》的性命论中提出来的。所以，即使我们赞同庞朴对上引文的解释，我们也不能不说，这一思想在《孟子》中算是“隐晦”的了。仅仅这一条材料就能证明“孟轲和之”吗？显然不能。②

庞朴在《中庸》中所发现的仁义礼智圣连用的一例是：

> 唯天下至圣，为能聪明睿智，足以有临也；宽裕温柔，足以有容也；发强刚毅，足以有执也；齐庄中正，足以有敬也；文理密察，足以有别也……（三十一章）

庞朴解释说：“这里所说的聪明睿智，就是圣；宽裕温柔，就是仁；发强刚毅，就是义；齐庄中正，就是礼；文理密察，就是智。”③

庞朴对《中庸》这段话的解释是可以接受的。④ 然而，即使我们承认庞朴的解释完全成立，我们也不能不说，《中庸》没有提到“五行”的观念，比起《孟子》，甚至没有明提仁义礼智圣五者。把这作为子思在《中庸》表达或倡言其五行说，比起《中庸》本身明确提出的五“达道”、三“达德”，更是过于“隐晦”了。这一条材料就能证明“子思唱之”了吗？显然不能。

所以，最重要的是，仅靠这两条“幽隐”（借用荀子的用词）的材料，即使如庞朴的解释，也绝不能证明仁义礼智圣五行说曾经过“子思唱之，孟轲和之”。相对于竹简《五行》篇对五行的明确叙述，《中庸》的一段是绝不能证明子思曾经“唱之”，而《孟子》的一段也绝不能证明孟子曾经“和之”。⑤ 试想，如果仅仅是《中庸》和《孟子》这两条材料，荀子能明白指责“子思唱之，孟轲和之”吗？这两条材料其实只能说明在《中庸》和《孟子》中有五行说的隐微的痕迹。

---

① 庞朴：《马王堆帛书解开了思孟五行说古谜》，《竹帛〈五行〉篇校注及研究》，第131页。

② 何况，即使在《五行》篇中也说“圣人知天道”，则《尽心》中的圣人的人字是否衍字，还未定。

③ 庞朴：《思孟五行新考》，《竹帛〈五行〉篇校注及研究》，第142页。

④ 但若苛求地说，在此五者之前已经有了“至圣”的圣，若再说聪明睿智为圣，则似嫌重复。

⑤ 虽然荀子用了“幽隐”二字批评子思，但这二字绝不能解释为子思连仁义礼智圣都没有明白连用，而只在《中庸》里含糊带过。

庞朴后来总结其工作与思路说："这样，借助于帛书《五行》篇的提示，我们从子思孟子书中也发现了仁义礼智圣的五行；从而反过来，可以确定帛书《五行》之篇属于思孟学派，确定荀子的批评，不是无根据的。"① 但事实上，20世纪70年代的研究只是证明孟子后学的余波有五行说，无力证明子思如何唱之，孟轲如何和之。五行说在《中庸》《孟子》中的幽隐，这一点庞朴和其他学者也是承认的。而我们必须指出，如果《中庸》《孟子》中"五行"是如此的幽隐，那就表示我们尚未能证明子思曾唱之、孟轲曾和之。所以，学者们在20世纪70年代的研究工作，其实对于"子思唱之，孟轲和之"这八个字是尚未能予以证明的。这并不奇怪，在郭店竹简出土以前，这是难以避免的，这是历史和资料的限制。帛书《五行》充满孟子思想，而史载孟子学于子思之门人，故说帛书所见的五行说即思孟学派的五行说，是可以成立的；问题在于，我们还必须有其他的证据、其他的解释，才能使"子思唱之，孟轲和之"这一思想史的历史得以落实。

郭店竹简《五行》篇的出土为这一问题的解决提供了重要证据和契机。既然我们承认帛书《五行》篇的思想是思孟学派，现在《五行》篇的经部被证明与说部不是同时完成，经部乃成于孟子之前，而且《五行》的经部与《缁衣》同抄，这就在相当程度上证明了《五行》的经部为子思所作（或传为子思所作）。有了《五行》经部为子思所作这个结论，"子思唱之"才有了坚实的证明。难道还有比子思作《五行》经文更能佐证"子思唱之"的材料吗？因此，竹简《五行》出土后，我们不能仅仅一般地肯定子思作竹简《五行》，还必须明确地在"子思唱之"的意义上肯定竹简《五行》为子思所作。

同理，在此基础上，只有同时肯定《五行》的说文为孟子所作，才是对"孟轲和之"的最好证明。上面提到，已有的研究无不肯定帛书《五行》的说文近于孟子思想，有些文句也相同，那我们为什么不能直接设想《五行》的说文为孟子所作（至少以孟子的名义或在题名孟子的书中）？我们认为，其实没有任何文献的阻碍，妨碍我们做出说文为孟子所作这一合理的推定。问题很明白，只有肯定子思作经文，孟子作说文，才能顺理成章地坐实"子思唱之，孟轲和之"。

所以，如果竹简《五行》是子思所作，那么，很明显，荀子说的"子思唱之"，就绝不是指《中庸》而言，而必是指《五行》经部而言。换言之，以往的论证方法，用《中庸》的隐微的仁义礼智圣说去证明"子思唱之"是远远不够的。由此也可知，荀子说"孟轲和之"，也绝不是指《尽心》篇的一句，而必另有所

---

① 庞朴：《竹帛〈五行〉篇与思孟五行说》，《竹帛〈五行〉篇校注及研究》，第102页。

指，用《尽心》篇的一句去证明“孟轲和之”是远远不够的。既然荀子指名批评子思、孟轲，必有二人明白倡导五行说的作品为之根据，换言之，荀子应看到过帛书《五行》篇的文献，而且他知道此篇乃子思唱之于经、孟轲和之于说，所以他才有这样明确的批评。此一“子思唱之，孟轲和之”的《五行》篇，是荀子做出如此批评的主要根据（虽然不见得是唯一的根据），而他所批评的无类、无说、无解，当即指子思唱之的《五行》经部而言。

事实上，庞朴在其最早的研究中曾经提到，《五行》篇也可能出于《孟子外书》。[①] 此说亦见于清儒刘台拱《荀子补注》，其书云：“赵岐称《孟子》外书四篇，其文不能弘深，不与内篇相似。五行之说或出于此，今则不可得而闻也。”[②] 其实，《孟子外书》所收，不见得不是孟子的著作，只是此四篇的篇名，似不能与《五行》篇相容。盖此篇单独行世，不在《孟子》十一篇内，或在《子思子》二十三篇之中，亦不无可能。

至于帛书《五行》篇说部与孟子思想的异同，也不会妨碍我们以说文为孟子所作或以孟子之名传世。《五行》说文若为孟子所作，当在孟子学于子思之门人的中年，而不是退而与万章之徒作七篇的晚年，故《五行》说文的思想和晚年七篇的思想有一定差异是可以理解的。而此篇若以孟子之名传世，则其中还可能有孟子后学的若干增饰，这也是可以想见的。[③]

郭店《五行》篇出土，在有关《五行》篇的作者和时代的问题上给了我们新的思考的空间，使我们有可能得出比以往更为合理、更为符合历史真实的结论，也将使我们对子思和孟子的研究开展出新的局面。这就是郭店竹简《五行》出土的历史意义与重要价值。

（载于 2007 年第 1 期）

---

① 庞朴在《马王堆帛书解开了思孟五行说古谜》的结尾提出帛书《五行》篇“是孟氏之儒或乐正氏之儒的作品，也许竟是赵岐删掉了的《孟子外书》四篇中的某一篇”，见其《竹帛〈五行〉篇校注及研究》，第 132 页。

② 影山辉国在其 1985 年的论文引用了此条注释。见其论文《思孟五行说》，《东京大学教养学部人文科学学科纪要》第 81 辑，1985 年版。按赵岐《孟子题辞》云：“又有外书四篇，性善、辩文、说孝经、为政，其文不能弘深，不与内篇相似，似非孟子本著，后世依放而托之者也。”前人断句，以性善辩、文说、孝经、为政为四篇篇名，但孝经之题名颇可疑，疑经字乃衍字，故改之如此。

③ 魏启鹏认为，《五行》篇与《孟子》有很多可以互相印证之处，但《五行》篇不是孟子后学所作，也不宜笼统视为思孟学派之作，其主要理由是二者间有精粗之别，理论思维有高低之别。见其书《德行校释》，第 105 页。李存山认为五行说部因受到五行经部文本和孟子思想两方面的限制，所以与孟子的思想有同有异。其文见《郭店楚简国际学术研讨会论文集》，第 245 页。

良知的实现

——从本体视角评王守仁的“良知”论

周立升

黄宗羲指出，王守仁的思想经历了一个不断演变的过程：始泛滥于辞章，继而遍读考亭之书，无所得入，于是出入于佛老。及至居夷处困，忽悟格物致知之旨，其学凡三变而始得其门。居贵阳时，倡“知行合一”之说；自滁阳后，以默坐澄心为学的；江右以来，专提“致良知”三字。是学成之后，又有此三变也（参见黄宗羲《明儒学案·姚江学案》）。笔者认为，王守仁自龙场悟道后，他的“心学”思想的形成、发展及深化的过程，实质上可视为他的哲学思想体系的逻辑展开：“心即理”—“知行合一”—“致良知”—“万物一体之仁”。心即理、知行合一是他的哲学思想的出发点，致良知是其哲学思想的核心，万物一体之仁则是其思想体系的理论归宿。

一、架构精细的“心学”统绪

王守仁不是一个只尚空谈和玄想的哲学家。作为明王朝统治集团中的活跃人物，他的哲学活动与其社会政治实践是紧密结合在一起的。他的哲学思想的一个显著特点，就是具有直接为大明王朝政治服务的现实性。

由宋至明，中国封建社会进入后期，尤其在明中叶，封建制度的腐朽性已经暴露无遗，各种矛盾错综复杂，日趋激烈。王守仁曾无可奈何地承认：“今天下波颓风靡，为日已久，何异于病革临绝之时。”（《答储柴墟二》，《王阳明全集》卷二一。以下凡引此书只注篇名和卷数）但王守仁并不甘心，自认士生斯世，就要担负起疗这“沉疴积痿”的责任，使天下之势“起死回生”（《与黄宗贤》，卷六）。他自青年时代就“慕圣学”，要做“圣贤”，曾出入于程朱、佛老，然始终没有找到出路。直至他三十七岁被谪龙场，通过自己的切身感受，才“悟”出所谓“圣人之道，吾性自足，向之求理于事物者误也”（《年谱一》，卷三三）。从此，王守仁由程朱转向陆九渊，笃信“心学”。

王守仁的“心学”是陆九渊“心学”的继续，但不是简单重复。陆九渊虽然把“心”规定为最高范畴，倡“心即理”，但就其理论的整体来看，并没有真正确立“心”的唯一性。他往往把“心”与“理”并称，认为人心之理是“天所与我”，没有否定心外之理的存在。“此理在宇宙间，未尝有所隐遁，天地之所以为天地者，顺此理而无私焉耳。人与天地并立而为三极，安得自私而不顺此理哉?”（《与朱济道》，《陆九渊集》卷一一）他对“心”“理”“物”等范畴的界说也较粗疏。在论学的“本末次第”上，他强调知之在先、行之在后的关系不容错乱颠倒。因此，王守仁虽赞陆九渊为“孟子之后一人”，但也承认陆学仍然“粗”“杂”“未精一”（《传习录下》，卷三）。王守仁把陆九渊的“心即理”之主张，毫不含糊地贯彻到底，提出所谓“心外无物”“心外无理”理念。他把“心”上升为“与物无对”的唯一“主宰”地位。“心者，天地万物之主也。”（《答季明德 丙戌》，卷六）声称“理”“物”只是“心”所本有，有是心才有是理，不容颠倒，也不容分割。“夫物理不外于吾心，外吾心而求物理，无物理矣。”（《传习录中——答顾东桥书》，卷二）王守仁直截了当地把“物”“气”规定为人的精神活动的体现：“物者，事也。凡意之所发必有其事，意所在之事谓之物。”（《大学问》，卷二六）“气即是性，性即是气，原无性气之可分也。”“恻隐、羞恶、辞让、是非即是气。”（《传习录中——启问道通书》，卷二）

王守仁这种“心外无物”“心外无理”的彻底的“心”一元论，是对陆九渊心学的不彻底性的匡正，是直接针对朱熹的“格物致知”之教而发的。王守仁认为，造成当时社会“波颓风靡”的原因之一，就在于朱熹的即物穷理之说“启学者心理为二之弊”，使士人分知、行为“两截事”，“徒弊精竭力，从册子上钻研，名物上考索，行迹上比拟，知识愈广而人愈滋，才力愈多而天理愈蔽”（《传习录上》，卷一）。他认为，程朱之“支离”，与佛老之“空虚”一样，是造成“圣学泯灭”的根源：“析心与理而为二，而精一之学亡。世儒之支离，外索于刑名器数之末，以求明其所谓物理者。而不知吾心即物理，初无假于外也。佛、老之空虚，遗弃其人伦事物之常，以求明其所谓吾心者。而不知物理即吾心，不可得而遗也。”（《象山文集序》，卷七）所谓“理”，就是“人伦事物之常”。若不以心为本而索求物理于外，就是“外假天理之近似以济其私，而以欺于人”的“功利之徒”（《象山文集序》，卷七）；而弃人伦，遗物理，空论心性，也就与禽兽无异。

针对“世儒”析心理为二、知行两截之“弊”，王守仁在“心即理”的基础上，提出所谓“知行合一”说。知行合一说在理论上是他的心学路线的贯彻，在实践上是他“补偏救弊”的药方。他说：“某尝说知是行的主意，行是知的功夫；知是行之始，行是知之成。……古人所以既说一个知又说一个行者，只为世间有一种人，懵懵懂懂的任意去做，全不解思惟省察，也只是个冥行妄作，所以必说个知，方才行得是；又有一种人，茫茫荡荡悬空去思索，全不肯着实躬行，也只是个揣摸影响，所以必说一个行，方才知得真。此是古人不得已补偏救弊的说话，若见得这个意时，即一言而足，今人却就将知行分作两件去做……此不是小病痛，其来已非一日矣。某今说个知行合一，正是对病的药。又不是某凿空杜撰，知行本体原是如此。”（《传习录上》，卷一）他之所以用“知行本体”而不直接用真知行来阐述知行合一，原因在于他所极力关注的是如何“复那本体”，即从非本体的知行返归本体的知行，亦即返归于人之本心。

既然心外无物、心外无理，那么所谓“知”，就绝非能“外求”，而只能是“心”的自我发现；所谓“行”，也绝非以外物为基础的客观过程，而只是“心”外化为事事物物的过程。“行之明觉精察处，便是知；知之真切笃实处，便是行。”（《答友人问 丙戌》，卷六）知与行都是“心”之本体的自我表现，它们必然要在“心”中合而为一。若分知、行为两截，其“知”只是“妄想”，其“行”便是“冥行”。“凡古人说知行，皆是就一个工夫上补偏救弊说，不似今人截然分作两件事做。某今说知行合一，虽亦是就今时补偏救弊说，然知行体段亦本来如是。”（《答友人问 丙戌》，卷六）王守仁猛烈抨击“世儒”的“偏弊”，企图排除人心中正在滋生的“私欲”“妄念”，重新确立名教的主宰地位。但是，从理论上，这时他对自己这套“心即理”“知行合一”的主张，并没有能提出像样的说明和论证，虽然不“杂”了，但仍然较“粗”。他在五十岁时揭出“良知”说，进一步把“心学”理论化，才最终完成了他的哲学思想体系。

二、揭阐洞见全体的“良知”论

王守仁曾自我夸耀：“吾‘良知’二字，自龙场已后，便已不出此意，只是点此二字不出，于学者言，费却多少辞说。今幸见出此意，一语之下，洞见全体，直是痛快，不觉手舞足蹈。学者闻之，亦省却多少寻讨功夫。学问头脑，至此已是说得十分下落，但恐学者不肯直下承当耳。”又曰：“某于‘良知’之说，从百死千难中得来，非是容易见得到此。”（钱德洪《刻文录叙说》，卷四一）

所谓“良知”，在孟子那里，是指本然的是非之心，即人的择善而行的先验的内在能力。王守仁本于孟子并极大地阐扬了孟子所强调的主体的能动性，吸取了佛学关于“心”和程朱关于“理”的观念，赋予“良知”不仅是伦理的、人性的、认识的意义，而且升华为本体性范畴。他的“良知”论强调“良知”是心与理的同一、知与行的同一，其在理论上的根本特点，就是突出“心”的能动作用，并使之绝对化。

（一）“良知”是“虚灵明觉”的心之本体

王守仁认为，是非之心，不虑而知，不学而能，即所谓良知也。良知是人的天赋本性，是天道本体于人身的圆满呈现。他说：“心者身之主也，而心之虚灵明觉，即所谓本然之良知也。”（《传习录中——答顾东桥书》，卷二）良知作为人的天赋本性，是人人皆具、人人皆同的。“良知之在人心，无间于圣愚，天下古今之所同也。”（《传习录中——答顾东桥书》，卷二）又说：“自圣人以至于愚人，自一人之心，以达于四海之远，自千古之前以至于万代之后，无有不同。是良知也者，是所谓‘天下之大本’也。”（《书朱守乾卷 乙酉》，卷八）

可以看出，在王守仁那里，“心”即是人的主体之“心”，是“吾心”“汝心”，是耳、目、口、鼻、四肢的主宰，此其一。其二，心“无体”，心不是“方寸”大的那一块“血肉”，是超越于具体的人的情、意、知之上而又存在于情、意、知之中的“本体”，是人人同具之心。作为心之本体，无形体，无方所，无内外，无动静，是“虚”“无”“寂”“常”“未发”。然而它又不是佛家的“枯井”“槁木死灰”般的虚无、死寂。它既是“未发之中”，“廓然大公，寂然不动之本体”，又有“发而中节之和，感而遂通之妙”（《传习录中——答陆原静书》，卷二）。其三，王守仁特别强调作为主体之心，具有“虚灵明觉”的能力。“心”之所以成为“身”之主宰，人心的能动作用，就在于它能“知”。“身之主是心，心之灵明是知。”（《传习录上》，卷一）“心思原是睿知”“凡知觉处便是心”（《传习录中》，卷二）。这能知之心，就是心之本然之“良知”。“良知”既是“常”，又能“照”；既是“体”，又能“用”；既是“寂天寞地”，又能“惊天动地”。它知是，知非，“是是，非非，纤毫莫遁”（《传习录中》，卷二）。没有良知，心之本体即不能表现，人就会“茫茫荡荡”“随事应去”。因此，这个“虚灵明觉”“明莹无滞”的“良知”，才是真正的心之本体，是主宰人身的绝对主体。

（二）“良知”是天理之“昭明灵觉”

王守仁讲：“夫心之本体，即天理也。天理之昭明灵觉，所谓良知也。”（《答舒国用 癸未》，卷五）陆、王都强调心与理不可析为二，但在此之前对“心即理”的命题都未能做理论说明，且这一命题本身即包含“心”与“理”两个范畴。王守仁煞费苦心地选用“良知”范畴，就是企图用这个范畴把“心”与“理”同一起来。什么是“理”？王守仁认为，所谓“理”就是万物之所以成为万物的自然的“规矩”“尺度”“条理”“节目”。所谓“天理”就是总万物全体的最高之理，是天地万物之“本体”。在这方面，王守仁与朱熹并无二致。问题在于，王守仁认为，天地万物的存在虽然应有其理，但天地万物都是些消极、被动的“形体”，都是不能“知”其“理”的消极存在。这种不“知”其存在之“理”的存在，是不能体现其本身价值的存在，因此也就等于不存在。只有“人心”，才具有“虚灵明觉”的能力。只有人心的“一点灵明”即“良知”，才能使天理“昭明”。

在他看来，“良知”是心，但它突出了“心”的“知”的属性；万物皆有其“理”，但它只有在心的“知”中才能显现。因此，只有在心之“知”中，万物才真正获得其“理”，此即所谓“心即理”也。良知是心与理的同一。规矩、尺度、条理、节目并不是万物本身所具有的，而是人的“良知”“发用流行”从而赋予万物的；万物只有在“良知”的发用流行中，才显现自己存在之“理”，才获得自己的价值，才成为真实的存在。在这里，外心以求物理，是不能得到物之理的。“天理”就是“良知上自然的条理”（《传习录下》，卷三），“良知即是天理”。“良知之外，更无知；致知之外，更无学。外良知以求知者，邪妄之知矣；外致知以为学者，异端之学矣。”（《与马子莘 丁亥》，卷六）

王守仁的“良知”论，实际上是把“心即理”修正为“知即理”。这种“知即理”观，较之“心即理”，在理论上应该说是一种进步。但是，由于王守仁强调“良知”不仅是人的先天的“知是、知非”的能力，更是“所以”知是、知非的“理”或标准。人生而知之，不需外索，良知即是天理，天理就是人的“天命之性”的“自然明觉发现”。不论是否意识到，亦不论其开发的程度如何，每一个人都是一座无尽的宝藏。“良知”作为天理，其具体内容就是仁、至善，也就是仁、义、礼、智、信等名教纲常。“良知”不仅不能求之于物，相反，万物只有在良知的发用、主宰下才能成其为万物。“良知是造化的精灵。这些精灵，生天生地，成鬼成帝，皆从此出。”“我的灵明便是天地鬼神的主宰。”（《传习录下》，卷三）。人心之良知，成了天帝鬼神万物的本体。因此，王守仁的“良知”论不仅没有接近真理，反而更深深地陷入谬误的泥潭。

（三）“良知”是“灵昭不昧”的“天命之性”

王守仁讲：“天命之性，粹然至善，其灵昭不昧者，此其至善之发见，是乃明德之本体，而即所谓良知也。”（《大学问》，卷二六）

王守仁的人性论，就其本质讲，与程朱没有什么根本不同，但有自己的特点。

这特点便是：

第一，人性不是得之于外在的“理”“气”，而是人心所本有。“性一而已：自其形体也谓之天，主宰也谓之帝，流行也谓之命，赋于人也谓之性，主于身也谓之心。”“人只在性上用功，看得一性字分明，即万理灿然。”（《传习录上》，卷一）王守仁认为，所谓天、帝、命、性、心，都是一个东西，“性一而已”，都是这个性的不同名称。“心之体，性也；性即理也。”（《传习录中——答顾东桥书》，卷二）这种人人自有的本然之性，即是“天命之性”。作为天命之性的“良知”乃是宇宙的全息。

第二，人之“良知”，使其天命之性“灵昭不昧”。人之所以为人，不仅在于人有其本然之“天命之性”，更重要的，在于人能对这天命之性自觉，即通过能知善、知恶、知是、知非的“良知”，使天命之性“明”起来。他的四句教云：“无善无恶是心之体，有善有恶是意之动，知善知恶是良知，为善去恶是格物。”（《传习录下》，卷三）

因为良知是天命之性、形上本体，是超越具体善恶的纯粹的道德意志，是终极标准，因而不可以世间善恶概念而论。他曾说：“性之本体，原是无善无恶的。”又说：“人的良知，就是草木瓦石的良知。若草木瓦石无人的良知，不可以为草木瓦石矣。岂惟草木瓦石为然，天地无人的良知，亦不可为天地矣。”（《传习录下》，卷三）这里，王守仁并非认为草木瓦石也有良知，而是说草木瓦石若无人的良知，就不可能显现其为草木瓦石，天地若无人的良知亦不可能显现其为天地。良知之能量可谓大矣！

人们对王守仁的“四句教”有种种解释。一般认为，“无善无恶”的“无”字并非有、无之“无”，而是指心体本性之无私无欲、“粹然至善”，即一种“纯粹”状态。这种解释无疑是合理的。但笔者认为，还应有另一层意思在：粹然至善的“天命之性”虽然是心之体，但它还只是一种潜在本体，它必须在有善有恶的人的具体活动中，通过“良知”使它“明”起来，才能算是现实的人性，人才是“人”。“利根之人”，其意之所发无不善，良知常觉、常照，超越物我之隔，达到与天地万物同体的境界，复归于作为天、帝、命、性、心之本体的“天命之性”本身，是谓“圣人”“仁人”。如若有“习心”的常人，意之动时不能辨善恶、知是非，其“天命之性”不明，那么，其“天命之性”虽仍在，但犹可谓“无”“失”“丧”，其人就不能算是“人”，而是与禽兽无异的“小人”。他在讲“志士仁人”时说：“只为世上人都把生身命子看得来太重，不问当死不当死，定要宛转委曲保全，以此把天理却丢去了。忍心害理，何者不为？若违了天理，便与禽兽无异，便偷生在世上百千年，也不过做了千百年的禽兽。学者要于此等处看得明白。比干、龙逢只为他看得分明，所以能成就得他的人。”（《传习录下》，卷三）因此，人必须通过“格物致知”的为善去恶的功夫，使自己本然之“良知”明莹无滞，才能“成就得他的人”。此论确是痛快！如何“为善去恶”？“只要去人欲、存天理，方是功夫。静时念念去人欲、存天理，动时念念去人欲、存天理，不管宁静不宁静。”（《传习录上》，卷一）无论在“静”时还是“动”时，都要念念不忘“去人欲，存天理”即能为善去恶。他把这种工夫归结为三点：其一为居敬与存养；其二为省察与克治；其三为从“事上磨炼”。

王守仁强调教人如何成就为“人”，是有一定道理的，这也是他为学的“宗旨”。他这种以“良知”为核心的人性论，其本质当然是一种“存天理、灭人欲”的道德说教。但不可否认，较之朱熹的二重人性论，其说是有着更被当时社会所需要、所专注的现实内容的，也是有一定合理性的。

第三，王守仁否定“性”有品级之别，有“天命之性”与“气质之性”之分。“良知之在人心，无间于圣愚，天下古今之所同也。”（《传习录中——答聂文蔚》，卷二）他认为，圣、愚之别不是由于“性”之不同，只是因为圣人能“率性而行”，其良知“常觉常照”；而“愚夫愚妇”则动于欲，蔽于私，其“良知”不明。因此，只要“诚意”，刮去蒙在“良知”上面的私蔽，则“涂之人皆可为尧舜”。普遍性善论是所谓儒家的正统思想。王守仁用“心”一元论对这一观念进行了本体性说明，把儒家伦理纲常与人的“天命之性”更进一步地结合了起来。

第四，“七情顺其自然之流行，皆是良知之用。”（《传习录下》，卷三）面对“人欲肆而天理亡”的现实，“性”与“理”的关系也是理学家们讨论的重要课题。朱熹把“性”分为“天命之性”与“气质之性”，对人来说，前者为“性”，后者为“情”；前者为“理”，后者为“欲”；前者为“正”，后者为“私”。二者是相互对立、相互割裂的，其来源不同，作用互异。王守仁否定这种区分，认为性、情关系不是理、气二元关系，而是体、用关系。性与情不可分，性是本体，情是本体之发用，“性一而已”。“仁义礼智，性之性也；聪明睿知，性之质也；喜怒哀乐，性之情也；私欲客气，性之蔽也。质有清浊，故情有过不及，而蔽有浅深也。”（《传习录中——答陆原静书》，卷二）他认为情根于性，七情六欲，人人所皆有。“喜怒哀惧爱恶欲，谓之七情。七者俱是人心合有的，但要认得良知明白。……七情顺其自然之流行，皆是良知之用。”（《传习录下》，卷三）问题在于，这七情六欲由什么做“主宰”，以什么为其“所发”之本体。被外物所主宰，“所发”于外事外物，滞于见闻，牵于物欲，“间于有我之私”，本心被“迷弃”，被色鬼迷，被货鬼迷，其情即邪。“所发”于本心，能自做“主宰”，良知昭明，知当好当恶，顺其自然，亦即合于天理之条理节目，其情即正。因此，他强调要“率性而行”，反对囿于见闻，也反对不睹不闻。世儒强作“矜持”，整日“专在容貌上用功”，“装作道学的模样”，只能使自己“捆缚苦楚”。他认为，只要通过“集义”功夫，养得此心“生生不息之根”充满，当哭则哭，当乐则乐，“自是纵横活泼泼地”，有孟子所谓的“浩然之气”，即能“尽性”（《传习录下》，卷三）。此可谓不易之论。

但王守仁把“情”纳入“良知”之中，归根结蒂，还是要把“情”禁锢于封建纲常的规矩之中，以达其“灭人欲”的目的。不过，他把七情六欲、声色货利招进“性”之本体，承认“情”是“天命之性”所本有，却潜伏下了对名教纲常的不利因素。王守仁死后，有人说“其学为异端、邪说”，盖指此而言。

（四）致良知即是“格物致知”“知行合一”

王守仁讲：“所谓致知格物者，致吾心之良知于事事物物也。吾心之良知，即所谓天理也。致吾心良知之天理于事事物物，则事事物物皆得其理矣。致吾心之良知者，致知也。事事物物皆得其理者，格物也。是合心与理而为一者也。”（《传习录中——答顾东桥书》，卷二）既然“心”“理”合一，知、行当然也就不二了。因为不论是“知”还是“行”，其目的皆在于致良知。“孰无是良知乎？但不能致之耳。《易》谓‘知至，至之’。知至者，知也；至之者，致知也。此知行之所以一也。”（《与陆原静 二 壬午》，卷五）

王守仁的“知行合一”说，因背于考亭之教，一时遭四方谤议。王守仁承认，这除了世儒“沿习乖谬渐积所致”外，也是因为他的“知行合一”说有其“未尽”之处，未臻圆融，“遂乃共成今日纷纷之议”，“况在我辈行有所未至，则夫人之诋毁斥逐，正其宜耳”（《与陆原静 二 壬午》，卷五）。直到“良知”论出，他才自信“已将学问头脑说得十分下落”（《寄邹谦之 五 丙戌》，卷六）。“以是益信得此二字真吾圣门正法眼藏”（《与邹谦之 二 乙酉》，卷五）。由此，他自得地说：“良知二字，实千古圣圣相传一点滴骨血也。”（《年谱二》，卷三四）为了突出其“致良知”的思想，王守仁从三个方面深入地论证了“格物致知”“知行合一”也就是致良知。

首先，他以“良知”说为核心，进一步明确了知行之所以合一，乃由知行之本体所决定。王守仁认为，“良知”是知行的本体，知行是复那本体的“功夫”。“知行本体即是良知、良能。”（《传习录中》，卷二）“圣人教人知、行，正是要复那本体。”（《传习录上》，卷一）所谓“致知”，就是致吾心之良知。所谓“格物”，就是“正其不正以归于正”（《传习录中》，卷二），使事事物物皆得其理。这所谓理，不是朱熹的“理”，而是心与理一体的“良知”，此乃格物致知的唯一根据、目的，也是知与行的“下落”。

其次，王守仁从“良知”论出发，进一步申明了知与行的不可分割性，并强调“知行合一”是能动的过程。他的“良知”论虽然强调“天命之性”就是“天理”，但他认为，天命之性只有通过“良知”才能变成现实的“心”“理”一体。致知与格物、知与行就是这一过程的必不可少的手段、功夫。他尤其强调“行”，强调为善去恶的“格物”功夫，强调“事上磨炼”。良知自然明，但一念发动而不去实实落落地“格”，知犹不知，良知仍被渣滓遮掩。王守仁的某些信徒，把知行合一理解为“知即行”，只是悬空去想个“本体”，一些事为皆不“着实去做”，“养成一个虚寂”，从而王学被讥讽为“禅”。对此，王守仁辩解说，这些人是“失了我的宗旨”。在“天泉证道”时，王守仁虽然说王汝中和钱德洪“二君之见相资为用”，实际上他是不满意王汝中的见解的，因为王汝中实际上是否定格物、否定行的作用的。

再次，王守仁把“良知”作为知行合一的标准，进而把真理圈定在纯主观的范畴之中。他从“惟求得其心”出发，强调“人人自有定盘针”“尔那一点良知，是尔自家的准则”（《传习录下》，卷三）。良知即“独知”，只要我相信自己那一点良知，就可以我行我素，独来独往。王守仁这种道德自我责任、自我完成的伦理观，也就是他的真理观。这种真理观离真理何啻十万八千里，但是，他敢于颂扬“自我”的价值，公然议论“先儒”朱熹等的是非，并声言：“出之于心而非之，虽其言之出于孔子，不敢为是也，而况未及孔子者乎！”（《传习录中》，卷二）这在当时来说，的确有点“狂”的味道。

王守仁的“致良知”论，是一种道德修养论。但是，任何道德修养论都不可能脱离认识论，其修养方法必定是某种认识路线的体现。他的“良知”论已经突破了单纯道德伦理的界限，他是从万物“本体”的角度来论证良知的天然合理、人性本有的。他的“致良知”的功夫，就是这种以“心”为本体的世界观的方法论体现。王守仁相当自觉地把他的由心到心的认识路线贯彻到道德修养论中，使他的道德修养论具有更理论化的形态。

有人提出：四句教首句“无善无恶心之体”，以“无善无恶”形容心体，岂非与人性善相矛盾？其实并不矛盾。在王守仁那里，心体是绝对至善的，相对的善恶概念不足以名之，所谓“无善无恶”，乃是至善。正如老子说的“大象无形”“大音希声”，无形才是大象，无声才是大音。因此王守仁说“至善”即是吾心之“良知”：“至善者，明德、亲民之极则也。天命之性，粹然至善，其灵昭不昧者，此其至善之发见，是乃明德之本体，而即所谓良知也。”（《大学问》，卷二六）既然世人的良知皆等同无异，且无间于圣愚，那么人与人之间其良知的表现何以不同？王守仁认为，此是迷失自性所致，故而他要人不断地发现良知，开发良知，从事上磨练，这与孟子的“求放心”是完全一致的。当下，昧着良知、丧失良知之人，处处有之，因此重温王守仁的“良知论”是有所裨益的。

三、致良知以达“万物一体之仁”

王守仁在晚年把他的“良知”论进行了更高概括，系统化为“万物一体之仁”论，为他的“良知”论提供了更明确的哲学基础。

“万物一体之仁”论不是王守仁首创，也不是他只在晚年才讲。所谓万物一体，是说宇宙万物本源和根基相同，人与人、人与自然息息相通，自然物与自然物也息息相通。扩而言之，在本体层，人与自然、人与物、物与物都是同根同源的。但在现象界，人是人，万物是万物，相通又有区别，并非一讲“一体”，各种差别就消失或抹煞。儒家的仁爱，无局限但有差等，亲亲而仁民，仁民而爱物。但不宜重人轻物，不然将成为人类中心主义；亦不能“蔽于天而不知人”，否则为了爱物而使人受害。生命是小宇宙，宇宙是大生命。儒佛道三家都是融天地万物为一体、贯宇宙人生为一源的，这是中华文化的共同点。

道家认为，天地万物和人类都来自于同一个“道”，道通为一。佛教认为，一切法都是真如佛性的显现。儒家的仁则是彻上彻下，天人与共。孟子说：“尽其心者，知其性也。知其性，则知天矣。”“夫君子所过者化，所存者神，上下与天地同流。”（《孟子·尽心上》）孟子的“万物一体”论还较简略，宋儒从本体层面对万物一体之理做了明确的阐发。王守仁继承了前人的思想，以良知为本体，对万物一体之仁做了更为精到的论述。我们从他的《文集》中可以看到，讲得最多、最系统的，是在他五十四岁之后的《答顾东桥书》、《答聂文蔚书》以及《大学问》等文。在钱德洪奉为“师门教典”的《大学问》中，王守仁以“万物一体之仁”论为基础，以良知说为中心，系统地、全面地对“明德”“亲民”“止至善”“修身”“正心”“诚意”“格物”“致知”等儒学基本纲目做了界说，提出一套伦理的、政治的和哲学的基本观点。对这些问题，本文不能细说，只想就一个重要方面即王守仁思想的基本模式略做剖析。

王守仁思想的基本模式，就是所谓以“心”为“主宰”的“万物一体”论，亦可称为“主宰”型的有机整体论。

人们常常指认王守仁的“心外无物”“心外无理”，是否定人的意识之外客观事物及其规律的存在，物、理皆有心而生。其实，这是一种字面之解。王守仁并没有简单地否定天地、日月、山川、民物的存在。问题在于，他如何理解万物的“存在”？如何理解心与物、心与理的关系？他认为，天地万物与人都不是孤立存在的，而是“相通”“相同”而为“一体”的。他说：“盖天地万物与人原是一体，其发窍之最精处，是人心一点灵明。风、雨、露、雷、日、月、星、辰、禽、兽、草、木、山、川、土、石，与人原只一体。故五谷禽兽之类，皆可以养人；药石之类，皆可以疗疾；只为同此一气，故能相通耳。”（《传习录下》，卷三）万物以什么“相通”“相同”？在于其“本体”，在于其“性”。万物皆自然生生不息，这自然的生生不息之性，就是“天命之性”，即“仁”“至善”。这生生不息之节目、条理，就是“天理”。王守仁认为，万物只是整体的各个部分，只是受“本体”支配、主宰、发用的“形体”“躯壳”。部分脱离整体，“形体”失去“本体”，就只是消极的、失去其本性的存在，不再是生生不息的真实存在。万物只有作为整体不可分割的有机部分，只有在本体的主宰、支配、发用之下，才获得其存在的真正价值，才是真正的万物。“真己是躯壳的主宰，若无真己，便是躯壳。真是有之即生，无之即死。”（《传习录上》，卷一）“本体”何在？王守仁认为，只有“仁”才是天地万物的“心”，只有“廓然大公”“寂然不动”的人“心”，才是天理的体现，才能担当主宰万物的作用。“心之体，性也，性即理也。”（《传习录中》，卷二）“夫人者，天地之心。天地万物，本吾一体者也。”（《传习录中》，卷二）足见，“心者，天地万物之主也。心即天，言心则天地万物皆举之矣”（《答季明德 丙戌》，卷六）。

心之本体如何实现这一主宰万物的作用？在于心之“灵明”，在于天理之“昭明灵觉”，即“良知”。“充天塞地中间，只有这个灵明……我的灵明，便是天地鬼神的主宰。”（《传习录下》，卷三）“良知是造化的精灵”，日月风雷、山川万物，“俱在我良知的发用流行中”（《传习录下》，卷三）。良知“发用”，给万物以条理、节目，万物在良知的发用中“感应”“感通”。万物之形体通过本体“心”的主宰，才成为生生不息的真实存在。另一方面，作为本体的心，也不能脱离万物而单独存在，它的主宰作用，也只能实现在对万物的发用、流通之中。“心无体，以天地万物感应之是非为体。”（《传习录下》，卷三）在他看来，良知与万物的关系，如同“人君”与“六卿”、“人心”与“耳目手足”的关系。人君与六卿共治天下，“人君端拱清穆，六卿分职天下”，因而“天下乃至”（《传习录上》，卷一）。人心与目耳手足共为“一人之身”，“心者，身之主宰。目虽视而所以视者，心也；耳虽听而所以听者，心也；口与四肢虽言、动，而所以言、动者，心也”（《传习录下》，卷三）。因此他讲：“夫物理不外于吾心，外吾心而求物理，无物理矣；遗物理而求吾心，吾心又何物邪？”（《传习录中——答顾东桥书》，卷二）“盖日用之间，见闻酬酢，虽千头万绪，莫非良知之发用流行，除却见闻酬酢，亦无良知可致矣。故只是一事。”（《传习录中——答欧阳崇一》，卷二）

应该注意到，王守仁这种以心为主宰的有机整体论的思维模式，是一种“控制”模式，而非“生成”模式。他虽然讲良知“生天生地，成鬼成帝”，但这里所谓“生”“成”，不是宇宙生成论的产生、生成的意思。世界万物与良知本体不能机械地理解为生与“所生”的母子关系，那样简单僵化地理解，就差之毫厘谬以千里了。实际上，按照他的思想逻辑，应是指良知“充塞”“发用”“流行”，使天地鬼神获得本体，由形体、躯壳变成与心一体的生生不息的真实存在。

王守仁的心之本体，虽不是方寸大小的“一块血肉”，但并不是独立于人心之外的客体，它是超越于“吾心”“汝心”之上而又内含于“吾心”“汝心”之中的“天植灵根”。良知是“我的灵明”，“我的灵明，便是天地鬼神的主宰。天没有我的灵明，谁去仰它高？地没有我的灵明，谁去俯它深？鬼神没有我的灵明，谁去辨它吉凶灾祥？天地鬼神万物离却我的灵明，便没有天地鬼神万物了。”（《传习录下》，卷三）因此，这“良知”不是存在于主体之外的，而正是主体自身，是主观精神。“物理不外于吾心”，“灵明”只是人心才具有。过去有人认为，王守仁的“良知”论是“万物有灵”论，是“泛神论”，恐怕此说是不太合乎题义的。

王守仁的“心”是“自我”之心，但又超越于感性“自我”。它是自我之本体，是亘古亘今千古见在的人人同具之心。心是本体，主宰万物，但又离不开万物，“离却天地鬼神万物，亦没有我的灵明”（《传习录下》，卷三）。这就是说，“自我”又要依存于“他物”，要在他物中实现。这个人死了，他的精灵游散了，他的天地鬼神万物也就不存在了。但是，作为心之本体，仍然存在于千古见在的人心之中，因此，天地鬼神万物也仍然“千古见在”。

有人认为，“万物一体之仁”是道学家们所追求的一种道德修养的最高境界，不是什么本体论性质的哲学命题。诚然，这的确是他们道德修养的最高目标，是“孔颜乐处”之所在。但应该说，这只是问题的一半，问题还有另一半：为什么他们要把与物“同体”作为精神的最高境界？为什么他们相信尽心即可知性、知天？为什么“万物皆备于我”的信条竟然成为古今许多志士仁人的精神支柱？这是因为他们所构想的世界愿景，他们所探究的天人关系，在他们看来，就应“本然如此”！这就不能不是一个哲学本体论问题。实际上，我们可以说，自孔孟以来，儒家思想的基本模式，就是这种主宰控制的有机整体论。不过这个“主宰”，或是“天”，或是“帝”，或是“天命”，或是“天理”，或是“气”，而王守仁则认为是“心”、是“良知”。当然，这种思想模式，其抽象程度以及其具体的理论形态，随着人们的理论思维水平的提高，随着具体的时代需要而不断变化。可以说，到朱熹和王守仁，才达到了前所未有的真正理论化的程度，而又以王守仁表述得最集中、最清晰。理学家们这种主宰型的万物一体的思想模式，其现实原型，主要的就是中国在血缘宗法关系基础上形成的帝王至尊独一的中央集权的封建专制主义国家。这种思想模式，就是这种封建专制主义国家制度在理论上的投影；反过来，它又成了维护和强化封建专制制度的不可替代的精神武器。宋明理学的本质和意义，就在于此。

但像任何一种在历史上曾留下重大影响的哲学思想一样，王守仁的良知论及其心学作为中国哲学思想发展过程的重要一环，提出了一些值得注意的问题，留下了许多有待深入探讨的课题。

王守仁不屑于做随波逐流的“乡愿”。他的“自立标准”的良知论充满了在逆境中“自立人格”、自我奋斗的主观战斗精神。既然良知是人的天赋本性，那么在良知面前人人平等是必然的结论。人的人格平等和尊严，乃建基于良知本性的平等与尊严。换句话说，人格的平等与尊严源于良知，所以一切法制应该是体现良知的良法良制，应该去维护而不是伤害人的平等与尊严，应该追求一种完善的、合理的、透显良知的尽伦尽制的法理程序和制度。

一种哲学思想的价值，往往要在历史的长河中才能充分显现，而且往往与其倡导者的主观意愿并不一致。思维的逻辑归根到底是历史的逻辑的再现。王守仁宣扬良知论及其心学，对于他所拼命维护的封建专制制度来说，毕竟成了一把双刃剑。他拼命张扬“良知”的神力，褒扬人心的巨大能量，传播人皆可以为圣贤的说教，却无意中抬高了“愚夫愚妇”们的地位。从古代的李贽、黄宗羲，到近代的龚自珍、魏源及康有为、谭嗣同直至章太炎，加上现代的鲁迅、郭沫若等，也都程度不同地或者从不同的侧面受到了王学的“启发”，特别是近代的一些思想家，他们的反封建专制的斗争，对这个专制制度的解体起了很大的促进作用。对这种复杂的历史现象，是值得冷静地、全面地进行分析的。

王守仁说：“人若复得他（指良知——引者注）完完全全无少欠亏，自不觉手舞足蹈，不知天地间更有何乐可代。”（《传习录下》，卷三）人类的历史就是一部人类良知的发展史，是人类良知不断开发、不断彰显的过程。政治的革新，科学的进步，智慧的发掘，都同良知的发用和显化有关。因此，良知对人类文明的提升，对社会良性的发展，对生命奥秘的探索等，都有待于科学的发展和人类的深入研究。我们应该发掘良知的价值，彰显良知的作用，探寻良知的奥秘，培育人们的良知。只有这样，才能对良知做出科学的评价和定位。

（载于2009年第2期）

本然、实然与应然

——儒家“天人合一”论的内在理路

苗润田

“天人合一”论是儒家的重要理论之一。一般认为，儒家所说的“天人合一”是指天与人、天道与人道、自然与人为的相通、相合与统一。大体说来，这种界定是合理的，但需要注意的是，儒家“天人合一”在不同语境下有不同的语义，它有时是在“本然”意义上使用的，有时则是在“应然”意义上使用的；本然的“天人合一”与应然的“天人合一”虽有联系，但其区别不能忽略，且从“本然”到“应然”还有一个既非“本然”亦非“应然”的中间环节，这都是我们在研究儒家“天人合一”理论时应当注意的。

一、“天人无间”“天人一也”——本然“天人合一”论

本然是事物本来如此的意思。本然的“天人合一”是说天人本来相通、相合与统一，这种统一性和不可分割性是天然而非人为的。儒家所说“万物皆备于我”（孟子）、“天人之际，合而为一”（董仲舒）、“天人之本无二”“天人一物”（张载）、“天人无间”“天人一也”（程颢）、“天人一物，内外一理”（朱熹）、“万物森然于方寸之间”（陆九渊）、“天地万物与人原是一体”（王阳明）等，都是从本然意义上来说明天人之间相通、相合与统一的。本然的“天人合一”论，也就是儒家对天人关系本然状态的一种认识理论。

为什么说天与人、天道与人道在本然意义上具有内在的统一性、不可分割性，是“一物”“一体”“一本”？对此，儒家学者有多种不同的解释和说明。在儒家看来，人与天地万物同出一源，具有共同的本性，是一个有机联系的整体。“天地絪缊，万物化醇”（《周易·系辞下》），万物是天地和合的产物；“有天地然后有万物，有万物然后有男女”（《周易·序卦》），人是万物中一物，“人但物中之一物”

（《张载集·语录》上），是自然的一部分。不仅人的生命是天然的，人的生理本能是天生的，而且人性也是天然的。孟子说：“恻隐之心，仁之端也；羞恶之心，义之端也；辞让之心，礼之端也；是非之心，智之端也。人之有四端也，犹其有四体也。”（《孟子·公孙丑上》）人的“善端”就如同人的四肢一样，是先天生就的，从这个意义上说，“仁义礼智，非由外铄我也，我固有之也”（《孟子·告子上》）。在孟子看来，天的本质是善，人的本性也是善，人性即天性，天人的本性是一致的。《中庸》的“天命之谓性，率性之谓道”论强调人、物之性同禀受于天，人性源于天性，人与物共由一道，人道源于天道，也从心性论的角度揭示了天人之间的统一性和不可分割性。董仲舒说：“天人之际，合而为一。”（《春秋繁露·深察名号》）认为人和天有着完全相同的属性，人的一切属性都是天赋予的，天的意志和它的属性又通过人来表现，因此天人之间是合一的。张载说：“天性在人，正犹水性之在冰，凝释虽异，为物一也。”（《正蒙·诚明》）人之性即天之性，天之性即人之性，其表现形式虽有差别，但其实质是一样的。程颐认为天道、人性、人道无别，“道与性一也”（《河南程氏遗书》卷二五）、“道未始有天人之别”（《河南程氏遗书》卷二二上），张、程都肯定了性与天道的同一性、一致性。朱熹指出：“性者，人物之所以禀受乎天地也。……自其理而言，则天以是理命乎人物谓之命，而人物受是于天谓之性。”（《朱文公文集》卷五六《答郑子上》）“性，即理也。天以阴阳五行化生万物，气以成形，而理以赋焉，犹命令也。于是人物之生，因各得其所赋之理，以为健顺五常之德，所谓性也。”（《四书集注·中庸》）“性”是人从“天”处所受之“理”，而不是后天获得的。因此，“大抵言性，便须见得是元受命于天”（《朱子语类》卷五）、“性与气皆出于天”（《朱子语类》卷五九），人与天是统一的。陆九渊断言：“人乃天之所生，性乃天之所命。”（《陆九渊集》卷一二）人是天的产物，人性是天所赋予的先天本性，因此人与天、人性与天性不二，在本性上是统一、一致的。这种“天人一性”论从心性统一的角度揭示了“天人合一”本然状态的原因所在。

也有一些儒家学者认为天人都是由气构成，天人统一于“气”。董仲舒说：“天有阴阳，人亦有阴阳。天地之阴气起，而人之阴气应之而起；人之阴气起，而天地之阴气亦宜应之而起，其道一也。”（《春秋繁露·同类相动》）天人均由阴阳之气构成，天人同类，因而可以彼此交感相互作用，它们所遵循的原理是一致的。王充认为，不仅天地万物都是“含气之自然”（《论衡·谈天》），而且人也是“禀气而生，含气而长”（《论衡·命义》），“人，物也……禀气于元，与物无异”（《论衡·辨祟》）。人是天地之气相结合的产物，因此，天人为一而非二。张载更从元气本体论的角度论天人，认为宇宙的本原是太虚，太虚即气，“天人一物”“万物本一”（《正蒙·乾称》）的基础就是气。王夫之继承张载的观点，肯定气是“天人合一”的基础，认为“天人之蕴，一气而已”（《读四书大全说·尽心上》）。这种“天人一气”论从天人构成要素角度阐明了天与人“一物”“一体”“一本”的根据。

还有一些儒家学者以“理”为“天人合一”的基础，认为“天人一理”。二程从“惟理为实”的观点出发，强调“天下只有一个理”“理者，实也，本也”（《河南程氏遗书》卷一八、卷一一）。认为万事万物都是理的体现，“在天为命，在义（物）为理，在人为性，主于身为心，其实一也”（《河南程氏遗书》卷一八），所以“天人本无二，不必言合”（《河南程氏遗书》卷六），“故有道有理，天人一也，更不分别”（《河南程氏遗书》卷二上）。理是一个贯通天人的普遍原理，从理的角度说天人在本质（道理）上是一致的。朱熹对“天人一理”论做了更为深入的阐发：“天人一物，内外一理，流通贯彻，初无间隔。”（《答袁机仲别幅》，《朱文公文集》卷三八）“天人本只一理。若理会得此意，则天何尝大，人何尝小也。”“天即人，人即天。人之始生，得于天也；既生此人，则天又在人矣。”（《朱子语类》卷一七）人即是天，天即是人，或者说无人即无天、无天即无人。天人一本、天人合一的基础即是“理”，是理当如此。罗钦顺也说：“天人一理，而其分不同。‘人生而静’，此理固在于人，分则属乎天也；‘感物而动’，此理固出乎天，分则属乎人矣。君子必慎其独，以此夫！”（《困知记》卷上）天人有着共同的本质和规律。另外，以陆、王为代表的心学一派认为：“宇宙便是吾心，吾心即是宇宙。”（《陆九渊集》卷三六）“心即天，言心则天地万物皆举之矣。”（《答季明德》，《阳明全书》卷六）“心”是天人合一本然状态的基础和根据，这是大家所熟知的，此不赘言。

总之，儒家关于“天人一性”“天人一理”“天人一体”“天人一气”抑或“天人一本”“天人一心”之论，都是对天人何以“无间”“合一”本然状态的理论说明。尽管人们对这一问题的认识有异，但在认定本然状态下的天人具有内在统一性、不可分割性方面则是相通、一致的。在儒家看来，这种本然状态是天然的、自在的，非人力所及。换言之，“天人无间”“天人一也”的“天人合一”论是儒家关于天人之间本然状态的一种事实认识。

二、“宇宙不曾限隔人，人自限隔宇宙”——实然“天人二分”论

既然本然的天人关系是“天人无间”“天人一也”，那么儒家为什么又一再倡导人要与天地万物为一体，追求“天人合一”？诚如程颢所说：“天人本无二，不必言合。”天人本来就是一体的，没有必要说“合”；若是讲“合”，主张“一天人”“合天人”，这便意味着天人二分，亦如张载所说：“若非有异则无合。”（《正蒙·乾称》）或如罗钦顺所言：“凡物必两而后可以言合。”（《困知记》卷下）“合”以“异”“两”为前提，失去了这个前提，“合”就没有任何意义。事实正是如此。在儒家的语境中，当他们说“合天人”“一天人”“仁者与天地万物为一体”时，其理论前提就是天人有异、不一，天人是对立、二分、紧张的；正因为“天人不一”“天人二分”，需要解决二者的紧张、对立关系，所以才有“合天人”“与天地万物为一体”的必要。由此就产生了一个问题：究竟天人是合一还是对立、二分？是天人一性、一气、一理、一体、一本、一心，还是二性、二气、二理、二体、二本、二心？两种观点不能打架，不能自相矛盾。然而，儒家既讲“有道有理，天人一也，更不分别”，又讲“一天人”“合天人”，二种观点同时存在。不仅如此，儒家讲天人一性、一气、一理、一体、一本、一心正是为其“合天人”“一天人”的天人理论服务的。那么，儒家“天人无间”“天人一也”的“天人合一”论与其“合天人”“一天人”“仁者与天地万物为一体”的“天人合一”论是什么关系？儒家所说“天人二分”又是什么意义上的“二分”呢？

在儒家视域中，“天人不一”“天人二分”是实然意义上的，是就天人之间的实际存在状况而言的。以儒家的观点看，天人本来一性、一气、一理、一体、一本、一心，但现实的天人则是对立、二分的。儒家“天人二分”论所要说明的也就是这种实然意义上的天人关系。系统研究儒家天人理论可以发现，不仅荀子大谈“天人相分”、柳宗元力主“天人不相预”，而且倡导“天人无间”“天人一也”的儒家学者也讲“天人不一”“天人二分”。孔子主张“下学”而“上达”，认为只有通过对形而下之人事的学习才能上达天命，只有上达天命也才能与天为一、人与天调。这也就是说，当人们还没有上达天命、知天命的时候，人与天处在二分、不一的状态；“上达”“知天命”是对“天人不一”“天人二分”的超越。显然，在孔子的天人之学中已具“天人二分”的思想意识。而在孟子那里，其“尽心”“知性”“知天”的“天人合一”思想中也内在地包含了“天人不一”或“天人二分”

的思想，因为只有处在二分、不一的状态下，人们才需要沿着“尽心”“知性”“知天”的进路实现人与天的和谐统一。孟子关于“诚者，天之道；思诚者，人之道”（《孟子·离娄上》）的天道、人道有别论，实际上也是一种“天人二分”的观点。《易传》说有一种“与天地合其德，与日月合其明，与四时合其序，与鬼神合其吉凶，先天而天弗违，后天而奉天时”（《乾卦·文言传》）的人生境界，但它强调这只是“大人”“圣人”的境界，而不是所有人的境界；一般人在没有成为“大人”前，天人在他那里是二分、对立的。扬雄断言：“圣人存神索至，成天下之大顺，致天下之大利，和同天人之际，使之无间也。”（《法言·问神》）也就是说，圣人之所以是圣人，很重要的一点就是他能使天人“无间”，可以消解天人之间的差分和对立，实现天人的融合与贯通。在这里，“无间”以“有间”为前提，没有天人之间的差分和对立，“和同天人”当然也就失去了存在的必要和意义。

儒家学者在说明其“天人合一”理论时，经常使用“本”“原”“初”“大人”“仁者”等一些限制性字眼，严格规范其适用范围。《易传》的“大人”之论是如此，《中庸》的“至圣”“至诚”论也是如此。“至圣”是道德智慧最高的人，“至诚”是最真诚的人，只有“至圣”“至诚”之人或达到“圣”“诚”境界的人才能“经纶天下之大经，立天下之大本，知天地之化育”，才能“达天德”。可见，这种语境下的“天人合一”不是本然意义上的“天人合一”，不是一般人的境界，而是消解了天人间差分和对立的“天人合一”的圣人境界。张载明确提出“人不可以混天”（《横渠易说·系辞下》）的观点，认为“天无心，心都在人之心”（《横渠易说·系辞上》），人只有“穷神知化”才能“与天为一”（《正蒙·神化》）。所以，他又说：“性者，万物之一源，非有我之得私也。唯大人为能尽其道。”（《正蒙·诚明》）人与万物的本性同出一源（天地之性），不是“我”（人）所独有的，然而只有“大人”能合天人，把“仁”推之于天下之人与物。“仁道有本，近譬诸身，推以及人，乃其方也。必欲博施济众，扩之天下，施之无穷，必有圣人之才，能弘其道。”（《正蒙·至当》）“唯大人为能尽其道”“必有圣人之才，能弘其道”都是对“与天为一”所设定的条件。程颢虽然说过“天人本无二，不必言合”，不赞成“天人合一”的说法，但他又反复强调“仁者以天地万物为一体”（《河南程氏遗书》卷二上），一再申明：不是什么人都可以与天为一，只有仁德之人才能通过扩展自身所固有的仁爱之性，而把人与天地万物视为一个有机的整体。在这里，“仁者”是一个必不可少的前提条件，只有“仁者”才能“浑然与物同体”（《河南程氏遗书》卷二上）；一般人只有通过不断努力使自己成为一个“仁者”，才能达到这样的境界，而没有达到这种境界之前，则人、天二分。程颐更认为，天人虽是一理，但“天人所为，各自有分”，天人在功能和作用上有区别，不能混而为一。朱熹非常赞同程颐的这种观点：“程子说赞化处，谓‘天人所为，各自有分’，说得好！”好在哪里呢？“人在天地中间，虽只是一理，然‘天人所为，各自有分’，人做得底，却有天做不得底。如天能生物，而耕种必用人；水能润物，而灌溉必用人；火能熯物，而薪爨必用人。裁成辅相，须是人做，非赞助而何？”（《朱子语类》卷六四）也就是说，天人的功能和职分各不相同，正是这种区别和差异构成了人“与天地并”“赞天地化育”的基础。朱熹又说：“天人一物，内外一理，流通贯彻，初无间隔。”天人本是一个东西，内外原是一个道理，理气在天人之间流通贯彻，起初是没有间隔的。朱熹用词很严谨，他在这里用了一个“初”字来限定其天人“流通贯彻”的说法，“初”也就是起初、原来、本来的意思。这也就是说，天人原本合一，没有什么间隔，但“初”之后有了问题（间隔），天人成了两物，天理不能流通贯彻了。换言之，他说的天人“无间隔”是有条件、有时限的。陆九渊强调：“儒者以人生天地之间，灵于万物，贵于万物，与天地并而为三极。天有天道，地有地道，人有人道；人而不尽人道，不足与天地并。”（《陆九渊集》卷二）天道、地道、人道有异，只有“尽人道”方能“与天地并”。这可以看作是对张载“若非有异则无合”观点的诠释。陆九渊又说：“心之体甚大，若能尽我之心，便与天同。”（《陆九渊集》卷三五）“与天同”即“合天人”“与天为一”。显然，这个“与天同”是有条件的，需要作为主体的人“尽我之心”，否则就相异为二，或者说当我们还没有“与天同”的时候，人与天即处在相异为二的状态之下。王阳明说：“大人者，以万物为一体者也。其视天下犹一家，中国犹一人焉。若夫间形骸而分尔我者，小人矣。大人之能以天地万物为一体，非意之也，其心之仁本若是。”（《大学问》，《阳明全书》卷二六）所谓“以天地万物为一体”，意谓把自己和天地万物视为一生命整体，将自然界的万物视为自己生命的一部分，像爱护自己的生命一样去爱护、保护它，而不是使它受到伤害。这才是仁的真正实现，才是“天人合一”的境界。然而，这种境界也不是什么人都可以达到的，只有“大人”能如此。有时候，他也用“圣人”的概念来表达同样的意思：“夫圣人之心以天地为一体。”（《传习录》中）“大人”与“小人”的分别就在于“大人”是“以天地万物为一体，视天下犹一家，视中国如一人”的人，而“小人”则“间形骸而分尔我”，不能物我一体。

究竟是什么原因导致本然的“天人无间”“天人一也”而为实然的天人“二分”、有“间”？宋明时期的儒家学者对此多有阐释。他们认为，除了客观的“天人所为，各自有分”外，造成“天人不一”“天人二分”的根本原因在于人类自身，是人的私心、私欲所致。张载说：“天良能本吾良能，顾为有我所丧尔。”（《正蒙·诚明》）人的良能就是天的良能，天人本是合一的，只是因为“有我”才使二者分离开来、对立起来。“有我”即执著于一己之我，一切以自己的利益为出发点，由此便形成了人己之分、物我之间，造成了天人的二分和对立。程颢指出：“所以谓万物一体者，皆有此理，只为从那里来。……人只为自私，将自家躯壳上头起意，故看得道理小了它底。”（《河南程氏遗书》卷二上）这段话包含了两层意思：前句话说明天人一体的根本原因，后句话则揭示了天人二分的根本所在。在他看来，人和万物本来一体，只是因为人的私心、私欲作祟，从躯壳上起念，限制了人的眼界，所以不能认识“浑然与物同体”的道理，当然也就不能达到“以天地万物为一体”的境界。程颢还说：“人之情各有所蔽，故不能适道，大率患在于自私而用智。”（《河南程氏文集》卷二）“人心莫不有知，惟蔽于人欲，则亡天德也。”（《河南程氏文集》卷一一）“人于天理昏者，是只为嗜欲乱着他。”（《河南程氏文集》卷二上）人“不能适道”“亡天德”“天理昏”，就是与天为二，与天理、天德相对恃，其根本原因在于人的“自私”“人欲”“嗜欲”。朱熹也是这样看的。他把人的私意、人欲称之为“渣滓”：“所谓渣滓者，私意也。”“渣滓是私意人欲。”“渣滓是私意人欲之未消者。”（《朱子语类》卷四五）他认为，正是“渣滓”的存在使原本一体的天人间隔开来、对立起来，本然的天人关系被扭曲了：“人与天地本一体，只缘渣滓未去，所以有间隔。若无渣滓，便与天地同体。”（《朱子语类》卷四五）陆九渊的观点是：“道不远人，人自远之耳。”（《陆九渊集》卷一）“宇宙不曾限隔人，人自限隔宇宙。”（《陆九渊集》卷三四）在他看来，道就在人身中，不假外求。道没有限制、隔离、疏远人，是人自己限制、隔离、疏远了道。道与人、宇宙与人的对立完全是由人自身的原因造成的。人“自远”“自限隔”的原因又是什么呢？他分析说：“道塞天地，人以自私之身与道不相入。”（《陆九渊集》卷三五）“道塞宇宙，非有所隐遁，在天曰阴阳，在地曰柔刚，在人曰仁义。……愚不肖者不及焉，则蔽于物欲而失其本心；贤者智者过之，则蔽于意见而失其本心。”（《陆九渊集》卷一）就是说，使人失其本心而不能与天为一的根本原因，就在于人的“物欲”和“意见”。一般人“蔽于物欲”，而那些自以为贤智之人则“蔽于意见”，不仅以自己的一孔之见为真理，而且“往往以圣贤自期，仁义道德自命，然其所以卒畔于皇极而不能自拔者，盖蒙蔽而不自觉，陷溺而不自知耳”（《陆九渊集》卷一）。王阳明也说：“仁者与万物为一体，不能一体，只是己私未忘。”“人心是渊，心之体无所不该，原是一个天，只为私欲障碍，则天之本体失了；心之理无穷尽，原是一个渊，只为私欲窒塞，则渊之本体失了。”

（《传习录》下）天人原本合一，只是因为私欲的障蔽而使天本体成了人的异在之物。

质言之，在儒家学者看来，“裂天人为二”（《陆九渊集》卷三四）的原因不在天而在人，是“人自限隔宇宙”。人之所以不能以万物为一体，之所以会“间形骸而分尔我”，其根本原因就在于有已、有私、有欲；由于有已、有私、有欲，便会把自己和外物对立起来，结果就使原本一体的东西支离破碎，人们只知爱己利己，以“小我”代“大我”，只知追求一己之私利，不懂得仁民爱物，甚至视父子兄弟如仇家，当然也就谈不上“合天人”“与天地万物为一体”了。

三、“仁者与万物为一体”——应然“天人合一”论

儒家既认为“天人无间”“天人一也”，也认为“天人不一”“天人二分”。前者是从本然意义上论天人，后者是从实然意义上看天人；前者为儒家视域中的自在世界，后者为儒家心目中的人化世界。二者均为儒家关于天人问题的事实认识。儒家论天人，目的不是为了说天人的本然和实然，不局限于对天人关系问题的知解，而是为了从理论和实践上消解天人之间的对立和紧张，追求天人的和谐统一。由此也就引出了儒家在天人问题上的另一个主张：应然的“天人合一”论。本然的“天人合一”是人在可能的条件下应该达到的一种理想状态；应然的“天人合一”论则是儒家关于人与天在何种条件下能够达到和谐统一理想状态以及如何达到这种理想状态的理论，它是儒家的人生境界理论。

关于人与天应该达到的理想状态，儒家学者有大量的论述。孔子的“从心所欲不逾矩”（《论语·为政》），孟子的“上下与天地同流”（《孟子·尽心上》），《乐记》的“与天地同和”“与天地同节”，《易传》的“与天地合其德，与日月合其明，与四时合其序，与鬼神合其吉凶”，张载的“尽体天下之物”“视天下无一物非我”（《正蒙·大心》），程颢的“浑然与物同体”（《河南程氏遗书》卷二上），朱熹的“心与理一”“心中天理流行”“气象浑成”“与万物为一，无所窒碍，胸中泰然”（《朱子语类》卷一一七）、“胸次悠然，直与天地万物上下同流”（《四书集注》），王阳明的“以万物为一体”“视天下犹一家，中国犹一人”“精神流贯，志气通达，而无有乎人己之分、物我之间”（《传习录》中）等，都是指人达到“天人合一”境界的理想状态。在这种状态下，人的“有我”意识、“自私”意识、“人欲”情怀、“计度之心”、自以为是的“意见”、隔断天人的“渣滓”等都被破除了，人不再“自私而用智”，不再“己自己，物自物”，不再“以自私之身与道

不相入”，而是以“廓然而大公”的心态直面世界，“合内外，一天人”（张载），“循理而行，顺时而动，不敢用其私心”（朱熹）。人与天、人与人、人与物、内与外、主观与客观、主体与客体的隔阂消解了，从而在思想和实践上达到了“不勉而中，不思而得，从容中道”（《中庸》）的理想状态或人生境界。在这种状态下，人不仅能“与天地合其德”“与天地同流”“与天地同体”，而且能“裁成天地之道，辅相天地之宜”，能“范围天地之化而不过，曲成万物而不遗”，能“知周乎万物，而道济天下”，能“旁行而不流，乐天知命”（《易传》）。不仅能“尽人之性”，而且“能尽物之性”；不仅能“尽物之性”，而且能“赞天地之化育”“与天地参矣”（《中庸》）。在天人、心性、知行、内外关系上实现了立己与立人、知人与知物、爱己与爱人、成己与成物的完美统一。这种意义上的“天人合一”已不是那种本然意义上的自在世界，而是人化的、消解了天人对立和紧张的、自由自觉的“天人合一”。它既是对实然的“天人二分”的消解和超越，又是对本然的“天人合一”的复归，是儒家视域中的一种理想的天人间的最优化状态。这种意义上的“天人合一”，实际上是一种洋溢着人的主体意识的“天人合一”，也就是人们通常说的作为理想境界的“天人合一”。

那么，怎样才能达到这种理想的“天人合一”境界？孔子的进路是由“下学”而“上达”（《论语·宪问》），即通过知识、技能的学习与“修己”“克己”“求诸己”的德性修养来提升人生境界而上达天命。孟子的进路是“尽心”“知性”“知天”，但“知天”只是达到“天人合一”境界的前提而不是最终完成，它还需要在此基础上诉诸“存心”“养性”“事天”的践行工夫，由主体的“反身而诚”“强恕而行”（《孟子·尽心上》）来实现。《中庸》的进路是由“尽人之性”而“尽物之性”，由“尽物之性”而“赞天地之化育”“与天地参”。张载的进路是“大其心”“穷神知化”，克服“闻见之狭”，破除“为我之私”而“尽体天下之物”，从而“因诚致明……得天而未始遗人”（《正蒙·乾称》）。程颢认为，为避免“自私而用智”，克服人的“自私”“人欲”“嗜欲”，首先要做的是“识仁”，在“识得此理”的基础上再“以诚敬存之”，这样即可达到天地万物与我“浑然一体”、无物我之分的“以天地万物为一体”的仁者之境。因为“若夫至仁，则天地为一身，而天地之间品物万行，为四肢百体。夫人岂有视四肢百体而不爱哉”（《河南程氏遗书》卷二上）。人对自己的身体总是爱护有加。在至仁的境界下，人把自己和天地万物整体看成一个身体，而把万物看作这个身体的肢体，像爱自己的肢体一样爱万物，从而也就达到了真正意义上的“浑然与物同体”。朱熹主张通过“居敬穷理”的修养工夫，以期“穷天理，灭人欲”并最终达到“革尽人欲，复尽天理”

（《朱子语类》卷一三）而与理为一的境界。陆九渊认为，要消除人和宇宙的“限隔”，根本方法是“先立乎其大者”，通过“切己自反”“剥落物欲”“改过迁善”的德性修养来“发明本心”。本心即“天之所以予我”的仁义礼智之心，“仁义者，人之本心也”“仁即此心也此理也”（《陆九渊集》卷一），“心之体甚大，若能尽我之心，便与天同”（《陆九渊集》卷三五），若能“发明本心”“尽心”，即可达到天人合一的境界。王阳明以“致良知”为解决“与天为二”而达到“以天地万物为一体”境界的根本方法，认为只有“致良知”，才能做到“公是非，同好恶，视人犹己，视国犹家，而以天地万物为一体”（《传习录》中）。而要“致良知”，则需经过居敬存养、省察克治、事上磨炼的德性修养来完成。概而言之，儒家学者在如何走向“天人合一”之境的方法和途径问题上各有自己的观点和看法，但其基本精神都是围绕着如何消解人“有我之私”“物欲之蔽”展开的。在他们看来，只要消解人的“有我之私”“物欲之蔽”，即可打通“人自限隔宇宙”的屏障，扫清“合天人”“与天为一”的障碍，从而达到“天人合一”的理想境界。

综上所述可以看出，儒家的“天人合一”在不同语境下有不同的语义，它有时是在“本然”意义上使用的，有时则是在“应然”意义上使用的；应然的“天人合一”与本然的“天人合一”虽有联系，但它是一种人为的而非天然的“天人合一”。从“本然”的“天人合一”到“应然”的“天人合一”，经过了一个既非“本然”亦非“应然”的“天人二分”环节；“应然”的“天人合一”论正是基于天人的这种实然状态，为了解决“天人不一”而发的。在儒家“天人合一”理论研究中，如果以本然为应然或以应然为本然，抑或忽略其实然之论，都将会误读、误解儒家的“天人合一”学说。

（载于2010年第1期）

汉代“人性不平等论”的成立

王中江

根据古代中国哲学家对人类是否具有共同人性的看法，可以将东周、汉唐和宋明三个不同历史阶段上建立和发展起来的错综复杂的人性理论划分为两大类型：一是认为人类的本性天生是相同的，是无差别和无等级的；二是认为人类的本性天生是不相同的，是有差异和有等级的。① 在不仅指称事实而且也指称价值的意义上，将平等（无等级）和不平等（等级）运用在这两种迥然不同的人性论上，前者可称之为平等的人性论，后者则可称之为不平等的人性论。② 撇开古代中国的佛性论不说，也不管不同的人性论是原生形态还是次生形态，是影响大还是影响小，东周子学和宋明新儒学的人性论主要是平等的人性论；而在汉唐时期的人性论中，不平等人性论（即一般所说的“性三品”，还有“性九品”）则影响较大。③ 我们这里关注的是汉代的人性不平等论是如何被建立起来的，虽然我们对这种人性论本身已有不少说明和解释。面对东周子学复杂多样的人性论，汉代哲学家做出的综合性回应有很强的折中性和调和性，但正是在这种看似缺乏原则的综合中，他们孕育出了一种原则鲜明的人性不平等论，从而对东周子学主流的人性平等论进行了外表温和而实际上剧烈的改变和逆转，使人性不平等论一转而成为同人性平等论相对的一种人性论重要类型。

---

① 张岱年先生以三种标准对中国人性论的类型做了很精到的划分。参阅张岱年：《中国哲学大纲》，中国社会科学出版社 1985 年版，第 250 页。

② 孟旦较早将东周子学的人性论概括为自然平等论。参阅孟旦：《早期中国“人”的观念》，上海古籍出版社 1994 年版。

③ 参阅池田知久的《性三品说的形成与发展》（载王中江主编：《新哲学》第 6 辑，大象出版社 2006 年版，第 113 ~ 124 页）、渡边一浩的《九品中正制度与性三品说》（载王中江主编：《新哲学》第 8 辑，大象出版社 2008 年版，第 163 ~ 175 页）。

一、改装东周时期的主流人性论

严格而言，人性不平等的思想并不是在汉代哲学家中才出现，在《孟子·告子上》的记载中，我们已经看到了人性不平等的说法。其中说的“有性善，有性不善”，直接将人类的本性分为两种，即一种人的本性天生是善的，还有一种人的本性天生是恶的。这是人性不平等的明确主张。但这种人性不平等论，是分人性为两等的不平等论，而汉代的人性不平等论，则是分人性为三等的不平等论。从认为人性不同来说，人性两等和人性三等都是人性不平等论；但就人性不平等而言，分人性为两等和分人性为三等，又是两种不同的人性不平等论。也许正是因为这样，汉代哲学家建立人性不平等论与此没有发生直接关系，他们反而是改造、改装其他人性论以作为建立其人性不平等论的方式之一。董仲舒和王充似乎都不在意以往有影响的人性论同他们所主张的人性不平等论是两种不同的人性论。他们一方面批评这些人性论，一方面又对之进行适合自己需要的改造和改装。

董仲舒的人性不等论有两个表述，一个表述是：“名性，不以上，不以下，以其中名之。”（《春秋繁露·深察名号》）另一个表述是：“圣人之性不可以名性，斗筲之性又不可以名性，名性者，中民之性。”（《春秋繁露·实性》）既然董仲舒断定只有“中（人）”“中民”的“性”才能称得上是“性”，我们说他主张“性三品”的人性不平等，可能是他不接受的。① 不过，他使用“圣人之性”“斗筲之性”的称谓，又说人有善恶之性情，这实际上就是在一般意义上肯定了人性有不同的等级——即上等人的性善、中等人的性有善有恶和下等人的性恶。对此，张岱年的评述是恰当的：

> 前汉之董仲舒，实已有分人之性为三等之意，不过以为所谓人性者，应以中等为标准。……董子专以中民之性为人性，于是认为性有善有恶。推其意，似以为圣人之性近于全善，而斗筲之性则近于全恶。②

董仲舒改造先期的人性论，从中转化出“中民之性论”和“性三等”，主要是采用“正名”和“辨名”的方法。他的做法是，首先为“名”定义，认为有其“名”必

---

① 但董仲舒的“人性论”至少从直观上看是有矛盾的，这是董仲舒“人性论”在理论上的缺陷。苏舆在《春秋繁露义证》中，列出了在他看来董仲舒一些说法的彼此矛盾。参阅《春秋繁露义证》，中华书局 1992 年版，第 308 ~ 309 页。

② 张岱年：《中国哲学大纲》，中国社会科学出版社 1985 年版，第 204 ~ 205 页。唐君毅有类似的看法。参阅唐君毅：《中国哲学原论·原性篇》，中国社会科学出版社 2005 年版，第 81 页。

有其实和真，否则不可命名。这是一种名称实在论的看法。

从“名”的这种定义出发，董仲舒去衡量“性”的说法，认为人们对“性”的说法不同，是由于没有弄清“性”之名的真实意义。他批评的人性论主要是孟子的“性善论”。他竭力要论证的是，“性”的真实意义不是像孟子所说的那样是“善”，而只是指人先天的素质（“质”）。为此，他做了一系列论证。第一个论证是类比。为了说明人先天素质中包含的成为“善”的可能性绝不等于善，他将人性同一些自然事物进行了对比。人性的“质”能成为善但不等于善，就如同说禾、卵、蚕分别能产生出米、雏和丝而不能说它们就是米、雏和丝一样。第二个论证是区分不同程度的善。他认为孟子所说的“善”是人不同于禽兽的“动之爱父母”之“善端”的低标准的善（“善于禽兽，故谓之善”），而他所说的“善”则是指“循三纲五纪，通八端之理，忠信而博爱，敦厚而好礼”（《春秋繁露·深察名号》）的高标准的圣人的善。第三个论证是对“民”这个“号”进行辨析。他说“民之号”是依据“瞑”而产生的，“瞑”是未觉，说性是善，就等于说民已觉，这是与“民之号”相矛盾的。董仲舒的第四个论证，涉及他对人的先天性的看法。他认为，人的先天性包含着性和情两个方面，而且这两个方面“相与为一瞑，情亦性也”（《春秋繁露·深察名号》）。“情”是不好的，如果说人性是善的，那就无法解释“情”的恶。董仲舒的第五个论证，是说圣人之言都是“正言”“正名”，但在圣人之言中并没有“性善”之名。他说的圣人之言，是指孔子的“善人吾不得而见之，得见有常者，斯可矣”（《春秋繁露·深察名号》）这句话。董仲舒反问说：如果说民性先天都是善的，为什么孔子说在现实中他不能看到善人？

董仲舒通过对性和善的“正名”和“辨名”，最终将人性之名限于“中民”身上。如上所述，“中民之性”的“性”，对董仲舒来说就是具有善质的性。这种善质的性要通过后天的教化（后面将详细讨论）表现出来。但在董仲舒那里，“性之质”中还有不好的“情”，这也需要教化去克服。这种包括了善恶两种不同自然素质的“中民之性”说，与其说是世硕的“性有善有恶”的翻版，宁可说是孟子的“性善论”和荀子的“性恶论”结合在一起的混合物。

同董仲舒相比，王充改造和改装东周人性论以构建自己的人性不平等论的做法更为明显。虽然王充对各家人性说都给予了“有缘”的同情，但整体上他认为它们都“未得为实”：

> 由此言之，事易知，道难论也。酆文茂记，繁如荣华，恢谐剧谈，甘如饴蜜，未必得实。（《论衡·本性》）

以往的一些人性论为什么会“未必得实”？王充给出的理由是“事易知，道难论也”。王充认为唯一比较合乎实际（“得实”）的人性论，是世硕、公孙尼子的人性有善有恶论。我们知道，世硕等人提出的人性有善有恶，是指所有的人都是既有善的一面，也有恶的一面，而不是说人类有不同的人性，有的人性善，有的人性恶。前者是人性平等论，后者则是人性不平等论。不知道王充是故意的还是无意的，他将世硕的人性平等论改变为人性不平等论。王充对告子人性论的评论，更表现了他改装先期人性论的特征。王充在批评告子的人性论时，已引出了他的人性等级说。告子用“水性”喻“人性”，来说明人性没有固定的善恶，善恶是人后天形成的。王充在告子的人性如同水性说的基础上做出了一个推论和一个断定。他的推论是，如果可以用水性来类比人性，那就如同说水之所以为水是由于水的本性就是水，金之所以为金是由于金的本性就是金。同样，人性之所以是善和恶，是由于人的本性就是善的和恶的。王充说：

> 初禀天然之姿，受纯壹之质，故生而兆见，善恶可察。（《论衡·本性》）

从这个推论中，王充导出了天生的善人和天生的恶人两种人的概念。王充的断定是，告子说的人性如同决水，决之东则东流，决之西则西流，指的只是“中人”之性，而不是指生来就极善、极恶的人。中人之性无分于善恶、不善不恶。其实，王充的推论是强加给告子的，因为告子所说的水性不是指水之所以为水的本质，而只是指水的“决之东则东流，决之西则西流”之性。王充用前者推出世界上有天生是善或恶的两种不同的人，将后者断定为是指无善无恶的“中人”。

王充论证人性不平等，还采取了类比的方法。他使用的一种类比，是将人性同人的其他方面的性质比较。王充相信人的才能有高下，也相信人的命运有贵贱。从这里出发，他认为人性有善有恶，就如同人的才能有高下、命运有贵贱一样：

> 实者，人性有善有恶，犹人才有高有下也。高不可下，下不可高。谓性无善恶，是谓人才无高下也。禀性受命，同一实也。命有贵贱，性有善恶。谓性无善恶，是谓人命无贵贱也。（《论衡·本性》）

王充说的人的才能有高下、人的命运有贵贱，当然都是说人与人是不同的：有的人才能高，有的人才能低；有的人命运高贵，有的人命运卑贱。他将人性有善有恶类比为人的才能不同、人的命运不同，就得出了人性不平等的结论。为了说明有的人性善、有的人性恶，王充还在人性与自然之物之间进行类比。他选择的类比对象有土壤、水源。九州各个不同地区的土壤是不同的，有好有坏，有上中下的等差；不同的水源水质也不同，有的清，有的浊。同样，人性也是不同的，其不同不仅表现在人的德性上，也表现在人的形体面貌上。这些东西“至老极死不可变易，天性使然”（《论衡·本性》）。

王充通过类比想要论证的是，既然在其他一类事物中，个体有所不同，“人”这一类事物，各个个体自然也是有所不同的，人性不同就是其中之一。就一类事物本身来说，如果一些个体都属于一类事物，那么这些个体自然就具有一类的共同属性，用孟子的话说就是：“故凡同类者，举相似也，何独至于人而疑之？圣人，与我同类者。”（《孟子·告子上》）孟子为了论证人有共同的人性，他注重的是人类中不同个体的共同性；王充为了论证人有不同的人性，他关注的是人类个体中的差异性，只不过是人性的差异性在他那里就变成了三种人的不同，即“中人”、同“中人”相对的“中人以上者”及“中人以下者”。跟董仲舒一样，王充划分的人性三类，在价值上同时也是人性优、良、劣的三个等级。王充通过类比确立的不同人性，跟已有的人性论结合起来，他将其中的三种分别作为人性不平等论中的一种人性：

> 余固以孟轲言人性善者，中人以上者也；孙卿言人性恶者，中人以下者也；扬雄言人性善恶混者，中人也。（《论衡·本性》）

很明显，孟子的人性善、荀子的人性恶、扬雄的人性善恶混被王充分别限定在中人以上者、中人以下者和中人这三种人身上。结果，原来的三种平等人性论的平等，就只能是人类中每一种人中的平等，而不是人人的平等。这是王充对不同人性论的改装，甚至可以说是偷梁换柱了。

二、对孔子言论的挪用

孔子除了说出“性相近也，习相远也”（《论语·阳货》）这一句著名的话外，他对人性问题几乎没有其他说法①，这同《论语·公冶长》记载的子贡的话“夫子之文章，可得而闻也；夫子之言性与天道，不可得而闻也”是一致的。王充和荀悦评述东周不同的人性论，都没有提到孔子。在理论上，孔子的“性相近”，可以认为是孟子的“性善论”和荀子的“性恶论”的共同出发点，但事实上，孟子和荀子都没有从孔子的这一说法中寻求支持。汉代的人性不平等论，在理论上就同“性相近”相矛盾，除非主张者也将“性相近”的“性”做特殊化的处理，限定到“中人之性”上（“相近”）。确实，王充就是用这种方式在孔子的“性相近”上做文章。汉代哲学家建立人性不平等论，还在孔子的其他言论中寻找根据。这主要是

① 贾谊《新书·保傅》篇引用孔子的话说：“孔子曰：‘少成若天性，习惯成自然。’”此话不见于《论语》等早期儒家典籍。

大家熟悉的《论语》中记载的孔子的以下几句言论：一句是“中人以上，可以语上也，中人以下，不可以语上也”（《论语·雍也》）；另一句是“唯上智与下愚不移”（《论语·阳货》）；还有一句是“生而知之者，上也；学而知之者，次也；困而学之，又其次也。困而不学，民斯为下矣”（《论语·季氏》）。池田知久氏指出，不仅东汉哲学家以孔子这里的言论为“性三品”的根据，而且汉代以后的《论语》著名注释家也从人性等级上解释孔子的这几句言论。① 但是，我们知道，孔子的这几句言论不是从人性上立论的，东周子学也没有以此去理解。汉代哲学家将之作为人性不平等论的根据，这是对孔子思想的一种挪用。他们是如何挪用的？彼此之间有什么差别？为什么说是挪用？这是需要我们探讨的。

董仲舒没有挪用孔子以上的说法，他只是借用孔子说的“善人吾不得而见之，得见有常者，斯可矣”来论证“善”指的只是“圣人”之善，而不是“善于禽兽”的意义。如同上述，王充从告子的人性论中引申出了他的人性不平等说；与此同时，王充在《论衡·本性》中又引用孔子的言论来佐证他的这一主张。他引用孔子说的“中人以上，可以语上也，中人以下，不可以语上也”，认为有“中人之性”，说“性相近也，习相远也”，指的正是“中人之性”因修习不同而表现出的人性不同的可能性，即“习善而为善，习恶而为恶也”。王充又引用孔子的“唯上智与下愚不移”，认为与“中人”相对的是上智、下愚之人，这两种人是极善、极恶的，对于这两种人来说，后天的修习和培养都是无用的：“性有善有不善，圣化贤教，不能复移易也。”王充批评孔子的信徒神化孔子，但他仍然承认孔子在道德领域上的权威，说孔子是“道德之祖，诸子之中最卓者”（《论衡·本性》）。既然孔子都说“唯上智与下愚不移”，这就表明告子说人性就像水那样可东可西是“未得其实”。王充用孔子的言论批评告子的“性无善无恶”，实际上是用孔子的言论来论证、建构他的“性三品”。在此，孔子的“中人”概念起着关键的作用。既然告子的无善无恶之性被认为只是指“中人”之性，那么中人以上、中人以下或上智、下愚者，就顺理成章地代表了善恶分明的另外两种人。

下面我们看看班固和其他人的做法。班固首先将人性分为三等，在此基础上又将每一种分为三等，合起来共有九等。班固没有像董仲舒、王充等那样批评东周时期的人性论，也没有为人性“三品”提出其他论证，他直接以孔子的言论为依据，主张“性三品”。他除了引用孔子的“中人以上，可以语上也”“唯上智与下愚不

① 参阅池田知久的《性三品说的形成与发展》（载王中江主编：《新哲学》第6辑，第121～122页）。但汉代以后的《论语》注释家主要是从“才识”的意义上注释孔子的这些言论。

移”外，还引用了孔子另外的言论，如“若圣与仁，则吾岂敢”（《论语·述而》）、“何事于仁，必也圣乎”（《论语·雍也》）、“未知，焉得仁”（《论语·公冶长》），等等。班固将孔子的这些言论都看作是“中人”、“上智”和“下愚”三种人性的根据。“中人”是“可与为善，可与为恶”；“上智”是“可与为善，不可与为恶”；“下愚”是“可与为恶，不可与为善”（《汉书·古今人表》）。依据人性三等的划分，班固列出了三种人的代表：尧、舜、禹、稷、契为上智；桀、纣为下愚；齐桓公为中人。但班固没有局限于“性三品”，他从“性三品”中又细分排列出“性九品”，分“上智”为上上（圣人）、上中（仁人）和上下（智人）；分中人为中上、中中、中下；分下愚为下上、下中、下下（愚人）。根据“性九品”，班固对历史人物进行了归类。从他的归类中可以看出，上古和中古，上智和中人多；而至近古，则中人和下愚多。“性九品”可能是班固第一次列出的。与班固类似，荀悦不仅主张“性三品”，也划分了“性九品”。他直接使用孔子的上智和下愚之说得出人性两等，又在上下之间得出中等，从而主张“性三品”，又进而细分为“九品”。荀悦可能是最早在人性意义上使用“性三品”“性九品”词语的人。此外，王符的《潜夫论·德化》、范晔的《后汉书·杨终列传》等，也是直接使用孔子的上智、下愚来主张“性三品”，而且两者还分别使用了“中庸之民”“中庸之流”的词语。①

以上我们展示了汉人是如何借用孔子的言论来论证其“性三品”的。为什么我们说这种借用又是挪用呢？挪用是指不正当地使用。说汉人挪用孔子的言论，是因为他们将孔子的智力范畴挪用到了道德范畴上。我们先看看孔子说的“中人以上，可以语上也，中人以下，不可以语上也”这句话。《论语集解》引王肃注：“上，谓上知之所知也。”邢昺《论语正义》解释此句话说：“此章言授学之法，当称其才识也。语，谓告语。上，谓上知之所知也。”皇侃的《论语义疏》亦是从人的“品识”的高低解释人的“上”“下”的。以人的“才识”“品识”不同分人为上、中、下“三品”，又从“三品”分成“九品”，这可以说是“才三品”和“才九品”，它同汉代哲学家从孔子的话引出“性三品”和“性九品”是不同的。朱熹《论语集注》也是在人的不同智力意义上解释“人”的“上”和“下”。朱熹说，孔子的这句话是告诉我们教育人的方法：“言教人者，当随其高下而告语之，则其言易入而无躐等之弊也。”朱熹所说的“高下”，不是指人性善恶上的优劣，而是

① 王符说：“上智与下愚之民少，而中庸之民多。”（《潜夫论·德化》）“（杨）终与（马）廖交善，以书戒之曰：‘……上智下愚，谓之不移；中庸之流，要在教化。’”（《后汉书·杨终列传》）

指人的智力上的“材质”。孔子说的“唯上智与下愚不移”，直接使用了“智”和“愚”，其指人的智力高下是比较明显的。何晏《论语集解》引孔安国注释说：“上知不可使为恶，下愚不可使强贤。”这里虽然将先天“智力”的高下同行为的“恶”和“贤”结合起来，但不是直接以“上智”和“下愚”为人性的“善”和“恶”。与此不同，皇侃《论语义疏》则认为上智的圣人禀受的是善良的“清气”，下愚之人禀受的是不好的“浊气”，结果“上智”与“下愚”就被当成了人性上的“善”和“恶”。他说：

故上圣遇混乱之世不能挠其真，下愚值重尧叠有舜不能变其恶。

朱熹注上智与下愚为人的“气质”，程子解释为“才”（《论语集注·阳货》）。孔子说的“生而知之者，上也；学而知之者，次也；困而学之，又其次也。困而不学，民斯为下矣”，同样是就人的才识而言的。邢昺《论语正义》将生知、学知、困学和困而不学解释为现实上的圣人、贤人、次于贤人和下愚之民四种人，而不是解释为四种人性。《四书集注》则解释为人的气质有四等，并没有涉及人性的善恶。

将孔子上面的言论放在孔子的整个思想中来认识，我们也能够说孔子的这些言论不是讨论人性在道德上的善恶问题，而是讨论人的先天才智高低的问题。尽管在孔子那里，人的才智、才识同人的道德修养、学习和道德价值是不能完全分开的，但它们仍然有相对的界限。人先天才智的高低，不是人先天人性的善恶。正因为如此，东周子学的人性论并没有从孔子的这些言论中为自己的人性论寻找根据。孔子使用的“知”和“愚”、“中人以上”和“中人以下”等概念，主要是指人的才智方面的先天禀赋。这些禀赋当然可以用来认识和学习道德价值，但它们本身不能说就是道德价值。刘原父（敞）《公是先生弟子记》记载：

永叔问曰：“人之性必善，然则孔子谓上智与下愚不移，可乎？”刘子曰：“可。愚智非善恶也，虽有下愚之人，不害于为善。”

汉以后的《论语》注释者，不轻易将孔子的话解释为主张“性三品”，这说明孔子的言论确实说的不是人性的善恶，而是指人的才识的高低。汉代哲学家在概念上是非常不严谨的，尽管董仲舒要“正名”，王充要“知实”，但王充等轻易地把孔子的人的先天才智高低的概念挪用为人性先天善恶的概念，使之服务于自己的“性三品”。从孔子的“性相近”来说，孔子实际上是主张一种先天人性平等论，这同后来孟子和荀子等东周哲学家主张的主流人性论是一致的。但经过汉代哲学家的挪用，孔子一下子就变成了主张人性不平等论的权威者了。

三、诉诸阴阳之气和元气

在古代中国人性论中，人性从人自身来说是人的内在自我问题，从来源上说是外在超越实体问题。人性为什么能够平等？在东周哲学家看来，是因为天为人赋予的人性是统一的、共同的，不管天是孟子的理性和正义的天，还是荀子的纯粹的自然的天，它对于每个它产生的人来说都是一视同仁的，就是说它从来不偏爱一些人而歧视另一些人。但在汉代哲学家看来，天为人赋予的东西是不同的，或者说人从天那里获得的东西是不同的。董仲舒和王充的天是截然相反的，一个是拟人化的意志之天，一个是自然的天，但他们各自都设法从天那里寻找人性不平等论的根据。由于汉代的天论和宇宙生成论都是同阴阳之气和元气紧密结合在一起的，因此，在董仲舒和王充那里，人性同天的渊源关系，就被具体化为人性同天之阴阳二气和元气的渊源关系。这是汉代哲学家诉诸超越性的实体论证人性不平等的两种类型。

在董仲舒那里，人性被认为是根源于天之阴阳二气。根据我们前面的讨论，董仲舒通过正名的方法要端正的人性之名被限制为“中民之性”，而“中民之性”包括两个方面：一个是性，一个是情。性是善的，情是恶的。为什么性善、情恶？董仲舒从天和天之阴阳二气中寻找根据。董仲舒沿袭东周子学“天生人”“人本于天”的形而上学思维，认为人根源于天。不仅如此，董仲舒更将人的整个构造都看成是天的构造的翻版，认为天与人是完全统一的。天之所以能够将两种不同的东西赋予人，董仲舒认为这是由于天有阴阳两种性质相反的气：一是善的，一是恶的。董仲舒没有把天完全正义化和道德化，他还让天扮演着变通性造恶的角色：

> 恶之属尽为阴，善之属尽为阳。阳为德，阴为刑。刑反德而顺于德，亦权之类也。虽曰权，皆在权成。（《春秋繁露·阳尊阴卑》）

天之阳气和天之阴气既然是善恶两种力量的源头，人性禀受了天之阴阳二气，它自然同时就具有善恶两方面的本性。基于这种逻辑，董仲舒质问说，如果说人性没有情，就如同说天只有阳而没有阴一样不可理解；如果说人性纯然是善的，那么我们就无法处置人情的恶。从形式上看，董仲舒说的人禀受天之阴阳二气，适用于所有的人，但实际上，他认为这只适用于“中民之性”的人。董仲舒通过阴阳二气确立了“中民之性”，这就为他确立另外两种人性奠定了基础。从古代人性论史来看，董仲舒是第一次将“阴阳”引入到人性论中的人，他以此为基础将人性二分为性善和情恶两个方面。这是汉代人性论的一个基本形态。不仅汉代意识形态化的辞典

《白虎通》如此解释情性，就是许慎的《说文解字》也是这样。①

王充为人性不平等寻找的超越根据是“气禀”。在王充的哲学中，天作为自然，是一个能够产生万物的实体，天的实体性是元气或气：

俱禀元气，或独为人，或为禽兽。（《论衡·幸偶》）

在王充看来，人从天那里禀受的“气”或“元气”是不同的，有的人禀受的气丰厚，有的人禀受的气稀薄，人性的善恶就是由此决定的。《论衡·自然》说：

至德纯渥之人，禀天气多，故能则天，自然无为。禀气薄少，不遵道德，不似天地，故曰不肖。不肖者，不似也。不似天地，不类圣贤，故有为也。天地为炉，造化为工，禀气不一，安能皆贤！

人禀气“多少”“厚薄”之不同，在王充那里同时也是所禀之气的质量、优劣之不同。王充在《论衡·命义》中提出“正”“随”和“遭”“三性说”。“正”和“遭”相当于中人以上之性和中人以下之性。因为“正者”禀受的是“五常之性”，与此相反的“遭者”禀受的则是“恶物象”。人禀天地之气直接说是禀受父母之气，特别是母亲之气。母亲之气如何，直接影响到子女的人性如何。在此，王充提出了建立在胎教基础上的“优生”概念：

性命在本，故《礼》有胎教之法：子在身时，席不正不坐，割不正不食，非正色目不视，非正声耳不听。……受气时，母不谨慎，心妄虑邪，则子长大，狂悖不善，形体丑恶。（《论衡·命义》）

在王充那里，禀受“五常之性”的人，他的性自然是善的。如果他禀受的是“天地气和”，他生来就成了“圣人”。《论衡·齐世》说：“天地气和，即生圣人。”这是把“气和”看成是最好的“气”。但人的禀性有差异（君子与小人、贤与愚），并不意味着人的“禀性”是“异类”。人性有善恶，只是因为禀气厚薄之不同，而不是因为禀受的“东西”是另一类。从禀受的都是“气”说，禀受的东西是“同类”，禀受的多少、厚薄不同，只是数量上的差异。《论衡·率性》说：

小人君子禀性异类乎？譬诸五谷皆为用，实不异而效殊者，禀气有厚泊，故性有善恶也……人受五常，含五脏，皆具于身。禀之泊少，故其操行不及善人，犹酒或厚或泊也。非厚与泊殊其酿也，曲蘖多少使之然也。是故酒之泊厚，同一曲蘖；人之善恶，共一元气。气有少多，故性有贤愚。

---

① 《白虎通·情性》说：“性者阳之施，情者阴之化也。”《说文解字》说：“情，人之阴气，有欲者。”“性，人之阳气，性善者也。”还有，《孝经钩命诀》说：“情生于阴，欲以时念也。性生于阳，日以就理也。阳气者仁，阴气者贪，故情有利欲，性有仁也。”《孝经援神契》说：“性生于阳，以理执情。情生于阴，以系念。”

在这里，王充是想淡化先天禀赋对人的后天的影响。

对王充来说，人禀气如何，不仅决定了人性的等级差异，也决定了人先天许多方面的不再，其中包括形体、面貌方面。如《论衡·本性》说：

人禀天地之性，怀五常之气，或仁或义，性术乖也；动作趋翔，或重或轻，性识诡也；面色或白或黑，身形或长或短，至老极死不可变易，天性然也。

王充甚至还认为，人的禀性不同，还表现在他的“骨相”上。王充区分人之性与人之命，说性是指人在道德上的善恶，命是指人在社会中的吉凶、贵贱、寿夭、祸福等，其“命”也是禀受“气”的结果。《论衡·命义》说：

人禀气而生，含气而长，得贵则贵，得贱则贱。

而且，人的禀性和禀命是同时发生的：

人生受性，则受命矣。性命俱禀，同时并得。非先禀性，后乃受命也。（《论衡·初禀》）

王充以“禀气”的多少来说明人性的等级，同样也以禀气的厚薄来解释“命”的好坏。如他说：“强寿弱夭，谓禀气渥薄也。”（《论衡·气寿》）既然人禀受气的多少、厚薄都一样，为什么一种成了“性”的等级，一种成了“命”的等级？王充将人的禀性同禀命进行特别的对比，可能是他发现人的道德与世俗幸福之间的反差既不合情也不合理，因而试图通过形而上的东西来做出说明。

王充为了维护其人性气禀说的普遍性，批评了当时流传的两种说法。一种说法认为圣人是禀受各种“特异之物”的产物，这可称之为“特禀说”。《论衡·奇怪》说：

儒者称圣人之生，不因人气，更禀精于天。禹母吞薏苡而生禹，故夏姓曰姒。卨母吞燕卵而生卨，故殷姓曰子。后稷母履大人迹而生后稷，故周姓曰姬。

王充批评这一观点，采用的是“类同”的立场，即同类同性，也同好、同用，这在天和人那里是完全一样的：

天人同道，好恶均心。人不好异类，则天亦不与通。人虽生于天，犹虮虱生于人也。人不好虮虱，天无故欲生于人，何则？异类殊性，情欲不相得也。天地，夫妇也，天施气于地以生物。人转相生，精微为圣，皆因父气，不更禀取。如更禀者为圣，卨、后稷不圣。如圣人皆当更禀，十二圣不皆然也。黄帝、帝喾、帝颛顼、帝舜之母，何所受气？文王、武王、周公、孔子之母，何所感吞？（《论衡·奇怪》）

王充更从一般意义上认为，万物都生于气，万物之间也是同类相生：“因气而生，种类相产。万物生天地之间，皆一实也。”（《论衡·物势》）

另一种说法认为社会是退化的，古今之人禀受气的多少不同。上世之人禀受的气厚，因此他们的素质美好，下世之人相反。《论衡·齐世》认为这种看法是不真实的。在历史观上，王充批评退化论，赞美汉代；在人的性命气禀上，他也不接受今不如古的看法。他的主张是“齐世”，即上世与下世的气禀都是一样的。他论证说：

> 夫上世治者，圣人也；下世治者，亦圣人也。圣人之德，前后不殊，则其治世，古今不异。上世之天，下世之天也。天不变易，气不改更。上世之民，下世之民也，俱禀元气。元气纯和，古今不异，则禀以为形体者，何故不同？夫禀气等，则怀性均；怀性均，则形体同；形体同，则丑好齐；丑好齐，则夭寿适。一天一地，并生万物。万物之生，俱得一气。气之薄渥，万世若一。（《论衡·齐世》）

四、与之相应的教化

如果说人性如何是一个人的先天实然存在的话，那么人后天的自我修养、来自社会政治的教化就是相应于实然而产生的追求应然——道德价值的活动。人性如何，修养工夫和教化就如何。在孟子和荀子那里，人的后天道德学习、修养工夫和社会教化都是基于性善或性恶而提出的。汉代哲学家在建立人性不平等论的时候，除了提出以上我们已经讨论过的论证外，他们也表现出这种一般的思维方法，即人类的道德修习和教化是相应于人性的实际情况的。研究者注意到汉代哲学家在人性后天塑造上强化了教化者圣王的主导性和责任，这确实同东周子学强调人自身的道德主体和道德修养形成了很大的反差。但我们还需要注意的是，汉代哲学家强调圣王教化还有反过来论证他们的人性不平等论的作用。

汉代哲学家把教化论与人性论联系起来的一般说法是，教化是相应于人性而存在的。如董仲舒在《春秋繁露·正贯》中说：

> 故明于情性乃可与论为政。不然，虽劳无功。夙夜是寤，思虑惓心，犹不能睹，故天下有非者。

又如，王充在《论衡·本性》一开始就提出，礼乐教化是相对于人的性情而创制的，人有什么样的情性就需要制作什么样的礼乐。如果把汉代的教化论更具体地同汉代的人性不平等论放在一起来观察，我们就能看到两者之间的特殊对应关系，这就是认为教化主要是相应于“中民之性”的。在这一点上，董仲舒的说法最为典型。董仲舒要论证的人性，归根结底是“中民之性”，这是我们上面已经讨论的。按照他的说法，先天纯善的“圣人”，生后不需要教化；先天纯恶的“斗筲”之人，生后无法教化；只有“中民之性”，生后才有可塑性，这种人性正是圣王教化的前提。《春秋繁露·实性》说：

> 性者，天质之朴也；善者，王教之化也。无其质，则王教不能化；无其王教，则质朴不能善。质而不以善性，其名不正，故不受也。

董仲舒诘问说，如果人有善质就已经是善，圣王为什么还会受命于天而对人性进行教化？天命圣王对民进行教化，这正好说明“中民之性”实际上不是善的。《春秋繁露·深察名号》说：

> 天生民性，有善质而未能善，于是为之立王以善之，此天意也。民受未能善之性于天，而退受成性之教于王。王承天意，以成民之性为任者也。今案其真质，而谓民性已善者，是失天意而去王任也。万民之性苟已善，则王者受命尚何任也？

董仲舒把圣王的教化建立在天意的基础之上，不仅赋予了圣王教化的权威性，而且也用来反证人性只是指“中民之性”的“善质”。董仲舒的这一论证，类似于荀子批评孟子的“性善论”的方法：人后天既然有不善，就说明人性原本就有问题。只是，荀子用“圣王”及其礼义要论证的是他的“性恶论”。

王符、荀悦的教化论，同样也是相对于“中民之性”而说的。在王符看来，处在“中民”之上下的上智和下愚之人，在社会民众的总数中只占少数，而占大多数的则是“中民”。圣王能够教化的就是这些人，而且也只有通过君王才能教化这些人：

> 德者，所以修己也；威者，所以治人也。上智与下愚之民少，而中庸之民多。中民之生世也，犹铄金之在炉也，从笃变化，惟冶所为，方圆薄厚，随镕制尔。是故世之善否，俗之薄厚，皆在于君。(《潜夫论·德化》)

王符还将教化者分为三种等级，最高的是“上圣”，其他的是两个“其次”。在荀悦那里，“不移”的上智和下愚都不是教化的对象，教化（他称之为“人事”）的对象只是位于两者之间（“中”）的人。《申鉴·杂言下》说：

> 或问天命、人事。曰：“有三品焉。上、下不移，其中则人事存焉尔。命相近也，事相远也，则吉凶殊也。”

但在“九品”之中，荀悦的教化范围被扩大到一半，其中四分之三者因畏惧法律的惩罚而自行消除了自己的恶，剩下的九分之一“不移者”，又有少量是可移的。据此，荀悦的教化概念只是对应于“性善者”，同“性恶者”相对的是法律。他说：

> 或曰：“善恶皆性也，则法教何施？”曰：“性虽善，待教而成；性虽恶，

待法而消。‘唯上智下愚不移。’其次善恶交争。于是教扶其善，法抑其恶。得施之九品，从教者半，畏刑者四分之三，其不移大数九分之一也。一分之中，又有微移者矣。然则法教之于化民也，几尽之矣。及法教之失也，其为乱亦如之。”（《申鉴·杂言下》）

他是如何计算这种比例的，我们不得而知，恐怕很大程度上只是一种想当然的说法。

与以上的教化论主要是相对于“中民之性”有所不同，王充的教化论对应于整个“性三品”，即是说，它既对应于善，也对应于恶。其中的“善”既是上智者的善，也是中民中的“善”；“恶”既是下愚者的恶，也是中人中的“恶”。按照王充的思考，先天的善，也需要后天的教化来保持；而先天的“恶”，通过后天的教化也能改变。《论衡·率性》的这一看法改变了《本性》中的“上下不移”主张：

论人之性，定有善有恶。其善者，固自善矣；其恶者，故可教告率勉，使之为善。凡人君父，审观臣子之性，善则养育劝率，无令近恶；恶则辅保禁防，令渐于善。善渐于恶，恶化于善，成为性行。

在王充看来，人的后天环境如何，人就如何，人性是完全可塑的。它实际上是善是恶，取决于受到什么样的影响。这就意味着不仅“中民之性”后天性可变化，就是先天的性善者、性恶者，其“性”后天都是可移的。这说明，王充的人性观与命论不同，虽然人性也来源于先天的“气禀”，但它不能决定一个人后天的操行如何。而“命”则能够决定人后天的社会状况如何。

考察王充的《论衡·率性》，他的教化论的中心是相对于“性恶之人”而发的。他想方设法要证明的是，“性恶者”是完全可以教化的。在此，他又引入了“类”的观念，不仅认为同类相通，而且认为异类也可以相通。由此出发，他得出结论说，不管性恶之人、性善之人是否属于同类，他们都是可以教化的：

今夫性恶之人，使与性善者同类乎？可率勉之，令其为善；使之异类乎？亦可令与道人之所铸玉、随侯之所作珠、人之所摩刀剑偃月钩焉，教导以学，渐渍以德，亦将日有仁义之操。

王充举了两个例子，一个是通过人与禽兽异类都可相通证明人与人更可相通，说与人不同类的禽兽还可以受人的指挥，何况性恶者与性善者都属于人；另一个例子是人与木石的对比。王充说既然木石可以为人用，性恶者即使性如木石，也是可以教化的。根据这两种类比，王充强调，人的问题不在于性是否恶，而在于接受不接受教化：

不患性恶，患其不服圣教，自遇而以生祸也。

他认为，一个人只要能够接受教化，即使性恶也可以经过教化变得善良。由此来说，王充的人性不平等论，就只有人先天禀赋的不同的意义了，在教化面前，后天的人就又变成平等的了。

五、余　论

从汉代开始，为什么一些思想家热衷于主张人性不平等（“性三品”）？这不是一个容易回答的问题。从人性论自身演变的角度来说，东周的人性论模式已经不少了，汉代思想家为了在已有基础之上提出新的人性模式，他们必须寻找新的出路。伴随着汉帝国的建立，汉代思想家产生了寻求思想综合和统一的倾向，他们通过对东周时代多样化的思想进行融合、调和和折中来建立自己的学说，人性论则是其中之一。汉代思想家调和东周的人性论，从社会上有善恶不同的人，设想人的先天本性就可能是不同的，有的人性善，有的人性恶，而大部分的人则是善恶相混，进而认为东周时代的人性论分别揭示的就是这种不同的人性。与此同时，汉代统一帝国要求高度统一的政治秩序和权威，东周时代的多元信念和平等化社会取向不适合它的需要，它需要的是约束和规范，它要区分不同的人并分别予以不同的对待，人性等级论就是为此而建立起来的。东汉之后中国社会衍生出了贵族阶级（如豪族、世族），它是否强化了区分不同人的人性和分别对待的意识及思想，尚待研究。

在不同地域的思想传统和历史中，程度不同地都存在着人类不平等的意识和思想，其中一部分也是以人的先天出身和本性来划分人的等级。如印度的四种姓说和制度，坚持认为人一出生就有不同的种姓和贵贱等级，而且这是一个人后天不能改变的世袭身份。相比之下，汉代哲学家的人性不平等论要温和得多，它还没有同贵族身份论和贵贱等级制相结合。古希腊哲学家柏拉图和亚里士多德，都有人类不平等的观念。柏拉图认为不同等级的人由不同的元素构成，有的人用金子做成，有的是用银子做成，有的则由铜和铁做成，而奴隶根本就不算人。亚里士多德认为人天生就有自由人和奴隶之分，那些在本性上不属于自己而属于他人的人，天生就是奴隶，就要由自由人支配。汉代哲学家没有人天生就是奴隶的概念，圣人的权利也不在支配他人，他主要是用他的道德和人格感化人。汉至唐的人性不平等论，看上去没有刻意去为贵族和门阀世族等级制提供论证。这说明中国的人性不平等论最终仍然是旨在为人的道德教化和完善提供理论基础。

（载于2010年第3期）

法先王：儒家王道政治合法性伦理

俞荣根

孔子“祖述尧舜，宪章文武”，孟子“言必称尧舜”，明确打出“法先王”的旗帜。荀子虽自称“法后王”，可他的“后王”主要是指夏禹、商汤、周文武这些“三代”帝王，他们相对于上古的帝王便成了“后王”，但对于荀子时代的人来说仍然是先王。故而，荀子的“法后王”，其实就是“法先王”。[①]

儒家向人们描绘道，“先王之道”至大至美，先王之世是太平盛世，先王本人惟忠惟孝、德配天地。“先王”不过是儒家王道政治伦理的人格化。“法先王”，是他们向世人提供的一个王道政治的典范、一种样式。

一、先王：儒家王道政治伦理的典范

儒家推崇的先王都是“圣王”，即道德至圣之王。先王的政治伦理典范意义可归纳为三个方面：

第一，先王是王道政治领袖人格的象征。先王是教民孝悌的圣人，自己又是至孝至悌的典范。孟子说：“尧舜之道，孝弟而已矣。”（《孟子·告子下》）又引孔子的话说：“舜其至孝矣，五十而慕。”（《孟子·告子下》）意为：舜到了五十岁还依恋着父母，真是最孝的人。《孟子·万章上》还讲述了一个舜如何委曲求全，与昏愚的父亲、凶嚣的继母、顽劣的异母弟相处的故事。通过诸如此类的故事，儒家塑造了先王心存百姓、宽容大度、修身齐家的高大形象，为世人树起了政治领袖所应具有的政治伦理的人格榜样。

第二，先王是王道政治伦理的化身。这些先王都不是靠武力统一天下，而是凭仁德使天下百姓归心，受到万民的衷心拥戴。舜教民开垦、种田、制陶；禹为民治

---

① 关于荀子“法后王”的辨析，详见拙著《儒家法思想通论》，广西人民出版社 1998 年版，第 363～371 页。

水，三过家门而不入。他们吃苦在前，享受在后，“为民父母”，“与民偕乐”，所以，“民归之，犹水之就下”。先王所体现的王道政治伦理的主要内容是：以德服民；不据天下为己有。先王都是明君，但首先是仁君。

第三，先王是王道政治的立法者，也是理想法的标志。任何一个法律系统都有自己的理想法。西方的古典自然法和近代自然法、中世纪宗教的神法等，都是理想法的不同存在方式。儒家的理想法不是别的，就是煌煌的“先王之法”。孟子说：“遵先王之法而过者，未之有也。”（《孟子·离娄上》）“先王之法”的立法者便是先王。先王创制了一整套“礼义法度”，其基本原则如“亲亲”、“尊尊”、“一天下，财万物”、行“什一之税”，以及“禅让”和“征诛”等，都是垂法后世的。儒家还认为，先王不光为后世创制立法，而且他们本人的言行便是法的化身、法的标志。荀子称：“圣人备道全美者也，是县天下之权称也。”（《荀子·正论》）“权称”，指标准、典范。这句话的意思是：圣人是道德完备至美的人，他们本身便是衡量万事万物的标准。所以，圣人的言行举措就是后世的法式仪表。先王和先王创制之法，就是至大至美的理想法。

二、“法先王”：儒家的统治合法性政治伦理

统治的合法性也称之为正当性，西方学者或叫做“被统治者同意”①。儒家关于统治合法性的政治伦理悉数包含在其“法先王”的命题之中。

统治合法性首要的是政权获得的合法性。儒家设计的政权合法性转换方式有两种：禅让和征诛。禅让是正常情况下的政权和平转换方式；征诛，《易传》称之为“革命”，在孟子那里叫“暴君放伐论”，是非正常情况下的政权非和平转换方式。

儒家大肆宣扬尧舜禹禅让的故事。禅让的故事在《论语·尧曰》中已做了讲述。在《孟子》中，禅让的故事更具体系统了。荀子不同意提“禅让”这个词，

① 西方关于政治统治合法性的探讨，从苏格拉底、霍布斯、洛克、卢梭、康德直到当代的哈特、罗尔斯、德沃金，一直未有终结，其核心之点就是“同意理论”。同意理论首先在柏拉图的对话录《克力同》中得到展现，洛克《政府论》下篇是阐述同意理论最经典的文献。美国的《独立宣言》声明：“政府经被统治者的同意获得公正的权力。”“任何政府一旦破坏这些目的，人民即有权变革或废除它，并且建立新的政府，根据这些原则奠定它的基础，并以最大限度地保证人民的安全和幸福的方式组织它的权力。”将同意理论做了常识性表达。在西方近现代政治伦理传统中，政治统治的合法性基于被统治者的同意这种观点成为自由民主政治的金科玉律。“二战”以来，同意理论实际上已成为世界各国普遍接受的原则。这种理论认为，政治统治的合法性必须建立在被统治者同意并对被统治者有所交代的基础上。

他把“禅”叫做“继”，但实际上他仍是讴歌禅让的。“尧、舜尚贤身辞让。”“尧授能，舜遇时，尚贤推德天下治。”“舜授禹，以天下，尚德推贤不失序。”（《荀子·成相》）孟子的“禅让”说较有代表性。他认为，行禅让要有三个条件：其一，受禅者本人有贤德；其二，要得到“天”和“民”的同意。征求“天”“民”是否同意的具体做法是：让其“主祭”，如果“百神享之”，则是“天受之”；让其“主事”，如果事情办好了，“百姓安之”，则是“民受之也”（《孟子·万章上》）；其三，要有天子的推荐，如尧荐舜、舜荐禹。

儒家似乎也意识到，“禅让”只是上古社会才可能实行的制度，在近世的夏、商、周三代，有的只是汤放桀、武王伐纣，连“禅让”的影子也见不到。于是，他们又指出，汤、文王、武王等“先王”行使的是“征诛”。

当齐宣王把“汤放桀，武王伐纣”说成是“臣弑其君”时，孟子勃然而起，反驳道：“贼仁者谓之‘贼’，贼义者谓之‘残’。残贼之人谓之‘一夫’。闻诛一夫纣矣，未闻弑君也。”（《孟子·梁惠王下》）这番话义正词严。孟子指出，像夏桀、殷纣这样的君主已堕落为残害人民的“残贼之人”、独夫民贼，汤、武放逐、讨伐他们是伸张正义，诛杀他们只是处死一个独夫，根本说不上什么“弑君”。汤、武兴的是“仁义之师”。这无异于公开宣称：凡是背离尧舜之道以残害人民为能事的君主，都是独夫民贼，都是可放可伐可诛的。孟子的这一“暴君放伐论”，客观上为人民起义提供了思想武器。

孟子之后，荀子也是赞成放伐暴君的。他一再说：“诛暴国之君若诛独夫。”（《荀子·正论》）又赞美汤、武“功参天地，泽被生民”（《荀子·臣道》）。

无论是禅让还是征诛，都得顺天意，受有“天命”。“天命”只授予有德的人。怎么知道是“天命”所归呢？要看民意，民归之就表示“天命”归之。所以，天意就是民意，天心就是民心。于是，高深莫测的神秘问题回归简单明白的现实问题：取悦民就能取悦天，顺民意就能顺天意。换言之，民同意就是天同意。那么，怎么能取悦民、顺民意呢？很简单，施仁政德政，即“为政以德”，实行“轻徭薄赋”之类的“富民”“利民”政策。这便是有德者得民心、得“天命”的政权转换逻辑。在这里，我们影影绰绰地看到西方津津乐道的“同意理论”：政治统治的合法性必须建立在被统治者同意并对被统治者有所交代的基础上。原来，儒家哲人与西方智者对政治文明的追求是一致的。

这样，儒家通过“法先王”为政治合法性设置了两重门槛：一是神圣合法性，亦即“天命”合法性；二是德性合法性。这两种合法性是隐性的，缺乏可观性和可操作性。它们还需要一个制度载体，通过制度和外在的仪式显示其“受命于天”的神圣至尊和“被统治者同意”的万众欢呼的效果。

这个制度载体就是礼法制度。儒家通过礼制的改造和完善，将神圣合法性与德性合法性融于礼制之中。《论语》有许多关于“克己复礼”的论述，还有批评季氏用“八佾”舞、指责管仲“树塞门”等的记载，正是儒家完善礼法制度的过程。经过一代又一代儒者的苦心经营，到西汉时期，作为统治合法性制度载体的礼法制度基本成型，诸如皇位继承、诸侯王的继承、昭穆制度、明堂制度、登基大典、祭泰山等一一得以规制，其后在《礼记》中集为大成，再由《白虎通德论》定为根本大法。这种制度性的合法性分为两个层次：一是程序合法性；二是器物合法性。前者指各种典礼的规格、仪式等，后者包括冠冕、乘舆、宫殿、皇陵、玉玺、九鼎之类。

由此，儒家解决了古代政治伦理中最重大的难题：政治统治的合法性问题。如上所述，儒家构建了四重政治统治合法性，即神圣（天命）合法性、德性合法性、程序合法性、器物合法性。

三、“法先王”的一个辨析：复古还是开新

在思想史研究中，儒家的“法先王”一直被诟病，其合法性理论多不被重视，有必要做些讨论。

有一种曾经流传甚广的观点，说儒家的“法先王”是一种复古倒退思想，是没落阶级的复古情调，等等。其实，荀子已一言道破了他们“法先王”的真实意图：“善言古者必有节于今。”（《荀子·性恶》）复古、言古是为了有鉴于今。

历史教育最简便易行又最能提升人们的人文精神、政治传统和德性素养，也是最能入脑入心的一种说理教育形式。人们为论述一种理论，说明一个道理，往往会请出已故的先辈的亡灵，依傍社会业已认可的至上权威，从中找到这种理论或传统的最终根据。“托古改制”是古今中外共通的现象。欧洲大陆的早期革新者曾经祭起“文艺复兴”的大旗，到古希腊先哲那里寻找自己设计的原则和根据；戊戌变法的领袖康有为、梁启超曾经打着“公羊三世说”的招牌搞维新。儒家的“法先王”未尝没有托古改制的深意在其中。

“周虽旧邦，其命维新。”这是《诗经》揭示的一条政治原则。“维新”思想在中国古代政治中影响深远。阐旧邦、开新命是儒家的一种政治智慧。“法先王”从表面上看确有怀旧的情调，但其中蕴含的开新意义岂是“复古”两字概括得了的?!

实际上，这些先王、圣人都是儒家思想家按自己的理想塑铸的。他们不过是借

先王之口来表达自己的道德设计、政治设计和法制设计罢了。所以从孔子到孟子到荀子，先王们变得越来越丰满，越来越活生生和高大完美。“先王之道”实为儒家之道，先王人格实为孔孟人格。事实上，儒家的“法先王”具有强烈的批判功能，是对现实社会的一种深刻的道德批判和政治伦理批判。

首先，儒家通过“法先王”确立了先王的最高创制权，将先王置于时君世主之上，时君世主应当遵“先王之道”，法“先王之法”，学习先王的道德人格。北宋的大儒张载说：儒者应当“为天地立心，为生民立命，为往圣继绝学，为万世开太平”。儒家提出“法先王”或“法圣人”，就是“为天地立心”。有此“心”，天下人心便有了安顿，道德不致散乱，信仰有所维系，精神不会崩解。

其次，儒家的“法先王”，为天下树起了一面正义、公道的旗帜。先王是理想人格、理想政治、理想法的化身和标志，是“天下之权称”。于是，人们心中就有了一个标准，有了一杆秤，用它可以很容易地评判现实社会的时君世主，以及现实的政治和法制，可以很容易地识别是非好坏。也就是说，儒家的“法先王”成了人们批判现实社会的思想武器。尤其是在古代帝制社会中，言路未开，政治高压，思想罪、言论罪钳制着人们，人民对现实政治的不满和批判，往往只好通过“法先王”的复古形式表现出来。如果我们对“法先王”的现实批判主义精神还有什么怀疑的话，那么秦始皇却比一般人更敏锐地觉察到了其中的批判和革命意义，所以他立刻制订“以古非今者族”的法令，严禁人们对“先王”歌功颂德，并在渭河边上一下子坑杀了四百六十多个“是古非今”的儒生。秦始皇的行为使大谈“法先王”的孔孟之徒们付出了血的代价。“莫谓书生空议论，头颅扔处血斑斑。”儒家的“法先王”绝非是一群书生吃饱了没事干的那种“不说白不说”游戏，而是一种对现实社会暴君污吏及其政治、法制的强烈的批判和反抗。

再次，孔、孟、荀都认为，他们所处的社会是个乱世，人心不古，道德江河日下，礼崩乐坏，时君世主们“争地以战，杀人盈野；争城以战，杀人盈城”，人民在严刑重罚之下，处于水深火热之中，士大夫们或者尸位素餐，或者贿赂公行，毫无廉耻之心。因此，他们认为，现实的政治，是与人民为敌的“虐政”“苛政”；现实的法，是专以残害百姓、钳制人民为能事的苛法、恶法、严刑峻法；现实的官吏、诸侯，也都是道德人格低下的“斗筲之人”，即所谓“五霸者，三王之罪人也；今之诸侯，五霸之罪人也；今之大夫，今之诸侯之罪人也”（《孟子·告子下》）。所以，从孔、孟、荀提出“法先王”之时，就是针对现实社会的，已经蕴含了批判和改造现实社会、现实政治、现实法制的深义在里面，也就是说，这是一种“托古改制”的手法。

后来的儒家大师们也都继承了这种传统。如汉代的董仲舒，他生当“文景之治”后期。后世的人，包括今人，说起“文景之治”无不称赞。但董仲舒生逢其时，似乎视而不见，非但视而不见，还相当不满。他在上汉武帝的策问中大胆陈辞，说秦代的“遗毒余烈，至今未灭”，“汉得天下以来，常欲善治而至今不可善治者，失之于当更化而不更化也”（《汉书·董仲舒传》）。言下之意，汉兴七十余年来，政治上一直未达到大治的程度，必须继续彻底地更除暴秦弊政。在自己的名著《春秋繁露》中，董仲舒更把孟子的“暴君放伐论”大加发挥：“王者，天之所予也，其所伐皆天之所夺也。……故夏无道而殷伐之，殷无道而周伐之，周无道而秦伐之，秦无道而汉伐之。有道伐无道，此天理也，所以从来久矣，宁能至汤、武而然耶？”（《春秋繁露·尧舜不擅移汤武不专杀》）

董仲舒把“暴君放伐论”一直适用到他的当代史——汉伐秦。最后一句尤其寓意深刻：“宁能至汤、武而然耶？”这一反问，只要不是白痴，都能读出其中的含义：汤、武以后有秦伐周、汉伐秦，那么，如果汉无道呢？董仲舒没有明说，但答案已如同白昼：必将有新王应天命顺人心，起而伐汉之无道！

综上所述，儒家的“法先王”，不是复古，旨在开新。儒家抬出先王来借以彰明自己的政治伦理信条，形象而生动，说服力强，理论宣传效果好，这是为历史所证明了的。

四、“法先王”式的合法性学说还有现代价值吗

对儒家的王道政治合法性学说，特别是其政权合法性转换的两种实现方式，即“禅让”和“征诛”，当代宪政学界多有批评。有人认为，“禅让”太理想化，“征诛”的结果是导致中国历史长期陷入一治一乱周而复始的循环，儒家没有提供像西方那种以选票取胜使政权既平稳又合法过渡的智慧。

选举制是近现代社会议会政治中产生和完善的制度，要两千多年前的儒家来解决这个问题无疑过于苛求。在那种专制暴力横行的时代，公开宣称征诛的正当性，讴歌人民诛暴伐虐的正义性，是对人民起义权的肯定。起义权是最后的人权，或曰人权的最后一道自卫防线，是“被统治者同意”的政治权利中最特殊的实现方式。“同意权”中原本应当包含不同意权、反对权、反抗权。如果人民不能保留这最后的人权和这种非常态的“同意权”，那就只能永远任人宰割。从这个意义上说，儒家“征诛说”对政治伦理和宪政伦理的贡献是不能小看的。

至于“禅让”说，其实包含了现代民主宪政的一些合理元素。照儒家的设计，

禅让一般是在最高统治者在位和在世时选定传位人并实行权力转让。选定传位人要经过一系列程序和长期的实践考察。从文献记载来看，这些程序中的主要方式相当于现今宪政民主中运用的“协商民主”。古代不曾有选票民主，但有“用脚投票”的“民主”。孟子说的“民归之，犹水之就下”，就是提倡人民“用脚投票”。在古代社会，“用脚投票”的民主是最有威慑力的。周武王伐纣，殷民“前徒倒戈”便是明证。从广义上说，当代世界上的宪政民主法治国家的权力转换，尽管采取了诸多的竞选过程和投票程序，其实是一种统治权力的和平“禅让”。我国自20世纪90年代以来通过执政党代表大会和全国人民代表大会实现国家领导人更替，广义上也可以视为一种协商式的“禅让”。与古代禅让不同的是，在禅让合法性上，大大突出程序合法性的地位，除了协商民主外，更强调选举民主。在我们的宪政民主建设中，应当汲取古代禅让制政治伦理的合理元素，以舒缓当前的政治合法性焦虑。

欧陆自中世纪起，就有关于政治权威来源的两种对立观点的论争，一般将它们归结为“上升理论”和“下降理论”。“上升理论”主张政府和法律权力的来源在于人民或共同体，作为统治者的君主或贵族的全部权力都由人民或共同体授予，由后者选举或任命，向后者负责。人民有权抵抗甚至推翻统治者。霍布斯、洛克、卢梭这些著名思想家都是“上升理论”的杰出代表。“下降理论”则把政治权力的最终来源归于最高存在，在基督教那里，即神、上帝。“下降理论”的典型代表在5世纪有奥古斯丁，在13世纪有阿奎那。西方政治统治合法性伦理的现代发展依然建立在这种古老理论的基础上，其中或许蕴蓄着西方政治文化和政治伦理的“道统”。

有趣的是，作为东方文化典型代表的儒家哲人，既不偏执“下降理论”，又不固持“上升理论”，而是两者的“中庸”融通。在儒家那里，作为最高存在的“天”，尽管也可以“授命”人间的统治者以权力，让他“代天牧民”，但这种“授命”必须得到“民”的同意。“天”与“民”是相通的，“民”是“天”之“民”，是“天民”。因此，当统治者暴虐“天民”，失去德性，也就是违背“天意”时，“天”同样赋予“天民”以“替天行道”“代天行罚”的反抗权。在政治伦理领域，儒家的“天人合一”哲理，其实质就是“天民合一”政治伦理。“先王”正是“天”与“民”合意的产物。“禅让”和“征诛”成为儒家“法先王”的两件法宝，既是“下降”的又是“上升”的，既是神性的更是德性的。

如果说，至今仍可以在西方政治合法性伦理中找到“上升理论”和“下降理论”的或隐或显的身影的话，那么儒家的“法先王”或许蕴含着同样意义的东方政治合法性伦理“道统”。无疑，对于现代政治而言，需要有会通中西、综合创新的勇气和智慧。为避免非和平的“征诛”而实现和平的“禅让”，握有国家权力的政治家应当具有高度的道德自觉和政治责任意识，坚持可持续发展的温和“改良”路线，不断消解容易引发暴力“革命”的社会积怨。在现代宪政制度下，政治合法性的神圣性光环已经也应该越来越暗淡，而基于“法先王”的传统影响，德性合法性在中国人心目中仍然高启而且愈来愈趋于阳光化，相应地，全面构建“被统治者同意”的实质性和程序性规则愈来愈迫切。这些，就是古老的“法先王”带给我们的启迪。

五、“圣王”与“王圣”、立法者与执法者：“法先王”政治伦理的缺憾与救济

用今天的眼光来评判，儒家王道政治学说多有不足，从政治伦理角度上看，最大的尴尬和缺憾有两处。

1.“圣王”理想蜕化为“王圣”现实的尴尬

儒家的先王都是道德完美的“圣王”。但正如法家韩非所批评的，尧、舜那样的圣人，“千世而一出”，所以要等到圣王出来才治国是不可能的，平常的君主只是“上不及尧、舜”“下亦不为桀、纣”的中主。儒家关于“圣王”才具有统治合法性的设计，带有极大的理想主义成分。在现实政治舞台上，一个个觊觎皇位、垂涎最高权力的赳赳武夫、世家贵胄、政治投机商一旦黄袍加身，有几个能真心向善，把工夫用在“正心诚意”“修身养性”上?！再说，以企求为国相或帝师的儒家大师们，即便真当上了国相或帝师，又有什么办法制约住大权在握的君主，让其学做圣人?！所以，儒家的“法先王”理想只好一个一个地被无情的现实所击破。其“圣王”论往往为时君世主所窃取、所劫持、所绑架，成为他们自证合法性的金字招牌。

春秋之世，孔子栖栖皇皇，周游列国而都不能见容，只好长叹一声：“道不行，乘桴浮于海。”战国之时，孟子游说诸侯，推行仁政。可他看到的遇到的不是暴君污吏，就是表示无能为力。他是相信“五百年必有王者兴”的，而且自己颇有“舍我其谁”的大丈夫气概，但到最后也只好感叹：没有这样的继承人！后儒尊称孔子是有圣人之德而无圣王之位的“素王”。照孟子的说法，五百年出一个圣王，但到孟子之时，少说也是七百多年不见圣王了。这期间，孔子不遇时，孟子不遇

时，稍后的荀子也不遇时。① 总之，凡有圣心圣德者都无缘当圣王，而像嬴政那样发育不良有鸡胸、道德不好极凶残的狂徒，吞并八荒、翦灭六国，一统天下，当上了“始皇帝”。秦亡以后，又是一个被自己的父亲骂为无赖之徒的流氓头子刘邦，扫灭群雄，得了天下。儒家的学说真是时运不济，他们企望的圣人始终没有出来。于是，儒家关于圣者才能德配上天、万民归心、立为天子的政治合法性伦理就完全变味了。“实然”代替了“应然”。也就是说，圣人才能王天下，变成了王天下者就是圣人。“圣王”论成为时君世主证明自己统治合法性的工具。简言之，“圣王”论变成了“王圣”论。于是乎，不论是暴君、虐待狂，还是白痴、低能儿，只要登上皇帝宝座，就一概成了“圣君”，就一概是“天子圣明，臣罪当诛”。在“王圣”威权之下，坚持说“不”的儒生不是遭贬黜就是掉脑袋，其余的陆沉的陆沉、糊涂的糊涂、违心的违心、放弃的放弃。东汉初期的思想家王充是个敢于反潮流的人，他著《论衡》的宗旨是“疾虚妄”，可在当今天子“圣明”这一点上，他自己也陷入了虚妄。他说，东汉光武帝刘秀登基的时候，“天晏然无云”“气和人安，物瑞等至”，是“太平之应也”。又说汉宣帝的时候，“凤皇集于太山，后又集于新平”，祥瑞毕至。东汉明帝时更奇特，“麒麟、甘露、醴泉、神雀、白雉、紫芝、嘉禾”纷纷出现，还发生了“金出鼎见，离木复合”这样的瑞象。王充称颂道：“孝宣、孝明可谓太平矣。”（《论衡·宣汉》）这里，天命合法性有了，德性合法性有了，器物合法性也有了，程序合法性就不用说了。儒家的四重合法性理论全用上了，以此证明“今上”是“小尧舜”，是尧舜再世。其实，汉明帝以及王充所说“今上”——汉章帝，不过是平庸之辈。可见，连王充这样敢于标新立异的思想家也逃不脱王者即是“圣”者的套路。这可以说是儒家王道政治合法性伦理学说的一种悲哀。

平心而论，要求最高统治者具有更高的道德人格，强调德性合法性的重要，并没有什么不对，也没有什么不好。现今的民主法治国家竞选总统或政府首脑，无论党派的协商推选，还是选民的选票投向，都会将候选人的道德品行作为一大选项。问题是，理想的圣王并不存在，德性只是政治合法性的一个选项。把德性合法性拔得过高，成为主要的甚至唯一的合法性，就偏离了人性的本然，也偏离了政治伦理的实然。时君世主既然对“圣王”伦理高峰可望而不可即，可是又必须自证统治的合法性，便只好做假，窃取一顶“圣王”桂冠来戴上。

① 荀子的学生说，孙卿（即荀子）“德若尧禹，世少知之；方术不用，为人所疑”，又说“天下不治，孙卿不遇时也”（《荀子·尧问》）。

2. “圣王”既是立法者又是执政、执法者的身份尴尬

在儒家的政治合法性学说中，“圣王”是理想政治和理想法的化身，而这种理想法同时也是现行有效的实在法，他们的“圣王”又是事必躬亲、时时处处体恤民情的为政者和实在法的执法者。这就产生了严重的身份冲突和尴尬。

首先是理想法和实在法的功能不分。儒家认为，“先王之道斯为美”，“先王之法”是“先王之道”的最好体现，是尽善尽美的良法。因此，“遵先王之法而过者，未之有也”（《孟子·离娄上》）。于是，“先王之法”也就成了现实社会可遵行、可操作的实在法。在孔、孟、荀的理论中，未见许可时君世主随意立法的言论。孔子反对晋铸刑鼎就是反对晋国权贵背离周公所授之礼法而乱立法。荀子认为只要有“治人”遵“三代之法”，实行“类举”，就足以治国安邦了，无须另立“治法”。他们的“法先王”“法圣人”，旨在劝时君世主实行三代“先王之法”。

问题就这样产生了。一方面，“先王之法”承载了“先王之道”，它是形而上的，是至高无上的法律价值本体，是理想法；另一方面，“先王之法”又是现实社会中可以遵行、应当实施的，是形而下的实在法。如是，“先王之法”既是理想法，又是可操作的实在法，一身而二任。这个双重结构使儒家的法思考既进入了法律正义的圣地，同时也陷入了严重的身份尴尬和理论误区。因为，这样一来，“道”和“先王之法”之间，即理性的形上的理想法与经验的形下的实在法之间的“对立”和“紧张”也就消解了，两者之间缺乏了张力。同时，由于“先王之法”本身便是可操作的实在法，对其设计又太具体，这样一来，它本身也就变成可以评价、可以变革的对象，“先王之法”所承载的理想法的崇高性和永恒性价值便大受伤害。

其次是立法者与为政执法者的身份不分。在儒家的政治设计中，“圣王”是“天命”所归，代表天意，口含天宪，是“先王之法”的制定者。然而在《论语》、《孟子》、《荀子》及《尚书》、《国语》等古文献记载中，尧、舜、禹三代圣王亲政亲耕、亲力亲为，亲自执法办案。比如，舜曾“流共工于幽州，放欢兜于崇山，窜三苗于三危，殛鲧于羽山”（《尚书·舜典》），禹大会诸侯于会稽，曾处死迟到的防风氏（《国语·鲁语》）。“圣王”亲自为政执法，实际也就成了一个执政官和执法官。况且，凡做具体事务，难免会有不周和错失。不管“圣王”如何勤政爱民，他只要从事具体政务和法务，就会从神圣而又神秘的地位上跌落到世俗的凡间，成为人们可以诉求、可以评价的对象，从而失去其理想政治伦理和理想法化身的光环。

在古代社会，集立法权、执政权、司法权于一身，是所有最高统治者梦寐以求的目标。儒家的“圣王”理想不幸提供了这样一种理论支持。

在现代宪政视野下来考察，儒家“圣王”论的这两大尴尬和缺憾，虽是时代造成的，却是应当革新和纠正的，也是可以救济的。

对于第一种缺憾，革新和救济的办法是大大加强程序合法性在政治统治合法性中的权重。德性固然是政治合法性的基础，但“被统治者同意”的程序设计更具有可观性、公平性的意义。这种程序断不是“用脚投票”，也不是“王圣”们作秀式的登基大典、祭泰山大典之类，而必须是被统治者自由地表达自己的真实意志并辅以客观真实的量化统计。如果把由上而下、又由下而上的协商民主称作“纵向民主”，那么这种自由意志表达则可称之为“横向民主”。用通俗的话说，就是一人一票，少数服从多数，多数尊重少数。儒家传统中不乏纵向民主资源，尧传舜、舜传禹的禅让就是不断协商出来的。把纵向民主与横向民主相结合，是现代宪政民主和法治的最佳选择。无论纵向民主，还是横向民主，都得以每个人能自由地表达真实意志为前提。所以，自由是民主的基础。因为，如果意志不自由、言论不自由、人身不自由，就只好沉默，或者说假话。大话、空话和套话其实也是假话。春秋时期百家争鸣，思想界群星灿烂，就是因为有表达意志和言论的自由。先秦儒家都崇尚思想自由，官可以不当，家可以抛下，时政该抨击还得抨击，思想该表达必须表达。先秦儒家的这种自由精神同样是传统文化的一大精粹。

对于第二种缺憾，革新和救济的办法是把理想法与实在法、立法与执政、司法从集于一身的状态中切割开来。儒家曾以君师、君相自诩，设想以相权切分君权、抗衡君权。然而从西汉中后期开始，相权就每况愈下。西汉第十二位皇帝汉成帝刘骜永始二年（前15），薛宣为丞相，发生陨星和日食。在笃信“天人感应”的汉代，认为这是“灾异警告”，是“天谴”，是不得了的事。汉成帝一道诏书，把造成“灾异”的责任往丞相身上一推，薛宣也只好乖乖地缴印而去。继任的翟方进更惨。绥和二年（前7），荧惑星守住心星，照星相推测，其凶应在皇帝。汉成帝仍然是找个替死鬼，让丞相去担当罪责，下一道诏书把翟方进重重责骂一通，并赐给他酒十石、牛一头，翟方进便只好自杀。但这一招并没有换得成帝的长寿。翟方进二月自杀，汉成帝也于三月寿终正寝。荒唐的是，继任者却把汉成帝令翟方进自杀这一处理方式从偶发的个案提升为普遍法律效力的“故事”，写进了《汉仪注》，其中规定：当天地出现“灾异”大变时，皇帝派侍中持使节，乘四匹白马，带着酒十斛、牛一头，到丞相家，把这灾象告知丞相。侍中回到半路，丞相即上书告病。侍中回朝，还没有复命时，尚书就把丞相的死讯报与皇帝。这条法律虽然没有用过几回，但此后碰到天灾把丞相免官是常事。

相权抗衡不了皇权，原因在于相权来自皇权，而不是来自民权。因此，切分立法权与执政权、司法权集于一身的最锐利的武器不是简单地搞分权，而是在权力来源的源头上回归民权。源清则流清。权力来源一正，权力与责任的对应关系也就可以解决，此时，不仅欲集权于一身已不可能，甚至连想集权于一身者也望而却步，不敢想，不能想。如此，则如何分权可迎刃而解。随着集权一身问题的解决，立法权负责制定实在法，执法权和司法权负责实施和保障实在法。理想法与实在法得以分疏。至于如何建立理想法的信仰和地位，涉及更深层次的道统重建问题，非本文所能完成。

国家权力来自哪里，是政治伦理需要回答的最为重大的问题。那么，儒家在厘清权力源头问题上有无正面的资源呢？答案是肯定的。我们读到“君君、臣臣”时，就以为儒家主张君权至上、君主集权，其实是看错了。“君君、臣臣”讲的是政治秩序，不是讲君权、臣权的来源。儒家主张，大臣“从道不从君”，应做谏诤辅拂之臣，谏诤而不听可去之。① 孟子进一步说，对无道之君可诛可伐。这些主张的背后透露出一个明确的信号：臣权不是来源于君权，君权也不是自生自成的。国家权力出自何方？仍要从儒家的政治合法性伦理中去找答案。这个答案是：源于“天命”。而“民之所欲，天必从之”。“天意”就是民意，“天命”实为民命。绕了一圈，说到底，国家权力之源来自老百姓，来自人民。儒家的“圣王”就是因为德侔天地才受有“天命”，也就是受有民命，是得到被统治的老百姓“同意”的榜样。所以，儒家主张“法先王”。“法先王”的主张中，包含着对国家权力源于人民这一正本清源的认识。这是两千五百多年前的儒家思想家对我国政治伦理学说的又一重大贡献。

（载于 2013 年第 1 期）

① 《荀子·臣道》：“故谏、争、辅、拂之人，社稷之臣也，国君之宝也，明君之所尊厚也，而暗主惑君以为己贼也。”

开辟现代新儒学走向生活世界之路

——关于徐复观消解形而上学思想的再思考

李维武

现代新儒学在20世纪中国思想世界的兴起，是以形上儒学的重建为其主流形态和基本特征，产生了一批著名的哲学家及其所创造的中国哲学本体论体系，如熊十力的“新唯识论”、冯友兰的“新理学”、贺麟的“新心学”、唐君毅的“心通九境论”、牟宗三的“两层存有论”等。在20世纪中国哲学的开展中，现代新儒学成为人文主义思潮的主体部分，人文主义思潮对中国哲学本体论的重建，正是通过这些形上儒学体系的建构而实现的。然而，在这个主流形态和基本特征之外，现代新儒学在其开展中也出现了批评重建形上儒学的声音。在这方面，徐复观提出的消解形而上学思想，以及由此而对熊十力诸师友重建中国哲学本体论的批评，无疑是最有代表性的。由于现代新儒学的主流形态和基本特征的遮蔽，徐复观这一思想的合理性长期以来不仅未能受到重视，而且受到质疑与责难，以致在一些学者看来，徐复观其实并不懂哲学，根本算不上哲学家。在进入21世纪之后，随着现代新儒学的兴奋点由追求本体论建构转向生活世界，人们才开始发现徐复观这一思想实体现了现代新儒学的开展的另一种方向，即力图改变重建形上儒学所导致的现代新儒学与生活世界越来越远的疏离，开辟现代新儒学由抽象的形而上学走向现实的生活世界之路。因此，徐复观这一思想对现代新儒学的开展具有特殊的意义与价值，值得深入探讨与认真研究。对于徐复观这一思想的形成过程及其与熊十力哲学的联系与分歧，笔者曾著文考察与论析。① 本文拟着重围绕徐复观这一思想的内涵、根据、

---

① 详见笔者的有关文章：《徐复观消解形而上学的思想历程及其意义与局限》，载拙著《中国哲学的现代转型》，中华书局2008年版；《徐复观对熊十力思想的阐释》，载拙著《中国哲学的传统更新》，人民出版社2012年版；《20世纪心学开展的三种形态——以来自鄂东之地的熊十力、徐复观、胡秋原为中心》，《中山大学学报（社会科学版）》2013年第1期。

合理性、局限性以及启示意义诸问题，予以进一步的阐发与衡论。因此，本文实为关于徐复观消解形而上学思想的再思考。

一、徐复观消解形而上学思想的内涵

徐复观提出的消解形而上学思想尽管有一个逐渐展开的过程，前后之间的思考与阐发并不完全相同，却有着一以贯之的基本内涵。

在20世纪哲学的开展中，不论是在西方还是在中国，批判哲学上的形而上学者不乏其人。这些对形而上学的批判，都与科学主义思潮力图使20世纪哲学沿着科学化、实证化方向发展相联系。在西方，有维也纳学派主张拒斥形而上学；在中国，有丁文江在科学与玄学论战中宣称形而上学已经过时。即使是在现代新儒学的重建形上儒学主流形态中，也有冯友兰承认维也纳学派拒斥形而上学的部分合理性，他认为："我们是讲形上学底。但是维也纳学派对于形上学的批评的大部分，我们却是赞同底。他们的取消形上学的运动，在某一意义下，我们也是欢迎底。因为他们的批评确能取消坏底形上学。坏底形上学既被取消，真正底形上学的本质即更显露。所以维也纳学派对于形上学底批评，不但与真正底形上学无干，而且对于真正底形上学，有'显正摧邪'的功用。"① 这些对哲学上的形而上学的批判，实际上都是在实证主义的经验证实原则意义上展开的，反映了20世纪科学主义思潮对现代哲学发展方向的思考以及对人文主义思潮的影响。

徐复观的消解形而上学思想虽然也强调了经验的意义，也力主以经验来消解形而上学，但他所说的经验不是指西方经验主义传统中与理性相对的经验，而是指中国心学传统中作为生命主体之"心"的外化与呈现。也就是说，他的消解形而上学思想，并不是在实证主义的经验证实原则意义上提出的，属于科学主义思潮对现代哲学发展方向所做的一种理解，而是在现代新儒学的心学路向基础上提出的，属于人文主义思潮对中国文化及其哲学性格所做的一种概括。对此，他说过一段话："中国的心的文化，乃是具体的存在，这与信仰或由思辨所建立的某种形而上的东西，完全属于不同的性格。"② 这段话清楚地呈现出他的消解形而上学思想的基本内涵。

徐复观继承了熊十力所开启的现代新儒学的心学路向，并以此来把握中国文

---

① 冯友兰：《新知言》，载《三松堂全集》第5卷，河南人民出版社1986年版，第221页。
② 徐复观：《心的文化》，《中国思想史论集》，台湾学生书局1988年版，第243页。

化，认为："中国文化最基本的特性，可以说是'心的文化'。"① 但对于"心"的理解，他有着自己的看法，不仅认肯"心"的主体性、能动性、生命性，而且强调"心"的具体性、现实性、经验性，即把"心"看作是具体的人的生命存在及其活动，是通过实践工夫与生活世界融为一体的，而不赞成对"心"做形而上学的抽象的理解。所谓工夫，并非一般所说的方法，只有"以自身为对象，尤其是以自身内在的精神为对象，为了达到某种目的——在人性论，则是为了达到潜伏着的生命根源、道德根源的呈现——而加内在的精神以处理、操运的，这才可谓之工夫"②。这样一来，就无须再去为人生价值找一个形而上的根据，设置一个形而上的本体，而"在由工夫所得的内在经验中，把虚悬的形上命题，落实到自己的生命之内"③。他说："人生价值的根源在心的地方生根，也即是在具体的人的生命上生根。具体的生命，必生活在各种现实世界之中。因此，文化根源的心，不脱离现实；由心而来的理想，必融合于现实现世生活之中。"④ 又说："心的作用是由工夫而见，是由工夫所发出的内在经验。它本身是一种存在，不是由推理而得的（如形而上学的命题）。"⑤ 在他看来，中国文化既然以"心的文化"为最基本的特性，那么就与西方文化不同，并不具有形而上学的性格；同样，体现中国文化精神的中国哲学，也就与西方哲学不同，并不以建构形而上学为追求。

在徐复观看来，在中国传统哲学中当然也有形而上学的内容，但这些内容终归会消解于现实的生活世界，儒家是如此，道家也是如此。他以《中庸》为例说明儒家的消解形而上学："《中庸》首句说：'天命之谓性。'这可说是一个形而上的命题。但是，此形而上的命题有一特点，即是当下落实在人的身上，而成为人的本质（性）。性是在人的生命内生根的。因此，《中庸》并不重视天的问题，而仅重视性的问题。到孟子才明确指出道德之根源乃是人的心，'仁义礼智根于心'。孟子这句话，是中国文化在长期摸索中的结论。这不是逻辑推理所推出的结论，而是内在经验的陈述。这句话说出来以后，使夹杂、混沌的生命，顿然发生一种照明的作用，而使每一人都有一个方向，有一个主宰，成为人生的基本立足点。以后，程明道、陆象山、王阳明等都是从这一路发展下来的。"⑥ 他又以老子为例说明道家的消解

---

① 徐复观：《心的文化》，《中国思想史论集》，台湾学生书局 1988 年版，第 242 页。
② 徐复观：《中国人性论史·先秦篇》，台湾"商务印书馆"1984 年版，第 460 页。
③ 徐复观：《心的文化》，《中国思想史论集》，台湾学生书局 1988 年版，第 248 页。
④ 徐复观：《心的文化》，《中国思想史论集》，台湾学生书局 1988 年版，第 249 页。
⑤ 徐复观：《心的文化》，《中国思想史论集》，台湾学生书局 1988 年版，第 248 页。
⑥ 徐复观：《心的文化》，《中国思想史论集》，台湾学生书局 1988 年版，第 245 页。

形而上学："老子的道，是形而上的性格；要求人去'体道'，是以在道之下的人，去合在人之上的道。不能说道是在人生命之内所生出的。但中国文化，总是走着由上向下落，由外向内收的一条路。庄子即把老子之形而上的道，落实在人的心上，认为虚、静、明之心就是道。故庄子主张心斋、坐忘，使心之虚、静、明的本性呈现出来，这即是道的呈现。人的精神由此而得到大解放。"① 徐复观以这些例子清楚地表明，消解形而上学是中国哲学的总趋向与总特点。

正是这样，徐复观一方面认同现代新儒学的心学路向，一方面力主消解对于"心"的形而上学理解。他针对中国传统哲学中的"形而上者谓之道"与"形而下者谓之器"的区分，提出了"形而中者谓之心"的命题。他说："《易传》中有几句容易发生误解的话：'形而上者谓之道，形而下者谓之器。'这里所说的'道'，指的是天道；'形'在战国中期指的是人的身体，即指人而言；'器'是指为人所用的器物。这两句话的意思是说在人之上者为天道，在人之下的是器物；这是以人为中心所分的上下。而人的心则在人体之中。假如按照原来的意思把话说完全，便应添一句：'形而中者谓之心。'所以心的文化，心的哲学，只能称为'形而中学'，而不应讲成形而上学。"② 这个"形而中学"的提法后来引起争议，一些论者认为难以成立。但徐复观的本意，无非是强调"心"不是外在于人之上的"道"，也不是外在于人之下的"器"，而就存在于人自身的现实生命之中；人生价值的根源，就在人自身的生命存在中，是人自身的生命存在所固有的，不是外在于人的形而上的东西。他是用"形而中"的"心"来消解"形而上"的"道"，从而把人生价值的根源置于人自身的生命存在之中。他感到只有用这样的提法，才能凸显出"心"的与现实的生活世界直接关联的性格。

对于哲学上的形而上学，徐复观其实并不拒斥。在回顾科学与玄学论战时，他就对赞成形而上学的玄学派抱同情的态度，而对拒斥形而上学的科学派持批评的态度。他说："胡适们不仅拿'科学方法'来打中国传统的文化，并以此来打西方素朴的实在论以外的一切哲学，尤其是与道德有关的价值哲学。'科学与玄学'之战，实际是初步的、素朴的实在论，对康德系统哲学之战。他们用'玄学鬼'三个字，否定了一切文化中的价值系统。张东荪、张君劢对西方学术的了解，远在胡适们之上。但因为'玄学鬼'这三个字的魔术力量，始终把他们排斥在学术王国的边

① 徐复观：《心的文化》，《中国思想史论集》，台湾学生书局 1988 年版，第 245 页。
② 徐复观：《心的文化》，《中国思想史论集》，台湾学生书局 1988 年版，第 243 页。

缘。”[1] 对于熊十力创建的“新唯识论”体系，徐复观更从哲学意义上予以了积极肯定，认为这一体系的建构在哲学史上占有十分重要的地位。他说：“熊先生的体系哲学，应以他的《新唯识论》作代表。……此一系统的成立，乃由他深刻地体会与严密地思辨，交相运用，将宇宙人生的根本问题，分析到极其精微而无深不入，综合到极其广大而无远不包，结构谨严，条理密察，使其表达之形式，能与其内容，融合无间。拟之于康德，则康德析而为三者，先生乃能贯之以一。拟之于黑格尔，则黑格尔拘于普鲁士之私者，先生乃扩而为人类之公。儒家致广大而尽精微之义蕴，固由先生而发煌；而其思辨组织之功，融会贯通之力，乃三千年中之特出。”[2] 这些都表明，徐复观由于看到了形而上学与价值相联系的一面，因而没有完全拒斥哲学上的形而上学。

徐复观所不赞成的，是通过重建形上儒学来讲中国文化及儒学，因为中国文化及儒学并不具有形而上学的性格。他说：“从宋儒周敦颐的《太极图说》起到熊师十力的《新唯识论》止，凡是以阴阳的间架所讲的一套形而上学，有学术史的意义，但与孔子思想的性格是无关的。”[3] 这里所说的“孔子思想的性格”，也就是中国文化及儒学的性格，因为在徐复观看来，中国文化是以孔子开创的儒学为其主流的。他批评形上儒学的重建，提出消解形而上学思想，正是在孔子所代表的中国文化及儒学是非形而上学性格意义上说的。换言之，只有在这个意义上，才能厘清徐复观消解形而上学思想的基本内涵，从而对这一思想有一个准确而深入的了解。

二、徐复观消解形而上学思想的根据

徐复观提出消解形而上学思想，并非故作惊人之语，更非不懂哲学之论，而是有着多方面的根据。这些根据主要来自他的生命存在、文化理论和中国思想史研究三个方面。

第一，徐复观提出的消解形而上学思想有着生命之根，深刻地反映了他的生命跃动、心路历程与治学风格。

与致力形上儒学重建的现代新儒学诸子相比，徐复观是一个与现实生活联系更为密切的学者。这不仅在于他在青年和中年时代有过投身军旅、参与政治、成为蒋

① 徐复观：《五十年来的中国学术文化》，《中国思想史论集》，第253页。

② 徐复观：《悼念熊十力先生》，《徐复观文录选粹》，台湾学生书局1980年版，第340页。

③ 徐复观：《向孔子的思想性格回归》，《中国思想史论集续编》，台湾时报文化出版事业有限公司1982年版，第432～433页。

介石高级幕僚的复杂人生，而且在于他退出现实政治之后仍然以一介书生关注、思考现实政治问题。“学术与政治之间”不仅是他第一部学术著作的书名，同时也是他全部学术生涯的写照。可以说，终其一生，他的生命跃动始终处于学术与政治之间。在《学术与政治之间》一书不同版本的自序中，他反复地谈到写作该书的目的，指出：“这里面的文章，就我个人来说，只能算是对国家问题、对学术问题摸索、思考的一个历程。……对读者来说，若能从这些文章中，接触到大时代所浮出的若干片断面影，及听到身心都充满了乡土气的一个中国人在忧患中所发出的沉重的呼声，我便感到满足了。”① “假定其中稍有可取之处，只在一个土生土长的茅屋书生，面对国家兴亡，世局变幻，所流露出的带有浓厚呆气戆气的诚恳待望：待望着我们的国家，能从两千多年的专制中摆脱出来，走上民主法治的大道。待望着我们的文化，能不再受国人自暴自弃的糟蹋，刮垢磨光，以其真精神帮助世人渡过目前所遭遇的空前危机。”② 在徐复观走上学术道路后所写的这些最初文字中，即已鲜明地显示出他的新儒学思想的走向与性格。他的未来的新儒学思想开展，可以在这里找到最初的起点与原型。

从20世纪50年代中期开始，徐复观以自己的厚实功底和勤苦努力，打开了进入中国思想史研究的大门，先后写出了《中国人性论史·先秦篇》《中国艺术精神》《两汉思想史》等学术名著。但他并没有因此而把自己关闭在学问的象牙塔中，而是始终使自己的生命与时代的风云保持密切接触，使自己的思想与中国人的生活世界声息相通，在从事中国思想史研究的同时，写作了数百万字的时政杂文。对于这一心路历程，他也有过明确的说明：“我以感愤之心写政论性的文章，以感愤之心写文化评论性的文章，依然是以感愤之心，迫使我作闭门读书著书的工作。最奈何不得的就是自己这感愤之心。这颗感愤之心的火花，有时不知不觉地从教室书房中飘荡出去，便又写下不少的杂文。”③ 这些以“感愤之心”所写出的时政杂文，先后编为《徐复观文录》四册、《徐复观杂文》四册、《徐复观杂文续集》、《徐复观最后杂文集》、《徐复观杂文补编》六册及《徐复观文录选粹》、《徐复观文存》等十多部文集，构成了徐复观新儒学思想开展的重要方面。在现代新儒学诸子中，以时政杂文的形式阐发新儒学思想，当然不是徐复观一人所独有，但没有能超过徐复观者。

---

① 徐复观：《港版〈学术与政治之间〉自序》，《学术与政治之间》，台湾学生书局1985年版，第Ⅳ页。

② 徐复观：《新版自序》，《学术与政治之间》，第Ⅰ页。

③ 《徐复观文录·自序》（一），台湾寰宇出版社1971年版，第2~3页。

正是这种独特的生命跃动、心路历程与治学风格，使得徐复观没有把重建形上儒学作为自己新儒学思想的兴奋点，而力图通过消解形而上学，开辟现代新儒学走向生活世界之路。金岳霖曾指出，在熊十力所建构的“新唯识论”体系的后面，有着熊十力这个人。其实，不仅熊十力如此，在徐复观所提出的消解形而上学思想的后面，也有着徐复观这个人。熊十力、徐复观师徒对于形而上学的不同态度，都必须从他们的个体生命存在的根源深处来加以了解与把握。

第二，徐复观提出的消解形而上学思想有着文化之本，可以从他有关文化的层级性理论中和有关中国文化的层级性论析中找到根据。

徐复观在探讨中国文化时，十分重视文化的层级性问题，对此做过理论上的阐发。在他那里，所谓文化的层级性，主要指一个民族的文化在结构上往往包括“基层文化”与“高层文化”两个层次。所谓“基层文化”，是指一个民族的风俗习惯，多表现在各种具体的事象上，凝结为人们不问理由、相互因袭的生活方式，其自身既有许多合理的有意义的内容，又有许多不合理的无意义的东西；既有许多可以适应时代的因素，又有许多落后于时代的成分。这是使社会可以保持安定但同时也会使社会趋于保守的力量。所谓“高层文化”，则是指一个民族中少数知识分子对于知识的追求、个性的解放、新事物的获得、新境界的开辟所做的努力与创发。每一个时代，尤其是历史上的大转变时代，总有少数知识分子，由于个性解放的要求和新鲜事物的刺激，首先从原有传统的束缚中突围而出，追求新知识，开辟新境界，获得新事物。这种少数知识分子的努力与创发，便形成一个民族的“高层文化”。“基层文化”与“高层文化”由于各自性质的不同，常常处于矛盾冲突之中，但一个民族的文化又总是同时包含着这两个部分，这是因为人类生活既要求前进、新鲜、自由、个性解放，又要求安定、念故、规律、社会谐和，常常表现为两种互相矛盾的要求。“基层文化”与“高层文化”之间的联系与张力，对于一个民族的文化来说是十分必要和重要的：没有“基层文化”，其民族的生活是飘浮无根的；没有“高层文化”，其民族的文化会由僵滞而消灭。只是在历史上的不同时代，一个民族的文化在这两者之间的取向与偏重是不相同的：有的时代偏重在“基层文化”，使之得以凸显；有的时代则偏重在“高层文化”，使之更为突出。

依据文化的层级性理论，徐复观对中国文化的层级性进行了具体分析，揭示了中国文化的层级性的独特点。在他看来，在中国文化发展中，“基层文化”与“高层文化”呈现出复杂的关系，两者都具有重要的意义，不能只看重其中一个部分。一方面，在中国文化中存在着“基层文化”与“高层文化”的区别与对立。徐复观说：“这种层级性，是由长期的历史文化的积累，及长期在专制政治下的残暴愚味的两种相反的因素，交织而成。有如中国的食品，从最原始最朴素的食品，一直到最复杂、最奢侈、最美味的食品，同时存在。前者是表示我们落后的一面，后者是表示我们长期积累的一面。”① 特别是在社会生活中，“原始性的风俗习惯，与文化所追求的理念之间；个人由原始生命冲动所发出的行为，与由文化生命所发出的行为之间，其层级性更为显著”②。另一方面，在中国文化中又存在着“基层文化”与“高层文化”的相互影响与相互渗透。徐复观说：“最显著的例子，《水浒传》一书，可以说是在卖人肉包子的黑店，与讲义气的英雄之间进行。中国人能欣赏这部小说，但西洋人恐怕很难欣赏它。”③

徐复观进而指出，中国文化中“基层文化”与“高层文化”之间的渗透性，使得儒家精神和中国文化在历史上呈现出“伏流”与“涌泉”两种状况。所谓“伏流”，是指“基层文化”对“高层文化”有一种吸纳、积淀、保持作用；这种作用不是以观念形态的形式，而是以风俗习惯的形式呈现出来的。“以孔子思想为中心的中国文化，它主要不是表现在观念上，而是浸透于广大社会生活之中”④。也就是说，“孔子思想乃至整个中国文化，一般人在观念上没有，但在社会生活中却依然有某程度的存在；这好比一股泉水，虽不为人所见，但它却在地下伏流”⑤。所谓“涌泉”，是指“基层文化”所吸纳、积淀、保持的“高层文化”，经过反省、自觉之后，能以观念形态的形式重新出现。“伏流在社会生活中的中国文化，经一念的反省，便在观念上立刻涌现出来。”⑥ 这种“伏流”与“涌泉”的状况，在中国历史上是交替出现的，从而维系和延续了儒家精神和中国文化的生命。徐复观动情地说：“大约儒家思想向社会生活的浸透，是通过两汉而始完成的。故而后虽变乱迭乘，但社会并不随政治的瓦解而瓦解。纵使暂时瓦解，亦旋即以其浸透的伦理性，融结于疮痍创痛之余。历史中每经一次大苦难，儒家思想，即由伏流而涌现于知识分子观念之间，有如南北朝后的王通，五季后的宋代理学，元初残杀后的宋代理学的复兴，明亡后的顾亭林、黄梨洲、李二曲、陆桴亭诸大儒的兴起，这都是经过苦难后而重新涌现的例子。我们可以这样说：以孔子为中心的儒家思想，常被腐

---

① 徐复观：《中国文化的层级性》，《徐复观文录选粹》，第120页。

② 徐复观：《中国文化的层级性》，《徐复观文录选粹》，第119～120页。

③ 徐复观：《中国文化的层级性》，《徐复观文录选粹》，第120页。

④ 徐复观：《中国文化的伏流》，《徐复观文录》（二），台湾寰宇出版社1971年版，第115页。

⑤ 徐复观：《中国文化的伏流》，《徐复观文录》（二），台湾寰宇出版社1971年版，第115～116页。

⑥ 徐复观：《中国文化的伏流》，《徐复观文录》（二），台湾寰宇出版社1971年版，第116页。

蚀于政治之上，却被保存、更新于社会之中。这是我们文化发展的大线索。”① 在他看来，这种“伏流”与“涌泉”对儒家精神和中国文化具有同等的重要性。如果说“涌泉”是创发性的，那么“伏流”则是根源性的。儒家精神和中国文化的生命之不绝，既来自“涌泉”的创造力，又来自“伏流”的坚韧性。

徐复观出生在湖北东部地区的一个偏僻山村，童年和少年时代都是在农村度过的，对农村的苦难和农民的善良有着切身的感受。因此在他的生命根源里，有一种同“基层文化”的天然的无法割断的联结。这就如同他所说的：“我的生命，不知怎样地，永远是和我那破落的湾子连在一起。”② 也如同他所做的：逝世之后让亲人将骨灰从台湾移回故里，安葬在这个至今仍然偏僻的山村里。与其他现代新儒学人物相比，他对“基层文化”保留了更多的同情，倾注了更多的关注，予以了更高的评价。他说：“心的文化是非常现成的，也是大众化、社会化的文化。王阳明曾叹息说他在龙场驿讲学时，乡人野老都能明白，反而回到中原后不能为许多人所了解；因中原士大夫都各有成见，不及龙场驿的人，都是非常纯朴，能自然与自己之心相合。”③ 又说：“不了解这种层级性，可以说便无从了解中国文化，无从了解中华民族。”④

在这种“基层文化”中，当然不可能像“高层文化”那样，给超越的形而上学留出存在空间。徐复观说：“凡过高过激的文化，都是由冥想、热情或推理而来的文化。”⑤ 在他看来，形而上学是推理而来的，属于这类“过高过激的文化”，因而只能存在于“高层文化”中，而无法在“基层文化”中得到安放。可以说，徐复观对中国文化的层级性的理解，构成了他的消解形而上学思想的文化之本。

第三，徐复观提出的消解形而上学思想有着历史之源，是以对中国思想史的历史考察与现代疏释为基础的。

徐复观走上学术道路后，即把自己的学术重心放在对中国思想史的历史考察与现代疏释上，通过思想史研究来表达自己的思想。由此出发，他揭示了中国文化在源远流长的发展中所呈现出的消解形而上学的历史走向和形成了的非形而上学的现实性格。他把中国文化的这一现实性格的生成过程称之为“天的人文化”⑥。所谓

---

① 徐复观：《中国文化的伏流》，《徐复观文录》（二），第116～117页。

② 徐复观：《旧梦·明天》，《徐复观文录选粹》，第291页。

③ 徐复观：《心的文化》，《中国思想史论集》，第249页。

④ 徐复观：《中国文化的层级性》，《徐复观文录选粹》，第120页。

⑤ 徐复观：《心的文化》，《中国思想史论集》，第249页。

⑥ 徐复观：《程朱异同》，《中国思想史论集续编》，第589页。

"天的人文化"，用他的话说就是："一切民族的文化，都从宗教开始，都从天道天命开始；但中国文化的特色，是从天道天命一步一步地向下落，落在具体的人的生命、行为之上。"① 在他看来，正是通过这一过程，消解了中国文化中原有的形而上学的思想内容，形成了中国文化的非形而上学的现实性格。他在中国思想史研究中着重对这一过程进行了具体考察，对其中的主要环节做了精彩阐释，特别是深入论析了周初的忧患意识、孔子的思想性格、二程的"平铺地人文世界"② 与朱熹的"贯通地人文世界"③ 在这一过程中的意义。

徐复观认为，"天的人文化"的开端可以追溯到周初的忧患意识的发生。在《中国人性论史·先秦篇》一书中，他对忧患意识的生成进行了考察与疏释，指出周人与殷人在精神生活上有一个很大的转变：殷人的精神生活尚未脱离原始性的宗教，人们仍把自己的行为归结为人之外的祖宗神、自然神以及上帝；周人则在传统的宗教生活中注入了自觉的精神，从而产生出周初的忧患意识。所谓忧患意识，是指人在精神上的一种自觉，其中蕴含着一种坚强的意志和奋发的精神。"忧患心理的形成，乃是从当事者对吉凶成败的深思熟考而来的远见；在这种远见中，主要发现了吉凶成败与当事者行为的密切关系，及当事者在行为上所应负的责任。忧患正是由这种责任感来的要以己力突破困难而尚未突破时的心理状态。"④ 这就使得周人不再像殷人那样依赖外在的神，而转向依赖自身的努力，建立起一个由"敬"所贯注、强调"敬德""明德"的新的观念世界，以人的道德精神的自觉来指导和规范自己的行为。由此而来，中国文化在形成之初即已显示出重活动、重实践、重人的道德自觉的现实性格，而不是表现为重知识、重思辨、重上帝意志的抽象性格。

徐复观又指出，"天的人文化"在孔子那里获得了质的飞跃，形成了孔子的思想性格。在《向孔子的思想性格回归》一文中，他着重阐发了孔子的思想性格特征及其对"天的人文化"的意义。在他看来，孔子虽然也讲"天""天道""天命"，但这些内容已没有形而上的意涵，实际上是指"道"的客观性、普遍性、永恒性，因而只有"道"才是孔子思想的中心范畴。孔子所说的"道"，主要是指向生活、行为、实践的意义和人类行为经验的积累，是在"行"中解决人自身问题的"人道"，其所涉及的问题虽有上下深浅的层次，但都不是逻辑上的层次，而是"行"在开辟中的层次，是生命表现在生活中的层次。这样一来，孔子就开辟了一个以道

---

① 徐复观：《向孔子的思想性格回归》，《中国思想史论集续编》，第432页。

② 徐复观：《程朱异同》，《中国思想史论集续编》，第569页。

③ 徐复观：《程朱异同》，《中国思想史论集续编》，第569页。

④ 徐复观：《中国人性论史·先秦篇》，第20~21页。

德为中心的内在的人文世界，将生理的我转化为道德的我，将客观知识转化为生命之德，使道德与知识得到统一，并对以后中国文化的发展产生了深远影响。因此，孔子的思想性格，在于重实践、重经验、重生命，而不是思辨的、形而上的。“把孔子的思想，安放到希腊哲学系统的格式中加以解释，使其坐上形而上的高位，这较之续凫胫之短，断鹤胫之长，尤为不合理。因为凡是形而上的东西，就是可以观想而不能实行的。”①

徐复观还认为，只有经过二程的“平铺地人文世界”与朱熹的“贯通地人文世界”，才最终消解了“天”与“人”之间的距离和矛盾，使“天”不再作为“道”的客观性、普遍性、永恒性而外在于人，从而最终完成了“天的人文化”。在《程朱异同》一文中，他对这两个人文世界的关系做了深入论析。所谓“平铺地人文世界”，是指二程主张“只心便是天”“知性便知天”，去掉了“人”上面的“天”，使仁义礼智的理性都平铺地安放在人的“心”上，从而直接与人的现实生命结合在一起，并向社会政治乃至自然世界发展，这样就把形上与形下之分拉平了，把传统形而上的尾巴割掉了。所谓“贯通地人文世界”，是指朱熹对“理”与“气”、“性”与“心”做了明确的区分，认为“理”“性”是属于形而上的存在，“气”“心”是属于形而下的存在，其关系是形上向形下的贯通，因而具有很强烈的形而上学的意味。但朱熹在做形而上与形而下的区分时，又强调实践，重视穷理，力图稳住在人间的现世的人文世界，从而使形而上的世界成为可有可无的东西，实际上又由“贯通地人文世界”回归到“平铺地人文世界”。朱熹的这一思想走向表明，消解形而上学才是中国文化的发展大趋势。徐复观由此得出结论说：“程、朱、陆、王的性即理、心即理的争端，也未尝不可以泯除而归向于平铺地人文世界的大方向。平铺地人文世界，是走向现实社会而加以承当的世界。”②

以“天的人文化”的这些环节为纽结，徐复观进一步牵引出与之相关联的整个时代思想特征与精神风貌。他指出，在孔子的思想性格的影响下，先秦诸子中就形成了以重视工夫为主的思想特征与精神风貌。不论是儒家的孔子孟子，还是道家的老子庄子，其思想都与工夫相联系。孔子所讲的“克己复礼”及一切“为仁之方”，孟子所讲的“存心”“养性”“集义”“养气”，老子所讲的“致虚极，守静笃”，庄子所讲的“坐忘”，皆是工夫的真实内容。这种对工夫的归结，正是先秦诸子消解形而上学的结果，从而塑造了中国文化的基本性格。

---

① 徐复观：《向孔子的思想性格回归》，《中国思想史论集续编》，第437页。

② 徐复观：《程朱异同》，《中国思想史论集续编》，第610页。

通过对于“天的人文化”过程的考察与疏释，徐复观揭示了中国文化的基本性格与总体走向。他说：“中国文化发展的性格，是从上向下落，从外向内收的性格。由下落以后而再向上升起以言天命，此天命实乃道德所达到之境界，实即道德自身之无限性。由内收以后而再向外扩充以言天下国家，此天下国家实乃道德实践之对象，实即道德自身之客观性、构造性。从人格神的天命到法则性的天命，由法则性的天命向人身上凝集而为人之性，由人之性而落实于人之心，由人心之善以言性善，这是中国古代文化经过长期曲折、发展所得出的总结论。”① 这里所说的“从上向下落，从外向内收”，也就是对形而上学的消解和向现实生活世界的回归。他提出的消解形而上学思想，正是以此为历史之源的。用他的话说：“我研究中国思想史所得的结论是：中国思想，虽有时带有形上学的意味，但归根到底，它是安住于现实世界，对现实世界负责；而不是安住于观念世界，在观念世界中观想。”②

上述三个方面清楚表明，徐复观提出的消解形而上学思想，既有其生命之根，又有其文化之本，还有其历史之源。这些因素共同构成了他的消解形而上学思想的根据。只有从总体上把握了这些根据，才能对这一思想的基本内涵有更深入的了解，也才能对这一思想的合理性与局限性予以正确的评价。

三、徐复观消解形而上学思想的合理性

徐复观提出的消解形而上学思想既然有着多方面的根据，那么就必然包含着合理性。具体而论，这种合理性包括了批评与建设两个方面：一方面，徐复观的这一思想以尖锐批评的方式，对现代新儒学的形上儒学重建工作提出了富有启发性的新问题；另一方面，徐复观的这一思想又以积极建设的态度，在形上儒学重建之外开拓了现代新儒学发展的新空间。

从批评方面看，徐复观提出的消解形而上学思想，试图对现代新儒学重建形上儒学进行一种解构。这种解构工作，一方面固然有其局限性，本文在下一节中将着重说明这一问题；另一方面又确实有其合理性，准确而深刻地揭示了现代新儒学重建形上儒学所面临的困境及其必须解决的新问题：现代新儒学如何克服形上儒学与生活世界之间越来越远的疏离，从而对广大民众产生吸引力和影响力？从现代新儒学在20世纪中国思想世界开展的历程看，形上儒学的重建和向生活世界的回归，

① 徐复观：《中国人性论史·先秦篇》，第163～164页。
② 徐复观：《两汉思想史》卷一，台湾学生书局1982年版，三版改名自序第1页。

其实都是必要的和重要的。如果没有现代新儒学诸子对于形上儒学的重建，由此产生了一批著名哲学家及其所创造的中国哲学本体论体系，现代新儒学大概不会产生如此强烈的影响力和如此持续的生命力。但如果没有徐复观在现代新儒学内部对重建形上儒学提出尖锐的批评，现代新儒学又会长久地自我封闭在形而上学的象牙塔中，与现实的生活世界产生出越来越大的疏离。近十多年来，“儒学热”“国学热”“传统文化热”的出现，儒学、国学、中国传统文化在广大民众中产生日益广泛的影响，一个重要的原因，就在于推动这些“热”的儒学倡导者都不再讲抽象的形而上学，而是把儒学、国学、中国传统文化与广大民众关心的社会问题、教育问题、家庭问题、人生问题相联系。现代新儒学的这一重大转变，有力地验证和彰显了徐复观消解形而上学思想的合理性。

在徐复观这里，这些问题虽然是针对现代新儒学重建形上儒学而提出的，但实质上是20世纪中国哲学本体论开展的一些带根本性的问题，直接关涉中国哲学本体论进一步开展的方向。这就是：本体论怎样才能更好地同现实生活联系起来，从而更富有生命力？中国哲学本体论怎样才能更多地吸取中国文化、中国哲学的特点，从而更本质地把握中国文化、中国哲学的真精神？对于这些问题，在20世纪中国哲学本体论开展中，未能充分引起重视并获得解决；在21世纪中国哲学本体论发展中，则是无法回避而必须加以解决的。这样一来，如何解决形而上学与生活世界之间的矛盾，使哲学本体论与现实生活打成一片，就成为21世纪中国哲学发展必须关注和思考的重要问题。对这个问题的探讨，将决定未来中国哲学的思维空间和发展趋向。从哲学的本性看，尽管这个问题并不容易解决，也不可能最终解决，但对这个问题的思考、探讨与推进，将推动未来中国哲学获得更深入的发展。

从建设方面看，徐复观提出的消解形而上学思想，不仅从理论上呼唤现代新儒学从抽象的形而上学走向现实的生活世界，而且直接地转化为对现代新儒学发展空间的多向度开拓。这种转化与开拓，是与徐复观从心学路向出发对“心”所做的非形而上学理解相联系的。在他看来，“心”既是与人的具体的生命存在、生命活动分不开的，是通过人的具体的生命存在、生命活动呈现出来的，那么由“心”所产生的人生价值就主要体现在中国人的道德、宗教、艺术、认知等活动之中，由这些活动、工夫、经验具体地体现出来。因此，他把自己的思考与治学的兴奋点，移向了对这些活动、工夫、经验的深入探讨，涉及中国绘画、史学及中国人道德生活等多方面内容。他通过对这些内容的考察与疏释，从中发掘出中国文化及儒家精神的现代意义，并据此对现代化进程所带来的现代性问题进行反省和批判，使中国文化及儒家精神能够再生于现代世界。这样一来，就在重建形上儒学之外，为现代新儒学的发展开拓了新空间。

重视中国艺术精神，把体现这一精神的中国绘画纳入现代新儒学论域，无疑是徐复观对现代新儒学发展空间的一个重要开拓。他指出，魏晋以来的人物画与宋代开始的山水画，实为中国文化开展中消解形而上学的产物，经历了一个从思的世界到画的世界的演变历程。老子所提出的“道”，本是形而上学的建构，但经过庄子及魏晋玄学，一步步走向包括人间世和自然界在内的生活世界，进而转化为画家笔下的人物画与山水画。人的生命跃动，画家的人格追求，不仅在中国的人物画中以人物形象生动地体现出来，而且在中国的山水画中通过自然景物深刻地体现出来。宋以后成为中国画主流和骨干的山水画，所追求和所呈现的不是一种纯粹的自然景观，而实际是人的生命存在和生命跃动。在山水画中，正是人的生命存在和生命跃动，赋予了山水林木之美。因此，中国绘画不仅在历史上有其伟大成就，而且在现代社会生活中仍有其重要意义，所体现的人生境界与西方近现代文化的性格呈现出鲜明的不同：“中国绘画，由人物而山水，山传色而淡彩，而水墨，这都是出自虚、静、明的精神，都是向虚、静、明精神的自我实现。所以由中国艺术所呈现的人生境界，是冲融淡定、物我皆忘的和平境界。”① 中国绘画的这种人生境界，无疑与现代高度工业化的社会以及由之而来的激烈的竞争、变化，处于两极对立、相互矛盾的地位；但这并不意味着中国绘画在现时代就失却了实际的意义，仅仅只能作为思想史和艺术史上的古董。现代高度发达的科技文明和工业社会，带来了竞争、争斗、异化，现代人类处于孤独、焦虑、绝望的精神状态。在这种情况下，中国绘画特别是中国山水画所呈现的冲融淡定、物我皆忘的和平境界，能像炎热时的清凉饮料一样，给躁动不安的现代人类注入平静、安定、谐和的因素。徐复观颇有感慨地说：“专制政治今后可能没有了；但由机械、社团组织、工业合理化等而来的精神自由的丧失，及生活的枯燥、单调，乃至竞争、变化的剧烈，人类是需要火上加油性质的艺术呢？还是需要炎暑中的清凉饮料性质的艺术呢？我想，假使现代人能欣赏到中国的山水画，对于由过度紧张而来的精神病患，或者会发生更大的意义。”② 在他看来，中国绘画特别是中国山水画，能对现代化进程所引发的现代人类的精神痛苦起一种治疗作用，是今天和今后的人类生存仍然不可缺少的东西。

重视中国史学精神，把中国史学的思想史价值在现代新儒学中凸显出来，是徐

---

① 徐复观：《中国艺术杂谈》，《徐复观杂文——记所思》，台湾时报文化出版事业有限公司 1980 年版，第 154 页。

② 徐复观：《中国艺术精神·自叙》，台湾学生书局 1984 年版，第 8 页。

复观对现代新儒学发展空间的又一个重要开拓。他认为，思想家对自己思想的表达，一是用哲学的方式，一是用史学的方式。哲学的方式是通过哲学家“说”的理论来表达思想，史学的方式则是通过史学家“说”的历史来表达思想。这两种表达思想的方式在文本与读者之间有着不同的效果和作用：“哲学家的语言，是把自己的思想，凭抽象的概念，构成一种理论，直接加之于读者的身上；读者须通过自己的思考能力，始可与哲学家的理论相应。而相应以后，由理论落实到行为上，还有一段距离。历史家的语言，则是凭具体的历史故事，以说向具体的人。此时读者不是直接听取作者的理论，而是具体的人与具体的人直接接触，读者可凭直感而不须凭思考之力，即可加以领受。并且，此时的领受，是由‘历史人’的言行，直接与‘现存人’的言行，两相照应，对读者可当下发生直接作用。也可以说，这是由古人行为的成效以显示人类行为的规范，不需要有很高的文化水准，便可以领受得到的。”① 相比之下，由于“史学家的语言”所“说”的不是抽象的理论而是具体的人，使得文本与读者之间能够建立起一种历史中的“具体的人”与现实中的“具体的人”的直接的接触，因而文本更易为读者所接受，发生更大的影响作用。正是这样，不仅历史上的哲学具有思想史的意义，而且历史上的史学也具有思想史的价值。他说：“由先秦以及西汉，思想家表达自己的思想，概略言之，有两种方式。一种方式，或者可以说是属于《论语》、《老子》的系统。把自己的思想，主要用自己的语言表达出来，赋予以概念性的说明。这是最常见的诸子百家所用的方式。另一种方式，或者可以说是属于《春秋》的系统。把自己的思想，主要用古人的言行表达出来；通过古人的言行，作自己思想得以成立的根据。这是诸子百家用作表达的一种特殊方式。”② 因此，史学的意义不仅在于记录了历史上的各种人物与事件，记录了历史上的一个个活生生的生命，而且更在于记录了一个民族的文化生命历程。徐复观在评价《左传》时即言：“左氏主要是采用了以史传经的方法，因而发展出今日可以看到的一部伟大的史学著作——《左氏传》，其意义实远在传经之上。传经是阐述孔子一人之言，而著史则是阐发了二百四十二年的我们民族的集体生命，以构成我们整体文化中的一段生动而具体的形相，这是出自传经，而决非传经所能概括的意义。”③

重建中国人的道德生活，使中国道德精神再生于中国现代化进程之中，也是徐

① 徐复观：《两汉思想史》卷三，台湾学生书局1984年版，第2～3页。

② 徐复观：《两汉思想史》卷三，第1页。

③ 徐复观：《两汉思想史》卷三，第275页。

复观对现代新儒学发展空间的一个重要开拓。在他看来，中国自近代以来走上现代化进程，对于中华民族来说是历史的必由之路，“谁也不会怀疑中国需要现代化”①。但他同时敏锐地看到，现代化进程产生了他称之为“现代文化的病根”②的现代性问题。这种“病根”所带给现代中国人的一个重疾，就是过分强调科学知识、工具理性，而忽视了人的道德修养，使人生难以安顿。他尖锐地指出：“现代许多文化上所发生的争论，实际上是对科学与道德的关系所发生的争论。公开认为无所谓道德的问题，这也是现代思想中的一股潮流。”③ 因此，重建中国人的道德生活，使中国道德精神再生于中国现代化进程之中，成为他竭力呼吁、用心探讨的大问题。在这个问题上，他从消解形而上学思想出发，形成了自己的思路，这就是：“道德问题，只会在一般人的现实生活中才可以发生的。离开了一般人的现实生活来谈有无道德的问题，那完全是一种没有意义的废话。”④ 正是这样，他不主张从形而上学来讲道德，或把道德讲成形而上学，而是从现代化进程中的中国人的现实生活出发，来讲如何重建中国人的道德生活。例如，他指出民族国家意识在中国现代化进程中具有特别的重要性，强调把国族的观念置于个人的意见之上，把国族的利益置于个人的利益之上，应成为现代中国人特别是中国知识分子的公德。他说：“一个知识分子忘记了自己的国家民族，甚至为了一时的恩怨、利害，而走上了与自己的国家民族为仇之路，这种知识分子的良心固然成问题，他所得到的知识也必然成问题。”⑤ 又如，他认为职业道德是中国现代化进程不可或缺的精神动力，反对在现代化追求中只注重专业知识，只强调物质待遇，而忽视最基本的职业道德培养。他说：“我们最多数的人都有职业，为什么对现代化的助力很少呢？即是职业观念、职业道德的缺乏。所谓职业观念、道德，是在自己职业的本身，于有意无意之中，承认它具备有无限的价值。认为实现职业的价值，即是实现自己人生的价值，因而把自己的生命力，完全贯注于自己职业之中，把职业的进步，当作自己人生的幸福；此之谓职业观念、职业道德。就一般人来说，这种职业观念、道德，要靠合理的待遇来加以刺激和维持。但假定根本没有此种道德，待遇再好也没有用处。”⑥ 他由此感叹地说，这种对职业道德的重视，其实也就是宋儒所讲的“尽

---

① 徐复观：《我们在现代化中缺少了点什么——职业道德》，《徐复观文录选粹》，第166页。

② 徐复观：《日本的镇魂剂——京都》，《徐复观文录选粹》，第47页。

③ 徐复观：《科学与道德》，《徐复观文录选粹》，第85页。

④ 徐复观：《科学与道德》，《徐复观文录选粹》，第85页。

⑤ 徐复观：《知识良心的归结——以汤恩比为例》，《徐复观杂文——记所思》，第421页。

⑥ 徐复观：《我们在现代化中缺少了点什么——职业道德》，《徐复观文录选粹》，第168页。

分”。“我们今天应把‘尽分’的观念，推扩到职业上去。每一知识分子，应痛责在自己的职业上，没有能‘尽分’。要现代化吗？从知识分子的‘尽分’开始吧。”①

总之，不论是从批评方面看，还是从建设方面看，徐复观提出的消解形而上学思想都有其合理性，对现代新儒学和现代形态中国哲学的开展都具有积极的意义。

四、徐复观消解形而上学思想的局限性

徐复观提出的消解形而上学思想，在具有合理性的同时，也包含了局限性。这种局限性集中体现为徐复观对形而上学意义的理解存在缺陷，主要在两个方面表现出来：一是未能深刻理解形而上学在哲学中的重要性；二是未能充分理解形上儒学在儒学开展中的重要性。

形而上学作为哲学中最为抽象的内容，与现实的生活世界确实存在着距离，两者之间往往会出现疏离的现象。特别是在西方哲学由古代至近代的发展中，两者之间的距离更大，疏离更明显。在现代西方哲学发展中，出现维也纳学派主张拒斥形而上学，从某种意义上说，也是为了走出这一困境。但形而上学在哲学中的重要性，并不因此就可以加以否定。对于这种重要性，黑格尔曾经有过很深刻的说明，他指出：“假如一个民族觉得它的国家法学、它的情思、它的风习和道德已变为无用时，是一件很可怪的事；那么，当一个民族失去了它的形而上学，当从事于探讨自己的纯粹本质的精神，已经在民族中不再真实存在时，这至少也同样是很可怪的。……一个有文化的民族竟没有形而上学——就像一座庙，其他各方面都装饰得富丽堂皇，却没有至圣的神那样。”② 形而上学之所以被黑格尔视为哲学中最为重要最为神圣的内容，就在于它十分抽象而又相当深刻地反映了一个民族的文化精神，这种文化精神包括了时代精神与民族精神。一个民族的文化精神，在它达到一定的自觉时，往往要升华为形而上学，以形而上学的形式、通过本体论的建构体现出来。在建立哲学本体论的过程中，哲学家们把自己的情感与理想、希望与追求、对祖国前途和人类命运的关怀与理解，都熔铸于其间，从而在哲学本体论中再现出哲学家的自我、哲学家的民族、哲学家的时代。哲学家们对形而上学的反复思考，对哲学本体论的不断建构，反映了一个民族对自己文化精神理解的深化，凝结了一

① 徐复观：《我们在现代化中缺少了点什么——职业道德》，《徐复观文录选粹》，第169页。

② 黑格尔：《逻辑学》上卷，商务印书馆1966年版，第1～2页。

个民族对自己生存智慧的追求，体现了一个民族的文化自觉和文化自信。如果哲学不讲形而上学，不讲本体论，这些情感与理想、希望与追求、关怀与理解等崇高的东西，可以说都难以获得安放。而哲学失去了这些内容，也就没有了诗意的激情，没有了智慧的灵性，没有了激动人心、鼓舞人心、凝聚人心的生命力和影响力。在现实的生活世界中，大量存在的是平庸的日常生活；要使人们从平庸的日常生活中超拔出来，提升自己的精神境界，就需要哲学上的形而上学，以自己的崇高的东西来引导时代、启迪人心。因此，形而上学固然与现实的生活世界表现出疏离，但对于现实的生活世界来说又不是多余的东西。

形而上学的这种重要性，在20世纪中国哲学中鲜明地凸显出来。近代的中华民族，内忧外患，救亡启蒙，贞下起元，多难兴邦，激起中国哲学家们对哲学本体论问题的思考和探讨。他们通过这种思考和探讨，来寄托自己的家国情怀，来重建中华民族的精神生活，来寻找解决中国问题的正确道路。在这一点上，熊十力等现代新儒学诸子致力于中国哲学本体论问题的探讨，以重建形上儒学作为现代新儒学开展的主流形态和基本特征，确实是抓住了20世纪中国哲学发展的关键。经过现代新儒学诸子的不懈努力，终于创造出了中国人自己的融汇古今中西哲学资源的形而上学体系，并通过这种体系批判西方哲学之短，彰显中国哲学之长，由此而显示出中国哲人的智慧和原创性，推进了中国哲学的现代化进程，也吸引了一批批中国哲学的后继者。因此，这种形上儒学的重建工作，对重建民族智慧、复兴中国哲学都具有积极的意义。

对于儒学自身的开展来说，形上儒学亦具有重要的意义。尽管孔子的思想性格，确如徐复观所论是非形而上学的；但孔子思想之所以能在以后二千多年中发扬光大，很重要的一个原因，就在于儒学在孔子之后能够建立自己的形而上学，由此来寄托理想、表达希望、显示崇高、追求智慧。郭店楚简《性自命出》等篇章清楚地表明，早在战国中期，儒家学者就开始对儒家思想做出形而上学阐释，产生了最初的形上儒学。至宋明时期，儒家学者进一步吸取了玄学、佛教的形上思维资源，建立了一系列不同思路的形上儒学体系，把形上儒学发展到鼎盛阶段。而现代新儒学经过近八十年的发展，由少数的几个人而成为20世纪中国哲学史上最有影响力的思潮之一，亦与以形上儒学为主流形态与基本特征相联系。如果现代新儒学诸子不是作为哲学家而只是作为文化保守主义者在20世纪中国思想世界出现，不是立足于探讨本体论问题而只是关心中西文化问题，他们的成就和影响一定不会有今日之大。总之，形上儒学以其哲学思辨的独特的性质，为儒学的发展开辟了更广阔的思维空间；又以其与中国人的生活世界的独特的联系，为中华民族提供了更深刻的生存智慧。因此，对于形上儒学的价值与意义，不能简单地以孔子的思想性格为标准来衡论，而应放在全部儒学史中来进行评价。

然而，徐复观为了改变重建形上儒学所导致的现代新儒学与生活世界越来越远的疏离，开辟现代新儒学由抽象的形而上学走向现实的生活世界之路，而对形而上学在哲学中的重要性及形上儒学在儒学开展中的重要性没有予以充分的重视。他虽然没有对哲学上的形而上学做出明确拒斥，但仅仅把这些内容看作是西方哲学的东西，而强调中国文化及儒学的开展，是以消解形而上学为其趋向和特征。在这里，徐复观提出的消解形而上学思想的局限性是明显的。

五、徐复观消解形而上学思想的启示

徐复观提出的消解形而上学思想，特别是其中所包含的合理性与局限性，对儒学在21世纪的开展提出了一个重大问题，即必须处理好抽象的形上儒学与现实的生活世界的关系。

通过对徐复观消解形而上学思想的上述论析，可以发现，要处理好形上儒学与生活世界的关系，必须把握好三个基本环节：一是儒学必须扎根于中国人的现实的生活世界之中，与百姓日用相联系，这就需要改变形上儒学与生活世界越来越远的疏离；二是儒学必须引导时代、启迪人心，而不与百姓日用共沉沦，这就要求儒学建立抽象的形而上学，以寄托和表达自己的情感与理想、希望与追求、关怀与理解等崇高的东西；三是儒学的这种形上追求不是指向辽远的彼岸世界，建构于超现实现世的天国，而要落实到中国人的现实的生活世界之中。这三个环节所体现的形上儒学与生活世界的关系，可以用冯友兰的两句名言来概括，这就是："即世间而出世间。"① "极高明而道中庸。"② 其中既包括了徐复观消解形而上学思想的合理内涵，也包括了现代新儒学重建形上儒学的合理内涵，是两者辩证的、历史的综合。

由此可见，徐复观提出的消解形而上学思想，不论是其合理性还是其局限性，都为儒学在21世纪的开展提供了有益的启示。

（载于2013年第2期）

① 冯友兰：《新原道》，《三松堂全集》第5卷，第6页。
② 冯友兰：《新原道》，《三松堂全集》第5卷，第7页。

《周礼》六艺的内涵及其在教育上的作用

董金裕

所谓“六艺”，说法有二：一说指《礼》《乐》《书》《诗》《易》《春秋》，此即《史记·孔子世家》所称“孔子以《诗》《书》《礼》《乐》教，弟子盖三千焉，身通六艺者七十有二人”，其性质略近于现代的教材，因《史记》称引颇多①，故不妨称之为“《史记》六艺”；二说指礼、乐、射、御、书、数，此即《周礼·地官》所称“保氏掌谏王恶，而养国子以道，乃教之六艺”，其性质略近于现代的科目，因首次出现于《周礼》，故不妨称之为“《周礼》六艺”。二说以《史记》六艺较为人所熟知，一般有关经学、儒学，甚至国学的著作，或详或略，都会介绍；至于《周礼》六艺，大家虽不至于毫无所悉，但了解究属有限，也少有著作述及。有鉴于此，本文拟先引用经学重要注疏家的注解，介绍《周礼》六艺的内涵，接着探讨六艺的属性以及彼此的关系，进而阐发六艺的教学特色，最后加以总结，并对当前的教育提出针砭。

一、《周礼》六艺的内涵

《周礼·地官》记载：“保氏掌谏王恶，而养国子以道，乃教之六艺：一曰五礼，二曰六乐，三曰五射，四曰五驭，五曰六书，六曰九数。”据此可知，所谓六

① 如《史记·伯夷列传》云：“夫学者载籍极博，犹考信于六艺，《诗》《书》虽缺，然虞夏之文可知也。”《史记·滑稽列传》云：“孔子曰：‘六艺于治，一也。《礼》以节人，《乐》以发和，《书》以道事，《诗》以达意，《易》以神化，《春秋》以义。’”《史记·太史公自序》引司马谈论六家要指云：“夫儒者以六艺为法，六艺经传以千万数。”又云：“夫《春秋》，上明三王之道，下辨人事之纪，别嫌疑，明是非，定犹豫，善善恶恶，贤贤贱不肖，存亡国，继绝世，补弊起废，王道之大者也。《易》著天地阴阳四时五行，故长于变。《礼》经纪人伦，故长于行。《书》记先王之事，故长于政。《诗》纪山川溪谷禽兽草木牝牡雌雄，故长于风。《乐》乐所以立，故长于和。《春秋》辨是非，故长于治人。是故《礼》以节人，《乐》以发和，《书》以道事，《诗》以达意，《易》以道化，《春秋》以道义。”

艺者，包括五礼、六乐、五射、五驭、六书、九数。其详细内容为何？兹据经传及注疏所言，略加疏解。

（一）礼——五礼

前引《周礼·地官》“一曰五礼”下，郑玄注云：“五礼，吉、凶、宾、军、嘉也。”① 孔颖达疏曰：“五礼，吉、凶、宾、军、嘉，大宗伯文。”② 检视大宗伯之文，从其中所述各自的作用，大抵可以看出五礼的内涵：“以吉礼事邦国之鬼神亓……以凶礼哀邦国之忧……以宾礼亲邦国……以军礼同邦国……以嘉礼亲万民。”③ 据此可知，吉礼是用来祭祀人鬼（祖先）、天神、地亓（祇），以表示对其尊崇的典礼；凶礼是用来表达对丧葬、灾荒、寇乱的哀伤、怜恤、慰问，或援助，以表示关怀的典礼；宾礼是诸侯朝见天子，或天子会见诸侯，使彼此互相亲附的典礼；军礼是用以表达军队征伐，或训练军队、兴建军事工程、勘定国家疆界、厘定赋税多寡，以协同保卫国家的典礼；嘉礼是用以表达祝贺，如冠、婚礼，饮食、宴享礼，以及其他值得庆祝道贺之事，来敦睦感情的典礼。五礼其实又各自包括许多项目的礼，如吉礼中祭祀天神的礼就包括了祭昊天上帝，祭日月星辰，祭司中、司命、风师、雨师的礼，因事涉专门，也非本文重点所在，故不赘述。

（二）乐——六乐

前引《周礼·地官》“二曰六乐”下，郑玄注云：“六乐，《云门》《大咸》《大韶》《大夏》《大濩》《大武》也。”④ 孔颖达疏曰：“六乐，《云门》以下，大司乐文。”⑤ 检视大司乐之文“以乐舞教国子，舞《云门大卷》《大咸》《大磬》《大夏》《大濩》《大武》”⑥ 下，郑玄注云：“此周所存六代之乐，黄帝曰《云门大卷》。……《大咸》《咸池》，尧乐也。……《大磬》，舜乐也。……《大夏》，禹乐也。……《大濩》，汤乐也。……《大武》，武王乐也。”⑦ 可见六乐乃黄帝、尧、舜、夏禹、商汤、周武王六代之乐。又，大司乐论述六乐的作用云：“以六律六同、五声、八音、六舞大合乐以致鬼神亓，以和邦国，以谐万民，以安宾客，以说远

① 郑玄注，孔颖达疏：《周礼注疏》，台湾艺文印书馆影印嘉庆二十年江西南昌府学开雕本，第212页。

② 郑玄注，孔颖达疏：《周礼注疏》，第213页。

③ 郑玄注，孔颖达疏：《周礼注疏》，第270～278页。

④ 郑玄注，孔颖达疏：《周礼注疏》，第212页。

⑤ 郑玄注，孔颖达疏：《周礼注疏》，第213页。

⑥ 郑玄注，孔颖达疏：《周礼注疏》，第337～338页。

⑦ 郑玄注，孔颖达疏：《周礼注疏》，第338页。

人，以作动物。”① 与上引大宗伯所述五礼的作用极为近似。由此可知，乐者乃行礼时所表演的歌舞，故六乐又称六舞。而六乐既然是代表黄帝以下六代的歌舞，则必然会有诗以歌颂当代的文治武功，所以六乐实际上乃是一种诗乐舞合一的大型舞曲。

（三）射——五射

前引《周礼·地官》“三曰五射”下，郑玄注云：“郑司农云：‘五射，白矢、参连、剡注、襄尺、井仪也。’”② 孔颖达疏曰：“先郑云‘五射白矢’已下无正文，或先郑别有所见，或以义而言之。云白矢者，矢在侯而贯侯，过见其镞白。云参连者，前放一矢，后三矢连续而去也。云剡注者，谓羽头高镞低而去剡剡然。云襄尺者，臣与君射，不与君并立，襄君一尺而退。云井仪者，四矢贯侯如井之容仪也。”③ 孔颖达时《周礼》中已无五射的正文，但孔颖达仍对五射加以诠释。依其诠释，白矢是指能射穿箭靶（侯）而露出箭头（镞）；参连是指射出一支箭以后随即连续射出三支箭；剡注是指射出的箭，箭尾（羽头）高而箭头低，锐利射中箭靶；襄尺是指君臣同时射箭时，臣谦让（襄）于君，退于君后一尺；井仪是指射出的四支箭，在箭靶上排列如井字的四方形。分别显现射箭的劲道、快速、锐利、礼仪及准头。

（四）御（驭）——五御（驭）

前引《周礼·地官》“四曰五驭”下，郑玄注云：“五驭，鸣和鸾、逐水曲、过君表、舞交衢、逐禽左。”④ 孔颖达疏曰：“五驭者，驭车有五种，云鸣和鸾者，和在式，鸾在衡。案《韩诗》云：‘升车则马动，马动则鸾鸣，鸾鸣则和应。’先郑依此而言。云逐水曲者，无正文，先郑以意而言，谓御车随逐水势之屈曲而不坠水也。云过君表者，谓若《毛传》云：‘褐缠旃以为门，裘缠质以为槸，间容握，驱而入，击则不得入。’《谷梁》亦云：‘艾兰以为防，置旃以为辕门，以葛覆质以为槷流，旁握御击者不得入。’是其过君表即褐缠旃是也。云舞交衢者，衢，道也，谓御车在交道，车旋应于舞节。云逐禽左者，谓御驱逆之车，逆驱禽兽使左当人君以射之，人君自左射，故《毛传》云：‘故自左膘而射之，达于右腢为上杀。’又《礼记》云‘佐车止则百姓田猎’是也。”⑤ 其中对过君表的解释颇嫌晦涩迂曲，孙诒让以为“其说殆不可通”，而另为之说道：“君表犹言君位，《左昭十一年传》

① 郑玄注，孔颖达疏：《周礼注疏》，第 338 页。
② 郑玄注，孔颖达疏：《周礼注疏》，第 212 页。
③ 郑玄注，孔颖达疏：《周礼注疏》，第 213 页。
④ 郑玄注，孔颖达疏：《周礼注疏》，第 212 页。
⑤ 郑玄注，孔颖达疏：《周礼注疏》，第 213 页。

云：‘朝有著定，会有表，会朝之言必闻于表著之位。’杜注云：‘野会设法以为位。’盖会同师田，君在则必有表位，凡车过之，当别有仪以致敬，故五御有过君表之法，犹入治朝者申过位之敬矣。”①

综合孔颖达疏及孙诒让之说，鸣和鸾是指驾车时，挂在车轼上及车衡上的铃铛（和、鸾）声相互应和调谐。逐水曲是指驾车经过曲折的水岸边，安稳而不会掉进水中。过君表是指驾车经过君前之位时，向君王行礼以表敬意。舞文衢是指驾车经过交叉路时，应该如舞蹈般具有一定的节奏。逐禽左是指打猎时驾车追捕野兽，应该将野兽驱赶到左边，以便于坐在车子左边的人君射杀。分别讲求驾车的纯熟、稳定和有节奏，并能向君王致敬，且提供君王狩猎的方便。

（五）六书

前引《周礼·地官》“五曰六书”下，郑玄注云：“六书，象形、会意、转注、处事、假借、谐声也。”② 孔颖达疏曰：“云六书象形之等，皆依许氏《说文》。云象形者，日、月之类是也，象日、月形体而为之。云会意者，武、信之类是也，人言为信，止戈为武，会合人意，故云会意也。云转注者，考、老之类是也，建类一首，文意相受，左右相注，故名转注。云处事者，上、下之类是也，人在一上为上，人在一下为下，各有其处，事得其宜，故名处事也。云假借者，令、长之类是也，一字两用，故名假借也。云谐声者，即形声一也，江、河之类是也，皆以水为形，以工、可为声。但书有六体，形声实多。”③ 核对今本许慎《说文解字·叙》，可以发现与孔颖达疏所言六书的名称与次序略有不同，但所举六书字例完全一样。④ 至于解说，则因用字太简，故皆尚有不够明确之处。

经过文字学者们不断研究，目前学界基本上已形成共识：六书的名称次序应为象形、指事、会意、形声、转注、假借，前四者为文字构造的基本法则，后两者为文字构造的补充法则。六书的意义则为：象形是按照物体的形状将其描摹出来，指事是用简单的符号来表示某些概念，会意是会合两个或两个以上之字的意思以形成新的一个字，形声是由表示事物类别的“形符”和表示字音的“声符”组合而成

---

① 孙诒让：《周礼正义》，台湾艺文印书馆影印楚学社本，第2469页。

② 郑玄注，孔颖达疏：《周礼注疏》，第213页。

③ 郑玄注，孔颖达疏：《周礼注疏》，第213页。

④ 许慎《说文解字·叙》云：“保氏教国子，先以六书：一曰指事。指事者，视而可识，察而见意，上、下是也。二曰象形。象形者，画成其物，随体诘诎，日、月是也。三曰形声。形声者，以事为名，取譬相成，江、河是也。四曰会意。会意者，比类合谊，以见指㧑，武、信是也。五曰转注。转注者，建类一首，同意相受，考、老是也。六曰假借。假借者，本无其字，依声托事，令、长是也。”六书的名称与次序为：一指事、二象形、三形声、四会意、五转注、六假借。

的字，转注是指字形、读音及意义相近的字可以相互注释，假借是本来没有这个字但可借用声音相同或相近的字来代替。六书的作用，则在于通过对文字的构造以认识文字的形音义，并能适切运用以表达情意。

（六）数——九数

前引《周礼·地官》“六曰九数”，郑玄注云：“九数，方田、粟米、差分、少广、商功、均输、方程、赢不足、旁要。”① 孔颖达疏仅笼统曰：“九数者，方田以下皆依《九章算术》而言。”② 并不再如前之五礼、六乐、五射、五驭、六书等之例，一一说明所指各为何。

按，《九章算术》为古代重要的数学经典著作，作者为何人已无从查考，但西汉初年张苍等曾对其加以删补，可见成书甚早。全书共分九章，共二百四十六题，每题分问（问题）、答（答案）、术（解题方法）三部分，由浅入深，极有层次。此九章即九数，依序说明如下：方田，主要内容是对各种田亩面积的计算。粟米，主要是讲各种比例计算问题，特别是各种谷物之间按比例交换的问题。襄分，又称差分，主要是讲按等级或按一定比例进行分配的各种计算问题。少广，讲的是已知面积和体积反求其一边的问题，涉及开平方和开立方的方法。商功，商指商议，功指工程，主要是讲有关土石方和用工量的各种工程数学问题。均输，讲的是按人口多少和路途远近等条件，以摊派赋税和徭役等的比例问题。盈不足，或作赢不足，主要是讲盈亏的计算问题。方程，主要内容是方程式的计算问题。句股，又称旁要，句指短面，股指长面，短长相推以求其弦，故又称句股弦，即直角三角形的解法问题。

《九章算术》虽以算术为名，但其内容除了涉及今所称算术以外，更涵括今之代数、几何，内容丰富，题材广泛，尤其可贵的是能与社会的实际需求，诸如土地面积、粮食交换、物资分配、工程体积、税役摊派、物价涨跌等密切相关，成为其最大的特色。

二、《周礼》六艺的属性及其相互关系

通过以上关于《周礼》六艺内涵的介绍③，我们似可将六艺归纳为三组：礼、

① 郑玄注，孔颖达疏：《周礼注疏》，第213页。

② 郑玄注，孔颖达疏：《周礼注疏》，第213页。

③ 上节所述六艺之内涵，少数有异解，如五御中的“过君表”，以及“六书”“九数”等，然它们并非本文所讨论的重点所在，故不赘述。所采乃较为众所认同之说法。

乐为一组，射、御为一组，书、数为一组。三组在教学上各有其着重之处，兹分述之如次。

第一组为礼、乐，重在伦理的培养及情意的陶冶，为教育的首要之务。儒家最重视礼乐教化，《论语·泰伯》记载："子曰：'兴于诗，立于礼，成于乐。'"此章记述孔子明言兴起善心、立身成德，在于诗、礼、乐。但前已述及，诗、乐本为一体，故可将诗、礼、乐化约为礼、乐。礼、乐之作用虽相反而实相成，彼此同出人心，相须以为用，故《礼记·乐记》云："乐者，音之所由生也，其本在人心之感于物也。……知乐则几于礼矣，礼、乐皆得谓之有德。""乐者为同，礼者为异。同则相亲，异则相敬。……礼义立则贵贱等矣，乐文同则上下和矣。……乐者天地之和也，礼者天地之序也；和故百物皆化，序故群物皆别。……致乐以治心，则易直子谅之心油然生矣！……致礼以治躬则庄敬，庄敬则严威。"类此之言，《礼记·乐记》及《荀子·乐论》所载颇多，皆可从中充分看出礼、乐之密不可分。

第二组为射、御，重在体能的训练及技艺的精熟。因射、御讲求技艺，故必须达到相当的年龄，具备相当的体力，始可让孩童学习之。《礼记·内则》载："八年，出入门户及即席饮食，必后长者，始教之让。……十年……礼帅初，朝夕学幼仪。……十有三年，学乐、诵诗、舞勺。成童，舞象，学射、御。"即是说，孩童八岁开始学礼，十三岁则可以学乐诵诗。诗乐舞虽为一体，但此时体力未充，只能舞勺，即跳手持羽、钥，不需太多体力的文舞。要到了成童（年十五岁以上）亦即青少年阶段，发育逐渐完成，体力日健，就可以舞象，即跳手持干、戈的武舞，并进而学习射、御。及至成年，发育已经完成，体壮力强，则可学习正式的礼而非幼仪，也就可以跳手持羽、钥、干、戈的文武合一之舞，此即《礼记·内则》所云"二十而冠，始学礼……舞《大夏》"是也。可见，一切的学习都必须配合身心的成熟程度，循序渐进，逐步加强。

第三组为书、数，重在知识的获取及其在日常生活的运用。只要孩童的智慧已开，不必年龄太大即可进行书、数的教学。《礼记·内则》载："六年，教之数与方名。……九年，教之数日。……十年……学书记……请肄简谅。"教之数（数字）、教之数日（以天干、地支计算日期），这些都属于数的教学范畴。学书记、肄简谅，郑玄注云："肄，习也。谅，信也。请习简，谓所书篇数也。请习信，谓应对之言也。"[①]依郑玄之注，皆与文字、语言相关，都是属于书的范畴。先教之数，再教之数日，先学书记再肄简谅，也是由浅入深，强调的是学不躐等也。

① 郑玄注：《礼记》，台湾学海出版社 1979 年影印民国二十六年来青阁影印本，第 377 页。

这三组看似各自独立，但彼此紧密相关。举例而言，《礼记·射义》曰："古者诸侯之射也，必先行燕礼。卿大夫、士之射也，必先行乡饮酒之礼。故燕礼者，所以明君臣之义也。乡饮酒之礼者，所以明长幼之序也。故射者，进退周还必中礼，内志正，外体直，然后持弓矢审固；持弓矢审固，然后可以言中；此可以观德行矣。"又云："射者，仁之道也。射求正诸己，己正而后发，发而不中，则不怨胜己者，反求诸己而已矣。孔子曰：'君子无所争，必也，射乎。揖让而升，下而饮，其争也君子。'"类此之言尚多，皆可见射与礼，与修德关系之密切。又如五射中有襄尺，指君臣同时而射，则臣应襄（让）于君一尺，讲求的臣尊君之礼。五御中有过君表，指臣驾车经过君前，向君行礼以表敬意；又有逐禽左，指打猎时应驾车将野兽驱赶至车左，以便让坐于车左的君王射杀，讲求的也是君臣之义。

再举例而言，《礼记·内则》所言"六年，教之数……九年，教之数日"，此为基础性的数学。其后逐步渐进，由浅而深，以至于《九章算术》所载的九数，实际运用于田亩面积、工程体积的计算，粮食交换、物资分配的比例，税役摊派、物价涨跌的评定等，这些皆与人们的生活密切相关，若能掌握得当，则百姓不虞匮乏，则可以娴礼、乐而习射、御矣。又如射箭讲究持弓矢审固以中的，则弓的重量、矢的锐利程度、臂力的强度以及风向及速度，皆有赖于数的推算。驾车讲究安全、稳定与有节奏，则路途的远近、车行的速度以及地势的平直或曲折，也要掌握其精确的数字。另，《礼记·内则》所言"十年……学书记……请肄简谅"，则皆与文字有关。《说文解字·叙》云："盖文字者，经艺之本，王政之始，前人所以垂后，后人所以识古，故曰本立而道生，知天下之至赜而不可乱也。"即是说，识字以后，进而学习《史记》六艺，即《诗》《书》《礼》《乐》《易》《春秋》，以至于前人所以昭后，后人所以承先，文化的传承皆有赖于学书矣。

三、《周礼》六艺的教学特色

《周礼·地官》言保氏"养国子以道，乃教之六艺"。六艺作为教学的科目，各有其属性，而又彼此密切相关，其所显现的特色，笔者以为至少以有下三点：

（一）文事与武备兼具

六艺之中，礼、乐重在伦理的培养及情意的陶冶，二者皆关乎文化素养。射、御重在体能的训练及技艺的精熟，故明显偏向于武艺，亦即属于军事的技能。其实，五礼中的军礼即属军事范畴，而六乐既然都是一代之乐，当然是文武合一之舞，也与军事相关。书、数重在知识的获取及实际的运用，可以视为礼、乐与射、御的基础知识与能力。如是，六艺的教学有文事，亦有武备，显然是文武合一的教育。《史记·孔子世家》记载孔子于摄鲁国相事之时，辅佐鲁定公与齐景公会于夹谷（在今山东莱芜），曾谏请曰："有文事者必有武备，有武事者必有文备。"要求具左右司马以从。鲁定公采纳其建议，终于在夹谷之会中占得上风。由此可见，《周礼》此种兼重文武的教育深为孔子所赞同并加以运用，从而获得外交上的胜利。

（二）道德与知识、技艺并重

大抵而言，教学目标可以分为三个方面，即知识的探求、技能的培养、情意的陶冶。以此为标准来看待六艺，显然书、数偏重于知识探求方面，射、御偏重于技能培养方面，礼、乐则偏重于情意陶冶方面。三者虽各自独立，其实乃相辅相成，以此培养伦理的观念、高尚的情操，吸收从事各种学问的基础知识，从而训练纯熟的技艺，以便于日常生活的运用。足见六艺的教学已能涵括德、智、能三个层次，有体有用，从而形成圆融的体系。

（三）身心交融，人我互动

六艺之教学，因礼、乐同出于人心，且相须以为用，有裨于陶养心性、泄导人情。射、御则能训练体能、熟练技巧，对强身健体极有帮助。书、数虽属客观知识的探求，但可借此运动脑筋，使思虑灵活，亦大有补于身体的健康和心智的成熟。就个人而言，显然可以达到身心交融的效果。

由个人推而至于人群，则五礼都有其施行之对象，六乐合诗乐舞为一，皆属群体的活动。射箭、御车固然可以单独为之，但较常进行的是群体的竞赛。书、数虽较偏于个人的学习，但也有定期的考核以比较其高下，免不了与同侪相互评比。凡此皆可以加强人我的互动，促进感情的交流。

四、结　语

健全的教育，强调智、德、体、群、美五育并进。但考察当前的教育，不难发现基本上所注重者只有智育，其他四育被严重忽略，以致弊病丛生。有识者忧心忡忡，乃大声疾呼应注重全人教育。但全人教育的内涵究竟为何？可谓言人人殊，难以取得共识。鄙意以为，《周礼》六艺实具有可供参考之处。

首先，就教学所设科目而言，六艺仅有六个，固然因为古代社会比较淳朴，事务也相对简易，设科可不必太多，但考查现代大陆、台湾，以至香港、澳门的中小学，所设置的科目往往多达十几种，甚至更多，有些科目开设的意义并不大，而彼此之间又未必连属。一个星期所能用来教学的时数有其限度，科目既多而又破碎，每科所能分配的时间自然就会相应减少，学习也就难以专精，教学效果当然会大打折扣了。故就今日而言，由于社会已较以前复杂，因了实际需求，科目当然有必要增加，但基本上宜限定在语文、数学、自然（包括生物、物理、化学）、社会（包括历史、地理）、体育、艺术（包括音乐、美术）等科目，不能过于浮滥。

其次，以六艺的属性与五育相对照，礼、乐相当于德育，并涵盖群育、美育，射、御相当于体育，书、数相当于智育。而六艺的三大教学特色（即前文所述之文事与武备兼具；道德与知识、技艺并重；身心交融，人我互动），其实也与五育的教学目标相符合。所谓全人教育者，实不能外于五育的范畴，而六艺的属性与教学特色既然与五育的目标若合符节，则其可以作为我们今日取法之资者正复不少。从古典中发掘其意蕴，并与当代结合，以发挥其宏效，亦属我们从事儒学研究所应遵循的正途。

（载于2014年第1期）

经典链接

曾子曰：“吾日三省吾身：为人谋而不忠乎？与朋友交而不信乎？传不习乎？”

——《论语·学而》

子曰：“弟子入则孝，出则弟，谨而信，泛爱众，而亲仁，行有余力，则以学文。”

——《论语·学而》

子夏曰：“贤贤易色，事父母能竭其力，事君能致其身，与朋友交言而有信。虽曰未学，吾必谓之学矣。”

——《论语·学而》

中华民族治国理政的历史经验与传统智慧

——王钧林先生访谈录

王钧林　武卫华

一、政道与治道

武卫华（以下简称武）：钧林兄，你我都是干编辑出身，都为孔子打工，你还是我的前任，这次访谈我们直奔主题。我认真读过《习近平谈治国理政》，感觉总书记谈得很全面、很透彻，执政思路很清晰。总书记反复强调要大力弘扬中华优秀传统文化，明确指出：中华优秀传统文化的丰富内容，可以为治国理政提供有益的启示。去年10月13日，中央政治局还专门就如何借鉴我国历史上治国理政的经验和智慧进行了一次集体学习。看到这些，我们就明白了：总书记谈的治国理政，与中国历史上治国理政的实践、经验、智慧，有着一脉相承的联系。我们的历史学者、儒学专家有必要认真研究研究中国几千年治国理政的经验与智慧。

王钧林（以下简称王）：卫华兄的眼光很敏锐，一眼就看出了古今治国理政的内在关联，也一眼就看出了学术研究走向经世致用的迫切需要。但是，要打通古今，打磨出一面古代治国理政的镜子，似乎还有一些困难。原因在于，以往我们偏重于研究中国古代政治思想、政治制度等，很少将治国理政单独拿出来做专门的研究。

武：政治思想、政治制度不就是治国理政的内容吗？

王：政治思想与政治制度包括在治国理政之中，但又不完全等同。政治制度是治国理政借以运行的组织系统，自然包括在治国理政的范围之内。政治思想涉及的面宽泛一些，它的一个研究方向是政治的基本原理，比如，孙中山将政治区分为政权与治权，现代新儒家的牟宗三又进一步将政治区分为政道与治道。治国理政属于治道、治权的范畴。

武：原来牟宗三的政道与治道的区分，是与孙中山的政权与治权的区分一脉相承而来的。治国理政就算作是治道、治权范畴，也不能说与政道、政权没有关系吧？治国理政有一个前提，即政权的合法性。一个政权如果没有合法性，又怎能治国理政？

王：我这里借用孙中山、牟宗三的说法，是为了给我们的讨论划出一个界限。治国理政更多地属于治道而不属于政道，我们应该在治道的层面上讨论治国理政问题。我承认政道与治道关系密切：政道提供一个政权的合法性基础以及安排社会秩序的基本原理，治道是在政权合法性基础之上，维护社会正常运转的治理系统。从这个意义上说，政道是第一义，治道是第二义。没有第一义，何来第二义？治国理政就是第二义层面上的问题。政权与治权也同样如此。孙中山明确指出：政权是指国家主权，主权在民，从这个意义上说，政权也就是民权。我国现行宪法规定国家一切权力属于人民，说的就是政权问题。治权是指国家治理权，宪法规定行使国家权力的机关——人大、国家主席、政府、中央军委、法院、检察院等，拥有治理国家的权力，这是治权。治国理政属于治权的范畴。

武：做这样明晰的划分，不是笼统地谈问题，有意义。

王：牟宗三还有一个观点，认为中国传统政治在政道方面比较薄弱，在治道方面很发达。我不同意这一说法。说政道弱，梳理一下中国历朝历代各个政权如何论证其合法性，再看看古代思想家和政治家如何论证人道效法天道，以安排人世间秩序，就知道在中国传统政治中，政道是何等的充实而辉煌！说治道强，古人知道天下不是一人的天下，是天下人共有的天下；天下人拥有天下的所有权，理应也拥有天下的经营权和管理权。唐代的柳宗元曾经打了个比喻：如果把天下比作一个店铺，谁拥有这个店铺，谁就拥有这个店铺的经营权。谁拥有天下这个店铺？天下人。可是，天下人不知如何经营、管理这个店铺，于是出资雇用了一些伙计。这些伙计们不务正业，结帮拉伙，贪污腐败，不搞垮这个店铺不罢休。聪明睿智的柳宗元看出了问题所在，也知道应该及时赶走那些搞腐败的伙计们，然而，换了一拨人又一拨人，沉疴没有根除，旧病还会复发。柳宗元始终没有想出一个店铺老板直接经营店铺的办法。店铺老板是天下人，天下人如何经营这个店铺？换言之，天下人如何治天下？民治如何可能？柳宗元想象不出，积中国人三千年智慧也没有想象出来。所以，梁漱溟谈到孙中山倡导的民有、民享、民治的“三民主义”，大发感慨：中国人在政治上早有民有、民享学说，而两三千年来始终不见民治制度；不仅不见民治制度，连民治学说都是想也想不到的，这岂不是咄咄怪事？连民治学说、民治制度都没有发明，能说治道强吗？

武：牟宗三说中国古代政道弱，治道强，好歹还承认一个治道强。你否定了治道强，小心弄成一个历史虚无主义啊。

王：这倒不会。我只是做学理分析，先弄明白那个道、那个理。政道明了，再来谈治道，就顺理成章了。

武：这好像有点书生之见。哦，没有冒犯吧。政道是虚的，刀把子是实的。在打江山、坐江山的年代，遇到司马迁说的“秦失其鹿，天下共逐之”的情况，谁能拉起队伍打下江山，谁就坐江山。谁管什么政道？谁问什么合法性？敢问吗？

王：这不算冒犯，的确是书生之见。我承认你说的是事实。历史上从夏代到清代四千多年的改朝换代，几乎都是在腥风血雨中完成的。打下来的天下，抢来的江山，哪有什么合法性可言！然而，不容否认，不少朝代政权稳固之后，慢慢走向轨道，出现治理有方、社会安宁的局面。这也是事实。这说明，政道与治道在某种特定的历史阶段是相互脱节不挂钩的。再举一个“盗亦有道”的例子吧。“盗亦有道”的道就是治道。《庄子·胠箧》篇描述了一伙强盗聚在一起，他们能够猜测到哪家藏有宝物，是圣；抢先去偷，是勇；掩护他人最后撤退，是义；知道可偷不可偷，是智；分配赃物公平合理，是仁。圣、勇、义、智、仁这五条一一具备，就是强盗团伙的治道。没有这五条治道，强盗团伙恐怕一天也维持不下去。强盗们聚在一起，哪有什么政道？哪有什么合法性？但是，他们有治道。

不错，人们承认和接受“胜者为王，败者为寇”的逻辑，但是，必须清楚，这种承认和接受是被迫的，是无奈的。“胜者为王”的统治者心里也清清楚楚，所以他们再糟糕再愚蠢，也知道掩饰一下，没有政道也要制造出个政道，鼓捣出一个合法性给人们看。年初，山东大学的孟祥才先生告诉我，他正在写一篇长文章，专门考察一下历朝历代是怎么论证其合法性的。什么天命说，什么禅让说，什么血统说，等等，其中不少是无根之说。无根归无根，却是有用，用在论证其合法性。拿得出政道，拿得出合法性，你才能治国，才能理政啊。

二、帝道、王道、霸道：三种治国理政模式

武：从某种意义上说，政道是虚的，治道是实的。我们先搁置政道，集中谈谈治国理政好吗？

王：好。治道就是治国理政之道。治国理政是动态的政治操作，比较复杂，其要件至少有五：第一，模式选择；第二，思想指导；第三，制度规矩；第四，执行力；第五，合法性。

先说第一，模式选择。我们以秦国为例。公元前4世纪60年代，秦孝公即位不久，召见了不远千里来到秦国的法家代表人物商鞅，二人讨论了三种治道模式：帝道、王道和霸道。经过一番比较，最后选择了霸道作为秦国治国理政的基本模式。大致说来，帝道是无为而治，为道家所倡导；王道是以德服人，为儒家所倡导；霸道是以力服人，为法家所倡导。第二，秦国既然选定了霸道，自然就要以法家思想做指导。第三，霸道体现在制度规矩上，就是秦国奉行的以法为教，以吏为师。第四，以赏罚两手提高官员、民众对于政令、法令的执行力。第五，合法性，这里不是指政权的合法性，而是指一项政治措施、一个政策、一个法令的合法性；是否具有合法性，就看其是否有利于富国强兵。这是典型的功利性目的，以合目的性代替合法性。历史证明，秦孝公和商鞅选取的霸道治国模式，为此后百余年秦国忠实奉行，在治国理政上确实卓有成效，使秦国迅速崛起，最终扫灭六国，一统天下。而且，法家推行的这套霸道治国模式，不仅仅在秦国，在整个战国时代，二百余年间大行其道。

武：从秦孝公到秦始皇，秦国确立了霸道治国模式，看起来取得了巨大成功，可是，秦始皇之后，也遭遇了二世而亡的巨大失败。汉代思想家贾谊作了《过秦论》，对秦的失败有分析，有总结。

王：贾谊的《过秦论》反映了汉代的认识水平。今天，我们应该有新的认识。我认为，不能以秦帝国一朝一夕的崩溃，完全否定秦国推行霸道治国模式百余年的成功。中国历史上最重要的制度发明——郡县制，就是从霸道治国模式中孕育出来的，实行了两千多年，至今不变。霸道治国模式的失败，首先是败在了它固有的结构性缺陷，如暴力一手过重、教化一手过轻，一直没有得到恰当的修正；其次是败在了不知一张一弛、张弛适中的道理，一味的严刑峻法，弄得人人紧张，时间久了，谁受得了？而最直接的原因是，霸道治国模式表面上看是法治，实质是人治，它的得失成败与是否得人直接相关：幸得君主英明，是一番强盛的景象；不幸得君主昏庸，是另一番衰败的景象。

武：法家倡导的霸道治国模式，就顶层一人而言是人治，除开这个顶层一人，下面就是法治了吧，至少法治的东西居多。我们今天倡导法治，应该从中吸取一些有益的经验教训。

王：对，值得吸取的东西还很多。总之，不能一味否定。不过，那个顶层一人，也就是皇帝的无法无天，是最要命的！

武：霸道治国模式在历史上真正实行过，并且卓有成效。道家倡导的那一套无为而治的帝道模式呢，是不是空中楼阁？

王：应该承认帝道有理想化的色彩。那时，人们喜欢托古，把帝道说成是尧舜之道，受到儒家、法家、道家、墨家、农家等诸子百家的共同追捧。什么“垂拱无为”“垂衣裳而天下治”等，都是追捧帝道的话。战国时代，连孟子鼓吹的王道治国模式都被人们看作是迂阔之论，何况比王道更加理想化的帝道。然而，谁也没有想到，道家黄老学派将帝道治国模式加以修正，到了汉代初年，竟然推行了开来，并且取得了“文景之治”的光辉成就！历史就是这么任性，你越说它不行，就越展示给你看。“文景之治”塑造了两千年中国大一统社会出现的第一个盛世。

武：有意思，历史实践成了检验帝道、王道、霸道是否可行的标准。你说道家黄老学派修正了帝道治国模式，他们做了哪些修正？

王：道家黄老学派是从道家中分化出来的一个务实的学派。他们奉黄帝、老子为宗师，兼采儒家、法家、墨家、名家、阴阳家对他们有利有用的思想观点，融会贯通，创造出了一个有强大实用性和操作性的治道模式。帝道治国模式的核心是“无为而治”，他们把这个“无为而治”修正为“君无为而臣有为”。很巧妙，这既不违背“无为而治”的原则，又避免了君臣都不作为、无所事事的弊端。把君臣分开，君可以无为、不作为，臣必须有为、有作为，这样用来治国理政，就有了可操作性。这是一条最重要的修正。

第二条修正，是他们从法家那儿拿来“尚法”的观念，做了一些变通改造，再充实到治国理政实践中去。他们崇尚法律，要求依法治国，但又与法家有很大的不同。他们批评法家把法律搞得很周密很复杂，让人动辄得咎，无所适从；他们喜欢简化法律，简化到最简单，就像刘邦与关中父老约法三章一样。管用的法律不在多，就那么三条，大家都遵守，就足以治国安邦了。最简单的几条法律摆在那儿，上下一体遵守，还会有什么事儿？无事就不要找事啊！所以，道家黄老学派的一个代表人物慎到就说：“上下无事，唯法所在。”法律在，人人遵守，天下无事；有人不遵守，是找事，挑事，于是天下不太平。

武：哦，对不起，打断一下。“上下无事，唯法所在”，这话说得好！上上下下，人人守法，天下太平，不会有事。有事，是不守法的人制造出来的。

王：对。道家黄老学派很重视法律对于治国理政的重要性，在这点上，他们学了法家那一套，但又做了改变，最大的改变是简化了法律，简单易行，不那么复杂。另外，也不搞苛法，不那么严酷。

我们再接着说，第三条，是将老子说的“道法自然”贯彻落实到治国理政中，重因循，轻改作。重因循，一是因循自然，尊重自然规律，效法天道；一是因循已定的法律，不轻易变动，不轻易改作。汉代名相萧何、曹参都崇奉黄老学说，彼此相知甚深。萧何死的时候，推荐曹参继任丞相。曹参上任后，无所事事，日夜饮酒。司马迁说他是“举事无所变更，一遵萧何约束”，后来有一个成语“萧规曹随”，就是从这儿来的。汉惠帝年轻，看不出这其中的玄机，就责问曹参为什么不问事，曹参反问：“陛下，你觉得，论圣武，你与高帝比如何？”惠帝赶紧说：“我怎么敢望先帝啊！”曹参又问：“陛下，你觉得，论贤明，我和萧何比如何？”惠帝说：“你好像不及萧何。”曹参说：“陛下说得对啊！高帝与萧何打天下，定法令。法令摆在那儿，你垂拱，我守职，照着做，不就行了吗？”曹参当政，奉行清静无为、与民休息的政策，赢得了民众的爱戴，他死后，有民歌颂扬他“载其清净，民以宁一”。

武：霸道、帝道两种治国模式都曾经实行过，也都取得了成功，这其中必有它们的合理、可取之处。但是，它们不能行之久远，汉初推行的帝道治国模式的修正版，更是短命的。这又说明它们必有其内在的缺陷。与帝道、霸道相比，王道治国模式又是怎样的情景呢？

王：在历史上，儒家倡导的王道治国模式，排在法家、道家之后，是最后一个运用于政治实践中去的，并且行之久远，同样取得了巨大的、辉煌的成就：它连续塑造出了几个模范政治，其中最著名的就是“贞观之治”。“贞观之治”是中国两千年大一统社会所达成的政治典范。它所取得的政治清明、社会稳定、人民安居乐业几项指标，在历朝历代并不少见，但是，达到它那样的高度，比较少见。十年前，我曾经与我的一个同学辩论中外社会治理孰优孰劣的问题。我举了一个例子，就是唐太宗在贞观六七年做的一件事：他下令把当时全国羁押的死囚犯三百九十多人全部放回家，告诉这些死囚犯好好与家人团聚，过个年，等到第二年秋天问斩的时候，再回来引颈受戮。这实际上是政府与死囚犯的一个约定。结果呢，第二年，三百九十多个死囚犯一个不少都按时返回了。连死囚犯都受到感化、感召，遵守约定，讲诚信，可以想象当时政府公信度多么高！政府的公信度、公信力是政治清明的一个最直接、最明显的表现。治国理政达到唐太宗的水平，不多见吧。

武：宋代的欧阳修写了一篇《纵囚论》，批评唐太宗此举是沽名钓誉，因为在他看来，君子讲诚信，小人不讲诚信，死囚犯又是小人中尤为可恶的人，怎么可以和他们讲诚信呢？

王：那是欧阳修的意见。其实，死囚犯也是人，也有情，也有义。问题是如何启发、感化他们。明代大儒王阳明做地方官的时候，抓了一个为非作歹、罪大恶极的惯犯。这个惯犯自称没有良知，人们也都认为他没有良知，王阳明却认为他还有良知。在提审的时候，王阳明在大堂上叫这个惯犯依次脱下上衣、裤子、内裤，到了脱内裤的时候，这个惯犯左看右看，不肯脱了。王阳明因势利导，说你为什么不脱内裤，是因为你还有羞耻之心，羞耻之心就是你的良知。一席话说得这个惯犯心服口服，老老实实招供了。如果欧阳修晚生几百年，看到王阳明审案的故事，就不会认为死囚犯不可救药了。

武：“贞观之治”达到那么一种治理水平，即使放在历史长河中看是短暂的，是昙花一现，也仍然是人类政治文明史上国家治理所能达到的辉煌顶点。

王：不止如此。历史上，奉行王道治国模式，还塑造了“礼仪之邦”的国家形象。战国时代，鲁国重用儒生，以仁政治国，虽然在富国强兵上不见什么成效，却塑造了一个“礼仪之邦”的国家形象。与鲁国不同，秦国重用法家，以霸道治国，塑造了一个“虎狼之国”的国家形象。你看看，一个是“礼仪之邦”，一个是“虎狼之国”，对比多么鲜明！当然，在“争于气力”的战国时代，“虎狼之国”勇于进取，日益强大，其国家形象的价值取向并非一无可取。

武：我看，就是在当今世界，虽然主流是和平，但是，天下并不太平，弱肉强食的丛林法则仍然存在于一些人的头脑中，所以，我们在建设“礼仪之邦”的同时，不能丢掉讲武尚武的传统。

王：“礼仪之邦”崇文，“虎狼之国”尚武。一文一武，各有所重。一文一武是中华民族治国理政的文化基因，一个也不能少。

我们再接着说“礼仪之邦”。到了大一统的时代，汉代独尊儒学以后，中国人在更广阔的时空范围内塑造了“礼仪之邦”的国家形象。历朝历代，中国周边各国、各族以及来华使者、商人、旅行者、传教士等，无不仰慕中华之风，视中国人塑造的“礼仪之邦”为国家的典范、样板，前来参观学习者络绎于途。明朝末年，朝鲜使臣洪翼汉来到中国，称赞“华人大有信义且极仁厚也”。崇明县知县张世臣写了一首歌颂“渤海澄澜”景观的诗，其中有两句“最喜白鱼呈上国，到今重译向中华”，真实反映了当时周边各国向往中华的情景。

我曾经总结、概括中国历史上“礼仪之邦”有五大特征：

（1）坚持以仁、义、礼、智、信为核心价值观；

（2）国民有温良、恭敬、礼让的文明素养；

（3）社会秩序优良，人人安分守己；

（4）实行公平合理的人才选择制度；

（5）有以德服人的泱泱大国之风。

武：习近平总书记早在 2013 年就提出了塑造我国国家形象的问题。总书记提出要塑造四种国家形象：一是历史底蕴深厚、各民族多元一体、文化多样和谐的文明大国形象；二是政治清明、经济发展、文化繁荣、社会稳定、人民团结、山河秀美的东方大国形象；三是坚持和平发展、促进共同发展、维护国际公平正义、为人类做出贡献的负责任大国形象；四是对外更加开放、更加具有亲和力、充满希望、充满活力的社会主义大国形象。借鉴历史，是不是再追加一个“礼仪之邦”的大国形象？看看最近一二十年来极少数国人在境外旅游的一些不文明表现，觉得很有必要培养和提升国民文明素养。“礼仪之邦”的国家形象，是在国民个人形象的基础上建立起来的，也是靠国民个人形象维护和展现出来的。

王：对！塑造“礼仪之邦”的国家形象，人人有责。每一位国民都能做到讲卫生，爱整洁，守秩序，有教养，谈吐优雅，举止得体，接人待物温和恭敬、彬彬有礼，何愁塑造不出“礼仪之邦”的国家形象？

三、儒家治国理政的经验与智慧

武：王道治国模式，比起帝道和霸道，应用于政治实践的时间更长，从汉武帝“独尊儒术”算起，到清代有两千年，取得的成就也更大更显著，为什么？

王：这个为什么，说来话长。一言以蔽之，它适合中国传统社会。首先，应该说明，王道治国模式有原版，有修正版。原版是孔孟设计的王道、仁政的治国理政模式，修正版是贾谊、董仲舒等人概括、提炼出来的德主刑辅的治国理政模式，并在汉武帝“罢黜百家，独尊儒术”以后逐步推行开来。这个修正版比原版扩容了，它采纳了霸道治国的长处。汉宣帝点拨太子：“汉家制度”是“霸王道杂之”，道破了这个修正版的实质。所谓德主刑辅，有一个如何摆正德与刑的比例关系的问题。从总体看，从长远看，德与刑是主次关系，但是，德与刑又是变量的概念，二者各占多大比重，从来没有明确的规定，可以因时制宜予以调整，这就给统治者上下其手提供了莫大的空间。在历史上，常见德的比重下降，刑的比重上升，二者势均力敌，甚至在某些特定的时期，德与刑的主次关系反转过来，以刑为主，这时，德主刑辅的模式实际上就是“霸王道杂之”的模式。

武：也可以说，原版是理论版，修正版是实践版。这两者之间的差别，是不是可以这样说：理论版不切实用，迂阔而远事情，脱离政治生活；实践版则不同，它切合实际，具有可操作性。

王：原版和修正版二者是大同小异。小异的地方，你说得对。至于大同，就是人们常说的以德治国了。

武：说起以德治国，从 20 世纪 90 年代我们就提倡过、讨论过。习近平总书记上任以来几次指出："国无德不兴，人无德不立。"去年10月中央政治局集体学习的主题是我国历史上的国家治理，总书记在讲话中提到了为政以德、德主刑辅，包含了以德治国的意思。

王：以往我们谈论以德治国，基本上都是限定在治道的层面上，这谈浅了，谈不深。

武：此话怎讲？你要放在政道层面上谈？

王：以德治国，放在治道的层面上看，是德治；如果放在政道的层面上看，以德治国的表述不准确，应该采用孔子的原话"为政以德"，推行道德政治，简称德政。德政与德治有联系有区别。以往谈德治多，谈德政少。那么，问题来了，德政是什么？德政的价值和意义又是什么？我们可以从三个方面来谈。

第一，国家是公共权力机关。建立国家的目的，我们的认识不过是为了保障一国之民的生存与安全，提升一国之民的福祉；而古人的认识呢？除此以外，还有一个，即推动全体国民集体向善。儒家讲"大学之道"，是"在明明德，在亲民，在止于至善"。这个"止于至善"，在古人看来，就是国家存在的目的，而且是最高目的。这就规定了国家政治的指向性：一切治国理政的路线、方针、政策、手段等，都必须是万法归宗，归于推动全体国民集体向善这个目的。

第二，周代刚刚建立的时候，特别强调"敬德"，全社会尊重、推崇、奉行道德，以道德为核心安排一切典章制度。知名历史学家王国维在他的名作《殷周制度论》中说，周代的制度典礼，都是为道德而设，反过来说，周代的制度典礼，都是道德的器械。这是难得一见的真知灼见啊！道德的精神从上到下、彻里彻外贯注于国家机关和典章制度之中，这是一种什么情况？是全部国家机关沉浸在道德之中，沉浸在善之中啊。这样一来，哪还有恶的藏身之地？哪还有不良秩序的容身之所？王国维的"器械"说，比较准确地表明了国家机关和典章制度只是道德的衍生物，仅仅具有工具价值，道德才是名至实归的本体价值、目的价值。

第三，也是最重要的，德政有其坚实的形上根柢。这个形上根柢，古人有不同的认识，我们讨论其中的两种吧。一种是认为德政有超越的形上根柢，这就是天。道德从属于人道范畴，人道来自于天道，必须效法天道。正因为如此，古人才有"皇天无亲，惟德是辅""天道无亲，常与善人"一类的信念。天或天道"惟德是辅"，国家政治也就必须把道德摆在第一位。一种是认为德政有内在的形上根柢，这就是孟子所说的良心。良心是仁、义、礼、智各种道德的总根源。孟子又把良心称为"不忍人之心"，他说："有不忍人之心，斯有不忍人之政。"这个"不忍人之政"就是仁政。可见，良心是仁政的根柢、基础。孟子又说："以不忍人之心，行不忍人之政，治天下可运之掌上。”即易如反掌的意思。天是外在的、超越的，良心是内在的。无论天还是良心，都是形而上的存有，是第一义的存有，道德是第二义的存有，德政是第三义的存有。明白了这个递相演进的逻辑，就知道德政根柢之深厚。

可见，德政不是别的，就是将道德奉为一切政治设施和政治活动的灵魂。道德是政治的本体、本源，政治不过是道德的器用而已。德政时时刻刻规范着、校正着国家与社会的发展方向，使其始终指向“止于至善”的目的。

我们知道了德政的ABC，再来看孔子说的“为政以德，譬如北辰，居其所而众星共之”，就会明白，孔子在这里谈的不是德治，而是德政。

武：把德政和德治区分开来，做这么复杂的分析说明，这是你老兄的工作。听你这么一讲，德政的轮廓比较清晰了。我们准确地理解与把握了德政，再来谈德治，就容易给它一个恰当的定位了。

王：是的。所谓德治，简单地说，就是以德治国。在治道的层面上，以德治国，是以德为用，凸显了道德的工具性价值和作用。对于国民来说，以道德信念引导人，以道德教化培育人，以道德规范约束人；对于社会来说，以道德整饬秩序，以道德达成和谐，以道德弘扬正气；对于国家来说，以道德维系人心，以道德保障清廉，以道德促成和平。所有这些，无一不是以德为用。

必须说明的是，德政必然要求以德治为实现其自身目的的主要路径与手段，然而，是主要的，不是唯一的。德政不排除法治，并且视法治为实现其自身目的的次要路径与手段。这就是德主刑辅的由来。

武：德治、法治之外，还有礼治。礼治应该有一个什么样的定位？

王：礼治介于德治、法治之间。礼是道德的节文，法是道德的底线，德、礼、法三者有内在关联。德治的功能与作用，在于教化、训导、规范；如果不敷用的话，再辅以礼治，礼治的功能与作用在于规范、约束、整饬；如果不敷用的话，再辅以法治，法治的功能与作用在于警示、惩罚、制裁。德治、礼治、法治一脉相承，一线贯通。

以国民修身为例，德治的做法，是通过道德的教化与训练，来养成温良恭俭让的人格形象；如果做不到这一点，那就再加上礼治，礼治的要求是“非礼勿视，非礼勿听，非礼勿言，非礼勿动”，直接用礼来规范人的言行；如果仍然有问题，礼也约束不了小人，那就得用法治了。法治的作用，是给人们的言行画出不可触碰和逾越的红线，触碰者必受惩罚，逾越者必受制裁。德治是春风化雨，礼治多了一份约束力，法治是强制性的，三者缺一不可。

武：德治、礼治、法治都包括在儒家倡导的治国理政模式之中？

王：是的。不少人有一种片面理解，一提德治，就认为是儒家的；一提法治，就看成是法家的。其实，儒家也讲法治，法家也讲德治，差别在于德治、法治的主次结构。德主刑辅是儒家倡导的，反之，刑主德辅是法家倡导的。我们将儒家倡导的治国理政模式概括称之为德治，不过是一种提纲挈领的便利性说法而已。

武：儒家一向重视修身、齐家、治国、平天下，开发并拥有了治国理政的智慧。儒家治国理政的智慧，在政道已立、治道已定的总体框架下，是如何具体应用的？

王：转入这个话题，可谈的内容那就太多了。先从政在得民说起吧。儒家有着丰富的民本思想，认同商周以来“民惟邦本，本固邦宁”的传统理念，深知民心民意是政治的根本，人心向背是决定国家兴衰的关键。“水能载舟，亦能覆舟”，是两千多年前荀子首先提出来的，为历代明君引为处理君民关系的鉴戒。这些是我们熟知的，不必详述。我想着重说明，民心民意是一个政权的合法性基础，合法性不是静止的、一成不变的，而是动态的、变动不已的。历史上任何政权的合法性，都处在加加减减的消长过程之中。合法性的充盈增长，意味着民心民意不断凝聚；合法性的衰减流失，意味着民心民意的不断丧失。因此，民心民意归根结底是政道的问题，是政道能否挺立的问题。我们必须从政道的高度上认识民心民意。从治道上谈政在得民，其实是指下达一项政令、发布一项政策、采取一条措施等，必须合乎民心民意，赢得民心民意的支持，而做到了这一点，实际上也就是在向政权不断注入民心民意，夯实其合法性基础。

武：赢得民心民意，是治国理政的第一要务。我们接着条分缕析，一条一条地梳理。

王：好的，但是，每一条只能谈个梗概。

第二条是重视道德教化。儒家治国理政，很重视道德教化。东汉王符说：“人君之治，莫大于道，莫盛于德，莫美于教，莫神于化。”《贞观政要》引述王符的话，就直接变成“人君之治，莫大于道德教化”了。儒家倡导的道德理念和道德规范，有多少条目，我没有统计，大概有上百之多。推行道德教化，上百德目，怎么做，无从下手啊。所以，从孔孟时代，就开始着手构建核心价值观，什么三达德：智、仁、勇，什么五常：仁、义、礼、智、信，什么八德：孝、悌、忠、信、礼、义、廉、耻，都是不同时代概括、提炼的核心价值观。有了核心价值观，提纲挈领，以简驭繁，便于国民认识和接受，便于引领社会风尚。这是推行道德教化的简便易行之道。

武：那么，第三条应当是什么？

王：第三条是以身作则。儒家坚持认为，一切从事治国理政的公务人员，必须以身作则，率先垂范，为国民做出榜样。孔子说："政者，正也。"这个"正"，应该贯彻落实到治国理政的方方面面。如何贯彻落实？孔子当面告诉鲁国执政大臣："子帅以正，孰敢不正？"上层执政者做到了身正，上行上效，下层不令而从；否则，就是虽令不从。所以，对执政者个人来说，第一要求就是这个"正"字，首先做到正己，然后才能正人。身正必须有心正的支撑。内外俱正，身心俱正，就会保证执政者做正人、走正路、谋正事、树正气。

武：是否还有正名的问题？正名也是治国理政的重要内容。

王：正名可以列为第四条。正名，是正名分的意思。每一位社会成员都有一个名分，循名责实，给予其应有的身份、地位、权利，他就会安分守己，维持社会秩序。个别僭越者的犯上作乱，另当别论。这实际上是对国民身份、地位、权利的制度安排。优良的制度安排，一是循名责实，做到名实相符；二是随着一个人的名实变化，及时做出调整，做到新的名实相符，与时俱进。儒家坚持并维护名实相符的制度安排，劝导人们安分守己，取其所当取，弃其所不当取。这就是历史上所谓的名教。名教这个词凸现了一个人的名分的作用和意义，一事当前，做不做，先要审核名分；一利当前，取不取，也是先要审核名分。由于历史上夏商周三代社会典章制度被概括称之为礼，这种名实相符的制度安排又被称为礼教。名教、礼教似乎被污名化了，透视其精神实质，无非是一个人的名分所表达的欲求，必定有一个适宜的范围，法与制度给予这个适宜范围以明确的界定，不可漠视，不可逾越。

武：历史上，魏晋时期批名教，近代"五四"时期批礼教，一是批其僵化的形式，二是批其名节观念害人，三是批其维护和巩固了社会等级制度。名教、礼教已经污名化了，你这是为其正名啊。不过，我承认你说的透视其精神实质有道理。我反对的是名教、礼教的僵化形式，它一旦僵化，就会束缚人，特别是束缚人心，这个危害比较大。

王：是的，僵化形式与精神实质应该仔细区分，不能囫囵吞枣。这个不能细讲，细讲费功夫。

武：你刚才讲到中国传统社会的制度安排，这是儒家治国理政的一个极其重要的方面。有规矩，才有方圆。儒家治国理政是如何进行制度安排的？

王：我从第五条公平正义说起吧。应该承认，两千年来，儒家在制度的设计和安排上没有多大作为，儒家的主要贡献不在于此，而是在于将社会制度中固有的精神挖掘出来，发扬光大，使其成为治国理政的根本理念、基本原则。这个固有精神就是公平正义。我写过一篇《正义与社会》的文章，强调正义是社会制度的第一美德。那篇文章不是写现代社会的正义，而是写传统社会的正义，主要是儒家的正义。儒家讲的王道、仁政，无一不贯彻、高扬公平正义的精神。比如说王道，儒家经典《尚书》反复申明："无偏无党，王道荡荡；无党无偏，王道平平；无反无侧，王道正直。"强调王道是没有偏私、没有朋党、没有左右、没有过与不及的公平正直。儒家论证公平正义出自天道，天道有"三无私"：天无私覆，地无私载，日月无私照。人道效法天道，必须坚持无私无偏的公平正义。前面谈到名实相副的制度安排，名实相副表示一个人的名分和他实际所应得的相等，这被看作是公平；少于或大于实际所应得，就被看作不公平。不平则鸣，议论纷纷。父子至亲，父亲有两个儿子，尚需公平对待；不能公平对待，就会发生一子满意、一子怨恨的情况。何况国家，更需要公平对待其全体国民。制度安排有一个公平正义的问题，一项法令、一个政策、一个办事的指示，同样有一个公平正义的问题。儒家强调治国理政必须奉行公平正义的理念，高扬公平正义的精神，秉持公平正义的原则。

武：治国理政要选用优秀人才。如何选拔优秀人才，就有一个公平正义的问题。

王：公平选拔人才是第六条。什么样的人算作优秀人才，古往今来，大家认识一致，德才兼备。可是，如何选拔优秀人才，在不断探讨中，至今也没有停止。从发现人才，到举荐人才，再到通过考试选拔人才，选拔人才越来越制度化，而制度化的选拔机制就是贯彻并凸现公平正义的原则。特别是科举考试，这是中国人的一大制度发明。以前无论发现人才，还是举荐人才，都是靠人来完成的；有了科举考试，就换成靠制度来完成了。选拔人才，靠制度比靠人更能够最大限度地避免个人好恶因素、亲朋故友因素的作用，比较好地贯彻公平正义的原则。可是，制度也有局限性。科举考试只是考取一个从政资格，能否录用为官，还要看吏部的考察。至于执政大臣、六部尚书、州郡长官，任用谁，那要看皇帝本人的考察。考察权、任用权限定在一个极其狭小的圈子里。孟子对于如何突破这个狭小的圈子，将考察权置于国人的大范围内，提出过一个很好的建议，他说："左右皆曰贤，未可也；诸大夫皆曰贤，未可也；国人皆曰贤，然后察之；见贤焉，然后用之。""国人皆曰贤"就是民主考察。孟子以后两千多年，历朝历代选拔治国人才，都没有做过"国人皆曰贤"的民主考察，真是愧对圣贤啊。

武：愧对圣贤，不止一端。廉洁清明，戒奢从俭，哪一项不是圣贤的教导？可是，奢侈腐败之风总是制止不了，为什么？根本原因何在？

王：你提到廉洁清明，戒奢从俭，我们将其列为第七条吧。奢侈腐败之风，任何社会都制止不了，根本原因在于人性的弱点和制度的不完善。既然不能根绝奢侈腐败之风，那就尽量控制奢侈腐败之风，将其限制在一个全民可以容忍和接受的限度内。这个限度，不是定量，是变量：政治清明，全民容忍度低；政治黑暗，全民容忍度高。政治黑暗达到一定的程度，普通民众也会参与腐败。贪污腐败与权力的运用直接相关。有一句名言说绝对的权力意味着绝对的腐败，就是这个道理。在人治社会，权力的运用可以上下其手，贪污受贿之风就会兴盛。在法治社会，权力的运用虽然也有上下其手的现象，但毕竟受到限制和监督；贪污受贿也会有，但不会泛滥成灾。儒家当然知道制度建设对于制约权力的重要性，可是，儒家只是从政者，而不是主政者。儒家在制度建设上力不从心，只好转而从良知自觉、道德自律上入手，提升人们对于政治清明的认识和对于贪污腐败的抵制。子思倡导的“慎独”说，告诉人们即使一个人独处一室或一地，也要恪守道德，严格自律。杨震发明的“四知”说，告诉人们任何权力的私下交易，都暴露在天知、地知、你知、我知的视野之下，天知、地知是神明知，你知、我知是良心知，敬畏神明，敬畏良心，就要洁身自好，不做触犯神明、违背良心的事儿。

武：儒家反腐倡廉，在制度建设上做得不够好；在思想教育、道德自律上做得比较到位。历史经验一再证明，反腐倡廉，靠思想教育，靠道德自律，效果不是很显著。现在我们正在进行的反腐倡廉，应该借鉴儒家的经验教训，多在制度建设上下功夫，营造一个能够切实有效地监督权力、约束权力的制度环境。

王：第八条是调节社会上的贫富差距，将其控制在一个合理的限度以内。在中国历史上，有一个王朝兴亡的周期率。导致这一周期率发生的因素，除了腐败以外，还有贫富悬殊。一个王朝建立之初，往往贫富差别不大，可是，不知不觉就开始了贫富差别的加速度发展，以至于贫富悬殊，不可收拾，引发农民暴动，促成新一轮王朝更替。孔子早就说过：“有国有家者，不患寡而患不均，不患贫而患不安。盖均无贫，和无寡，安无倾。”提出了一个“均”→“和”→“安”的政治逻辑。“均”是平均财富的意思，“和”是和谐的意思，“安”是安定、安宁的意思。平均财富，不是指要搞绝对平均主义，而是指国家政权利用宏观调控政策与手段尽量缩小贫富差别的意思。西汉初年的丞相陈平，早年在乡里主持分肉，分得很公平，父老乡亲交口称赞；陈平胸有大志，感慨地说：他年我陈平若能治国理政，也会像分肉一样做到公平、平均！国家政权有责任、有义务解决社会财富分配“不均”的问题，使其趋向于“均”。儒家反复提醒甚至警示最高统治者必须运用宏观调控手段，缩小贫富差距，调节贫富矛盾。孔子认为，缩小贫富差距，达到一个可以接受的程度，在推行教化的基础上，就可以建设一个“贫而乐”“富而有礼”的社会。为富不仁，贫者不能生存，是造成社会动荡的重要根源。孟子指出，减少税收和徭役、使民以时、保证农民有田可耕，都是可取可用的宏观调控政策和手段。这么简单的道理人人皆知，可是，说起来容易做起来难。一个王朝到了社会矛盾尖锐不可调和、失地的游民暴增的时候，败象显现，气数将尽，大家眼睁睁看着忽喇喇似大厦将倾，这真是无可奈何的事情。

武：你刚才提到“均”→“和”→“安”的政治逻辑，这是孔子发明的，知识产权归孔子。这个政治逻辑，展示了孔子治国理政的智慧。孔子还有个“庶”→“富”→“教”的治国三部曲。“庶”是指人口繁衍增多；“富”是指发展经济，富裕起来；“教”是指实行教育，提升民众文化素质。“庶”“富”“教”，再加上“均”“和”“安”，这六个字是不是可以概括孔子治国理政思想的基本内容？

王：“庶”“富”“教”“均”“和”“安”这六个字，涉及了人口、经济、教育、均富、和谐、安宁，的确包括了治国理政的基本方面，但还不够全面，还要再补充一点。

武：孔子说“不患寡而患不均”，这里的“寡”应该没有确定的指向，可以看作是财富，也可以看作是发展的机会。这样一来，就可以对“均”做扩大理解：“均”不仅仅指平均财富，也可以指就业、晋升一类的机会均等。这么理解是不是合乎孔子原意，我没有把握，但是，一定有利于强化“均”→“和”→“安”的政治逻辑。因为，促成社会和谐的，除了均富以外，还有机会均等。我们对“均”做扩大理解，赋予其更丰富的内容，这样是否有利于保障社会的公平正义？

王：对“均”做扩大理解，在诠释学上是允许的。诠释学不仅要弄明白孔子原话的本义，还要挖掘出孔子原话中的题中应有之义。

至于对“均”做扩大理解，是否有利于保障公平正义？这个问题比较复杂一些，牵涉如何理解和看待公平正义的问题。我们说在正常人的范围内，大致平均分配社会财富，大致平均享有发展的机会，无疑合乎公平正义。然而，社会成员中还有少数的鳏、寡、孤、独、疾病、衰老者，他们丧失了劳动能力和谋生能力，甚至丧失了生活自理能力，成为弱势群体。让他们和正常人一样参与社会财富的平均分配，比如，分几亩农田给他们，他们耕种不了啊；让他们和正常人一样享有发展机会，比如，给他们经商、做工、当兵、参政的机会，他们做不了啊。怎么办？孟子认为，实施仁政，首先要考虑扶助弱势群体，运用国家力量，提供优惠政策和必要的救助。张载认为，要把弱势群体看作是自己的兄弟姐妹，给予关爱和帮助。在儒家思想的指导和影响下，中国传统社会往往设有专门的慈善和救济机构，负责照顾和扶助弱势群体。是否照顾和扶助弱势群体，是衡量一个社会的文明发展程度的标尺。美国有一个政治学家罗尔斯，写了一本《正义论》的书，他论证了社会财富和发展机会在社会成员之间的分配，适当向弱势群体倾斜，是合乎公平正义的。可惜，罗尔斯不了解孟子早就有了类似的观点，他若了解，一定会惊讶孟子有先见之明。

武：扶助弱势群体，应该单独列为一条，即第九条。还有吗？

王：有，第十条是必须有强大的军事武装。刚才提到孔子的“庶”“富”“教”“均”“和”“安”这六个字，包括了孔子治国理政思想的基本方面，但还不够全面，还要再补充一点。这要补充的一点就是一个“武”字。孔子在鲁国从政，做了大司寇，一段时间内还曾经做过代理宰相处理政务。孔子从政期间，协助鲁定公处理齐鲁两国外交事务，他提出了一个著名观点：“有文事者必有武备。”“武备”就是军事武装、军事准备。鲁国采纳了孔子的这个观点，并且让孔子本人参与齐鲁两国的“夹谷之会”，结果，鲁国取得了重大外交胜利。“文事”是指和平的外交事务。我们触类旁通，举一反三，可以领悟到在和平年代不能放松警惕，而是要加强国防建设，拥有强大的军事武装，保障国家安全。这应该看作是儒家治国理政智慧中不可或缺的一条。

武：我们谈到现在，谈了十条，都是儒家治国理政的一些正面的经验和智慧，负面的东西还没有涉及，我觉得这有必要谈谈，谈清楚了，才知道如何扬长，如何避短。

王：转入谈谈儒家治国理政之短，先要知道儒家不是主政者，只是从政者，明确这个定位很重要。儒家只能做与其身份、地位、权利相符的事情。我说的这个从政，是个宽泛的概念，既指“学而优则仕”的儒者，也包括学而优不入仕的儒者。孔子不是说父子兄弟讲孝悌，端正了家风，也算是为政了吗？不必讳言，儒家治国理政有短板，短板之一，是讲贫讲多了，讲富讲少了。讲贫，有“贫而乐”，有“安贫乐道”，讲得津津有味；讲富，不但讲得少，往往还有不屑一顾的味道。这个价值导向就使得儒家很少研究经济，不大懂经济发展之道，早在战国时期，就在富国强兵上输给了法家，两汉以后儒学成为官学，在富国强兵上也没有什么卓越的贡献。

武：我国改革开放以来，把发展经济看作是治国理政的第一要务，摆在中心地位。在发展经济上，儒家的确很少提供有价值的思想资源。

王：儒家治国理政的短板之二，是改革、创新意识不足。从孔子时代到汉武帝时代，三百多年的时间，是中国历史上最富于创新精神和创造力的时代。这三百多年的理论创新和制度创新，奠定了此后中国传统社会治国理政的基本模式。本来，在这三百多年的时间里，儒家是朝气蓬勃的，反复申明“苟日新，日日新，又日新”的创新精神。然而，从汉武帝时代开始，儒家思想慢慢上升为治国平天下的指导思想，儒者纷纷从政，随之而来的，是守成的意识增强了，进取的精神减少了。所以，我们看到，两千多年中国社会形成了一个稳固而强大的传统。江山易改，传统难移。到了近代，导致社会转型步履维艰。为什么那个稳固而强大的传统一旦形成，就很少有突破？原因很多，其中一个原因就是儒家的改革、创新精神不足，不够强大，理论创新和制度创新都呈现出疲软的状态。这个就不详谈了吧，详谈，话太多。

武：好，就此打住。我们今天谈了很多内容，重点谈的是儒家，也包括了法家和道家，实际上是分析梳理了几千年治国理政的大传统。也谈了政道和治道，并且对德政和德治做了区分，这个区分有新意，有助于引发深入的思考。最后一个问题，习近平总书记去年提出，要推进我国治理体系和治理能力的现代化，请你谈谈几千年治国理政的大传统与推进我国治理体系和治理能力的现代化有什么关系？这个治国理政的大传统在当今中国社会有哪些价值和意义？

王：这个问题有难度。国家治理体系与治理能力表面上看是两个概念，实际上是一个整体，不可分开。谈治理能力，我们往往首先想到政治人物的个人领导力，比如，审时度势的判断力、运筹帷幄的决策力、狠抓落实的执行力，等等，但是，我更看重整个国家治理体系所表现出来的治理能力。这几年反腐倡廉暴露出来的问题，除个别部门、个别人的贪腐，甚至还有一个地方、一个部门的塌方式腐败，这或许是国家治理体系有缺陷导致治理能力下降造成的。我国现行的国家治理体系，主要是改革开放以来逐步形成的，一直处于不断发展、演变与完善之中。推进这个治理体系的现代化，按我的理解，应该是一场以现代化为目标定位的变法维新。我用变法维新这个词，不是言重了，而是按其本来意义使用的。治理二字，直接从治国理政这个词组中抽取而来。国家治理体系，包括宪法、法律、制度、道路、原则、方针、政策、政令等，凡是有落后于或不适应于社会发展的地方，怎么办？因地制宜地加以调整与改变，这就是改革，改革就是变法。变法一方面是寻求已被实践证明是普遍有效的现成的良法，大胆选择应用，而不必问其出自何时何方；另一方面是审时度势，把准脉，对准症，敢于突破创新，拿出新“药方”，这就是维新。变法维新有一个目标定位，这就是现代化。推进国家治理体系的现代化，不能忽视我国几千年治国理政的优秀传统，许多成功的经验和智慧，合乎人心，合乎国情，不能丢掉，要传承下去，像前面谈的儒家治国理政的十条智慧，我们有理由经过一番斟酌取舍之后将其传承下去。我们还不能忘记那个更加重要的现代化的目标定位。我们要高瞻远瞩，高瞻要求我们站在人类政治文明发展的高度上，远瞩要求我们审视几千年中国历史发展，摆脱王朝兴亡的周期率，走向真正的长治久安。

对于我国几千年治国理政的大传统，我们不能仅仅局限于中国一国政治来看，因为“不识庐山真面目，只缘身在此山中”。我们要有两个视野：一个是人类现代政治文明的视野，一个是东亚儒家文化圈的视野，从这两个视野来审视我们的治国理政的大传统，所见所知可能更多一些。在这里，有两个基本事实应当认定：第一，在东亚儒家文化圈内，中国是第一个把治国理政的大传统与现代民主制度调适、整合、接轨的国家，并且取得了初步的成功。1912 年成立的中华民国，被称为亚洲第一共和国，并非浪得虚名。此后民主道路的坎坷不平，不能怪罪共和革命先驱们的民主选择。第二，在东亚儒家文化圈内，日本、韩国、中国台湾等国家和地区，也都先后比较成功地实现了儒家倡导的治国理政模式与现代民主制度的对接。这两个基本事实足以证明，我们固有的治国理政大传统，到了现代社会仍然有其顽强的生命力，经过几番调整、充实、改造、创新，完全可以和现代民主制度融会贯通，纳入人类现代政治文明的发展轨道之中。而我们只有从人类现代政治文明的视野来审视几千年治国理政的大传统，才会有比较，有鉴别，革故鼎新，兼容并蓄，斟酌取舍古今中外治国理政的全部优秀资源，建设现代化的国家治理体系，实现富强、民主、文明、和谐的价值追求。

（载于 2015 年第 3 期）

“恭宽信敏惠”：儒家治国理政思想的现代启示

黎红雷

《论语·阳货》记载：“子张问仁于孔子。孔子曰：‘能行五者于天下为仁矣。’‘请问之。’曰：‘恭、宽、信、敏、惠。恭则不侮，宽则得众，信则人任焉，敏则有功，惠则足以使人。’”在孔子看来，恭敬、宽厚、守信、勤敏、惠爱，是一个仁人应该具备的五种美德。恭敬就不会受到侮辱，宽厚就能得到人心，守信就能获得信任，勤敏就会有功绩，惠爱就能使用他人。

以往学者大多将上述五种美德理解为个人修养，而笔者则认为，从孔子所言“能行五者于天下为仁矣”的前提来看，“恭、宽、信、敏、惠”不仅是个人修养的“私德”，而且是治国理政的“公德”①。如果将其与孔子所说的“尊五美，屏四恶”结合起来，就会更清楚了。《论语·尧曰》记载：“子张问于孔子曰：‘何如斯可以从政矣？’子曰：‘尊五美，屏四恶，斯可以从政矣。’子张曰：‘何谓五美？’子曰：‘君子惠而不费，劳而不怨，欲而不贪，泰而不骄，威而不猛。’子张曰：‘何谓惠而不费？’子曰：‘因民之所利而利之，斯不亦惠而不费乎？择可劳而劳之，又谁怨？欲仁而得仁，又焉贪？君子无众寡，无大小，无敢慢，斯不亦泰而不骄乎？君子正其衣冠，尊其瞻视，俨然人望而畏之，斯不亦威而不猛乎？’子张曰：‘何谓四恶？’子曰：‘不教而杀谓之虐；不戒视成谓之暴；慢令致期谓之贼；犹之与人也，出纳之吝谓之有司。’”这里，所谓“惠而不费”是对上文“惠爱”思想的展开——当政者为民谋利，就能动员民众共谋大业；所谓“劳而不怨”是对上文“勤敏”思想的补充——当政者任劳任怨，就能带动民众努力工作；所谓“欲而不贪，泰而不骄”是对上文“恭敬”思想的说明——当政者正己正人，就能保持庄

① 钱穆先生曾指出：“此章孔子答语乃似答问政，与答问仁不类。或说此乃问仁政，然亦不当单云问仁。”说见氏著：《论语新解》，三联书店2002年版，第448页。

重而不遭受侮辱；所谓"威而不猛"是对上文"宽厚"思想的诠释——当政者宽以待人，就能既有威严而又有亲和力；所谓"慢令致期谓之贼"是对上文"守信"思想的反证——当政者取信于民，就能获得民众的信任。这些论述，对于当代治国理政的理论和实践，都具有重要的启示意义。

一、正己正人：恭敬思想的现代启示

儒家所说的"恭"含有三层意思：一是对自己的严格要求。《论语·卫灵公》："无为而治者，其舜也与？夫何为哉？恭己正南面而已矣。"这里的"恭己"，指的就是恭恭敬敬地端正自己。二是对他人的恭谨谦逊。《论语·颜渊》："君子敬而无失，与人恭而有礼。"这里的"恭而有礼"，指的就是恭恭敬敬地待人接物。三是对礼法的自觉遵循。《论语·子路》："居处恭，执事敬，与人忠。"这里的"居处恭"，指的就是即使自己独处的时候也能够恭恭敬敬地保持敬畏之心。儒家恭敬思想所包含的这些庄敬律己、敬重他人、敬畏礼法的精神，是当政者不可或缺的宝贵品质。

关于"庄敬律己，正己正人"。孔子指出："其身正，不令而行，其身不正，虽令不从。""苟正其身矣，于从政乎何有？不能正其身，如正人何？"（《论语·子路》）受儒家思想影响，中国形成了一种特有的"德风草偃"的领导文化，那就是领导者的德行好比风，被领导者的行为好比草，风向哪边吹，草就向哪边倒。① 这种文化，用老百姓的话来说，就是"村看村，户看户，群众看干部"，或是"火车跑得快，全靠车头带"。老百姓最反感的就是"领导感冒，群众吃药"。如果我们的领导干部都能够像战争年代一样，敢于唤出"向我看齐"并切实做出表率，那何愁党风不正、民心不齐？党的十八大胜利闭幕之后不久，以习近平为总书记的党中央就于2012年12月作出《关于改进工作作风、密切联系群众的八项规定》，包括改进调查研究、精简会议活动、精简文件简报、规范出访活动、改进警卫工作、改进新闻报道、严格文稿发表、厉行勤俭节约等。从规定内容来看，似乎都是一些"琐碎小事"，但是全党和全国人民正是从这些"琐碎小事"中看到了新领导集体敢作敢为、勇于担当的大气魄。以此开局，此后的"反腐倡廉，打虎拍蝇""深化改革，啃硬骨头"等大动作也就有了强大的民意基础，得到了人民群众发自内心的

① 《论语·颜渊》记载："季康子问政于孔子曰：'如杀无道以就有道，何如？'孔子对曰：'子为政，焉用杀？子欲善而民善矣。君子之德风，小人之德草。草上之风，必偃。'"

拥护。

关于“敬畏礼法，欲而不贪”。儒家对于礼法的论述有一个发展的过程。孔子虽然主要强调“礼”，但并不否定“刑”的作用，他曾经明确说过“君子怀刑”（《论语·里仁》），主张当政者要关心刑法。荀子则将“礼法”并称，指出“治之经，礼与刑，君子以修百姓宁”（《荀子·成相》），将礼法作为保证官员修养和百姓安宁的治国基本原则。儒家有一个主张，叫做“礼不下庶人，刑不上大夫”（《礼记·曲礼上》）。有人望文生义，以为大夫以上的官员可以逃避法律制裁。实际上这是一种误解。据《孔子家语·五刑解》记载，冉有请教孔子道：“先王制法，使刑不上于大夫，礼不下于庶人。然则大夫犯罪，不可以加刑？庶人之行事，不可以治于礼乎？”孔子回答说：“不然。凡治君子，以礼御其心，所以属之以廉耻之节也。……大夫既自定有罪名矣，而犹不忍斥，然正以呼之也，既而为之讳，所以愧耻之。”这里孔子说得很清楚，对于违反礼法的大夫，依然可以加刑，不过罪名有所不同，主要是把他们放到整个礼法体系中去考虑，使犯罪的官员能够从更高的层次认罪伏法，知道廉耻，以儆效尤。因此，任何官员对于礼法都应存敬畏之心，而不可有侥幸之意，即如孔子所言：“见善如不及，见不善如探汤。”（《论语·季氏》）当然，官员也是人，也有七情六欲，但是既然身在官场，就应该谨守分际，不该拿的绝对不能拿。作为共产党的领导干部，更应该树立崇高的理想信念，全心全意为人民服务，而不能利用职权，为个人及家庭谋取利益。从国家治理的角度，则要加强廉政建设，营造“不敢贪、不想贪”的氛围，建立“不能贪、不必贪”的机制，从根本上提升国家的廉洁形象。

关于“敬重民众，泰而不骄”。孟子指出：“民为贵，社稷次之，君为轻。”（《孟子·尽心下》）在人民、国家与当政者这三者关系中，人民最重要。有了人民，才需要建立国家；有了国家，才需要国家的管理者。因此，当政者应该时刻牢记，自己的权力是人民给的，人民才是国家的主人，官员只是人民的“公仆”。由于受官本位思想的影响，我们现在一些领导干部，“一朝权在手，便把令来行”，作威作福，为所欲为，霸气十足。网载，某市原本被划拨为建设经济适用房的土地被开发商建了别墅和楼中楼，记者对此进行采访时却遭到规划局长的质问：“你是准备替党说话，还是准备替老百姓说话？”① 这个官员忘记了，共产党就是为老百姓说话的，不为老百姓说话，那还叫共产党吗？电视剧《江山》的主题歌写得好：“打天下，坐江山，一心为了老百姓的苦乐酸甜。谋幸福，送温暖，日夜不忘老百

---

① 原文网址：http：//news.163.com/09/0617/09/5C0HSV0S0001124J.html。

姓康宁团圆。老百姓是地，老百姓是天，老百姓是共产党永远的挂念；老百姓是山，老百姓是海，老百姓是共产党生命的源泉。"在中国人的传统文化中，"天"是最高的精神信仰；而在儒家的政治理念中，"天"是人间权力的来源。在孟子看来，"天视自我民视，天听自我民听"（《孟子·万章上》）。"天意"乃概括"民意"而形成，"民意"则通过"天意"而表达；"天意"即"民意"，"民意"即"天意"，从本质上看，二者是一致的。因此，当政者对于这种代表着"民意"的"天意"理应有敬重之心，而切不可存骄逸之意。孔子主张"君子泰而不骄"（《论语·子路》）。当政者受人民的委托而执掌国政、处理政务，就必须视民众为"天"，无论对方是众是寡、是大是小，皆不敢轻慢，这就叫"泰而不骄"。孔子还主张"居敬而行简，以临其民"（《论语·雍也》）。当政者应该以敬民之心行简政之道，不要烦扰民众，不要增加民众的负担，更不要骑在民众头上作威作福。中国共产党是中国各族人民利益的忠实代表，除了最广大人民群众的利益之外，没有自己特殊的利益，党的宗旨是全心全意为人民服务。因此，向人民负责和向党负责、为人民说话和为党说话，从根本上说是一致的。党的领导干部必须俯下身子、放下架子，把自己作为人民群众的一分子，从思想上尊重群众、感情上贴近群众、行为上为了群众，发自内心地服务好群众，一时一刻也不脱离群众。只有这样，才能继续经受住执政的考验、改革开放的考验、市场经济的考验、外部环境的考验。

二、为政以德：宽政思想的现代启示

儒家所说的"宽"，含有两层意思：第一层意思指个人修养方面的"宽德"。《论语·尧曰》："君子正其衣冠，尊其瞻视，俨然人望而畏之，斯不亦威而不猛乎？"第二层意思则指治国理政方面的"宽政"。《论语·八佾》："居上不宽，为礼不敬，临丧不哀，吾何以观之哉？"一个居于上位的当政者，实行宽厚的治国方略就能赢得人心，得到民众的拥护，即所谓"宽则得众"（《论语·阳货》）。

儒家所谓"宽政"，是相对于"暴政"而言的。孔子所说的"从政四恶"中，前两条就是"不教而杀谓之虐；不戒视成谓之暴"（《论语·尧曰》）。反对"不教而杀"，就要"为政以德"，积极推行道德教化；反对"不戒视成"，就要"宽猛相济"，既要有善心也要有良法。而在道德教化与法律惩罚二者的关系中，儒家更突出前者的根本作用，提倡"明德慎罚"并主张"德主刑辅"。这些就构成了儒家"宽政"的基本内容。

关于"为政以德，道德教化"。"为政以德"是儒家治国之道的基本原则。孔子指出：“为政以德，譬如北辰居其所而众星共之。”（《论语·为政》）在孔子看来，当政者是老百姓的表率，其一举一动、一言一行都具有示范的意义。因此，孔子本人把主要精力用于当政者的培养，希望他们成为合格的“君子”，即有位、有德、有能的国家领导者和管理者。同时，孔子也看到“君子”对“小人”即老百姓进行道德教化的必要性，所谓“君子学道则爱人，小人学道则易使”（《论语·阳货》）。当政者的道德水平提高了，就会爱护老百姓；老百姓的道德水平提高了，才能组织起来；上下同心同德，才可能团结一致，完成国家治理的目标。改革开放以来，人民的生活水平提高了，社会的道德水平却下降了，执政党的应对之道在于从严治党，以党风转化民风，以“官德”带动“民德”。毛泽东曾经说过：“治国就是治吏，礼、义、廉、耻，国之四维。四维不张，国将不国。如果臣下一个个都寡廉鲜耻，贪污无度，胡作非为，而我们国家还没有办法治理他们，那么天下一定大乱，老百姓一定要当李自成。国民党是这样，共产党也是这样。”① 在从严治党、从严治吏的基础上，习近平进一步指出：“国有四维，礼义廉耻，‘四维不张，国乃灭亡’。这是中国先人对当时核心价值观的认识。在当代中国，我们的民族、我们的国家应该坚守什么样的核心价值观？这个问题，是一个理论问题，也是一个实践问题。”② 经过反复征求意见，综合各方面认识所提出的“社会主义核心价值观”，正是“官德”与“民德”共同的道德基础，也是儒家“为政以德”与“道德教化”思想在当代的完美结合。③

关于“宽猛相济，善心良法”。春秋时期的郑国政治家子产指出：“唯有德者能以宽服民，其次莫如猛。夫火烈，民望而畏之，故鲜死焉。水懦弱，民狎而玩之，则多死焉。故宽难。”（《左传》昭公二十年）在子产看来，“法治”就像火，民众不敢触犯反倒可以保全性命；“德治”就像水，民众可能疏忽而迷茫堕落。所以，施行“宽政”其实并不容易，必须有“法治”作为其背后的保障。孔子对此非常赞同，他进一步指出：“政宽则民慢，慢则纠之以猛。猛则民残，残则施之以宽。宽以济猛，猛以济宽，政是以和。”（《左传》昭公二十年）“德治”与“法

① 转引自《党建经纬》1998 年第 1 期。

② 《习近平谈治国理政》，外文出版社 2014 年版，第 168 页。

③ 2013 年 12 月，中共中央办公厅印发《关于培育和践行社会主义核心价值观的意见》，明确指出：“党的十八大提出，倡导富强、民主、文明、和谐，倡导自由、平等、公正、法治，倡导爱国、敬业、诚信、友善，积极培育和践行社会主义核心价值观。这与中国特色社会主义发展要求相契合，与中华优秀传统文化和人类文明优秀成果相承接，是我们党凝聚全党全社会价值共识作出的重要论断。”

治"，就像国家治理的两只手，"两手抓，两手都要硬"。就"法治"这一手而言，儒家反对"不教而杀"，却并不一概反对必要的刑罚。荀子指出："不教而诛，则刑繁而邪不胜；教而不诛，则奸民不惩。"（《荀子·富国》）因此，儒家既提倡引人向善的道德教化，又保留防人作恶的刑罚诛杀，两者缺一不可。正如孟子所指出的："徒善不足以为政，徒法不能以自行。"（《孟子·离娄上》）一个当政者，治理国家当然不能没有对民众的善心，但如果光靠发善心，还是不能够处理好错综复杂的国家事务的，这就必须依靠法律的配合；但是，法律不能自己发挥作用，需要人来制定、执行和遵守。人有"善心"才可能制定"良法"，人有"善心"才可能执行"良法"，人有"善心"才可能遵守"良法"，"善心"与"良法"相结合才能够把国家治理好。当代中国实行社会主义市场经济制度，而市场经济既是"法治经济"，又是"道德经济"。为适应这一经济基础，在上层建筑的国家治理层面，就既要"依法治国"，也要"以德治国"。正如《中共中央关于全面推进依法治国若干重大问题的决定》所指出的："既重视发挥法律规范作用，又重视发挥道德的教化作用，以法治体现道德理念、强化法律对道德建设的促进作用，以道德滋养法治精神、强化道德对法治文化的支撑作用，实现法律和道德相辅相成、法治和德治相得益彰。"①

关于"明德慎罚，德主刑辅"。儒家虽然不否定法律刑罚的作用，但更看重道德教化的价值。周公提出"明德慎罚"（《尚书·康诰》）的理念。他主张，一方面要大力宣扬德政，让民众走上正确的轨道，国家才会安康；另一方面要严格执行刑罚，不乱罚无罪，不滥杀无辜，要慎重断案，要刑当其罪。从根本上说，使用刑罚的目的并不是单纯为惩罚人，而是为了劝民为善，防止犯罪，保证社会的安定。汉儒董仲舒进一步提出"刑者德之辅也"（《春秋繁露·天辨在人》）的理念，并论述道："天道之大者在阴阳。阳为德，阴为刑，刑主杀而德主生……以此见天之任德不任刑也。"（《汉书·董仲舒传》）在儒家看来，治理国家有"德"与"刑"两种手段，"德"的作用在于培养社会良善的氛围而纠正不良的风气，"刑"的作用则在于惩治危害社会的罪恶并禁止罪恶的发生。二者相比较，"德"的作用更加根本，更能保证国家的长治久安。当代中国社会，利益主体多元化，社会矛盾错综复杂，道德建设与法治建设的任务均十分艰巨。首先，要大力提倡"以德治国"，高度凝聚社会的道德共识，引导人们向往和追求讲道德、尊道德、守道德的生活，形成向上的力量、向善的力量。其次，要全面推进"依法治国"，建设中国特色社会主义

① 《中共中央关于全面推进依法治国若干重大问题的决定》，《人民日报》2014年10月29日。

法治体系，建设社会主义法治国家，促进国家治理体系和治理能力现代化。而无论是“以德治国”还是“依法治国”，落实的关键还是当政者自身素质的提高。儒家主张“善为吏者树德，不善为吏者树怨”（《说苑·至公》），我们的领导干部要真正树立“为人民服务”的大德，不要累积损害群众利益的怨气；要立党为公、执政为民，秉公执法、依法行政，不谋私利、不求虚名，以自己的“德政”获得人民的拥护，促进国家的发展。

三、取信于民：守信思想的现代启示

儒家所说的“信”，含有两层意思：第一层意思是个人道德修养中的“诚信”。《论语·学而》：“与朋友交，言而有信。”第二层意思是治国理政中的“守信”，即“恭、宽、信、敏、惠”中的“信则人任焉”（《论语·阳货》）。在这里，“信”是因，“任”是果，当政者只有守信，才能获得人民的信任。为了获得人民的信任，当政者就必须取信于民，以信立威；就必须言而有信，说到做到；就必须行之有效，不尚空谈。这些就是儒家在治国理政中强调当政者“守信”的基本内容。

关于“取信于民，以信立威”。《论语·颜渊》记载：“子贡问政。子曰：‘足食，足兵，民信之矣。’子贡曰：‘必不得已而去，于斯三者何先？’曰：‘去兵。’子贡曰：‘必不得已而去，于斯二者何先？’曰：‘去食。自古皆有死，民无信不立。’”这里的“民信之矣”，有人解释为“民众信任政府”；“民无信不立”，有人解释为“民众没有信用就不能自立”。其实，孔子这里是从当政者的角度立论的，“民信之”应解读为“为民所信”，“民无信”应解读为“不为民所信”，都是强调当政者应该“取信于民”的意思。① 一个国家，需要有充足的粮食赋税，有充分的军备武装，但这些都不是立国的根本，真正的立国之本在于民众对政府的充分信任。政府是国家的管理者，而国家是由民众组成的。民众信任政府，就会努力发展生产，提供赋税，保卫国家；民众不信任政府，即使有粮食赋税和军备武装，国家也会灭亡。社会需要秩序，政府需要权威，权威从哪里来？来自民众对政府发自内

---

① “民信之矣”一句，《论语》高丽本“民信”上有“使”字，皇侃本“民信”上有“令”字。“民无信不立”一句，学界有三说：一说指当政者。孔安国：“死者古今常道，人皆有之。治邦不可失信。”一说指民众。郑玄：“言人所特急者食也。自古皆有死，必不得已，食又可去也。民无信不立，言民所最急者信也。”一说兼指当政者和民众。朱熹：“无信则虽生而无以自立，不若死之为安。故宁死而不失信于民，使民亦宁死而不失信于我也。”王若虚《论语辨惑》：“夫民信之者，为民所信也。民无信者，不为民信也。”对此两句解释得最为清楚。

心的信任。威信威信，“威”来自于“信”，有“信”才有“威”，无“信”则无“威”；非但无“威”，还会引起民众的反感乃至反抗，“汤武革命”就是典型的例子。“君子信而后劳其民；未信，则以为厉己也。”（《论语·子张》）当政者只有取得民众的充分信任，才有可能去发动民众、组织民众。处于社会转型时期的当代中国，道德滑坡，诚信缺失。解决这一问题的关键在于从“政府诚信”抓起。政府既是社会信用制度的制定者、执行者和维护者，又是公共信用的示范者。只有一个具有公信力的政府，才有可能带领广大人民群众去实现国家发展的目标。

关于“言而有信，说到做到”。在汉字中，“信”是由“人”与“言”两个字组成的，可见二者有密切的关系。《论语·学而》：“与朋友交，言而有信。”其实，“言而有信”不仅是儒家个人修身养性的交往伦理，也是当政者治国理政的政治伦理。儒家十分重视当政者之“言”的影响，《礼记·缁衣》：“王言如丝，其出如纶。王言如纶，其出如綍。”如果当政者的话像一根线，它的影响就像一根绳；如果当政者的话像一根绳，它的影响就像一条大索。所以，作为居于上位的当政者，说话一定要十分慎重：说得到而做不到的，那就不要说；做得到而说不出的，那就不要做。为此，儒家提出了“寡言而行，以成其信”（《礼记·缁衣》）的原则。说出来就要去做，那么说出来的话就不可掩饰；做了就会去说，那么做出来的事也不可掩饰。如果不轻易许诺，反倒更容易践诺，所以当政者少说话反而更能获得民众的信任。汉儒主张：“为政者不在多言，顾力行何如耳！”（《汉书·儒林传》）清代赵慎畛在其桂林府衙所撰对联中进一步发挥道：“为政不在多言，须息息从省身克己而出；当官务持大体，思事事皆民生国计所关。”《礼记·表记》指出：“君子不以口誉人，则民作忠。故君子问人之寒则衣之，问人之饥则食之，称人之善则爵之。”这就要求当政者一定要为民众办实事，不要“口惠而实不至”。目前，有些地方的政府诚信问题引起世人的高度关注，原因在于从计划经济到市场经济转型的过程中，由于政府的角色没有完全转变，因而管了许多不该管的事，做了许多不该做的承诺。比如“招商引资”，原来承诺得很好后来却不能如约兑现；又如“政绩工程”，由于领导人的变动而变成烂尾工程，如此等等。对此，一方面要汲取教训，通过加强法治建设，实行问责制度，而限制和规范各级政府及其领导者的权力；另一方面继任者要勇于担当、顾全大局，积极面对并努力化解这些所谓的“历史遗留问题”，切不可采取“新官不理旧账”的态度互相推诿。政府依法行政，对民负责，说话算数，才能真正取信于民。

关于“行之有效，不尚空谈”。为了取信于民，儒家十分重视当政者之“言”与“行”的关系。《礼记·杂记下》：“居其位，无其言，君子耻之；有其言，无其行，君子耻之。”当政者处于一定的职位，就要有在那个职位上应该说的话、应该做的事；如果尸位素餐，该说不说，或者只说不做，都是可耻的。在孔子看来，“言必信，行必果”（《论语·子路》）是士人最起码的要求。这里所谓“果”，就是说话办事的效果。当政者说的话算不算数、可不可信，最终还是看其施政行为的效果，是否为老百姓带来切切实实的效益。这就需要埋头苦干而不尚空谈。明末清初的唐甄从自己的从政实践中发现，公文的作用其实是非常有限的。一纸公文出来，贴满大街小巷，百姓和官吏却置若罔闻，到最后连发文者也把曾经发文的事忘记了。这就是只管发文、不问落实的结果。由此唐甄指出：“以实则治，以文则不治。若徒以文也，譬之优偶之戏，衣冠言貌，陈事辨理，无不合度，而岂其实哉？以娱人之观听也。”（《潜书·权实》）仅仅依靠公文施政，那就好比戏台上的表演，说得头头是道，行得中规中矩，却与实际生活毫无关系。在当代中国，领导作风是一个老问题，也是一个时时要提出来的新问题。一些干部习惯于以文件联系下级、以会议发动群众，说在嘴上、写在纸上、挂在墙上，就是没有落到实处。其实老百姓要的只是实实在在的效益，而不是“台上的豪言壮语，纸上的天花乱坠，表上的数字飞奔”。这些表面功夫，连自己都不相信，又如何取信于民呢？我们的领导干部应该从“文山会海”中走出来，少做指示、少发文件，多干实事、多干好事，才能真正获得群众的信任。从制度建设的角度看，则要改进现有的干部政绩考核方式，在内容上要增加为民众办实事的权重，在方式上要强化民众对政府和官员的监督。让我们的干部真正明白“权为民所赋，权为民所用”，努力取信于民。

四、敏则有功：勤政思想的现代启示

在《论语》中，“敏”有两义：一是指“敏捷”，如《论语·里仁》：“君子欲讷于言而敏于行。”再是指“勤勉”，如《论语·公冶长》：“敏而好学，不耻下问。”“敏则有功”（《论语·阳货》）取的是第二义，即“勤于政事”的意思。按照儒家的思想，当政者要做到“敏则有功”，那么自己就须任劳任怨、率先垂范；对民众则要劳而不怨、爱惜民力；用人上则要量能授官、考核功过。这些就是儒家勤政思想的基本内容。

关于“敏则有功，任劳任怨”。大禹就是儒家心目中无可挑剔的典范。孔子说：“禹，吾无间然矣。菲饮食而致孝乎鬼神，恶衣服而致美乎黻冕；卑宫室而尽力乎沟洫。禹，吾无间然矣。”（《论语·泰伯》）据《史记·夏本纪》记载，禹为了治水，身先士卒，不怕劳苦，风餐露宿，三过家门而不入，经过十三年的治理，终于消除了中原洪水泛滥的灾祸，使人民安居乐业，为华夏民族建立了丰功伟绩。人们为了表达对禹的感激之情，尊称他为“大禹”，即“伟大的禹”。从政当官，究竟是为个人享受还是为民众操劳？这个问题在汉代就有过争论。有些官员认为：“官尊者禄厚，本美者枝茂。”所以当官发财、荣华富贵、封妻荫子，乃是天经地义。儒生们则指出：“禹、稷自布衣，思天下有不得其所者，若己推而纳之沟中，故起而佐尧，平治水土，教民稼穑。其自任天下如此其重也，岂云食禄以养妻子而已乎？夫食万人之力者，蒙其忧，任其劳。一人失职，一官不治，皆公卿之累也。故君子之仕，行其义，非乐其势也。”（《盐铁论·刺权》）他们以大禹为例子，说明当政者来自于民众而为民众排忧解难，胸怀天下之志而担当天下之责，只有勤勤恳恳、任劳任怨，才对得起民众的委托，也才对得起自己的这份俸禄。因此，君子当官从政，应是为了推行道义，而不是为了享受权势。两千多年前的这场争论至今依然有着十分现实的意义。现在有的干部说什么“当官不发财，请我也不来”，把手中的权力看成是提升自己生活质量的工具而不是报国为民的责任。其实，在现实生活中，从不从政完全是个人的权利，可以自由选择。如果觉得当干部不合算，可以辞职去经商搞实业，但千万不要既想当官又想发财，须知无论古代还是现当代，在中国当官和发财是完全不兼容的，当官就不要想发财，想发财就不要来当官。中国共产党明确将“全心全意为人民服务”作为自己的宗旨，我们的干部要通过辛勤工作而建功立业、造福于民，从而实现自己的政治抱负。

关于“劳而不怨，爱惜民力”。为了“敏则有功”，当政者本人要率先垂范，做到任劳任怨；对民众则要爱惜民力，做到劳而不怨。孔子将“劳而不怨”作为治国理政的“五美”之一：“择可劳而劳之，又谁怨?”（《论语·尧曰》）当政者选择适当的时间、地点、规模去使用民力，就不会引起民众的不满。孔子提出：“道千乘之国：敬事而信，节用而爱人，使民以时。”（《论语·学而》）所谓“敬事而信”，就是要求当政者严肃认真地对待工作而率先垂范，真诚无欺地对待民众而取信于民；所谓“节用”，不能简单地理解为“节约”，而是指“节制”，即按照相应的法律、规章、制度来规范政府的财政支出；所谓“使民以时”，其中的“时”本义指农时，也可以扩展为规律，指当政者必须按照生产规律指导民众、使用民力。宋儒进一步指出：“《易》曰：‘节以制度，不伤财，不害民。’盖侈用则伤财，伤财必至于害民，故爱民必先于节用。然使之不以其时，则力本者不获自尽，虽有爱人之心，而人不被其泽矣。”（朱熹《论语集注》）这里的关键在于当政者要有爱民之心，有了爱民之心，财政支出就会保证民众的实际需求，该花的钱就花，该省的钱则省；有了爱民之心，使用民力就会充分考虑民众的真实意愿，该做的事就做，不该做的事就不做。波澜壮阔的中国现代化建设为各级干部提供了大显身手、建功立业的舞台，但是这种功业必须以不损害人民群众的根本利益为前提。有些领导干部热衷于搞“面子工程”“形象工程”，为此大肆举债、寅吃卯粮，而罔顾所在地区的财政状况和实际需求，这是对国家和人民不负责任的表现。我们需要的政绩必须是真正造福于人民群众的功绩，而不是为领导者脸上贴金的光环。即使是这样的政绩，也必须量力而行，不能违反人民群众的根本需求和长远利益。从制度建设的角度看，必须立法确定从中央到地方各级政府的权限，规范政府财政支出，对重大建设项目实行公开征求民意、充分民主协商之制，并切实落实重大决策终身责任追究与倒查机制，让领导者的政绩与人民群众的利益结合起来，“功在当代，惠及千秋”。

关于“量能授官，考核功过”。儒家的用人原则是“德才兼备”，既强调道德品质，又重视实际才能。荀子提出：“论德而定次，量能而授官。”（《荀子·君道》）在荀子看来，应通过审察德行来确定等级，通过衡量才能来授予官职，使每个人都能够承担他们的工作，都能得到和他的才能相适合的职务，这是用人的正确做法。董仲舒也提出：“量材而授官，录德而定位。”（《汉书·董仲舒传》）在董仲舒看来，在授人官职的时候，不应该以他当官时间的长短来衡量他的功劳，而应该以他实际表现的优劣作为任命的依据。量度才能而给予官职，根据德行而决定位置，这样就能做到清廉者与无耻之徒不同路，贤能者与不肖之徒不混杂。为此，就需要对官员的实际表现给予严格的考核。《唐六典》记载，早在唐代，就已经形成了“四善二十七最”的官员考核体系。其中“四善”指品德方面的标准，内容包括：道德操守皆有口碑，廉明谨慎表现明显，公平正直值得称道，勤勉工作没有松懈。“二十七最”则指二十七种岗位官员的工作职责，是才能方面的标准。考核成绩分为九等，作为官员升迁或罢免的依据。此外，对于没有官位的一般行政办事人员的考核则分为四等：廉明、谨慎、勤快、公平者为上等，办事公正不牟私利者为中等，工作不勤快者为下等，贪污腐化者为下下等。对于当政者来说，廉政与勤政同等重要，腐败丧失民心，勤政则获得民心。当前，中国的反腐败和经济社会发展都在路上。我们既需要克己奉公、风清气正的廉政，也需要勇于承担、奋发有为的勤政。为此，要建立完善的干部选拔、考核和问责制度，任贤使能，赏勤罚懒，让有能有为的“千里马”竞相驰骋，为伟大的时代贡献自己的聪明才智！

五、因民所利：惠民思想的现代启示

在《论语》中，“惠”是君子的一种美德。《论语·宪问》：“或问子产。子曰：‘惠人也。’”而作为在上位的君子，其施惠的对象是在下位的民众。孔子赞扬子产“有君子之道四焉：其行己也恭，其事上也敬，其养民也惠，其使民也义”（《论语·公冶长》）。由此，作为个人道德领域的“惠爱”，便转化为公共道德领域的“惠民”。《论语·阳货》所谓“惠则足以使人”，指的是“惠民”的效果；《论语·尧曰》所谓“因民之所利而利之”，指的则是“惠民”的方法。当政者要施惠于民、为民谋利，并不是要耗费自己的财富，而是就着民众得利的事情而让民众得利。为此，当政者就要想民所想，满足民众的需求；就要利民所利，让民众富裕起来；就要安民所安，促进社会均衡发展。这些就是儒家“惠民”思想的主要内容。

关于“想民所想，满足需求”。儒家认为，民众是国家的根本：“民惟邦本，本固邦宁”（《尚书·五子之歌》）；民众也是当政者的根本：“民以君为心，君以民为本。”（《礼记·缁衣》）那么，当政者如何获得民众的拥戴呢？孟子指出：“得天下有道：得其民，斯得天下矣。得其民有道：得其心，斯得民矣。得其心有道：所欲与之聚之，所恶勿施，尔也。”（《孟子·离娄上》）在孟子看来，夏桀、殷纣之所以丧失天下，是由于失去了天下老百姓的支持；之所以失去了天下老百姓的支持，是因为失去了民心。获得民心的方法其实很简单：民众想要的，就给他们并让他们积蓄起来；民众不想要的，就不强加给他们，仅此而已。为此，孟子提出了当政者如何满足民众需求的具体施政措施，即：尊重贤人，任用能人，杰出的人在位，那么天下的士人都会高兴；市场提供场地存放货物而不征租赁税，依照规定价格收购滞销货物而不使货物积压在货场，那么天下的商人都会高兴；关卡只检查不征税，那么天下的旅客都会高兴；对于种田的人，只要他们助耕公田，不征收私田的赋税，那么天下的农夫都会高兴；人们居住的地方，没有劳役税和额外的地税，那么天下的人都会高兴（参见《孟子·公孙丑上》）。孟子还提出了“制民之产”的思想，从制度上保证民众的私有财产。在他看来，“无恒产而有恒心”，只有读书的士人才能做得到，而一般民众“无恒产，因无恒心”，“是故明君制民之产，必使仰足以事父母，俯足以畜妻子，乐岁终身饱，凶年免于死亡。然后驱而之善，故民之从之也轻”（《孟子·梁惠王上》）。当代社会的利益多元化，民众的需求也多样化，但“想民所想，满足需求”依然是当政者施政的出发点。正如习近平所言：“我们的人民热爱生活，期盼有更好的教育、更稳定的工作、更满意的收入、更可靠的社会保障、更高水平的医疗卫生服务、更舒适的居住条件、更优美的环境，期盼着孩子们能成长得更好、工作得更好、生活得更好。人民对美好生活的向往，就是我们的奋斗目标。”①

关于“利民所利，富民裕民”。在“富国”与“富民”的关系中，儒家更重视“富民”，即所谓“百姓足，君孰与不足；百姓不足，君孰与足”（《论语·颜渊》）。荀子专门写了《富国》篇，详细论述富国与富民的关系，强调富民是富国的前提和基础，“下贫则上贫，下富则上富”。国家的根基在于民众，民众贫穷国家也贫穷，民众富有国家也富有。只强调国家利益，而无视民众利益，到头来只能使国家积贫积弱。与此相适应，儒家主张当政者不能与民争利。荀子指出：“故天子不言多少，诸侯不言利害，大夫不言得丧，士不言通货财。有国之君不息牛羊，错质之臣不息鸡豚，冢卿不修币，大夫不为场园，从士以上皆羞利而不与民争业，乐分施而耻积臧。”（《荀子·大略》）在荀子看来，当政者的“职业”在于治理国家，“利益”在于民众的供养。依据社会分工和利益分配法则，当政者就不应当再去与民争业、与民争利。《礼记·坊记》也指出：“君子不尽利，以遗民。”天地生人，各有所利，统治者不应该也不可能穷尽天下之利，而应该让利于民、还利于民。汉武帝时期实行“盐铁官营”政策，对于增强国家的经济实力和军事实力，抗击匈奴，起到了积极的作用；但其垄断资源、损害民众利益的弊病也逐渐暴露出来。到了汉昭帝时期举行的“盐铁会议”上，代表儒家观点的“贤良文学”对此进行了激烈的批判。他们认为官营工商业“非治国之本务”，主张官府退出而放任民众经营，“外不障海泽以便民用，内不禁刀币以通民施”（《盐铁论·错币》）。两千多年前的这场争论，对于当代中国深化社会主义市场经济改革，仍有着十分重要的启示。政府是市场经济的“裁判员”而不是“运动员”，是宏观经济的指导者而不是微观经济的参与者。除了事关国家安全、国民经济命脉的重要行业和关键领域，以及提供公共服务和具有前瞻性战略性的产业，国有资本都应该逐步退出而让民营资本充分竞争，从而让人民群众得到更多的实惠。

关于“安民所安，促进均衡”。孔子有一句名言：“有国有家者，不患寡而患不均，不患贫而患不安。盖均无贫，和无寡，安无倾。”（《论语·季氏》）当代人对这句话有不少误解。其实，这里的“有国有家者”指的是当政者，而不是民众个人或家庭；这里的“不患寡而患不均”指的是社会利益的分配原则，而不是反对发展生产、创造财富。其中，“均”指的是“均衡”而不是“平均”，其内涵不仅指

① 《习近平谈治国理政》，第4页。

财富分配而且包括社会资源、社会地位、生存状况、发展机会等各方面的全方位均衡。儒家不但不反对民众发展生产、创造财富，而且将其作为当政者推行社会利益分配的必要前提，正如荀子所说："百姓时和、事业得叙者，货之源也；等赋府库者，货之流也。故明主必谨养其和，节其流，开其源，而时斟酌焉，潢然使天下必有余，而上不忧不足。"（《荀子·富国》）儒家不但注意社会财富的均衡分配，而且更重视整体上维护社会的安定和睦，正如《礼记·礼运》所说："大道之行也，天下为公，选贤与能，讲信修睦。故人不独亲其亲，不独子其子，使老有所终，壮有所用，幼有所长，鳏寡孤独废疾者皆有所养。"当代中国的改革开放遵循邓小平的设计，从"让一部分人先富起来"到"共同富裕"，[①] 正印证了孔子思想的远见卓识。"让一部分人先富起来"，解决了计划经济所造成的平均主义"吃大锅饭"问题，促进了生产力的发展；"共同富裕"则要解决市场经济所伴随的贫富悬殊问题，必将促进社会的安定和谐。我们既要"做大蛋糕"，使人民群众真正富裕起来，也要"分好蛋糕"，让人民群众享受公平正义的温暖阳光。当前，我们一方面要深化市场经济改革，转变经济发展方式，建设创新型国家，通过"大众创业，万众创新"创造更多的社会财富，另一方面要进行分配制度改革，保障和改善民生，推进基本公共服务均等化，以促进共同富裕。与此同时，我们更要通过建设社会主义法治体系和核心价值体系，形成科学有效的社会治理体制和公平正义的良好氛围，以确保社会既充满活力又和谐有序。总之，我们要想民所想，利民所利，安民所安，把人民群众创造社会财富的巨大潜力和享受美好生活的强烈愿望结合起来，让每个人都享有人生出彩的机会，都享有美梦成真的机会，以共同实现国家富强、民族振兴、人民幸福的"中国梦"！

（载于2015年第3期）

① 《邓小平文选》第3卷，人民出版社1993年版，第110～111页。

从子书到经书：《论语》地位的升格

钟书林

《论语》一书非由孔子亲自编订，而是在他去世后由其弟子及再传弟子编纂成书。汉代之前，其与先秦诸子并处；西汉昭、宣二帝之后，其地位和声望已非其他先秦诸子可比。《论语》被列入“七经”，由子书升格为经书，大概完成于汉武帝时期。

一、《论语》本名《孔子》之说

《论语》一名，起源于何时，至今未有定论。《论语》这一书名，最早见于《礼记·坊记》。《坊记》谁作，古人说法不一。赵纪彬先生说：“实际上，《论语》一名，初见于汉。除章炳麟所说的《礼记·坊记》、董仲舒《春秋繁露》和陆贾《新语》以外，如贾谊《新书》，亦汉人所著。”据此，赵先生提出：先秦时期《论语》本名《孔子》，如同孟子之书称《孟子》。他说：“今名《论语》之书，其在先秦，究为何名？对此问题，翟灏曾云：‘或者谓：《论语》之书，当时亦似别称《孔子》，如孟子之书之称《孟子》者然。据《尸子·广泽篇》云：“《墨子》贵兼，《孔子》贵公，《皇子》贵衷，《田子》贵均，《列子》贵虚，《料子》贵别。”尝以《孔子》杂诸子。《论衡·率性篇》言：“孔子道德之祖，诸子中最卓者也。”此虽阳尊孔子，而时之等孔子于诸子，亦已露言下矣。或者之言，容不虚妄（《四书考异·总考》十四）。’翟灏以为，在先秦与《论语》之书并行，又‘别称《孔子》’，似为正误参半。但从此受到启发，却可断言：《孔子》为先秦的旧名，《论语》乃汉代所新创，两名非同时并行，而乃先后相递。简言之，今名《论语》之书，在先秦本名《孔子》。”随后，赵先生通过十九条例证，证明“《论语》之书，在先秦本名《孔子》，可谓毫无疑义”①。可惜，赵先生此说自提出后，信从者较

① 赵纪彬：《论语新论·导言》，《中国哲学》第10辑，三联书店1983年版。

少。其实，细审赵先生的十九条例证，也并非全无道理，值得重视。倘若赵先生之说能够成立，那么先秦时期《论语》作为子书流传的原始面貌将会更加清晰。

到了汉代以后，《论语》曾被称为“经”或“传”。黄寿祺先生说：“《论语》，初名《传》，至孔安国弟子扶卿，始名《论语》。”① 关于《论语》称经、称传的问题，皮锡瑞解释说：

> 孔子所定谓之“经”；弟子所释谓之“传”，或谓之“记”；弟子展转相授谓之“说”。惟《诗》《书》《礼》《乐》《易》《春秋》“六艺”乃孔子所手定，得称为“经”。……《论语》记孔子言而非孔子所作，出于弟子撰定，故亦但名为“传”；汉人引《论语》多称“传”。②

《论语》在汉代典籍或文人著作中，被称为“经”或“传”的说法，为学界所共识。不过，有人说：“汉代人把《论语》等同于《孟子》《荀子》《墨子》，作为诸子的一种；汉人又把《论语》看作辅翼经书的‘传’或‘记’。”③ 强行将两种情形掺合在一起，则不免牵强，不得其实。西汉初年，国家图书文献匮乏，整理先秦遗书成为当时政府文化政策的第一要务，又由于尊孔子为正统的统治需要，将《论语》从诸子之列升格为“传”“记”之列，便成为西汉政治建设和发展的必然。

《汉书·儒林传》记载：“及高皇帝诛项籍，引兵围鲁，鲁中诸儒尚讲诵习礼，弦歌之音不绝，岂非圣人遗化好学之国哉？于是诸儒始得修其经学，讲习大射乡饮之礼。叔孙通作汉礼仪，因为奉常，诸弟子共定者，咸为选首，然后喟然兴于学。”刘邦重用叔孙通等儒生，确定礼仪，治理天下。虽然好景不长，刘邦去世，“孝惠、高后时，公卿皆武力功臣。孝文时颇登用，然孝文本好刑名之言。及至孝景，不任儒，窦太后又好黄、老术，故诸博士具官待问，未有进者”。惠帝、文帝、景帝三朝，黄老学说盛行，但并不影响人们对孔子思想的传播和接受。当时，儒学并没有被推到特殊的地位，与盛行的黄老学说并不存在矛盾和利益冲突。因此，刘邦建国初期诏定的各种儒家礼仪制度仍然在传播和流行，《论语》的“传”“记”地位也没有受到明显的冲击。

二、西汉立《论语》博士之说

东汉赵岐《孟子题辞》云：“汉兴，除秦虐禁，开延道德，孝文皇帝欲广游学

---

① 黄寿祺：《群经要略》，华东师范大学出版社2000年版，第186页。

② 皮锡瑞：《经学历史》，中华书局2004年版，第39页。

③ 皮锡瑞：《经学历史》，中华书局2004年版，第82页。

之路，《论语》《孝经》《孟子》《尔雅》皆置博士。后罢《传》《记》博士，独立《五经》而已。”南朝梁刘勰《文心雕龙·指瑕》云：“孝文时，《论语》《孝经》《孟子》《尔雅》皆置博士。”《四库全书总目·经部·四书类》云：“《论语》自汉文帝时立博士。《孟子》据赵岐题辞，汉文帝时亦尝立博士。以其旋罢，故史不载。”根据上述文献，西汉文帝时，官方已立《论语》博士。

正如《四库全书总目》所说：“以其旋罢，故史不载。”由于史书不载，不免招致后人的怀疑。如皮锡瑞《经学历史》根据《汉书·儒林传》“孝文本好刑名之言……诸博士具官待问，未有进者”的记载而怀疑赵岐的说法，否定文帝立《论语》博士。① 后世不少学者信从其说。

其实，关于皮氏的否定，有几个方面还是值得讨论的：

一是在赵岐之前，西汉学者刘歆已有文帝广立博士的说法。《汉书·楚元王传》所载刘歆《移书太常博士》云：

> 汉兴，去圣帝明王遐远，仲尼之道又绝，法度无所因袭。时独有一叔孙通略定礼仪，天下唯有《易》卜，未有它书。……至孝文皇帝……天下众书往往颇出，皆诸子传说，犹广立于学官，为置博士。在汉朝之儒，唯贾生而已。

汉文帝为广泛传播先秦典籍，故“广立于学官，为置博士”，其中虽然没有提及具体的学官、博士之名，但从其“皆诸子传说”来看，《论语》是应该立有博士之官的，因为无论“诸子”还是“传说”，都不可能撇开《论语》。因此，不能仅仅因为文帝“好刑名之言”“诸博士具官待问，未有进者”，就否定刘歆提及的文帝曾经为“诸子传说”广立博士学官的做法。至于史书不载，《四库全书总目》已经解释得很清楚，“以其旋罢”，即由于设置时间过短的缘故。

二是文帝在位期间，无论设置《论语》博士与否，文帝深受《论语》影响则是肯定的事实。《史记·孝文本纪》记载：“太史公曰：孔子言‘必世然后仁。善人之治国百年，亦可以胜残去杀’。诚哉是言！汉兴至孝文四十有余载，德至盛也。廪廪乡改正服封禅矣，谦让未成于今。呜呼，岂不仁哉！”从司马迁对文帝仁政的歌颂中，可以看到孔子仁政学说对文帝的影响。《史记集解》引孔安国语曰：“三十年曰世。如有受命王者，必三十年仁政乃成。”仁政的成功，必当归因于《论语》的传播影响。

三是文帝在位期间，无论设置《论语》博士与否，《论语》地位高于“五经”也是不容置疑的事实。王国维先生在《汉魏博士考》中，避开文帝是否立《论语》

---

① 皮锡瑞：《经学历史》，中华书局2004年版，第50页。

博士的分歧，以汉代具体的史籍记载为证据，总结出汉代《论语》《孝经》地位高于“五经”的事实。他说：“汉时但有受《论语》《孝经》小学而不受一经者，无受一经而不先受《论语》《孝经》者。”“汉时《论语》《孝经》之传，实广于五经，不以博士之废置为盛衰也。”根据王国维先生的考证，《论语》作为记录孔子言行的典籍，在汉代的地位更在这些经孔子删述编订的“五经”之上，更受推崇，传播也更广。

由此看来，无论文帝是否设置《论语》博士，毫不影响《论语》的传播和接受。在汉文帝之后，《论语》也不在博士之列，但其实际的地位和影响远远超过了位列博士学官的“五经”。

三、汉代《论语》著述之盛

《论语》传播和接受在汉代的繁荣，还可以通过《汉书·艺文志》的记述而窥见其大略。按《汉书·艺文志》记载，汉代《论语》著述“凡十二家，二百二十九篇”，这一数字，与“六经”、《孝经》相比，毫不逊色。兹据《汉书·艺文志》将其他诸家胪列如次，以作比较：

《易》：凡十三家，二百九十四篇。

《书》：凡九家，四百一十二篇。

《诗》：凡六家，四百一十六卷。

《礼》：凡十三家，五百五十五篇。

《乐》：凡六家，一百六十五篇。

《春秋》：凡二十三家，九百四十八篇。省《太史公》四篇。

《孝经》：凡十一家，五十九篇。

通过比较，不难看出，上述诸家著述中，仅有《易》《礼》《春秋》三家，在数量上超出《论语》。而这三家，我们倘若再进一步探讨，可以发现各有其内在原因。

先说《易》。先秦典籍在遭遇秦朝燔书的劫难中，唯独《易》得传。《汉书·艺文志》叙述：“及秦燔书，而《易》为筮卜之事，传者不绝。”《汉书·儒林传》：“及秦禁学，《易》为筮卜之书，独不禁，故传受者不绝也。”《汉书·楚元王传》中刘歆《移书太常博士》也说：“汉兴，去圣帝明王遐远，仲尼之道又绝，法度无所因袭。时独有一叔孙通略定礼仪，天下唯有《易》卜，未有它书。”因此，《易》类典籍没有遭遇秦朝劫难，著述数量保存较多。即便如此，从上述数量比较看来，

《论语》类著述的数量仅略逊于《易》，足见《论语》在秦火之后的恢复盛况。

次说《礼》。《礼》“凡十三家”，但实际内容混杂，从《汉书·艺文志》的记载看，除《周礼》等典籍外，尚有《明堂阴阳说》五篇、《军礼司马法》一百五十五篇、《古封禅群祀》二十二篇、《封禅议对》十九篇、《汉封禅群祀》三十六篇、《石渠议奏》三十八篇。倘若不将这些计算在内，那么《礼》类著述的数量就不如《论语》了。

再说《春秋》。《汉书·艺文志》记载，《春秋》类数量最多，其中与“春秋三传”直接相关者，也仅有十二家，其余杂入《春秋》类的著述很多，如《邹氏传》十一卷、《夹氏传》十一卷、《石渠议奏》三十九篇、《国语》二十一篇、《新国语》五十四篇、《世本》十五篇、《战国策》三十三篇、《奏事》二十篇、《楚汉春秋》九篇、《太史公》一百三十篇、《汉著记》一百九十卷。如果将上述杂入的著述不计算在内，则《春秋》三传的著述数量也远不及《论语》丰富。

此外，《论语》在《汉书·艺文志》中的排序，也很有讲究，可以看出《论语》在汉代人心目中的重要地位。《汉书·艺文志》在“六经”之后，首排《论语》，其次《孝经》，且解释说：“《孝经》者，孔子为曾子陈孝道也。”可见，《孝经》紧随《论语》之后，也是由于孔子的原因。再次是“小学”，这可能也与孔子有关。钱基博认为孔子曾修订“六经”、考正文字，他说：“仓颉之初作书，盖依类象形，故谓之文；其后形声相益，即谓之字；著于竹帛谓之书；书者，如也。以迄五帝三王之世，改易殊体，封于泰山者七十有二代，靡有同焉。及周宣王太史籀著大篆十五篇，与古文或异。至孔子将从事于删述，则先考正文字。春秋之时，文字虽秉仓史之遗，而古之作字者多家，其文往往犹在，或相诡异。至于别国，殊体尤众。孔子之至是邦也，必闻其政，又观于旧史氏之藏，百二十国之书，佚文秘记，远俗方言，尽知之矣。于是修定六经，择其文之近雅驯者用之，而书以古文。子所雅言，《诗》《书》执礼。六经不经孔子删定，其文不雅驯也。意孔子当日必有专论文字之书，其见引于许慎《说文》书者，如‘一贯三为王’‘推十合一为士’‘黍可为酒，禾入水也’……如此之类，其说皆引出孔子，此孔子正文字之证。”① 因此，《汉书·艺文志》将《论语》、《孝经》、“小学”都归入广义的“六艺之文”之列，并做说明云“序六艺为九种”，即“六经”加上《论语》、《孝经》、“小学”，共计九种，归入广义的“六艺”。“六艺”其实就是“六经”，是汉代人对“六经”的另一种说法。《史记·滑稽列传》记载：“孔子曰：‘六艺于治一

① 钱基博：《中国文学史》，中华书局1993年版，第20~24页。

也。《礼》以节人，《乐》以发和，《书》以道事，《诗》以达意，《易》以神化，《春秋》以义。'”司马迁此处所说的“六艺”，就是儒家的“六经”。又，“六艺”之后，《汉书·艺文志》开始分述儒家、道家、阴阳家等诸子十家，很鲜明地将《论语》《孝经》等从儒家群籍中划分出来，而推尊至与“六经”并列的地位。这是合乎西汉昭、宣二帝以降《论语》《孝经》得到官方认可的情形的。

四、《论语》与“七经”

《论语》被从儒家群籍中划分出来，而推尊至与“六经”并列的地位，大概完成于汉武帝时期。其表现和原因有以下几个方面：

第一，迎合汉武帝“罢黜百家，独尊儒术”的需要。汉武帝时，设五经博士，故《汉书·武帝本纪》赞曰：“孝武初立，卓然罢黜百家，表章《六经》。”这是采纳董仲舒的建议，旨在统一思想，形成天下一统的局面。董仲舒建言汉武帝说：

> 《春秋》大一统者，天地之常经，古今之通谊也。今师异道，人异论，百家殊方，指意不同，是以上亡以持一统；法制数变，下不知所守。臣愚以为诸不在六艺之科、孔子之术者，皆绝其道，勿使并进。邪辟之说灭息，然后统纪可明，民知所从矣。（《汉书·董仲舒传》）

在这份著名的“罢黜百家，独尊儒术”的奏言中，董仲舒提出应该独尊“六艺之科、孔子之术”，凡与之相悖的“皆绝其道，勿使并进”，以求达到天下一统的目的。由此我们可以看出，董仲舒主张“独尊”的“儒术”，便是“六艺之科、孔子之术”，“六艺之科、孔子之术”也就是“七经”，它们被视为儒家学说的根本。“六艺之科”，即出于孔子编次的《诗》《书》《礼》《乐》《易》《春秋》，“孔子之术”即记录孔子言行的《论语》。稍后，《孝经》也被算进来，究其原因，仍然与孔子有关，正如《汉书·艺文志》所说：“《孝经》者，孔子为曾子陈孝道也。”西汉人认为《孝经》是记载孔子有关孝道言论的典籍，所以紧随《论语》之后，获得和“六经”并尊的经典地位。西汉注重“小学”，《汉书·艺文志》广义的“六艺之文”中故也收录“小学”。“七经”“八经”“九经”的说法逐渐酝酿形成。《汉书·艺文志》“六艺之文”，在《诗》《书》《礼》《乐》《易》《春秋》“六经”之外，广收《论语》、《孝经》、“小学”三种，可见“九经”的格局在西汉时期已经逐渐形成。而《论语》、《孝经》、“小学”三者之中，《论语》作为记录孔子言行的重要典籍，最早与“六经”并列，被尊为“七经”。

第二，从汉昭帝开始，《论语》成为汉朝皇帝、太子的必读书。《汉书·昭帝纪》记载，始元五年，昭帝下诏："朕以眇身获保宗庙，战战栗栗，夙兴夜寐，修古帝王之事，诵《保傅传》《孝经》《论语》《尚书》，未云有明。"昭帝之后，《论语》更是受到西汉历朝皇帝的重视。《汉书·宣帝纪》记载，元平元年秋七月，霍光奏议："孝武皇帝曾孙病已，有诏掖庭养视，至今年十八，师受《诗》《论语》《孝经》，操行节俭，慈仁爱人，可以嗣孝昭皇帝后，奉承祖宗，子万姓。"在奏议中，霍光特别提到拥立宣帝继承大统的原因包括"师受……《论语》《孝经》，操行节俭，慈仁爱人"，可见当时对《论语》《孝经》的重视。

宣帝时，曾召开石渠会议，这是一次论定五经的大规模学术会议。从《汉书·艺文志》的记载来看，《论语》《孝经》也在论定之列。《汉书·艺文志》"《论语》"类云："《议奏》十八篇。石渠论。"又"孝经"类云："《五经杂议》十八篇。石渠论。"可见当时《论语》《孝经》已经获得与"五经"相当的地位。而据《汉书·艺文志》的记载细加推究，《论语》类单独说"《议奏》十八篇。石渠论"，《孝经》类却含混说"《五经杂议》十八篇。石渠论"，可见《论语》是作为单独的门类加以讨论和整理的；而《孝经》是混入"五经"之中，没有像《论语》那样单独成类。据此也可以推测：当时《论语》已经完全和"六经"（乐经消亡）并重。又据《汉书·艺文志》记载，单独成类加以讨论和整理的，除《论语》外，仅有《书》《礼》《春秋》三经，其余《诗》《易》《乐》可能由于某种原因，没有单独成类加以讨论和整理。《汉书·艺文志》还称，"书"类"《议奏》四十二篇。宣帝时石渠论"；《礼》类"《议奏》三十八篇。石渠"；"春秋"类"《议奏》三十九篇。石渠论"。通过这些文献记载的比较，更加证知《论语》在当时的重要地位。宣帝时期，《论语》如此受到重视，和武帝时期对《论语》的重视密不可分。

又《汉书·疏广传》记载："在位五岁，皇太子年十二，通《论语》《孝经》。"疏广所传授者为宣帝太子，即后来的汉元帝。《汉书·平帝纪》记载，元始五年，"征天下通知逸经、古记、天文、历算、钟律、小学、《史篇》、方术、《本草》及以《五经》《论语》《孝经》《尔雅》教授者，在所为驾一封轺传，遣诣京师，至者数千人"。东汉以后，风气更甚。东汉包咸、包福父子两代，同时以帝师的身份为《论语章句》，影响很大。《后汉书·儒林传》记载，包咸"习《鲁诗》《论语》。……建武中，入授皇太子《论语》，又为其章句"。此处皇太子，即汉明帝。《后汉书·儒林传》又载，包咸"子福，拜郎中，亦以《论语》入授和帝"。东汉建国伊始，包咸即开始入朝讲授《论语》，历光武帝、明帝、章帝、和帝四朝，可见包氏《论语》影响之大。

西汉平帝、东汉和帝之后，两汉的朝纲均开始由外戚或宦官把持，为帝王讲授

《论语》的传统不免受到干扰和中断。但是，自西汉昭帝以降，汉室王侯、民间，授受《论语》蔚然成风。仅据零星史料，即可约略见其大端。《汉书·景十三王传》记载，缪王齐太子刘去“师受《易》《论语》《孝经》皆通”。又《汉书·朱云传》：“朱云字游，鲁人也，徙平陵。少时通轻侠，借客报仇。长八尺余，容貌甚壮，以勇力闻。年四十，乃变节从博士白子友受《易》，又事前将军萧望之受《论语》，皆能传其业。”东汉王充自叙学习经历说：“八岁出于书馆，书馆小僮百人以上，皆以过失袒谪，或以书丑得鞭。充书日进，又无过失。手书既成，辞师受《论语》《尚书》，日讽千字。经明德就，谢师而专门，援笔而众奇。”（《论衡·自纪》）《论语》开始作为童蒙必读之书，可见其流传的深广。

第三，“七经”的记载，始见于汉武帝时期。“七经”名目，历来说法不一，但《论语》为“七经”之一，则分歧不大。例如，东汉《一字石经》作《易》《诗》《书》《仪礼》《春秋》《公羊》《论语》；《后汉书·张纯传》“七经”，唐代李贤注作《诗》《书》《礼》《乐》《易》《春秋》《论语》；宋代刘敞《七经小传》作《书》《诗》《周礼》《仪礼》《礼记》《公羊》《论语》。上述诸家谈及的“七经”名目，虽各略有不同，但皆列有《论语》。故清代全祖望《经史问答》明确地说：“七经者，盖六经之外，加《论语》。东汉则加《孝经》而去《乐》。”

“七经”之说，始见于汉武帝时期。《史记·司马相如列传》记载：“司马相如者，蜀郡成都人也，字长卿。少时好读书，学击剑，故其亲名之曰犬子。相如既学，慕蔺相如之为人，更名相如。”《史记索隐》云：“秦宓云：‘文翁遣相如受七经。’”《史记索隐》所引，见于《三国志·蜀志·秦宓传》：“蜀本无学士，文翁遣相如东受七经，还教吏民，于是蜀学比于齐、鲁。故地里志曰：‘文翁倡其教，相如为之师。’汉家得士，盛于其世；仲舒之徒，不达封禅，相如制其礼。夫能制礼造乐，移风易俗，非礼所秩有益于世者乎！”据上述记载，司马相如好读书，不仅学习“七经”，而且成为封禅、制礼的行家，弥补了董仲舒学问的不足，移风易俗，影响巨大。

又，萧统《文选》收录的司马相如《封禅文》云：“五三《六经》载籍之传，维风可观也。”“将袭旧六为七，摅之亡穷。”东汉服虔注曰：“旧为六经，汉欲七经。”司马相如《封禅文》中自叙“六经”“七经”，据此可以证实《三国志·蜀志·秦宓传》记载的真实性。因而，从汉武帝时期开始，就已经有“七经”了。“七经”的出现，显然是为适应汉武帝独尊“六艺之科、孔子之术”的统一需要酝酿并产生。

“七经”之名，在东汉使用更加广泛。傅毅《明帝诔》：“七经宣畅，孔业淑著。”（《全后汉文》卷四三）将“七经”与“孔业”并举。蔡邕《玄文先生李休碑》称誉李休：“少以好学，游心典谟，既综七经，又精群纬，钩深极奥，穷览圣旨。”（《全后汉文》卷七五）又，赵壹《非草书》：“第以此篇研思锐精，岂若用之于彼七经，稽历协律，推步期程，探赜钩深，幽赞神明，览天地之心，推圣人之情。”（《全后汉文》卷八二）“七经”与“圣旨”“圣人”并提。又，阙名《汉成阳令唐扶颂（光和六年二月廿五日丙午）》云：“耽乐道述，咀嚼七经。”（《全后汉文》卷一〇四）足见“七经”的深入人心。

此外，东汉王充《论衡》中格外地将《论语》与“六经”、诸子并列，这也是一个很重要的信息。如其《书虚》篇针对颜渊发自齿落的记载，说道：“案《论语》之文，不见此言。考六经之传，亦无此语。夫颜渊能见千里之外，与圣人同，孔子、诸子，何讳不言？”又如《儒增》篇质疑孔子游说七十余国，尝言：“言干七十国，增之也。案《论语》之篇、诸子之书，孔子自卫反鲁，在陈绝粮，削迹于卫，忘味于齐，伐树于宋，并费与顿牟，至不能十国。传言七十国，非其实也。”王充将《论语》与“六经”“诸子之书”并提，足见《论语》独立于“六经”“诸子”之外的特殊身份与地位。

周予同先生指出：“按《汉书·艺文志》‘六艺略’分六艺为九类，六经之后，附《论语》、《孝经》及小学。由上可知，汉武帝以后，《论语》、《孝经》逐渐升格。汉代‘以孝治天下’，宣传宗法封建思想，利用血缘作为政治团结的工具，于是，贵族子弟先授《论语》、《孝经》，连同《诗》、《书》、《礼》、《易》、《春秋》五经，合称‘七经’。”① 这大体道出了汉代《论语》地位从子书升格为经书的发展原因。

汉代以后，由于受到道教、佛教大力发展的影响，儒家一度式微，但《论语》的传播和接受并未受到冲击，其中如王弼《论语释疑》、皇侃《论语义疏》等《论语》注疏中的经典著作，以玄学、佛学的方式注解《论语》，彰显出《论语》的巨大生命力。唐宋以后，无论是韩愈还是朱熹，都以《论语》《孟子》作为复兴儒学、建构理学体系的首选。朱熹甚至告诫门人说：“《语》《孟》工夫少，得效多；《六经》工夫多，得效少。”（《朱子语类》卷一九）因此可以说，汉代以降，《论语》作为儒家文化的经典要籍，始终受到重视，历久不衰。

（载于2015年第3期）

① 周予同：《中国经学史讲义》，上海文艺出版社1999年版，第23页。

图书在版编目(CIP)数据

《孔子研究》精华：1986～2015 / 中国孔子基金会编.—济南:齐鲁书社，2016.3
ISBN 978-7-5333-3481-9

Ⅰ.①孔… Ⅱ.①中… Ⅲ.①孔丘（前551～前479）—人物研究—文集 Ⅳ.①B222.25-53

中国版本图书馆CIP数据核字(2016)第051259号

责任编辑 李军宏
装帧设计 郭 觐 李 生

《孔子研究》精华(1986—2015)
中国孔子基金会 编

主管单位 山东出版传媒股份有限公司
出版发行 齊魯書社
社　　址 济南市英雄山路189号
邮　　编 250002
网　　址 www.qlss.com.cn
电子邮箱 qilupress@126.com
营销中心 (0531)82098521 82098519
印　　刷 山东新华印务有限责任公司
开　　本 787mm×1092mm 1/16
印　　张 37
插　　页 4
字　　数 670千
版　　次 2016年3月第1版
印　　次 2016年3月第1次印刷
标准书号 ISBN 978-7-5333-3481-9
定　　价 **168.00元**

ISBN 978-7-5333-3481-9

9 787533 334819

定价：168.00元